TRATADO DE HISTÓRIA DAS RELIGIÕES

TRATADO DE HISTÓRIA DAS RELIGIÕES

Mircea Eliade

Tradução
FERNANDO TOMAZ
NATÁLIA NUNES

wmf martinsfontes

1ª edição *1993*
6ª edição *2022*
2ª tiragem *2025*

Tradução
FERNANDO TOMAZ
NATÁLIA NUNES

Revisão da tradução
Rosemary Costhek Abílio
Adaptação da tradução e preparação do original
Maurício Balthazar Leal
Revisões
Beatriz de Freitas Moreira
Marisa Rosa Teixeira
Produção gráfica
Geraldo Alves
Paginação
Renato Carbone
Capa
Erik Plácido

Dados Internacionais de Catalogação na Publicação (CIP)
(Câmara Brasileira do Livro, SP, Brasil)

Eliade, Mircea, 1907-1986.
Tratado de história das religiões / Mircea Eliade ; tradução Fernando Tomaz, Natália Nunes. – 6ª ed. – São Paulo : Editora WMF Martins Fontes, 2022.

Título original: Traité d'histoire des religions.
ISBN 978-85-469-0338-2

1. Religiões – História I. Título.

21-84113 CDD-200.9

Índice para catálogo sistemático:
1. Religiões : História 200.9

Maria Alice Ferreira – Bibliotecária – CRB-8/7964

Índice

Em memória de Nina

Prefácio de Georges Dumézil

Não se pode dizer que as ciências envelhecem depressa em nosso século, pois têm o privilégio de não correrem para sua morte. No entanto, como mudam rapidamente de aspecto! A ciência das religiões é como a dos números ou a dos astros.

Há uns cinquenta anos, talvez menos, julgávamo-nos muito próximos de explicar todas as coisas ao reduzirmos os fenômenos religiosos a um elemento comum, dissolvendo-os numa noção comum à qual se dava um nome, "pescado" nos mares do Sul: das mais selvagens às mais racionais, as religiões são apenas aplicações variadas do famoso mana; *força mística esparsa, sem contorno próprio mas pronta a encerrar-se em todos os contornos, indefinível mas caracterizada justamente por essa impotência em que deixa o discurso, ela está presente em todos os lugares onde se pode falar de religião, e palavras preciosas como* sacer *e* numen, hagnos *e* thambos, brahman, tao *e até a "graça" do cristianismo são variantes ou derivados dela. Uma geração de pesquisadores dedicou-se a estabelecer essa uniformidade. E talvez tivessem razão. Porém, mais tarde, percebeu-se que eles não haviam conseguido muito: haviam dado um nome bárbaro a algo que sempre fez com que os viajantes, os exploradores reconhecessem, sem errar quanto a seu caráter específico, os atos religiosos que encontravam. E o que hoje parece surpreendente, o que pede estudo, já não é essa força difusa e confusa cuja noção é de fato encontrada em todo lugar, mas é a mesma em todo lugar somente porque acerca dela nada se pode dizer; são, ao contrário, as* estruturas, *os* mecanismos, *os* equilíbrios *constitutivos de toda religião e definidos, discursiva ou simbolicamente, em toda teologia, em toda mitologia, em toda liturgia. Chegou-se – ou voltou-se – à ideia de que uma religião é um sistema, diferente da poeira de seus ele-*

mentos; de que ela é um pensamento articulado, uma explicação do mundo. Em resumo, é sob o signo do logos *e não sob o do* mana *que hoje a pesquisa se coloca.*

Há uns cinquenta anos, talvez menos, o antropólogo inglês ou o sociólogo francês levantava solidariamente dois ambiciosos problemas: o da origem dos fatos religiosos e o da genealogia das formas religiosas. Memoráveis batalhas se travaram em torno do Grande Deus e dos totens. Aos australianos, que algumas escolas citam como os últimos testemunhos das formas elementares da vida religiosa, outras contrapõem os pigmeus: se os primeiros são, em parte, paleolíticos, os segundos não serão ainda mais arcaicos, pois se libertam mal da condição embrionária? Discutiu-se sobre a gênese da ideia de Deus: seria independente da ideia de alma ou teria saído dela? O culto dos mortos precedeu o das forças da natureza? Perguntas graves e... vãs. Tais polêmicas, frequentemente ardorosas, inspiraram livros admiráveis e, o que ainda é melhor, provocaram observações e repertórios. Mas não tiveram êxito. Hoje os pesquisadores afastam-se delas. A ciência das religiões deixa para os filósofos a questão das origens, tal como fez, um pouco antes, a ciência da linguagem, como fizeram todas as ciências. Desiste também de prescrever a posteriori, *se assim podemos dizer, para as formas religiosas do passado uma evolução-padrão, uma marcha forçada. Quer nos coloquemos no século XX ou seis mil anos antes, nunca recuamos muito na vida de nenhuma porção da humanidade; sempre nos defrontamos apenas com os resultados de uma maturação e de acidentes que ocuparam dezenas de séculos; e nos dizemos então que o polinésio e o indo-europeu, o semita e o chinês chegaram a suas noções religiosas, às configurações de seus deuses, por vias muito diversas, ainda que se notem semelhanças nos pontos de chegada.*

Em suma, a tendência atual é a de "voltar a sentir", como dizia Henri Hubert, de registrar em sua originalidade e com sua complexidade os sistemas religiosos que foram ou são praticados em todo o mundo. Mas como se exprime essa tendência? Que gêneros de estudos ela alimenta?

I. Acima de tudo, descrições cada vez mais exaustivas. Etnógrafos ou historiadores, conforme o caso, vão acumulando observações e documentos de toda espécie e, em cada área, para cada período, tentam compreender o que dá unidade, caráter orgânico a esse inventário. Na verdade, esse esforço tem se realizado mais ou menos bem, mas frequentemente muito bem, em todas as épocas.

II. Em segundo lugar, se no sentido absoluto as questões de origem e de genealogia foram abandonadas, voltam no entanto a surgir, mais modestas e mais saudáveis, a propósito de cada uma das descrições, geográfica e historicamente circunscritas, que acabam de ser mencionadas. Em matéria de religião, como em matéria de linguagem, todo estado *se explica, e se explica somente por uma* evolução *a partir de um estado* anterior, *com ou sem intervenção de influências* externas. *Daí, várias áreas de pesquisa e vários tipos de métodos igualmente necessários:*

1º Para as sociedades que há mais ou há menos tempo possuem uma literatura ou pelo menos documentos escritos, o estudo da história religiosa é apenas um caso particular da história da civilização, ou da história em sentido estrito, e tanto na crítica como na construção não emprega outros procedimentos. As "grandes religiões", como o budismo, o cristianismo, o maniqueísmo, o islamismo, representam o máximo desse caso, pois sua literatura remonta pouco mais ou menos aos princípios da evolução. Aliás, todas as religiões um pouco antigas dependem dos mesmos métodos, em menor grau, a partir de certo ponto do seu desenvolvimento e com a condição de ter conseguido interpretar as primeiras formas atestadas.

2º Mas essa condição prévia é difícil de cumprir, e encontra-se a mesma dificuldade em relação às religiões só muito tardiamente e muito recentemente observadas: por razões diversas, tanto ao leitor de Strehlow como ao leitor dos Vedas falta visão retrospectiva, ambos estão diante de uma estrutura religiosa complexa, e até diante de uma literatura religiosa, mas desprovida de qualquer meio de explicação histórica, isto é, de explicação pelo anterior. Ora, esse é o caso mais geral, o de todas as religiões exóticas descritas pelos exploradores desde o século XVI até o século XX e de todas as religiões pagãs da Europa, incluindo a de Roma e a da Grécia; é o caso das religiões dos antigos povos semíticos e da China. Nesse âmbito e sobre esse ponto, a tarefa da ciência das religiões é múltipla:

a) Em primeiro lugar, um trabalho de limpeza: as estrebarias de Áugias estão atulhadas. As gerações anteriores deixaram-nos em toda parte explicações que, sejam absurdas ou razoáveis, geralmente devem ser rejeitadas. A tendência natural de todo historiador especializado, no momento em que, remontando o curso dos séculos, chega à penumbra e depois às trevas, é imaginar uma curta pré-história que prolonga, com o menor esforço possível, os primeiros documentos até um hipotético começo absoluto, ex nihilo. *Os latinistas explicam a formação da religião romana a partir de vagos* numina *(centros de* mana*!), dos quais somente alguns, favorecidos por circunstâncias históricas, teriam se especificado em deuses pessoais. Muitos indianistas ainda têm dificuldade de se afastarem das miragens de Max Müller e ouvem os chantres védicos exprimirem as reações naturais do homem primitivo perante o grande fenômeno da natureza; e os outros não estão muito longe de ver nos hinos puros jogos de imaginação e de estilo – outra forma de criação* ex nihilo. *Tudo isso é artificial; temos de reconhecer e revelar esse artifício.*

b) A seguir, uma tarefa positiva que, por meio de procedimentos comparativos, equivale a prolongar objetivamente a história, ganhar alguns séculos sobre a pré-história. Comparando o totemismo dos aruntas com as formas análogas, entretanto diferentes, praticadas pelos outros indígenas da Austrália, foi possível definir um sentido provável de evolução a partir de um estado antigo (não primitivo, certamente), de um estado comum: quer por comunidade de origem, quer por interações seculares, os australianos formam de fato um "círculo cultural", e é possível, mutatis mutandis, *aplicar a suas religiões, a suas civilizações, os procedimentos comparativos que permitem ao linguista, quando dispõe de um grupo de línguas geneticamente aparentadas ou aproximadas por um intenso jogo de empréstimos, induzir dados certos e precisos acerca de seu passado. A Polinésia, diversas zonas da África Subsaariana e da América permitem amplamente o emprego desse método.*

Da mesma maneira, comparando as formas de religião mais remotamente atestadas em diversos povos que no começo da sua história já não se sabiam nem se sentiam aparentados, mas dos quais sabemos hoje, justamente pela consideração de sua língua, que derivam por dispersão de um mesmo povo pré-histórico, podemos fazer induções prováveis acerca da religião desse povo pré-histórico e, consequentemente, acerca das evoluções diversas que, a partir desse ponto fixo, reconstituído mas não arbitrário, conduziram os povos dele derivados até seus respectivos limiares históricos, até os primeiros equilíbrios conhecidos de suas religiões. Foi assim que, para os povos semíticos e depois hoje para os povos indo-europeus, reconquistamos um ou dois milênios sobre os tempora incognita. Proveito escasso se o confrontarmos com as ambições de um Taylor ou até de um Durkheim, mas proveito mais seguro e que entrevemos que servirá significativamente para constituir por fim uma história natural do espírito humano.

3º Um terceiro gênero de pesquisas interfere nos precedentes. Assim como ao lado da linguística descritiva, da linguística histórica (com sua variedade, a linguística comparativa de cada família), há lugar para uma linguística geral, assim também, sem voltar aos erros de outrora, é necessário comparar – já não genealogicamente, mas tipologicamente –, nas mais diversas estruturas e evoluções, aquilo que parece comparável, as funções rituais ou conceituais que se encontram em todo lugar; as representações que se impõem ao homem, seja ele qual for; aquelas que, quando coexistem, geralmente agem e reagem uma sobre a outra. É necessário estudar, para nele determinar constantes e variáveis, o mecanismo do pensamento mítico, as relações do mito com as outras partes da religião; as comunicações do mito, do conto, da história, da filosofia, da arte, do sonho. Precisamos colocar-nos em todos os "observatórios de síntese" que se apresentam – e são em número infinito – e, do alto de cada um deles, constituir um repertório que, muitas vezes, não irá levar a um problema preciso e ainda menos a uma solução, que em geral será provisório, incompleto como todo dicionário, mas que auxiliará, esclarecerá, inspirará os pesquisadores empenhados nos estudos históricos, analíticos ou comparativos previamente definidos. Tais empreendimentos já povoaram uma biblioteca importante, pois de há muito prosseguem em segundo plano, enquanto teorias mais ruidosas ocupam sucessivamente as atenções. Assim, temos as coleções de dados "agrários" de W. Mannhardt e de J. G. Frazer, as monografias – cito ao acaso – sobre o santuário, o altar, o sacrifício, a soleira da porta, a dança, sobre o pacto de sangue, sobre o culto da árvore, das montanhas ou das águas, sobre o mau-olhado, as cosmogonias, sobre os mais variados animais como elementos de representações míticas, sobre a mística dos números, sobre as práticas sexuais e centenas de outras, redigidas por autores que não se prendiam a nenhuma escola. É bem verdade que há um enorme amontoado de lixo, talvez mais considerável do que o fundo sério: essas investiga-

ções tentam constantemente autores mal preparados, ou demasiado apressados, ou pouco conscienciosos, e é aí que o charlatanismo, qualquer que seja seu rótulo, "sociológico" ou outro, se instala, dogmatiza e por vezes pontifica com a maior facilidade. Não importa: cabe ao professor de "história das religiões", como se diz impropriamente, separar o trigo do joio e prevenir os estudantes.

São esses os três campos, ou os três pontos de vista, que dividem a ciência das religiões. Podemos conservar a esperança de que, num dia ainda distante, se unam em uma síntese harmoniosa, formando o quadro cômodo de um saber incontestado. Nem sequer nossos bisnetos verão esses tempos felizes. Por muito tempo ainda cada um trabalhará em um dos três canteiros, isolado, tanto os historiadores especialistas como os comparatistas dos dois gêneros (genealogistas, tipologistas), muitas vezes ignorando-se mutuamente, brigando por vezes, ultrapassando os direitos uns dos outros. Mas não é assim que se desenvolve toda ciência, e não se conformando a um "plano" pretensamente secular?

Mais uma razão, portanto, para fazer de tempos em tempos um balanço da situação. É para isso que, em primeiro lugar, servirá o tratado que Mircea Eliade está publicando. O autor, professor de história das religiões na Universidade de Bucareste, cedo sentiu a necessidade de um "curso de iniciação" nessas matérias em que todos se julgam mestres, e que são difíceis. Os sete anos do curso produziram este livro. Entusiasta, empreendedor, munido de imensa leitura e de uma formação precisa de indianista, Mircea Eliade já fez muito por nossos estudos: penso no seu Yoga, *nos três belos volumes da revista romena de história das religiões,* Zalmoxis, *e, mais recentemente ainda, na magistral revisão dos problemas do xamanismo, que entregou à nossa* Revue de l'Histoire des Religions.

Ao ler os títulos dos capítulos, ao ver colocados em primeiro plano a água, o céu, o Sol, talvez alguns pensem em Max Midler; e essa lembrança lhes será proveitosa: ao descerem dos títulos para o texto, verão como, depois de uma reação exagerada contra os excessos do naturalismo, a ciência das religiões reconhece hoje a importância dessas representações que são a matéria-prima mais geral do pensamento mítico; mas verão também que a interpretação é muito diferente: essas hierofanias cósmicas, como diz Mircea Eliade, não são mais que a roupagem de um discurso profundo; essa morfologia do sagrado traduz simbolicamente uma dialética do sagrado da qual a natureza é apenas o suporte. É toda uma "filosofia antes dos filósofos" que aparece assim que observamos as mais humildes religiões e que resulta de um esforço de explicação e de unificação, de um esforço rumo à teoria em todos os sentidos da palavra: este livro mostrará a coerência e a nobreza delas, e também, de um continente para outro (incluindo a Europa), sua uniformidade – uma uniformidade que com certeza não se deve exagerar mas que reduz beneficamente a vertigem que às vezes acomete os principiantes perdidos no labirinto dos fatos.

Evidentemente, Mircea Eliade sabe melhor do que ninguém que toda síntese desse gênero comporta e requer pressupostos, postulados que a eficácia justifica, mas que são pessoais, portanto provisórios, pelo menos perfectíveis. Aliás, esse aspecto não é o menos atrativo do livro: sobre a estrutura e o funcionamento do pensamento mítico, sobre as noções de arquétipo *e de* repetição, *tão caras ao autor, serão encontradas ideias claras e elucidadoras, às quais desejamos não uma longa vida (isso não importa), mas uma pronta e rica fecundidade.*

Por fim, este livro presta-nos hoje, em Paris, na França, um favor especial, pois é preciso admitir que, se os historiadores do cristianismo, do budismo e, genericamente, das diversas religiões humanas são numerosos entre nós, e notáveis, pouquíssimos pesquisadores (refiro-me aos pesquisadores autênticos) se dedicam aos estudos comparativos e gerais, quer porque exigem uma preparação mais árdua, quer porque os amadores, alguns muito oficiais, os desacreditaram. Nem por isso esses estudos são menos necessários e promissores. Ora, a Sorbonne todo ano atribui um "certificado de história das religiões", com várias opções, mas, por um paradoxo engraçado, não tem um curso dessa matéria. Na prática, seu certificado reduz-se a provas de filologia, que ela pretende e torna bem estritas, quanto ao mais, quanto à "ciência das religiões" propriamente dita, tal certificado é muito pobre e não tenho certeza de que J. G. Frazer, que além de seu inglês, do francês e do alemão dispunha apenas do grego e do latim, teria sido aprovado na opção "religião dos povos não civilizados". O que teria sido lamentável.

Georges Dumézil

Prefácio do autor

A ciência moderna reabilitou um princípio que algumas confusões do século XIX comprometeram gravemente: é a escala que cria o fenômeno. Henri Poincaré indagava com ironia: "Um naturalista que só houvesse estudado um elefante ao microscópio acreditaria conhecer suficientemente esse animal?" O microscópio revela a estrutura e o mecanismo das células, estrutura e mecanismo idênticos em todos os organismos pluricelulares. E não há dúvida de que o elefante é um animal pluricelular. Mas não será mais do que isso? Em escala microscópica podemos conceber uma resposta hesitante. Na escala visual humana, que tem pelo menos o mérito de apresentar o elefante como fenômeno zoológico, já não há hesitação possível. Da mesma maneira, um fenômeno religioso somente se revelará como tal com a condição de ser apreendido dentro de sua própria modalidade, isto é, de ser estudado na escala religiosa. Querer delimitar esse fenômeno pela fisiologia, pela psicologia, pela sociologia, pela economia, pela linguística, pela arte etc. é traí-lo, é deixar escapar precisamente o que nele existe de único e irredutível, ou seja, seu caráter sagrado. É bem verdade que não há fenômenos religiosos "puros", assim como não há fenômeno única e exclusivamente religioso. Como a religião é coisa humana, é também, justamente por isso, coisa social, e coisa linguística e coisa econômica – pois não podemos conceber o homem fora da linguagem e da vida coletiva. Mas seria vão querer explicar a religião por uma dessas funções fundamentais que em última instância definem o homem. Seria vão pretender explicar *Madame Bovary* por toda uma série de fatos – sociais, econômicos, políticos – que seriam indubitavelmente reais, mas sem consequências para a obra literária em si.

Para não sairmos de nosso assunto: não pensamos contestar que o fenômeno religioso possa ser utilmente abordado de ângulos diferentes; mas, acima de tudo, importa considerá-lo em si mesmo, no que ele tem de irredutível e de original. A tarefa não é fácil. Pois se trata, se não de definir o fenômeno religioso, pelo menos de circunscrevê-lo e situá-lo no conjunto dos outros objetos do espírito. E, como nota Roger Caillois na abertura do seu notável livro *L'Homme et le Sacré*: "No fundo, acerca do *sagrado* em geral, a única coisa que se pode afirmar validamente está contida na própria definição do termo: é aquilo que se opõe ao *profano*. No momento em que procurarmos precisar a natureza, a modalidade dessa oposição, esbarraremos nos maiores obstáculos. Nenhuma fórmula, por mais elementar que seja, é aplicável à complexidade labiríntica dos fatos." Ora, em nossas pesquisas, em primeiro lugar são esses fatos que nos interessam, essa complexidade labiríntica de fatos que se recusam a toda e qualquer fórmula ou definição. Um tabu, um ritual, um símbolo, um mito, um demônio, um deus etc. são alguns desses fatos religiosos. Mas seria uma simplificação abusiva apresentar o dossiê desse modo linear. Na realidade, estamos diante de uma massa polimorfa e, por vezes, até caótica de gestos, de crenças e de teorias constitutivas daquilo que poderemos chamar de fenômeno religioso.

Um problema duplo constitui o objeto deste livro: 1) *o que é* a religião? 2) em que medida podemos falar de *história* das religiões? Céticos que somos sobre a utilidade de uma definição preliminar do fenômeno religioso, limitamo-nos a discutir as hierofanias na acepção mais ampla do termo (*alguma coisa* que manifesta o sagrado). Consequentemente, só poderemos abordar o problema da *história* das formas religiosas depois de examinarmos um número considerável destas últimas. Uma exposição do fenômeno religioso que partisse "do simples para o composto" não nos parece de modo algum indicada se atentarmos para os objetivos estabelecidos para esta pesquisa – referimo-nos a uma exposição que começasse pelas hierofanias mais elementares (o *mana*, o insólito etc.), para em seguida passar ao totemismo, ao fetichismo, ao culto da Natureza ou dos espíritos, depois aos deuses e aos demônios, e chegar finalmente à noção monoteísta de Deus. Tal exposição seria arbitrária; implica uma evolução do fenômeno religioso, do "simples para o composto", que não passa de uma hipótese indemonstrável: em nenhuma parte se encontra uma religião simples, reduzida às hierofanias elementares; por outro lado, essa exposição iria precisamente contra a finalidade proposta, que é mostrar o que *são* os fatos religiosos e o que eles revelam.

O caminho que seguimos é, se não o mais simples, pelo menos o mais seguro. Começamos nossa pesquisa pela exposição de algumas hierofanias cósmicas, pela sacralidade que se revela em diferentes níveis cósmicos, o céu, as Águas, a Terra, as Pedras. Se escolhemos essas classes de hierofanias, não foi porque as considerássemos as mais antigas (o problema histórico não se coloca por enquanto), mas porque sua descrição explica, por um lado, a dialética do sagrado e, pelo outro, as estruturas nas quais o sagrado se constitui. Por exemplo, o exame das hierofanias aquáticas ou celestes nos proverá de um material documental que nos levará a compreender: 1º) o sentido exato da manifestação do sagrado nesses níveis cósmicos (o céu e as águas); 2º) em que medida as hierofanias uranianas ou aquáticas constituem estruturas autônomas, isto é, revelam uma série de modalidades complementares e integráveis do sagrado. Passaremos em seguida às hierofanias biológicas (os ritmos lunares, o Sol, a vegetação e a agricultura, a sexualidade etc.), depois às hierofanias tópicas (lugares consagrados, templos etc.) e finalmente aos mitos e aos símbolos. Depois de passarmos em revista uma quantidade apreciável desses documentos, estaremos em condições de abordar, numa obra futura, os outros problemas da história das religiões: as "formas divinas", as relações entre o homem e o sagrado, a manipulação do sagrado (os ritos etc.), a magia e a religião, as ideias sobre a alma e a morte, as pessoas consagradas (o sacerdote, o feiticeiro, o rei, o iniciado etc.), as relações existentes entre o mito, o símbolo e o ideograma, a possibilidade de fundar uma história das religiões etc.

Isso não significa que iremos expor separadamente cada assunto como se fossem artigos de dicionário, evitando, por exemplo, tocar no mito ou no símbolo no capítulo das hierofanias aquáticas ou lunares; também não queremos prometer que a discussão das figuras divinas será exclusivamente reservada ao capítulo "Deuses" etc. Ao contrário, o leitor talvez se surpreenda ao encontrar no capítulo das hierofanias uranianas um número considerável de documentos relativos aos deuses celestes e atmosféricos, ou ao apurar ali alusões e até comentários sobre os símbolos, os ritos, os mitos e os ideogramas. Foi o próprio assunto que nos impôs essa osmose, obrigando-nos a interferências permanentes entre as matérias dos diversos capítulos. Era impossível falar da sacralidade celeste conservando em silêncio as figuras divinas que refletem essa sacralidade ou dela participam, ou ainda certos mitos uranianos, assim como os ritos aparentados ao sagrado celeste, os símbolos e os ideogramas que o hipostasiam. Cada documento revela-nos, à sua maneira, uma modalidade da sacralidade celeste e de sua história. Mas, embora cada problema seja discutido no capítulo que lhe diz respeito, não hesitaremos em nos referir ao sentido exato do mito, do rito ou da "figura divina" no capítulo reservado ao céu. Do mesmo modo, nas páginas reservadas ao estudo das hierofanias telúricas, vegetais e agrárias o interesse incidirá sobre as manifestações do sagrado nesses níveis biocósmicos, enquanto a análise da estrutura dos deuses da vegetação ou da agricultura será transferida para o capítulo dedicado às "formas divinas". Mas isso não nos impedirá de aludir aos deuses, aos ritos, aos mitos ou aos símbolos da vegetação e da agricultura na indagação preliminar. O objeto desses primeiros capítulos é destacar o máximo possível a estrutura das hierofanias cósmicas, isto é, mostrar o que nos revela o sagrado manifestado através do céu, da água ou da vegetação etc.

Se fizermos o balanço das vantagens e desvantagens que esse método apresenta, veremos que as primeiras superam sensivelmente as segundas, por várias razões: 1º) ficamos dispensados de definir *a priori* o fenômeno religioso; mas, ao percorrer os diversos capítulos deste trabalho, o leitor poderá refletir sobre a morfologia do sagrado; 2º) a análise de cada grupo de hierofanias (o céu, as Águas, a Vegetação etc.), ao destacar de maneira natural as modalidades do sagrado e explicar como se integram num sistema coerente, ao mesmo tempo aplanará o terreno para as discussões finais sobre a essência da religião; 3º) o exame simultâneo das formas religiosas "inferiores" e "superiores" porá em evidência seus elementos em comum, e assim evitaremos certos erros imputáveis a uma óptica "evolucionista" ou "ocidentalista"; 4º) não fragmentaremos excessivamente os conjuntos religiosos, pois cada classe de hierofanias (aquáticas, celestes, vegetais etc.) constitui, a seu modo, um todo, tanto do ponto de vista morfológico (pois se trata de deuses, mitos, símbolos etc.) como do ponto de vista histórico (muito frequentemente a pesquisa deverá estender-se a um grande número de círculos culturais diferentes no tempo e no espaço); 5º) cada capítulo porá em evidência uma modalidade do sagrado, uma série de relações entre o homem e o sagrado e, nessas relações, uma série de "momentos históricos".

É nesse sentido, e somente nesse sentido, que nosso livro pode admitir o título de *Tratado de história das religiões*, ou seja, na medida em que introduz o leitor na complexidade labiríntica dos fatos religiosos, familiariza-o com suas estruturas fundamentais e com a diversidade dos círculos culturais de que eles dependem. Procuramos dotar cada capítulo de uma arquitetura especial, por vezes até de um "estilo" próprio, a fim de conjurar a monotonia que ameaça toda exposição didática. A distribuição em parágrafos teve por objetivo sobretudo simplificar as remissões. O alcance deste livro só pode ser apreendido à custa de uma leitura integral, pois não se trata, de maneira alguma, de um manual para consulta. Nossas bibliografias foram pensadas de modo que encorajassem pesquisas preliminares; nunca são exaustivas; pode até acontecer que sejam insuficientes. No entanto, esforçamo-nos por mencionar os representantes do maior número possível de concepções e de métodos.

Boa parte das análises morfológicas e das conclusões metodológicas deste volume constituiu o objeto de nossos cursos de história das religiões na Universidade de Bucareste e de nossas duas séries de aulas na Escola de Estudos Avançados de Paris (*Recherches sur la morphologie du sacré*, 1946; *Recherches sur la structure des mythes*, 1948). Somente uma pequena fração do texto foi escrita diretamente em francês. O restante foi traduzido do romeno pela senhora Carciu e pelos senhores J. Gouillard, A. Juilland, M. Sora e J. Soucasse, aos quais expresso aqui minha gratidão. A tradução foi completamente revista e corrigida por meu erudito amigo e colega Georges Dumézil, que teve a gentileza de acrescentar um prefácio. Quero deixar-lhe aqui meu profundo reconhecimento pelo interesse que dedicou a esta obra.

M. E.
Oxford, 1940
Paris, 1948

I

Abordagens: estrutura e morfologia do sagrado

1. "Sagrado" e "profano" – Todas as definições do fenômeno religioso dadas até hoje apresentam uma característica em comum: à sua maneira, cada uma delas opõe o *sagrado* e a vida religiosa ao *profano* e à vida secular. É quando se trata de delimitar a esfera da noção de "sagrado" que as dificuldades começam. Dificuldades de ordem teórica, mas também de ordem prática. Pois antes de tentar uma definição do fenômeno religioso convém saber de que lado será necessário procurar os *fatos* religiosos e principalmente, entre esses fatos, os que se deixam observar em "estado puro", isto é, os que são "simples" e tão próximos quanto possível de sua origem. Infelizmente, em parte alguma esses fatos nos são acessíveis; nem nas sociedades cuja história podemos seguir nem entre os "primitivos", os menos civilizados. Em quase todo lugar estamos na presença de fenômenos religiosos complexos, que pressupõem uma longa evolução histórica.

Por outro lado, a reunião da documentação apresenta também importantes dificuldades práticas. Por duas razões: 1ª) ainda que nos limitemos a estudar uma única religião, a vida de um homem mal chegaria para levar a cabo a pesquisa; 2ª) se nos propusermos o estudo comparativo das religiões, várias existências seriam insuficientes para alcançarmos o objetivo proposto. Ora, o que nos interessa é justamente esse estudo comparativo, o único capaz de revelar-nos, por um lado, a morfologia cambiante do sagrado e, por outro, seu devir histórico. Portanto, ao abordarmos esse estudo fomos obrigados a escolher certas religiões entre aquelas que a história registrou ou que a etnologia nos revelou, e também alguns de seus aspectos e de suas fases.

Mesmo que sumária, essa escolha é sempre uma operação delicada. De fato, se quisermos delimitar e definir o *sagrado*, precisaremos dispor de uma quantidade adequada de "sacralidades", isto é, de fatos sagrados. A heterogeneidade desses "fatos sagrados", perturbadora já no início, pouco a pouco vai se tornando paralisante. Pois se trata de ritos, de mitos, de formas divinas, de objetos sagrados e venerados, de símbolos, de cosmologias, de teologúmenos, de homens consagrados, de animais, de plantas, de lugares sagrados etc. E cada categoria possui sua própria morfologia, de uma riqueza luxuriante e densa. Estamos assim diante de um material documental imenso e heteróclito, pois um mito cosmogônico melanésio ou um sacrifício bramânico não têm menos direito de ser levados em consideração do que os textos místicos de uma Santa Teresa ou de um Nichiren, do que um totem australiano, um rito primitivo de iniciação, o simbolismo do templo Barabudur, o traje cerimonial e a dança de um xamã siberiano, as pedras sagradas existentes em quase toda parte, as cerimônias agrárias, os mitos e os ritos das Grandes Deusas, a investidura de um rei nas sociedades arcaicas ou as superstições com relação às pedras preciosas etc. Cada documento pode ser considerado uma hierofania, na medida em que exprime à sua maneira uma modalidade do sagrado e um momento de sua história, isto é, uma experiência do sagrado entre as inúmeras variedades existentes. Aí, qualquer documento nos é valioso, em virtude da dupla revelação que faz: 1º) revela uma *modalidade do sagrado* enquanto hierofania; 2º) enquanto momento histórico, revela uma *situação do homem* com relação ao sagrado. Aqui está, por exemplo, um texto védico dirigido ao morto: "Rasteja para a terra, tua mãe! Possa ela salvar-te do nada!"[1] Esse texto revela-nos a estrutura da sacralidade telúrica; a Terra é considerada uma mãe, Tellus Mater; mas revela-nos ao mesmo tempo determinado momento da história das religiões indianas: o momento em que essa Tellus Mater era valorizada – pelo menos por certo grupo de indivíduos – como protetora contra o nada, valorização que virá a tornar-se caduca pela reforma upanixádica e pela pregação de Buda.

Voltando ao ponto de partida: em suma, cada categoria de documentos (mitos, ritos, deuses, superstições etc.) nos é igualmente valiosa quando pretendemos compreender o fenômeno religioso. Essa intelecção foi constante no contexto da *história*. Pelo simples fato de estarmos na presença de hierofanias, estamos na presença de documentos históricos. É sempre em determinada situação histórica que o sagrado se manifesta. As experiências místicas, mesmo as mais pessoais e mais transcendentes, sofrem a influência do momento histórico. Os profetas judeus são devedores dos acontecimentos históricos que justificaram e sustentaram sua mensagem; também são devedores da história israelita, que lhes permitiu formular certas experiências etc. Como fenômeno histórico – e não como experiência pessoal –, o niilismo e o ontologismo de alguns místicos maaiânicos não eram possíveis sem a especulação dos Upanixades, sem a evolução da língua sânscrita. Isso de maneira alguma significa que toda e qualquer hierofania, assim como toda e qualquer experiência religiosa, seja um momento único, sem repetição possível, na economia do espírito. As grandes experiências não se assemelham somente por seu conteúdo, mas frequentemente também por sua expressão. Rudolf Otto destacou semelhanças surpreendentes entre o léxico e as fórmulas de Mestre Eckardt e os de Sankara.

O fato de uma hierofania ser sempre histórica (isto é, de produzir-se sempre em situações determinadas) não destrói necessariamente sua ecumenicidade. Algumas hierofanias têm um destino local; há outras que têm ou adquirem valências universais. Os indianos, por exemplo, veneram certa árvore chamada *Açvattha*; a manifestação do sagrado nessa espécie vegetal é transparente para eles simplesmente, pois só para eles *Açvattha* é uma *hierofania* e não apenas uma árvore. Consequentemente, essa hierofania não é somente *histórica* (aliás, como toda hierofania), mas também *local*. No entanto, os indianos também conhecem o símbolo de uma Árvore Cósmica (*Axis Mundi*), e essa hierofania mítico-simbólica é universal, pois as Árvores Cósmicas são encontradas por toda parte nas antigas civilizações. É preciso explicar que a *Açvattha* é venerada na medida em que incorpora a sacralidade do Universo em contínua regeneração; ou seja, é venerada porque incorpora, participa ou simboliza o Universo representado pelas Árvores Cósmicas das diferentes mitologias (cf. § 99). Mas, embora a *Açvattha* se justifique pelo mesmo simbolismo que aparece também na Árvore Cósmica, a hierofania que transubstancia uma espécie vegetal numa árvore sagrada só é transparente aos olhos dos membros da sociedade indiana.

Para citar mais um exemplo – desta vez o de uma hierofania ultrapassada pela própria história do povo em que se realizou –, os semitas adoraram em certo momento de sua história o casal divino composto pelo deus do furacão e da fecundidade, Baal, e a deusa da fertilidade (sobretudo da fertilidade agrária), Belit. Os profetas judeus consideravam esses cultos como sacrilégios. De seu ponto de vista – isto é, do ponto de vista dos semitas, que, por intermédio da reforma mosaica, tinham chegado a uma concepção mais elevada, mais pura e mais completa da divindade –, essa crítica era plenamente justificada. Entretanto, mesmo assim o culto paleossemítico de Baal e Belit não deixava de ser também uma hierofania; revelava – até a exacerbação e o monstruoso – a sacralidade da vida orgânica, as forças elementares do sangue, da sexualidade e da fecundidade. Tal revelação conservou seu valor, se não durante milênios, pelo menos durante muitos séculos. Essa hierofania só deixou de ser valorizada no momento em que foi substituída por outra, que – realizada na experiência religiosa de uma elite – se confirmava como mais perfeita e mais consoladora. A "forma divina" de Javé levava a melhor sobre a "forma divina" de Baal: revelava a sacralidade de maneira mais integral, santificava a vida sem desencadear as forças elementares concentradas no culto de Baal, revelava uma economia espiritual em que a vida do homem e seu destino assumiam novos valores, assim como facilitava uma experiência religiosa mais rica, uma comunhão divina simultaneamente mais "pura" e mais completa. Por fim, essa hierofania javeísta triunfou e, na medida em que representava uma modalidade universalista do sagrado, era, por sua própria natureza, acessível às outras culturas; através do cristianismo tornou-se um valor religioso mundial. De onde se conclui que certas hierofanias (ritos, cultos, formas divinas, símbolos etc.) são ou tornam-se multivalentes ou universalistas; outras permanecem locais e "históricas": inacessíveis às outras culturas, caíram em desuso durante a própria história da sociedade em que tinham se produzido.

2. Dificuldades metodológicas – Mas voltemos à grande dificuldade material já apontada, ou seja, a extrema heterogeneidade dos documentos religiosos. O campo quase ilimitado em que se recolheram centenas de milhares de documentos só agravou essa heterogeneidade. Por um lado (é, aliás, o caso de todos os documentos históricos), aqueles de que dispomos foram conservados mais ou menos ao acaso (não se trata apenas de textos, mas também de monumentos, inscrições, tradições orais, costumes). Por outro lado, esses documentos conservados por acaso provêm de meios muito diferentes. Se, para reconstituir a história arcaica da religião grega, por exemplo, temos de contentar-nos com os textos pouco numerosos que nos restam, com algumas inscrições, alguns monumentos mutilados e alguns objetos votivos, para reconstituir as religiões germânicas ou eslavas, por exemplo, somos forçados a recorrer aos documentos folclóricos, aceitando os riscos inevitáveis que seu manuseio e sua interpretação comportam. Uma inscrição rúnica, um mito registrado vários séculos depois que deixou de ser compreendido, algumas gravuras simbólicas, alguns monumentos proto-históricos, uma quantidade de ritos e de lendas populares do último século – haverá algo mais heteróclito do que o material documental de que dispõe o historiador das religiões germânicas ou eslavas? Embora aceitável no estudo de uma única religião, tal heterogeneidade torna-se grave quando se trata de abordar o estudo comparativo das religiões e de buscar o conhecimento de um grande número de modalidades do sagrado.

Essa é exatamente a situação de um crítico que tivesse de escrever a história da literatura francesa sem mais documentação que os fragmentos de Racine, uma tradução espanhola de La Bruyère, alguns textos citados por um crítico estrangeiro, as recordações literárias de alguns viajantes e diplomatas, o catálogo de uma livraria do interior, os resumos e as redações de um colegial e mais algumas indicações do mesmo gênero. Eis, em suma, a documentação de que dispõe o historiador das religiões: alguns fragmentos de uma vasta literatura sacerdotal oral (criação exclusiva de certa classe social), algumas alusões encontradas em anotações de viajantes, os materiais recolhidos pelos missionários estrangeiros, reflexões extraídas da literatura profana, alguns monumentos, algumas inscrições e as recordações conservadas nas tradições populares. Evidentemente, também as ciências históricas estão presas a uma documentação desse gênero, fragmentária e contingente. Mas o empreendimento do historiador das religiões é muito mais ousado que o do historiador que se propõe reconstituir um acontecimento ou uma série de acontecimentos com auxílio dos escassos documentos conservados, pois ele não só tem de reproduzir a história de determinada hierofania (rito, mito, deus ou culto) como, em primeiro lugar, tem de compreender e tornar compreensível a *modalidade do sagrado* revelada através dessa hierofania. Ora, a heterogeneidade e o caráter fortuito dos documentos de que dispomos agravam a dificuldade que sempre existe para interpretar corretamente o sentido de uma hierofania. Imaginemos a situação de um budista que para compreender o cristianismo dispusesse apenas de alguns fragmentos dos Evangelhos, um breviário católico, um material iconográfico heteróclito (ícones bizantinos, estátuas de santos da época barroca, vestimentas de um padre ortodoxo), mas, em troca, tivesse a possibilidade de estudar a vida religiosa de uma aldeia europeia. Sem dúvida o observador budista perceberia uma nítida distinção entre a vida religiosa dos camponeses e as concepções teológicas, morais e místicas do sacerdote da aldeia. Mas, embora tivesse razão ao registrar essa distinção, cairia em erro se não julgasse o cristianismo a partir das tradições conservadas pelo único indivíduo que é o sacerdote e só considerasse como "verdadeira" a experiência representada pela comunidade da aldeia. Em resumo, as modalidades do sagrado revelado pelo cristianismo são mais corretamente conservadas na tradição representada pelo padre (ainda que fortemente colorida pela história e pela teologia) do que nas crenças da aldeia. Ora, o que interessa ao observador não é o conhecimento de determinado momento da história do cristianismo em determinado setor da cristandade, mas a própria religião cristã. O fato de um único indivíduo, em toda a aldeia, conhecer o ritual, o dogma e a mística cristã, enquanto o restante da comunidade os ignora e pratica um culto elementar imbuído de superstições (isto é, de restos das hierofanias decaídas), não assume, pelo menos aqui, importância nenhuma. O importante é entender que esse único indivíduo conserva de maneira mais completa, se não a experiência originária do cristianismo, pelo menos seus elementos fundamentais e suas valorizações místicas, teológicas e rituais.

Esse erro de método é muito frequente em etnologia. P. Radin julga-se autorizado a rejeitar as conclusões das pesquisas do missionário Gusinde porque suas sondagens incidiram num único indivíduo. Essa atitude só se justificaria no caso em que o objetivo da pesquisa fosse estritamente sociológico: a vida religiosa de uma comunidade fueguina em dado momento histórico; mas, quando se trata de apreender as capacidades dos fueguinos de experienciarem a sacralidade, a situação é completamente diferente. E um dos problemas mais importantes da história das religiões é justamente essa capacidade de conhecer as diferentes modalidades do sagrado dos primitivos. De fato, se fosse possível demonstrar (aliás, isso tem sido feito nas últimas décadas) que a vida religiosa dos povos mais primitivos é verdadeiramente complexa, que não pode ser reduzida ao "animismo", ao "totemismo" nem ao culto dos ancestrais, mas que conhece também Seres Supremos providos de todos os prestígios do deus criador e todo-poderoso, a hipótese evolucionista, que barra o acesso dos primitivos às "hierofanias superiores", ficaria imediatamente invalidada.

3. Variedade das hierofanias – As comparações a que recorremos para demonstrar como é precário o material documental de que dispõe o historiador das religiões são exemplos imaginários e somente assim devem ser consideradas. Nossa preocupação principal é justificar o método que guiará esta obra. Em que medida estamos autorizados – considerando a heterogeneidade e a precariedade do material documental – a falar das "modalidades do sagrado"? O que nos atesta a existência real dessas modalidades é o fato de uma hierofania ser diferentemente vivida e interpretada pelas "elites" religiosas com relação ao restante da comunidade. Para o povo que no princípio do outono vai ao templo de Kalighat, em Calcutá, Durga é uma deusa aterrorizante à qual é preciso sacrificar bodes; mas para os poucos skahtas iniciados Durga é a epifania da vida cósmica em contínua e violenta palingenesia. É muito provável que entre os adoradores do lingam de Shiva grande número não veja nele mais que o arquétipo do órgão gerador; mas há outros que o consideram como um signo, um "ícone" da criação e destruição rítmicas do Universo, que se manifesta em formas e se reintegra periodicamente na unidade primordial, pré-formal, a fim de regenerar-se. Qual é a verdadeira hierofania de Durga e Shiva: a que os "iniciados" decifram ou a que é apreendida pela massa de "crentes"? Tentaremos mostrar nas páginas seguintes que ambas são igualmente válidas, que o sentido atribuído pelas massas, do mesmo modo que a interpretação dos iniciados, representa uma modalidade real, autêntica, do sagrado manifestado por Durga ou Shiva. E poderemos mostrar que as duas hierofanias são coerentes, isto é, que as modalidades do sagrado reveladas através delas não são de maneira alguma contraditórias, mas integráveis e complementares. Ficamos assim autorizados a conceder uma "validade" igual a um documento que registra uma experiência popular e a um documento que reflete a experiência de uma elite. As duas categorias de documentos são indispensáveis – e não apenas para recuperar a *história* de uma hierofania, mas, em primeiro lugar, porque ajudam a constituir as modalidades do sagrado revelado por essa hierofania.

Essas observações – amplamente ilustradas no corpo deste livro – devem ser aplicadas à heterogeneidade das hierofanias acima mencionadas. Pois – como acabamos de dizer – esses documentos não são heterogêneos apenas com relação a sua origem (uns emanam de sacerdotes ou de iniciados, outros, das massas; uns apenas oferecem alusões, fragmentos ou rumores, outros, textos originais etc.), mas também em sua própria estrutura. Por exemplo, as hierofanias vegetais (isto é, o sagrado revelado pela vegetação) encontram-se tanto nos símbolos (a Árvore Cósmica) ou nos mitos metafísicos (a Árvore da Vida) como em ritos "populares" (o "Cortejo da Árvore de Maio", as fogueiras*, os ritos agrários), nas crenças ligadas à ideia de uma origem vegetal da humanidade, nas relações místicas existentes entre certas árvores e certos indivíduos ou sociedades humanas, nas superstições relativas à fecundação pelos frutos ou pelas flores**, nos contos em que o herói covardemente assassinado se transforma numa planta, nos mitos e ritos das divindades da vegetação e da agricultura etc. Esses documen-

---

* Por exemplo, as "fogueiras de São João". (N. da T.)

** E, em suma, a seu poder regenerador, como sejam as virtudes dos "pós de maio". (N. da T.)

tos diferem não só por sua *história* (comparar, por exemplo, o símbolo da Árvore Cósmica entre os indianos e entre os altaicos com as crenças de algumas populações primitivas, a respeito da descendência do gênero humano a partir de uma espécie vegetal), mas também por sua própria estrutura. Quais documentos nos servirão de modelo para compreendermos as hierofanias vegetais? Os símbolos, os ritos, os mitos ou as "formas divinas"?

O método mais seguro é evidentemente o que considera e utiliza todos esses documentos heterogêneos, sem excluir nenhum tipo importante, e atenta simultaneamente para a questão dos *conteúdos revelados* por todas as hierofanias. Obteremos assim um conjunto coerente de notas comuns que – como veremos mais tarde, aliás – permitem organizar um *sistema* coerente de modalidades da sacralidade vegetal. Poderemos assim notar que cada hierofania *pressupõe* tal sistema; que um costume popular, de certo modo relacionado com o "cortejo cerimonial da árvore de maio", implica a sacralidade vegetal formulada pelo ideograma da Árvore Cósmica; que algumas hierofanias não são suficientemente "abertas", são antes quase "crípticas", no sentido de só revelarem parcialmente e de maneira mais ou menos cifrada a sacralidade incorporada ou simbolizada pela vegetação, enquanto outras hierofanias verdadeiramente "fânicas" deixam transparecer as modalidades do sagrado em sua totalidade. Poderíamos assim considerar como hierofania críptica, insuficientemente "aberta" ou "local" o costume de desfilar cerimoniosamente* um ramo verde no começo da primavera**; e como hierofania "transparente" o símbolo da Árvore Cósmica. Mas tanto uma como outra revelam a mesma modalidade do sagrado incorporado na vegetação: a regeneração rítmica, a vida inesgotável que está concentrada na vegetação, a *realidade* manifestada numa criação periódica etc. (§ 124). O que devemos destacar desde já é que todas as hierofanias conduzem a um sistema de afirmações coerentes, a uma "teoria" da sacralidade vegetal, teoria implicada tanto nas hierofanias insuficientemente "abertas" como nas outras.

* Isto é, *numa cerimônia*, por exemplo, *em procissão.* (N. da T.)

** O "domingo de Ramos" pode ser considerado uma modalidade desse rito. (N. da T.)

As consequências teóricas dessas observações serão discutidas no final do livro, quando tivermos examinado uma quantidade suficiente de fatos. Por enquanto nos limitaremos a mostrar que nem a heterogeneidade histórica dos documentos (uns emanados das "elites" religiosas, outros das massas incultas, outros ainda produtos de uma civilização refinada, outros finalmente criação das sociedades primitivas etc.) nem sua heterogeneidade estrutural (mitos, ritos, formas divinas, superstições etc.) constituem obstáculo para a compreensão de uma hierofania. Apesar das dificuldades de ordem prática, só essa mesma heterogeneidade é capaz de revelar-nos todas as modalidades do sagrado, visto que um símbolo ou um mito deixam transparecer claramente as modalidades que um rito não pode manifestar mas somente implicar. A diferença entre o nível de um símbolo, por exemplo, e o de um rito é de tal natureza que jamais o rito poderá revelar tudo o que o símbolo revela. Mas, repetimos, a hierofania ativa num rito agrário pressupõe a presença de todo o sistema, isto é, do conjunto de modalidades da sacralidade vegetal que, de maneira mais ou menos global, as outras hierofanias agrárias revelam.

Estas observações preliminares ficarão mais claras no momento em que o problema for retomado de um ponto de vista diferente. O fato de a feiticeira queimar uma boneca de cera provida de uma madeixa de cabelos de sua "vítima" sem ter uma noção suficiente da *teoria* pressuposta por esse ato mágico não tem a mínima importância para a compreensão da magia simpática. O que importa para compreender essa magia é saber que tal ato só foi possível a partir do momento em que alguns indivíduos se convenceram (por via experimental) ou afirmaram (por via teórica) que as unhas, os cabelos ou os objetos usados por um ser humano conservam relações íntimas com este depois de se separarem. Tal crença pressupõe a existência de um "espaço-rede" ligando entre si os objetos mais afastados, ligando-os por meio de uma simpatia dirigida por leis específicas (a coexistência orgânica, a analogia formal ou simbólica, as simetrias funcionais). O feiticeiro (o que atua como mago) só pode acreditar na eficácia da sua ação na medida em que tal "espaço-rede" existir. Conhecer ele ou não esse "espaço-rede", ter ou não conhecimento da "simpatia" que liga os cabelos ao indivíduo é coisa sem importância. É muito provável que muitas das feiticeiras atuais não possuam uma representação do mundo de acordo com as práticas mágicas que exercem. Mas, consideradas em si mesmas, essas práticas podem revelar-nos o mundo de onde vêm, ainda que os usuários não lhes tenham acesso por via teórica. O universo mental dos mundos arcaicos não chegou até nós dialeticamente nas crenças explícitas dos indivíduos, mas conservou-se em mitos, símbolos, costumes que, apesar de todo gênero de degradação, ainda deixam ver claramente seu sentido original. Em certo sentido, representam "fósseis vivos"; e por vezes basta um único "fóssil" para podermos reconstituir o conjunto orgânico de que ele é o vestígio.

4. Multiplicidade das hierofanias – Os exemplos que acabamos de citar serão retomados e reforçados neste livro. Até agora serviram-nos de primeira abordagem, não para delimitar a noção do sagrado, mas para familiarizar-nos com os documentos de que dispomos. Denominamos *hierofanias* esses documentos porque cada um deles revela uma modalidade do sagrado. As modalidades dessa revelação, assim como o valor ontológico que lhes é atribuído, são duas questões que só poderão ser discutidas no fim de nossa pesquisa. Por ora consideremos cada documento – rito, mito, cosmogonia ou deus – constituindo uma hierofania; ou, em outras palavras, tentemos considerá-lo uma manifestação do sagrado no universo mental daqueles que o receberam.

Certamente tal exercício nem sempre é fácil. Para o ocidental, habituado a relacionar espontaneamente as noções de sagrado, de religião e até mesmo de magia com certas formas históricas da vida religiosa judaico-cristã, as hierofanias alheias a ela parecem-lhe, em grande parte, aberrantes. Ainda que esteja predisposto a considerar com simpatia certos aspectos das religiões exóticas – e em primeiro lugar os das religiões orientais –, só dificilmente poderá compreender a sacralidade das pedras, por exemplo, ou a erótica mística. E, mesmo supondo que tais hierofanias excêntricas possam encontrar algumas justificações (considerando-as, por exemplo, como "fetichismos"), é quase certo que um homem moderno permanecerá refratário com relação a outras, que hesitará em conceder-lhes o valor de hierofania, isto é, de modalidades do sagrado. Walter Otto observou, em seu *Die Götter Griechenlands*, como é difícil para os modernos apreender a sacralidade das "formas perfeitas", uma das categorias do divino de uso corrente entre os antigos helenos. Essa dificuldade se agravará quando se tratar de considerar um símbolo como uma manifestação do sagrado, ou de sentir que as estações, os ritmos ou a plenitude das formas (*de qualquer forma que seja*) são outras tantas modalidades da sacralidade. Tentaremos mostrar nas páginas seguintes que elas eram consideradas assim pelos homens das culturas arcaicas. E na medida em que nos desembaraçarmos dos preconceitos didáticos, em que esquecermos que essas atitudes foram por vezes tachadas de panteísmo, de fetichismo, de infantilismo etc., conseguiremos compreender melhor o sentido passado ou atual do sagrado nas culturas arcaicas, e simultaneamente aumentarão nossas probabilidades de compreender igualmente os modos e a história da sacralidade.

Precisamos habituar-nos a aceitar as hierofanias onde quer que seja, em qualquer setor da vida fisiológica, econômica, espiritual ou social. Em suma, não sabemos se existe *alguma coisa* – objeto, gesto, função fisiológica, ser ou jogo etc. – que nunca tivesse sido, em algum lugar, no decurso da história da humanidade, transfigurada em hierofania. Questão muito diferente é procurar as razões que determinaram a essa *alguma coisa* tornar-se uma hierofania ou deixar de o ser em dado momento. Mas é certo que tudo o que o homem manejou, sentiu, encontrou ou amou pode ter se tornado uma hierofania. Sabemos, por exemplo, que em geral os gestos, as danças, as brincadeiras infantis, os brinquedos etc. têm uma origem religiosa: foram, no passado, gestos ou objetos cultuais. Sabemos também que os instrumentos musicais, a arquitetura, os meios de transporte (animais, carros, barcos etc.) começaram sendo objetos ou atividades sagrados. Podemos pensar que não existe nenhum animal ou planta importante que no decurso da história não tenha participado da sacralidade. Sabemos ainda que todos os ofícios, artes, indústrias, técnicas têm uma origem sagrada ou no curso dos tempos assumiram valores cultuais. Essa lista poderia continuar pelos gestos cotidianos (o levantar-se depois da noite dormida, a marcha, a corrida), pelos diferentes trabalhos (caça, pesca, agricultura), por todos os atos fisiológicos (alimentação, vida sexual etc.), provavelmente também pelas palavras essenciais da língua e assim por diante. Evidentemente, não devemos imaginar que *toda* a espécie humana tenha passado por *todas* essas fases, que *cada* agrupamento humano tenha conhecido sucessivamente *todas* essas hierofanias. Essa hipótese evolucionista, talvez aceitável algumas gerações atrás, está hoje completamente excluída. Mas em algum lugar, em dado momento histórico, cada grupo humano, por sua vez, transubstanciou em hierofanias certo número de objetos, de animais, de plantas, de gestos etc., e é muito provável que no fim das contas nada tenha escapado dessa transfiguração, contínua ao longo de dezenas de milênios de vida religiosa.

5. Dialética das hierofanias – Mencionamos no princípio deste capítulo que todas as definições do fenômeno religioso dadas até o presente colocavam em oposição o *sagrado* e o *profano*. O que acaba de ser dito acima, isto é, que toda e qualquer coisa pode, em determinado momento, ter sido uma hierofania, não contradirá essa definição-padrão do fenômeno religioso? Se *qualquer coisa* pode incorporar a sacralidade, em que medida permanece válida a dicotomia sagrado-profano? Essa contradição é só aparente, porque, se é verdade que *qualquer coisa* pode tornar-se uma hierofania e que provavelmente não existe nenhum objeto, ou ser, ou planta etc. que em certo momento da história e em certo lugar do espaço não tenha assumido o prestígio da sacralidade, apesar disso também é verdade que não se conhece nenhuma religião ou raça que tenha acumulado ao longo de sua história todas essas hierofanias. Em outras palavras, ao lado dos objetos ou dos seres profanos sempre existiram, em qualquer religião, objetos ou seres sagrados. (Não é possível dizer o mesmo dos atos fisiológicos, dos ofícios, das técnicas, dos gestos etc., mas voltaremos a essa distinção.) Temos de ir mais longe: ainda que certa classe de objetos possa receber o valor de uma hierofania, há sempre objetos nessa classe que não são investidos desse privilégio.

Por exemplo, quando se fala do suposto "culto das pedras", nem todas as pedras são consideradas sagradas. Encontraremos sempre *certas* pedras veneradas em virtude de sua forma, de seu tamanho ou de suas implicações rituais. Veremos, aliás, que não se trata de um culto das pedras, que essas pedras sagradas somente são veneradas na medida em que *não são mais* simples pedras e sim hierofanias, isto é, *outra coisa* que não sua condição normal de "objetos". A dialética da hierofania pressupõe uma *escolha* mais ou menos manifesta, uma singularização. Um objeto torna-se sagrado na medida em que incorpora (isto é, revela) "*outra coisa*" que não ele mesmo. Por ora não interessa muito que esse "*outra coisa*" se deva muito simplesmente à sua forma singular, à sua eficácia ou à sua "força" – ou que seja deduzido a partir da "participação" do objeto em algum simbolismo, que seja atribuído por um rito de consagração ou adquirido pela inserção, voluntária ou involuntária, do objeto numa região saturada de sacralidade (uma zona sagrada, um tempo sagrado, um "acidente" qualquer – a queda de um raio, um crime, um sacrilégio etc.). O que queremos destacar é que uma hierofania pressupõe uma *escolha*, uma nítida separação do objeto hierofânico relativamente ao *restante* que o rodeia. Esse *restante* existe sempre, até mesmo quando se trata de uma região imensa que se torna hierofânica: por exemplo, o céu, ou todo o ambiente familiar, ou a "pátria". Em qualquer caso, a separação do objeto hierofânico faz-se pelo menos *com relação a ele mesmo*, pois só se torna uma hierofania no momento em que deixou de ser um simples objeto profano, em que adquiriu uma nova "dimensão": a da sacralidade.

Essa dialética é claríssima no plano elementar das hierofanias fulgurantes, tão comuns na literatura etnológica. Tudo o que é insólito, singular, novo, perfeito ou monstruoso torna-se receptáculo para as forças mágico-religiosas e, dependendo das circunstâncias, um objeto de veneração ou de temor, em virtude do sentimento ambivalente que o sagrado provoca constantemente. "Quando um cão tem sempre êxito na caça", escreve A. C. Kruyt, "isso é *measa* (mau agouro, sinal de desgraça). Demasiado êxito na caça é coisa que inquieta o toraja. A força mágica, graças à qual o animal é capaz de apanhar a caça, acabará necessariamente sendo fatal para seu dono: ou este morrerá em breve, ou a colheita de arroz falhará, ou, o que é mais frequente, uma epizootia se declarará nos búfalos ou nos porcos. Essa crença é geral em todo o centro de Celebes."[2] Seja em que âmbito for, a perfeição assusta, e é nesse valor sagrado ou mágico da perfeição que se deverá procurar a explicação para o receio que até a mais civilizada das sociedades manifesta perante o santo ou o gênio. A perfeição não pertence a este mundo. Ela é outra coisa que não este mundo, ou *vem* de um além.

Esse mesmo receio ou essa mesma reserva timorata existe a respeito de tudo o que é *estrangeiro*, estranho, novo – pois tais presenças surpreendentes são sinais de uma *força* que, apesar de venerável, pode ser perigosa. Nas Celebes, "quando o fruto de uma bananeira nasce não no topo do caule, mas no meio, é *measa*... Diz-se geralmente que isso terá como consequência a morte do dono de tal árvore... Quando uma aboboreira dá dois frutos numa só haste (caso idêntico ao de um nascimento de gêmeos), é *measa*. Causará a morte de um membro da família daquele que possui o campo onde essa planta cresce. É preciso arrancar a planta que dá tais frutos de mau agouro, que ninguém poderá comer"[3]. Como diz Edwin W. Smith, "as coisas estranhas, insólitas, os espetáculos inusitados, as práticas inabituais, os alimentos desconhecidos, os novos processos de fazer as coisas, tudo isso é visto como manifestação das forças ocultas"[4]. Em Tanxa, nas Novas Hébridas, todos os desastres eram imputados aos missionários brancos que acabavam de chegar[5]. A lista desses exemplos pode crescer facilmente[6].

6. O tabu e a ambivalência do sagrado – Veremos mais tarde em que medida tais fatos podem ser considerados hierofanias. Em todo caso são cratofanias, manifestações da força e, consequentemente, são temidos e venerados. A ambivalência do sagrado não é exclusivamente de ordem psicológica (na medida em que atrai ou repele), mas também de ordem axiológica: o sagrado é ao mesmo tempo "sagrado" e "maculado". Ao comentar as palavras de Virgílio, *auri sacra fames*, Sérvio[7] destaca, muito justamente, que *sacer* pode significar ao mesmo tempo "maldito" e "santo". Eustácio[8] observa a mesma dupla significação de *baglos*, que pode exprimir simultaneamente a noção de "puro" e de "poluído"[9]. E essa mesma ambivalência do sagrado aparece no mundo paleossemítico[10] e egípcio[11].

Todas as valorizações negativas das "impurezas" (o contato com os mortos, com os criminosos etc.) se devem a essa ambivalência das hierofanias e das cratofanias. Tudo o que é "impuro" e consequentemente "consagrado" distingue-se, na esfera do ontológico, de tudo o que pertence à esfera profana. Por isso, tanto os objetos como os seres impuros estão praticamente proibidos à experiência profana, pela mesma razão que as cratofanias e as hierofanias. E não é sem risco que todo aquele que estiver na condição profana, isto é, não preparado ritualmente, se aproxima de um objeto impuro ou consagrado. Aquilo a que se dá o nome de *tabu* – originado de uma palavra polinésia adotada pelos etnógrafos – é precisamente essa condição dos objetos, das ações ou das pessoas "isoladas" e "proibidas" em virtude do perigo que seu contato comporta. De maneira geral, é ou se torna *tabu* todo objeto, ação ou pessoa que porta, em razão de seu próprio modo de ser, ou adquire, por uma ruptura de nível ontológico, uma *força* de natureza mais ou menos incerta. A morfologia do *tabu* e dos objetos-, pessoas- ou ações-tabu é muito rica. Basta folhearmos o tomo III de *Le Rameau d'or* (*O Ramo de Ouro*), de Frazer, *Tabou et les périls de l'âme*[12] (*Tabu e os perigos da alma*), ou o rico repertório de Webster, *Taboo*[13], para nos convencermos disso. Vamos limitar-nos a alguns exemplos recolhidos na monografia de Van Gennep[14]. Em malgaxe, o termo correspondente a *tabu* é *fady*, *faly*, palavra que designa o que é "sagrado, proibido, interdito, incestuoso, de mau augúrio"[15], ou seja, em última análise, o que é *perigoso*[16]. Assim, foram *fady* "os primeiros cavalos importados na ilha, os coelhos trazidos por um missionário, os gêneros novos, incluindo os remédios europeus" (o sal, o iodeto de potássio, o rum, a pimenta etc.)[17]. Temos aqui, portanto, as cratofanias do insólito e do novo de que já falamos mais acima. Sua modalidade é fulgurante, pois de maneira geral todos esses *tabus* não duram muito tempo; a partir do momento em que são conhecidos, manipulados, integrados no Cosmos autóctone, perdem sua capacidade de destruir o equilíbrio das forças. Outro termo malgaxe é *loza*, que os dicionários definem como "tudo o que está fora da ou é contra a lei natural, um prodígio, uma calamidade pública, uma desgraça extraordinária, um pecado contra a lei natural, um incesto"[18].

Evidentemente, os fenômenos das doenças e da morte também se agrupam nas categorias do insólito e do aterrorizante. Entre os malgaxes e em outros lugares, "proibições" separam nitidamente os doentes e os mortos do restante da comunidade. É proibido tocar num morto, olhá-lo, pronunciar seu nome. Outra série de *tabus* refere-se à mulher, à sexualidade, ao nascimento ou a determinadas situações (é proibido ao soldado comer galo morto em combate ou qualquer outro animal morto por uma azagaia; não se deve matar um animal macho numa casa cujo dono está em prontidão armada ou na guerra etc.[19]). Em todos esses casos trata-se de uma interdição provisória que se explica por uma concentração fulgurante de forças em determinados centros (a mulher, a morte, a doença) ou pela situação perigosa em que se encontram determinadas pessoas (o soldado, o caçador, o pescador etc.). Mas existem *tabus* permanentes: o do rei ou o do santo, o do nome ou o do ferro, o de certas regiões cósmicas (a montanha de Ambondrom, da qual ninguém ousa se aproximar[20], lagos, rios, ilhas inteiras)[21]. Nesses casos, as proibições são devidas à maneira de ser específica das pessoas e dos objetos-tabu. Devido à sua própria situação real, o rei é um reservatório pleno de forças e, consequentemente, só é possível aproximar-se dele tomando certas precauções; o rei não deve ser tocado nem olhado diretamente, assim como também não se deve dirigir-lhe a palavra etc. Em certas regiões o soberano não deve tocar a terra, pois poderia torná-la estéril devido às forças acumuladas nele; portanto, deve ser transportado ou então caminhar sobre um tapete. As precauções tomadas nas relações com os santos, com os sacerdotes ou com os curandeiros explicam-se pelos mesmos receios. Quanto à transformação em tabu de certos metais (o ferro, por exemplo) ou de certas regiões (as ilhas, os montes), são múltiplas as causas determinantes: a novidade do metal ou o fato de ser utilizado por grupos secretos (fundidores, feiticeiros etc.), a majestade ou o mistério de certas montanhas, o fato de não serem integráveis ou ainda não estarem integradas no Cosmos indígena etc.

Entretanto, o mecanismo do *tabu é* sempre o mesmo: algumas coisas, pessoas ou regiões participam de um sistema ontológico muito diferente e, consequentemente, seu contato produz uma ruptura de nível ontológico que poderia ser fatal. O temor com relação a tal ruptura – necessariamente imposta pelas diferenças de sistema ontológico existentes entre a situação profana e a situação hierofânica ou cratofânica – verifica-se até nas relações do homem com os alimentos consagrados ou com os alimentos que se supõe conter certas forças mágico-religiosas. "Alguns alimentos a tal ponto são santos que mais vale nunca os comer, ou comê-los apenas em pequenas quantidades."[22] É por isso que no Marrocos os visitantes dos santuários ou os participantes de uma festa comem pouquíssimo dos frutos ou dos pratos que lhes são oferecidos. Tenta-se aumentar a "força" (*baraka*) do trigo enquanto ele permanece na eira; mas, concentrada em quantidade excessiva, essa força pode tornar-se nociva[23]. Pela mesma razão o mel rico em *baraka* é perigoso[24].

Essa ambivalência do sagrado – que ao mesmo tempo atrai e repele – será discutida mais profundamente no segundo volume desta obra. O que já podemos notar é a tendência contraditória manifestada pelo homem perante o sagrado (considerando esse termo na acepção mais geral). Por um lado, o homem procura assegurar e aumentar sua própria realidade por um contato tão proveitoso quanto possível com as hierofanias e as cratofanias; por outro, teme perder definitivamente essa "realidade" por sua integração num plano ontológico superior à sua condição profana; ao mesmo tempo que deseja ultrapassá-la, não pode entretanto abandoná-la completamente. A ambivalência da atitude do homem perante o sagrado verifica-se não só nos casos das hierofanias e cratofanias negativas (medo dos mortos, dos espíritos, de tudo o que é "impuro"), mas também nas formas religiosas mais evoluídas. Até uma teofania como a que as místicas cristãs revelam inspira à grande maioria dos indivíduos não somente atração mas também repulsa (qualquer que seja o nome dado a essa repulsa: ódio, desdém, temor, ignorância voluntária, sarcasmo etc.).

Vimos acima que as manifestações do insólito e do extraordinário provocam habitualmente medo e afastamento. Alguns exemplos de *tabus* e de ações-, seres- ou objetos-tabu revelaram-nos por quais mecanismos as cratofanias do insólito, do funesto, do misterioso etc. estão separadas do circuito das experiências normais. Essa separação tem por vezes efeitos positivos; não se limita a *isolar*, também *valoriza*. Por isso, a fealdade e a disformidade, embora singularizem aqueles que as manifestam, ao mesmo tempo também os consagram. "Assim, entre os indígenas ojibway, muitos são chamados feiticeiros sem que eles mesmos se considerem peritos na arte da feitiçaria, mas simplesmente porque são feios ou disformes. Entre esses indígenas, todos os que são olhados como feiticeiros têm geralmente aparência exterior miserável e aspecto repugnante.

Reade afirma que no Congo todos os anões e todos os albinos se tornam sacerdotes. Não se pode pôr em dúvida que o respeito geralmente inspirado por essa classe de homens tenha sua origem na ideia de que são dotados de um poder misterioso."[25]

O fato de os xamãs, os feiticeiros e os curandeiros serem preferentemente recrutados entre os neuropatas ou entre os que apresentam equilíbrio nervoso instável deve-se ao mesmo prestígio do insólito e do extraordinário. Esses estigmas denotam uma *escolha;* aqueles que os possuem têm apenas de submeter-se à divindade ou aos espíritos que assim os singularizaram, tornando-se sacerdotes, xamãs ou feiticeiros. Evidentemente essa escolha nem sempre se efetua por intermédio desse gênero de marcas exteriores naturais (fealdade, enfermidade, nervosismo excessivo etc.); a vocação religiosa aparece frequentemente por ocasião dos exercícios rituais a que, de boa ou má vontade, se submete o candidato, ou numa seleção feita pelo feiticeiro[26]. Mas se trata sempre de uma *escolha.*

7. O *mana* – O insólito e o extraordinário são epifanias perturbadoras: indicam a presença de *outra coisa*, diferente do natural; a presença ou pelo menos o apelo, em sentido predestinado, dessa *outra coisa.* Um animal hábil, assim como um objeto novo ou um fato monstruoso, singulariza-se de maneira tão nítida como um indivíduo extremamente feio, muito nervoso ou isolado do restante da comunidade por qualquer estigma (natural ou adquirido em consequência de uma cerimônia realizada com o fim de designar o "eleito"). Os exemplos nos ajudarão a compreender o conceito melanésio de *mana*, do qual alguns autores julgaram poder derivar todos os fenômenos religiosos. Para os melanésios, *mana* é a força misteriosa e ativa que possuem alguns indivíduos e geralmente as almas dos mortos e todos os espíritos[27]. O ato grandioso da Criação cósmica só foi possível pelo *mana* da divindade; também o chefe do clã possui o *mana*, os ingleses submeteram os maoris porque seu *mana* era mais forte, o ofício do missionário cristão possui um *mana* superior ao dos ritos autóctones. Apesar de tudo, também as latrinas têm seu *mana*, graças ao caráter de "receptáculo de força" que os corpos humanos e também as excreções possuem[28].

Mas os objetos e os homens têm *mana* porque o receberam de determinados seres superiores, ou seja, *porque* participam misticamente do sagrado e *na medida em que* dele participam. "Quando se verifica que uma pedra encerra uma força excepcional, é porque algum espírito a ela se associou. Um osso de um morto possui *mana* porque a alma do morto ali se encontra; determinado indivíduo pode manter uma relação tão estreita com um espírito (*spirit*) ou com a alma de um morto (*ghost*) que fica possuidor de *mana* em si mesmo e pode utilizá-lo como quiser."[29] É uma força diferente das forças físicas, do ponto de vista qualitativo, e por isso se exerce de maneira arbitrária. Um bom guerreiro deve essa qualidade não às suas próprias forças ou recursos, mas à força que o *mana* de um guerreiro morto lhe concede; esse *mana* se encontra no pequeno amuleto de pedra que lhe pende do pescoço, em algumas folhas presas ao seu cinto ou na fórmula que pronuncia. O fato de os porcos de certo homem se multiplicarem e seu pomar prosperar deve-se a determinadas pedras providas do *mana* especial dos porcos e das árvores que seu proprietário possui. Um barco só é rápido se possuir *mana*, assim como uma rede que apanha peixe ou uma flecha que fere mortalmente[30]. Tudo o que é por excelência possui o *mana*; ou seja, tudo o que parece ao homem eficaz, dinâmico, criador, perfeito.

Como reação contra as teorias de Tylor e de sua escola, que consideram que a primeira fase da religião só pode ser o animismo, o antropólogo inglês R. R. Marett julgou reconhecer nessa crença na existência de uma força impessoal uma fase pré-animista da religião. Evitaremos precisar desde já em que medida se pode falar de uma "primeira fase" da religião, assim como não vamos indagar se a identificação de tal fase primordial equivale a descobrir as "origens" da religião. Mencionamos alguns exemplos do *mana* apenas para esclarecer a dialética das cratofanias e das hierofanias no plano mais elementar. (Convém precisar que "o mais elementar" de modo algum significa "o mais primitivo" do ponto de vista psicológico nem "o mais antigo" no sentido cronológico: o nível elementar representa uma modalidade simples, transparente, da hierofania.) Os exemplos citados forneceram-nos uma boa ilustração do fato de uma cratofania ou uma hierofania *singularizar* um objeto relativamente aos outros, assim como acontece com o insólito, o extraordinário e o que é novo. Observemos porém que: 1º, a noção de *mana*, embora a encontremos também em religiões exteriores ao círculo melanésio, não é uma noção universal e, consequentemente, é difícil considerarmos que ela represente a primeira fase de qualquer religião; 2º, é inexato considerar o *mana* como uma força impessoal.

De fato, além dos melanésios[31] há outros povos que conhecem uma força desse gênero, capaz de tornar as coisas poderosas, reais no pleno sentido da palavra. Os sioux chamam de *wakan* essa força; ela circula por toda parte no cosmos, mas só se manifesta nos fenômenos extraordinários (como o Sol, a Lua, o trovão, o vento etc.), assim como nas personalidades fortes (o feiticeiro, o missionário cristão, os seres míticos e lendários etc.). Os iroqueses empregam o termo *orenda* para designar a mesma noção: uma tempestade encerra *orenda*, a *orenda* de uma ave difícil de abater é muito sutil, um homem furioso é presa de sua *orenda* etc. *Oki* entre os hurões, *zemi* entre as populações das Antilhas, *megbe* entre os pigmeus africanos (bambutos) são termos que exprimem a mesma noção de *mana*. Mas, repetimos, não é qualquer pessoa ou qualquer coisa que possui o *oki*, o *zemi*, o *megbe*, o *orenda* etc., mas somente as divindades, os heróis, as almas dos mortos ou os homens e os objetos que mantêm certa relação com o sagrado, ou seja, os feiticeiros, os fetiches, os ídolos etc. Para citar apenas um dos últimos etnógrafos que descreveram esses fenômenos mágico-religiosos e, o que é mais importante, numa população arcaica na qual a existência do *mana* era bastante controvertida, P. Schebesta escreve: "O *megbe* está espalhado por toda parte, mas seu poder não se manifesta em toda parte com a mesma intensidade nem sob o mesmo aspecto. Alguns animais são ricamente providos de *megbe*; quanto aos homens, uns possuem mais, outros menos. Os homens hábeis distinguem-se precisamente pela abundância de *megbe* que acumularam. Os feiticeiros também são ricos em *megbe*. Essa força parece estar ligada à alma-sombra e destinada a desaparecer juntamente com ela na morte, quer porque emigre para outro indivíduo, quer porque se metamorfoseie no Totem."[32]

Embora alguns estudiosos tenham acrescentado alguns outros termos a essa lista (*ngai* dos massais, *andriamanitha* dos malgaxes, *petara* dos daiaques etc.) e se haja tentado interpretar no mesmo sentido o indiano *brahman*, o iraniano *xvarenah*, o romano *imperium*, o nórdico *hamingja*, a noção de *mana* não é universal. O *mana* não aparece em todas as religiões e, onde aparece, não é nem a única nem a mais antiga forma religiosa. "O *mana* [...] não é de maneira alguma universal, e, consequentemente, servir-se dele como base para construir uma teoria geral da religião primitiva é não só errôneo como falacioso."[33] Mais ainda: entre as diferentes fórmulas (*mana*, *wakan*, *orenda* etc.) existem, senão diferenças acentuadas, pelo menos matizes frequentemente desprezados nos primeiros estudos. Assim, o americanista P. Radin, ao analisar as conclusões que W. Jones, Miss Fletcher e Hewitt tiraram de suas pesquisas sobre o *wakanda* e o *manitu* dos sioux e dos algonquinos, observa que esses termos significam "sagrado", "estranho", "importante", "maravilhoso", "extraordinário", "forte", mas sem englobarem a menor ideia de "força inerente"[34].

Mas Marett – e, aliás, outros o fizeram também – julgou que o *mana* representava uma "força impessoal", apesar de Codrington já ter chamado a atenção para o fato de que "essa força, embora impessoal em si mesma, está sempre ligada a uma pessoa que a dirige... Nenhum homem possui essa força por si mesmo: tudo quanto fizer será com auxílio de seres pessoais, espíritos da natureza ou dos ancestrais"[35]. Pesquisas recentes (Hocart, Hogbin, Capell) especificaram essas distinções estabelecidas por Codrington. "Como poderia essa força ser impessoal se está sempre ligada a seres pessoais?", perguntava ironicamente Hocart. Por exemplo, em Guadalcanal e em Malaita são exclusivamente os espíritos e as almas dos mortos que possuem o *nanama*, embora possam utilizar essa força em proveito do homem. "Um homem pode trabalhar duramente, mas, se não obtiver a aprovação dos espíritos, cujo poder se exerce em seu proveito, nunca ficará rico."[36] "Todo esforço possível é feito para assegurar as boas graças dos espíritos, de maneira que o *mana* esteja sempre disponível. Os sacrifícios são o método mais comum para ganhar sua aprovação, mas considera-se também que algumas outras cerimônias lhes são agradáveis."[37]

Radin, por sua vez, apontou que os indígenas não estabelecem oposição entre *pessoal* e *impessoal*, *corporal* e *incorporal*. "O que parece chamar sua atenção, em primeiro lugar, é a questão da existência real; e tudo o que pode ser apreendido pelos sentidos, tudo o que pode ser pensado, vivido ou sonhado existe."[38] Portanto, o problema deve ser posto em termos ontológicos: o que *existe*, o que é *real* e o que *não existe* – e não em termos de *pessoal-impessoal, corporal-incorporal*, conceitos que na consciência dos "primitivos" não têm a precisão que adquiriram nas culturas históricas. O que é provido de *mana* existe no plano ontológico e, portanto, é eficaz, fecundo, fértil. Por isso não se pode afirmar a "impessoalidade" do *mana*, essa noção não tem nenhum sentido no horizonte mental arcaico. Aliás, em parte alguma se encontra o *mana* hipostasiado, separado dos objetos, dos acontecimentos cósmicos, dos seres ou dos homens. Mais ainda: através de uma análise acurada percebemos que um objeto, um fenômeno cósmico, um ser qualquer etc. possuem *mana* graças à intervenção de um espírito ou à confusão com a epifania de um ser divino qualquer.

Disso decorre que de modo algum se justifica a teoria que considera o *mana* como força mágica impessoal. Imaginar, com base nisso, uma fase pré-religiosa (dominada unicamente pela magia) é implicitamente errôneo. Essa teoria, aliás, é desmentida pelo fato de nem todos os povos (e sobretudo os povos mais primitivos) conhecerem o *mana;* e ainda pelo fato de a magia – embora encontrada em quase toda parte – aparecer sempre acompanhada pela religião. Mais ainda: a magia não domina em toda parte a vida espiritual das sociedades "primitivas"; ao contrário, é nas sociedades mais evoluídas que ela se desenvolve de maneira predominante. (Exemplos: a prática da magia é muito fraca entre os kurnais da Austrália e entre os fueguinos; em certas sociedades de esquimós e coriaques, é menos praticada do que entre seus vizinhos ainos e samoiedos, que lhes são superiores do ponto de vista cultural etc.)

8. Estrutura das hierofanias – Lembramos qual era nossa intenção quando citávamos as hierofanias fulgurantes, as cratofanias, o *mana* etc. Não se tratava de discuti-las (o que implicaria como já assentes as noções do sagrado, da polaridade religião-magia etc.), mas simplesmente de ilustrar as modalidades mais elementares do sagrado para uma primeira abordagem. Essas hierofanias e cratofanias sempre nos revelaram uma *escolha*; o que é *escolhido* é implicitamente *forte*, eficaz, temido ou fértil, ainda que a escolha se faça pela singularização do insólito, do novo, do extraordinário; o que foi *escolhido* e revelado como tal por intermédio de uma hierofania ou de uma cratofania frequentemente se torna perigoso, proibido ou poluído. Encontramos com frequência a noção *de força* e de *eficácia* associada a essas hierofanias; demos-lhes o nome de cratofanias precisamente porque nos faltava demonstrar seu caráter sagrado. No entanto, vimos como era imprudente generalizar às pressas; que, por exemplo, é inexato considerar o *mana* como uma força impessoal, visto ser acessível à experiência religiosa ou à observação profana unicamente por uma personificação ou incorporação; que seria mais sensato pôr o problema em seus termos ontológicos e dizer que *o que existe de modo completo* sempre possui *mana*; por fim, que a distinção "pessoal-impessoal" não tem sentido preciso no universo mental arcaico e que é mais prudente desistir dela.

Mas o que devemos notar é que as hierofanias e cratofanias elementares acima mencionadas estão longe de esgotar a experiência e a teoria religiosa dos "primitivos". Não conhecemos uma religião reduzida a tais hierofanias e cratofanias elementares. As categorias do sagrado, assim como sua morfologia, excedem constantemente as epifanias do *mana* e do insólito, do mesmo modo que extravasam do culto dos ancestrais, da crença nos espíritos, dos cultos naturalistas etc. Em outras palavras, uma religião, ainda que se trate da religião mais "primitiva" (por exemplo, a religião de uma tribo australiana, dos andamaneses, dos pigmeus etc.), não se deixa reduzir a um nível elementar de hierofanias (o *mana*, o totemismo, o animismo). Ao lado de tais experiências e teorias religiosas monovalentes, encontramos constantemente vestígios mais ou menos ricos de outras experiências ou teorias religiosas; por exemplo, os vestígios do culto de um Ser Supremo. O fato de esses vestígios apresentarem pouca importância para a vida religiosa cotidiana da tribo não interessa aqui. Teremos oportunidade de verificar (§§ 12 ss.) que, entre os primitivos, a crença num Ser Supremo, criador e todo-poderoso, que permanece no céu e se manifesta por epifanias uranianas, aparece um pouco em toda parte; entretanto, esse Ser Supremo não desempenha quase nenhum papel no culto, onde é substituído por outras forças religiosas (o totemismo, o culto dos ancestrais, as mitologias solares e lunares, as epifanias da fertilidade etc.). O desaparecimento de tais Seres Supremos da atualidade religiosa constitui evidentemente um problema da *história* e deve-se a certas forças que podem ser parcialmente identificadas. Mas, ainda que aí surjam com menos importância, os Seres Supremos pertencem ao patrimônio religioso dos "primitivos" e, consequentemente, não podem ser desprezados quando estudamos a experiência global do sagrado na humanidade arcaica. As hierofanias elementares e as cratofanias fulgurantes incluem-se no conjunto dessa experiência religiosa arcaica, dominando-a por vezes, mas sem nunca esgotá-la.

Por outro lado, essas hierofanias e cratofanias elementares nem sempre são "fechadas", monovalentes. Podem aumentar, se não seu conteúdo religioso, pelo menos sua função formal. Uma pedra cultual manifesta em certo momento histórico determinada modalidade do sagrado: essa pedra *mostra* que o sagrado é *outra coisa* que não o meio cósmico circundante, que, à semelhança do rochedo, o sagrado é de modo absoluto, invulnerável e estático, preservado do devir. Essa ontofania (valorizada no plano religioso) da pedra cultual pode modificar sua "forma" no correr da história; a mesma pedra será venerada mais tarde não pelo que revela *imediatamente* (não mais como uma hierofania elementar), mas porque está integrada num espaço sagrado (de um templo, de um altar etc.), ou porque é considerada a epifania de um deus etc. (cf. § 74). Continua a ser *outra coisa* que não o meio circundante, continua a ser *sagrada* em virtude da hierofania primordial que a *escolheu*; entretanto, o valor que lhe é atribuído muda de acordo com a teoria religiosa em que essa hierofania vem se integrar.

Encontramos um número considerável de tais revalorizações das hierofanias primordiais, pois a história das religiões é, em grande parte, a história das desvalorizações e revalorizações do processo de manifestação do sagrado. Sob esse aspecto, a idolatria e a iconoclastia são atitudes naturais do espírito perante o fenômeno da hierofania; as duas posições são igualmente justificáveis. Pois para aquele que está na posse de uma nova revelação (o mosaísmo no mundo semítico, o cristianismo no mundo greco-romano, por exemplo) as antigas hierofanias não somente perdem seu sentido original, o de manifestação de uma modalidade do sagrado, mas também são consideradas obstáculos para a perfeição da experiência religiosa. Os iconoclastas de qualquer tipo e de qualquer religião são justificados tanto por sua própria experiência religiosa como pelo momento histórico em que se realiza a experiência. Contemporâneos de uma revelação mais "completa", mais conforme com suas faculdades espirituais e culturais, *não podem acreditar*, não podem valorizar no plano religioso as hierofanias que foram aceitas em fases religiosas já passadas.

Por outro lado, a atitude oposta, que por razões de exposição denominamos *idolatria*, justifica-se plenamente, tanto pela experiência religiosa como pela história. Essa atitude, que consiste – *grosso modo* – em conservar e revalorizar permanentemente as antigas hierofanias, é validada pela própria dialética do sagrado, porque o sagrado se manifesta sempre através de alguma coisa; o fato de essa *alguma coisa* (que denominamos "hierofania") ser um objeto do mundo imediato ou um objeto da imensidão cósmica, uma figura divina, um símbolo, uma lei moral ou até uma ideia não tem importância. O ato dialético permanece o mesmo: a manifestação do sagrado através de alguma coisa diferente dele mesmo; aparece nos objetos, nos mitos ou nos símbolos, mas nunca integralmente, de maneira imediata e em sua totalidade. Consequentemente, considerados de um ponto de vista absoluto, uma pedra sagrada, um avatar de Vishnu, uma estátua de Júpiter ou uma epifania javeísta são igualmente válidos (ou ilusórios) pela simples razão de que, em todos esses casos, ao manifestar-se o sagrado limitou-se, incorporou-se. O ato paradoxal da incorporação, que torna possíveis todas as espécies de hierofanias, desde as mais elementares até a suprema encarnação do Logos em Jesus Cristo, encontra-se por toda parte na história das religiões; mas voltaremos a esse problema. No entanto, a atitude a que chamamos idólatra funde-se (consciente ou inconscientemente, pouco importa) nessa visão de conjunto das hierofanias consideradas em sua totalidade. Ela salva as antigas hierofanias ao valorizá-las num plano religioso diferente, concedendo-lhes funções diferentes. Citaremos apenas dois exemplos, extraídos de âmbitos e momentos históricos diferentes.

9. Revalorização das hierofanias – Vimos (§ 5) que tudo o que é extraordinário, grandioso, novo pode tornar-se uma hierofania, pode ser considerado uma manifestação do sagrado na perspectiva espiritual dos primitivos. Os condos do Tanganica conhecem um Ser Supremo, Kyala ou Lesa, que, tal como todos os Seres Supremos africanos, é provido dos prestígios do deus celeste, criador, todo-poderoso e justiceiro. Mas Lesa não se manifesta unicamente por epifanias uranianas: "Tudo o que é grande em seu gênero, como um boi grande, até um bode grande, uma árvore enorme ou qualquer outro objeto de dimensões imponentes toma o nome de Kyala, o que pode significar que Deus elege domicílio temporário nessas coisas. Quando uma tempestade açoita e enfurece a água do lago, dizem que é Deus caminhando na superfície das águas; quando o rugido da catarata é mais formidável que de costume, é a voz de Deus que se deixa ouvir. Um tremor de terra é causado por seus passos possantes, e o raio é Lesa, deus que desce à Terra em sua cólera... também às vezes Deus entra no corpo de um leão ou de uma serpente e sob essa forma circula entre os homens para espiar suas ações."[39] Do mesmo modo, entre os shilluks, o nome do Ser Supremo, que é Juok, aplica-se a tudo o que é miraculoso ou monstruoso, a tudo o que é estranho, a tudo o que um shilluk não pode compreender[40].

Nesses exemplos trata-se de uma valorização das hierofanias elementares e das cratofanias fulgurantes por integração na epifania do Ser Supremo; o insólito, o extraordinário, o novo são valorizados no plano religioso como modalidades de Lesa ou de Juok. Por ora não tentaremos uma análise estratigráfica desse fenômeno, destinada a precisar sua "história", a mostrar se a crença em um Ser Supremo precedeu as hierofanias do extraordinário ou *vice-versa*, ou se as duas experiências religiosas se realizaram conjuntamente. O que nos interessa é o ato religioso de integração das hierofanias elementares na epifania do Ser Supremo, variante da idolatria, ou seja, dessa perspectiva generosa que considera os ídolos, os fetiches e as características físicas como uma série de incorporações paradoxais da divindade. O exemplo é ainda mais elucidativo na medida em que se trata de populações africanas que – como é fácil supor – não sofreram de maneira decisiva o trabalho de sistematização dos teólogos e dos místicos. Poderíamos dizer que se trata de um caso espontâneo de integração das hierofanias elementares no conceito complexo do Ser Supremo (personalidade, criador, todo-poderoso).

O segundo exemplo evidencia o esforço de justificação da atitude idólatra por uma hermenêutica requintada. A escola mística indiana Vaishnava chama de *arcâ*, "homenagem", todo objeto material que o povo venere há séculos (a planta *tulasi*, as pedras *sâlagramâ* ou os ídolos de Vishnu) e, consequentemente, considera-os epifanias do grande deus. No entanto, os místicos e os teólogos interpretam essa epifania paradoxal como um momento da dialética do sagrado que, apesar de eterno, absoluto e livre, se manifesta num fragmento material, precário, condicionado etc. Essa incorporação de Vishnu numa *sâlagramâ* ou num ídolo tem um fim soteriológico na doutrina vaishnava (em seu grande amor pelos homens, a divindade *mostra-se* adotando sua modalidade de ser degradada). Porém também tem um sentido teológico: a incorporação da divindade revela sua *liberdade* de tomar qualquer forma, assim como a condição paradoxal do sagrado, que pode coincidir com *o profano* sem anular sua própria modalidade de ser. Esse paradoxo é admiravelmente destacado por Lokâcharyâ: "Apesar de onisciente, Vishnu mostra-se nas *arcâs* como se fosse desprovido de conhecimento; embora seja espírito, mostra-se como se fosse material; embora seja o verdadeiro Deus, mostra-se como se estivesse à disposição dos homens; ainda que todo-poderoso, mostra-se como se fosse fraco; embora sem preocupações, mostra-se como se tivesse necessidade de receber cuidados; ainda que inacessível (aos sentidos), mostra-se como tangível."

Dirão, sem dúvida, que se trata aqui da interpretação de um fato religioso arcaico e popular por um místico-teólogo; em si mesmo, esse fato estaria longe de revelar tudo o que o místico e o teólogo veem nele. Não poderíamos dizer se essa objeção, aparentemente tão sensata, é justificável. É verdade que os ídolos de Vishnu precedem cronologicamente a teologia e a mística elevada de um Lokâcharyâ; também é verdade que um devoto de uma aldeia indiana adora uma *arcâ* simplesmente por considerar que ela incorpora Vishnu. Mas a questão é saber se essa valorização religiosa do ídolo – considerado participante, de uma maneira ou de outra, da essência de Vishnu – *não diz* o mesmo que a interpretação de Lokâcharyâ, pelo simples fato de ser a valorização religiosa de um objeto material. Em suma, o teólogo não faz mais que traduzir em fórmulas mais explícitas o que já está implicado no paradoxo do ídolo (e, aliás, de qualquer hierofania): o *sagrado* manifesta-se num objeto *profano*.

Em resumo, o que revelam todas as hierofanias, até as mais elementares, é essa paradoxal coincidência do sagrado e do profano, do ser e do não ser, do absoluto e do relativo, do eterno e do devir. Um místico e um teólogo como Lokâcharyâ não faz mais do que explicar a seus contemporâneos o paradoxo da hierofania. Essa explicitação tem evidentemente um sentido de revalorização, isto é, de reintegração da hierofania em um novo sistema religioso. Pois, a bem dizer, a diferença entre a *arcâ* e a hermenêutica de Lokâcharyâ resume-se a uma diferença de *fórmula*, de expressão, com o paradoxo da consciência do sagrado e do profano sendo expresso de maneira concreta no caso do ídolo e de maneira analiticamente descritiva no caso da hermenêutica verbal. Essa coincidência sagrado-profano realiza na verdade uma ruptura de nível ontológico. Está implicada em qualquer hierofania porque toda hierofania *mostra*, manifesta a coexistência das duas essências opostas: sagrado e profano, espírito e matéria, eterno e não eterno. O fato de a dialética da hierofania, da manifestação do sagrado nos objetos materiais, continuar a ser objeto de uma teologia tão elaborada como a da Idade Média prova que essa dialética continua a ser o problema cardeal de qualquer religião. Poderíamos até dizer que todas as hierofanias não são mais que prefigurações do milagre da encarnação, que cada hierofania não é mais que uma tentativa falha de revelar o mistério da coincidência homem-deus. Ockam, por exemplo, não hesita em escrever: "Est articulus fidei quod Deus assumpsit naturam humanam. Non includit contradictionem, Deus assumere naturam assinam. Pari ratione potest assumere lapidem aut lignum." Consequentemente, a morfologia das hierofanias primitivas não parece absurda na perspectiva da teologia cristã: a liberdade de que Deus goza permite-lhe tomar qualquer forma, até mesmo a da pedra ou a da madeira. Evitamos por ora o termo "Deus" e traduzimos: o sagrado manifesta-se sob qualquer forma, até sob a mais aberrante. Em resumo, o que é paradoxal, o que é ininteligível, não é o fato da manifestação do sagrado em pedras ou em árvores, mas o próprio fato de ele *manifestar*-se e, consequentemente, *limitar*-se e tornar-se *relativo*[41].

10. Complexidade do fenômeno religioso "primitivo" – Julgamos que os exemplos citados até aqui nos ajudaram a estabelecer alguns princípios diretores: 1º) o *sagrado* é qualitativamente diferente do *profano*, mas pode manifestar-se de qualquer modo e em qualquer lugar no mundo profano, pois tem a capacidade de transformar todo objeto cósmico em paradoxo por intermédio da hierofania (no sentido de que o objeto deixa de ser ele mesmo, como objeto cósmico, ao mesmo tempo que permanece aparentemente inalterado); 2º) essa dialética do sagrado é válida para todas as religiões e não apenas para as pretensas "formas primitivas". Essa dialética se verifica tanto no "culto" das pedras e das árvores como na concepção erudita dos avatares indianos ou no mistério capital da Encarnação; 3º) em nenhum lugar se encontram *unicamente* hierofanias elementares (as cratofanias do insólito, do extraordinário, do novo, o *mana* etc.), mas também vestígios de formas religiosas consideradas, na perspectiva das concepções evolucionistas, superiores (Seres Supremos, leis morais, mitologias); 4º) encontramos em toda parte, e até mesmo sem esses vestígios de formas religiosas superiores, um *sistema* onde vêm colocar-se as hierofanias elementares. O "sistema" não é esgotado por elas; é constituído por todas as experiências religiosas da tribo (o *mana*, as cratofanias do insólito etc., o totemismo, o culto dos ancestrais etc.); compreende também um corpo de tradições teóricas que não se deixam reduzir às hierofanias elementares: por exemplo, os mitos sobre a origem do mundo e da espécie humana, a justificação mítica da condição humana atual, a valorização teórica dos ritos, as concepções morais etc. Convém insistirmos sobre este último ponto.

Basta percorrermos algumas monografias etnográficas (a de Spencer e Gillen ou a de Strehlow sobre os australianos, a de Schebesta ou a de Trilles sobre os pigmeus africanos, a de Gusinde sobre os fueguinos) para notarmos: 1º) que a vida religiosa dos primitivos ultrapassa os domínios que habitualmente estamos dispostos a atribuir à experiência e à teoria religiosas; 2º) que em toda parte essa vida religiosa é complexa e sua apresentação simples e linear, frequente nos trabalhos de síntese ou de vulgarização, deve-se a uma seleção, mais ou menos arbitrária, efetuada pelos autores. É verdade que certas formas *dominam* o conjunto religioso (por exemplo, o totemismo na Austrália, o *mana* na Melanésia, o culto dos ancestrais na África etc.), mas nunca o esgotam. Por outro lado, encontramos uma quantidade de símbolos, acontecimentos cósmicos, biológicos ou sociais, ideogramas e ideias que são valorizados no plano religioso, embora suas relações com a experiência religiosa nem sempre sejam claras para nós, homens modernos. Compreendemos, por exemplo, que os ritmos lunares, as estações, a iniciação sexual ou social, o simbolismo espacial possam adquirir valores religiosos para a humanidade arcaica, isto é, tornar-se hierofanias; mas é muito mais difícil compreender em que medida gestos fisiológicos, como a nutrição e o ato sexual, ou ideogramas, como o "ano", podem reivindicar o mesmo título. Trata-se, em suma, de duas dificuldades: 1ª) aceitar a sacralidade da vida fisiológica toda; 2ª) considerar hierofanias certas construções teóricas (ideogramas, mitogramas, leis cósmicas ou morais etc.).

De fato, uma das principais diferenças que separam o homem das culturas arcaicas do homem moderno reside precisamente na incapacidade deste de viver a vida orgânica (em primeiro lugar a sexualidade e a nutrição) como um sacramento. A psicanálise e o materialismo histórico julgaram encontrar a confirmação mais segura de suas teses na importância do papel que a sexualidade e a nutrição desempenham entre os povos que ainda se encontram na fase "etnográfica". No entanto, a psicanálise e o materialismo histórico desprezaram o valor, diríamos até a função, *completamente diferente* em comparação com o sentido moderno, que têm o erotismo e a nutrição entre esses povos. Para o moderno não passam de atos fisiológicos, ao passo que para o homem das culturas arcaicas são sacramentos, cerimônias cuja intermediação serve para comungar com a *força* que a própria Vida representa. Veremos mais tarde que a *força* e a *Vida* não são mais que epifanias da *realidade última*; entre os "primitivos", esses atos elementares tornam-se um rito cuja intermediação auxilia o homem a aproximar-se da realidade, a inserir-se no ôntico, libertando-se de automatismos (desprovidos de conteúdo e de sentido) do devir, do "profano", do nada.

Teremos ocasião de ver que, como o rito consiste sempre na repetição de um gesto arquetípico realizado *in illo tempore* (no princípio da "História") pelos ancestrais ou pelos deuses, procura-se "ontificar", por intermédio da hierofania, os atos mais banais e mais insignificantes. Pela repetição, o rito *coincide* com seu "arquétipo", o tempo profano é abolido. Assistimos, por assim dizer, *ao mesmo ato* realizado *in illo tempore*, num momento auroral cosmogônico. Consequentemente, ao transformar todos os atos fisiológicos em cerimônias o homem arcaico busca "passar além", projetar-se além do tempo (do devir), na eternidade. Não é oportuno insistir aqui na função desempenhada pelo rito, mas é necessário observarmos, desde já, a tendência normal do "primitivo" para transformar os atos fisiológicos em ritual, atribuindo-lhes assim um valor espiritual. Quando se alimenta ou faz amor, o primitivo insere-se num plano que, em todo caso, não é o da nutrição nem o da sexualidade. Isso pode ser verificado nas experiências iniciais (primeiros frutos, primeiro ato sexual), bem como em toda a atividade erótica e alimentar. Podemos dizer que se trata, nessas circunstâncias, de uma experiência religiosa indistinta, estruturalmente diferente das experiências distintas representadas pelas hierofanias do insólito, do extraordinário, do *mana* etc. Mas o papel dessa experiência na vida do homem arcaico nem por isso é menor, embora, por sua natureza, ela possa escapar aos observadores. Isso explica nossa afirmação anterior: a vida religiosa dos povos primitivos ultrapassa as categorias do *mana*, das hierofanias e das cratofanias fulgurantes. Toda uma experiência religiosa, indistinta do ponto de vista estrutural, se deve a essa tentativa feita pelo homem para inserir-se no real, no sagrado, através dos atos fisiológicos fundamentais que transforma em cerimônias.

Por outro lado, a vida religiosa de qualquer grupo humano na fase etnográfica encerra sempre certo número de elementos teóricos (símbolos, ideogramas, mitos cosmogônicos e genealógicos etc.). Teremos ocasião de ver que tais "variedades" são consideradas hierofanias pelo homem das culturas arcaicas. Não só porque revelam as modalidades do sagrado, mas também porque com auxílio dessas "verdades" o homem se defende do insignificante, do nada; numa palavra, escapa à esfera do profano. Tem-se falado muitas vezes da fraqueza dos primitivos em matéria de teoria. Ainda que assim fosse (e a opinião de grande número de observadores é diferente), muito frequentemente tem-se esquecido que o funcionamento do pensamento arcaico não utiliza exclusivamente conceitos ou elementos conceituais, mas também, e em primeiro lugar, símbolos. Mais adiante teremos oportunidade de ver que o "manejo" dos símbolos se efetua segundo uma *lógica* simbólica. Donde se conclui que a aparente pobreza conceitual das culturas primitivas implica não uma incapacidade para produzir teoria, mas seu pertencimento a um estilo de pensar nitidamente diferente do "estilo" moderno, fundamentado nos esforços da especulação helênica. Ora, até nos grupos menos evoluídos do ponto de vista etnográfico é possível identificarmos um conjunto de verdades, integradas de modo coerente num sistema, numa teoria (por exemplo, entre os australianos, os pigmeus, os fueguinos etc.)*. Esse conjunto de verdades não constitui somente uma "Weltanschauung", mas também uma ontologia pragmática (diríamos até uma soteriologia), no sentido de que ele tenta salvar-se integrando-se no real com auxílio dessas "verdades".

Para darmos apenas um exemplo, veremos que a maioria dos atos realizados pelo homem das culturas arcaicas não é, em seu pensamento, mais do que a repetição de um gesto primordial realizado no princípio do tempo por um ser divino ou por uma figura mítica. O ato só tem algum sentido na medida em que repete um modelo transcendente, um arquétipo. Por isso a finalidade dessa repetição é assegurar a *normalidade* do ato, legalizá-lo concedendo-lhe assim um estatuto ontológico; pois, se esse ato se torna *real*, é unicamente *porque repete* um arquétipo. Ora, todas as ações realizadas pelo primitivo pressupõem um modelo transcendente; por isso esses atos só são eficazes na medida em que são *reais, exemplares*. A ação é ao mesmo tempo uma cerimônia (na medida em que integra o homem numa zona sagrada) e uma inserção no real. Todas essas observações implicam nuanças que se destacarão muito mais claramente no momento em que pudermos comentar os exemplos fornecidos pelos capítulos seguintes. No entanto, tais implicações já devem ser enunciadas, a fim de esclarecer esse aspecto teórico da vida religiosa "primitiva", geralmente bastante negligenciado.

---

* Concepção de mundo, mundividência. (N. da T.)

II

O céu: deuses uranianos, ritos e símbolos celestes

11. O sagrado celeste – A oração mais popular do mundo todo se dirige ao "Pai Nosso que estais no céu". Pode ser que a prece mais antiga fosse dirigida a um mesmo Pai celeste – o que explicaria o testemunho de um africano da tribo dos ewes: "Lá onde está o céu está também Deus." A escola etnográfica de Viena e em primeiro lugar o padre W. Schmidt, autor da mais volumosa monografia dedicada à origem da ideia de divindade, procura até mesmo demonstrar a existência de um monoteísmo primordial, fundamentando-se essencialmente na presença dos deuses celestes entre as sociedades humanas mais primitivas. Deixaremos provisoriamente em suspenso esse problema de um monoteísmo original. O que está completamente fora de dúvida é a quase universalidade das crenças num Ser divino celeste, criador do Universo e assegurador da fecundidade da Terra (graças às chuvas que derrama). Esses seres são dotados de uma presciência e uma sabedoria infinitas; as leis morais e frequentemente os rituais do clã foram instaurados por eles durante sua breve estada na Terra; velam pela observância das leis e o raio fulmina todo aquele que as infringe.

Antes de passarmos em revista algumas figuras divinas de estrutura uraniana, procuremos compreender a significação religiosa do céu propriamente dito. Sem precisarmos sequer recorrer à fabulação mítica, o céu revela diretamente sua *transcendência*, sua *força* e sua *sacralidade*. A simples contemplação da abóbada celeste provoca na consciência primitiva uma experiência religiosa.

Uma afirmação como essa não implica necessariamente um "naturismo" uraniano. Para a mentalidade arcaica, a Natureza nunca é exclusivamente "natural". A expressão "simples contemplação da abóbada celeste" toma um sentido diferente se a relacionarmos com o homem primitivo, aberto para os milagres cotidianos com uma intensidade que nos é difícil imaginar. Essa contemplação equivale a uma revelação. O céu revela-se tal como é na realidade: infinito, transcendente. A abóbada celeste é, por excelência, "uma coisa muito diferente" do pouco que o homem e seu espaço vital representam. Diríamos que o simbolismo da sua transcendência se deduz da simples tomada de consciência de sua altura infinita. "O altíssimo" torna-se muito naturalmente um atributo da divindade. As regiões superiores inacessíveis ao homem, as zonas siderais adquirem os prestígios divinos do transcendente, da realidade absoluta, da perenidade. Tais regiões são a morada dos deuses; é lá que alguns privilegiados conseguem chegar por meio de ritos de ascensão celeste; para lá se elevam, segundo as concepções de certas religiões, as almas dos mortos. O "alto" é uma dimensão inacessível ao homem como tal; pertence por direito às forças e aos seres sobre-humanos; aquele que se eleva subindo cerimonialmente os degraus de um santuário ou a escada ritual que conduz ao céu deixa então de ser homem; as almas dos defuntos privilegiados abandonaram a condição humana em sua ascensão celeste.

Tudo isso é deduzido da simples contemplação do céu; mas seria erro grave considerar essa dedução como uma operação lógica, racional. A categoria transcendental da "altura", do supraterrestre, do infinito revela-se ao homem integral, tanto à sua inteligência como à sua alma. O simbolismo é um dado imediato da consciência total, ou seja, do homem que se descobre como tal, do homem que toma consciência de sua posição no Universo; essas descobertas primordiais estão ligadas de maneira tão orgânica a seu drama que o mesmo simbolismo determina tanto a atividade de seu subconsciente como as mais nobres expressões de sua vida espiritual. Portanto, devemos insistir nessas distinções, isto é, em que, se o simbolismo e os valores religiosos do céu não são deduzidos, de maneira lógica, da observação tranquila, objetiva da abóbada celeste, nem por isso são o produto exclusivo da fabulação mítica e das experiências irracionais religiosas. Repetimos: antes mesmo de toda valorização religiosa do céu, ele revela sua transcendência. Por sua simples existência o céu "simboliza" a transcendência, a força, a imutabilidade. Ele *existe* porque é *elevado, infinito, imutável, poderoso.*

O simples fato de ser "elevado", de encontrar-se "no alto" equivale a ser "poderoso" (no sentido religioso da palavra) e a estar, como tal, saturado de sacralidade – e é a própria etimologia de certos deuses que o atesta. Para os iroqueses, tudo o que possui *orenda* chama-se *oki*, mas o sentido da palavra *oki* parece ser "aquele que está no alto"; encontramos até mesmo um Ser Supremo com o nome de Oke[1]. As populações sioux ("Plain Indians" da América setentrional) exprimem a força mágico-religiosa (*mana, orenda* etc.) pelo termo *wakan*, foneticamente muito próximo de *wakán, wankan*, que significa "no alto, acima" na língua dacota; o Sol, a Lua, o relâmpago, o vento possuem *wakan*, e essa força, ainda que de maneira imperfeita, foi personificada em Wakan, traduzido por "Senhor" pelos missionários, mas é mais exatamente um Ser Supremo celeste, que se manifesta sobretudo no relâmpago[2].

A divindade suprema dos maoris chama-se Iho; *iho* tem o sentido de "elevado, no alto"[3]. Os negros akposos conhecem um deus supremo, Uwoluwu, "o que está no alto, nas regiões superiores"[4]. E seria possível multiplicarmos os exemplos[5]. Veremos em breve que "o altíssimo", "o brilhante", "o céu" são noções que existiram mais ou menos manifestamente nos termos arcaicos por meio dos quais os povos civilizados exprimiam a ideia de divindade. A transcendência divina revela-se diretamente na inacessibilidade, na infinitude, na eternidade e na força criadora do céu (a chuva). O modo de ser celeste é uma hierofania inesgotável. Por isso, tudo o que se passa nos espaços siderais e nas regiões superiores da atmosfera – a revolução rítmica dos astros, o correr das nuvens, as tempestades, o raio, os meteoros, o arco-íris – são momentos dessa mesma hierofania.

É difícil precisar quando essa hierofania se personificou, quando as divindades do céu se revelaram e tomaram o lugar da sacralidade celeste como tal. O certo é que as divindades celestes foram desde o início divindades supremas; que suas hierofanias, diferentemente dramatizadas pela experiência mítica, permaneceram com o passar do tempo hierofanias uranianas; e o que poderíamos chamar de história das divindades celestes é em grande parte a história das intuições de "força", de "criação", de "leis" e de "soberania". Examinaremos rapidamente alguns grupos de divindades celestes, o que nos ajudará a compreender melhor tanto a essência dessas divindades como o destino de sua "história".

12. Deuses australianos do céu – Baiame, a divindade suprema das tribos do sudeste da Austrália (kamilaroi, wiradjuri, euahlayi), habita o céu, perto de um grande rio (a Via Láctea), e lá recebe as almas dos inocentes. Está sentado num trono de cristal; o Sol e a Lua são seus "filhos", seus mensageiros na Terra (na realidade, seus olhos, como entre os fueguinos halakwulups, os semangs e os samoiedos)[6]. O trovão é sua voz; faz cair a chuva, reverdecendo e fertilizando assim toda a Terra; nesse sentido é também "criador". Pois Baiame é "self created" e tudo criou *ex nihilo*. Tal como os outros deuses uranianos, Baiame vê e ouve tudo[7]. Outras tribos, situadas na costa leste (muring etc.), conhecem um Ser divino semelhante: Daramulun. Esse nome esotérico (como, aliás, Baiame) só é comunicado aos iniciados; as mulheres e as crianças só o conhecem como "pai" (*papang*) e "senhor" (*biambam*). Da mesma forma, as grosseiras imagens de argila do deus só são exibidas durante as cerimônias de iniciação; em seguida são destruídas e dispersadas com um cuidado especial. Outrora, Daramulun permaneceu certo tempo na Terra e inaugurou os ritos de iniciação; depois subiu de novo ao céu, e de lá ressoa sua voz – o trovão –, de lá ele envia a chuva. A iniciação consiste, entre outros atos, na revelação solene do "rombo"*, um pedaço de madeira de aproximadamente 15 cm de comprimento e 3 cm de largura que possui numa extremidade um orifício pelo qual passa um cordel; ao ser girado, o rombo produz um som análogo ao trovão e ao mugido do touro (daí também seu nome inglês: *bull-roarer*)**. Só os iniciados conhecem a identidade do rombo e de Daramulun. Esses gemidos misteriosos que ouvem à noite, provenientes da selva, enchem os não iniciados de um terror sagrado, pois pressentem neles a aproximação da divindade[8].

---

* Concepção, visão de mundo. (N. da T.)

** Berro do touro. (N. da T.)

O Ser Supremo das tribos kulin chama-se Bundjil; habita o mais alto céu, acima do "céu escuro" (é até esse "céu escuro", parecido com uma montanha, que podem elevar-se os curandeiros; lá os acolhe outra figura divina, Gargomitch, que intercede a seu favor junto de Bundjil[9]; cf. a montanha em cujo cimo se encontra um ser subordinado a Baiame, que lhe leva as preces dos homens e regressa com suas respostas[10]). Foi Bundjil que criou a Terra, as árvores, os animais e o próprio homem (depois de fazê-lo com argila, "insuflou" nele a alma pelo nariz, pela boca e pelo umbigo). Mas Bundjil, depois de investir seu filho, Bimbeal, do poder na Terra e sua filha, Karakarook, do poder no céu, retirou-se do mundo, mantendo-se então sobre as nuvens, como um "senhor", com um grande sabre na mão[11]. As características uranianas encontram-se também nos outros deuses supremos australianos. Quase todos manifestam sua vontade pelo trovão, pelo raio (por exemplo, Pulyallana) ou pelo vento (Baiame), pela aurora boreal (Mungangaua), pelo arco-íris (Bundjil, Nurrundere) etc. Vimos que a morada sideral de Baiame é atravessada pela Via Láctea; as estrelas são as fogueiras do acampamento de Altjira e de Tukura (deuses supremos das tribos aranda e lorija[12]).

De maneira geral podemos dizer que esses seres divinos australianos conservam, sob uma forma mais ou menos integral, seus vínculos diretos, concretos, com o céu, com a vida sideral e meteórica[13]. Sabe-se, a respeito de cada um deles, que fizeram o Universo e criaram o homem (isto é, o ancestral mítico); durante sua curta permanência na Terra revelaram os mistérios (quase sempre redutíveis à comunicação da genealogia mítica da tribo e a certas epifanias do trovão, cf. o rombo) e instituíram as leis civis e morais. São bons (são chamados "Pai Nosso"), recompensam os virtuosos e defendem a moralidade. Desempenham o papel principal nas cerimônias de iniciação[14] e até mesmo recebem orações enviadas diretamente (como entre os yuins e os kuris do sul). Mas em parte alguma a crença em semelhantes seres celestes domina a vida religiosa. A característica da religiosidade australiana não é a crença num ser celeste, criador supremo, mas o totemismo. Encontramos a mesma situação noutras regiões; as divindades celestes supremas são incessantemente empurradas para a periferia da vida religiosa, chegando a cair no esquecimento; são outras forças sagradas, mais próximas do homem, mais acessíveis à sua experiência cotidiana, mais úteis, que desempenham o papel preponderante.

13. Deuses celestes entre os andamaneses, os africanos etc. – Assim, por exemplo, Risley e Geden encontram entre as populações aborígenes da Índia vestígios de uma crença quase esquecida numa divindade suprema; "antes vaga recordação que força ativa"[15], um "Ser Supremo passivo, ao qual nenhum culto é dirigido"[16]. Mas, por muito tênues que sejam os indícios dessa divindade celeste suprema, continuam a manter um vínculo com a vida uraniana ou meteórica. No arquipélago andamanês, em uma das populações mais primitivas da Ásia Puluga é o Ser Supremo; é concebido de maneira antropomórfica[17] mas mora no céu e sua voz é o trovão, o vento é sua respiração; o furacão é o sinal de sua cólera, pois castiga com o raio aqueles que infringem seus mandamentos. Puluga sabe tudo, mas só conhece os pensamentos dos homens durante o dia (característica naturista; onisciente = onividente)[18]. Criou para si uma esposa e teve filhos. Perto de sua residência uraniana estão o Sol (feminino) e a Lua (masculino), com seus filhos, as estrelas. Se Puluga dorme, vem a seca. Se chove, isso significa que Deus desceu à Terra e procura seu alimento (aparecimento da vegetação)[19]. Puluga criou o mundo e também o primeiro homem, chamado Tomo. A humanidade multiplicou-se, teve de dispersar-se e, depois da morte de Tomo, foi progressivamente esquecendo seu criador. Um dia desencadeou-se a cólera de Puluga, e o dilúvio, que engoliu a Terra inteira, pôs fim à humanidade: apenas quatro pessoas se salvaram. Puluga teve piedade delas, mas os homens continuaram a mostrar-se recalcitrantes. Após recordar-lhes mais uma vez seus mandamentos, o deus retirou-se – e depois disso os homens nunca mais o viram. O mito do afastamento corresponde à completa ausência de culto. Um dos últimos exploradores, Paul Schebesta, escreveu a propósito disso: "Os andamaneses não conhecem nenhum culto a Deus, nenhuma oração, nenhum sacrifício, nenhuma solicitação, nenhuma ação de graças. Só o temor a Puluga leva-os a obedecer a seus mandamentos, alguns dos quais são rigorosos, como o de não comer certos frutos durante a estação das chuvas. Com bastante boa vontade poderemos explicar certos costumes como uma espécie de culto."[20] Entre eles está o do "silêncio sagrado" dos caçadores que regressam à aldeia depois de uma caçada bem-sucedida.

Entre os caçadores nômades selknam, da Terra do Fogo, o deus chama-se Temaukel, mas devido ao temor sagrado esse nome nunca é pronunciado. Geralmente o chamam de *so'ohn-haskan*, isto é, "Habitante do céu", e *so'onk kas pémer*, "Aquele que está no céu". É eterno, onisciente, todo-poderoso, criador – mas a criação foi concluída pelos ancestrais míticos, também criados pelo deus supremo antes de retirar-se para além das estrelas, pois no presente esse deus isolou-se dos homens e tornou-se indiferente às coisas do mundo. Não tem imagens nem sacerdotes. É o autor das leis morais, é o juiz e, por último, o senhor dos destinos. Mas só lhe são dirigidas orações em caso de doença: "Oh, tu que estás no alto, não me tires meu filho, ele ainda é tão pequenino!" E fazem-lhe oferendas especialmente durante as intempéries[21].

Por toda a África encontraram-se indícios de um grande deus celeste quase desaparecido ou em via de desaparecer do culto (ver a bibliografia). Seu lugar foi ocupado por outras forças religiosas, sobretudo pelo culto dos ancestrais. "A tendência geral do espírito dos negros", escreve A. B. Ellis, "foi escolher o firmamento como deus principal da natureza, em vez do Sol, da Lua e da Terra."[22] Mary Kingsley, por sua vez, crê "que o firmamento é sempre o grande deus indiferente e negligenciado, o Nyan Kupon dos tschwis e o Anzambe, o Nzam etc. das raças bantas. O africano pensa que esse deus teria grande poder, caso desejasse exercê-lo"[23].

Voltaremos em breve a falar da indiferença desse grande deus. Por ora trataremos apenas de sua estrutura celeste. Os tschis, por exemplo, empregam a palavra *Nyankupon* – o nome de seu deus supremo – para designar o céu, a chuva; dizem *Nyankupon bom* (bate), "troveja", *Nyankupon aba* (chegou), "chove"[24]. Os ba-ilas, tribos bantas do vale do Kafue, acreditam num Ser Supremo todo-poderoso, criador, que habita o céu e que chamam de Leza. Mas na linguagem popular a palavra *leza* exprime também os fenômenos meteorológicos: diz-se Leza cai (chove), Leza está furioso (troveja) etc.[25] Os suks chamam seu Ser Supremo de Torôrut, isto é, o céu, mas também de Ilat, a Chuva[26]. Entre os negros propriamente ditos, Njame (Nyame) designa também o firmamento (da raiz *nyam*, "brilhar"; cf. *div*, § 20).

Para a maioria das populações ewes, Mawu é o nome do Ser Supremo (nome derivado de *wu*, "estender", "cobrir"); aliás, Mawu é utilizado como termo para designar o firmamento e a chuva. O azul do firmamento é o véu com que Mawu cobre o rosto; as nuvens são suas vestes e seus adornos; o azul e o branco, suas cores favoritas (seu sacerdote não pode usar outras cores). A luz é o óleo com que Mawu unge seu corpo desmesurado. Ele envia a chuva e é onisciente. Mas, embora lhe sejam oferecidos sacrifícios regulares, está desaparecendo do culto[27]. Entre os masais nilóticos, Ngai é uma figura divina muito elevada, o que não o impede de conservar as características uranianas; é invisível, habita o céu, seus filhos são as estrelas etc. Seus olhos também são estrelas; uma estrela cadente é um olho seu que se aproxima da Terra para ver melhor. Segundo Hollis, Engai (Ngai) significa literalmente "a chuva"[28].

Os índios pawnis reconhecem Tirawa atius, "Tirawa pai de todas as coisas", criador de tudo o que existe e dispensador de vida. Criou as estrelas para guiar os passos dos homens; os relâmpagos são seus olhares, o vento é sua respiração. Seu culto conserva ainda um colorido simbolismo uraniano muito preciso. Reside acima das nuvens, no céu que nunca muda. Tirawa tornou-se uma nobre figura religiosa e mítica. "Os brancos falam de um Pai celeste, ao passo que nós falamos de Tirawa atius, o pai do alto, mas não imaginamos Tirawa como uma pessoa. Nós o Imaginamos em todas as coisas... Que aparência ele tem ninguém sabe."[29]

14. "Deus otiosus" – A pobreza cultual – ou seja, sobretudo a ausência de um calendário sagrado dos ritos periódicos – é uma característica da maioria dos deuses celestes[30]. Os semangs da península de Malaca também conhecem um ser supremo, Kari, Karei ou Ta Pedn, de estatura superior à de um homem e invisível. Quando falam dele, os semangs não dizem precisamente que ele é imortal, mas afirmam que sempre existiu. Criou todas as coisas, exceto a Terra e o homem, que são obra de Plê, outra divindade, que lhe é subordinada[31]. O esclarecimento de não ter sido Kari o criador da Terra e do homem é significativo: revela-nos uma fórmula comum da transcendência e da passividade da divindade suprema, distante demais do homem para satisfazer suas inumeráveis necessidades religiosas, econômicas e vitais. Tal como os outros deuses supremos uranianos, Kari habita o céu e demonstra sua cólera provocando relâmpagos; aliás, seu próprio nome significa "raio" ("tempestade"). É onisciente, pois vê tudo que se passa na Terra. Por isso é "em primeiro lugar o legislador, que rege a vida social dos homens da floresta e zela ciosamente pela observação de seus mandamentos"[32]. Mas não é objeto de um culto propriamente dito; apenas o invocam, fazendo oferendas expiatórias de sangue quando se desencadeia uma tempestade[33].

O mesmo acontece na maioria das populações africanas: o grande deus celeste, o Ser Supremo, criador e todo-poderoso, desempenha apenas um papel insignificante na vida religiosa da tribo. Está longe demais ou é demasiado bondoso para ter necessidade de um culto propriamente dito e só é invocado em casos extremos. Assim, por exemplo, os iorubás da Costa dos Escravos acreditam num deus do céu chamado Olorun (literalmente "Proprietário do céu"), que, depois de iniciar a criação do mundo, confiou o cuidado de acabá-la e governá-la a um deus inferior, Obatala. Olorun afastou-se definitivamente dos assuntos terrestres e humanos, e não existem templos, estátuas ou sacerdotes desse deus supremo. Entretanto, é invocado como um último recurso em tempo de calamidade[34].

Entre os fangs do Congo (Brazzaville), Nzame ou Nsambe – criador e senhor do céu e da Terra – desempenhava outrora um papel bastante importante na vida religiosa da tribo (é o que os mitos e as lendas sugerem), mas agora passou para o segundo plano[35]; o Nzambi dos bantos é igualmente um grande deus celeste que se retirou do culto. Os indígenas consideram-no todo-poderoso, bom e justo; mas por isso mesmo não o adoram e não o representam sob nenhuma forma material, como aos outros deuses e espíritos[36]. Entre os basongos, o criador celeste Efile Mokulu não possui culto e somente é invocado quando alguém faz um juramento[37]. Os hereros, população banta do sudoeste da África, chamam de Ndyambi seu deus supremo; retirado no céu, ele abandonou a humanidade a divindades inferiores. Por isso não é adorado. "Por que haveríamos de oferecer-lhe sacrifícios?", explica um indígena: "Nada temos a temer dele, pois, ao contrário de nossos mortos (*ovakurü*), não nos faz nenhum mal." No entanto, os hereros dirigem-lhe orações quando ocorre inesperadamente algo feliz[38]. Os alundas, outra tribo banta, creem que seu Nzambi está muito distante e é inacessível aos homens; a vida religiosa é confiscada pelo temor e pelo culto dos espíritos; até mesmo para a chuva se dirigem aos *akishi*, isto é, aos ancestrais[39].

O mesmo processo verifica-se entre os angonis, que conhecem um Ser Supremo mas adoram os ancestrais; entre os tumbukas, para os quais o criador é desconhecido e grande demais "para se interessar pelos assuntos vulgares dos homens"[40]; entre os wembas, que conhecem a existência de Leza, mas são solicitados exclusivamente pelos ancestrais; entre os wahéhés, que imaginam o Ser Supremo, Ngurubi, como criador e todo-poderoso, mas sabem também que são os espíritos dos mortos (*masoka*) que exercem o verdadeiro controle sobre as coisas do mundo e é a eles que oferecem um culto regular etc. Os wachaggas, importante tribo banta do Kilimandjaro, adoram Ruwa, o Criador, o deus bom, guardião das leis morais. É ativo nos mitos e nas lendas, mas tem um papel medíocre na religião. É demasiado bom e compassivo para que os homens tenham necessidade de temê-lo; concentram toda sua solicitude em torno dos espíritos dos mortos. Somente quando as preces e os sacrifícios oferecidos aos espíritos ficam sem resposta sacrificam a Ruwa, sobretudo em caso de seca ou de doença grave[41].

Mesma situação entre os negros de língua tshi da África Ocidental com Njankupon, que está longe de ser adorado; não possui culto nem mesmo sacerdotes especiais, e só lhe prestam homenagem em raras circunstâncias, em caso de grande fome ou de epidemia ou depois de uma violenta tempestade; os homens perguntam-lhe então em que o ofenderam[42]. Dzingbe ("O Pai Universal") está no topo do panteão politeísta da população ewe. Diferentemente da maioria dos outros seres celestes supremos, Dzingbe tem um sacerdote particular, chamado *dzisai*, "sacerdote do céu" a quem invoca durante a seca: "Ó céu, a quem devemos nossos agradecimentos, grande é a seca; faze com que chova, a terra se refresque e prosperem os campos!"[43] O distanciamento e o desinteresse do Ser Supremo celeste estão admiravelmente expressos num ditado dos giriamas da África Oriental, que descreve assim o deus deles: "Mulugu (Deus) está lá no alto, os manes estão embaixo" (literalmente, *em terra*)[44].

Os bantos dizem: "Deus, depois de criar o homem, nunca mais quis saber dele para nada." E os negrilhos repetem: "Deus afastou-se de nós!"[45] As populações fangs das campinas da África equatorial resumem sua filosofia religiosa neste cântico:

Nzame (Deus) está no alto, o homem aqui embaixo.
Deus é Deus, o homem é o homem.
Cada um no seu canto, cada um na sua casa.

Nzame não recebe culto e os fangs só se dirigem a ele para pedir-lhe chuva[46]. É também por causa da chuva que os hotentotes invocam Tsuni-Goam: "Ó Tsuni-Goam, pai dos pais, tu que és nosso pai, faze com que Nanub (isto é, a nuvem) deixe a chuva cair em torrentes!" Onisciente, o deus conhece todos os pecados e como tal é invocado assim: "Ó Tsuni-Goam, só tu sabes que eu não sou culpado!"[47]

As preces dirigidas a esses deuses em caso de necessidade resumem admiravelmente sua estrutura uraniana. Os pigmeus da África equatorial acreditam que Deus (Kmvum) lhes mostra seu desejo de relacionar-se com eles por meio do arco-íris. Por isso, logo que este aparece, pegam seus arcos, apontam para ele e começam a salmodiar: "Vencendo na luta, derrubaste o trovão que rugia, que rugia com tanta força e tão irritado. Estaria irritado contra nós? etc." A litania termina por uma oração ao arco-íris pedindo-lhe que intervenha junto do Ser Supremo celeste para que este não continue irritado com eles, não troveje nem mate mais[48]. Os homens só se lembram do céu e da divindade suprema quando um perigo oriundo das regiões uranianas os ameaça diretamente; no restante do tempo, sua religiosidade é solicitada pelas necessidades cotidianas, e suas práticas ou sua devoção voltam-se para as forças que controlam essas necessidades. É evidente que tudo isso em nada diminui a autonomia, a grandeza e a primazia dos seres celestes supremos; é, quando muito, um testemunho de que o homem "primitivo", tal como o civilizado, esquece-os facilmente assim que não precisa mais deles, de que as cruezas da existência forçam-no a olhar mais para a terra do que para o céu e de que ele só redescobre a importância do céu quando a morte o ameaça de lá.

15. Novas "formas" divinas substituem os deuses uranianos – Na realidade, em caso algum da religiosidade primitiva os seres celestes supremos desempenham um papel de destaque. A forma religiosa dominante entre os australianos é o totemismo. Na Polinésia, ainda que exista a crença numa divindade celeste suprema ou num casal divino originário (ver adiante), a vida religiosa caracteriza-se por um rico polidemonismo ou politeísmo. Nas ilhas Yap, das Carolinas Ocidentais, existe uma crença bastante precisa em Yelafaz – Ser Supremo criador, bom etc. –, mas a população venera os espíritos (*taliukan*). Os indígenas das ilhas Wetar, na Indonésia, embora pratiquem o fetichismo, conhecem um Ser Supremo, "o Velho", que habita o Sol ou o céu. Na Indonésia, em geral a divindade suprema do céu fundiu-se com o Sol ou foi substituída pela divindade deste; por exemplo, I-lai, das Celebes, foi assimilado ao deus solar, no qual os indígenas veem, aliás, um continuador da obra de criação começada por I-lai; o mesmo fenômeno acontece em Timor e em inúmeras outras ilhas[49].

Na Melanésia, o que domina a vida religiosa é a crença no *mana*, mas existem também o animismo e os vestígios de uma crença no deus celeste. A estrutura da religiosidade de Fiji é o animismo, apesar de haver resquícios de uma divindade celeste suprema, Ndengei, representada na forma paradoxal de uma serpente que vive escondida numa caverna ou que tem somente cabeça de serpente e de pedra o resto do corpo; quando essa divindade se agita, a terra treme; no entanto, é a criadora do mundo, é onisciente, pune o mal etc.[50] As populações africanas, como vimos, embora conservem mais ou menos intacta a crença num Ser Supremo celeste, conhecem todavia outras dominantes religiosas diferentes do monoteísmo ou da monolatria. Na religião dos indígenas denes dominam o culto dos espíritos e o xamanismo, mas existe também um Ser Supremo de natureza celeste, Yuttoere (que significa: "aquele que se mantém nas alturas").

Em outras regiões, ao Ser Supremo uraniano sobrepôs-se uma divindade lunar; é o caso, por exemplo, dos indígenas das ilhas Banks[51], assim como nas Novas Hébridas[52]. Em raríssimas circunstâncias – e, sem dúvida, por influência do matriarcado – a divindade celeste suprema é feminina; assim acontece com Hin-tubuhet, da Nova Irlanda, que conserva todos os atributos da divindade suprema uraniana (passividade etc.), mas é do gênero feminino; ou as formas femininas (e animais) de Puluga, conhecidas pelos nomes de Biliku e Oluga[53]; ou as divindades supremas femininas entre os hopis, navajos etc. Outras vezes uma grande deusa feminina substituiu o Ser Supremo celeste primitivo, como entre os todas, os kavis de Assam etc. No sul da Índia, a divindade uraniana suprema desempenha ínfimo papel, pois a vida religiosa foi inteiramente confiscada pelo culto das divindades locais femininas, as *grama devâta*.

O motivo do casal primitivo Céu (macho)-Terra (mulher) é muito frequente. Assim, na ilha indonésia de Keisar, o princípio masculino, Makarom manouwe, que habita o céu e temporariamente o Sol, e o princípio feminino, Makarom mawakhu, presente na Terra, constituem o objeto central do culto[54]. O casal primitivo e o mito cosmogônico que lhe corresponde são característicos da Polinésia e da Micronésia, e nesse aspecto a versão mais conhecida é a maori, de Rangi e Papa. Indícios da crença num casal divino primitivo encontram-se também na África; entre os bantos meridionais, especialmente entre as populações bawili e fjort, a divindade suprema celeste, Nzambi, passa para segundo plano, deixando em seu lugar, e com o mesmo nome, uma divindade da Terra, cujos segredos cultuais são transmitidos exclusivamente às mulheres[55]. O motivo mítico do casal céu-Terra encontra-se na Califórnia Meridional (irmão e irmã; de sua união nascem todas as coisas), entre os índios pimas e, no Novo México, entre os índios da planície ("Plain Indians"), entre os sioux e os pawnis, e nas Antilhas[56].

16. Fusão e substituição – Como podemos ver, em toda parte a divindade celeste suprema cede lugar a outras formas religiosas. A morfologia dessa substituição é variada; mas, em parte, o sentido de cada substituição é o mesmo: a passagem da transcendência e da passividade dos seres celestes para as formas religiosas dinâmicas, eficientes, facilmente acessíveis. Poderíamos dizer que assistimos a uma "queda progressiva no concreto" do sagrado; a vida do homem e o meio cósmico que o rodeia imediatamente vão cada vez mais se impregnando de sacralidade. As crenças no *mana*, na *orenda*, no *wakan* etc., o animismo, o totemismo, a devoção para com os espíritos dos mortos e as divindades locais etc. situam o homem numa posição religiosa diferente da que ele tinha perante o Ser Supremo celeste. A própria estrutura da experiência religiosa muda. É de maneira diferente, por exemplo, que se revela um Daramulun ou Tirawa, assim como os totens, as *grama devâta*, os espíritos dos mortos etc. A substituição marca sempre a vitória das formas dinâmicas, dramáticas, ricas em valências míticas, sobre o Ser Supremo celeste, nobre mas passivo e distante.

É assim que, entre os maoris da Nova Zelândia, Rangi, apesar de presente nos mitos, não constitui objeto de um culto; seu lugar foi ocupado por Tangaroa, o deus supremo (solar?) do panteão maori. Na Melanésia encontra-se correntemente o mito dos dois irmãos, um empreendedor e o outro estúpido (as duas fases da Lua), criados pelo Ser Supremo celeste, ao qual, com o tempo, substituíram. Em geral, o Ser Supremo dá lugar a um demiurgo que ele mesmo criou e em seu nome e segundo suas diretrizes organiza o mundo – ou a uma divindade solar. Assim, entre certas populações bantas o demiurgo Unkulunkulu é o criador da raça humana, porém subordinado ao Ser Supremo celeste Utikxo, ainda que posteriormente tenha empurrado este para a sombra. Entre os índios tlingits (costa noroeste do Pacífico) a figura divina central é o Corvo, herói e demiurgo primordial que faz o mundo (mais precisamente, organiza-o, difunde por toda parte a civilização e a cultura), que cria e libera o Sol etc.[57] Mas às vezes o Corvo realiza tudo isso por ordem de um Ser divino superior (do qual é filho, por exemplo). Entre os tupis (-guaranis), Tamosci (-Tamoi) é o ancestral mítico, o demiurgo solarizado que substitui o Ser celeste.

Na América do Norte, o Ser Supremo celeste tende em geral a fundir-se com a personificação mítica do trovão e do vento, representado como um grande pássaro (o corvo etc.); com um bater de asas ele faz surgir o vento e sua língua é o relâmpago[58]. Já nas origens o trovão era e depois continuou a ser o atributo essencial das divindades uranianas. Às vezes ele se singulariza e adquire uma autonomia particular. Por exemplo, os índios sioux pensam que os astros e os fenômenos meteóricos – o Sol, a Lua, o raio (sobretudo o raio) – estão saturados de *wakan*. Os índios kansas dizem que jamais viram seu deus Wakan, mas que muitas vezes têm ouvido sua voz no trovão. Entre os dacotas, Wakantanka é efetivamente "uma palavra para designar o trovão" (Dorsey). Sob o nome de Wakanda, os omahas honram o trovão com um culto propriamente dito; sobretudo no começo da primavera, os homens sobem as colinas para fumar em honra dele e levam-lhe oferendas de tabaco[59]. Entre os algonquinos, fazem-se promessas a Chebbeniathan, "o homem do alto", sempre que uma tempestade se aproxima ou a trovoada parece iminente.

Vimos (§ 12) que nos rituais de iniciação australianos a epifania do trovão se anuncia pelo zunido do que chamam de "o rombo". O mesmo objeto e o mesmo cerimonial também se conservaram nos ritos de iniciação órfica. O raio é a arma do deus do céu em todas as mitologias, e um local atingido por ele com um raio torna-se sagrado (*énélysion* dos gregos, *fulguritum* dos romanos)[60]; os homens que ele fulmina ficam consagrados. A árvore mais frequentemente atingida pelo raio (o carvalho) é investida dos prestígios da divindade suprema (basta citar o carvalho de Zeus em Dodona, o de Júpiter Capitolino em Roma, o carvalho de Donar perto de Geismar, o carvalho sagrado de Romowe na Prússia, o carvalho de Perun entre os eslavos etc.). Um número muito grande de crenças relacionadas com a santidade do trovão está espalhado por toda a Terra. Acreditava-se que as chamadas "pedras de raio" – que, em sua maioria, são apenas sílices pré-históricos – eram a própria ponta da flecha do relâmpago, e como tais eram veneradas e piedosamente conservadas (§ 78). Tudo o que cai das regiões superiores participa da sacralidade uraniana; por isso os meteoritos, abundantemente impregnados do sagrado sideral, eram venerados[61].

17. Antiguidade dos Seres Supremos uranianos – Não podemos afirmar com precisão que a devoção aos seres celestes tenha sido a primeira e única crença do homem primitivo e que todas as outras formas religiosas hajam aparecido ulteriormente e representem fenômenos de degradação. Se a crença num Ser Supremo celeste se encontra comumente nas sociedades primitivas mais arcaicas (pigmeus, australianos, fueguinos etc.), não se encontra, porém, em todas essas sociedades (falta, por exemplo, entre os tasmanianos, os weddas, os kubus). Do mesmo modo, também não nos parece que essa crença exclua necessariamente qualquer outra forma religiosa. Sem dúvida o homem pôde ter, já nos tempos mais remotos, a revelação da transcendência e da onipotência do sagrado através da experiência de suas relações com o meio uraniano. O céu, em si mesmo e anteriormente a toda a fabulação mítica ou elaboração conceitual, apresentou-se como o âmbito divino por excelência. Mas em simultaneidade com essa hierofania uraniana pode ter havido inúmeras outras.

Uma coisa se pode afirmar com certeza: de maneira geral, a hierofania celeste e a crença nos Seres Supremos celestes deram lugar a outras concepções religiosas. Para não nos afastarmos do campo das generalidades, é certo que tais crenças em seres celestes supremos representavam outrora o próprio centro da vida religiosa e não um simples setor periférico, como se apresentam hoje entre os primitivos. A pobreza atual do culto dessas divindades uranianas significa pura e simplesmente que o conjunto cultual foi confiscado por outras formas religiosas; isso em caso nenhum significa que tais divindades uranianas sejam criações abstratas do homem primitivo (ou apenas de seus "sacerdotes") e que ele não mantivesse ou não possa haver mantido relações religiosas com elas. Aliás, como já vimos, a pobreza do culto significa antes a ausência de um calendário religioso; ocasionalmente, esporadicamente, cada um desses seres celestes supremos é honrado com preces, sacrifícios etc. Por vezes trata-se até mesmo de um culto no sentido próprio do termo; é o que atestam, por exemplo, as grandes festas rituais da América do Norte em honra desses Seres Supremos (Tirawa, Chebbeniathan, Awonawilona). Na África, os exemplos são até muito numerosos: as danças noturnas em honra de Cagn, entre os bosquímanos, ou o culto regular de Uwoluwu (sacerdotes, lugar de culto, sacrifícios) entre os akposos; os sacrifícios humanos periódicos dos ibibios em honra de Abassi Abumo, o Trovejador, e os santuários que Abassi ainda possui no pátio de cada casa entre os habitantes de Calabar, vizinhos dos ibibios; as preces e os sacrifícios em honra de Leza etc. Os kondes adoram seu deus supremo, Mbamba, com danças, canções e preces: "Mbamba, faze nossos filhos crescerem! E que nosso gado se multiplique! Que nosso milho e nossas batatas se desenvolvam! Afasta as epidemias!"[62] Os wachaggas dirigem suas preces e sacrifícios a Ruwa: "Ó Chefe, Homem do céu, aceita esta cabeça de gado. Rogamos-te que desvies e afastes de nós a doença que se aproxima da Terra!" As pessoas piedosas dirigem preces a Ruwa, de manhã e à noite, sem acompanharem-nas de sacrifícios[63]. Sacrificam-se bodes a Mulugu, e os akikuyus oferecem numerosos sacrifícios a Engai, as primícias das colheitas e carneiros[64].

A análise das camadas da religião australiana mostra bem que a divindade celeste ocupa o centro da religiosidade mais arcaica. Outrora, Mungangaua vivia entre os homens, na Terra; mas depois se retirou para o céu, afastando-se deles. Na Austrália é possível identificar por toda parte o mito do afastamento progressivo dos seres divinos. Em todo caso, seria difícil derivar a crença nesses seres celestes de outra crença anterior. Tem-se dito, por exemplo, que ela deriva do culto dos mortos, mas no sudeste da Austrália (isto é, numa das mais antigas camadas etnográficas) inexiste tal culto[65]. É precisamente nos lugares onde as cerimônias de iniciação têm mais vigor (isto é, no sudeste da Austrália) que encontramos a divindade celeste associada à celebração dos ritos secretos. Ao contrário, nos lugares onde o esoterismo está em via de desaparecimento (como sucede na maioria das tribos australianas do centro – arunta e lorija), a divindade celeste (Altjira, Tukura) apresenta-se desprovida de valor religioso e sobrevive sobretudo na esfera do mito; isso significa que outrora a crença na divindade celeste era incontestavelmente mais completa e mais intensa. Graças à iniciação toma-se conhecimento da verdadeira teofania, da descendência mítica do clã, do *corpus* de leis morais e sociais, numa palavra, da situação do homem no cosmos. A iniciação é também um ato de conhecimento e não apenas um ritual de regeneração. O conhecimento, a compreensão global do mundo, o deciframento da unidade cósmica, a revelação das causas últimas que sustentam a existência etc. tornam-se possíveis graças à contemplação do céu, à hierofania celeste e às divindades uranianas supremas.

Entretanto, cairíamos em grande erro se víssemos nesses atos e reflexões apenas simples preocupações racionais (como faz, por exemplo, W. Schmidt). Ao contrário, constituem atos do homem integral, que, evidentemente, conhece também a obsessão da causalidade mas, antes de tudo, conhece o problema da existência, isto é, nele se encontra diretamente inserido. Todas essas revelações de natureza metafísica (origem da raça humana, história sagrada da divindade e dos ancestrais, metamorfoses, sentido dos símbolos, nomes secretos etc.), feitas no contexto das cerimônias de iniciação, não têm em vista exclusivamente a satisfação da sede de conhecer do neófito, mas em primeiro lugar buscam o fortalecimento de sua existência total, a promoção da continuidade da vida e da abundância, a garantia de um destino melhor após a morte etc.

Portanto, em resumo: é especialmente significativa a presença, nas cerimônias de iniciação, de divindades uranianas nas camadas mais arcaicas da religião australiana. Essa iniciação, repetimos, assegura a regeneração do iniciado ao mesmo tempo que lhe revela segredos de natureza metafísica; satisfaz ao mesmo tempo a vida, a força e o conhecimento. Demonstra a estreita ligação existente entre a teofania (visto que no ritual iniciático se revelam a verdadeira natureza e o verdadeiro nome da divindade), a soteriologia (pois, por muito elementar que tenha sido, a cerimônia de iniciação assegura a salvação do neófito) e a metafísica (as revelações que se fazem acerca do princípio e da origem do Universo, da origem da raça humana etc.). Mas no centro da cerimônia encontra-se a divindade uraniana, a mesma divindade que outrora fez o Universo, que criou o homem e desceu à Terra para instaurar a cultura e os ritos de iniciação.

A prerrogativa das divindades uranianas de serem, na origem, não somente criadoras e onipotentes, mas também clarividentes, "sábias" por excelência, explica sua transformação, em certas religiões, em figuras divinas abstratas, em conceitos personificados que servem para explicar o Universo ou exprimem a realidade absoluta dele. Iho, o deus celeste da Nova Zelândia e do Taiti, revelado somente aos iniciados nas doutrinas sacerdotais esotéricas, é mais um conceito filosófico do que uma divindade propriamente dita[66]. Outros deuses uranianos – o Nzambi das populações bantas, por exemplo, Sussistinako entre os americanos siass – são assexuados; trata-se de um fenômeno de abstração que denota a transformação da divindade num princípio metafísico. De fato, o deus Awonawilona dos índios zunis é representado como desprovido de qualquer traço pessoal, podendo ser considerado tanto feminino como masculino (Lang denominava-o "He-She")[67].

Esses deuses supremos celestes puderam ser transformados em conceitos filosóficos porque a própria hierofania uraniana podia transformar-se numa revelação metafísica, ou seja, porque o próprio caráter da contemplação do céu permitia, ao lado da revelação da precariedade do homem e da transcendência da divindade, a revelação da *sacralidade do conhecimento*, da "força" espiritual. Em nenhum outro lugar senão na presença do céu diurno ou da abóbada estrelada seria possível descobrir mais plenamente a origem divina e o valor sagrado do conhecimento, a onipotência d'Aquele que *vê* e *compreende*, d'Aquele que "sabe", pois está em toda parte, tudo vê, tudo fez e controla tudo. Obviamente, para a mentalidade moderna tais divindades, de contorno mítico impreciso – Iho, Brama etc. –, parecem abstratas e tendemos a aproximá-las mais de um conceito filosófico que de uma divindade propriamente dita. Entretanto, não podemos esquecer que para o homem primitivo, para o homem que as forjou, o *saber*, o *conhecimento* eram – e permaneceram – epifanias do "poder", da "força sagrada". Aquele que tudo vê e tudo sabe *pode* tudo e é tudo. Por vezes, determinado Ser Supremo de origem uraniana torna-se o fundamento do Universo, autor e dirigente dos ritmos cósmicos, tendendo a coincidir quer com o princípio ou a substância metafísica do Universo, quer com a Lei, com o que é eterno e universal nos fenômenos passageiros em devir. A Lei que os próprios deuses não podem abolir.

18. Deuses do céu entre as populações árticas e centro-asiáticas – Quando passamos das religiões dos povos "primitivos" para as religiões chamadas politeístas, a principal diferença que encontramos vem de sua própria "história". Evidentemente, a "história" modificou também as teofanias primitivas; nenhum dos deuses celestes das populações primitivas é "puro" ou representa uma forma auroral. Suas "formas" modificaram-se, quer sob as influências exteriores, quer pura e simplesmente porque viveram numa tradição humana. Mas nas chamadas religiões politeístas a história agiu com intensidade muito diferente. As concepções religiosas, assim como toda a vida espiritual e mental desses povos criadores de história, sofreram influências, simbioses, conversões e eclipses. As "formas" divinas, exatamente como todas as outras "formas" produzidas por essas civilizações, deixam transparecer em sua estrutura inumeráveis componentes. Felizmente, a vida religiosa e também as criações a que ela deu origem estão dominadas por aquilo que poderíamos chamar de "tendência para o arquétipo". Por múltiplos e diversos que sejam os componentes que entram numa criação religiosa (isto é, numa forma divina, num rito, mito, culto), sua expressão tende a voltar continuamente ao arquétipo. Mais adiante, em nosso exame sumário de algumas divindades celestes das regiões politeístas, poderemos dispensar-nos de conhecer a "história" de cada uma delas para compreender-lhe a estrutura e o destino; pois cada uma, apesar da "história" que a precede, tende a reencontrar a "forma" original, a voltar ao arquétipo. Todavia, isso não significa que as figuras dessas divindades celestes sejam simples ou possamos levar muito longe seu processo de simplificação.

Se os compararmos com as figuras de que nos ocupamos nos parágrafos precedentes, veremos que o primeiro elemento novo apresentado por esses deuses é sua *soberania*. A teofania não se reduz apenas às realidades uranianas e meteorológicas, seu *poder* não se manifesta somente pela criação cósmica. Eles se tornam os "senhores", os soberanos universais. Consequentemente, nas chamadas religiões politeístas nem sempre se pode falar de deuses do céu sem levar em conta esse novo elemento que é a soberania; embora derive das prerrogativas celestes, ele constitui em si mesmo uma nova valorização religiosa do "poder" e tende a modificar sensivelmente o perfil da divindade.

Começaremos nossa rápida exposição com as divindades celestes supremas adoradas pelas populações árticas e pelos povos nômades do norte e do centro da Ásia. Os samoiedos adoram Num, divindade que habita o céu (ou o sétimo céu) e cujo nome significa "céu"[68]. Mas seria inexato identificá-la com o céu material, pois, como ressalta W. Schmidt[69]: os samoiedos consideram Num igualmente o mar e a terra, isto é, o *Universo* inteiro. Entre os coriaques, a divindade suprema chama-se "o Um do Alto", "o Senhor do Alto", "o Vigilante", "Aquele que Existe", "Força", "o Mundo". Os ainos conhecem-no como "o Chefe Divino do Céu", "o Deus Celeste", "o Criador Divino dos Mundos", "o Protetor" etc.; mas também como *Kamui*, isto é, "céu"[70]. A divindade suprema dos coriaques habita a "aldeia do céu". Os esquimós centrais creem que sua divindade suprema mora no céu: chamam-na de "ser celeste"[71]. Certamente esses nomes e essas atribuições não esgotam a personalidade do deus supremo das populações árticas, que se revela, acima de tudo, como um deus todo-poderoso, muitas vezes único e senhor do Universo. Mas a estrutura celeste de suas teofanias é manifesta e arcaica; e, tal como as divindades celestes dos "primitivos", esse deus supremo partilha com os deuses inferiores e com os espíritos a vida religiosa das populações árticas. Por vezes só se dirigem a ele quando falharam as preces dirigidas aos espíritos. No entanto, nos sacrifícios oferecem-lhe a cabeça e os ossos longos do animal sacrificado, enquanto os espíritos e as divindades ctônico-infernais recebem apenas o sangue quente[72].

O nome mongol da divindade suprema é *tengri*, que significa "céu"[73]. Entre os cheremissos, o deus celeste supremo chama-se *Jumê*, originalmente "céu"[74]. O nome mais frequente entre os ostíacos e os vogulos é *Num-Türem*, "Türem, o Elevado" ou "Türem que mora no alto"[75]. Mais ao sul, entre os ostíacos irtiches, o nome da divindade celeste é derivado de *sänke*, cujo sentido originário é "luminoso, brilhante, luz"[76]; por exemplo, *Num-sänke* ("Sänke do Alto"), *Jem-sänke* ("Sänke, o Bom") etc.[77]

Outros títulos e epítetos do deus do céu complementam a definição de sua natureza e de suas funções. Os beltires dirigem suas orações ao "Khan muito misericordioso" (*Kaira-Kân*) e ao "chefe" (*cajan*)[78]. Os tártaros de Minussinsk chamam de "Criador da Terra" (*cär cajany*)[79] o deus supremo; os iacutos, de "o sábio Mestre Criador" (*urün ajy tojon*) ou "o Mestre Elevadíssimo" (*artojon*); os tártaros do Altai, de "o Grande" (*ülgän, ülgen*) ou "o muito Grande" (*bai ülgän*) e, em suas invocações, também de "luz branca" (*ak ajas*; cf. o ostíaco *sänke*) e "*Khan* muito luminoso" (*ajas kari*)[80]. Os ostíacos e os vogulos acrescentam ao nome de Türem os qualificativos "grande", "luminoso", "dourado", "branco", "altíssimo", "Senhor Mestre meu Pai", "boa luz dourada do alto" etc.[81] Nas orações e nos textos literários ao deus do céu chamam-no frequentemente de "Pai"[82].

A simples enumeração desses nomes e títulos põe em evidência o caráter celeste, soberano e criador da divindade suprema uralo-altaica, divindade que reside no céu[83], no sétimo céu, no nono ou no décimo sexto (Bai Ulgen; cf. § 33)[84]. Seu trono encontra-se no ponto mais elevado do céu ou no cume da montanha cósmica (§ 143). Os tártaros abacanos falam igualmente da "abóbada" do deus celeste; os buriatos, da "casa cintilante de ouro e prata"; e os altaicos, de um "palácio" (*örgö*) com uma "porta de ouro", assim como de um "trono de ouro"[85]. O deus tem filhos e filhas[86], está rodeado de serviçais e de mensageiros que o xamã encontra em sua ascensão extática para o céu. (Um desses, *Jajyk*, mora na Terra e desempenha o papel de intermediário entre Ülgän e os homens; o outro, *Suila*, observa a conduta dos homens e dela informa o Senhor[87].) Mas não encontramos entre os uralo-altaicos o mito da hierogamia, embora os buriatos chamem de "Pai" o céu e de "Mãe" a Terra em suas invocações[88].

O deus supremo celeste é o criador da Terra e do homem. É o "artífice de todas as coisas" e "Pai". Criou as coisas visíveis e invisíveis e é ele também que faz frutificar a terra[89]. Entre os vogulos, Num-türem não é apenas o criador, mas também o civilizador da humanidade, o que ensina os homens a pescar etc.[90] A ideia de criação está estreitamente ligada à de norma cósmica. O céu é o arquétipo da ordem universal. O deus celeste é o abonador tanto da perenidade e da inteligibilidade dos ritmos cósmicos como do equilíbrio das sociedades humanas. É "Khan", "Chefe", "Dono", isto é, soberano universal. Portanto, suas ordens devem ser respeitadas (nos títulos de deus, a noção de "comando", de "ordenador", é evidente)[91]. Os mongóis acreditam que o céu vê tudo e quando fazem uma jura proclamam: "Que o céu o saiba!" ou "Que o céu o veja!"[92]. Nos sinais do céu (cometas, secas etc.) leem as revelações e as ordens divinas. Criador, observador e sabedor de tudo, guardião das leis, o deus celeste é cosmocrata; embora não reine diretamente, quando aparecem organismos políticos, governa por intermédio de seus representantes terrestres, os khans.

Na carta que Mangu-Khan enviou por Ruysbroeck ao rei da França, lê-se a profissão de fé mais clara da raça mongólica: "Esta é a ordem do Deus eterno: no céu *há somente um* único Deus eterno e na Terra haverá somente um senhor, Genghis-Khan, Filho de Deus!" E o selo de Genghis-Khan traz a seguinte inscrição: "Um Deus no céu e o Khan na Terra. O selo do Senhor da Terra." Essa concepção do monarca universal, filho ou representante do soberano celeste na Terra, encontra-se também entre os chineses (assim como em certas populações polinésias). Nos antigos textos chineses o deus do céu tinha dois nomes: T'ien ("céu" e "deus do céu") e Chang-Ti ("Senhor Alteza", "Soberano das Alturas"). O céu é o regulador da ordem cósmica, o soberano supremo que habita o topo das nove regiões celestes. "Providência dinástica, o céu é uma potência clarividente e justiceira. É a divindade dos juramentos. Jura-se pela luz do dia e pela luz da aurora; toma-se por testemunha a abóbada azul, o céu azul, o céu que no alto brilha, brilha!"[93]

O imperador é o "Filho do céu", T'ien tseu, o representante do deus celeste na Terra. Ao mongol *dzajagan* correspondia o chinês *t'ien-ming*, "a ordem do céu". O soberano garante não só a boa organização da sociedade mas também a fertilidade da terra, a sucessão normal dos ritmos cósmicos. Quando ocorre uma catástrofe sísmica ou qualquer outra calamidade, o soberano chinês confessa seus pecados e entrega-se a práticas de purificação. No *Chi King*, é este o lamento do rei durante uma seca terrível: "De que crime nos acusam agora, para que o céu haja desencadeado a morte e os tormentos? [...] Como foi possível cair sobre mim (apenas) esta devastação e ruína do país!" Pois o imperador é o "homem único", o representante da ordem cósmica e o guardião das leis.

O conjunto céu Criador-Soberano Universal, garantia da ordem cósmica e da continuidade da vida na Terra, é complementado pela nota específica das divindades celestes: a passividade. Nos grandes organismos políticos (China, impérios mongóis) a eficiência do deus celeste é reforçada pelo mito da soberania e pela própria presença do império. Mas, quando a "história" não intervém, a divindade suprema dos uralo-altaicos tende a tornar-se, na consciência de seus adoradores, passiva e distante. Para algumas populações siberianas e centro-asiáticas, o deus do céu está tão longe que não se interessa pelas ações dos humanos. Assim, *Buga* ("céu", "Mundo"), dos tungues, sabe tudo, mas não se imiscui nos assuntos dos homens nem sequer castiga os maus. *Urün ajyotojon* ou *Aibyt aga* (Aga "Pai"), dos iacutos, habita o sétimo céu, num trono de mármore branco, governa tudo, mas faz somente o bem (isto é, não castiga). Os tunguses da região de Turuchansk acreditam que o Deus do céu lhes envia ora boa sorte, ora azar, embora declarem não compreender segundo qual critério ele se comporta assim[94].

Mas de maneira geral podemos dizer que o deus supremo celeste das populações uralo-altaicas conserva melhor do que os dos outros povos suas características primordiais. Não conhece a hierogamia e não se transforma em deus da tempestade e do trovão. (Os uralo-altaicos representam o trovão na forma de um pássaro, como nas mitologias da América do Norte, mas não lhe oferecem sacrifícios[95].) Veneram-no, dirigem-lhe orações para obter alimento[96], ele goza de um culto propriamente dito, embora não seja representado por imagens[97], e sacrificam-lhe sobretudo cães e renas brancas[98]. Mas não se pode dizer que a vida religiosa esteja integralmente dominada pela crença na divindade celeste; há toda uma série de ritos, crenças e superstições que a ignoram completamente.

19. Mesopotâmia – O termo sumério designativo da divindade, *dingir*[99], significava primitivamente uma epifania celeste: "claro, brilhante" (*dingir* era traduzido em acadiano por *ellu*, "claro, brilhante"). O ideograma que exprimia a palavra "divindade" (pronunciada *dingir*) era o mesmo que exprimia a palavra que designava "céu" (neste último caso pronunciada *ana*, *anu*). Originalmente, esse signo gráfico era um hieróglifo que representava uma estrela. Pronunciado *an* (*a*), *an* (*u*), o hieróglifo significa a transcendência espacial propriamente dita: "elevado, ser elevado".

O signo *an* serve igualmente para exprimir "o céu chuvoso" e, por extensão, a chuva. A intuição da divindade como tal (*dingir*) fundava-se assim nas hierofanias celestes ("elevado", "claro", "brilhante", "céu", "chuva"). Essas hierofanias separaram-se muito cedo da intuição da divindade como tal (*dingir*) e concentraram-se ao redor de uma divindade personificada, Anu, que exprime o "céu" por seu próprio nome e cujo aparecimento na história pode ser estabelecido antes do quarto milênio. Anu, de origem suméria, tornou-se o chefe do panteão babilônico. Mas, como os outros deuses celestes, com o tempo deixou de desempenhar um papel de destaque. Pelo menos na época histórica, Anu é um deus um pouco abstrato. Seu culto não é muito difundido[100]; raramente ele é invocado nos textos religiosos e não figura nos nomes teóforos[101]. Não é um deus criador, como Marduk. Não se conhecem estátuas de Anu[102], o que parece confirmar sua inatualidade no culto e na vida religiosa babilônica dos tempos históricos.

Naturalmente, a residência de Anu é no céu. Seu palácio, situado no ponto mais alto da abóbada, não é atingido pelas águas do dilúvio[103]. Lá, como no Olimpo da mitologia helênica, os deuses o visitam.

Seu templo de Uruk chamava-se *E-an-na*, "Casa do Céu". No céu, Anu está sentado num trono, revestido de todos os atributos da soberania: o cetro, o diadema, a coifa, o bastão[104]. É o Soberano por excelência e as insígnias de sua realeza constituem a fonte e a justificação da autoridade monárquica; simbolicamente, o rei obtém seu poder de Anu, diretamente[105]. Por isso apenas os soberanos o invocam e não os homens comuns. É "o Pai dos Deuses" (*abû ilâni*) e "o Rei dos Deuses". Chamam-no de "pai"[106] mais no sentido de autoridade soberana do que no sentido familiar.

No código de Hamurabi ele é invocado como "rei dos Anunnaki" e seus epítetos mais comuns são: *il shamê*, "deus do céu"; *abshamê*, "pai dos céus"; *sharshamê*, "rei dos céus". A própria realeza descende do céu[107].

As estrelas compõem seu exército[108], pois Anu, como soberano universal, é um deus guerreiro (cf. "O senhor dos exércitos" na Bíblia). Sua festa principal coincide com o começo do Ano-Novo, portanto com a comemoração da criação do mundo (§ 153). Mas com o passar do tempo a festa de Ano-Novo acabou sendo consagrada a Marduk, deus mais jovem (sua promoção data do tempo de Hamurabi, ou seja, cerca de 2150 a.C.), mais dinâmico (luta com o monstro marinho Tiamat e mata-o) e sobretudo deus criador (Marduk criou o mundo a partir do corpo de Tiamat). Essa substituição de Marduk na festa principal de Anu corresponde à promoção de Enlil-Bel – divindade do céu tempestuoso, chuvoso e fecundante – à categoria de deus supremo babilônico (§ 27). As consequências dessas substituições por divindades dinâmicas, criadoras e acessíveis nos serão mais claramente reveladas nas páginas seguintes.

20. Dyaus, Varuna – Não vamos entrar aqui na discussão a respeito de Diêus, o deus hipotético do céu luminoso, comum a todas as tribos arianas. O certo é que o indiano Diaus, o itálico Júpiter, o heleno Zeus, assim como o deus germânico Tyr-Zio, são formas históricas, evoluídas, dessa divindade celeste primordial, e que até mesmo em seus nomes elas revelam o binômio originário "luz (dia)" – "sagrado" (cf. o sânscrito *div*, "brilhar", "dia"; *dyaus*, "céu", "dia"; *dios, dies*; *deivos, divus*). Os nomes dessas divindades supremas indo-arianas revelam seus laços orgânicos com o céu sereno, brilhante. Mas isso não significa, como creem muitos estudiosos[109], que toda manifestação meteorológica – tempestade, raio, trovão – estava ausente na intuição do Diêus originário. Os deuses mais primitivos do céu (por exemplo, Baiame, Daramulun etc., cf. § 12) controlavam os fenômenos meteorológicos e tinham como atributo principal o raio. O simples fato de o *nome* do deus ariano do céu ressaltar o caráter *brilhante* e *sereno* não exclui as outras teofanias uranianas (os furacões, a chuva) da personalidade de Diêus. É verdade que, como veremos mais adiante (§ 26), grande parte desses deuses do céu se "especializaram" e se tornaram divindades da tempestade e da fecundidade. Mas é necessário explicar essas especializações ulteriores por meio de processos bem conhecidos na história das religiões (tendência para o concreto; transformação da ideia de "criação" na de "fecundidade" etc.); seja como for, essas especializações não impedem a coexistência das funções meteorológicas na intuição de um deus do céu brilhante.

As formas *históricas* das divindades celestes indo-arianas dificilmente poderiam reduzir-se a uma teofania ou a uma série de teofanias uranianas. Sua personalidade é mais rica, suas funções são mais complexas. A sacralidade que concentram e controlam mostra-se distribuída por zonas múltiplas que nem sempre têm uma estrutura cósmica. Um elemento decisivo na personalidade de todas essas divindades é sua *soberania*; e não podemos explicar completamente os prestígios da soberania pelo sagrado celeste. Seja, por exemplo, o caso do deus indo-ariano do céu. Diaus muito raramente aparece nos *Vedas* e na literatura pós-védica na forma de uma divindade propriamente dita[110]; seu nome geralmente serve para a denominação do "céu" ou do "dia" (*dyavi dyavi*: "do dia ao dia"). Certamente houve uma época em que Diaus gozou da autonomia de uma verdadeira divindade e alguns vestígios disso nos foram conservados nos textos védicos: o casal Dyâvâprithivi, "o Céu e a Terra"[111], a invocação ao "Céu Pai"[112], ao "céu que tudo sabe"[113]. A hierogamia, a onisciência, o poder de criar são os atributos específicos de uma divindade celeste real. Mas Diaus foi objeto de um processo de especialização "naturista"; ou seja, ele deixa de ser revelador da *sacralidade uraniana* para tornar-se uma expressão lexical designativa dos *fenômenos diurnos uranianos* ("céu", "dia"). Também esse é um resultado de sua "passividade"; o sagrado retira-se dos fenômenos cósmicos e os termos que serviam para denominar o sagrado acabam tornando-se termos profanos; a divindade do céu dá lugar a uma palavra que exprime o "céu" e o "fenômeno diurno". Mas essa laicização de Diaus não significa a abolição ou o enfraquecimento da teofania celeste; significa pura e simplesmente a substituição de Diaus por outra divindade. Ao "naturalizar-se", ao deixar de exprimir o *sagrado* celeste, Diaus deixa de desempenhar a função de um deus supremo uraniano.

Esse processo ocorreu muito cedo, visto que já no começo da época védica o lugar de Diaus foi ocupado por outro deus, Varuna (*u-ru-va-na* nas inscrições de Boghazkeui, século XIV a.C.), que conservou com bastante força os atributos uranianos mas não pode ser reduzido exclusivamente a uma divindade do céu. É certo que Varuna é *viçva-darçata*, "visível em toda parte"[114], que ele "separou os dois mundos"[115], que o vento é a exalação de sua respiração[116], que, junto com Mitra, é venerado como "os dois poderosos e sublimes senhores do céu", e "com nuvens diferentemente coloridas aparece no primeiro ribombar do trovão, e faz o céu chover, por um milagre divino", que "estende no céu sua obra miraculosa"[117]. Varuna logo adquiriu características lunares[118] e pluviosas, a ponto de, com o tempo, tornar-se uma divindade do oceano[119]. Essas duas metamorfoses poderiam ser explicadas segundo sua estrutura uraniana original. A substituição das divindades lunares ou, em geral, a fusão dos elementos lunares com as figuras divinas primordiais é um fenômeno frequente na história das religiões. Os ritmos lunares comandam as chuvas e as águas; assim, o privilégio pluvial das divindades uranianas passa para as divindades lunares.

Ainda por sua estrutura uraniana original podemos explicar também outras funções e prestígios de Varuna; por exemplo, sua onisciência. "É do céu que descem seus espiões, com seus milhares de olhos eles espionam na Terra. O rei Varuna vê tudo [...] E também contou as vezes que os homens piscaram os olhos."[120] Varuna é onisciente e infalível, "conhece o rastro dos pássaros que voam no ar... conhece a direção do vento... e ele, o que tudo sabe, espia todos os segredos, todas as ações e todas as intenções"[121]. Junto com Mitra, coloca espiões nas plantas e nas casas, pois esses deuses jamais fecham os olhos[122]. Varuna é *sahasrâksha*, "de mil olhos"[123], fórmula mítica das estrelas, metáfora que designa, pelo menos na origem, uma divindade uraniana[124]. Varuna não é o único que tem "mil olhos": também Indra e Vâyu[125], Agni[126] e Purusha[127]. Podemos estabelecer uma relação entre os dois primeiros e as regiões uranianas (tempestade, ventos), mas Agni é o deus do fogo e, quanto a Purusha, é o *macranthropos* mítico. Sua qualidade de possuírem mil olhos não se deve a seus prestígios celestes, mas ao fato de, nos hinos que lhes são dirigidos, serem considerados deuses oniscientes e onipotentes, isto é, soberanos.

21. Varuna e a soberania – De fato, para voltarmos à questão de saber se Varuna pode ser considerado exclusivamente uma divindade uraniana, nos textos védicos nem sempre são enfatizadas as características celestes de Varuna e sim sua qualidade de soberano. "Na verdade, Varuna é o Kshatra por excelência"[128], e H. Güntert[129] e Dumézil[130] demonstraram com êxito essa característica fundamental de Varuna. Os fiéis sentem-se "como escravos" na presença de Varuna[131], e a atitude humilde é uma característica exclusiva do culto desse deus[132]. Como soberano universal, Varuna é o guardião das normas e da ordem cósmica. Por isso ele "vê" tudo e nenhum pecado lhe escapa, por mais escondido; a ele se dirige o homem que se sente frustrado para perguntar-lhe que faltas cometeu, em que o ofendeu[133]. É o fiador dos contratos firmados entre os homens, "amarrando-os" por seus juramentos. Varuna "amarra" aquele que deseja deitar a perder; os homens temem as "redes" de Varuna[134], essas amarras que os paralisam e os esgotam. Varuna é a divindade que "amarra"*, privilégio que têm também outros deuses soberanos (§ 23) e que revela suas capacidades mágicas, a posse do poder de ordem espiritual, do poder régio por excelência.

---

* No original *qui "lie"*; poderíamos também traduzir por *que "liga"*, *"ata"*, *"prende"*, *"compromete"*. (N. da T.)

Até o nome de Varuna se explica por essa faculdade de amarrar; pois, deixando de lado a etimologia *var-*(*vrnoti*), "cobrir", "encerrar" (que evidenciava seu caráter uraniano), segue-se hoje a interpretação proposta por H. Peterson e aceita por Güntert e Dumézil[135], e faz-se derivá-lo da raiz indo-europeia *uer*, "atar" (sânscr. *varatrâ*, "correia, corda"; letão, *wéru*, *wert*, "enfiar, bordar"; russo, *verenica*, "fila ininterrupta"). Varuna é sempre representado com uma corda na mão[136], e muitas cerimônias têm como objetivo livrar os homens "dos laços de Varuna " (até os nós são varunianos)[137].

Ainda que essa faculdade de "amarrar" tenha sido ampliada pelas ulteriores influências ctônicas e lunares sofridas por Varuna[138], ela põe em evidência a essência mágica da soberania desse deus. Dumézil, complementando a interpretação de Güntert[139] acerca dos valores mágicos dos "laços" e das "redes", põe em destaque muito justamente sua função régia. "Varuna é, por excelência, o senhor da *mâyâ*, do prestígio mágico. Os laços de Varuna também são mágicos, como é mágica a soberania propriamente dita; são o símbolo das forças místicas que o chefe detém e que se chamam justiça, administração, segurança régia e pública, todos os 'poderes'. Na Índia e em outros locais, cetro e amarras, *danda* e *pâçâh*, partilham o privilégio de representar tudo isso."[140] Assim, Varuna preside à cerimônia indiana da consagração régia; aliás, *râjasüya* não faz mais do que reproduzir a consagração arquetípica que o primeiro soberano, Varuna, realizou em seu próprio proveito[141].

Portanto, seria errôneo não só considerar Varuna exclusivamente um deus do céu como também explicar sua personalidade, seu mito e seus ritos unicamente por elementos uranianos. Varuna e outros deuses considerados celestes são figuras complexas; não podemos reduzi-los a epifanias "naturistas" nem limitá-los a funções sociais. Os prestígios da soberania aumentaram, e assim multiplicaram os prestígios celestes; Varuna *vê* e *sabe* tudo porque de sua morada sideral domina o Universo; mas, do mesmo modo, *pode* tudo, pois é cosmocrata e pune os que infringem as leis, "amarrando-os" (pela doença, pela impotência), porque é o guardião da ordem universal. É claro que em todas suas atribuições e funções persiste uma nota comum: o caráter sereno, sagrado, passivo, digamos, de sua "força". Não derroga um só de seus direitos, nada conquista, não luta para adquirir alguma coisa (como Indra, por exemplo); é todo-poderoso, é soberano, embora permaneça contemplativo ("é um sacerdote que frequenta as assembleias"[142]). Varuna é rei, não por si mesmo (*svarâj*, como Indra), é *samrâj*, Rei Universal[143]. Ou seja, o poder pertence-lhe por direito, em virtude de sua própria maneira de ser, e permite-lhe agir pela magia, pela "força do espírito", pelo "conhecimento".

Descobrimos assim uma simetria notável entre o que poderíamos chamar de "camada celeste" e a "camada régia de Varuna", as quais se correspondem e se completam mutuamente; o céu é transcendente e único, exatamente como o Soberano Universal; a tendência para a passividade é manifesta em todos os deuses supremos do céu, que vivem nas regiões superiores, longe do homem e, de certo modo, indiferentes a suas necessidades cotidianas. Encontramos também em Varuna essa passividade das figuras supremas celestes primitivas; é sua natureza *contemplativa*, sua faculdade de fazer agir, não por meios físicos, como Indra, mas por forças mágicas, espirituais. Encontramos a mesma simetria entre os atributos das divindades celestes dos primitivos e do Soberano Universal; tanto um como outro garantem a ordem e a fecundidade da natureza pelo simples respeito às leis; a chuva proporciona fertilidade, mas as infrações às leis, "os pecados", põem em perigo o funcionamento normal dos ritmos, ameaçando assim a própria vida da sociedade e da natureza. Iremos ver que o soberano é a garantia da ordem e da fecundidade terrestre não só no mito como também na realidade cultual. Mas importa desde já salientar que essa noção de soberania universal, exercida exclusivamente por meios espirituais, mágicos, pôde precisar-se e desenvolver-se graças, em grande parte, à *intuição da transcendência do céu*. Tal intuição, ao germinar em planos múltiplos, possibilitou elaborar a ampla construção da "soberania mágica". Mas, por sua vez, a teoria da "soberania mágica" influenciou de maneira decisiva a figura originária do deus celeste. Assim, não se pode considerar Varuna simplesmente como um deus do céu, pelo menos em sua forma "histórica" (isto é, como é representado nos documentos védicos e pós-védicos), assim como não pode ser chamado de deus lunar ou oceânico. Ele é, ou tende a ser, *todas* essas divindades simultaneamente, e é ao mesmo tempo o deus soberano por excelência.

22. Deuses celestes iranianos – Também os iranianos conhecem um deus supremo celeste; pois, segundo Heródoto (I, 131), eles subiam "às mais altas montanhas para oferecer sacrifícios a Zeus, cujo nome dão a toda a amplidão circular do céu". Não sabemos qual era o nome desse deus celeste primordial nas línguas iranianas. A divindade que encontramos no *Avesta* e que Zaratustra tentou transfigurar, colocando-a no centro da sua reforma religiosa, chamava-se Ahura Mazda, "Senhor Sabedoria", "onisciente". Um de seus epítetos é *vouru cashâni*, "o grande vidente"[144], o que revela uma estrutura uraniana. Mas a reforma de Zaratustra purificou Ahura Mazda de seus elementos naturistas, e é sobretudo nos textos tardios – que refletem um retorno ao antigo politeísmo iraniano – que se encontram os indícios mais concretos do velho deus celeste.

No início dos estudos comparativos viu-se em Ahura Mazda uma figura correspondente a Varuna. Ainda que essa homologia tenha sido contestada por alguns estudiosos[145], não vemos razões sérias para abandoná-la. As características comuns reveladas há cinquenta anos por Oldenberg[146] mostram-se bastante convincentes; tal como Varuna, Ahura Mazda é o "deus soberano"[147]. Uma fórmula avesta arcaica bem frequente é Mitra-Ahura[148], onde Mitra está associado a um Ahura que não é ainda o Ahura Mazda dos tempos históricos, mas faz lembrar sobretudo o Ahura por excelência dos textos védicos, Varuna; o avéstico Mitra-Ahura corresponde assim ao binômio védico Mitravaruna. Não nos é possível ir tão longe como foram Hertel[149], Nyberg[150] e Widengren[151], e vermos em Mitra o céu noturno e em Ahura Mazda o céu diurno. Porém não há dúvida de que a estrutura celeste é transparente na epifania Ahura Mazda: ele tem "como vestuário a sólida abóbada do céu"[152], faz com que a chuva caia por todos os lados para o alimento do homem "piedoso e dos animais úteis"[153], chamam-lhe "aquele que muito vê, o que vê melhor, o que vê longe, o que melhor vê longe, o que espia, o que sabe, o que melhor conhece"[154], "o que não engana"[155], "o que sabe [...]; é infalível, dotado de uma inteligência infalível, onisciente"[156]. "Não é possível enganar Ahura, que observa tudo."[157] Como os outros deuses do céu, Ahura Mazda nunca tem sono e nenhum narcótico consegue prostrá-lo[158]. É por isso que nenhum segredo escapa "ao seu olhar brilhante"[159]. Ahura

Mazda é fiador da inviolabilidade dos contratos e do respeito à palavra dada; quando revelou a Zaratustra o motivo por que criou *Mitra*, Ahura Mazda disse que aquele que viola um pacto (*mithra* = contrato) atrai a desgraça para todo o país[160]. Portanto, ele é a garantia das boas relações contratuais entre os homens que asseguram o equilíbrio das forças cósmicas e a prosperidade geral. É essa também a razão pela qual Mitra é onisciente, pela qual possui dez mil olhos e mil ouvidos[161] e, tal como Ahura Mazda, é infalível, poderoso, insone, vigilante[162]; e também é chamado "o que não pode ser ludibriado" (*adaoyamna*) e "onisciente" (*vispô, vidva*).

Mas todos esses atributos e funções não implicam somente uma epifania uraniana, mas também outros prestígios; por exemplo, o da soberania[163]. Ahura Mazda vê e sabe tudo não só porque é o deus do céu, mas também porque, em sua qualidade de soberano, é o guardião das leis e o punidor dos culpados; devido à sua soberania, tem de garantir a boa organização e a prosperidade tanto da natureza como da sociedade, pois uma só infração poderia comprometer o equilíbrio em todos os níveis cósmicos. O estado dos textos religiosos iranianos – devido, em primeiro lugar, à reforma de Zaratustra – é demasiado insuficiente para permitir-nos a reconstituição da figura originária de Ahura Mazda como deus celeste. Temos até o direito de perguntar se Ahura Mazda chegou alguma vez a ser um deus celeste, pura e simplesmente, se, visto ser um deus supremo, já não seria, e concorrentemente, o deus do destino[164], o arquétipo simultaneamente do soberano e do sacerdote[165], o deus bissexuado[166], isto é, se não teria se revelado, já no início de sua "história", uma teofania complexa em que os elementos uranianos certamente desempenhavam um papel importante, mas em caso nenhum exclusivo.

Vale destacar também a concepção pré-zaratustriana de um Ahura Mazda *deus otiosus*[167], que não cria diretamente, mas através do *spenta mainyu*[168], isto é, de um "bom espírito", réplica do demiurgo que acompanha o ser celeste supremo nas religiões primitivas. O fenômeno é demasiado geral para que não corresponda a uma tendência fundamental da vida religiosa, acerca da qual voltaremos a falar. No caso de Ahura Mazda, esse fenômeno foi contrariado pela reforma de Zaratustra – exatamente como muitos reformadores religiosos (Moisés, os profetas, Maomé) tinham revivificado os antigos deuses supremos celestes, petrificados em sua modalidade *dei otiosi* e substituídos, na experiência religiosa das massas, por figuras divinas mais concretas e mais dinâmicas (os deuses da fecundidade, as Grandes Deusas etc.). Porém a reforma religiosa implica uma experiência do sagrado muito diferente da que nos ocupa neste contexto, e seu estudo será retomado mais proveitosamente num futuro trabalho.

23. Urano – Na Grécia, Urano conservou mais nitidamente suas características naturistas; ele é o céu. Hesíodo apresenta-o[169] aproximando-se e expandindo-se em todos os sentidos quando, "completamente ávido de amor" e trazendo consigo a noite, ele envolve a Terra. Essa hierogamia cósmica revela a vocação celeste. Mas, além do mito, nada mais nos restou de Urano, nem sequer uma imagem. Seu culto eventual foi usurpado por outros deuses, em primeiro lugar por Zeus. Com Urano confirma-se também esse destino das divindades supremas celestes de serem gradualmente repelidas para fora da atualidade religiosa, de suportarem inúmeras usurpações, substituições e fusões e acabarem esquecidas. Urano, completamente esquecido na religião, sobrevive no mito transmitido por Hesíodo, mito que, quaisquer que sejam os rituais que envolve, corresponde no entanto ao desejo de conhecer a origem das coisas. Com efeito, no princípio havia, se não o céu unicamente, pelo menos o casal divino Céu-Terra[170]. Foi dessa hierogamia inesgotável que nasceram os primeiros deuses (Oceano, Hipérion, Teia, Têmis, Febe, Cronos etc.), os Ciclopes e outros seres monstruosos. Urano era o macho fecundador por excelência, assim como o eram todos os deuses do céu, bem como o era, por exemplo, Diaus (chamado *suretah*, "o da boa semente"[171]); da união com sua esposa divina, Prthivi, nasceram os homens e os deuses[172].

Mas, ao contrário dos outros deuses celestes, a fecundidade de Urano é perigosa. As criaturas por ele engendradas não se assemelham às formas que hoje povoam a Terra, pois são monstros (com cem braços, com cinquenta olhos, de imensa estatura etc.). Como Urano os "odiava desde o primeiro dia" (Hesíodo), escondia-os no corpo da Terra (Gaia), que sofria e gemia. Encorajado por Gaia, seu filho mais novo, Cronos, espera que o pai se aproxime da Terra, como costumava fazer ao cair da noite, corta-lhe o órgão gerador e atira-o ao mar. A mutilação de Urano põe fim a suas criações monstruosas e, por isso mesmo, à sua soberania. Conforme mostrou Dumézil[173], esse mito tem correspondência no mito da impotência de Varuna e no ritual da investidura do soberano na Índia. Em outro contexto voltaremos ao complexo dos "perigos da soberania", mas o que convém observar agora é o sentido essencial dos dois mitos e do ritual que lhes corresponde (o controle e a segurança da fecundidade). É também notável a simetria entre essas duas soberanias, a de Varuna e a de Urano; apesar de toda a evolução de Urano no sentido naturista, ele "foi o primeiro soberano do Universo"[174]; sua filha primogênita chamava-se Basileia[175]. Exatamente como Varuna é por excelência a divindade que "amarra", Urano também "amarra" seus filhos, escondendo todos, sucessivamente, no corpo de Gaia. Varuna "apodera-se do alento" de seu filho Bhrigu e manda-o ao mundo subterrâneo para estudar[176]. Quanto aos Ciclopes, Urano acorrenta-os e precipita-os no "Tártaro"[177]. Seu sucessor na soberania universal, Cronos, acorrenta seus adversários, e os órficos investem também Zeus da mesma magia.

O que distingue Urano dos outros deuses celestes é sua fecundidade monstruosa e o ódio que nutria por suas próprias criaturas. Todos os deuses celestes são criadores: fazem o mundo, os deuses, os seres vivos. A "fecundidade" é apenas uma especialização de sua vocação essencial de criadores. "O céu santo vive na embriaguez de penetrar o corpo da Terra", relembrava Ésquilo numa de suas tragédias perdidas, as Danaides[178]. Por isso os deuses celestes das religiões indo-mediterrâneas são identificados, desta ou daquela maneira, com o touro. O *Rig Veda* chama Diaus de "touro" [179], e veremos que a maioria dos deuses celestes egeu-orientais goza do mesmo prestígio. Mas no caso de Urano essa fecundidade é perigosa. Como bem observou P. Mazon em seu comentário à *Teogonia* de Hesíodo[180], a mutilação de Urano põe fim à sua odiosa e estéril fecundidade, introduzindo no mundo, pelo aparecimento de Afrodite (nascida da espuma ensanguentada do membro gerador uraniano), a ordem, a fixidez das espécies, e assim impossibilitando toda procriação desordenada e nociva.

Ainda não foi completamente explicada essa singularidade de Urano, pelo menos tal como é apresentada pelo mito de Hesíodo. Por que é ele o único, entre tantos outros deuses celestes, a procriar indefinidamente seres monstruosos que "odeia", e dando-se ainda ao cuidado de "acorrentá-los" no Tártaro ou no ventre da Terra? Haverá aí alguma reminiscência, valorizada no sentido negativo, de "aquele tempo mítico", aquele *illud tempus* em que a criação ainda não estabelecera suas normas, onde o que quer que fosse podia nascer do que quer que fosse, onde o lobo se deitava junto do cordeiro e o leopardo, junto do cabrito? Uma das características daquele "tempo" auroral e paradisíaco era, de fato, a absoluta liberdade, verificada em todos os níveis do real e, portanto, também no nível das espécies. Numerosas tradições falam do caráter fluido, monstruoso, dos seres que foram criados então, no começo do mundo. A singularidade terogenésica de Urano seria um comentário racionalista destinado a valorizar o regime introduzido por Afrodite e mais tarde controlado por Zeus, regime caracterizado pela imutabilidade das espécies, pela ordem, pelo equilíbrio e pela hierarquia, tal como o apresentou o espírito grego? Ou em vez disso deveríamos ver na luta dos urânidas o processo de substituição das divindades do substrato pré-helênico pelos deuses helênicos?

24. Zeus – Qualquer que seja a explicação dessas criações aberrantes, o certo é Urano ter desaparecido do culto ainda antes dos tempos históricos. Seu lugar foi ocupado por Zeus, cujo nome exprime claramente a essência celeste. Como Diaus, Zeus conserva os valores onomásticos de "brilho" e "dia"[181] e, etimologicamente, esse termo está tão relacionado com *dios* como com o latim *dies*. Mas, é evidente, não devemos limitar seu âmbito àquilo que se chamou abusivamente de "o céu sereno, luminoso, brilhante", considerando suas funções meteorológicas como desdobramentos ulteriores ou influências estrangeiras. A arma de Zeus era o raio, e os lugares atingidos pelo relâmpago, Enelysia, eram-lhe consagrados. Os títulos de Zeus são transparentes e todos atestam mais ou menos diretamente suas relações com a tempestade, a chuva, a fertilidade. Assim, ele é chamado de Ombrios e Hyettios (chuvoso), Urios (o que envia os ventos favoráveis), Astrapios (o que fulmina), Bronton (o que troveja) etc. Chamam-no de Georgos (agricultor) e Ctonios[182] porque governa a chuva e assegura a fertilidade dos campos. Até seu aspecto animalesco (Zeus Licaios, com a aparência de um lobo, a quem levavam sacrifícios humanos)[183] se explica ainda pela magia agrícola (os sacrifícios eram feitos em épocas de seca, de flagelos meteorológicos etc.).

Já há muito se observou que Zeus, embora divindade do panteão grego, tem relativamente menos festividades e um culto mais reduzido que os outros deuses, e sugeriram-se diferentes explicações dessa anomalia[184]. De fato, como toda divindade celeste, ele nem sempre está presente na vida religiosa; no entanto, domina dois setores importantes: a agricultura e a expiação. Tudo o que assegura uma boa colheita (a meteorologia, a chuva) e tudo o que purifica os pecados cai sob a jurisdição celeste. A "purificação" e a "iniciação" pelo raio ou pelo que o representa (o rombo, a pedra de raio) são ritos arcaicos (§ 12) que provam não só a antiguidade das divindades celestes mas também a de seus aspectos dramáticos, tempestuosos. Fascinados pela etimologia de Diêus, muitos especialistas esquecem facilmente a unidade estrutural da intuição arcaica das divindades uranianas. Zeus é naturalmente soberano; mas, mais nitidamente do que os outros deuses celestes, conservou seu caráter de "Pai". Ele é Zeus pater (cf. Diaus pitar, Júpiter), arquétipo do chefe da família patriarcal. As concepções sociológicas das etnias arianas refletem-se em seu perfil de *pater familias.* Essa função explica Zeus Ctesios, o "Hausvater" que os helenos transportaram em todas suas migrações e que representavam como um verdadeiro gênio doméstico, sob forma de serpente. Sendo "pai" e "soberano", Zeus torna-se muito naturalmente a divindade da cidade, Zeus Polienos, e era dele que os reis recebiam sua autoridade. Mas esse polimorfismo pode ser sempre reduzido à mesma estrutura: a supremacia pertence ao Pai, isto é, ao Criador, ao artífice de todas as coisas. Esse elemento "criador" existe evidentemente em Zeus, não no plano cosmogônico (pois não foi ele que fez o Universo), mas no plano biocósmico: ele comanda as fontes de fertilidade, ele é o dono da chuva, visto que é "fecundador", é também "criador" (por vezes também é um touro, cf. o mito de Europa). Ora, essa "criação" de Zeus depende em primeiro lugar de todo o drama meteorológico, sobretudo da chuva. Sua supremacia é ao mesmo tempo de ordem paternal e soberana: ele garante o bom estado da família e da natureza, por um lado através de suas forças criadoras e, por outro, de sua autoridade de guardião das normas.

25. Júpiter, Odin, Taranis etc. – Assim como Zeus, o Júpiter itálico era adorado nos lugares elevados. A montanha acumula um simbolismo múltiplo (§ 31): é "alta", está mais perto do céu, é o lugar onde se reúnem as nuvens e se desencadeia a trovoada. O Olimpo foi, sem dúvida, uma montanha privilegiada; mas Zeus, como Júpiter, encontrava-se presente em toda colina. Os "sobrenomes" de Júpiter não são menos eloquentes: Lucelius, Fulgur, Fulgurator. O carvalho era consagrado a ele (assim como a Zeus), pois era essa a árvore mais frequentemente atingida por raios. O carvalho do Capitólio pertencia a Júpiter Feretrius, *qui ferit*, "que fulmina", também chamado Júpiter Lapis, representado por um sílex. Como todos os deuses celestes, Júpiter punia pelo raio, e em primeiro lugar aqueles que faltavam à palavra dada, os que violavam um tratado. Júpiter Lapis consagrava os tratados internacionais; um fecial matava um porco com o sílex consagrado, proclamando: "Se o povo romano violar o tratado, que Júpiter o fulmine como eu fulmino agora este porco com a pedra!" Júpiter era a divindade suprema, o soberano absoluto; Júpiter Omnipotens, Júpiter Optimus Maximus. Esses títulos sobrevivem até mesmo nos textos literários: *summe deum regnator*[185]; *meus pater, deorum regnator, architectus omnibus*[186], *deum regnator nocte caeca caelume conspectu abstulit*[187] etc. Como soberano cósmico que é, Júpiter intervém na história, não pela força física militar, como Marte, mas pelo prestígio de sua magia. Dumézil[188] pôs a claro essa magia de Júpiter, lembrando um episódio da história de Roma: quando os sabinos, depois de tomarem o Capitólio, ameaçavam aniquilar pelo pânico o exército romano, Rômulo implora a Júpiter: "Faze com que acabe o terror dos romanos, detém sua fuga vergonhosa!" No mesmo instante, como por milagre, a coragem volta aos romanos, que contra-atacam e vencem[189]. Júpiter interviera de modo "mágico", atuando diretamente nas forças espirituais deles.

Quando fala da religião dos semnões, Tácito menciona[190] a crença dessa nação germânica num deus supremo, *regnator om-*

nium deus, sem revelar seu nome[191]. Também segundo Tácito, os germanos adoravam principalmente Mercúrio e Marte, ou seja, Wothan (*Wothanaz, o Odin nórdico) e Tyr (*Tiwaz; antigo alto--alemão, Zio, em anglo-saxão Tio; de **tíwaz*, correspondente a *Dieús, *deivos, divus*, com o sentido genérico de "deus"). Hommel e outros autores viram em *Tíwaz o *regnator omnium deus*[192], o velhíssimo deus germânico do céu. Tor (Donar; Thunraz) é, como Indra e Júpiter, um deus da tempestade e do combate. Encontramos também na mitologia germânica, com as variantes inevitáveis, a distinção entre Urano, que "amarra" seus adversários e *conhece o futuro* (ele avisa Cronos do perigo que o ameaça), e Zeus, que *luta* "heroicamente" com seus raios, ou entre o "mágico" Varuna e o guerreiro Indra. Tor é, por excelência, o campeão dos deuses, o arquétipo dos heróis germânicos; Odin, apesar de também envolvido em inúmeros combates, vence sem esforço graças à sua "magia" (ubiquidade, metamorfose, faculdade de paralisar o adversário pelo medo, "amarrando-o"). Como mostrou Dumézil[193], aqui se vê conservado o arcaico díptico indo-ariano do "soberano mágico" e do "soberano herói", do possuidor da força espiritual e física[194].

Assim, no caso de Odin (Wodan) e de Tor (Donar), estamos diante de deuses uranianos, complementados pelos prestígios especializados desses dois tipos de soberania e notavelmente modificados por influências e processos laterais diferentes. Odin (Wodan) é um caso particularmente difícil, furtando-se a toda definição demasiado simplificadora. Evoluiu em muitos planos, apropriando-se dos atributos das divindades agrícolas e das divindades da fecundidade, e tornando-se também um deus ctônico-funerário, o chefe das almas dos heróis mortos. Nestes últimos tempos têm sido cada vez mais enfatizadas as analogias da religião wodanista com o xamanismo dos nômades do norte e do noroeste da Ásia[195]. Wodan é o "grande xamã" que fica suspenso na Árvore do Mundo durante nove noites[196] e descobre os caracteres rúnicos, adquirindo assim seus poderes mágicos (há aqui, sem dúvida alguma, uma alusão a um rito de iniciação). Até seu nome revela ser ele o senhor de Wut, *o furor religiosus* (*Wodan, id est furor*, Adam von Bremen). A embriaguez exuberante, a excitação mântica, a educação mágica das escolas escáldicas, tudo isso tem suas analogias nas técnicas xamanistas; em todo caso, isso não significa que Odin-Wodan seja uma divindade estranha aos germanos (como se tentou demonstrar muitas vezes), mas simplesmente que sua "especialização" ulterior o forçou a apropriar-se de privilégios múltiplos e a assemelhar-se assim aos tipos divinos exóticos.

Os celtas conheciam Taranis, indubitavelmente um deus do céu tempestuoso (da raiz céltica *taran* = trovejar; cf. o irlandês = *torann*, "trovão"). O báltico Perkûnas (*perkunás* = relâmpago) e o protoeslavo Perun (cf. o polonês *piorun* = relâmpago) também são deuses celestes supremos, que se manifestam sobretudo na tempestade. Seus nomes têm sido relacionados com a divindade védica Parjanyas e o germânico Fjörgyn, mãe de Tor, e recentemente com Phorkys, pai das Plêiades (Krappe, *Les Péléiades*). Tanto por seu nome (*perkus*, *quercus*), como por seu culto, essas divindades uranianas revelam estreitas relações com o carvalho e com certas aves anunciadoras do tempo (pássaros que anunciam a tempestade ou a primavera)[197]. Mas, pelo menos em sua forma histórica, revelam-nos uma acentuada "especialização"; em primeiro lugar, são divindades da tempestade; governam as estações do ano, trazem a chuva e, como tais, são divindades da fertilidade. O carvalho de Dodona era consagrado a Zeus, mas perto dele encontravam-se os pombos sagrados, símbolos da Grande Mãe telúrica, o que indica uma antiga hierogamia do deus celeste da tempestade com a Grande Deusa da fecundidade, fenômeno que iremos encontrar em grande escala.

26. Deuses da tempestade – A "especialização" das divindades celestes em divindades da tempestade e da chuva, assim como a relevância de seus poderes fecundantes, explica-se em grande parte pela estrutura passiva das divindades uranianas e por sua tendência a dar lugar a outras hierofanias, mais "concretas", mais nitidamente personificadas, mais diretamente envolvidas na vida cotidiana dos homens. Esse é um destino que deriva, em primeiro lugar, da transcendência do céu e da progressiva "sede de concreto" do homem. O processo de "evolução" das divindades celestes é bastante complexo. Para facilitar nossa exposição, vamos distinguir duas linhas de desenvolvimento: 1º) o deus celeste senhor do mundo, soberano absoluto (déspota), guardião das leis; 2º) o deus celeste criador, o macho por excelência, esposo da Grande Deusa telúrica, distribuidor da chuva. É claro que em parte alguma encontramos um desses dois tipos em estado puro, que as linhas de desenvolvimento nunca são paralelas, antes se entrecruzam sem cessar, que o "soberano" é ao mesmo tempo distribuidor da chuva e que o fecundador é também um déspota. Mas o que podemos afirmar sem hesitação é que o processo de especialização tende a delimitar com bastante precisão as jurisdições desses dois tipos divinos.

Como exemplo típico da primeira classe – dos soberanos e dos guardiães das leis – teremos T'ien, Varuna, Ahura Mazda. A segunda classe – a dos "fecundadores" – é morfologicamente mais rica. Mas notamos em todas as figuras desse grupo as seguintes características constantes: a hierogamia com a deusa Terra; o trovão, a tempestade e a chuva; as relações rituais e míticas com o touro. Entre os deuses desta segunda classe – "fecundadores" mas também "deuses da tempestade" – podemos citar Zeus, Min e o deus hitita, e ainda Parjanya, Indra, Rudra, Hadad, Baal, Júpiter, Dolichenus, Tor; numa palavra, os chamados deuses da tempestade. Cada uma das divindades acima citadas tem naturalmente sua "história" própria, que a diferencia mais ou menos claramente de seu vizinho de série; naquilo que, com uma visão química da mitologia, se chamou de sua "composição" entram diversos componentes. Mas faremos uma ideia mais clara de tudo isso quando nos ocuparmos também da "forma" dos deuses e não apenas de sua "força". Por ora, neste parágrafo interessamo-nos em primeiro lugar por seus elementos de unidade, por suas valências comuns. As mais importantes são: a força genésica (e, como tal, sua relação com o touro, sendo a Terra frequentemente representada em forma de vaca), o trovão e a chuva. Ou seja, em suma, as epifanias da força e da violência, molas indispensáveis das energias que proporcionam a fertilidade biocósmica. As divindades da atmosfera são, indubitavelmente, as especializações das divindades celestes, mas, por excessiva que seja essa "especialização", não consegue abolir-lhes o caráter uraniano. Assim, somos levados a classificar as chamadas divindades da tempestade ao lado das divindades celestes propriamente ditas; e tanto nestas como naquelas encontramos os mesmos prestígios e os mesmos atributos.

Tomemos, por exemplo, o caso de Parjanya, a divindade indiana da tempestade. Sua estrutura celeste é evidente: Parjanya é filho de Diaus[198] e às vezes é confundido com ele, como, por exemplo, quando é considerado esposo da deusa da Terra, Prithvi[199]. Parjanya reina sobre as águas e sobre todos os seres vivos[200], envia as chuvas[201], assegura a fecundidade dos homens, dos animais e da vegetação[202], e todo o Universo estremece ante as tempestades que ele desencadeia. Mais dinâmico e mais concreto que Diaus, Parjanya mantém com mais êxito seu lugar no panteão indiano. Mas esse lugar deixou de ser supremo. Parjanya não "sabe" mais tudo como Diaus e não é soberano como Varuna. Sua especialização delimitou seu campo e mesmo nesse campo ele não é invulnerável. Outra hierofania da tempestade e da energia fertilizante poderá substituí-lo quando novos rituais e novas criações míticas assim exigirem.

É precisamente o que acontece nos tempos védicos. Parjanya apaga-se perante Indra, o mais popular dos deuses védicos (somente no *Rig Veda* nada menos de 250 hinos lhe são dedicados, contra 10 dedicados a Varuna e 35 a Mitra, a Varuna e aos outros Aditias juntos). Indra é o "herói" por excelência, guerreiro temerário e de energia indomável, vencedor do monstro Vritra (que havia confiscado as águas), insaciável consumidor de *soma**. Qualquer que seja a interpretação proposta, não podemos escamotear as valências cósmicas de Indra e sua vocação demiúrgica. Indra recobre o céu[203], é maior do que a Terra inteira[204], traz o céu como diadema[205], e são assustadoras as quantidades de soma que pode engolir; pois não é capaz de absorver três lagos de uma vez[206]? Ébrio de soma, mata Vritra, desencadeia as tempestades, faz tremer os ares. Tudo o que Indra faz transborda de força e de jactância. Ele é uma pujante realização da exuberância da vida, da energia cósmica e biológica; faz com que a seiva e o sangue circulem, anima os germes, dá livre curso às águas e faz as nuvens entreabrirem-se. O raio (*vajra*) é a arma com que matou Vritra, e os Maruts, divindades menores da tempestade, cujo chefe é Indra, também

---

* "Era a seiva, o mel da imortalidade que uma águia levava aos mortais (Sandharva), servido como oferenda aos deuses e absorvido pelos homens para se comunicar com o mundo divino. O soma é o símbolo da embriaguez sagrada" (*Dicionnaire des symboles*, ed. Robert Laffont). (N. da T.)

possuem essa arma divina. "Nascidos do riso do relâmpago"[207], os Maruts são invocados em várias ocasiões para que não lancem seus "projéteis" nos homens e no gado e não os matem[208].

A tempestade é, por excelência, o desencadeamento poderoso das forças criadoras; Indra verte as chuvas e comanda todas as umidades, sendo ao mesmo tempo a divindade da fertilidade[209] e o arquétipo das forças genésicas[210]. É *urvâvapati*, "o senhor dos campos", e *sîrapati*, "o senhor do arado"; "o touro da terra"[211], o fecundador dos campos, dos animais e das mulheres[212]. "É Indra que procria os animais"[213] e nas bodas invocam-no para que conceda dez filhos à recém-casada[214]; inumeráveis invocações[215] se referem à sua força genésica inesgotável. Todas as atribuições e todos os prestígios de Indra são solidários e os âmbitos que controla se correspondem. Quer se trate dos raios que atingem Vritra e libertam as águas, da tempestade que precede a chuva ou da absorção de quantidades fabulosas de soma, da fertilização dos campos ou de suas possibilidades eróticas gigantescas, estamos sempre diante de uma epifania da força vital. Até o menor de seus gestos irrompe dessa exuberância, mesmo sua jactância e sua fanfarronice. O mito de Indra exprime admiravelmente a unidade profunda que existe entre todas as manifestações plenas da vida. A dinâmica da fecundidade é a mesma em todos os níveis cósmicos e a linguagem revela frequentemente tanto a solidariedade de todos os instrumentos fertilizantes como sua descendência comum; etimologicamente, *varsha*, "chuva", é próximo de *vrishan*, "macho". Indra agita incessantemente as forças cósmicas, fazendo assim circular no Universo inteiro a energia bioespermática. O reservatório de sua vitalidade é inesgotável e nele se fundamentam as esperanças do homem[216]. Mas Indra não é *criador*: promove por toda parte a vida e espalha-a vitoriosamente no Universo inteiro, mas não a cria. A função criadora, de que toda divindade uraniana está provida, "especializou-se" em Indra numa missão genésica e vitalizante.

27. Os fecundadores – Indra é constantemente comparado a um touro[217]. Sua réplica iraniana, Verethragna, aparece a Zaratustra em forma de touro, de garanhão, de carneiro, bode e javali[218], ou seja, "outros tantos símbolos do espírito viril e combativo, dos poderes elementares do sangue"[219]. Às vezes Indra é também chamado carneiro (*mesha*)[220]. Essas mesmas epifanias animais encontram-se também em Rudra, divindade pré-ariana assimilada por Indra. Rudra é o pai dos Maruts e um hino[221] lembra que "o touro Rudra os criou nas tetas brancas de Prishni". Sob sua forma taurina, a divindade genésica, uniu-se a uma deusa-vaca de proporções cósmicas. Prishni é um de seus nomes; Sabardughâ é outro, mas trata-se sempre de uma vaca que procria tudo. No *Rig Veda*[222] fala-se "de uma vaca *vishvarûpa* que tudo vivifica"; no *Atharva Veda*[223], a vaca une-se sucessivamente a todos os deuses e procria em todos os planos cósmicos; "os deuses vivem da vaca, assim como os homens; a vaca tornou-se esse universo tão vasto como o império do sol"[224]. Também Aditi, mãe das divindades supremas Aditias, é representada como uma vaca[225].

Essa "especialização" genésico-taurina da divindade da atmosfera e da fertilidade não se verifica somente no âmbito indiano; vamos encontrá-la também numa área afro-eurasiática muito extensa. Mas destacamos desde já que uma "especialização" semelhante revela igualmente influências exteriores; sejam influências de ordem étnica (os elementos do Sul, "súdicos", de que falam os etnólogos), ou de ordem religiosa. Indra, por exemplo, apresenta vestígios de influências extra-arianas (Rudra), mas agora nos interessa mais o fato de sua personalidade ter sido alterada e aumentada por elementos que não lhe pertencem como deus da chuva, dos furacões e da fertilidade cósmica. Suas relações com o touro e com o soma, por exemplo, conferem-lhe prestígios lunares[226]. A Lua governa as águas e as chuvas e distribui a fecundidade universal (§§ 49 ss.); os chifres do touro foram muito cedo assimilados ao crescente lunar. Em breve voltaremos a tratar de todos esses complexos culturais. Mas tenhamos em mente que a *especialização genésica obriga as divindades celestes a absorver em sua personalidade todas as hierofanias diretamente relacionadas com a fecundidade universal.* Ao acentuar suas funções meteorológicas (tempestade, raio, chuva) e genésicas, um deus celeste necessariamente se torna não só o paredro da Grande Mãe ctônico-lunar como também assimila seus atributos; no caso de Indra é o soma, o touro e talvez até certos aspectos dos Maruts (na medida em que eles hipostasiam as almas errantes dos mortos).

O touro e o raio foram desde muito cedo (a partir de 2400 a.C.) os símbolos conjugados das divindades atmosféricas[227]. Nas culturas arcaicas o mugir do touro foi assimilado ao furacão e ao trovão (cf. o *bull-roarer* entre os australianos); ora, tanto um como outro eram uma epifania da força fecundante. Por isso encontramos constantemente na iconografia os ritos e os mitos de todas as divindades atmosféricas da área afro-eurasiática. Na Índia pré-ariana o touro estava presente nos cultos proto-históricos de Mohenjodaro e do Baluchistão. Os "jogos de touros", que existem ainda hoje no Decão e no sul da Índia[228], existiam na Índia pré-védica no terceiro milênio a.C. (selo de Chau, c. 2500 a.C.). Os pré-drávidas, os drávidas e os indo-arianos veneraram todos o touro, quer como epifania do deus genésico-atmosférico, quer como um de seus atributos. As imagens taurinas abundam nos templos de Shiva, que tem como veículo (*vâhana*) o touro Nandin. O canarês *Kô*, palavra que designa o bovídeo, significa também céu, raio, raio de luz, água, chifre, monte[229]. O complexo religioso céu-raio-fecundidade encontra-se conservado aqui da maneira mais completa possível. O tamul *Kô*(*n*) tem o sentido de "divindade", mas o plural, *Kôn-âr*, significa "vaqueiros"[230]. É possível que exista uma relação entre esses termos dravidianos, o sânscrito *gôu* (ind.-eur. *g*ᵘ*ôu*) e o sumério *gu* (*d*), que significa ao mesmo tempo "touro" e "poderoso, corajoso"[231]. Também convém mencionar a origem comum dos termos semitas e greco-latinos para touro (cf. o assírio *shûru*, o hebr. *shôr*, o fenício *thór* etc. e o grego *tauros*, o lat. *taurus*), o que confirma a unidade desse complexo religioso.

No Irã eram frequentes os sacrifícios do touro, e Zaratustra combateu-os infatigavelmente[232]. Em Ur, no terceiro milênio, o deus da atmosfera era representado por um touro[233] e "o deus por quem se jura" (isto é, na origem, um deus celeste) era tauromórfico tanto na antiga Assíria como na Ásia Menor[234]. A respeito disso é muito significativa a supremacia que adquiriram os deuses da tempestade, do tipo de Teshup, Hadad, Baal, nos cultos paleorientais. Convém nos determos um pouco mais nessas divindades. Não conhecemos o nome do deus supremo dos hititas, esposo da deusa da cidade de Arina; pensou-se erroneamente que se chamava Zashhapunah[235]. Seu nome era escrito por meio de dois ideogramas de origem babilônica, U e I M. A leitura desses ideogramas em língua lúvia era Dattash, e os hurritas chamavam-no de Teshup. Era um deus do céu e da tempestade, dos ventos e do raio. (Em acadiano, o ideograma I M tinha os valores de *zunnu*, "chuva", *sharu*, "vento", e *remanu*, "trovão"[236].) Seus títulos evidenciam seu prestígio celeste e sua categoria de soberano absoluto: "Rei do céu", "Senhor da nação Hatti". O epíteto mais frequente é "muito poderoso" e seu símbolo é o raio, o machado ou a maça[237].

Devemos lembrar que em todas as culturas paleorientais a "força" era simbolizada sobretudo pelo touro; em acadiano, "partir os chifres" equivale a "quebrar a força"[238]. O deus de Arina também era representado de modo tauromórfico (encontraram-se imagens suas em todos os templos) e o touro era seu animal sagrado. Nos textos os dois touros míticos, Serish e Hurrish, são-lhe consagrados[239] ou, segundo alguns estudiosos[240], são até mesmo seus filhos. O único mito que se conhece é o de sua luta com a serpente Illuyankash[241], no qual encontramos o mesmo tema da luta da divindade da tempestade e da fertilidade com um monstro reptiliano (Indra-Vritra, Zeus-Tifon; protótipo Marduk-Tiamat). Devemos mencionar também a multidão de epifanias locais desse deus: no tratado de Suppiluliumash são citados 21 U[242], o que confirma seu caráter autóctone em todas as regiões habitadas pelos hititas. U era um deus popular em toda a Ásia Menor e Ocidental, fosse qual fosse o nome com que era invocado.

Os sumério-babilônios conheciam-no pelos nomes de Enlil e de Bêl. Embora fosse o terceiro na tríade dos deuses cósmicos, era o mais importante de todo o panteão; era filho de Anu, a divindade celeste suprema. Aqui se verifica novamente o fenômeno bem conhecido da passagem de *deus otiosus* celeste para um deus ativo e fecundador. Seu nome em sumério significa "Senhor do Vento Impetuoso" (*lil*, "vento poderoso, furacão"). Também o chamavam de *lugal amaru*, "divindade do vento e do furacão", e ûmu, "tempestade", *En-ug-ug-ga*, isto é, "senhor dos furacões"[243]. Enlil comanda também as águas e foi ele que provocou o dilúvio universal. Chamam-lhe "o poderoso", *alim*, o deus com chifre, o senhor do Universo, o rei do céu e da Terra, o Pai Bêl, o grande guerreiro etc.[244] Sua mulher é Ningalla, "a Grande Vaca", *umum rabêtum*, "a Grande Mãe", geralmente invocada pelo nome de Bêltu ou Bêlit, "Senhora"[245]. Sua origem celeste e sua função meteorológica são confirmadas também pelo nome de seu templo em Nippur, "a Casa da Montanha"[246]. A "Montanha" continua a ser o símbolo da divindade celeste suprema, mesmo quando ela se "especializa" como divindade da fecundidade e da soberania.

Em Tell-Khafaje, no mais antigo santuário conhecido até hoje, a imagem do touro encontra-se junto da imagem da Deusa Mãe[247]. O deus El, que ocupava um lugar proeminente no panteão paleofenício, é designado por "touro" (*shor*) e também por El "touro compassivo"[248]. Mas esse deus foi suplantado, em época mais recente, por Baal, "chefe, senhor", no qual Dussaud vê acertadamente o deus Hadad[249]. A equivalência Baal-Hadad está confirmada também nas tábuas de el-Amarna[250]. Hadad troveja, lança o raio e dispensa a chuva. Os protofenícios comparavam-no a um touro: os textos recentemente decifrados lembram como "a força de Baal (ou seja, Hadad) feriu Mot com seus chifres, tal como fazem os touros selvagens..."[251]. E no mito conhecido como "a caça de Baal" a morte de Baal é comparada à morte de um touro: "assim tombou Baal [...] como um touro"[252]. Não deve surpreender-nos que Baal-Hadad tenha um paredro, a deusa Asherat (Anat, Ashtart), e que seu filho, Aliyan, seja uma divindade da água, da fecundidade e da vegetação[253]. A Baal-Hadad sacrificavam-se touros (cf. a famosa cena entre Elias e os profetas de Baal no monte Carmelo). O assírio Bêl, continuador de Anu e de Enlil, é qualificado de "touro divino"; às vezes é designado por Gu, "o bovídeo" ou "o grande carneiro" (Dara-gal)[254].

É notável essa solidariedade dos símbolos "genésicos" e "celestes" em todos esses tipos de divindades da tempestade. Muitas vezes Hadad, representado em forma de touro, porta a insígnia do raio[255]; mas às vezes o raio toma o aspecto dos chifres rituais[256]. O deus Min, protótipo do deus egípcio Amon, também era qualificado de "Touro de sua Mãe" e de "Grande Touro" (*Ka wr*). Um de seus atributos era o raio, e sua função pluvial-genésica está evidente no epíteto "aquele que rasga a nuvem de chuva". Min não era uma divindade autóctone; os egípcios sabiam que ele viera, com seu paredro, a vaca Hathor, da região de Pwnt, isto é, do oceano Índico[257]. Por fim, para encerrar esta rápida exposição de um dossiê de fatos de riqueza excepcional (cf. a bibliografia), anotemos que foi sob forma taurina que Zeus raptou Europa (epifania da

Mãe), se uniu a Antílope e tentou violar a irmã, Deméter. E em Creta podia-se ler um epitáfio curioso: "Aqui jaz o grande Bovídeo chamado Zeus."

28. O esposo da Grande Mãe – Como vemos, esse conjunto Céu Chuvoso-Touro-Grande Deusa constituía um dos elementos de unidade de todas as religiões pré-históricas da área euro-afro-asiática. Não há dúvida de que aqui a tônica é a função genésico-agrária do deus automórfico da atmosfera. O que se venera em primeiro lugar em Min, Baal, Hadad, Teshup e outros deuses taurinos do raio, esposos da Grande Deusa, não é seu caráter celeste mas suas possibilidades fecundantes. Sua sacralidade deriva da hierogamia com a Grande Mãe agrária. Sua estrutura celeste está valorizada em sua função genésica. O céu é antes de tudo a região onde "brame" o trovão, se juntam as nuvens e se decide a fertilidade dos campos; ou seja, a região que assegura a continuidade da vida na Terra. A transcendência do céu é compreendida sobretudo em sua modalidade meteorológica, e sua "potência" equivale a um ilimitado reservatório de germes. Por vezes essa equivalência se revela até na linguagem; o sumério *me* designa "o homem, o macho" e ao mesmo tempo "o céu". Os deuses meteorológicos (raio, tempestade, chuva) e genésicos (touro) perdem sua autonomia celeste, sua soberania absoluta. Cada um deles é acompanhado, e frequentemente dominado, por uma Grande Deusa da qual depende, em última instância, a fecundidade universal. Já não são criadores cosmogônicos, como as divindades celestes primordiais, mas fecundadores e procriadores na ordem biológica. A hierogamia torna-se sua função essencial. É por isso que os encontramos tão frequentemente em todos os cultos da fecundidade, em especial nos cultos agrários; entretanto, jamais desempenham neles o papel principal, que cabe, de fato, ou à Grande Mãe ou a um "filho", divindade da vegetação que morre e ressuscita periodicamente.

A "especialização" das divindades celestes acaba modificando seu perfil de maneira radical; ao abandonarem sua transcendência, ao se tornarem "acessíveis" e, como tais, indispensáveis à vida humana, ao se transformarem de um *deus otiosus* num *deus pluviosus*, taurino e genésico, assimilam incessantemente funções, atributos e prestígios que lhes eram alheios e estavam longe de suas preocupações em sua soberba transcendência celeste[258]. Em sua tendência – como toda "forma" divina – para agrupar à sua volta todas as manifestações religiosas e comandar em todos os setores cósmicos, as divindades da tempestade e as divindades genésicas absorvem em sua personalidade e em seu culto (sobretudo por suas hierogamias com a Deusa Mãe) elementos que originalmente não pertenciam à sua estrutura celeste.

Por outro lado, o drama meteorológico não é sempre e necessariamente expresso por uma divindade celeste; o conjunto raio-tempestade-chuva às vezes foi considerado – por exemplo, entre os esquimós, os bosquímanos e no Peru – uma hierofania da Lua[259]. Já nos tempos mais remotos os chifres do touro foram comparados ao crescente lunar e assimilados à própria Lua. Menghin[260] estabeleceu uma relação entre o crescente lunar e as figuras femininas do período aurignaciano (que seguram um chifre na mão); os ídolos do tipo bovídeo, que se encontram sempre em relação com o culto da Grande Mãe (= a Lua), são frequentes no Neolítico[261]. Hentze[262] aprofundou o estudo desse conjunto lunar-genésico numa extensa área cultural. As divindades lunares mediterrânico-orientais eram representadas na forma de um touro e investidas dos atributos taurinos. Assim, por exemplo, o deus babilônico da Lua, Sin, era chamado "o poderoso vitelo de Enlil", enquanto Nanar, o deus da Lua de Ur, era qualificado de "poderoso, jovem touro do céu, o filho mais notável de Enlil" ou "o poderoso, o jovem touro de chifres robustos" etc. No Egito, a divindade da Lua era "o touro das estrelas" etc.[263] Mais adiante veremos como é coerente a relação entre os cultos ctônico-lunares e os da fecundidade. A chuva – "semente" do deus da tempestade – integra-se na hierofania das águas, setor que depende antes de tudo da jurisdição da Lua. Tudo quanto se relaciona com a fecundidade pertence, de maneira mais ou menos direta, ao vasto circuito Lua-Águas-Mulher-Terra. As divindades celestes, ao "especializarem-se" como divindades viris e genésicas, fatalmente entraram em contato com esses conjuntos pré-históricos, e neles permaneceram, quer tenham chegado a assimilá-los, quer elas mesmas tenham sido integradas.

29. Javé – Os únicos deuses do céu chuvoso e fecundador que conseguiram conservar sua autonomia apesar das hierogamias com as inumeráveis Grandes Deusas são aqueles que evoluíram na linha da soberania; os que conservaram seu cetro, ao lado do raio fecundador, permanecendo assim mantenedores da ordem universal, guardiães das normas e encarnação da Lei. Zeus e Júpiter são divindades desse tipo. Evidentemente, a personalidade dessas figuras imperiais se definiu melhor graças à vocação muito especial do espírito grego e romano para as noções de norma e de lei. Mas esses processos de racionalização só se tornaram possíveis pela intuição religiosa e mítica dos ritmos cósmicos, de sua harmonia e perenidade. T'ien é também um excelente exemplo de soberania celeste em sua tendência para revelar-se como hierofania da Lei, do ritmo cósmico. Compreenderemos melhor esses aspectos quando estudarmos a função religiosa do soberano e da soberania.

É num plano mais ou menos paralelo que se situa a "evolução" da divindade suprema dos hebreus. A personalidade de Javé e sua história religiosa são demasiado complexas para que possamos resumi-las em poucas linhas. Digamos, no entanto, que suas hierofanias celestes e atmosféricas desde muito cedo constituíram o centro das experiências religiosas que tornaram possíveis as revelações ulteriores. Javé manifesta seu poder na tempestade; o trovão é sua voz e o relâmpago é "o fogo" de Javé ou suas "flechas"[264]. O Senhor de Israel anuncia-se "pelo trovão, pelo relâmpago e por uma espessa fumaça"[265] no momento em que transmite as leis a Moisés. "Todo o monte Sinai estava envolto em fumaça porque o Eterno ali descera no meio do fogo..."[266] Débora lembra com religioso temor como "a terra tremeu, os céus se agitaram e as nuvens se fundiram em água" com os passos do Senhor[267]. Javé avisou Elias de sua aproximação por uma "grande tempestade, que parecia esfacelar os montes e fender as rochas, mas o Senhor não estava na tempestade. Depois da tempestade veio um tremor de terra, e o Senhor não estava nesse tremor de terra. E depois do tremor de terra, um fogo; mas o Senhor igualmente não estava nesse fogo. E depois desse fogo um doce e leve murmúrio"[268]. O fogo do Senhor cai sobre os holocaustos de Elias[269] quando o profeta lhe suplica que se mostre e confunda os sacerdotes de Baal. A sarça ardente do episódio de Moisés, a coluna de fogo e as nuvens que guiaram os israelitas no deserto são epifanias javeístas. Assim como a aliança de Javé com a descendência de Noé salvo do dilúvio se manifesta por um arco-íris: "Coloquei meu arco-íris nas nuvens e ele servirá de sinal de aliança entre mim e a Terra."[270]

Essas hierofanias celestes e atmosféricas, diferentemente das outras divindades da tempestade, manifestam sobretudo o "poder" de Javé. "Deus é grande por seu poder; quem saberia ensinar como ele?"[271] "Ele toma a luz nas mãos... Anuncia-se por um ribombar... Perante um espetáculo como este, todo meu coração estremece e parece querer saltar-me do peito. Escutai! Escutai o frêmito de sua voz, o ribombar que sai de sua boca e se espalha pela vastidão dos céus, enquanto seus relâmpagos brilham até as extremidades da Terra. Assim que sua voz ressoa, ele já não detém os relâmpagos. Deus troveja com sua voz, de maneira maravilhosa..."[272] O Senhor é o verdadeiro e único dono do cosmos. Pode fazer tudo, aniquilar tudo. Seu "poder" é absoluto, e por isso sua liberdade também não conhece limites. Soberano inconteste, mede sua misericórdia ou sua cólera a seu bel-prazer; e essa liberdade absoluta do Senhor é a revelação mais efetiva de sua transcendência e de sua autonomia absoluta; pois, quanto ao Senhor, "nada o prende", nada o força, nem sequer as boas ações e o respeito por suas próprias leis.

Nessa intuição do "poder" de Deus como única realidade absoluta têm seu ponto de partida todas as místicas e especulações ulteriores em torno da liberdade do homem e de suas possibilidades de salvação pelo respeito às leis e a uma moral rigorosa. Diante de Deus ninguém é "inocente". Javé firmou "aliança" com seu povo, mas sua soberania permite-lhe anulá-la a qualquer momento. Se não o faz, não é em virtude da "aliança" – pois nada pode "prender" Deus, nem sequer suas próprias promessas –, e sim em virtude de sua bondade infinita. Javé mostra-se em toda a história religiosa de Israel como um deus celeste e da tempestade, criador e todo-poderoso, soberano absoluto e "Senhor dos exércitos", apoio dos reis da linhagem de Davi, autor de todas as normas e de todas as leis que permitem à vida continuar sobre a Terra. A "lei", sob qualquer forma que seja, tem seu fundamento e justificação numa revelação de Javé. Mas, ao contrário dos outros deuses supremos, que não podem eles próprios agir contra as leis[273], Javé conserva sua liberdade absoluta.

30. Os fecundadores substituem os deuses uranianos – A substituição das divindades celestes pelos deuses da tempestade e pelos deuses procriadores verifica-se também no culto. Marduk substitui Anu na festa do Ano-Novo (§ 153). Quanto ao importante sacrifício védico Ashvamedha, ele acaba sendo dirigido a Prajâpati (e por vezes também a Indra), depois de o ter sido a Varuna e, como este substituiu Diaus, é muito provável que originalmente o sacrifício do cavalo fosse realizado em honra do antigo deus indo-ariano do céu. As populações uralo-altaicas ainda hoje sacrificam cavalos aos deuses supremos uranianos (§ 33). O elemento essencial e arcaico do Ashvamedha é seu caráter cosmogônico. O cavalo é identificado ao cosmos e seu sacrifício simboliza (isto é, *reproduz*) o ato da criação. O sentido desse rito ficará mais claro para nós em outro capítulo (§§ 153 ss.). Por um lado, convém apontar aqui o conjunto cosmogônico em que se coloca o Ashvamedha e, por outro, o sentido iniciático da cerimônia. Que o Ashvamedha é ao mesmo tempo um ritual de iniciação é o que provam os seguintes versos do *Rig Veda* (VIII, 48, 3): "Tornamo-nos imortais, contemplamos a luz, encontramos os deuses." Aquele que conhece o mistério dessa iniciação triunfa da segunda morte (*punarmrityú*) e não a teme mais. A iniciação equivale à conquista da imortalidade e à transmutação da condição humana numa condição divina. Essa coincidência da conquista da imortalidade com a repetição do ato de criação é importante; o sacrificante supera a condição humana e torna-se imortal por um ritual cosmogônico. Encontraremos a mesma coincidência entre iniciação e cosmogonia nos mistérios de Mitra.

Tal como acontece com Prajâpati – a quem depois é dirigido o sacrifício –, o cavalo sacrificado simboliza o cosmos. Entre os iranianos, do corpo do touro primordial morto por Ahriman nascem os cereais e as plantas; na tradição germânica, o cosmos deriva do corpo do gigante Ymir[274]. Não nos ocuparemos aqui das implicações desse mito cosmogônico nem de seus paralelos extremo-orientais (por exemplo, Pan'Ku) ou mesopotâmicos – o cosmos criado por Marduk a partir do corpo do monstro Tiamat. Apenas nos interessa o caráter *dramático* do ato da criação tal como se apresenta em mitos semelhantes: o cosmos não é criado *ex nihilo* pela divindade suprema; ele passa a existir pelo sacrifício (ou pelo autossacrifício) de um deus (Prajâpati), de um monstro primordial (Tiamat, Ymir), de um *macranthropos* (Purusha), ou de um animal primordial (o touro Evakdât entre os iranianos). Na origem desses mitos encontra-se, real ou alegórico, o sacrifício humano (*Purusha* = "homem"), complexo que Al. Gahs encontrou numa vasta área etnológica e se apresenta sempre em relação com as cerimônias de iniciação e as sociedades secretas[275]. O caráter dramático do sacrifício cosmogônico de um ser primordial prova que essas cosmogonias não são "primárias", antes representam as fases de um longo e complicado processo mítico-religioso que se desenvolveu em boa parte já na Pré-História.

O Ashvamedha é um excelente exemplo para esclarecer a complexidade dos rituais dirigidos às divindades uranianas. As substituições, as fusões, as simbioses são tão ativas na história do culto como na história dos deuses. Retomando nosso exemplo, poderemos decifrar aí mais uma substituição: o sacrifício indiano do cavalo substituiu o sacrifício mais antigo do touro (o touro era sacrificado no Irã e o mito cosmogônico fala de um touro primordial. Indra está também rodeado de touros, antes de estar rodeado por garanhões; "Prajâpati é, de fato, o grande touro")[276]. Nos textos védicos viam-se os Asvins, cujos nomes revelam suas relações com os cavalos, montar bois de corcova e não cavalos[277].

Os Asvins, como os Dióscuros (Dios kuroi, cf. let. *dêwa deli*, lituan, *diéwo sunelei*), são filhos do deus do céu. Seu mito deve muito tanto às hierofanias celestes (Aurora, Vênus, as fases da Lua) como à sacralidade dos gêmeos; de fato, a crença (v. a Bibliografia) de que o nascimento de gêmeos pressupõe a união entre um mortal e um deus, e sobretudo uma divindade do céu, está extremamente difundida. Os Asvins são sempre representados ao lado de uma divindade feminina, quer seja Uça, deusa da Aurora, quer Sûryâ; os Dióscuros também acompanham uma figura feminina, sua mãe ou irmã: Cástor e Pólux acompanham Helena; Anfíon e Zeto, sua *mãe*, Antíope; Héracles e Íficles, sua mãe, Alcmena; Dárdano e Iásion, Harmonia etc. Lembremos que:

a) Os Asvins, os Dióscuros ou quaisquer que sejam os nomes desses gêmeos míticos são filhos de um deus celeste (quase sempre em consequência da união deste com uma mortal);

b) não se separam da mãe ou da irmã;

c) sua atividade na Terra é sempre benéfica. Aliás, tanto os Asvins como os Dióscuros são curandeiros, livram os mortais do perigo, protegem os navegantes etc. Em certo sentido, são os representantes da sacralidade celeste na Terra, embora seu perfil seja incontestavelmente mais complexo e não possa reduzir-se à simples dispensação dessa sacralidade. Mas, quaisquer que sejam os conjuntos mítico-rituais reivindicados pela figura dos Dióscuros, sua atividade benfazeja é sempre incontestável.

Os Dióscuros não alcançaram um papel de primeiro plano na religiosidade universal; mas onde os "filhos de deus" fracassaram seu Filho teve êxito. Dioniso é filho de Zeus e seu aparecimento na história religiosa da Grécia equivale a uma revolução espiritual. Osíris também é filho do céu (uma deusa) e da Terra (um deus); o fenício Alein é filho de Baal etc. No entanto, essas divindades mantêm uma estreita relação com a vegetação, o sofrimento, a morte e a ressurreição, a iniciação. Todas são dinâmicas, patéticas, soteriológicas. Tanto as grandes correntes de religiosidade popular como as sociedades secretas dos mistérios egeu-orientais se cristalizaram em volta dessas divindades ditas da vegetação, mas que são principalmente divindades dramáticas que assumem todo o destino do homem, que conhecem, como ele, as paixões, o sofrimento e a morte. Jamais a divindade se aproximou tanto dos homens. Os Dióscuros ajudam e protegem a humanidade; as divindades soteriológicas partilham os sofrimentos dessa humanidade, morrem e ressuscitam para resgatá-la. Essa mesma "sede de concreto" que sempre empurrou para segundo plano as divindades celestes – distantes, impassíveis, indiferentes ao drama cotidiano – manifesta-se na importância concedida ao "Filho" do deus celeste (Dioniso, Osíris, Alein etc.). Frequentemente o "Filho" se vale de seu Pai celeste; todavia, não é essa descendência que justifica o papel capital que ele desempenha na história das religiões, mas sua "humanidade", o fato de ter se integrado definitivamente na condição humana, ainda que consiga superá-la pela ressurreição periódica.

31. Simbolismo celeste – Acabamos de examinar uma série de divindades celestes ou estreitamente relacionadas com a hierofania uraniana. Em toda parte notamos esse mesmo fenômeno de recuo das divindades celestes em presença de teofanias mais dinâmicas, mais concretas e mais íntimas. Entretanto, cometeríamos um erro se limitássemos as hierofanias celestes às figuras divinas ou semidivinas a que deram origem. O caráter sagrado do céu está difundido em inúmeros conjuntos rituais ou míticos que, aparentemente, não estão em relação direta com uma divindade uraniana. O sagrado celeste permanece ativo na experiência religiosa pelo simbolismo da "altura", da "ascensão", do "centro" etc., até mesmo quando a divindade uraniana passou a segundo plano. Nesse simbolismo encontramos também, por vezes, a substituição de uma divindade uraniana por uma divindade fertilizante; mas nem por isso a estrutura celeste do simbolismo deixa de subsistir.

A montanha está mais próxima do céu, o que a investe de uma dupla sacralidade: por um lado, participa do simbolismo espacial da transcendência ("alto", "vertical", "supremo" etc.) e, por outro, é a área por excelência das hierofanias atmosféricas e, como tal, a morada dos deuses. Todas as mitologias têm uma montanha sagrada, variante mais ou menos ilustre do Olimpo grego. Todos os deuses celestes possuem nos lugares altos espaços reservados para seu culto. Os valores simbólicos e religiosos das montanhas são inúmeros. A montanha é frequentemente considerada o ponto de encontro entre o céu e a Terra, portanto um "centro", o ponto pelo qual passa o eixo do mundo, região saturada de sagrado, local onde podem realizar-se as passagens entre as diferentes zonas cósmicas. Assim, segundo as crenças mesopotâmicas, "o Monte dos Países" une o céu e a Terra[278] e o monte Meru da mitologia indiana eleva-se no meio do mundo; acima dele brilha a estrela polar[279]. Também os povos uralo-altaicos conhecem um monte central, o Sumbur, Sumur ou Sumeru, em cujo cimo está suspensa a estrela polar (crenças buriatas)[280]. Segundo as crenças iranianas, o monte sagrado Haraberezaiti (Harburz) fica no meio da Terra e está ligado ao céu[281]. Na Edda, Himingbjörg é, como seu nome indica, um "monte celeste"; nele o arco-íris (Bifröst) atinge a abóbada do céu. Crenças parecidas encontram-se entre os finlandeses, os japoneses etc.

Por ser o ponto de encontro entre o céu e a Terra, o "monte" acha-se no "centro do mundo" e é certamente o ponto mais elevado da Terra. Por isso as regiões consagradas – "lugares santos", templos, palácios, cidades santas – são assimiladas a "montes" e elas mesmas se tornam "centros", isto é, são integradas de maneira mágica no cume do monte cósmico (cf. § 145). Na Palestina, os montes Tabor e Gerizim eram igualmente "centros", e a Palestina, "a terra santa", portanto considerada o lugar mais elevado do mundo, não foi atingida pelo dilúvio. "A terra de Israel não foi submergida pelo dilúvio", diz um texto rabínico[282]. Para os cristãos, o Gólgota encontra-se no centro do mundo, pois é o cume da montanha cósmica e também o local onde foi criado e enterrado Adão. E, segundo a tradição islâmica, o lugar mais alto da Terra é a Kaaba, visto que "a estrela polar prova que se encontra exatamente acima do centro do céu"[283].

Até os nomes dos templos e das torres sagradas atestam essa assimilação à montanha cósmica: "o Monte Casa", "a casa do Monte de todos os países", "a Montanha das Tempestades", "a ligação entre o céu e a Terra" etc.[284] O termo sumério para zigurate (*ziqquratu*) é *U-Nir* (monte), que Jastrow interpreta como: "visível de muito longe"[285]. Para falar com precisão, *ziqqurat* era um "monte cósmico", ou seja, uma imagem simbólica do cosmos; os sete andares representavam os sete céus planetários (como em Borsippa) ou tinham as cores do mundo (como em Ur). O templo de Barabudur é ele mesmo uma imagem do cosmos e está construído à maneira de uma montanha artificial. Por uma extensão da qualidade sagrada do templo (monte = centro do mundo) a toda a cidade, as cidades orientais tornavam-se elas mesmas "centros", cimos da montanha cósmica, pontos da junção entre as regiões cósmicas. Assim, Larsa era chamada "A casa da junção entre o céu e a Terra", e Babilônia, "A casa dos alicerces do céu e da Terra", "a ligação entre o céu e a Terra", "a casa do onte luminoso" etc. (Dombart, 35). Na China, a capital do Soberano Perfeito encontra-se exatamente no centro do Universo[286], isto é, no topo da montanha cósmica.

Em outro capítulo voltaremos a falar desse simbolismo cosmológico do centro – em que o monte desempenha um papel tão importante (§ 143). O que podemos observar desde já é a virtude consagradora da "altura". As regiões superiores estão saturadas de forças sagradas. Tudo o que está mais próximo do céu participa, com intensidade variável, da transcendência. A "altura", o "superior" são assimilados ao transcendente, ao sobre-humano. Toda "ascensão" é uma ruptura de nível, uma passagem para o Além, uma ultrapassagem do espaço profano e da condição humana. Não é necessário acrescentar que a sacralidade da "altura" é validada pela sacralidade das regiões atmosféricas superiores, portanto, em última instância, pela sacralidade do céu. O monte, o templo, a cidade etc. são consagrados porque estão investidos do prestígio do "centro", isto é, originariamente porque assimilados ao cume mais elevado do Universo e ao ponto de encontro entre céu e Terra. Consequentemente, a consagração pelos rituais de ascensão e de escalada dos montes ou das escadas deve sua validade ao fato de inserir o praticante numa região superior celeste. A riqueza e a variedade do simbolismo da ascensão só na aparência são caóticas; considerados globalmente, todos esses ritos e símbolos se explicam pela sacralidade da "altura", isto é, do celeste. Transcender a condição humana pelo fato de penetrar numa zona sagrada (templo, altar), pela consagração do rito, pela morte, exprime-se concretamente por uma "passagem", uma "subida", uma "ascensão".

32. Mitos de ascensão – A morte é uma transcendência da condição humana, uma "passagem para o além". Nas religiões que situam o outro mundo no céu ou numa região superior, a alma do morto escala uma montanha ou sobe numa árvore ou por uma corda[287]. A expressão corrente, em assírio, para o verbo "morrer" é "agarrar-se à montanha". Igualmente, em egípcio, *myny*, "agarrar-se", é um eufemismo para "morrer"[288]. O Sol se põe entre os montes e é sempre por ali que deve passar o caminho do morto para o outro mundo. Yama, o primeiro morto da tradição mítica indiana, percorreu "os altos desfiladeiros" para mostrar "o caminho a muitos homens"[289]. O caminho dos mortos, nas crenças populares uralo-altaicas, sobe os montes: Bolot, herói kara-quirguiz, tal como Kesar, rei lendário dos mongóis, penetra no mundo do além, como prova iniciática, por uma gruta do topo dos montes; a viagem do xamã ao inferno efetua-se escalando algumas montanhas muito altas[290]. Os egípcios conservaram em seus textos funerários a expressão *asket pet* (*asket* = "caminhada") para mostrar que a escada colocada à disposição de Rá para que ele possa subir da Terra ao céu é uma escada real[291]. "Está instalada para mim a escada para ver os deuses", diz o Livro dos Mortos[292]. "Os deuses fazem-lhe uma escada para que se sirva dela e suba ao céu."[293] Em grande número de túmulos do tempo das dinastias arcaicas e medievais foram encontrados amuletos representando uma *maqet* (escadinha) ou uma escada[294].

Essa mesma rota pela qual as almas dos mortos se encaminham para o outro mundo também é percorrida por aqueles que – graças à sua condição excepcional ou à eficiência dos ritos que executam – conseguem entrar no céu estando vivos. O motivo da "ascensão" ao céu, realizada quer por uma corda, quer por meio de uma árvore ou de uma escada, está muito difundido nos cinco continentes. Vamos limitar-nos a alguns exemplos[295]. A tribo australiana dieri conhece o mito de uma árvore que, por virtude de magia, cresce até o céu[296]. Os numgahburrans falam de dois pinheiros miraculosos que, depois da violação de um tabu, se puseram a crescer tanto que seu topo tocou o céu[297]. Conta-se entre os maras que por uma árvore como essa os ancestrais costumavam subir até o céu e voltar a descer[298]. A esposa do herói maori Tawhaki, fada descida do céu, permanece com ele somente até o nascimento de seu primeiro filho; depois sobe em uma cabana e desaparece. Tawhaki sobe ao céu por um cepo de vinha e consegue regressar à Terra[299]. Segundo outras variantes, o herói alcança o céu subindo por um coqueiro, por uma corda, uma teia de aranha, um "papagaio" de papel. No Havaí diz-se que sobe pelo arco-íris; no Taiti, que escala uma montanha alta e no caminho encontra sua mulher[300]. Um mito muito conhecido na Oceania conta que o herói chegou ao céu por uma "corrente de flechas", isto é, cravando a primeira flecha na abóbada celeste, a seguinte na primeira e assim sucessivamente até formar uma corrente entre o céu e a Terra[301]. A ascensão por uma corda é conhecida na Oceania[302], na África[303], na América do Sul[304] e na América do Norte[305]. Mais ou menos nos mesmos locais há o mito da ascensão por uma teia de aranha. A ascensão ao céu por uma escada é conhecida no antigo Egito[306], na África[307], na Oceania[308] e na América do Norte. A ascensão também pode ser feita por uma árvore[309], por uma planta ou por um monte[310].

33. Ritos de ascensão – Todos esses mitos e crenças correspondem a ritos concretos de "subida" e de "ascensão". A definição e a consagração do lugar de sacrifício equivalem a uma espécie de sublimação do espaço profano: "na verdade, o oficiante constrói para si uma escada e uma ponte para alcançar o mundo celeste", especifica a *Taittirîya Samhitâ* (VI, 6, 4, 2). Em outra passagem do mesmo livro (I, 7, 9), o oficiante sobe uma escada e, ao chegar ao topo do poste do sacrifício, estende as mãos e clama: "Alcancei o céu, os deuses; tornei-me imortal!" A escalada ritual até o céu é uma *dürohana*, uma "subida difícil". Grande número de expressões semelhantes são encontradas na literatura védica[311]. Kosingas, sacerdote-rei de algumas populações da Trácia (kebrenioi e sykaiboai), ameaça seus súditos de partir para junto da deusa Hera subindo por uma escada de madeira[312]. A ascensão celeste pela subida cerimonial de uma escada provavelmente fazia parte de uma iniciação órfica[313]. Em todo caso, é encontrada na iniciação mitríaca. Nos mistérios de Mitra, a escada (*climax*) cerimonial tinha sete degraus e cada um era de um metal diferente. Segundo Celso[314], o primeiro degrau era de chumbo e correspondia ao "céu" do planeta Saturno; o segundo, de estanho (Vênus); o terceiro, de bronze (Júpiter); o quarto, de ferro (Mercúrio); o quinto, de "liga monetária" (Marte); o sexto, de prata (a Lua); o sétimo, de ouro (o Sol). O oitavo degrau, diz Celso, representa a esfera das estrelas fixas. Ao subir essa escada cerimonial, o iniciado percorria efetivamente os "sete céus", elevando-se assim até o Empíreo.

Ainda hoje os xamãs das populações uralo-altaicas praticam exatamente esse mesmo ritual em sua viagem para o céu e no cerimonial de iniciação xamânica. A "ascensão" realiza-se quer no quadro do sacrifício ordinário – quando o xamã acompanha a oferenda (a alma do cavalo sacrificado) até Bai Ulgen, o deus supremo –, quer por ocasião da cura mágica dos doentes que o consultam. O sacrifício do cavalo, que é a principal cerimônia religiosa das populações uralo-altaicas, realiza-se anualmente e dura de duas a três noites. Na primeira noite erguem uma nova iurta em cujo interior é colocada uma bétula despojada dos ramos e na qual escavam nove degraus (*tapty*). Escolhem um cavalo branco para o sacrifício; acendem fogo na tenda, o xamã defuma seu tamborim enquanto vai chamando sucessivamente os espíritos; então sai e, cavalgando o manequim de um ganso feito de trapos e recheado de palha, agita as mãos como se fosse voar e canta:

Acima do céu claro, Para além das nuvens brancas,
Acima do céu azul, Para além das nuvens azuis,
Sobe para o céu, ó pássaro!

O objetivo desse rito é captar a alma do cavalo sacrificado, *pura*, que se presume ter fugido à aproximação do xamã. Depois de capturar essa alma e de trazê-la de volta, o xamã põe o ganso em liberdade e procede sozinho ao sacrifício do cavalo. A segunda parte da cerimônia passa-se na noite seguinte, quando o xamã leva a alma do cavalo até Bai Ulgen. Depois de defumar o tamborim, vestir seus trajes rituais e invocar Merkyut, o pássaro celeste, para que "venha cantando" e "pouse em seu ombro direito", o xamã começa a ascensão. Subindo com ligeireza os degraus talhados na árvore cerimonial, penetra sucessivamente nos nove céus e descreve ao auditório, com minúcia de pormenores, tudo o que vê e tudo o que se passa em cada um deles. No sexto céu venera a Lua; no sétimo céu, o Sol. Finalmente, no nono, prosterna-se diante de Bai Ulgen e oferece-lhe a alma do cavalo sacrificado. Esse episódio marca o ponto culminante da ascensão extática do xamã. Obtém de Bai Ulgen informações sobre a aceitação do sacrifício e recolhe predições sobre o tempo; depois o xamã cai extenuado e, após um momento de silêncio, desperta como se saísse de um sono profundo[315].

Os entalhes ou degraus abertos na bétula simbolizam as esferas planetárias. Durante o cerimonial o xamã pede o concurso das diferentes divindades, cujas cores específicas revelam sua natureza de divindades planetárias[316]. Tal como no ritual de iniciação mitríaca e também como nos muros da cidade de Ecbátana, de cores variadas[317] e simbolizando os céus planetários, a Lua encontra-se no sexto céu e o Sol, no sétimo. O número nove substituiu o número mais antigo de sete degraus, pois entre os uralo-altaicos a "coluna do mundo" tem sete degraus[318] e a árvore mítica com os sete ramos simboliza as regiões celestes[319]. A ascensão da bétula cerimonial equivale à ascensão da árvore mítica que se encontra no centro do mundo. O buraco do topo da tenda é identificado com o orifício situado em frente da estrela polar e pelo qual se pode efetuar a passagem de um nível cósmico para o outro[320]. O cerimonial realiza-se, portanto, num "centro" (§ 143).

A mesma ascensão acontece por ocasião da iniciação xamânica. Entre os buriatos, nove árvores são colocadas uma perto da outra; o neófito sobe até o alto da que fica em nono lugar e passa seguidamente para o topo de todas as outras. Coloca-se também uma bétula na tenda e faz-se com que seu topo passe pelo orifício superior; o neófito sobe, com um sabre na mão, até aparecer no exterior da tenda, realizando assim a passagem para o último céu. Uma corda liga a bétula da tenda às outras nove bétulas, e nessa corda são pendurados pedaços de algodão de várias cores, representando as regiões celestes. A corda chama-se "ponte" e simboliza a viagem do xamã para entrar na morada dos deuses[321].

O xamã realiza uma ascensão semelhante para a cura dos doentes que vêm pedir-lhe assistência[322]. Do mesmo modo, as viagens míticas dos heróis turco-mongóis ao céu assemelham-se claramente aos ritos xamanistas[323]. Segundo as crenças iacutas, existiam outrora xamãs que subiam efetivamente aos céus; os espectadores podiam vê-los planar acima das nuvens, em companhia do cavalo sacrificado[324]. No tempo de Genghis-Khan um reputado xamã mongol teria subido ao céu em seu corcel[325]. O xamã ostíaco canta que se eleva aos céus sobre uma corda e vai afastando as estrelas que estorvam seu caminho[326]. No poema uigur "Kudatku Bilik", um herói sonha que sobe uma escada de cinquenta degraus, em cujo final uma mulher lhe dá água para beber; assim reanimado, consegue chegar ao céu[327].

34. Simbolismo da ascensão – Jacó sonha igualmente com uma escada cujo topo atingia o céu, "e os anjos do Senhor subiam e desciam por essa escada"[328]. A pedra sobre a qual Jacó adormeceu era um *bethel* e encontrava-se "no centro do mundo", pois era aí que se estabelecia a ligação entre todas as regiões cósmicas (§ 81). Na tradição islâmica, Maomé (Mohâmmed) vê uma escada elevando-se do templo de Jerusalém (o "centro" por excelência) até o céu, com anjos à direita e à esquerda: era por essa escada que as almas dos justos subiam até Deus[329]. Dante vê também, no céu de Saturno, uma escada de ouro que se eleva de maneira vertiginosa até a última esfera celeste e pela qual subiam as almas dos bem-aventurados[330]. O simbolismo do "degrau", das "escadas" e das "ascensões" foi também conservado pela mística cristã. São João da Cruz representa as fases da perfeição mística por uma *Subida del Monte Carmelo* e ele mesmo ilustra seu tratado com uma montanha de longas e fastidiosas subidas.

Todas as visões e todos os êxtases místicos compreendem uma subida ao céu. Segundo o testemunho de Porfírio, Plotino conheceu esse arrebatamento celeste por quatro vezes durante todo o tempo em que viveram juntos[331]. Também São Paulo foi arrebatado até o terceiro céu[332]. A doutrina da ascensão das almas aos sete céus – quer na iniciação, quer *post mortem* – gozou de imensa popularidade nos últimos séculos da Antiguidade. Sua origem oriental é inegável[333], mas tanto o orfismo como o pitagorismo contribuíram muito para sua difusão no mundo greco-romano. Essas tradições serão examinadas mais proveitosamente em outros capítulos. Mas convinha assinalá-las neste contexto, visto sua justificação última encontrar-se no caráter sagrado do céu e das regiões superiores. Iríamos encontrá-las em qualquer conjunto religioso, qualquer que seja a maneira como foram valorizadas – rito xamanista ou rito de iniciação, êxtase místico ou visão onírica, mito escatológico ou lenda heroica etc.,– pois as ascensões, a subida de montes ou de escadas, os voos na atmosfera etc. significam sempre a transcendência da condição humana e a penetração em níveis cósmicos superiores. O simples fato da "levitação" equivale a uma consagração e a uma divinização. Os ascetas de Rudra "andam pelo caminho do vento, pois os deuses entraram neles"[334]. Os iogues e os alquimistas indianos voam pelo ar e percorrem em alguns instantes distâncias consideráveis[335]. Poder voar, possuir asas torna-se a fórmula simbólica da transcendência da condição humana; a capacidade de elevar-se no ar indica o acesso às realidades últimas. Evidentemente, mesmo na fenomenologia das ascensões persiste uma distinção radical entre a experiência religiosa e a técnica mágica – um santo é "arrebatado" aos céus; os iogues, os ascetas, os mágicos "voam" devido à eficiência de seus próprios esforços. Mas em ambos os casos é a *ascensão* que os distingue da grande massa de profanos e não iniciados: podem penetrar nas regiões uranianas, saturadas de sagrado, e tornar-se semelhantes aos deuses. Seu contato com os espaços celestes diviniza-os.

35. Conclusões – Recapitulando:

a) O céu *em si mesmo*, considerado abóbada sideral e região atmosférica, é rico em valores mítico-religiosos. O "alto", o "elevado", o espaço infinito são hierofanias do "transcendente", do sagrado por excelência. A "via" atmosférica e meteórica revela-se como um mito sem fim. Tanto os Seres Supremos das populações primitivas como os Grandes Deuses das primeiras civilizações históricas, todos eles manifestam relações mais ou menos orgânicas com o céu, a atmosfera, os acontecimentos meteorológicos etc.

b) Mas não podemos reduzir os Seres Supremos a uma hierofania uraniana. Eles são mais do que tal hierofania: têm uma "forma" que pressupõe um modo de ser próprio e exclusivo, isto é, irredutível à vida uraniana ou à experiência humana. Pois esses Seres Supremos são "criadores", "bons", "eternos" ("Velhos"), fundadores de instituições e guardiães das normas – atributos que só em pequena parte podem ser explicados pelas hierofanias celestes. Assim, o problema da "forma" dos Seres Supremos fica posto e será retomado num capítulo especial.

c) Feita essa reserva – que é importante –, podemos destrinçar na história dos Seres Supremos e das divindades celestes um fenômeno revelador no mais alto grau para a experiência religiosa da humanidade: essas figuras divinas tendem a desaparecer do culto. Em parte alguma desempenham um papel predominante, foram afastadas e substituídas por outras forças religiosas: culto dos ancestrais, espíritos e deuses da natureza, demônios da fecundidade, Grandes Deusas etc. É notável que essa substituição se faça sempre em proveito de uma força religiosa ou de uma divindade mais concreta, mais dinâmica, mais fértil (por exemplo, o Sol, a Grande Mãe, o Deus Macho etc.). O vencedor é sempre o representante ou o distribuidor da fecundidade: ou seja, em última análise, o representante ou o distribuidor da *Vida*. (Até mesmo o temor dos mortos e dos demônios se reduz ao temor de que a *vida* seja ameaçada por essas forças hostis, que devem ser conjuradas e neutralizadas.) O sentido profundo dessa substituição ficará claro quando tivermos ocasião de examinar os valores religiosos da vida e das funções vitais.

d) Em certos casos, sem dúvida devidos ao aparecimento da agricultura e das religiões agrárias, o deus celeste reconquista atualidade como deus da atmosfera e da tempestade. Mas essa "especialização", que lhe confere múltiplos prestígios, ao mesmo tempo limita sua "onipotência". O deus da tempestade é "dinâmico" e "forte", é o "touro", é o "fecundador", seus mitos enriquecem-se e seus cultos ganham brilho – mas não é o "criador" do Universo nem do homem e deixou de ser onisciente; às vezes não é mais do que o parceiro de uma Grande Deusa. Foi contra esse deus da tempestade, grande fecundador, orgiástico, rico em epifanias dramáticas, ao qual se dirige um culto opulento e sangrento (sacrifícios, orgias etc.), que se deram as revoluções religiosas de estrutura monoteísta, profética e messiânica do mundo semita. Foi na luta entre Baal e Javé ou Alá que se produziu uma nova atualização dos valores "celestes", opostos aos valores "terrestres" (a riqueza, a fecundidade, a força), dos critérios qualificativos (a "interiorização" da fé, a prece, a caridade) contra os critérios quantitativos (o sacrifício concreto, a supremacia dos gestos rituais etc.). Mas o fato de a "história" ter tornado inevitável a superação dessas epifanias das forças elementares da vida não implica necessariamente que lhes tenha faltado valor religioso. Como teremos em breve oportunidade de mostrar, essas epifanias arcaicas representavam na origem meios pelos quais a vida biológica era santificada; só se tornaram "coisas mortas" na medida em que perderam sua função original, esvaziando-se do sagrado e tornando-se simples "fenômenos" vitais, econômicos e sociais.

e) Em muitos casos, um deus solar substitui o deus celeste. É o Sol que se torna o distribuidor da fecundidade na Terra e o protetor da vida (ver mais adiante, §§ 36 ss.).

f) Por vezes, a ubiquidade, a sabedoria e a passividade do deus celeste são revalorizadas num sentido metafísico, e o deus torna-se epifania da norma cósmica e da lei moral (por exemplo, o maori Iho); a "pessoa" divina apaga-se perante a "ideia"; a "experiência religiosa" (aliás, muito pobre no caso de quase todos os deuses celestes) dá lugar à compreensão teórica, à "filosofia".

g) Alguns deuses celestes conservam sua atualidade religiosa, ou fortalecem-na revelando-se também como deuses soberanos. São aqueles que melhor conseguiram manter sua supremacia no panteão (Zeus, Júpiter, T'ien) e aqueles em cujo proveito ocorreram as revoluções monoteístas (Javé, Ahura Mazda).

h) Mas, mesmo quando a vida religiosa já não está dominada pelos deuses celestes, as regiões siderais, o simbolismo uraniano, os mitos e ritos de ascensão etc. conservam um lugar preponderante na economia do sagrado. Tudo o que está "no alto", o que é "elevado" continua a revelar o *transcendente* em todo e qualquer conjunto religioso. Se as "formas" divinas mudam, se, pelo simples fato de terem se revelado como tais, isto é, como "formas" na consciência do homem, elas *possuem* uma "história" e seguem a linha de seu "destino", o sagrado celeste conserva sua "atualidade" em toda parte e em qualquer circunstância. Afastado do culto e substituído no mito, o céu mantém-se no simbolismo. E esse simbolismo celeste, por sua vez, inspira e mantém numerosos ritos (de ascensão, de escalada, de iniciação, de realeza etc.), mitos (a Árvore Cósmica, a montanha cósmica, a corrente de flechas etc.), lendas (o voo mágico etc.). De maneira mais ou menos explícita, o simbolismo do "Centro", que desempenha um papel considerável em todas as grandes regiões históricas, é constituído por elementos celestes (o "Centro", o Eixo do Mundo, ponto de comunicação entre as três regiões cósmicas; é sempre em um "centro" em que pode operar-se a ruptura de nível, a passagem entre as diferentes zonas cósmicas).

Poderíamos dizer, numa fórmula sumária, que a "história" conseguiu empurrar para segundo plano as "formas" divinas de estrutura celeste (é o caso dos Seres Supremos) ou abastardá-las (os deuses da tempestade, os fecundadores), mas essa "história", isto é, a experimentação e a interpretação sempre nova do sagrado pelo homem, não conseguiu abolir a revelação imediata e contínua do *sagrado celeste*; revelação de estrutura impessoal, intemporal, a-histórica. O simbolismo celeste conseguiu manter-se em todos os conjuntos religiosos justamente porque sua modalidade de ser é intemporal; de fato, o simbolismo valoriza e mantém toda "forma" religiosa, sem se esgotar com essa participação (§§ 166 ss.).

III

O Sol e os cultos solares

36. Hierofanias solares e racionalismo – Acreditou-se outrora, nos tempos heroicos da história das religiões, que toda a humanidade sempre conhecera o culto do Sol. Os primeiros ensaios de mitologia comparada descobriam vestígios dele praticamente em toda parte. No entanto, em 1870 um etnólogo respeitável, A. Bastian, observou que na verdade esse culto solar é encontrado somente em raríssimas regiões do globo. E, meio século mais tarde, sir James Frazer, retomando o problema em suas pacientes pesquisas sobre a adoração da natureza, notará[1] a inconsistência dos elementos solares na África, na Austrália, na Melanésia, na Polinésia e na Micronésia. A mesma inconsistência verifica-se, com algumas exceções, nas duas Américas. Foi só no Egito, na Ásia e na Europa arcaica que o chamado "culto do Sol" gozou de um favor que ocasionalmente pôde tornar-se – no Egito, por exemplo – um verdadeiro predomínio.

Considerando-se que além-Atlântico o culto solar se desenvolveu unicamente no Peru e no México, ou seja, entre os únicos povos americanos "civilizados" e os únicos que atingiram o nível de uma autêntica organização política, é inevitável distinguir certa concordância entre a supremacia das hierofanias solares e os destinos "históricos". Seria de dizer que o Sol predomina nas regiões onde, graças aos reis, aos heróis, aos impérios, "a história se encontra em marcha". Muitas outras hipóteses, por vezes verdadeiramente fantasistas, foram aventadas para justificar esse paralelismo entre a supremacia dos cultos solares e a difusão da civilização histórica. Alguns autores chegaram mesmo a falar de "Filhos do Sol" que teriam propagado por toda parte, no decurso de périplos e de migrações sem fim, o culto do Sol e, ao mesmo tempo, os princípios essenciais da civilização. Deixaremos de lado, como temos feito até aqui, a questão da "história". Limitamo-nos a constatar que, ao contrário das figuras de estrutura celeste, cujos vestígios encontramos quase em todo lugar, as figuras divinas solares são pouco frequentes.

Voltaremos a elas em breve. Mas antes é preciso evitar um erro de perspectiva que poderia tornar-se vício de método. Queremos lembrar, por um lado, que as figuras divinas solares (deuses, heróis etc.) não esgotam as hierofanias solares, assim como as outras figuras não esgotam as respectivas hierofanias. E deve-se saber, por outro lado, que, ao contrário das outras hierofanias cósmicas, tais como a Lua ou as águas, a sacralidade expressa pelas hierofanias solares nem sempre é *transparente* para um espírito ocidental moderno. Mais exatamente ainda, o que permanece transparente e, portanto, facilmente acessível numa hierofania solar quase sempre é apenas o resíduo de um longo processo de erosão racionalista, resíduo que chega até nós, sem que o saibamos, pelo veículo da linguagem, do costume e da cultura. O Sol acabou tornando-se um dos lugares-comuns da "experiência religiosa indistinta", na mesma medida em que o simbolismo solar se viu reduzido a não ser mais que uma ferramenta banal de automatismos e clichês.

Não é nossa intenção explicar as alterações que afetaram, na experiência do homem moderno, a própria estrutura da hierofania solar. Por isso não procuraremos determinar em que medida o importante papel astronômico e biológico reconhecido ao Sol no decurso dos últimos séculos não só modificou a posição do homem moderno perante esse astro e as relações de experiência direta que pode manter com ele, como também alterou a própria estrutura do simbolismo solar. Basta-nos salientar um fato: a orientação da atividade mental a partir de Aristóteles contribuiu, em larga medida, para embotar nossa receptividade para com a *totalidade* das hierofanias solares. Que essa nova orientação mental não anula necessariamente a possibilidade da experiência hierofânica em si mesma é o que nos comprova o caso da Lua. Isso porque ninguém sustentará que o homem moderno é, *ipso facto*, impermeável às hierofanias lunares. Ao contrário, a coerência dos símbolos, dos mitos e dos ritos lunares não apresenta para ele uma transparência menor do que para um representante das civilizações arcaicas. Talvez essa afinidade das duas estruturas mentais ("primitiva" e "moderna") em presença das manifestações dos modos lunares do sagrado se explique pela sobrevivência, até no horizonte da mentalidade mais declaradamente racionalista, daquilo que se chamou de "regime noturno do espírito". A Lua visaria então uma camada da consciência humana que mesmo o mais corrosivo racionalismo é incapaz de atacar.

É um fato que o "regime diurno do espírito" é dominado pelo simbolismo solar, ou seja, em grande parte, por um simbolismo que, se nem sempre é factício, muitas vezes é o resultado de uma dedução racional. Isso não quer dizer que todo e qualquer elemento racional das hierofanias solares seja, ao mesmo tempo, tardio ou artificial. Tivemos ocasião de ver que a "razão" não estava ausente das hierofanias mais arcaicas, que a experiência religiosa não é incompatível *a priori* com a inteligibilidade. O tardio e o artificial são o primado *exclusivo* da razão, porque a vida religiosa – ou seja, para nos limitarmos a uma definição sumária, a experiência das cratofanias, das hierofanias e das teofanias – mobiliza a vida do homem todo e seria quimérico querer estabelecer fronteiras entre as diferentes regiões do espírito. As hierofanias arcaicas do Sol constituem um excelente exemplo disso. Como veremos, elas revelam certa *inteligência global do real*, sem deixar de revelar, ao mesmo tempo, uma estrutura coerente e inteligível do *sagrado*. Mas essa inteligibilidade não pode ser reduzida a uma série de "verdades racionais" evidentes e a uma experiência não hierofânica. Exemplificamos: por mais que as relações entre o Sol e as trevas ou os mortos, ou ainda o binômio especificamente indiano "Sol-serpente", se fundamentem numa apreensão total da vida e da realidade, não se segue daí que sejam transparentes numa perspectiva puramente racionalista.

37. Solarização dos Seres Supremos – Salientamos no capítulo anterior (§ 17) a tendência dos Seres Supremos de estrutura celeste para desaparecerem do primeiro plano da vida religiosa, dando lugar a forças mágico-religiosas ou a figuras divinas mais ativas, mais eficazes e, de maneira geral, mais diretamente relacionadas com a "Vida". Com efeito, aquilo que se chamou de ociosidade dos Seres Supremos uranianos resume-se, em última análise, à sua aparente indiferença às vicissitudes, sempre mais intrincadas, da vida humana. Por motivos de proteção (contra as forças adversas, contra o destino etc.) e de ação (necessidade de assegurar a subsistência pela magia da fertilidade etc.), o homem sente-se mais atraído para outras "formas" religiosas das quais se descobre cada vez mais dependente: ancestrais, heróis, civilizadores; Grandes Deusas, forças mágico-religiosas (*mana* etc.), centros cósmicos de fecundidade (Lua, água, vegetação etc.). Assim, observamos o fenômeno – geral na área indo-mediterrânica – da substituição da figura suprema uraniana por um deus atmosférico e fecundador, esposo muitas vezes ou simplesmente acólito, subordinado da Grande Mãe telúrico-lunar-vegetal e, por vezes, pai de um "deus da vegetação".

A passagem de "criador" para "fecundador", o deslizar da onipotência, da transcendência, da impassibilidade uranianas para o dinamismo, a intensidade e o dramatismo das figuras atmosféricas-fertilizantes-vegetais são significativos. Deixam entrever, por si sós, que um dos principais fatores da degradação, mais óbvia nas sociedades agrícolas, das concepções da divindade é a importância cada vez mais dominante dos valores vitais, da "vida" no horizonte do homem econômico. E, limitando-nos à área indo-mediterrânica, é interessante verificar que os deuses supremos mesopotâmicos acumulam frequentemente os prestígios da fecundidade com seus prestígios solares. Marduk é um exemplo disso, mas somente o mais ilustre[2]: essa característica se repete em outros deuses do mesmo tipo, ou seja, em deuses em via de ter acesso à supremacia. Poderíamos mesmo dizer que essas divindades da vegetação acusam a coexistência de atributos solares na medida em que os elementos vegetais figuram na mística e no mito da soberania divina[3].

Essa conjunção dos elementos solares e vegetais explica-se evidentemente pelo papel extraordinário do soberano, tanto no plano cósmico como no plano social, na acumulação e distribuição da "vida". Assim, pois, a solarização progressiva das divindades celestes corresponde ao mesmo processo de erosão que conduziu, em outros contextos, à transformação dessas divindades celestes em deuses atmosférico-fecundadores. Entre os hititas, por exemplo, o deus celeste apresenta-se, já nos tempos históricos, num estado muito avançado de solarização[4] e em relação com a soberania cósmico-biológica, provido, portanto, de elementos "vegetais" em conformidade com a fórmula: Deus-Rei-Árvore da Vida[5].

O fenômeno, aliás, é muito mais frequente e mais antigo do que deixariam entrever os documentos orientais, dominados (não o esqueçamos) pela mística da soberania. Assim, as camadas arcaicas das culturas primitivas já deixam transparecer o movimento de transferência dos atributos do deus uraniano para a divindade solar, bem como a coalescência do Ser Supremo com o deus solar. O arco-íris, considerado em tantos lugares (§ 14) uma epifania uraniana, é associado ao Sol e torna-se – entre os fueguinos, por exemplo – "irmão do Sol"[6]. Mais frequentemente se trata de relações de filiação entre o deus supremo de estrutura celeste e o Sol. Para os pigmeus semangos, os fueguinos e os boxímanes, o Sol é o "olho" do deus supremo[7]. A Índia védica e outras regiões nos oferecerão um processo análogo. Entre os wiradjuri-kamilaroi do sudoeste da Austrália, o Sol é visto como Grogoragally em pessoa, filho do Criador e figura divina favorável ao homem[8]; mas, sem dúvida por influência do matriarcado, a Lua é tida como o segundo filho do Ser Supremo[9]. Os samoiedos veem no Sol e na Lua os olhos de Num (= céu): o Sol é o olho bom, a Lua é o olho mau[10]. Os yuraks da tundra, na região de Obdorsk, celebram uma grande festa no inverno, à primeira aparição do Sol, mas oferecem um sacrifício a Num, indício do caráter originariamente celeste da solenidade. Entre os yuraks das regiões das florestas (Wald-Yuraken), o Sol, a Lua e "o pássaro do raio" são os símbolos de Num; a árvore na qual penduram, à guisa de oferenda, cabeças de animais tem o nome de "árvore do Sol", ainda que originariamente esse sacrifício fosse privilégio de Num[11]. Entre os tchutches, o Sol substitui a divindade suprema: os principais sacrifícios são oferecidos aos bons espíritos e sobretudo à luz do Sol. Segundo Gahs, a introdução do culto do Sol em todo o norte da Ásia seria obra desses mesmos tchutches e dos yukaghins.

38. África, Indonésia – A solarização do Ser Supremo uraniano[12] é um fenômeno bastante frequente na África. Toda uma série de povos africanos dá ao "Ser Supremo" o nome de "Sol"[13]. Às vezes – é o caso dos munches – o Sol passa por ser filho do ser supremo Awondo e a Lua, sua filha[14]. Os barotses, por sua vez, fazem do Sol a "morada" do deus do céu, Niambe, e da Lua, sua mulher[15]. Entre outros povos, assistimos a uma assimilação do deus celeste ao Sol por coalescência: para os louyis, por exemplo, Niambe é o Sol[16], e para os cavirondos o Sol substitui o culto do Ser Supremo[17]. Os cafas ainda chamam de Abo o Ser Supremo, o que quer dizer ao mesmo tempo "Pai" e "Sol", e incorporam-no no Sol. Segundo um dos mais recentes especialistas nesse povo, F. J. Bieber[18], essa solarização é apenas um fenômeno tardio e Abo era originariamente um "Lichtgott oder Himmelsgott".

É interessante constatar que a solarização do deus supremo africano não consegue que ele conserve uma poderosa atualidade na vida religiosa. Assim, entre diversos povos bantos da África Oriental e em particular entre os chagas do Kilimanjaro, o Ser Supremo é Ruwa (o termo significa "Sol"): ele habita de fato o Sol, mas conserva ainda elementos uranianos e sobretudo a *passividade* característica dos deuses uranianos; tal como eles, Ruwa não possui um culto; é apenas nas situações extremas que lhe oferecem sacrifícios e lhe dirigem preces[19].

O mesmo jogo de substituição ocorre na Indonésia. Puëmpalaburu, o deus solar dos torajas, toma pouco a pouco o lugar de I-lai, o deus celeste cuja obra cosmogônica ele continua[20]. O deus solar é assim promovido a demiurgo, tal como na América; entre os tlingits, por exemplo, vemos o demiurgo, em forma de corvo, identificar-se com o Sol e receber do deus celeste supremo, de que é subordinado ou filho, a missão de continuar e consumar a obra de criação começada por ele[21]. Surpreendemos aqui o elemento *dinâmico* e *organizador* que, incorporado pela divindade solar, corresponde, em outro plano, ao elemento *fecundador* dos deuses atmosféricos (§ 26). Mas, tal como estes, o deus solar não é *criador;* como eles, acha-se subordinado ao criador e recebe dele o mandato para terminar a obra da criação. Em compensação, o *demiurgo* solar apodera-se daquilo que a maioria dos *deuses solares*, que substituíram o Ser Supremo celeste ou com ele se fundiram, não conseguiram obter: a *atualidade* na vida religiosa e no mito. Bastará lembrar o lugar capital ocupado pelo corvo na mitologia norte-americana e pela águia – substituto ou símbolo do Sol – na mitologia ártica e norte-asiática.

39. Solarização entre os mundas – O melhor exemplo de solarização do Ser Supremo nos é fornecido pelos povos colarianos da Índia. Os mundas de Bengala colocam no topo de seu panteão Sing-bong, o Sol. Um deus afável, que não se intromete nas coisas dos homens, sem que por isso esteja inteiramente ausente do culto. Recebe sacrifícios de bodes brancos ou de galos brancos e, no mês de agosto, por ocasião da colheita do arroz, lhe são oferecidas primícias[22]. Casado com a Lua, é considerado o autor da criação cósmica, ainda que seu mito cosmogônico coloque em ação, na qualidade de demiurgos subordinados, a tartaruga, o caranguejo e a sanguessuga, sucessivamente encarregados por Sing-bong de trazer terra do fundo do oceano[23].

Os povos khonds da província de Orissa adoram como deus supremo e criador Bura Pennu ("deus da luz") ou Bela Pennu ("deus do Sol"); o processo de solarização é comprovado pelo caráter benevolente e, de certo modo, passivo dessa divindade: Bela Pennu não figura no culto[24]. Os birhors de Chota Nagpur imolam ao deus do Sol, sua divindade suprema, galinhas e bodes brancos, especialmente em casos críticos ou para favorecer as colheitas. Como seria de esperar, foi sua inserção no mecanismo de "produção vital" que fez o Ser Supremo solarizado adquirir e conservar sua "atualidade" de culto. Dizem-no claramente as preces que lhe são dirigidas durante as libações e os sacrifícios. Quando nasce uma criança, o pai oferece uma libação de água e, de rosto voltado para o Oriente, pronuncia as palavras: "Ó Sing-bonga, eu te faço esta libação de água. Faze correr o leite dos seios de sua mãe como corre esta água que aqui vês!"[25] E para assegurar uma boa colheita de arroz o chefe de família compromete-se a sacrificar uma galinha branca: "Te prometo, ó Sing-bonga! Faze crescer os grãos e eu te sacrificarei esta galinha branca no tempo da debulha." Depois ele solta a galinha branca e imola uma galinha preta. A data do sacrifício, no dia da lua cheia do mês de baishak (abril-maio), não deixa nenhuma dúvida acerca de sua intenção: a galinha preta é oferecida à divindade ctônico-agrária que tem a jurisdição suprema sobre a fecundidade do solo[26]. O exemplo é típico das vicissitudes sofridas pelo Ser Supremo solarizado: 1º) substituição da figura celeste onipotente e criadora pelo Sol como Ser Supremo; 2º) presença do deus solar no culto devido em especial a suas virtudes fecundantes; 3º) presença de eficácia, não infalível apesar de tudo, visto que o fiel se previne ao invocar ao mesmo tempo o favor das forças lunar-ctônico-agrárias que comandam a fecundidade universal.

O Sol é igualmente o Ser Supremo de outro povo munda, os oraons, que lhe dão o nome de Dharmesh. Sem dúvida sua principal preocupação religiosa é apaziguar os espíritos, *bhut*[27], mas – como acontece com as divindades uranianas –, quando o socorro das outras forças mágico-religiosas decepciona, os oraons voltam-se para Dharmesh: "Nós tentamos tudo, mas ainda temos a ti para nos socorrer!" E sacrificam-lhe um galo branco, exclamando: "Ó Deus!, tu és nosso criador. Tem piedade de nós!"[28] Pesquisas recentes mostraram, por um lado, a existência nos povos mundas de um deus supremo autóctone e autêntico e, por outro, a data relativamente tardia de sua evicção pelas divindades do Sol e da Lua. Segundo Bodding, a coalescência do deus supremo santali, Thakkur, com o Sol (o Ser Supremo chama-se também Chanda, "Sol") também seria bastante tardia. Rahman, por sua vez, empenhou-se em seguir a solarização e a lunarização dos Seres Supremos nos povos gond e munda. Por fim, W. Koppers, num notável estudo comparativo[29], procurou demonstrar ao mesmo tempo a autenticidade dos Seres Supremos nos povos pré-dravídicos e pré-arianos e uma possível influência de suas concepções religiosas sobre os invasores indo-europeus[30].

40. Cultos solares – Na Indonésia e na península de Malaca, o culto solar é muito esporádico. Já demos aqui alguns exemplos de solarização dos Seres Supremos indonésios (§ 38). A ilha de Timor e os arquipélagos vizinhos são as únicas exceções. Embora ali a vida religiosa seja dominada, como, aliás, em toda a Indonésia, pelo culto dos mortos e dos espíritos da natureza, o deus solar ainda conserva uma posição importante. Em Timor, Usi-Neno, o "Senhor Sol", é o esposo da "Senhora Terra", Usi-Afu, e o mundo inteiro nasceu de sua união. Mas a deusa da Terra não deixa de receber a parte maior dos sacrifícios, devendo o Sol contentar-se com um único grande sacrifício anual, por ocasião da colheita[31]. Na ilha Wettar, ao norte de Timor, o Ser Supremo conserva ainda, apesar de sua solarização, os traços de uma estrutura celeste primitiva; chamam-no de "Grande Senhor" ou o "Velho Lá-de-Cima" (cf. §§ 12 ss.). Habita a abóbada celeste e também o Sol e encarna o princípio masculino, enquanto a Terra é feminina. Os autóctones têm acerca dele ideias muito vagas e só lhe oferecem sacrifícios em caso de doença[32], sintoma indiscutível da retirada do Ser Supremo uraniano do primeiro plano da atualidade religiosa.

A leste de Timor, nos arquipélagos Leti, Sermata, Babar e Timorlaut, o Sol é considerado a divindade mais importante e tem o nome de Upulero, o "Senhor Sol". Também aqui o deus solar conservou a vitalidade graças à sua transformação em fecundador. Com efeito, seu culto pode ainda acusar alguns vestígios de suas nobreza e pureza originais, pois não tem imagem e é adorado sob a forma de uma lâmpada feita de folhas de coqueiro. Isso não impede, porém, que todo o ritual se concentre na conjuração da fecundidade cósmica. Uma vez por ano, no começo da estação das chuvas, realiza-se a grande solenidade de Upulero: dura um mês e tem por finalidade assegurar a chuva, a fertilidade dos campos e a riqueza da comunidade. É então que, segundo a crença desses povos, o Sol desce a uma figueira para fecundar sua esposa, a Terra Mãe. Para facilitar-lhe a descida, põe-se na figueira uma escada de sete ou dez degraus (mencionamos atrás o símbolo celeste das escadas de sete degraus, cf. § 31). Depois, junto a essa mesma figueira, realizam-se sacrifícios de porcos e cães e, por fim, no meio de cantos e de danças, uma orgia coletiva, característica indubitável de uma mística agrária (§ 138). As orações feitas na ocasião atestam a função de fecundador e de depositário dos recursos alimentares que o Sol agregou a si: "Ó Senhor, Avô-Sol, desce! A figueira produziu novos rebentos [...] A carne do porco está pronta e cortada em pedaços. As barcas da aldeia estão carregadas de presentes. Senhor, Sol-Avô, estás convidado para o banquete. Corta e come! Bebe! [...] Vem, Senhor, Sol-Avô! Esperamos que tu nos dês muito marfim e muito ouro. Faze com que as cabras tenham cada uma dois ou três cabritos. Faze aumentar o número de nobres e multiplicar-se o número do povo. Substituí os bodes e os porcos mortos por outros vivos. Substituí o arroz e o bétele. Enche de arroz os cestos vazios" etc.[33]

41. Descendência solar – Upulero pode também ter filhos[34]. Na ilha de Timor, aliás, alguns chefes intitulam-se "filhos do Sol"[35] e pretendem descender diretamente do deus solar. Consideraremos esse mito do Sol criador do homem e das relações imediatas – filiais, familiares – entre o deus solar e certa categoria de pessoas. Isso, no entanto, não é privilégio exclusivo do deus solar: como teremos ocasião de ver nos capítulos seguintes, qualquer região cósmica – Águas, Terra, Vegetação – pode, em virtude da dialética hierofânica, arrogar-se uma função antropogônica; em cada uma dessas regiões cósmicas o homem pode identificar a *realidade absoluta* e ao mesmo tempo a matriz primordial de onde também ele obtém o ser e a vida.

Mas no caso do Sol essa genealogia indica algo mais: traduz as modificações consecutivas à solarização do Ser Supremo ou à transformação do Sol em "fecundador" e em "criador especializado", monopolizado por certas sociedades humanas e até mesmo por certas famílias (as dos chefes ou dos soberanos, por exemplo). Assim, na tribo australiana arunta, o Sol, que é do sexo feminino, desempenha um papel mais importante do que a Lua, que é do sexo masculino, no sentido de que é "considerado como tendo relações bem definidas com cada membro das diferentes subdivisões sociais"[36]. Essas relações são conhecidas também pelos lorijas[37] e pelas tribos do sudeste[38]. O que os australianos consideram "relações bem definidas com cada membro da sociedade" (porque o homem enquanto *espécie* é uma criatura do próprio Ser Supremo celeste; ver §§ 12 ss.) em outros lugares se explicita como relação direta de pai ou de avô da tribo: por exemplo, entre os índios pé-preto, arapahos etc.[39] Os korkus da Índia julgam-se frutos da união entre o Sol e a Lua[40]. Voltaremos a encontrar o mesmo tipo de relações nas sociedades evoluídas, mas restringidas nesse caso ao soberano e às famílias nobres. Entretanto, na Austrália, as relações entre homem e Sol são passíveis, em outro plano, de uma segunda validação: a identificação do homem com o Sol através do cerimonial de iniciação. O candidato, que pinta a cabeça de vermelho, arranca os cabelos e a barba, sofre uma "morte" simbólica e renasce no dia seguinte ao mesmo tempo que o Sol; esse drama iniciático assimila-o ao herói solar Grogoragally, filho do Criador[41].

42. O Sol hierofante e psicopompo – Esse cerimonial australiano revela um novo elemento importante que nos dá a solução do papel desempenhado pelo Sol em diferentes áreas culturais e em outros contextos históricos. Certas tribos australianas mostraram-nos o Sol em relação com *cada* membro da comunidade em particular. Nas tribos wiradjuri-kamilarois, que se encontram num estágio ainda mais atrasado do que os aruntas e os lorijas, essas relações são de outra ordem: têm em vista assimilar o iniciado ao herói solar, filho do Ser Supremo celeste. Pela iniciação, o homem torna-se assim, de certa maneira, filho do Ser Supremo; mais exatamente, volta a ser ele graças à sua morte ritual seguida de sua ressurreição como Sol. Ora, essas particularidades não estabelecem somente que, na religião de povos tão "primitivos" como os wiradjuri-kamilarois, o Sol se ache em estado de subordinação para com o Ser Supremo e que se encontre vinculado, por ordem deste, à "salvação" do homem por via de iniciação. Elas revelam, além disso, que o Sol pode ainda assumir uma função importante no âmbito das crenças funerárias, em tudo o que diz respeito à condição do homem após a morte. Aliás, Grogoragally apresenta ao Ser Supremo a alma de cada defunto separadamente[42]; pode apresentá-la como já iniciada, ou seja, como já tendo conhecido a morte e a ressurreição e sendo ela mesma um "Sol". O Sol torna-se assim o protótipo do "morto que ressuscita a cada manhã". Todo um conjunto de crenças em ligação com a iniciação e a soberania – e às quais voltaremos dentro em pouco – deriva dessa valorização do Sol como deus (herói) que, sem conhecer a morte (como a conhece, por exemplo, a Lua), atravessa toda noite o império da morte e reaparece no dia seguinte, ele próprio eterno, eternamente igual a si mesmo.

O "pôr do sol" não é percebido como uma "morte" (ao contrário do caso da Lua durante os três dias de obscuridade), mas como uma descida do astro às regiões inferiores, ao reino dos mortos.

Ao contrário da Lua, o Sol goza do privilégio de atravessar o Inferno sem sofrer a morte. Nem por isso seu itinerário predestinado pelas regiões inferiores deixa de conferir-lhe prestígios e valências funerárias delas. Assim, quando deixa de desempenhar uma função de destaque no panteão ou na experiência religiosa de uma civilização, a título de Ser Supremo solarizado ou fecundador, o Sol revela certa ambivalência que abre novas perspectivas para modificações religiosas ulteriores.

Essa ambivalência poderia ser formulada da seguinte maneira: embora imortal, o Sol desce todas as noites ao reino dos mortos; consequentemente, ele pode levar consigo homens e, ao pôr-se, dar-lhes morte; mas ao mesmo tempo ele pode, por outro lado, guiar as almas através das regiões infernais e no dia seguinte trazê-las de volta para a luz. Função ambivalente de psicopompo "matador" e hierofante iniciático. Daí vem a crença, corrente na Nova Zelândia e nas Novas Hébridas, de que um simples olhar para o pôr do sol pode provocar a morte[43]. O Sol arrasta consigo, "aspira" as almas dos vivos com a mesma facilidade com que guia, na qualidade de psicopompo, as almas dos mortos pela "porta do Sol", a oeste. Os autóctones do estreito de Torres creem na existência de uma ilha mítica em algum lugar a oeste e chamada Kibu: a "Porta do Sol". O vento impele para ela as almas dos mortos[44]. Na ilha Hervey, os indígenas pensam que os mortos se reúnem em grupos e que, duas vezes por ano, por ocasião dos solstícios, tentam seguir o Sol, no momento em que se põe, para descer às regiões inferiores[45]. Em outras ilhas da Polinésia, o ponto mais ocidental do território chama-se "o lugar onde saltam as almas"[46].

Muito difundidas também são na Oceania as crenças segundo as quais os mortos acompanham o Sol no oceano e são levados em "barcas solares", ou as que situam no poente o reino dos mortos[47]. O destino das almas que mergulham no poente não é, evidentemente, uniforme; nem todas conhecem o que poderíamos chamar de modo aproximado de "salvação". De fato, é então que intervêm a virtude soteriológica da iniciação e o papel das sociedades secretas para selecionar os eleitos e separá-los da massa amorfa do comum dos mortais (separação manifesta na mística da soberania e dos "Filhos do Sol"). Assim, nas ilhas Hervey, só os que caíram em combate são levados para o céu pelo Sol; os outros mortos são devorados pelas divindades infernais Akaranga e Kiru[48].

A dicotomia *herói* ou *iniciado* e *morto por via natural* tem um lugar considerável na história das religiões e teremos de voltar a ela num capítulo especial. Por ora, continuando na mesma área oceânica, já há muito se observou o paralelismo entre os vestígios de culto solar e o culto dos ancestrais: esses dois complexos religiosos encontram expressão comum na ereção de monumentos megalíticos[49]. Por outro lado, Rivers destacou na Polinésia e na Micronésia correspondências precisas entre a distribuição dos monumentos megalíticos e as sociedades secretas[50]. Mas os monumentos megalíticos estão sempre relacionados com o culto solar. Assim, nas ilhas Sociedade, os megálitos (*marae*) são orientados para o levante, tal como o *nanga* fidjiano, enquanto nas ilhas Banks existe o costume de untar um megálito com argila vermelha para que o Sol brilhe de novo. Culto dos ancestrais (= mortos), sociedades secretas e, portanto, iniciações destinadas a garantir a melhor sorte após a morte, culto solar, por fim: esses três elementos, dependentes de sistemas à primeira vista inconvertíveis, são na realidade solidários: eles já coexistem virtualmente nas hierofanias solares arcaicas, como, por exemplo, na Austrália.

Vamos guardar essa ideia de "escolha", de "seleção", que os rituais iniciáticos funerários praticados sob o signo do Sol implicam. Lembremos também que em diferentes partes do mundo os chefes passavam por descender diretamente do Sol: os chefes polinésios[51], os chefes dos povos natchez e incas[52], da mesma forma que os reis hititas (qualificados de "Meu sol") ou babilônios (cf. tábua de pedra de Nabû-apla-iddin), ou o rei indiano[53], têm o nome e a qualidade de "Sóis", "Filhos do Sol", "Netos do Sol", ou então encarnam o Sol em seu corpo místico, como é o caso do rei indiano. Entre os pastores africanos masais[54], assim como na Polinésia[55], os chefes são os únicos que podem ser identificados, após sua morte, com o Sol. Em suma, "escolha", "seleção" operada, quer pelo ritual de iniciação da sociedade secreta, quer pela iniciação automática que a soberania como tal constitui. Nesse aspecto a religião solar egípcia é um exemplo ideal e merece que nos detenhamos nela por algum tempo.

43. Cultos solares egípcios – Mais do que qualquer outra, a religião egípcia foi dominada pelo culto solar. Já na época antiga o deus solar tinha absorvido diversas divindades, como Átum, Hórus e o escaravelho Khipri[56]. A partir da quinta dinastia o fenômeno generaliza-se: numerosas divindades fundem-se com o Sol e dão assim origem às figuras solarizadas Cnum-Rá, Min-Rá, Amon-Rá etc.[57] Não temos de decidir aqui entre as duas hipóteses rivais de Kees e Sethe a respeito das origens históricas da doutrina solar. Astá assente, em todo caso, que o apogeu dessa doutrina se situa na quinta dinastia e que seu sucesso provém ao mesmo tempo do fortalecimento da noção de soberania e do empenho dos sacerdotes de Hierópolis. Mas, como parece provar certo número de pesquisas recentes, a supremacia solar foi precedida pela de outras figuras divinas, mais antigas e também mais populares, no sentido de não pertencerem exclusivamente a grupos privilegiados.

Sabia-se desde há muito que Shu, deus da atmosfera e portanto originariamente figura uraniana, tempos depois fora identificado com o Sol. Mas Wainwright, por sua vez, reconheceu em Amon uma divindade muito antiga do céu, e H. Junker, por outro lado, julgou ter descoberto um antiquíssimo "Allgott" celeste em Ur (*wr*), cujo nome significa "o Grande"; em certos casos, vê-se Ur tomar como esposa a deusa Nut, "a Grande" (*wrt*), de acordo com o mito do casal cósmico Céu-Terra (cf. § 84). A ausência total de Ur nos monumentos públicos (régios) se explicaria por seu caráter popular. Junker até mesmo tentou reconstituir a história de Ur. É, em duas palavras, a história de sua privação do lugar supremo por sua integração nas teologias locais: torna-se um auxiliar de Rá (vemo-lo curar os olhos do Sol, atingidos temporariamente de cegueira), é em seguida assimilado a Atum e por fim a Rá. Não nos achamos suficientemente competentes para intervir na discussão levantada pelos estudos de Junker. Mas a concordância que parecem dar às linhas básicas do sistema egiptólogos da classe de Capart e de Kees decidiu-nos a mencioná-lo. Na perspectiva da história das religiões a aventura de Amon ou a de Wr são tudo o que há de mais compreensível: já mostramos que os Seres Supremos de estrutura uraniana tendem, quando não caem no total esquecimento, a transformar-se em deuses atmosférico-fecundadores ou a solarizar-se.

Dois fatores, já se disse, contribuíram de maneira capital para consolidar a supremacia de Rá: a teologia hieropolitana e a mística da soberania, sendo o próprio soberano identificado com o Sol. Uma valiosa contraprova disso está na concorrência que durante certo tempo Rá, deus solar e funerário (imperial), sofreu da parte de Osíris. O Sol punha-se no Campo das Oferendas ou Campo do Repouso para levantar-se no dia seguinte no ponto oposto da abóbada celeste, chamado Campo dos Juncos. Essas regiões solares que já na época pré-dinástica dependiam de Rá receberam, além disso, no decurso das terceira e quarta dinastias, uma atribuição funerária. É do Campo dos Juncos que a alma do faraó parte ao encontro do Sol na abóbada celeste, para chegar, guiada por ele, ao Campo das Oferendas. No início a ascensão não decorria sem incidentes. Não obstante sua qualidade divina, o faraó devia conquistar, lutando arduamente contra o guardião do Campo, o Touro das Oferendas, o direito de instalar-se no céu. Os textos das pirâmides[58] fazem alusão a essa prova heroica, de essência iniciática, pela qual o faraó devia passar.

Com o tempo, porém, os textos acabam não mencionando mais o duelo com o Touro das Oferendas, e o morto sobe ao céu[59] por uma escada ou então voga através do oceano sideral para atingir por fim, guiado por uma deusa e em forma de um touro resplandecente, o Campo das Oferendas. Assistimos, poderíamos dizer, à degenerescência de um mito (e um rito?) heroico-iniciático num privilégio político e social. Não é a título de "herói" que o faraó tem direito à soberania e adquire a imortalidade solar; mas, chefe supremo, por isso mesmo recebe a imortalidade sem nenhuma espécie de "prova heroica". A legalização dessa condição privilegiada do faraó após sua morte tem uma contrapartida na ascensão vitoriosa de Osíris como deus funerário não aristocrático. Não cabe abordar aqui o conflito entre Rá e Osíris, mas ele já está patente nos textos das pirâmides. "Tu abres teu lugar no céu entre as estrelas do céu, pois és uma estrela [...] Tu olhas por cima de Osíris, tu comandas os defuntos, tu te manténs afastado deles, pois não és um deles", escreve, como bem vemos, um apologista dos privilégios imperiais e da tradição solar[60].

O novo deus, por ser de estrutura popular, ou seja, acessível também às outras classes sociais, não por isso é menos poderoso, e o faraó julga conveniente pedir ao Sol que o ajude a não cair sob o jugo de Osíris: "Rá-Atum, não te entregues a Osíris, que não julga teu coração e não tem poder algum sobre teu coração [...] Osíris, não te apoderarás dele, teu filho (Hórus) não se apoderará dele [...]"[61]. O Ocidente, o caminho dos mortos, torna-se uma região osírica, permanecendo o Oriente privilégio do Sol. Por isso, nos textos das pirâmides os adeptos de Osíris fazem o elogio do Ocidente e rebaixam o Oriente: "Osíris (N) não caminha nas regiões do Oriente, mas nas do Ocidente, pelo caminho dos seguidores de Rá"[62]; é o oposto exato das recomendações da doutrina funerária solar. De fato, o texto citado é apenas uma grosseira osirianização, por inversão dos termos, de uma fórmula arcaica redigida assim: "Não caminhes pelos caminhos do Ocidente, onde não avançam os que neles entram; mas que (N) caminhe pelos caminhos do Oriente, pelos caminhos dos seguidores de Rá."[63]

Com o tempo esses textos multiplicam-se. A resistência do Sol sai vitoriosa. Osíris, que se vira forçado a apropriar-se dos dois campos celestes, que sempre haviam constituído zonas funerárias por excelência, pelas quais as almas dos faraós tinham acesso à imortalidade, acaba renunciando a esse duplo domínio. Essa retirada, aliás, não é uma derrota. Osíris tentara apoderar-se do céu apenas porque a teologia solar colocava nele o meio necessário para a imortalidade faraônica. Sua mensagem escatológica, fundamentalmente diferente da conquista heroica da imortalidade – ela própria degradada mais tarde em aquisição espontânea da imortalidade pelo pertencimento à realeza –, tinha reduzido Osíris a conduzir as almas que ele queria salvar do aniquilamento por um itinerário celeste, solar. Osíris, aliás, somente consumava a revolução de tipo "humanista" que tinha modificado, antes dele, a concepção escatológica egípcia. Realmente, vimos como da concepção *heroica*, iniciática, da imortalidade, oferecida à *conquista* a um punhado de privilegiados, chegara-se à concepção de uma imortalidade concedida a *todos* os privilegiados. Osíris desenvolvia ainda numa direção "democrática" essa alteração profunda da concepção da imortalidade: todos podem obter a imortalidade, sob condição de saírem vitoriosos da *prova*. A teologia osírica retoma, para estendê-la, a noção de *prova*, condição *sine qua non* da sobrevida; mas as provas de tipo heroico, iniciático (luta com o touro), são substituídas por provas de tipo ético e religioso (boas obras etc.). A teoria arcaica da imortalidade heroica dá lugar a uma concepção humana e humanitária.

44. Cultos solares no Oriente clássico e no Mediterrâneo – Teríamos pormenorizado menos esse conflito entre Rá e Osíris se ele não nos ajudasse a desvendar a morfologia das sociedades secretas de estrutura solar-funerária às quais já fizemos alusão. No Egito, o Sol permanecerá até o fim o psicopompo de uma classe privilegiada (a família do soberano), sem que por isso o culto solar deixe de desempenhar um papel predominante em toda a religião egípcia, pelo menos naquela que se exprime nos monumentos e nos documentos escritos. Na Indonésia e na Melanésia, a situação não é a mesma: lá o Sol foi outrora o psicopompo de *todos* os iniciados saídos das sociedades secretas, mas seu papel, por muito importante que permaneça, já não é exaustivo. Nessas sociedades secretas, os "ancestrais" – aqueles que o Sol tinha guiado pelo caminho do Ocidente – desempenham uma função de igual importância. Diríamos, fazendo uma transcrição egípcia do fenômeno, que assistimos aqui a uma coalescência Rá-Osíris. Essa coalescência, aliás, não desserve o prestígio do Sol, porque, convém lembrar, a relação dele com o além, com as regiões das trevas e da morte, é transparente nas hierofanias solares mais arcaicas e é muito raro que isso se perca de vista.

Temos no deus Shamash um bom exemplo desse desuso. Shamash ocupa um lugar inferior no panteão mesopotâmico, abaixo de Sin, deus da Lua, de que é considerado filho, e nunca desempenhou papel importante na mitologia[64]. Entretanto, nas hierofanias solares babilônicas ainda é possível reconhecer vestígios de relações muito antigas com o além. Shamash é chamado de "Sol de *etimmê*", ou seja, dos Manes; diz-se dele que "faz viver o morto"[65]. É o deus da justiça e o "Senhor do Juízo" (*bêl-dini*). Desde os tempos mais recuados, seu templo ostenta o nome de "Casa do Juiz do País"[66]. Por outro lado, Shamash é o deus dos oráculos, o patrono dos profetas e dos adivinhos[67], função que esteve sempre relacionada com o mundo dos mortos e as regiões ctônico-funerárias.

Na Grécia e na Itália, o Sol ocupou no culto apenas um lugar de segundo plano. Em Roma o culto solar foi introduzido na época do Império por meio das gnoses orientais e desenvolveu-se de maneira, por assim dizer, exterior e artificial, graças ao culto dos imperadores. Entretanto, a mitologia e a religião gregas conservaram vestígios das hierofanias "infernais" arcaicas do Sol. O mito de Hélios revela tanto as valências ctônicas como as infernais. Todo um jogo de epítetos, em que U. Pestalozza[68] vê o resíduo de uma herança religiosa mediterrânica, evidencia suas ligações orgânicas com o mundo vegetal. Hélios é *pýthios* e *paiàn* – dois atributos que partilha com Leto, uma das grandes deusas mediterrâneas –, *chtônios* e *ploutôn*; Hélios é igualmente *titàn*, epifania das energias geradoras. Interessa-nos pouco, por ora, saber em que medida a articulação do Sol com o mundo ctônico-mágico-sexual pertence ao substrato mediterrânico (em Creta, por exemplo, Hélios é taurino e torna-se esposo de Grande Mãe, o que é comum à maioria dos deuses atmosféricos) ou representa um meio-termo ulterior, imposto pela história, entre o regime matriarcal dos mediterrânicos e o patriarcado dos indo-europeus vindos do Norte. O que nos importa é que o Sol, que numa perspectiva racionalista superficial poderia ser considerado uma hierofania por excelência celeste, diurna e "inteligível", possa ter sido valorizado como fonte de energias "escuras".

Pois Hélios não é unicamente *pýthios*, *chtônios*, *titàn* etc.; ele mantém, além disso, relações com o mundo predileto das trevas: a feitiçaria e o inferno. É pai da feiticeira Circe e avô de Medeia, duas ilustres especialistas do filtro noturno-vegetal; é dele que Medeia recebe seu famoso carro puxado por serpentes aladas[69]. Imolam-lhe cavalos no monte Taigeto[70]; em Rodes, durante a festa que lhe é consagrada – Halieía (de *hàlios*, forma dórica de Hélios) – é-lhe oferecido um carro atrelado a quatro cavalos, que depois é precipitado no mar[71]. Ora, os cavalos e as serpentes ligam-se, em primeiro lugar, ao simbolismo ctônico-funerário. Por fim, a entrada do Hades chamava-se "porta do Sol"; e "Hades", na pronúncia da época homérica – "A-ides" –, evocava ainda, adequadamente, a imagem daquilo que é "invisível" e daquilo que "torna invisível"[72]. Portanto, a polaridade luz-escuridão, solar-ctônico, pode ter sido apreendida como as duas fases alternantes de uma única e mesma realidade. As hierofanias solares revelam assim dimensões que o "Sol" como tal perde numa perspectiva racionalista, profana. Mas essas dimensões podem manter-se no contexto de um sistema mítico e metafísico de estrutura arcaica.

45. A Índia: ambivalência do Sol – Vamos reencontrar esse sistema na Índia. Sûrya figura entre os deuses védicos de segunda categoria. O *Rig Veda* dedica-lhe uns dez hinos, mas Sûrya nunca se eleva a uma condição preeminente. É filho de Diaus[73], mas chamam-no também de olho do céu ou olho de Mitra e de Varuna[74]. Ele vê ao longe, é "o espião" do mundo inteiro. Segundo o Purusha sûkta[75], o Sol nasceu do olho do gigante cósmico Purusha, de modo que na morte, quando o corpo e a alma do homem entram no macrantropo cósmico, seu olho volta para o Sol. Até aqui, as hierofanias revelam apenas o aspecto luminoso de Sûrya, exclusivamente. Mas já no *Rig Veda* o carro do Sol é puxado por um cavalo, Etaça[76], ou por sete cavalos[77], e ele próprio é um garanhão[78], ou um pássaro[79], ou ainda abutre e touro[80]; ou seja, na medida em que acusa uma essência e atributos equinos, o Sol revela também valências ctônico-funerárias. Essas valências são evidentes na outra variante védica do deus solar, Savitri, que é frequentemente identificado com Sûrya: ele é psicopompo e conduz as almas ao lugar dos justos. Em certos textos, confere imortalidade aos deuses e aos homens[81]; é ele que torna Tvashtri imortal[82]. Psicopompo ou hierofante (= aquele que confere a imortalidade), sua missão traz até nós um eco indubitável dos prestígios que eram apanágio do deus solar nas sociedades primitivas[83].

Mas já no *Rig Veda*, e em particular na especulação dos Brâmanas (Brahmânas), o Sol é ao mesmo tempo percebido sob seus aspectos tenebrosos. O *Rig Veda*[84] qualifica de "resplandecente" um de seus aspectos e o outro, de "negro" (ou seja, invisível). Savitri traz tanto a noite como o dia[85], e ele próprio é um deus da noite[86]; certo hino descreve mesmo seu itinerário noturno. Mas a alternância de suas modalidades reveste-se igualmente de significado ontológico. Savitri é *prasâvitâ niveçanah*[87], "aquele que faz sair e entrar" ("fazendo entrar e sair todas as criaturas")[88]. Bergaigne destacou com razão[89] o valor cósmico dessa "reintegração", pois Savitri é *jagato niveçanî*, "que faz entrar o mundo"[90], fórmula que equivale a um programa cosmológico. A noite e o dia (*naktoshasâ*, dual feminino) são irmãs, da mesma forma que os deuses e os "demônios" (*asurá*) são irmãos: *dvayâ haprâjâpatyâh, devaç câsurâçca*, "de duas espécies são os filhos de Prajâpati, deuses e *asura*"[91]. O Sol vem integrar-se nessa biunidade divina e revela igualmente, em certos mitos, um aspecto ofídio (ou seja, "tenebroso", indistinto), em outras palavras, o extremo oposto de seu aspecto manifesto.

Vestígios do mito ofídio do Sol encontram-se também no *Rig Veda*: originariamente "desprovido de pés", ele recebe de Varuna pés para caminhar (*apade padâ prati dhatâve*)[92]. Ele é sacerdote *asura* de todos os *devas*[93].

A ambivalência do Sol verifica-se, além disso, em sua conduta para com os homens. Por um lado, é o verdadeiro gerador do homem. "Quando o pai o lança como uma semente na matriz, é de fato o Sol que o lança como semente na matriz" (Jaiminîya *Up. Brâhmana*[94], Coomaraswamy, *The Sun-kiss*, p. 50, cita a propósito Aristóteles[95]: "o homem e o Sol geram o homem", e Dante[96]: o Sol, "quegli ch'è padre d'ogni mortal vita"). Por outro lado, o Sol às vezes é identificado com a morte, porque devora seus filhos assim como os gera[97]. Coomaraswamy dedicou algumas brilhantes memórias (cf. bibliografia) às articulações míticas e metafísicas da biunidade divina, tal como a formulam os textos védicos e pós-védicos. Quanto a nós, investigamos em *Le Mythe de la reintegration* a polaridade que se manifesta nos ritos, mitos e metafísicas arcaicos. Teremos ocasião de voltar a esses problemas em outros capítulos desta obra. Limitamo-nos, por ora, a registrar que a ambivalência primitiva das hierofanias solares pôde frutificar no contexto de sistemas simbólicos, teológicos e metafísicos extremamente elaborados.

Entretanto, seria um erro ver essas valorizações como aplicações estereotipadas e artificiais de um simples mecanismo verbal. As laboriosas interpretações e hermenêuticas escolásticas não faziam mais do que formular em termos próprios os valores a que estavam sujeitas as hierofanias solares. A prova de que esses valores não eram redutíveis a uma fórmula sumária (ou seja, em termos racionalistas, não contraditória) é o fato de que o Sol pode, nos limites de uma mesma religião, ser valorizado em planos diferentes, para não dizer "contraditórios". Seja o exemplo de Buda. Buda foi muito forte em sua qualidade de *Chakravartin*, de soberano universal, identificado com o Sol. A respeito disso, E. Senart, num livro que levantou celeuma ao ser publicado, até mesmo tentou reduzir a biografia de Sakyamuni a uma sequência de alegorias solares. A tese, evidentemente, era demasiado absoluta na expressão, mas não deixa de ser verdade que o elemento solar predomina na lenda e na apoteose mítica de Buda[98].

Entretanto, no budismo, como aliás em todas as místicas indianas, o Sol não assume invariavelmente o papel supremo. A fisiologia mística indiana, sobretudo a Ioga e o Tantra, atribui ao Sol uma região "fisiológica" e cósmica determinada, oposta à da Lua. E o objetivo comum de todas as técnicas místicas indianas não é obter a *supremacia* de um dos dois centros cósmico-fisiológicos mas, ao contrário, *unificá-los*, ou melhor, realizar a *reintegração dos dois princípios polares*. Estamos aqui em presença de uma das múltiplas variantes do mito e da metafísica da reintegração, na qual a polaridade recebe uma formulação cosmológica Sol-Lua. Sem dúvida todas essas técnicas místicas são acessíveis apenas a uma ínfima minoria com relação à imensa massa indiana, mas isso não implica necessariamente que elas traduzam uma "evolução" com relação à religião dessa massa, pois os próprios "primitivos" nos oferecem a mesma fórmula Sol-Lua da reintegração[99]. Portanto, disso decorre simplesmente que as hierofanias solares, como qualquer outra hierofania, eram capazes de valorizações em planos muito diferentes, sem que sua estrutura se ressentisse de uma aparente "contradição".

A supremacia absoluta – concebida de maneira unilateral e simplista – das hierofanias solares conduz aos excessos daquelas seitas ascéticas indianas cujos membros não param de fixar o olhar no Sol até a cegueira total. É caso para se falar aqui da "secura" e da "esterilidade" de um regime exclusivamente solar, ou seja, de um racionalismo (no sentido profano) limitado e excessivo. Seu simétrico é a "decomposição" pela "umidade" e a transformação final do homem em "sementes", no contexto das outras seitas que interpretam, com o mesmo simplismo excessivo, os méritos do regime noturno, lunar ou telúrico (cf. §§ 134 ss.). Um fatalismo quase mecânico amarra à "cegueira" e à "dessecação" os que valorizam apenas um aspecto das hierofanias solares, da mesma forma que conduz à orgia permanente, à dissolução e à regressão a um estado larvar (cf. por exemplo, em nossos dias, a seita telúrica dos Inocentistas) os que se condenam exclusivamente ao "regime noturno do espírito".

46. Os heróis solares, os mortos, os eleitos – Numerosas hierofanias arcaicas do Sol conservaram-se nas tradições populares, mais ou menos integradas em outros sistemas religiosos. Rodas de fogo que descem das alturas nos solstícios, principalmente no de verão; procissões medievais de rodas transportadas em carros ou em barcos e cujo protótipo se perde na pré-história; o costume de amarrar homens a rodas[100]; proibição ritual de fazer uso da roda em certas noites do ano (por volta do solstício do inverno); outros costumes ainda vivos nas sociedades camponesas europeias (Fortuna, a "roda da fortuna", a "roda do ano" etc.) e outros usos que revelam uma estrutura solar. Não podemos pensar em abordar aqui o problema de suas origens históricas. Lembramos, contudo, que já na Idade do Bronze existia, no norte da Europa, um mito do garanhão do Sol[101] e que, como mostrou R. Forrer em seu estudo sobre os carros cultuais pré-históricos, estes, criados para reproduzir o movimento do astro, podem ser considerados protótipos do carro profano[102].

Mas estudos como os de Oskar Almgren, sobre os desenhos rupestres proto-históricos do norte da Europa, ou de O. Hoefler, sobre as sociedades secretas germânicas da Antiguidade e da Idade Média, tornaram manifesto o caráter complexo do "culto solar" nas regiões setentrionais. Essa complexidade não é explicável por coalescências ou sínteses híbridas, pois a encontramos no mesmo grau nas sociedades primitivas. Ela revela, ao contrário, o caráter arcaico desse culto. Almgren e Hoefler demonstraram a simbiose dos elementos solares com elementos de culto funerário (por exemplo, a Caça Fantástica) e ctônico-agrário (fertilização dos campos pela roda solar etc.). E há já bastante tempo Mannhardt, Gaidoz e Frazer mostraram a integração do complexo solar do "ano" e da roda da fortuna na magia e na mística agrária das crenças europeias antigas e do folclore moderno.

O mesmo complexo cultual Sol-fecundidade-herói (ou representante dos mortos) reaparece mais ou menos intacto em outras civilizações. No Japão, por exemplo, no roteiro ritual do "visitante" (roteiro que engloba elementos de culto ctônico-agrário), ocorre anualmente a visita de grupos de jovens com o rosto pintado, chamados "Diabos do Sol"; esses jovens, que vão de propriedade em propriedade para assegurar a fertilidade da terra durante o ano que chega, representam os ancestrais (isto é, os "mortos") solares[103]. Nos cerimoniais europeus, o lançamento de rodas de fogo por ocasião dos solstícios, assim como outros usos análogos, provavelmente também desempenha uma função mágica de restauração das forças solares. De fato, principalmente nas regiões do norte, a redução progressiva dos dias à medida que se aproxima o solstício de inverno inspira o temor de que o Sol possa extinguir-se. Em outras regiões acontece que esse estado de alarme se traduza em visões apocalípticas: a queda ou o escurecimento do Sol são tidos como sinais do fim do mundo, ou seja, da conclusão do ciclo cósmico (seguida, na maioria dos casos, de uma nova cosmogonia e de uma nova raça humana). Os mexicanos asseguravam a perenidade do Sol sacrificando-lhe constantemente prisioneiros cujo sangue se destinava a renovar as energias enfraquecidas do astro. Mas essa religião está toda ela impregnada de um sombrio terror da catástrofe cósmica periódica. Podem oferecer-lhe todo o sangue que quiserem, virá o dia em que o Sol cairá; o apocalipse faz parte do próprio ritmo do Universo.

Outro conjunto mítico importante é o dos "heróis solares", familiares sobretudo aos pastores nômades, ou seja, a raças nas quais se recrutarão, ao longo da história, as nações chamadas a "fazer história". Encontramos esses heróis solares entre os pastores africanos (entre os hotentotes, os herreros, os masais, por exemplo[104]), entre os turco-mongóis (por exemplo, o herói Gesser Khan), entre os judeus (Sansão) e sobretudo em todas as nações indo-europeias. O que se tem escrito sobre os mitos e as lendas dos heróis solares enche bibliotecas e a busca de seus vestígios chegou às canções de ninar. Não se deve condenar totalmente essa mania solarizante. Não há dúvida de que, em dado momento, todas as etnias de que falamos conheceram a voga do "herói solar". O que não podemos é querer a todo custo reduzir o herói solar a uma epifania do astro; sua estrutura e seu mito não se confinam na *manifestação* pura e simples dos *fenômenos* solares (aurora, raios solares, luz, crepúsculo etc.). Um herói solar apresenta sempre, além disso, uma "zona escura", a de suas relações com o mundo dos mortos, a iniciação, a fecundidade etc. O mito dos heróis solares também está permeado de elementos que dependem da mística do soberano ou do demiurgo. O herói "salva" o mundo, renova-o, inaugura uma nova etapa que às vezes equivale a uma nova organização do Universo; em outras palavras, conserva ainda a herança demiúrgica do Ser Supremo. Uma carreira como a de Mitra, originariamente deus celeste, depois solar e tardiamente *soter* na qualidade de *Sol Invictus*, explica-se em parte por essa função demiúrgica (do touro abatido por Mitra saem as sementes e as plantas etc.) de organizador do mundo.

Outros motivos ainda se opõem à redução dos heróis solares às epifanias do astro, tal como a mitologia "naturalista" a praticou. É que qualquer "forma" religiosa é essencialmente "imperialista" e assimila continuamente a substância, os atributos e os prodígios de outras "formas" religiosas, mesmo muito diferentes. Qualquer "forma" religiosa vitoriosa tende a querer ser *tudo*, a estender sua jurisdição à experiência religiosa inteira. De maneira que – não tenhamos dúvidas – as "formas" religiosas (deuses, heróis, cerimônias, mitos etc.) de origem solar que tiveram uma carreira vitoriosa englobam em sua estrutura elementos extrínsecos, assimilados e integrados pelo próprio jogo de sua expansão imperialista.

Não é nossa intenção concluir esta morfologia sucinta das hierofanias solares com uma visão de conjunto. Isso equivaleria a retomar os principais temas sobre os quais insistimos no decurso da exposição: solarização dos Seres Supremos, relações do Sol com a soberania, a iniciação, as elites, sua ambivalência, suas relações com os mortos, com a fecundidade etc. No entanto, vale a pena enfatizar a afinidade da teologia solar com as *elites*, quer se trate de soberanos, de iniciados, de heróis ou de filósofos. Ao contrário das outras hierofanias cósmicas, as hierofanias solares têm tendência para se tornar privilégios de círculos fechados, de uma minoria de "eleitos", o que tem como efeito incentivar e precipitar seu processo de racionalização. Assimilado ao "fogo inteligente", o Sol, com o passar do tempo, acaba se tornando, no mundo greco-romano, um *princípio cósmico*; de *hierofania* ele se transforma em *ideia*, por um processo análogo àquele que diversos deuses uranianos sofrem (I-ho, Brahman etc.). Já Heráclito sabia que "o Sol é novo todos os dias". Para Platão, ele é a imagem do Bem tal como este se manifesta na esfera das coisas visíveis[105]; para os órficos, é a inteligência do mundo. A racionalização progride de par com o sincretismo. Macróbio[106] reduz ao culto solar toda a teologia e identifica com o Sol Apolo, Dioniso, Marte, Mercúrio, Esculápio, Hércules, Serápis, Osíris, Hórus, Adônis, Nêmesis, Pã, Saturno, Adad e até Júpiter. O imperador Juliano, em seu tratado *Sobre o Sol Rei*, e Proclo, em seu *Hino ao Sol*, fazem a valorização sincretista-racionalista do astro.

Essas derradeiras homenagens ao Sol, no crepúsculo da Antiguidade, não são absolutamente desprovidas de significado: são palimpsestos que ainda permitem decifrar, sob sua nova escrita, os vestígios das hierofanias autênticas, arcaicas. Para citar apenas alguns desses vestígios, a condição de dependência do Sol com relação a Deus, que lembra o mito primitivo do demiurgo solarizado, suas relações com a fecundidade e com o drama vegetal etc. Mas, em geral, temos aí apenas uma pálida imagem do que outrora significaram as hierofanias solares, imagem que chega cada vez mais desbotada pelo racionalismo. Os últimos "eleitos" a chegar, os filósofos, conseguiram dessacralizar assim uma das mais poderosas hierofanias cósmicas.

IV

A Lua e a mística lunar

47. A Lua e o Tempo – O Sol permanece sempre igual, sem qualquer espécie de "devir". A Lua, em contrapartida, é um astro que cresce, decresce e desaparece, um astro cuja vida está subordinada à lei universal do devir, do nascimento e da morte. Como o homem, a Lua tem uma "história" patética, porque sua decrepitude, como a dele, termina na morte. Durante três noites o céu estrelado fica sem lua. Mas essa "morte" é seguida de um renascimento: a "lua nova". O desaparecimento da Lua na escuridão, na "morte", nunca é definitivo. Segundo um hino babilônico dirigido a Sin, a Lua é "um fruto que cresce por si mesmo"[1]. Ela renasce de sua própria substância, em virtude de seu próprio destino.

Esse eterno retorno a suas formas iniciais, essa periodicidade sem fim fazem com que a Lua seja, por excelência, o astro dos ritmos da vida. Portanto, não é de surpreender que ela controle todos os planos cósmicos regidos pela lei do devir cíclico: águas, chuva, vegetação, fertilidade. As fases da Lua revelaram ao homem o tempo concreto, distinto do tempo astronômico, que sem dúvida só posteriormente foi descoberto. O sentido e as virtudes mágicas das fases da Lua já eram definitivamente conhecidos na época glacial. Encontramos o simbolismo da espiral, da serpente e do raio – derivados todos da intuição da Lua considerada norma da mudança rítmica e da fertilidade – nas culturas da região glacial da Sibéria[2]. Em toda parte o tempo concreto era, sem dúvida, medido por meio das fases da Lua. E ainda em nossos dias alguns povos nômades que vivem da caça e da recoleção (Jaeger- und

Sammlervölker) só utilizam o calendário lunar. A mais antiga raiz indo-ariana relativa aos astros é a que designa a Lua[3]: é a raiz *me*, em sânscrito *mâmi*, "eu meço". A Lua é o instrumento de medida universal. Toda a terminologia relativa à Lua nas línguas indo-europeias deriva dessa raiz: *mas* (sânscrito), *mâh* (avéstico), *mah* (prussiano antigo), *menu* (lituano), *mêna* (gótico), *méne* (grego), *mensis* (latim). Os germanos mediam o tempo com base na noite[4]. Vestígios dessa medida arcaica encontram-se ainda nas tradições populares europeias: certas festas são celebradas de noite, como, por exemplo, a noite de Natal, de Páscoa, de Pentecostes, de São João etc.[5]

O tempo controlado e medido por meio das fases da Lua é, como dizíamos, um tempo "vivo". Refere-se sempre a uma realidade biocósmica, a chuva ou as marés, as semeaduras ou o ciclo menstrual. Segundo o ritmo lunar ou sob sua influência coordena-se toda uma série de fenômenos dos mais diversos "planos cósmicos". O "espírito primitivo", tendo descoberto as "virtudes" da Lua, estabelece relações de simpatia ou de equivalência entre essas séries de fenômenos. É assim, por exemplo, que desde tempos muito remotos, pelo menos desde a época neolítica, ao mesmo tempo que a descoberta da agricultura, o mesmo simbolismo liga entre si a Lua, as águas, a chuva, a fecundidade das mulheres, a dos animais, a vegetação, o destino do homem após a morte e as cerimônias de iniciação. As sínteses mentais que a revelação do ritmo lunar tornou possíveis fazem corresponder e unificam realidades heterogêneas; suas simetrias de estrutura ou suas analogias de funcionamento não poderiam ter sido descobertas se o homem "primitivo" não tivesse percebido intuitivamente a lei de variação periódica do astro, como o fez muito cedo.

A Lua mede, mas também unifica. Suas "forças" ou seus ritmos "reduzem ao mesmo denominador" uma multidão infinita de fenômenos e de significados. Todo o cosmos se torna transparente e submisso a "leis". O mundo deixa de ser um espaço infinito animado por presenças heterogêneas e autônomas: no interior desse espaço distinguem-se coordenações e equivalências. Não, bem entendido, por meio de uma análise racional da realidade, mas por uma intuição cada vez mais precisa do conjunto. Se existem séries de comentários rituais ou míticos laterais, separados de uma função bem determinada e de certo modo especializada da Lua (por exemplo, os seres míticos lunares com um pé só ou uma mão só, por cuja magia se pode fazer chover etc.), não existe nenhum símbolo, ritual ou mito lunar que não implique a totalidade dos valores selênicos já revelados na época considerada. Em qualquer fragmento está presente o conjunto. A espiral, por exemplo, cujo simbolismo lunar já era conhecido na época glacial, refere-se às fases da Lua, mas compreende igualmente os prestígios eróticos derivados da analogia vulva-concha, bem como os prestígios aquáticos (Lua = concha) e os da fertilidade (dupla voluta, chifres etc.). Uma pérola usada como amuleto solidariza a mulher com as virtudes aquáticas (concha), lunares (concha símbolo da Lua, criada pelos raios da Lua etc.), eróticas, genesíacas e embriológicas. Uma planta medicinal concentra em si a tripla eficiência da Lua, das águas e da vegetação, mesmo que só uma dessas virtudes esteja explicitamente presente na consciência daquele que a utiliza. Cada uma dessas virtudes ou eficiências, por sua vez, está subordinada a um número importante de "planos". A vegetação, por exemplo, implica as ideias de morte e renascimento, de luz e escuridão (consideradas zonas cósmicas), de fecundidade e opulência etc. Não existe símbolo, emblema ou eficiência monovalentes ou singularizados. "Tudo se une", tudo se interliga e constitui um conjunto de estrutura cósmica.

48. Solidariedade das epifanias lunares – Evidentemente, um conjunto como esse não pode ser abarcado por uma mente habituada a proceder por análise. Mesmo a intuição de que é capaz o homem moderno não pode surpreender toda a riqueza de matizes e correspondências que uma *realidade* (isto é, sacralidade) cósmica qualquer implica na consciência do homem arcaico. Para este, um símbolo lunar (um amuleto, um sinal iconográfico) não somente fixa e concentra *todas* as forças selênicas que agem em *todos* os planos cósmicos como também, pela eficácia do ritual, o coloca, a ele, homem, no centro dessas forças, fazendo crescer sua vitalidade, tornando-o mais real, garantindo-lhe uma condição melhor após a morte. Somos obrigados a insistir no caráter *sintético* de todo ato religioso arcaico (isto é, todo ato que tem um significado), para evitar o risco de compreender *analítica* e *cumulativamente* as funções, virtudes e atributos da Lua que vamos estudar nas páginas seguintes. Forçosamente, separamos em fragmentos o que é e permanece sempre inteiro; explicitamos causalmente o que foi apreendido de forma intuitiva como um conjunto. Utilizamos as expressões "porque" ou "a fim de que", enquanto na consciência do homem arcaico o que lhes corresponde é "da mesma maneira" (por exemplo, dizemos: porque a Lua controla as águas, as plantas são comandadas por etc., quando na verdade deveríamos dizer: *da mesma maneira* as plantas e as águas são comandadas por ela etc.).

As "virtudes" da Lua deixam-se descobrir não por meio de uma série de tentativas de análise, mas por intuição; *ela se revela* cada vez mais totalmente. As analogias criadas na consciência arcaica são orquestradas com a ajuda de símbolos: por exemplo, a Lua aparece e desaparece; o caracol mostra e esconde os cornos; o urso desaparece e reaparece; desse modo, o caracol torna-se lugar da teofania lunar, como na antiga religião mexicana em que o deus da Lua, Tecçiztecatl, é representado dentro de uma concha de caracol[6]; torna-se assim amuleto etc.; o urso torna-se ancestral da espécie humana, porque o homem, que tem uma vida semelhante à da Lua, só pode ter sido criado da mesma substância ou pela magia desse astro das realidades vivas etc.

Os símbolos valorizados pela Lua *são*, ao mesmo tempo, a Lua. A espiral é simultaneamente uma hierofania selênica, ou seja, o ciclo luz-escuridão, e também um signo pelo qual o homem pode assimilar as virtudes do astro. O raio é igualmente uma cratofania lunar, pois seu clarão lembra o da Lua e anuncia a chuva, que é controlada por ela. Todos esses símbolos, hierofanias, mitos, rituais, amuletos etc., que podemos, usando um termo cômodo, qualificar de lunares, constituem um todo na consciência do homem arcaico; estão interligados por correspondências, analogias, participações, como uma "rede" cósmica, um imenso tecido no qual tudo está unido e nada está isolado. Se procurássemos resumir numa fórmula única a multiplicidade de hierofanias lunares, poderíamos dizer que elas revelam a vida que se repete ritmicamente. Todos os valores cosmológicos, mágicos ou religiosos da Lua explicam-se por sua modalidade de *ser*: isto é, ela é "viva" e inesgotável em sua própria regeneração. Na consciência do homem arcaico, a intuição do destino cósmico da Lua equivaleu à instauração de uma antropologia. O homem reconheceu-se na "vida" da Lua, não somente porque sua própria vida tinha um fim, como a de todos os organismos, mas sobretudo porque ela tornava válidas, graças à "lua nova", sua sede de regeneração, suas esperanças de "renascimento".

Para nós não tem muita importância determinar se nas inúmeras crenças lunares estamos diante de uma adoração do astro propriamente dito, ou de uma divindade que habita a Lua, ou de uma personificação mítica da Lua etc. A adoração de um objeto cósmico ou telúrico por ele mesmo não existe na história das religiões. Um objeto sagrado, quaisquer que sejam sua forma e sua substância, é sagrado porque revela a *realidade* última ou porque participa dela. Todo objeto religioso "encarna" sempre alguma coisa: o *sagrado* (§§ 3 ss.). Encarna-o por sua faculdade de ser – como, por exemplo, o céu, o Sol, a Lua, a Terra etc. – ou então por sua forma (ou seja, por símbolo: por exemplo, a espiral-caracol), ou ainda por uma hierofania (*determinado* lugar, *determinada* pedra etc. tornam-se sagrados; determinado objeto é "santificado", "consagrado" por um ritual, pelo contato com outro objeto ou uma pessoa "sagrados" etc.).

Assim, também a Lua nunca foi adorada *em si mesma*, mas no que ela *revelava* de sagrado, ou seja, na força que está concentrada nela, na realidade e na vida inesgotável que manifesta. A sacralidade lunar era conhecida quer de maneira imediata na hierofania selênica, quer nas "formas" criadas por essa hierofania durante milênios, ou seja, nas representações a que deu origem: personificações, símbolos ou mitos. As diferenças entre essas "formas" não cabem neste capítulo. Aqui procuramos em primeiro lugar desvendar a hierofania lunar e tudo o que ela envolve. Também nao precisamos insistir exclusivamente nos documentos manifestamente "sagrados", como as divindades lunares, os rituais e os mitos que lhes são consagrados etc. Para a consciência do homem arcaico, repetimos, tudo o que tinha um significado e se referia à *realidade* absoluta tinha um valor sagrado. O simbolismo da pérola ou do raio revela-nos o caráter religioso da Lua com tanta exatidão quanto o estudo de uma divindade lunar como o deus babilônico Sin ou de uma divindade selênica como Hécate.

49. A Lua e as águas – Não só porque obedecem aos ritmos (chuva, maré), mas também porque são germinativas, as águas são comandadas pela Lua. "A Lua está nas águas"[7] e "da Lua vem a chuva"[8] são dois temas recorrentes da especulação indiana. O nome Apâmnapât, o "filho da água", era primitivamente o de um espírito da vegetação, mas mais tarde foi aplicado igualmente à Lua e ao néctar lunar, o *soma*. Ardvisûra Anâhitâ, deusa iraniana das águas, era também uma deusa lunar. Sin, deus babilônico da Lua, também comandava as águas. Um hino evoca sua fecunda epifania: "Quando vogas nas águas semelhante a uma barca [...] o puro rio Eufrates sacia-se de água..."[9] Um texto do "Langdom Epic" fala do lugar "de onde fluem as águas de sua matriz, do reservatório da Lua"[10].

Todas as divindades lunares conservam mais ou menos sensivelmente atributos ou funções aquáticos. Em certos povos ameríndios, a Lua ou a divindade lunar é ao mesmo tempo a divindade das águas; é o que se passa no México, entre os iroqueses etc. Uma tribo do centro do Brasil nomeia "Mãe das Águas" a filha do deus da Lua[11]. A propósito de crenças dos antigos mexicanos relativas à Lua, Hieronymo de Chaves (1576) diz que, segundo eles, "a Lua faz crescer e multiplicar todas as coisas..." e que "todas as umidades lhe são submissas"[12]. A relação entre a Lua e as marés, observada pelos gregos e pelos celtas, é igualmente conhecida dos maoris da Nova Zelândia[13] e dos esquimós (as divindades lunares comandam as marés)[14].

Desde tempos muito remotos se observa que chove nas mudanças de Lua. Uma série de personagens míticas, pertencentes a culturas tão diversas como as culturas bosquímana, mexicana, australiana, samoieda e chinesa[15], caracteriza-se por seu poder de fazer vir a chuva e por ter só um pé ou só uma mão. Hentze provou sobejamente sua estrutura lunar. Por outro lado, os símbolos selênicos são abundantes em sua iconografia, e seus mitos, assim como os ritos respectivos, têm um caráter lunar. Se as águas e a chuva são comandadas pela Lua e se distribuem quase sempre de acordo com as normas – ou seja, seguindo o ritmo lunar –, as catástrofes aquáticas, em contrapartida, manifestam o outro aspecto da Lua, agente de destruição periódica das "formas" esgotadas e, poderíamos dizer, de regeneração, no plano cósmico.

O dilúvio corresponde aos três dias de escuridão, de "morte" da Lua. É um cataclismo, mas nunca definitivo, pois se cumpre sob o signo da Lua e da água, ou seja, sob o signo da germinação e da regeneração. Um dilúvio só destrói porque as "formas" estão consumidas e esgotadas, mas a ele seguem-se sempre uma nova humanidade e uma nova história (§ 72). Os mitos diluvianos, em sua grande maioria, revelam como sobreviveu um único indivíduo do qual descende a nova humanidade. Por vezes, esse sobrevivente – homem ou mulher – desposa um animal lunar que se torna assim o ancestral mítico do clã. É assim que uma lenda daiaque conta como uma mulher foi a única sobrevivente de um dilúvio provocado pela morte de uma enorme boa, "animal lunar", e deu origem a uma humanidade nova por seu acasalamento com um cão (mais exatamente com um pau de produzir fogo descoberto perto de um cão[16]).

Das muitas variantes do mito diluviano, reteremos apenas uma versão australiana (tribo Kurnai). Um dia, todas as águas foram engolidas por uma rã monstruosa, Dak. Em vão se esforçaram os animais sedentos em fazê-la rir. Foi só quando a enguia (ou a serpente) se pôs a enrolar-se e a torcer-se que Dak desatou a rir e as águas, esguichando, provocaram o dilúvio[17]. A rã é um animal lunar porque numerosas lendas falam da rã que se vê na Lua[18] e porque ela está sempre presente em inúmeros ritos tendentes a provocar a chuva[19]. O padre W. Schmidt explica o mito australiano pelo fato de a lua nova fazer parar o curso da águas (Dak, que incha)[20]. Por fim, Winthuis[21], combatendo a interpretação de W. Schmidt, vislumbra um sentido erótico nesse mito da rã Dak. Isso, aliás, não invalida de forma alguma seu caráter lunar nem a função antropológica do dilúvio (que "cria" uma humanidade nova, regenerada).

Ainda na Austrália, encontramos outra variante da catástrofe aquática provocada pela Lua. Certo dia, ela pediu a um homem peles de opossum para se cobrir, porque era noite e fazia frio; perante a recusa do homem, a Lua, para se vingar, fez cair uma chuva torrencial que submergiu toda a região[22]. Também os mexicanos sabem que a Lua, sob a aparência de uma mulher jovem e bela, provocou o cataclismo[23]. Mas uma coisa deve ser considerada em todas essas catástrofes causadas pela Lua (geralmente devido a uma afronta feita ao astro, ou por ignorância de uma proibição ritual etc., ou seja, por um "pecado" que revela a decadência espiritual da humanidade, o abandono das normas, a disjunção dos ritmos cósmicos): é o mito da regeneração, do aparecimento de um "homem novo". Veremos que esse mito se encaixa perfeitamente no quadro das funções soteriológicas das águas e da Lua.

50. A Lua e a vegetação – As relações entre a Lua, a chuva e a vegetação já haviam sido observadas antes da descoberta da agricultura. Da mesma fonte de fertilidade universal deriva também o mundo das plantas, que obedece à mesma periodicidade orientada pelos ritmos lunares. É pelo calor dela que crescem as plantas, diz um texto iraniano[24]. Certas tribos brasileiras chamam-na de "Mãe das Plantas"[25] e em muitos lugares (Polinésia, Molucas, Melanésia, China, Suécia etc.) acredita-se que as plantas crescem na Lua[26]. Ainda em nossos dias os camponeses franceses semeiam na lua nova, mas podam as árvores e colhem os legumes quando a Lua entra em quarto minguante[27], sem dúvida para não contrariarem o ritmo cósmico rompendo um organismo vivo quando as forças estão em crescimento.

O vínculo orgânico entre a Lua e a vegetação é tão forte que grande número de deuses da fertilidade são ao mesmo tempo divindades lunares: por exemplo, a egípcia Hator, Ishtar, a iraniana Anaitis etc. Em quase todos os deuses da vegetação e da fecundidade existem resquícios de atributos e poderes lunares – mesmo quando sua "forma" divina se tornou totalmente autônoma. Sin é ao mesmo tempo o criador das plantas; Dioniso é deus lunar e deus da vegetação; Osíris acumula todos os atributos: os da Lua, da água, da vegetação e da agricultura. Especialmente, é possível detectar o conjunto Lua-água-vegetação no caráter sagrado de certas beberagens de origem divina, como o soma indiano ou o haoma iraniano; aliás, estes últimos foram personificados como divindades autônomas, ainda que infinitamente menos importantes que os principais deuses do panteão indo-iraniano. Entretanto, no licor divino que confere a imortalidade àqueles que o bebem podemos discernir o sagrado concentrado na Lua, na água e na vegetação. É, por excelência, a "substância divina", porque transmuta a "vida" em "realidade absoluta", ou seja, em imortalidade. O amrita, a ambrosia, o soma, o haoma etc. têm seu protótipo celeste reservado aos deuses e aos heróis, mas também estão implicados em beberagens terrestres, no soma que os indianos dos tempos védicos bebiam, no vinho das orgias dionisíacas etc. Além disso, essas beberagens "concretas" devem sua eficácia ao protótipo celeste correspondente. A embriaguez sagrada permite participar, ainda que de maneira fulgurante e imperfeita, da modalidade divina; ou seja, ela realiza o paradoxo de *ser verdadeiramente* e, ao mesmo tempo, de *viver*, o paradoxo de possuir uma *existência plena* e, ao mesmo tempo, de *tornar-se*, de ser *força e equilíbrio*. O destino metafísico da Lua é *viver* permanecendo, simultaneamente, *imortal*, é conhecer a morte como um repouso e uma regeneração, nunca como um fim. É com esse destino que o homem procura solidarizar-se por meio de todos os ritos, símbolos e mitos. Ritos, símbolos e mitos nos quais, como vimos, coexistem as sacralidades da Lua, das águas e da vegetação, quer estas últimas derivem sua própria sacralidade da sacralidade da Lua, quer constituam hierofanias autônomas. Seja como for, encontramos sempre uma *realidade última*, fonte de força e de vida, de onde saíram, diretamente ou por especial graça, todas as formas vivas.

As correspondências e identificações descobertas entre os diferentes planos cósmicos que obedecem aos ritmos lunares – chuva, vegetação, fecundidade animal e lunar, espíritos dos mortos – estão presentes até numa religião tão arcaica quanto pode ser a dos pigmeus. A festa da lua nova entre os pigmeus da África tem lugar um pouco antes da estação das chuvas. A Lua, que chamam de Pe, é considerada "princípio de geração e mãe da fecundidade"[28]. A festa da lua nova é exclusivamente reservada às mulheres, tal como a do Sol é exclusivamente celebrada por homens[29]. Dado que a Lua é ao mesmo tempo "mãe e asilo dos fantasmas", as mulheres, para glorificarem-na, besuntam-se de argila e de sucos vegetais, tornando-se brancas como os espectros e a luz lunar. O ritual consiste na preparação de uma beberagem alcoólica à base de bananas fermentadas, que as mulheres exaustas pela dança bebem, e em danças e preces dirigidas à Lua. Os homens não dançam nem acompanham o ritual no tam-tam. Pede-se à Lua, "mãe das coisas vivas", que afugente os espíritos dos mortos e traga a fecundidade, dando à tribo muitas crianças, peixe, caça e frutos[30].

51. A Lua e a fertilidade – Também a fertilidade dos animais, como a das plantas, é dependente da Lua. A relação entre a fecundidade e a Lua torna-se por vezes um pouco complicada devido ao aparecimento de novas "formas religiosas" – como a Terra-Mãe, as divindades agrárias etc. No entanto, um atributo lunar conserva-se sempre transparente, qualquer que seja o número de sínteses religiosas que tenham colaborado na constituição dessas "formas" novas: é o prestígio da fertilidade, da criação periódica, da vida inesgotável. Os chifres de bovídeos, por exemplo, que caracterizam as grandes divindades da fecundidade, são um emblema da Magna Mater divina. Onde quer que apareçam nas culturas neolíticas, quer na iconografia, quer em ídolos de forma bovídea, eles marcam a presença da Grande Deusa da fertilidade[31]. Ora, o chifre nada mais é que a imagem da lua nova: "É certo que o chifre bovino se tornou símbolo lunar porque lembra um crescente; é evidente que dois chifres devem representar dois crescentes, ou seja, a evolução astral total."[32] Por outro lado, a coexistência dos símbolos lunares com os da fertilidade é frequente na iconografia das culturas chinesas pré-históricas de Kansu e de Yang-chao, em que chifres estilizados são enquadrados num conjunto de "relâmpagos" (chuva-Lua) e de losangos (símbolo feminino)[33].

Certos animais tornam-se símbolos ou "presenças" da Lua porque sua forma ou seu modo de ser evocam o destino dela. É o caso do caracol, que aparece e desaparece em sua concha; do urso, que deixa de ser visto no inverno e reaparece na primavera; da rã, porque incha, mergulha e reaparece na superfície da água; do cão, porque se pode vê-lo na Lua ou porque é o ancestral mítico da tribo; da serpente, porque aparece e desaparece, porque tem tantos anéis quantos dias tem a Lua (lenda conservada igualmente pela tradição grega)[34] ou porque é "esposo de todas as mulheres", porque troca de pele (ou seja, regenera-se periodicamente, é "imortal") etc. O simbolismo da serpente é de uma polivalência desconcertante, mas todos os símbolos convergem para uma mesma ideia central: ela é imortal porque se regenera, portanto é uma "força" da Lua e, como tal, distribui fecundidade, conhecimento (profecia) e mesmo imortalidade. Muitos mitos evocam o funesto episódio em que a serpente arrebatou a imortalidade concedida ao homem pela divindade[35]. Mas são variantes tardias de um mito arcaico no qual a serpente (ou um monstro marinho) guarda a fonte sagrada e a da imortalidade (Árvore da Vida, fonte da juventude, pomos de ouro).

Só podemos mencionar aqui alguns mitos e símbolos relativos à serpente, e somente os que manifestam seu caráter de animal lunar. Em primeiro lugar, suas ligações com as mulheres e a fecundidade: a Lua é fonte de toda fertilidade e, ao mesmo tempo, comanda o ciclo menstrual. Personificada, torna-se "o amante das mulheres". Muitos povos acreditavam – e alguns acreditam ainda – que a Lua, sob a aparência de um homem ou na forma de uma serpente, acasala com as mulheres. É por isso que entre os esquimós, por exemplo, as jovens não olham para a Lua, por temor de ficarem grávidas[36]. Os australianos creem que a Lua, descendo à Terra sob o aspecto de um Don Juan, abandona as mulheres depois de engravidá-las[37]. Esse mito ainda é popular na Índia[38].

A serpente, por ser uma epifania da Lua, desempenha a mesma função. Nos Abruzos conta-se ainda em nossos dias que a serpente acasala com todas as mulheres[39]. Os gregos e os romanos partilhavam a mesma crença. Olímpia, mãe de Alexandre Magno, brincava com serpentes[40]. O famoso Arato de Sicione era filho de Esculápio[41] porque sua mãe o concebera com uma serpente. Suetônio[42] e Dion Cássio[43] contam que a mãe de Augusto concebeu do amplexo de uma serpente no templo de Apolo. Uma lenda análoga era atribuída a Cipião, o Velho. Na Alemanha, na França, em Portugal e em outras regiões as mulheres temem que uma serpente lhes entre na boca durante o sono e as fecunde, em especial no período menstrual[44]. Na Índia, as mulheres que desejam um filho adoram uma cobra. Em todo o Oriente se crê que as mulheres têm seu primeiro contato sexual com uma serpente, na puberdade ou no período menstrual[45]. A tribo indiana dos komatis (província de Mysore) conjura a fecundidade das mulheres por meio de serpentes de pedra[46]. Eliano[47] assegura que, segundo a crença dos hebreus, as serpentes acasalavam com as jovens; e encontramos essa crença no Japão[48]. Uma tradição persa menciona que, quando a primeira mulher foi seduzida pela serpente, imediatamente ficou menstruada[49]. Nos meios rabínicos diz-se que a menstruação é devida às relações de Eva com a serpente no Paraíso[50]. Na Abissínia acredita-se que uma jovem, antes de seu casamento, corre o risco de ser raptada pelas serpentes. Uma história argelina conta como uma serpente, tendo conseguido iludir a vigilância, deflorou todas as jovens de uma casa. Encontram-se tradições semelhantes entre os hotentotes mandi da África Oriental, na Serra Leoa etc.[51]

O ciclo menstrual contribuiu, sem dúvida, para tornar popular a crença de que a Lua é o primeiro esposo das mulheres. Os papuas consideram a menstruação uma prova das ligações que as mulheres e as moças têm com a Lua, mas ao mesmo tempo representam em sua iconografia – esculturas em madeira – répteis saindo das partes genitais das mulheres[52], o que confirma a consubstancialidade Lua-serpente. Entre os chiriguanos, após as fumigações e purificações que se seguem à primeira menstruação, as mulheres da choupana perseguem por toda parte as serpentes, que consideram responsáveis pelo mal[53]. Em grande número de povos a serpente é vista como causa do ciclo menstrual. Seu caráter fálico – que Crawley[54] foi dos primeiros etnógrafos a pôr em evidência – não exclui a consubstancialidade Lua-serpente; ao contrário, confirma-a. Grande número de documentos iconográficos pertencentes tanto às civilizações neolíticas asiáticas (por exemplo, o ídolo da cultura panchan, em Kansu[55]; ou ainda o ouro esculpido de Ngan-yang[56]) como às civilizações ameríndias (por exemplo, os discos de bronze de Calchaqui[57]) apresentam o duplo simbolismo da serpente decorada com "losangos" (emblema da vulva[58]). Esse conjunto tem indiscutivelmente um sentido erótico; entretanto, a coexistência da serpente (falo) e dos losangos formula simultaneamente uma ideia de dualismo e de reintegração que é, por excelência, lunar, porque encontramos esse mesmo motivo na iconografia lunar da "chuva", da "luz e escuridão" etc.[59]

52. A Lua, a mulher e a serpente – A Lua pode ter também uma personificação masculina e ofídica, mas essas personificações (que em muitos casos se destacaram do conjunto inicial para seguirem uma carreira autônoma no mito e na lenda) são devidas em última análise à concepção da Lua como fonte das realidades vivas e como fundamento da fertilidade e da regeneração periódica. A serpente é considerada procriadora de crianças; por exemplo: na Guatemala[60], na tribo urabunna da Austrália central (os ancestrais são duas serpentes que percorrem a Terra e, sempre que param, abandonam *mai-aurli*, "espíritos *de crianças*"), entre os togos da África (uma serpente gigante que fica num lago perto da cidade de Klewe pega as crianças das mãos do deus supremo

Namu e leva-as à cidade antes de seu nascimento)[61]. Nas Índias, as serpentes foram vistas na época do budismo (cf. os Contos Jatakas) como distribuidoras da fertilidade universal (águas, tesouros; cf. § 71). Algumas pinturas de Nagpur[62] representam o acasalamento de mulheres e cobras. Na Índia moderna, uma multidão de crenças mostra o caráter benéfico e fertilizante das serpentes: elas impedem a esterilidade das mulheres e asseguram-lhes uma numerosa descendência[63].

As relações entre a mulher e a serpente são multiformes, mas não podem, em caso algum, ser globalmente explicadas por meio de um simbolismo erótico simplista. A serpente tem significados múltiplos, e entre os mais importantes convém considerar sua "regeneração". A serpente é um animal que se "transforma". Gressman[64] pretendeu reconhecer em Eva uma deusa fenícia arcaica do mundo subterrâneo, personificada pela serpente[65]. Conhecem-se divindades mediterrânicas representadas com uma serpente na mão (Artêmis arcádica, Hécate, Perséfone etc.) ou com uma cabeleira feita de serpentes (Górgona, Erínias etc.). Segundo certas superstições da Europa Central, se os cabelos arrancados a uma mulher que se encontra sob influência da Lua (isto é, em período menstrual) forem enterrados, eles se transformam em serpentes[66].

Uma lenda bretã conta que a cabeleira das bruxas se transforma em serpentes[67]. Portanto, não é qualquer mulher que tem esse poder, mas somente a que está sob influência da Lua, que também participa da magia da "transformação". Que a bruxaria frequentemente seja uma investidura lunar (direta ou transmitida por intermédio das serpentes) um grande número de documentos etnográficos confirma. Para os chineses, por exemplo, a serpente está na origem de todo poder mágico, enquanto os termos hebreus e árabes que designam a magia são derivados dos que designam as serpentes[68]. Visto que é lunar, ou seja, "eterna" e "vive" embaixo da terra, encarnando (entre tantos outros!) os espíritos dos mortos, a serpente conhece todos os segredos, é fonte de sabedoria, entrevê o futuro[69]. Da mesma forma, quem comer carne de serpente adquire o conhecimento da linguagem dos animais e particularmente dos pássaros (símbolo que pode ter também um sentido metafísico de acesso às realidades transcendentes). Essa crença é encontrada em muitos povos[70] e conservou-se na tradição erudita[71].

O mesmo simbolismo central de fecundidade e regeneração sujeitas à Lua e distribuídas pelo próprio astro ou por formas consubstanciais (Magna Mater, Terra Mater) explica a presença da serpente na iconografia ou nos ritos das Grandes Deusas da fertilidade universal. Como atributo da Grande Deusa, a serpente conserva seu caráter lunar – de regeneração cíclica – junto com o caráter telúrico. Em dado momento, a Lua é identificada com a Terra, ela própria considerada a matriz de todas as formas vivas (§ 86). Alguns povos creem até mesmo que a Lua e a Terra são constituídas da mesma substância[72]. As Grandes Deusas participam do caráter sagrado tanto da Lua como do Sol. E, visto que essas mesmas deusas são simultaneamente divindades funerárias (os mortos vão para baixo da terra ou para a Lua a fim de se regenerarem e reaparecerem sob nova forma), a serpente torna-se o animal funerário por excelência, encarnando as almas dos mortos, o ancestral etc. É sempre por esse mesmo simbolismo de regeneração que se explica a presença da serpente nas cerimônias de iniciação.

53. Simbolismo lunar – O que ressalta claramente desse polissimbolismo da serpente é seu destino lunar, ou seja, seus poderes de fecundidade, de regeneração, de imortalidade por metamorfose. Evidentemente, examinando alguns de seus atributos ou de suas funções, poderíamos dar a entender que essas correspondências e esses valores se realizaram derivando uns dos outros por análise. Desse modo, o estudo metódico de um conjunto religioso qualquer decomposto em seus elementos morfológicos corre o risco de pulverizá-lo. Na realidade, todos os valores coexistem num símbolo, mesmo que, aparentemente, apenas alguns deles sejam os únicos que funcionam. Apreendido através das experiências religiosas, o mundo revela-se como uma totalidade. A intuição da Lua como norma dos ritmos e fonte de energia, de vida e de regeneração teceu uma verdadeira rede entre todos os planos cósmicos, criando simetrias, analogias e participações entre fenômenos infinitamente variáveis. Nem sempre é fácil encontrar o centro de tal "rede"; às vezes se destacam dela nós secundários que podem levar a crer que são os mais importantes, se não os mais antigos. É assim, por exemplo, que o simbolismo erótico da serpente "teceu" à sua volta numerosas equivalências e correspondências que impelem para a sombra, pelo menos em certos casos, seus atributos lunares. Efetivamente, assistimos a uma série de interseções e correspondências que se interligam, referindo-se por vezes ao "centro" de que todas derivam, mas articulando-se, em outros casos, em sistemas adjacentes.

Assim, encontramos o conjunto Lua-chuva-fertilidade-mulher-serpente-morte-regeneração periódica, mas às vezes deparamos somente com os conjuntos parciais serpente-mulher-fecundidade, ou serpente-chuva-fecundidade, ou ainda mulher-serpente-magia etc. Toda uma mitologia se cria em volta desses "centros" secundários, ocultando, para quem não estiver preparado, o conjunto original que, entretanto, está implicado até mesmo no menor fragmento. Por exemplo, no binômio serpente-água (ou chuva) a subordinação dessas duas realidades à Lua nem sempre é evidente. Lendas e mitos sem número representam-nos serpentes ou dragões que comandam as nuvens, habitam lagos e alimentam de água o mundo. A ligação entre as serpentes e as nascentes e os cursos de água conservou-se até mesmo nas crenças populares europeias[73]. Na iconografia das culturas ameríndias o binômio serpente-água é extremamente frequente: por exemplo, o emblema de Tlaloc, o deus mexicano da chuva, é constituído por duas serpentes enroladas[74]; no mesmo *Codex Borgia*, uma serpente ferida por uma flecha indica a queda de chuva[75]; o *Codex Dresden* representa a água num vaso em forma de serpente[76]; o *Codex Tro-Cortesianus* também a representa escorrendo de um vaso com a mesma forma[77].

Que esse simbolismo tenha sua justificação no fato de a Lua ser a distribuidora das chuvas é o que provam as pesquisas de Hentze[78]. Por vezes, mesmo o conjunto Lua-serpente-chuva manteve-se até no ritual: na Índia, por exemplo, o rito anual de veneração da serpente (*sarpabali*), tal como é relatado nos *Grihyasûtras*, dura quatro meses: começa na lua cheia Sharâvana (primeiro mês da estação das chuvas) e termina na lua cheia Mârgaçirsha (primeiro mês de inverno)[79]. No *sarpabali* coexistem assim os três elementos do conjunto originário. "Coexistência" é, aliás, um modo de dizer: na verdade, estamos diante de uma *tripla repetição*, uma "concentração" da Lua, porque as águas, como as serpentes, não só participam dos ritmos lunares como também são consubstanciais à Lua. Como qualquer objeto sagrado e como qualquer símbolo, as águas e as serpentes realizam o paradoxo de ser, ao mesmo tempo, *elas mesmas* e *outra coisa*; neste caso, a Lua.

54. A Lua e a morte – A Lua é o primeiro morto (há muito tempo o americanista E. Seler escreveu: "der Mond ist der erste Gestorbene"). Por três noites o céu fica escuro; mas, assim como a Lua renasce na quarta noite, também os mortos adquirirão uma nova modalidade de existência. A morte, como veremos adiante, não é uma extinção, mas uma modificação – quase sempre provisória – do nível da existência. O morto participa de outro gênero de "vida". E, visto que essa "vida na morte" é validada e valorizada pela "história" da Lua e – em virtude da correspondência Terra-Lua popularizada pela descoberta da agricultura – pela da Terra, os mortos transitam para a Lua ou voltam para baixo da Terra a fim de se regenerarem e de assimilarem as forças necessárias para uma nova existência. É por isso que muitas divindades solares são ao mesmo tempo ctônicas e funerárias (Mên, Perséfone, provavelmente Hermes etc.)[80]. Do mesmo modo, numerosas crenças designam a Lua como o país dos mortos. Por vezes, o direito ao repouso *post mortem* na Lua é reservado aos chefes políticos ou religiosos: é, por exemplo, o que creem os guaicurus, os polinésios de Tokelau etc.[81] Estamos aqui ante uma concepção aristocrática, heroica, que concede a imortalidade apenas aos privilegiados (soberanos) ou aos iniciados ("mágicos"), e que encontramos também em outros ciclos culturais.

Essa viagem à Lua após a morte conservou-se também em culturas evoluídas (Índia, Grécia, Irã), mas adquirindo nelas um novo valor. Para os indianos, ela é o "caminho dos manes" (*pitriyâna*) e as almas repousam na Lua esperando uma nova encarnação, ao contrário da estrada do Sol ou "caminho dos deuses" (*devayâna*), que é o dos iniciados, isto é, dos que se libertaram das ilusões da ignorância[82]. Na tradição iraniana, as almas dos mortos, depois de passarem a ponte Cinvat, dirigiam-se para as estrelas e, se eram virtuosas, alcançavam a Lua e depois o Sol, enquanto as mais virtuosas penetravam até o *garotman*, luz infinita de Ahura Mazda[83].

Essa mesma crença conservou-se na gnose maniqueísta[84] e era conhecida no Oriente. O pitagorismo deu novo impulso à teologia astral ao popularizar a noção de empíreo uraniano: era na Lua que se situavam os Campos Elíseos, onde repousavam os heróis e os césares[85]. "As ilhas dos bem-aventurados" e toda a geografia mítica da morte foram projetadas em planos celestes: Lua, Sol, Via Láctea. Evidentemente, estamos diante de fórmulas e cultos saturados de especulações astronômicas e de gnose escatológica. Mas não é difícil, em fórmulas tardias como aquelas, identificar os motivos tradicionais: a Lua região dos mortos, a Lua receptáculo regenerador das almas.

O espaço lunar era apenas uma etapa no decurso de uma ascensão que pressupunha outras etapas (Sol, Via Láctea, "círculo supremo"). A alma repousava na Lua, mas, como na tradição dos Upanixades, ela esperava ali uma nova encarnação, um retorno ao circuito biocósmico. Por isso a Lua preside à formação dos organismos, mas também a sua decomposição; *omnia animantium corpora et concepta procreat et generata dissolvit*[86]. Seu destino é "absorver" as formas e recriá-las. É unicamente o que há além da Lua que "transcende" o devir: *supra lunam sunt aeterna omnia*[87]. Por isso, para Plutarco[88], que sabe que o homem é tripartido, pois é composto de corpo (*soma*), alma (*psychè*) e razão (*nous*), as almas dos justos purificam-se na Lua, enquanto o corpo é restituído à Terra e a razão, ao Sol.

À dualidade alma-razão corresponde a dualidade de itinerário *post mortem* Lua-Sol, o que lembra de certo modo a tradição dos Upanixades acerca do "caminho das almas" e do "caminho dos deuses". *Pitriyâna* é lunar porque a "alma" não foi iluminada pela "razão", ou seja, porque o homem não conheceu a realidade metafísica última: Brahman. O homem conhece duas mortes, escreve Plutarco: a primeira tem lugar na Terra, junto a Deméter, quando o corpo se separa do grupo *psychè-nous* e volta a ser pó (por isso os atenienses chamavam os mortos de *dêmêtreioi*); a segunda tem lugar na Lua, junto de Perséfone, quando a *psychè* se separa do *nous* e se absorve na substância lunar. A alma (*psychè*) fica na Lua, conservando por algum tempo os sonhos e as lembranças da vida[89]. Os justos se "dessecam" rapidamente; as almas dos ambiciosos, dos obstinados e dos que têm demasiado amor ao próprio corpo são incessantemente atraídas para a Terra e sua absorção supõe um prazo muito longo. O *nous* é atraído e recebido pelo Sol, a cuja substância corresponde a razão. O processo de nascimento realiza-se de maneira inversa[90]: a Lua recebe do Sol o *nous*, que, germinando nela, dá origem a uma nova alma (*psychè*). A Terra fornece o corpo. Note-se o simbolismo da fecundação da Lua pelo Sol para a regeneração do par *nous-psychè*, primeira integração da personalidade humana.

F. Cumont[91] crê que o par espiritual *psychè-nous* é de origem oriental, semítica, e lembra que os hebreus reconheciam uma "alma vegetativa" (*nephesh*), que continuava a habitar a Terra por certo tempo, e uma "alma espiritual" (*rouah*), que se separava do corpo logo após a morte. F. Cumont encontra uma confirmação dessa origem exótica na teologia oriental, popularizada durante o Império Romano, que revela a influência exercida pelos planos atmosféricos e segundo a qual o Sol e a Lua descem do Empíreo para a Terra[92]. Poderíamos objetar a essa hipótese que a dualidade das almas e seu duplo destino após a morte se encontram em germe nas mais antigas tradições dos helenos. Platão sustentava não só a dualidade da alma[93] como sua separação ulterior em três[94]. No que diz respeito à escatologia astral, não é possível identificar no *Timeu* a passagem sucessiva do complexo anímico da Lua para o Sol e *vice-versa*; provavelmente ela se deve a uma influência semítica[95]. Mas o que nos interessa no momento é a concepção da Lua como abrigo das almas dos mortos, que encontramos iconograficamente formulada na glíptica assírio-babilônica, fenícia, hitita, anatoliana – e que se transmite, em seguida, aos monumentos funerários de todo o Império Romano[96]. O símbolo funerário da meia-lua é frequente na Europa inteira[97]. Isso não significa que tenha sido introduzido ao mesmo tempo que as religiões romano-orientais em moda durante o Império; porque, na Gália, por exemplo[98], a Lua era um símbolo autóctone utilizado muito antes do contato com os romanos. A "moda" limitou-se a atualizar concepções arcaicas, formulando uma tradição pré-histórica em termos novos.

55. A Lua e a iniciação – A morte, entretanto, não é definitiva, pois a Lua não a conhece. "Assim como a Lua morre e ressuscita, assim nós revivemos após a morte", proclamam os índios San Juan Capistrano, da Califórnia, nas cerimônias que realizam na lua nova[99]. Grande número de mitos falam da "mensagem" transmitida pela Lua aos homens por intermédio de um animal (lebre, cão, lagarto etc.) e na qual ela assegura que, "assim como eu morro e ressuscito, assim tu morrerás e voltarás à vida". Por estupidez ou por maldade, o "mensageiro" comunica exatamente o contrário e assegura que o homem, ao contrário da Lua, não voltará a viver uma vez morto. Esse mito é frequente na África[100], mas existe também nas ilhas Fidji, na Austrália, entre os ainos etc.[101] Ele justifica tanto o fato concreto da morte do homem como as cerimônias de iniciação. As fases da Lua constituem um bom exemplo da crença numa ressurreição, mesmo na apologética cristã. "Luna per omnes menses nascitur, crescit, perficitur, minuitur, consumitur, innovatur" – escreve Santo Agostinho. – "Quod in luna per menses, hoc in ressurectione semel in toto tempore."[102] Assim, é fácil compreender o papel da Lua nas cerimônias de iniciação, que consistem precisamente em experimentar uma morte ritual seguida de um "renascimento" e pelas quais o iniciado reintegra sua verdadeira personalidade de "homem novo".

Nas iniciações australianas, o "morto" (o neófito) sai do túmulo como a Lua sai da escuridão[103]. Entre os coriaques do nordeste da Sibéria, entre os giliaques, tlingits, tongas e haidas, o urso – "animal lunar", pois desaparece e reaparece – está presente nas cerimônias de iniciação, da mesma forma que desempenhava um papel essencial nas cerimônias do Paleolítico[104]. Por outro lado, entre os índios pomos da Califórnia do Norte, por exemplo, os candidatos são iniciados pelo urso Grizzly, que os "mata" e lhes abre com as garras um buraco nas costas. Despidos e depois vestidos com novos trajes, os candidatos permanecem quatro dias na floresta, tempo em que lhes são revelados os segredos do ritual[105]. Mesmo quando não há "animais lunares" presentes nos ritos e não encontramos nenhuma referência direta à desaparição e reaparição da Lua, somos levados a ligar as diversas cerimônias de iniciação ao mito lunar em toda a área sul-asiática e à volta do Pacífico, como demonstrou A. Gahs numa monografia ainda inédita[106].

Em certas cerimônias iniciáticas xamânicas, o candidato é "despedaçado" tal como a Lua é fragmentada (inúmeros mitos representam o drama da Lua retalhada ou pulverizada por Deus, pelo Sol etc.)[107]. Encontramos o mesmo modelo arquetípico nas iniciações osíricas. Segundo a tradição transmitida por Plutarco[108], Osíris reinou 28 anos e foi morto num dia 17, no momento em que a Lua está em minguante. O ataúde em que Ísis o escondera foi descoberto por Seth, que estava caçando, numa noite de luar; Seth cortou o cadáver de Osíris em catorze pedaços que espalhou por todo o território egípcio[109]. No ritual, o emblema do deus morto tem a forma de uma lua nova. Há uma similitude evidente entre a morte e a iniciação. "É por isso" – diz Plutarco – "que há uma analogia tão estreita entre os termos gregos que significam morrer e iniciar." Se a iniciação mística se adquire por uma morte ritual, também a morte pode ser assimilada a uma iniciação. As almas que conseguem chegar à parte superior da Lua são chamadas "vitoriosas" por Plutarco e trazem uma coroa na cabeça, como os iniciados e os vitoriosos[110].

56. Simbolismo do "devir" lunar – O "devir" é a norma lunar. Depende das capacidades míticas e de raciocínio dos diversos povos, assim como de seu nível cultural, que ele seja observado em seus momentos dramáticos – nascimento, plenitude e desaparecimento do astro – ou valorizado como um "fracionamento", uma "numeração", ou apreendido por intuição como o "cânhamo" com que são urdidos os fios do destino. Mas a heterogeneidade das fórmulas que exprimem esse "devir" é apenas aparente. A Lua "reparte", "fia", "mede"; ou então alimenta, fecunda, abençoa; ou recebe as almas dos mortos, inicia e purifica – pois tem vida e portanto está em eterno devir rítmico. Esse ritmo está sempre presente nos rituais lunares. Às vezes o cerimonial repete por inteiro as fases da Lua, como, por exemplo, a *pûjâ* indiana introduzida pelo tantrismo. A deusa *Tripurasundarî* deve ser meditada, segundo um texto do tantrismo[111], como estando na própria Lua. Um autor tântrico, Bâskara Râja, especifica que a *pûjâ* da deusa deve começar no primeiro dia da lua nova e durar toda a quinzena luminosa; são precisos para isso 16 brâmanes, cada um representando um aspecto da divindade (ou seja, uma fase da Lua, uma *tithî*). Tucci[112] observa com justeza que a presença dos brâmanes só pode ser uma inovação recente e que na *pûjâ* arcaica outros personagens representavam o "devir" da deusa lunar. Efetivamente, num tratado de incontestável autoridade, *Rudrayâmala*, encontra-se a descrição do cerimonial tradicional, *kumârî-pûjâ*, ou seja, "adoração da menina". E essa *pûjâ* começa sempre na lua nova e dura quinze noites. Mas em vez de 16 brâmanes são precisos 16 *kumârî*, que representam as 16 *tithî da* Lua. A adoração tem lugar *vrddhibhedena*, isto é, por ordem de idade, e são necessárias 16 meninas de 1 a 16 anos. Em cada noite a *pûjâ* representa a *tithî* correspondente da Lua (Tucci, 425). O cerimonial tântrico concede em geral uma importância capital à mulher e às divindades femininas[113]; no caso presente, a correspondência entre as estruturas lunar e feminina é perfeita.

Que a Lua "mede" e "partilha" provam-no não só as etimologias, mas também as classificações arcaicas. Para ficarmos no âmbito indiano, a *Brhadarânyaka*[114] sabe que "Prajâpati é o ano. Tem dezesseis partes, quinze são noites, a décima sexta é fixa. É pelas noites que ele cresce e decresce etc." A *Chandogya*[115] diz que o homem se compõe de dezesseis partes e cresce ao mesmo tempo que a alimentação etc. Os vestígios do sistema octal são abundantes na Índia: *mâta*, 8 *murti* etc.; 16 *kalâ*, 16 *shakti*, 16 *mâtrkâ* etc.; 32 espécies de *dîkshâ* etc.; 64 *yoginî*, 64 *upacâra* etc. O número quatro prevalece nas literaturas védicas e bramânicas. *Vâc* (o "logos") compõe-se de quatro partes[116]; *purusha* (o "homem", o "macrantropo") também.

As fases da Lua dão origem, nas especulações ulteriores, às mais complicadas correspondências. Stuchen dedicou uma obra[117] às relações entre as letras do alfabeto e as posições da Lua tais como os árabes as conheciam. Hommel[118] mostrou que dez ou onze caracteres hebraicos designam as fases da Lua (por exemplo, *alef*, que significa "touro", é o símbolo da Lua em sua primeira semana e ao mesmo tempo o nome do signo zodiacal em que começa a série das casas lunares etc.). Encontra-se a mesma correspondência entre os sinais gráficos e as fases da Lua entre os babilônios[119], os gregos[120], os escandinavos (as 24 runas dividem-se em três gêneros ou *aettir*, cada um compreendendo 8 runas etc.)[121]. Uma das mais claras e mais completas assimilações do alfabeto (considerado como conjunto de sons, mas não como grafia) com as fases lunares encontra-se num escólio de Dionísio da Trácia[122], em que as vogais correspondem à lua cheia, as consoantes sonoras à meia-lua (quartos) e as consoantes surdas à lua nova[123].

57. Cosmobiologia e fisiologia mística – Essas correspondências não desempenham somente uma função classificadora. Foram obtidas por um esforço de integração total do homem e do cosmos no mesmo ritmo divino. Seu significado é, em primeiro lugar, mágico e soteriológico: apropriando-se das virtudes que estão latentes nas "letras" e nos "sons", o homem insere-se em certos centros de energia cósmica e realiza assim uma harmonia perfeita entre ele e o Todo. As "letras" e os "sons" desempenham o papel de imagens que, por meditação ou magia, tornam possível a passagem para os diversos planos cósmicos. Para dar um único exemplo, a meditação que precede a criação iconográfica de uma imagem divina indiana comporta, entre outros, o seguinte exercício, no qual a Lua, a fisiologia mística, o símbolo gráfico e o valor sonoro constituem um conjunto de refinada sutileza: "concebendo em seu próprio coração a forma da Lua tal como saiu do som primordial (*prathama-svara-parinatam*, ou seja, 'surgindo da letra A'), ele deve visualizar ali (em seu coração) um belíssimo lótus azul que tem entre seus filamentos o disco lunar imaculado e no centro deste a sílaba-germinal amarela *Tâm*" etc.[124]

A integração do homem no cosmos só pode ser realizada, evidentemente, se ele conseguir harmonizar-se com os dois ritmos astrais, "unificando" a Lua e o Sol em seu próprio corpo pneumático. A "unificação" dos dois centros de energia sacrocósmica, que são a Lua e o Sol, tem por finalidade – nessa técnica de fisiologia mística – sua reintegração na unidade primordial, indiferenciada e ainda não fragmentada pelo ato da criação cósmica, o que se traduz por uma transcendência do cosmos. Num texto tântrico[125], um exercício de fisiologia mística pretende obter a transformação "das vogais e consoantes em braceletes, do Sol e da Lua em anéis"[126]. As escolas tântricas e "hathayóguicas" levaram muito longe essas assimilações complexas entre o Sol, a Lua e diversos centros ou artérias "místicos", divindades, sangue e *semen virile* etc.[127] O sentido dessas assimilações é, primeiro, solidarizar o homem com as energias e os ritmos cósmicos; em seguida, realizar a unificação dos ritmos, a fusão dos centros e, consequentemente, o salto para o transcendente, possibilitado pelo desaparecimento das "formas" e pela restauração da unidade primordial. Essa técnica é naturalmente o produto refinado de uma longa tradição mística, mas encontram-se precedentes rudimentares tanto nos povos arcaicos[128] como nas fases sincretistas das religiões mediterrânicas[129].

A Lua "interliga" conjuntamente, por seu modo de ser, uma multidão imensa de realidades e destinos. Harmonias, simetrias, assimilações, participações etc., coordenadas pelos ritmos lunares, constituem um "tecido" sem fim, uma "rede" de fios invisíveis que "interliga" simultaneamente homens, chuvas, vegetação, fecundidade, saúde, animais, morte, regeneração, vida *post mortem* etc. É por isso que, em muitas tradições, a Lua, personificada por uma divindade ou presente por intermédio de um animal lunar, "tece" o véu cósmico ou os destinos dos homens. Foram deusas selênicas que inventaram a profissão de tecelão (como a divindade egípcia Neith), que são célebres na arte da tecelagem (Atena castiga Aracneia, que teve a audácia de rivalizar com ela, transformando-a em aranha)[130], ou que tecem uma roupa de proporções cósmicas (como Proserpina e Harmonia)[131]. Nas crenças europeias medievais, Holda é a padroeira dos tecelões, e por trás dessa figura descobrimos a estrutura selênica-ctônica das divindades da fertilidade e da morte[132].

Evidentemente, estamos diante de formas complexas que cristalizaram mitos, cerimoniais e símbolos pertencentes a conjuntos religiosos diferentes e que nem sempre saíram diretamente da intuição da Lua como norma dos ritmos cósmicos e suporte da vida e da morte. Em compensação, acham-se presentes as sínteses Lua-Terra-Mãe com tudo o que elas significam (ambivalência bem-mal; morte e fertilidade; destino). Da mesma forma, não há que reduzir sempre à Lua toda e qualquer intuição mítica da "rede" cósmica. Na especulação indiana, por exemplo, o ar "teceu" o Universo[133] assim como o sopro (*prâna*) "teceu" a vida humana[134]. Aos cinco ventos que separam o cosmos e não obstante mantêm sua unidade correspondem cinco sopros (*prânas*) que "tecem" num todo a vida humana (a identidade sopro-vento existe já nos textos védicos)[135]. Trata-se, nessas tradições, da concepção arcaica do conjunto de tudo o que tem vida – cósmico ou microcósmico –, segundo a qual as diferentes partes são integradas por meio de uma força pneumática (vento, sopro) que "tece" umas com as outras.

58. A Lua e o destino – Todavia, pelo simples fato de ser senhora de todas as coisas vivas e guia certa dos mortos, a Lua "teceu" todos os destinos. Não é à toa que ela é concebida nos mitos como uma enorme aranha – imagem que encontramos em muitos povos[136]. Pois tecer não significa apenas predestinar (no plano antropológico) e reunir simultaneamente realidades diferentes (no plano cosmológico), mas também *criar*, fazer sair de sua própria substância, como faz a aranha, que urde, ela própria, sua teia. Não é a Lua a criadora inesgotável das formas vivas? Mas, como tudo o que foi "tecido", as vidas são colocadas num conjunto: elas têm um destino. As Moiras, que fiam os destinos, são divindades lunares. Homero[137] chama-as "as fiandeiras", e uma delas tem mesmo o nome de Klothó, ou seja, "fiandeira". Provavelmente foram, na origem, divindades do nascimento, mas a especulação posterior elevou-as à personificação do destino. Mas sua estrutura lunar nunca se perdeu completamente. Porfírio diz que as Moiras dependem das forças lunares, e um texto órfico considera-as como fazendo parte (*ta mére*) da Lua[138]. Nas velhas línguas germânicas, um dos termos que designam o "destino" (antigo alto-alemão *wurt*, velho norueguês *urdhr*, anglo-saxão *wyrd*) deriva de um verbo indo-europeu *uert*, "rodar", donde os termos alto-alemão antigo *wirt*, *wirtel*, "fuso", "roca"; holandês *worwelen*, "rodar"[139].

Evidentemente, nas culturas em que as Grandes Deusas acumularam as virtudes da Lua, da Terra e da vegetação, o fuso e a roca, com os quais elas fiam os destinos dos homens, tornam-se, entre tantos outros, seus atributos. É o caso da "deusa com fuso" encontrada em Troia, que pertence à época compreendida entre 2000 e 1500 a.C.[140] Esse tipo iconográfico acha-se espalhado no Oriente: encontramos a roca na mão de Ishtar, da Grande Deusa hitita, da deusa síria Atargatis, de uma divindade cipriota primitiva, da deusa de Éfeso[141]. O destino, fio da vida, é um período, mais ou menos longo, de *tempo*. As Grandes Deusas tornam-se, por isso, senhoras do Tempo, dos destinos que elas forjam de acordo com sua vontade. Em sânscrito, o tempo chama-se *kâla*, termo que se assemelha muito ao nome da Grande Deusa, Kâlî[142]. Kâlâ significa também "negro", "sombrio", "manchado". O tempo é "negro" porque é irracional, duro, sem piedade. Quem vive sob o domínio do tempo está sujeito a sofrimentos de toda espécie, e a libertação consiste primeiro na abolição do tempo, na evasão para fora da mudança universal[143]. Segundo a tradição indiana, a humanidade encontra-se atualmente no *Kaliyuga*, ou seja, na "idade sombria", época de todas as confusões e de total decadência espiritual, última etapa de um ciclo cósmico que se fecha.

59. Metafísica lunar – Vamos tentar agora uma visão global de todas essas hierofanias lunares. Que revelam elas? Em que medida são coerentes e complementares, em que medida constituem uma "teoria", ou seja, formulam uma sequência de "verdades" cujo conjunto poderia constituir um sistema? As hierofanias lunares que examinamos podem ser agrupadas em torno dos seguintes temas: *a*) fertilidade (águas, vegetação, mulher; "ancestral mítico"); *b*) regeneração periódica (simbolismo da serpente e de todos os animais lunares; "homem novo", sobrevivente de uma catástrofe aquática causada pela Lua; morte e ressurreição iniciáticas etc.); *c*) "tempo" e "destino" (a Lua "mede", "tece" os destinos, "interliga" os planos cósmicos distintos e as realidades heterogêneas); *d*) mudança, marcada pela oposição luz-escuridão (lua cheia-lua nova; "mundo superior" e "mundo inferior"; "irmãos inimigos", bem e mal), ou pela polarização ser-não ser, virtual-atual (simbolismo das "latências": noite escura, escuridão, morte, sementes e larvas). Em todos esses temas a ideia dominante é a do *ritmo* realizado pela sucessão dos contrários, do "devir" pela sucessão das modalidades polares (ser-não ser; formas-latências; vida-morte etc.). Devir que não acontece, é claro, sem drama nem pateticismo; o mundo sublunar não é somente o das transformações, mas também o dos sofrimentos, da "história". Nada de "eterno" pode suceder nessa zona sublunar cuja lei é o devir, onde nenhuma mudança é definitiva, onde toda transformação é apenas palingenesia.

Todos os dualismos têm, se não sua origem histórica, pelo menos sua ilustração mítica e simbólica nas fases da Lua. "O mundo inferior, mundo das trevas, é figurado pela Lua moribunda (chifres

= crescentes, sinal da dupla voluta = dois crescentes em sentido oposto, sobrepostos e ligados = mudança lunar, velho decrépito e ossudo). O mundo superior, mundo da vida e da luz nascente, é figurado por um tigre (monstro da escuridão e da lua nova) de cuja goela sai o ser humano, representado como uma criança (ancestral do clã, que é assimilado à Lua que renasce = luz que volta)."[144] Mas nessa mesma área cultural da China arcaica os símbolos luz-escuridão são complementares; o mocho, símbolo da escuridão, está ao lado do faisão, símbolo da luz[145]. A cigarra, da mesma forma, encontra-se relacionada ao mesmo tempo com o demônio da escuridão e com o da luz[146]. Uma época "sombria" é seguida, em todos os planos cósmicos, de uma época "luminosa", pura, regenerada. O simbolismo da saída das "trevas" encontra-se tanto nos rituais de iniciação como nas mitologias da morte, do drama vegetal (semente enterrada, "trevas" de onde sairá uma "planta nova", *neófito*) ou na concepção dos ciclos "históricos". A "idade escura", *Kaliyuga*, será seguida, após uma dissolução cósmica (*mahâpralaya*), de uma era nova, regenerada. A mesma ideia existe em todas as tradições dos ciclos cosmo-históricos e, se ela provavelmente não teve seu ponto de partida especulativo na revelação das fases da Lua, não resta dúvida de que é ilustrada, de modo exemplar, pelo ritmo desta.

É nesse sentido que podemos falar de uma "valorização" das eras sombrias, das épocas de grande decadência e decomposição: elas adquirem um significado supra-histórico, embora seja precisamente em tais momentos que a "história" se realiza mais plenamente, pois então os equilíbrios são precários, as condições humanas, de uma infinita variedade, as "liberdades" encorajadas pela deterioração de todas as "leis" e de todos os contextos arcaicos. A época sombria é assimilada à escuridão, à noite cósmica. Como tal, pode ser valorizada na medida precisa em que a morte representa um "valor" em si; é o mesmo simbolismo das larvas nas trevas, da hibernação, das sementes que se decompõem no solo para possibilitar o aparecimento de uma forma nova.

Poderíamos dizer que a Lua revela ao homem sua própria condição humana; que em certo sentido o homem se "olha" e se encontra na vida da Lua. É por isso que o simbolismo e a mitologia lunares são patéticos e ao mesmo tempo consoladores, visto que a Lua comanda simultaneamente a morte e a fecundidade, o drama e a iniciação. Se a modalidade lunar é, por excelência, a da mudança dos ritmos, não é menos a do retorno cíclico; destino que fere e consola ao mesmo tempo porque, se as manifestações da vida são bastante frágeis para se dissolverem de maneira fulgurante, são, no entanto, restauradas pelo "eterno retorno" que a Lua dirige. Essa é a lei de todo o Universo sublunar. Mas essa lei dura, e não obstante consoladora, pode ser abolida e, em certos casos, pode-se "transcender" o devir cíclico e adquirir um modo de existência absoluto. Vimos (§ 57) que em certas técnicas tântricas se procura a "unificação" da Lua e do Sol, ou seja, a superação da polaridade, a reintegração na Unidade primordial. Esse mito da reintegração – que, no fundo, exprime a sede de abolição dos dualismos, do eterno retorno e das existências fragmentárias – é encontrado quase em toda parte, com uma infinidade de variantes, na história das religiões. É encontrado nos estágios mais arcaicos, o que prova que, desde que tomou consciência de sua situação no cosmos, o homem desejou, sonhou e buscou com afinco realizar de maneira concreta (ou seja, pela religião e pela magia ao mesmo tempo) a superação de sua condição humana ("refletida" com tanta precisão pela condição lunar). Oportunamente nos ocuparemos desse gênero de mitos, mas devíamos lembrá-los aqui porque constituem a primeira tentativa feita pelo homem para superar seu "modo de ser lunar".

V

As águas e o simbolismo aquático

60. As águas e os germes – Numa fórmula sumária, poderíamos dizer que as águas simbolizam a totalidade das virtualidades; elas são *fons et origo*, a matriz de todas as possibilidades de existência. "Água, tu és a fonte de todas as coisas e de toda existência!", diz um texto indiano[1], sintetizando a longa tradição védica. As águas são os fundamentos do mundo inteiro[2]; são a essência da vegetação[3], o elixir da imortalidade[4], como a *amrita*[5]; asseguram longa vida, força criadora e são o princípio de toda cura etc.[6] "Que as águas nos tragam bem-estar!", suplicava o sacerdote védico[7]. "As águas, em verdade, são curativas; expulsam e curam todas as doenças!"[8]

Princípio do indiferencial e do virtual, fundamento de toda manifestação cósmica, receptáculo de todos os germes, as águas simbolizam a substância primordial de que nascem todas as formas e nas quais elas voltam, por regressão ou por cataclismo. Elas foram no princípio e voltarão no fim de todo ciclo histórico ou cósmico; existirão sempre – embora nunca sós, porque as águas são sempre germinativas, encerrando em sua unidade não fragmentada as virtualidades de todas as formas. Na cosmogonia, no mito, no ritual, na iconografia, as águas desempenham a mesma função, qualquer que seja a estrutura dos conjuntos culturais nos quais se encontram: *precedem* toda e qualquer forma e *suportam* toda e qualquer criação. A imersão na água simboliza a regressão ao pré-formal, a regeneração total, o novo nascimento, porque uma imersão equivale a uma dissolução das formas, a uma reintegração no modo indiferenciado da preexistência; e a emersão das águas repete o gesto cosmogônico da manifestação formal. O contato com a água implica sempre a regeneração: por um lado, porque à dissolução segue-se um "novo nascimento"; por outro, porque a imersão fertiliza e aumenta o potencial de vida e de criação. A água confere um "novo nascimento" por um ritual iniciático, cura por um ritual mágico, assegura o renascimento *post mortem* por rituais funerários. Incorporando em si todas as virtualidades, a água torna-se um símbolo de vida (a "água viva"). Rica em germes, ela fecunda a terra, os animais, a mulher. Receptáculo de toda virtualidade, fluida por excelência, suporte do devir universal, a água é comparada ou diretamente assimilada à Lua. Os ritmos lunares e aquáticos são orquestrados pelo mesmo destino; comandam o aparecimento e o desaparecimento periódicos de todas as formas, dão ao devir universal uma estrutura cíclica.

Por isso, já na pré-história, o conjunto Água-Lua-Mulher era entendido como o circuito antropocósmico da fecundidade. Nos vasos neolíticos da cultura dita de Walternienburg-Bernburg, a água era representada pelo sinal , que é também o mais antigo hieróglifo egípcio para a água corrente[9]. Já no Paleolítico a espiral simbolizava a fecundidade aquática e lunar; marcada em ídolos femininos, homologava todos esses centros de vida e fertilidade[10]. Nas mitologias ameríndias, o sinal glíptico da água, representado por um vaso cheio de água no qual cai uma gota vinda de uma nuvem, sempre está associado a emblemas lunares[11]. A espiral, o caracol (emblema lunar), a mulher, a água, o peixe pertencem constitucionalmente ao mesmo simbolismo de fecundidade, verificável em todos os planos cósmicos.

O risco de toda análise é fragmentar e pulverizar em elementos separados o que, para a consciência que os representou, compunha uma única unidade, um cosmos. O mesmo símbolo indicava ou evocava uma série inteira de realidades que somente numa experiência profana são separáveis e autônomas. A multivalência simbólica de um emblema ou de uma palavra pertencente às línguas arcaicas leva-nos a observar que, para a consciência que os forjou, o mundo se revelava como um todo orgânico. Na língua suméria, *a* significava "água", mas significava também "esperma, concepção, geração". Na glíptica mesopotâmica, por exemplo, a água e o peixe simbólico são emblemas da fecundidade. Ainda em nossos dias, entre os "primitivos" a água confunde-se – nem sempre na experiência corrente, mas regularmente no mito – com o sêmen viril.

Na ilha Wakuta, um mito conta como uma jovem perdeu a virgindade por ter deixado que a chuva lhe tocasse o corpo; e o mito mais importante da ilha Trobriand revela que Bolutukwa, a mãe do herói Tudava, perdeu a virgindade em consequência de algumas gotas de água caídas de uma estalactite[12]. Os índios pimas do Novo México têm um mito semelhante: uma bela mulher (ou seja, a Terra-Mãe) foi fecundada por uma gota de água caída de uma nuvem[13].

61. Cosmogonias aquáticas – Apesar de separados no tempo e no espaço, esses fatos constituem um conjunto de estrutura cosmológica. A água é germinativa, fonte de vida, em todos os planos da existência. A mitologia indiana popularizou em múltiplas variantes o tema das águas primordiais sobre as quais flutuava Nârâyana, cujo umbigo fazia brotar a Árvore Cósmica. Na tradição purânica, a árvore é substituída pelo lótus, no meio do qual nasce Brahma (*abjaja*, "nascido do lótus")[14]. Vão aparecendo sucessivamente os outros deuses – Varuna, Prajâpati, Purusha ou Brahman (Svayambhu), Nârâyana ou Vishnu – fórmulas que exprimem o mesmo mito cosmogônico –, mas as águas permanecem. Mais tarde essa cosmogonia aquática torna-se um motivo corrente na iconografia e na arte decorativa: a planta ou árvore eleva-se da boca ou do umbigo de um Yaksa (personificação da vida fecunda), da garganta de um monstro marinho (*makara*), de um caracol ou de um "vaso cheio" – mas nunca diretamente de um símbolo que represente a Terra[15] porque, como vimos, as águas precedem e suportam toda criação, todo "estabelecimento firme", toda manifestação cósmica.

As águas nas quais Nârâyana flutuava numa devota despreocupação simbolizam o estado de repouso e indiferenciação, a noite cósmica. O próprio Nârâyana dormia. E de seu umbigo, ou seja, de um "centro" (cf. § 145), ganhou vida a primeira forma cósmica: o lótus, a árvore, símbolo da ondulação universal, da seiva germinativa mas sonolenta, da vida de onde a consciência ainda se não desprendeu. A criação inteira nasce de um receptáculo e apoia-se nele. Em outras variantes, Vishnu, em sua terceira reencarnação (um gigantesco javali), desce ao fundo das águas primordiais e tira a Terra do abismo[16]. Esse mito de origem e de estrutura oceânica também se conservou no folclore europeu[17].

A cosmogonia babilônica também conhece o caos aquático, o oceano primordial, *apsû* e *tiamat*; o primeiro personificava o oceano de água doce no qual, mais tarde, flutuará a Terra; *tiamat* é o mar salgado e amargo povoado de monstros. O poema da criação, *Enuma Elish*, principia assim:

Quando lá no alto os céus ainda não tinham nome,
Quando cá embaixo a Terra ainda não era chamada por um nome,
Quando o primordial Apsû, que os gerou,
E quando Mummu, e Tiamat, mãe de todos
Confundiam em um único todo suas águas...[18]

A tradição das águas primordiais, de onde nasceram os mundos, é encontrada em um número considerável de variantes nas cosmogonias arcaicas e "primitivas"[19].

62. Hilogenias – Sendo as águas a matriz universal, na qual subsistem todas as virtualidades e prosperam todos os germes, é fácil compreender os mitos e as lendas que fazem derivar delas o gênero humano ou uma raça particular. Na costa sul de Java encontra-se um *segara anakkan*, um "mar das crianças". Os índios carajás do Brasil lembram-se até hoje dos tempos míticos "quando ainda estavam na água". João de Torquemada, descrevendo as lustrações batismais dos recém-nascidos no México, transmitiu-nos algumas das fórmulas pelas quais se consagrava a criancinha à deusa da água Chalchihuitlycue Chalchiuhtlatonac, considerada sua verdadeira mãe.

Antes de imergi-la na água, dizia-se: "Toma esta água, porque a deusa Chalchihuitlycue Chalchiuhtlatonac é tua mãe. Que este banho te lave dos pecados de teus pais..." Em seguida, tocando a boca, o peito e a cabeça com a água, acrescentava-se: "Recebe, criança, tua mãe Chalchihuitlycue, a deusa da água."[20] Os antigos carélios, os mordves, os estonianos, os cheremissos e outros povos fino-úgricos conhecem uma "Mãe-Água" à qual se dirigem as mulheres que pretendem ter filhos[21]. As tártaras estéreis ajoelham e oram perto de um lago[22]. A vasa, *limus*, é o lugar por excelência das hilogenias. Os filhos bastardos eram assimilados à vegetação do lago e lançados na vasa das margens, matriz inesgotável; num sentido ritual, eram assim reintegrados na vida impura de que tinham brotado, semelhantes às ervas grossas, às canas de junco dos pântanos. Tácito diz dos germanos: "ignavos et imbelles et corpore infames caeno ac palude, iniecta insuper crate, mergunt"[23]. A água é germinativa, a chuva é fecundante, semelhante ao sêmen viril. No simbolismo erótico-cosmogônico, o céu abraça e fecunda a Terra por meio da chuva. O mesmo simbolismo se conserva em todas as hilogenias. A Alemanha está cheia de "Kinderteichen", "Bubenquellen"[24]. Em Oxford, Child's Well é uma fonte conhecida por tornar fecundas as mulheres estéreis[25]. Muitas crenças desse tipo estão contaminadas pela concepção da "Terra-Mãe" e pelo simbolismo erótico da fonte. Mas sob essas crenças, como sob todos os mitos da descendência da Terra, da vegetação, da pedra, encontramos a mesma ideia fundamental: a vida, ou seja, a realidade, acha-se concentrada numa substância cósmica de que derivam, por descendência direta ou participação simbólica, todas as formas vivas. Os animais aquáticos, sobretudo os peixes (que acumulam também os símbolos eróticos) e os monstros marinhos, tornam-se emblemas do sagrado porque substituem a *realidade absoluta*, concentrada nas águas.

63. A "Água da Vida" – Símbolo cosmogônico, receptáculo de todos os germes, a água torna-se a substância mágica e medicinal por excelência; ela cura, rejuvenesce, assegura a vida eterna. O protótipo da água é a "água viva", que a especulação posterior projetou por vezes nas regiões celestes – como existe um *soma* celeste, uma *haoma* branca no céu etc. A água viva, as fontes de juventude, a água da vida são as fórmulas míticas de uma mesma realidade metafísica e religiosa, na água residem a vida, o vigor e a eternidade. Essa água não é naturalmente acessível a toda gente nem de qualquer maneira. Está guardada por monstros. Acha-se em territórios de difícil penetração, na posse de demônios ou de divindades etc. O caminho para sua fonte e a obtenção da "água viva" envolvem uma série de consagrações e de "provas", exatamente como na busca da "Árvore da Vida" (§§ 108, 145). O "rio sem idade" (vijâra nadî) encontra-se perto da árvore miraculosa de que fala o *Kausitakî*

Upanishad[26]. E no Apocalipse[27] os dois símbolos encontram-se lado a lado: "Ele mostrou-me, em seguida, o rio e a água da vida, límpida como cristal, que brota do trono de Deus e do cordeiro... E nas duas margens do rio cresce a Árvore da Vida."[28]

A "água viva" rejuvenesce e dá a vida eterna; toda água, por um processo de participação e degradação que veremos mais claramente no decurso desta obra, é eficaz, fecunda ou medicinal. Ainda em nossos dias, na Cornualha, as crianças doentes são mergulhadas três vezes no poço de Saint Mandron[29]. Na França, o número de fontes[30] e rios com virtudes curativas é considerável. Há também fontes que têm uma influência benfazeja no amor[31]. Além dessas fontes, outras águas possuem valor em medicina popular[32]. Na Índia as doenças são projetadas nas águas[33]. Os fino-úgricos explicam algumas doenças pela profanação ou impureza das águas correntes[34]. E, para encerrar esta revisão sumária das virtudes maravilhosas das águas, lembramos o papel da "água não começada" na maioria dos sortilégios e das medicações populares. A "água não começada", ou seja, a de um vaso novo, não profanada pelo uso cotidiano, concentra em si as valências germinativas e criadoras da água primordial. Ela cura porque, em certo sentido, refaz a criação. Veremos mais tarde que os atos mágicos "repetem" a cosmogonia porque são projetados no tempo mítico da criação dos mundos, são apenas a repetição dos gestos que se realizaram então, *ab origine*. No caso da terapia popular com a água "não começada", busca-se a regeneração mágica do doente pelo contato com a substância primordial; a água absorve o mal graças a seu poder de assimilação e desintegração de todas as formas.

64. Simbolismo de imersão – A purificação pela água possui as mesmas propriedades: na água tudo se "dissolve", toda "forma" é desintegrada, toda "história" é abolida; nada do que anteriormente existiu subsiste após uma imersão na água, nenhum perfil, nenhum "sinal", nenhum "acontecimento". A imersão equivale, no plano humano, à morte e, no plano cósmico, à catástrofe (o dilúvio) que dissolve periodicamente o mundo no oceano primordial. Desintegrando toda forma e abolindo toda história, as águas possuem essa virtude de purificação, regeneração e renascimento porque o que é mergulhado nela "morre" e, erguendo-se das águas, é semelhante a uma criança sem pecados e sem "história", capaz de receber uma nova revelação e de começar uma nova vida "limpa". Como escreve Ezequiel[35]: "Farei sobre vós uma aspersão de água pura e sereis puros." E o profeta Zacarias vê em espírito como "nesse tempo uma fonte brotará para a casa de Davi e para os habitantes de Jerusalém, a fim de fazer desaparecerem seu pecado e sua mácula"[36].

As águas purificam e regeneram porque anulam a "história", restauram – ainda que seja por um momento – a integridade auroral. A divindade iraniana das águas, Ardvî Sûrâ Anâhitâ, é chamada "a santa que multiplica os rebanhos [...] os bens [...] a riqueza [...] a terra [...], que purifica a semente de todos os homens [...] a matriz de todas as mulheres [...] que lhes dá o leite de que necessitam" etc.[37] As abluções purificam do crime[38], da presença nefasta dos mortos[39], da loucura[40], abolindo tanto os pecados quanto os processos de desintegração física ou mental. Elas precediam os principais atos religiosos, preparando assim a inserção do homem na economia do sagrado. As abluções tinham lugar antes do ingresso nos templos[41] e antes dos sacrifícios[42].

O mesmo mecanismo ritual de regeneração pelas águas explica a imersão das estátuas das divindades, no mundo antigo. O ritual do banho sagrado era praticado habitualmente no culto das grandes deusas da fecundidade e da agricultura. As forças esgotadas da divindade reintegravam-se assim, assegurando uma boa colheita (a magia da imersão provocava a chuva) e a fecunda multiplicação dos bens. Em 27 de março (*hilaria*) tinha lugar o "banho" da Mãe frígia, Cibele. A imersão da estátua fazia-se num rio (em Pessinonte, Cibele era banhada no Gallos) ou num lago (como em Ancira, Magnesia etc.)[43]. O "banho" de Afrodite era conhecido em Pafos[44], e os lutróforos da deusa em Sícion nos são descritos por Pausânias[45]. No século III d.C., Calímaco[46] canta o banho da deusa Atena. Esse ritual era frequente no culto das divindades femininas cretenses e fenícias[47], bem como em diversas tribos germânicas[48]. A imersão do crucifixo ou da imagem da Virgem Maria e dos santos para conjurar a seca e obter chuva é praticada no catolicismo desde o século XIII e continua, não obstante a resistência eclesiástica, até os séculos XIX e XX[49].

65. O batismo – Esse simbolismo imemorial e ecumênico da imersão na água como instrumento de purificação e regeneração foi aceito pelo cristianismo e enriquecido por novas valências religiosas. O batismo de São João buscava não a cura das enfermidades corpóreas, mas a redenção da alma, o perdão dos pecados. João Batista pregava "o batismo de arrependimento para remissão dos pecados"[50] dizendo: "Eu vos batizo com água, mas aquele que é mais forte do que eu vos batizará com o Espírito Santo e o fogo."[51] No cristianismo, o batismo torna-se o principal instrumento de regeneração espiritual, pois a imersão na água batismal equivale ao sepultamento de Cristo. "Ignorais" – escreve São Paulo[52] – "que todos os que fomos batizados em Jesus Cristo fomos batizados em sua morte?" Simbolicamente, o homem morre através da imersão e renasce, purificado, renovado – exatamente como Cristo ressuscitou do túmulo. "Pelo batismo fomos sepultados com ele na morte para que, assim como Cristo ressuscitou dos mortos para glória do Pai, também nós caminhemos para uma nova vida; pois, se participamos por imitação de sua morte, participaremos também de sua ressurreição."[53]

Do imenso número de textos patrísticos que interpretam o simbolismo do batismo, vamos limitar-nos a examinar pelo menos dois: um que se refere aos valores soteriológicos da água, o outro que diz respeito ao simbolismo batismal morte-renascimento. Tertuliano[54] faz uma longa apologia das propriedades excepcionais da água, elemento cosmogônico santificado desde o início pela presença divina. Pois primeiro foi a água, "centro do espírito divino, que a preferia então a todos os outros elementos [...] Foi primeiro à água que foi ordenado que produzisse criaturas vivas [...] Foi a água que primeiro produziu o que tem vida para que nosso espanto cessasse quando um dia ela concebesse a vida no batismo. Na formação do próprio homem, Deus empregou a água para consumar sua obra. É verdade que a terra lhe forneceu a substância, mas a terra teria sido incapaz de fazê-lo se não estivesse úmida e dissolúvel [...] Por que aquela que produz a vida da Terra não daria também a vida do céu? [...] Portanto, toda água natural adquire, pela antiga prerrogativa com que foi honrada em sua origem, a virtude de santificação no sacramento, contanto que Deus seja invocado para esse fim. Logo que se pronunciam as palavras, o Espírito Santo, descendo dos céus, paira sobre as águas que ele santifica por sua fecundidade; as águas santificadas desse modo impregnam-se, por sua vez, da virtude santificante... Aquilo que outrora curava o corpo cura agora a alma; o que proporcionava a saúde no tempo proporciona a salvação na eternidade..."

O homem velho morre por imersão na água e dá origem a um ser novo, regenerado. Esse simbolismo é admiravelmente formulado por João Crisóstomo[55], que, falando da multivalência simbólica do batismo, escreve: "Ele representa a morte e a sepultura, a vida e a ressurreição [...] Quando mergulhamos nossa cabeça na água como num sepulcro, o velho homem fica imerso, inteiramente sepultado; quando saímos da água, o homem novo aparece simultaneamente." Toda a "pré-história do batismo" tinha em vista o mesmo objetivo, a morte e a ressurreição – embora em níveis religiosos diferentes daquele que foi instaurado pelo cristianismo. Não se trata aqui de "influências" ou de "empréstimo" porque símbolos como esse são arquetípicos e universais; revelam a situação do homem no cosmos, valorizando ao mesmo tempo sua posição perante a divindade (a *realidade* absoluta) e a história. O simbolismo das águas é produto da intuição do cosmos como unidade e do homem como um modo específico de existência que se realiza ao longo da "história".

66. A sede do morto – O uso funerário da água explica-se pelo mesmo conjunto que torna válida sua função cosmogônica, mágica e terapêutica; as águas "saciam a sede do morto", dissolvem-no, solidarizam-no com as sementes; as águas "matam o morto", abolindo definitivamente sua condição humana[56], que o inferno lhe deixa num nível reduzido, larvar, assim conservando intacta a possibilidade de sofrimento. Nas diversas concepções da morte, o defunto não morre definitivamente, mas adquire apenas um modo elementar de existência; é uma regressão, não uma extinção final. Na expectativa do retorno ao circuito cósmico (transmigração) ou da libertação definitiva, a alma do morto *sofre* e esse sofrimento exprime-se habitualmente *pela sede.*

O rico, mergulhado nas chamas do inferno, suplica a Abraão: "Tem piedade de mim e manda-me Lázaro, para que ele molhe os dedos na água e me refresque a língua, pois estas chamas me torturam."[57] Numa tabuleta órfica (Eleutherne) acha-se a seguinte inscrição: "Ardo e consumo-me de sede." Por ocasião da cerimônia da Hidroforia, dava-se água aos mortos, derramando-a através de fendas no chão (*chasmata*), e nas Antestérias, às vésperas das chuvas da primavera, os gregos acreditavam que os mortos tinham sede[58]. A convicção de que as almas dos mortos sofrem sede aterrorizou principalmente as populações ameaçadas pelo calor e pela seca (Mesopotâmia, Anatólia, Síria, Palestina, Egito), e era sobretudo nessas regiões que se utilizavam as libações para os mortos e se representava a felicidade no além como um refrigério[59]. Os sofrimentos *post mortem* exprimiram-se em termos concretos, da mesma maneira que se formulam toda experiência humana e toda teoria arcaica; a "sede do morto" e as "chamas" dos infernos asiáticos são substituídas nas concepções nórdicas por termos que exprimem "a temperatura reduzida" (frio, gelo, pântanos gelados etc.)[60].

Mas tanto a sede como o frio exprimem o sofrimento, o drama, a agitação. O morto não pode ficar continuamente no mesmo estado, que é uma trágica degradação de sua condição humana. As libações têm por objetivo seu apaziguamento, ou seja, a abolição dos sofrimentos, a regeneração do morto por uma "dissolução" total na água. No Egito, às vezes o morto é assimilado a Osíris e, nessa qualidade, pode esperar um "destino agrícola" em que seu corpo germinará como as sementes. Numa estela funerária do British Museum, o defunto dirige a Rá esta prece: "que seu corpo possa germinar"[61]. Mas as libações não devem ser sempre interpretadas num sentido "agrícola", sua finalidade nem sempre é "a germinação do morto", sua transformação em "semente" e *néophutos* (neófito, "planta nova"), mas, em primeiro lugar, seu "apaziguamento", ou seja, a extinção do resto de condição humana que ainda conserva, sua imersão total nas "águas" para poder adquirir um novo nascimento. O "destino agrícola" que as libações funerárias às vezes implicam é apenas uma consequência dessa desintegração final da condição humana; é um novo modo de manifestação que se tornou possível pelas virtudes dissolventes mas também germinativas das águas.

67. Fontes miraculosas e oraculares – A essa multivalência religiosa da água correspondem na história numerosos cultos e ritos concentrados em volta de fontes, rios e riachos. Cultos que se devem, em primeiro lugar, ao valor sagrado que a água incorpora em si como elemento cosmogônico, mas também à epifania local, à manifestação da presença sagrada em certo curso de água ou em certa fonte. Essas epifanias locais são independentes da estrutura religiosa sobreposta. A água corre, é "viva", agita-se; inspira, cura, profetiza. Em si mesmos, a fonte ou o rio manifestam o poder, a vida, a perenidade; eles *são* e são *vivos*. Desse modo adquirem uma autonomia e seu culto permanece, a despeito de outras epifanias e outras revoluções religiosas. Revelam constantemente a força sagrada que lhes é própria e ao mesmo tempo participam do prestígio de elemento netuniano.

O culto das águas – e, em particular, das fontes consideradas curativas, dos poços termais, das salinas etc. – apresenta uma continuidade impressionante. Nenhuma revolução religiosa conseguiu aboli-lo. Alimentado pela devoção popular, o culto das águas acabou sendo tolerado até mesmo pelo cristianismo, depois das perseguições infrutíferas da Idade Média[62]. A continuidade cultual estende-se, por vezes, do Neolítico até nossos dias. Assim, na fonte termal de Grisy (comuna de Saint-Symphorien-de-Marmagne, França) foram encontrados objetos votivos neolíticos e romanos[63]. Idênticos vestígios do culto neolítico (sílex quebrados intencionalmente em sinal de ex-voto) foram encontrados na fonte dita de Saint-Sauveur (floresta de Compiègne)[64]. Tendo suas origens na pré-história, o culto transmitiu-se aos gauleses, depois aos galo-romanos, dos quais o cristianismo o recebeu e assimilou. Em Saint-Moritz, conservaram-se, até há poucos anos, antigas instalações do culto da Idade do Bronze[65]. Na comuna de Bertinoro (província de Forli), perto de um poço moderno de água cloro-salina, encontram-se vestígios cultuais da Idade do Bronze[66]. Na Inglaterra, perto de túmulos pré-históricos ou de monumentos megalíticos há fontes que a população considera miraculosas ou benfazejas. Convém, por fim, lembrar o ritual que se praticava no lago Saint-Andéol (nos montes Aubrac) e que São Gregório de Tours (544-595) descreve. Os homens dirigiam-se para lá em carroças e por três dias havia festa em volta do lago; levavam, em sinal de oferenda, roupas brancas, peças de vestuário, fios de lã, queijos, bolos etc. No quarto dia levantava-se grande tempestade seguida de chuva (tratava-se, evidentemente, de um rito bárbaro para conjurar a chuva). Um sacerdote, Parthenius, depois de tentar, em vão, convencer os camponeses a renunciar a esse cerimonial pagão, construiu uma igreja, para a qual os homens acabaram levando as oferendas destinadas ao lago. Mas o hábito de jogar na água do lago objetos usados e bolos conservou-se até o século XIX: os peregrinos ainda lançavam ao lago camisas e calças, sem compreender o objetivo desses atos[67].

Temos um excelente exemplo de continuidade, a despeito das modificações do conjunto religioso no qual foi sucessivamente integrado o culto das águas, na monografia já citada de Pettazzoni sobre a religião primitiva da Sardenha. Os protossardos veneravam as fontes, oferecendo-lhes sacrifícios e erigindo perto delas santuários dedicados a Sarder Pater[68]. Ao lado dos templos e das águas tinham lugar os ordálios, fenômeno religioso característico de todo o conjunto atlântico-mediterrânico*. Vestígios desse ordálio pela água sobreviveram até hoje nas crenças e no folclore sardo. O culto das águas é encontrado também na pré-história da Sicília[69]. Em Lilibeo (Marsala) o culto grego da Sibila sobrepôs-se a um culto primitivo local, que tinha seu centro numa caverna inundada de água; os protossicilianos iam até ela para os ordálios e as incubações proféticas; nela a Sibila dominou e profetizou no tempo da colonização grega e desde o cristianismo perpetuou-se uma devoção a São João Batista, a quem se erigiu no século XVI um santuário na velha caverna, que até nossos dias continuou a ser destino de peregrinações por suas águas miraculosas[70].

Frequentemente os oráculos estão situados nas imediações das águas. Perto do templo de Anfiaraos, em Oropos, os que eram curados pelo oráculo jogavam na água uma moeda[71]. A Pítia preparava-se bebendo água da fonte Cassotis. Em Cólofon o profeta bebia a água de uma fonte sagrada que existia na gruta[72]. Em Claros o sacerdote descia à gruta, bebia a água de uma fonte misteriosa (*hausta fontis arcani aqua*) e respondia em verso às perguntas

---

* Na Lusitânia, adorava-se ainda na época romana um deus autóctone, Tongoenabiagus, que parece ser o deus "do curso de água sobre o qual se presta juramento". A imagem da divindade pode ser vista na chamada Fonte do Ídolo, em Braga. Ver Leite de Vasconcelos, *Religiões de Lusitania*, II, pp. 239 ss. (N. da T.)

que lhe faziam em pensamento (*super rebus quas quis mente concepit*)[73]. O poder profético emana das águas, intuição arcaica que é encontrada numa área muito vasta. O oceano, por exemplo, é designado pelos babilônios "a casa da sabedoria". Oannes, o personagem mítico babilônico representado metade homem e metade peixe, sai do mar de Eritreia e revela aos homens a cultura, a escrita, a astrologia[74].

68. Epifanias aquáticas e divindades das águas – O culto das águas – dos rios, das fontes, dos lagos – existiu na Grécia antes das invasões indo-europeias e antes de qualquer valorização mitológica da experiência religiosa. Vestígios desse culto arcaico conservaram-se até o declínio do helenismo. Pausânias[75] ainda teve tempo de examinar e descrever a cerimônia que se desenrolava na fonte Hagno, na encosta do monte Licaios, na Arcádia: quando grassava a seca, o sacerdote do deus Licaios fazia ali sacrifícios e jogava na fonte um ramo de carvalho. O rito é muito antigo e enquadra-se no conjunto "magia da chuva". De fato, conta Pausânias, após a cerimônia um sopro leve como uma nuvem levantava-se da água e logo começava a chover. Não encontramos aqui nenhuma personificação religiosa: a força reside na fonte e essa força, desencadeada por um rito específico, comanda a chuva.

Homero conhecia o culto dos rios: os troianos sacrificavam animais ao Escamandro e lançavam cavalos vivos em suas águas. Peleu sacrificou cinquenta ovelhas às nascentes do Esperqueio. O Escamandro tinha seus sacerdotes; ao Esperqueio eram consagrados um recinto e um altar. Sacrificavam-se cavalos e bois a Posídon e às divindades marinhas[76]. Outros povos indo-europeus também ofereciam sacrifícios aos rios: por exemplo, os cimbros, que sacrificavam ao Ródano, os francos, os germanos, os eslavos etc.[77] Hesíodo menciona os sacrifícios que se celebravam quando se passava um rio[78]. (Rito que tem numerosos paralelos etnográficos: os massais do leste da África lançam um punhado de erva sempre que atravessam um rio; os bagandas, da África Central, oferecem grãos de café quando passam um rio etc.[79]) Os deuses fluviais helenos às vezes são antropomorfos: por exemplo, o Escamandro luta com Aquiles[80]. Mas em sua maioria eram representados em forma de touros[81]. Entre todos, o deus fluvial mais conhecido era Aqueloo. Homero considera-o mesmo um grande deus, divindade de todos os rios, dos mares e das fontes. São conhecidas as lutas de Aqueloo com Héracles; seu culto era praticado em Atenas, em Oropos, em Mégara e em muitas outras cidades. O nome tem sido diferentemente interpretado, mas parece que a etimologia mais provável é simplesmente "a água"[82].

É inútil citar toda a mitologia aquática dos gregos. Ela é vasta e de contornos imprecisos. Em fluxo contínuo, inúmeras figuras míticas aparecem, repetindo o mesmo motivo fundamental: as divindades das águas nascem das águas. Algumas dessas figuras alcançaram lugares importantes na mitologia ou na lenda, como é o caso de Tétis, ninfa marinha; de Proteu, Glauco, Nereu e Tritão, divindades netunianas cuja figura revela uma separação imperfeita da água, com seus corpos de monstros marinhos, caudas de peixe etc. Vivem e reinam nas profundezas marinhas. Semelhantes ao elemento de que se destacaram imperfeita e nunca definitivamente, essas divindades são estranhas e caprichosas; fazem o bem com a mesma leveza que o mal e quase sempre fazem o mal, como o mar. Mais do que os outros deuses, vivem além do tempo, além da história. Muito próximas da origem do mundo, só ocasionalmente participam de seu destino. Sua vida é talvez menos divina que a dos outros deuses, mas é mais *igual* e mais solidária com o elemento primordial que representam.

69. As ninfas – Quem, entre os gregos, podia gabar-se de conhecer o nome de todas as ninfas? Elas eram as divindades de todas as águas correntes, de todas as fontes, de todas as nascentes. Não foi a imaginação helênica que as produziu: estavam lá, nas águas, desde o começo do mundo: os gregos deram-lhes, talvez, a forma humana e o nome. Foram criadas pelo curso vivo da água, por sua magia, pela força que dela emanava, por seu murmúrio. Quando muito, os gregos as terão destacado do elemento com o qual se confundiam. Uma vez desligadas, personificadas, investidas de todos os prestígios aquáticos, adquiriram uma lenda, intervieram na epopeia, foram solicitadas pela taumaturgia. Habitualmente são as mães dos heróis locais[83]. Divindades menores de certos lugares, são bem conhecidas dos homens, são objeto de culto e recebem sacrifícios. As mais célebres são as irmãs de Tétis, as Nereidas ou, como as chama Hesíodo[84], as Oceânides, ninfas netunianas por excelência. As outras são, em sua maioria, divindades das nascentes. Mas residem também nas cavernas em que há umidade. A "gruta das ninfas" tornou-se um lugar-comum na literatura helenística, a fórmula mais "culta", ou seja, mais profana, mais afastada do sentido primitivo religioso do conjunto água-caverna cósmica-bem-aventurança, fertilidade, sabedoria. As ninfas, uma vez personificadas, interferem na vida do homem. São divindades do nascimento (água = fertilidade) e *kourotrophoi*, educam as crianças, ensinam-nas a tornarem-se heróis[85]. Quase todos os heróis gregos foram educados quer por ninfas, quer por centauros, isto é, por seres sobre-humanos que participam das forças da natureza e as controlam. Uma iniciação heroica nunca é "familiar"; em geral, nem mesmo é "cívica", não se faz na cidade, mas na floresta, no mato.

É por isso que encontramos, paralelamente à veneração pelas ninfas (como pelos outros espíritos da Natureza), o medo das ninfas.Frequentemente elas raptam as crianças; outras vezes, por inveja, matam-nas. No túmulo de uma menina de cinco anos está escrito: "Criança amável, por ser gentil fui levada pelas Náiades, não pela morte."[86] As ninfas também são perigosas de outro modo: no meio do dia, no auge do calor, elas perturbam o espírito daqueles que as veem. O meio do dia é o momento da epifania das ninfas. Quem as vê torna-se presa de um entusiasmo ninfoléptico: é o caso de Tirésias ao ver Palas e Cáriclo, ou de Acteon ao avistar Ártemis com suas ninfas. Por isso recomendava-se que no meio do dia se evitassem as fontes, nascentes, cursos de água ou a sombra de certas árvores. Uma superstição mais tardia fala da loucura vaticinante que se apodera daquele que vê uma forma saindo da água: *speciem quamdam e fonte, id est effigiem Nymphae*[87]. Em todas essas crenças, a virtude profética das águas persiste, embora com contaminações e fabulações míticas inevitáveis. O que persiste acima de tudo é o sentimento ambivalente de medo e fascínio com relação às águas que desintegram (a "fascinação" das ninfas conduz à loucura, à abolição da personalidade) e simultaneamente germinam, que matam e cooperam no nascimento.

70. Posídon, Aegir etc. – Mas acima de Aqueloo, de Tétis e de todas as outras divindades aquáticas menores estava Posídon. O mar, quando se enfurece, perde suas características femininas de tentação ondulante e beatitude sonolenta – e sua personificação mítica adquire um perfil masculino acentuado. Quando houve a divisão do cosmos entre os filhos de Cronos, o domínio sobre o oceano foi atribuído a Posídon. Homero fala dele como deus dos mares; seu palácio é no fundo do oceano e seu símbolo é o tridente (originariamente, os dentes dos monstros marinhos). Se Persson tem razão ao ler a inscrição micênica de Asime Poseidáfonos, o nome do deus pode ser seguido até a época micênica[88]. Posídon é também o deus dos tremores de terra, que os gregos explicavam pela erosão das águas: as vagas quebrando ruidosamente no litoral lembram os abalos sísmicos. Tal como a natureza oceânica, Posídon é selvagem, desagradável, pérfido. Seu perfil mítico não alcança um caráter moral; está demasiado perto da matriz netuniana para conhecer outra lei que não a de sua própria modalidade. Posídon revela certa condição cósmica: as águas precedem a criação e, ritmicamente, absorvem-na; a autonomia perfeita do elemento netuniano, indiferente para com os deuses, os homens e a história, embala-se em sua própria fluidez, inconsciente tanto dos germes que traz consigo como das "formas" que possui virtualmente e que, na verdade, ele dissolve periodicamente.

Na mitologia escandinava, Aegir (*eagor*, "o mar") personifica o oceano sem limites. Sua mulher é a pérfida Rân (*raena*, "pilhar"), que arrasta sua rede por toda a extensão do mar, levando tudo o que encontra para sua morada submarina. Os afogados vão para Rân, os homens lançados ao mar são sacrificados a ela. De Aegir e Rân nasceram nove filhas, cada uma representando um aspecto ou um momento da epifania marinha: Kolga (o mar enfurecido), Bylgja (o marulho), Dufa (a mergulhadora), Hrafn (a espoliadora), Drafn (as vagas que tudo arrastam consigo) etc. No fundo do oceano ergue-se o soberbo palácio de Aegir, onde às vezes se reúnem todos os deuses. É lá, por exemplo, que se realiza o célebre banquete em volta do enorme caldeirão roubado por Thor ao gigante Hymir (também um gênio oceânico), caldeirão miraculoso no qual a bebida se fazia por si só; foi lá que Loki perturbou o bom entendimento dos deuses[89], caluniando todos eles e suas esposas divinas para em seguida acabar supliciado, preso a uma rocha no fundo do mar.

O caldeirão miraculoso de Hymir tem correspondentes em outras mitologias indo-arianas[90]. Serve para a confecção da ambrosia, a bebida divina. O que nos interessa neste capítulo é o detalhe revelador de que a maioria dos caldeirões míticos e mágicos das tradições célticas foi encontrada no fundo do oceano ou dos lagos[91]. O caldeirão miraculoso da tradição irlandesa, *murias*, deriva seu nome de *muir*, "o mar". A força mágica reside na água; os caldeirões, as panelas, os cálices são recipientes dessa força mágica, frequentemente simbolizada por um licor divino, ambrosia ou "água viva"; estes conferem a imortalidade ou a juventude eterna, transformam aquele que os possui em herói, em deus etc.

71. Animais e emblemas aquáticos – Os dragões, as serpentes, as conchas, os delfins, os peixes são emblemas da água; escondidos na profundidade do oceano, são infundidos pela força sagrada do abismo; dormindo em lagos ou atravessando os rios, distribuem a chuva, a umidade, a inundação, controlando assim a fecundidade do mundo. Os dragões habitam as nuvens e os lagos; são os senhores do raio; descarregam as águas uranianas, fecundando os campos e as mulheres. Teremos ocasião de voltar ao polissimbolismo do dragão, da serpente, das conchas etc., que neste parágrafo podemos apenas decifrar, limitando-nos à função do dragão nas culturas sino-sudeste-asiáticas. O dragão e a serpente[92] são, segundo Chuang-Tzu, o símbolo da vida rítmica[93] porque o dragão representa o espírito das águas, cuja harmoniosa ondulação alimenta a vida e torna possível a civilização. O dragão Ying reúne as águas e comanda as chuvas porque ele próprio é o princípio da umidade[94]. "Quando grassa a seca, faz-se uma imagem do dragão Ying e então começa a chover."[95]

A associação dragão-raio-fecundidade é frequente nos textos arcaicos chineses[96]. "A besta do trovão tem o corpo de um dragão com uma cabeça humana."[97] Uma moça fica grávida com a saliva de um dragão[98]. Fu-hi, um dos fundadores da civilização chinesa, nasceu num lago conhecido por seus dragões[99]. "O pai (de Kao-Tsu) chamava-se T'ai-kong; sua mãe chamava-se a venerável Liu. A venerável Liu, repousando à beira de um grande lago, sonhou que se encontrava com um deus; nesse momento ouviram-se trovões, viram-se raios e sobreveio grande escuridão; T'ai-kong foi ver o que se passava e viu um dragão escamoso em cima de sua mulher; depois, ela ficou grávida, e nasceu Kao-Tsu."[100]

Na China, o dragão – emblema uraniano-aquático – está em ligação contínua com o imperador, representante dos ritmos cósmicos e distribuidor da fecundidade da terra. Quando os ritmos se perdem, quando a vida cósmica ou social se desorganiza, o imperador sabe como regenerar sua força criadora e restabelecer a ordem. Um rei da dinastia Hia, a fim de assegurar o desenvolvimento de seu reino, comeu dragões[101]. Por isso os dragões guardiães dos ritmos apareciam sempre que a força que autorizava a dinastia Hia a reinar se achava em declínio ou em fase de regeneração[102]. Quando morria, ou por vezes mesmo durante a vida, o imperador voltava ao céu; por exemplo, Huang-ti, o Soberano Amarelo, foi levado ao céu por um dragão barbado, com suas mulheres e seus conselheiros, num total de setenta pessoas[103].

Na mitologia chinesa, de estrutura continental, o dragão, emblema das águas, é investido sempre mais fortemente das virtudes celestes. A fertilidade aquática concentra-se nas nuvens, numa região superior. Mas o conjunto fecundidade-água-realeza (ou santidade) conservou-se mais nas mitologias sudeste-asiáticas em que o oceano é o fundamento de toda realidade e distribuidor de todas as forças. J. Przyluski analisou grande número de lendas e contos austro-asiáticos e indonésios nos quais se verificava uma particularidade comum: o herói deve sua condição extraordinária (de "rei" ou de "santo") ao fato de ter nascido de um animal aquático. Em Annam, o primeiro rei mítico tem o título de *long quân*, "o rei dragão". Na Indonésia, segundo Tchao-Ju-Kua, os reis de San-fo-ts'i tinham o título de *long tsin*, "espírito, esperma de *nâga*"[104]. *Nâgi* é um espírito aquático feminino que desempenha nas regiões austro-asiáticas o papel do dragão na China. Em sua forma marinha ou com o aspecto de uma "princesa com cheiro de peixe", *Nâgi* uniu-se com um brâmane e fundou uma dinastia (versão indonésia, Champa, Pegu, Sião etc.). Segundo uma lenda palaung, a *nâgi* Thusandi amou o príncipe Thuriya, filho do Sol[105]; de sua união nasceram três filhos: um tornou-se imperador da China;

outro, rei dos palaungs; o terceiro, rei em Pagan. Segundo *Sedjarat Malayou*, o rei Suran desceu ao fundo do oceano numa caixa de vidro e, tendo sido bem acolhido pelos habitantes, casou-se com a filha do rei. Desse casamento nasceram três filhos e o primogênito tornou-se rei de Palembang.

No sul da Índia acredita-se que um dos ancestrais da dinastia Pallava teria desposado uma *nâgi* e obtido dela as insígnias da realeza. O motivo *nâgi* aparece nas lendas budistas e encontra-se mesmo nas regiões do norte da Índia, em Udyana e Cachemira. Os reis de Chota-Nagpur também descendem de um *nâga* (espírito de serpente) chamado Pundarika: ele, diz-se, tinha a respiração fétida, pormenor que lembra "a princesa com cheiro de peixe". Segundo uma tradição conservada no sul da Índia, o sábio Agastya nasceu com Vasishta num vaso de água, da união dos deuses Mitra e Varuna com a *apsara* Urvashi. É por isso que é chamado *kunbhasambhava* (nascido de Kumbhamâtâ, a deusa-pote) e *pitâbdhi* ("engolidor de oceano"). Agastya desposou a filha do oceano[106]. Por outro lado, a *Devyupanisshad* conta que os deuses, ao perguntarem à Grande Deusa (Devi) quem ela era e de onde vinha, obtiveram a seguinte resposta: "O lugar de meu nascimento é na água, no interior do oceano; e quem o conhece obtém a morada de Devi." A deusa foi, no começo, o princípio e a matriz de todas as coisas: "Fui eu quem, no começo, criou o pai deste mundo."[107]

Todas essas tradições manifestam o valor sagrado da função consagrante das águas. A soberania e a santidade são distribuídas pelos gênios marinhos; a força mágico-religiosa reside no fundo do oceano e é transmitida aos heróis[108] por seres míticos femininos (*nâgi*, "princesa com cheiro de peixe" etc.). Os gênios-serpentes nem sempre residem nos oceanos e nos mares, mas também nos lagos, poços e nascentes. Os cultos das serpentes e dos gênios das serpentes, na Índia e em outras regiões, conservam, em todos os conjuntos em que se encontram, essa ligação mágico-religiosa com as águas[109]. Uma serpente ou um gênio-serpente estão sempre nas imediações das águas ou as controlam; são gênios protetores das fontes da vida, da imortalidade, da santidade, assim como de todos os emblemas relacionados com a vida, a fecundidade, o heroísmo, a imortalidade e os "tesouros".

72. Simbolismo do dilúvio – As tradições de dilúvios ligam-se quase todas à ideia de absorção da humanidade na água e à instauração de uma nova época, com uma nova humanidade. Evidenciam uma concepção cíclica do cosmos e da história: uma época é abolida pela catástrofe e uma nova era começa, dominada por "homens novos". Essa concepção cíclica é confirmada também pela convergência dos mitos lunares com os temas da inundação e do dilúvio, pois a Lua é, por excelência, o símbolo do devir rítmico, da morte e da ressurreição. Assim como as fases lunares comandam as cerimônias de iniciação – quando o neófito "morre" a fim de "reviver" –, assim também a Lua tem estreita ligação com as inundações e o dilúvio que aniquilam a velha humanidade e preparam o aparecimento de uma humanidade nova. Nas mitologias do contorno do Pacífico, os clãs habitualmente têm origem num animal mítico lunar que se salva de uma catástrofe aquática[110]. O ancestral dos clãs é um náufrago afortunado ou o descendente do animal lunar que provocou a inundação.

Não precisamos insistir, neste capítulo, na concepção cíclica da absorção nas águas e da manifestação periódica, concepção que está na base de todos os apocalipses e dos mitos geográficos (Atlântida etc.). O que desejamos destacar é o caráter universal e a coerência dos temas míticos netunianos. As águas precedem toda criação e reintegram-na periodicamente a fim de refundi-la nelas, de "purificá-la", enriquecendo-a ao mesmo tempo com novas latências, regenerando-a. A humanidade desaparece periodicamente no dilúvio ou na inundação por causa de seus "pecados" (na maioria dos mitos do circuito do Pacífico o motivo da catástrofe é uma falta ritual). Nunca perece definitivamente, mas reaparece sob nova forma, retomando o mesmo destino, esperando o retorno da mesma catástrofe que a absorverá nas águas.

Não sei se podemos falar de uma concepção pessimista da vida. É mais uma visão resignada, imposta pela própria intuição do conjunto Água-Lua-Devir. O mito do dilúvio, com todas suas implicações, revela como a vida pode ser valorizada por outra "consciência", diferente da consciência humana; "vista" do nível netuniano, a vida humana aparece como algo frágil que é preciso absorver periodicamente porque o destino de todas as formas é dissolver-se a fim de poder reaparecer. Se as "formas" não fossem regeneradas por sua absorção periódica nas águas, elas se desagregariam, esgotariam suas possibilidades criadoras e se extinguiriam definitivamente. As "maldades", os "pecados" acabariam desfigurando a humanidade; esvaziada dos germes e das forças criadoras, a humanidade estiolaria, decrépita e estéril. Em vez da regressão lenta em formas sub-humanas, o dilúvio traz a absorção instantânea nas águas, nas quais os "pecados" são purificados e das quais nascerá a humanidade nova, regenerada.

73. Síntese – Assim, todos os valores metafísicos e religiosos das águas constituem um conjunto perfeitamente coerente. À cosmogonia aquática correspondem – em nível antropológico – as hilogenias, as crenças de que o gênero humano nasceu das águas. Ao dilúvio e à submersão dos continentes (tipo Atlântida) – fenômeno cósmico que se repete por uma necessidade cíclica – corresponde, em nível humano, a "segunda morte" da alma (libações funerárias, a "umidade" e *leimon* no inferno etc.) ou a morte ritual, iniciática, pelo batismo. Mas, tanto em nível cosmológico como em nível antropológico, a imersão nas águas não equivale a uma extinção definitiva, mas somente a uma reintegração passageira no indistinto, à qual sucede uma nova criação, uma nova vida ou um homem novo, segundo se trate de um momento cósmico, biológico ou soteriológico. Do ponto de vista da estrutura, o "dilúvio" é comparável ao "batismo", e a libação funerária ou o entusiasmo ninfoléptico, às lustrações dos recém-nascidos ou aos banhos rituais primaveris que proporcionam saúde e fertilidade.

Qualquer que seja o conjunto religioso de que façam parte as águas, sua função é sempre a mesma: elas desintegram, extinguem as formas, "lavam os pecados", purificando e regenerando ao mesmo tempo. Seu destino é preceder a criação e absorvê-la, sem nunca poderem superar sua própria modalidade, isto é, sem poderem manifestar-se em *formas*. As águas não podem superar a condição do virtual, dos germes e das latências. Tudo o que é *forma* se manifesta acima das águas, destacando-se delas. Em compensação, logo que qualquer *forma* se destaca das águas, deixando por isso de ser virtual, cai sob a alçada da lei do tempo e da vida; adquire limites, passa a conhecer a história, participa do devir universal, corrompe-se e acaba esvaziando-se de substância, se não se regenerar por imersões periódicas nas águas, se não repetir o "dilúvio" seguido da "cosmogonia". As lustrações e as purificações rituais com água têm por finalidade a atualização fulgurante "daquele tempo", *in illo tempore* em que teve lugar a criação; são a repetição simbólica do nascimento dos mundos ou do "homem novo". Todo contato com a água, quando é praticado com uma intenção religiosa, resume os dois momentos fundamentais do ritmo cósmico: a reintegração nas águas e a criação.

VI

As pedras sagradas: epifanias, signos e formas

74. Cratofanias líticas – A dureza, a rudeza, a permanência da matéria representam para a consciência religiosa do primitivo uma hierofania. Nada mais imediato e mais autônomo na plenitude de sua força, nada mais nobre e mais terrificante que o majestoso rochedo, o bloco de granito audaciosamente ereto. Antes de mais nada, a pedra é. Permanece sempre ela mesma e subsiste. E, o que é mais importante, ela *bate*. Antes mesmo de pegá-la para bater, o homem vai de encontro a ela. Não necessariamente com o corpo, mas pelo menos com o olhar. Ele constata assim sua dureza, sua rudeza, seu poder. O rochedo revela-lhe algo que transcende a precariedade de sua condição humana: um modo de ser absoluto. Sua resistência, sua inércia, suas proporções, assim como seus contornos estranhos, não são humanos: atestam uma presença que fascina, aterroriza, atrai e ameaça. Em sua grandeza e sua dureza, em sua forma ou cor o homem encontra uma realidade e uma força que pertencem a um mundo *outro* que não o mundo profano de que ele faz parte.

Não sabemos dizer se os homens sempre adoraram as pedras como pedras. A devoção do primitivo refere-se, em todo caso, sempre a alguma coisa diferente que a pedra incorpora e exprime. Um rochedo, um pedregulho são objeto de uma respeitosa devoção porque representam ou imitam *alguma coisa*, porque vêm de *algum lugar*. Seu valor sagrado deve-se exclusivamente a essa *alguma coisa* ou a esse *algum lugar*, nunca à sua própria existência. Os homens adoraram as pedras apenas na medida em que elas representavam *outra coisa* que não elas mesmas. Adoraram as pedras ou utilizaram-nas como instrumentos de ação espiritual, como centros de energia destinados à sua própria defesa ou à de seus mortos. E, convém esclarecer desde já, isso porque a maioria das pedras que tinham incidências cultuais eram utilizadas como *instrumentos*: serviam para obter alguma coisa ou para assegurar sua posse. Desempenhavam uma função mais propriamente mágica do que religiosa. Munidas de certas virtudes sagradas devidas à sua origem ou à sua forma, elas não eram *adoradas*, mas *utilizadas*.

Assim, o americanista J. Imbelloni, ao estudar a área de difusão da palavra oceano-americana *toki* (área que se estende desde o limite oriental da Melanésia até o interior das duas Américas), destacou os seguintes significados: a) arma de combate, de pedra; machado; por extensão, qualquer instrumento de pedra; *b*) insígnia de dignidade, símbolo de poder; *c*) pessoa que detém ou exerce o poder, por hereditariedade ou por investidura; *d*) objeto ritual[1]. Os "guardiães de sepulturas" neolíticas eram postos ao lado dos depósitos mortuários a fim de assegurar-lhes inviolabilidade[2]. Os menires parecem ter desempenhado um papel semelhante: o do Mas d'Azais estava colocado verticalmente acima de um depósito mortuário[3]. A pedra protegia contra os animais, os ladrões, mas sobretudo contra a "morte": assim como a incorruptibilidade da pedra, a alma do morto devia subsistir indefinidamente sem dispersar-se (o eventual simbolismo fálico das pedras tumulares pré-históricas confirma esse sentido: o falo era um símbolo da existência, da força, da duração).

75. Megálitos funerários – Entre os gonds, uma das tribos dravídicas que penetraram mais profundamente no centro da Índia, existe o seguinte costume: o filho ou herdeiro do morto deve depositar ao lado do túmulo, quatro dias depois do sepultamento, um enorme rochedo que pode chegar a três metros de altura. O transporte dessa pedra, vinda muitas vezes de distâncias apreciáveis, exige muitos esforços e despesas, e por isso, na maioria dos casos, a construção do monumento é adiada e às vezes nunca acontece[4]. O antropólogo inglês Hutton pensa que esses monumentos megalíticos funerários – frequentes entre as tribos não civilizadas da Índia – têm por finalidade "fixar" a alma do morto e preparar-lhe um alojamento provisório que a mantenha na vizinhança dos vivos e que, permitindo-lhe influenciar a fertilidade dos campos pelas forças que sua natureza espiritual lhe confere, ao mesmo tempo a impeça de ficar vagando ou de tornar-se perigosa. Essa interpretação é confirmada pelas recentes pesquisas de W. Koppers sobre as tribos mais arcaicas do centro da Índia, os bhils, os korkus, os mundas e os gonds. Fazendo abstração dos resultados obtidos por Koppers[5] sobre a história dos monumentos líticos funerários do centro da Índia, há que reter: a) que todos esses monumentos se relacionam com o culto dos mortos e visam ao apaziguamento da alma do defunto; *b*) que, do ponto de vista morfológico, podem ser comparados aos megálitos e aos menires pré-históricos europeus; *c*) que eles não se encontram acima dos túmulos, nem mesmo ao lado, mas a grande distância deles; *d*) que, no entanto, quando se trata de uma morte violenta (raio, serpente, tigre), o monumento é erigido no próprio local do acidente[6].

Este último caso revela o sentido originário dos monumentos líticos funerários, porque a morte violenta projeta uma alma agitada e hostil, cheia de ressentimentos. Se a vida for interrompida bruscamente, supõe-se que a alma do morto tenderá a continuar o que lhe restava de vida normal junto da coletividade de que foi separada. Entre os gonds, por exemplo, amontoam-se pedras no local onde alguém foi morto por um raio, por um tigre ou por uma serpente[7]; cada pessoa que passa acrescenta uma pedra ao monte para repouso do defunto (esse costume sobrevive ainda atualmente em algumas regiões da Europa, por exemplo, na França; cf. § 76). Por fim, em algumas regiões (entre os gonds dravídicos) a consagração dos monumentos funerários é acompanhada de ritos eróticos, como também ocorre sempre nas comemorações dos mortos nas sociedades agrárias. Entre os bhils, os monumentos são erigidos somente para aqueles que pereceram de morte violenta, ou para os chefes, os mágicos e os guerreiros, em suma, para a tranquilidade da alma dos "fortes", daqueles que representavam a "força" durante a vida ou a obtiveram por contágio de sua "morte violenta".

A pedra funerária torna-se assim um instrumento protetor da vida contra a morte. A alma "habita" a pedra, como em outras culturas habita o túmulo, considerado, por razões semelhantes, uma "casa do morto". O megálito funerário protege os vivos das eventuais ações nocivas do morto; a morte, representando um estado de disponibilidade, permite o exercício de certas influências boas ou más. "Fixada" numa pedra, a alma é forçada a agir unicamente no sentido positivo: fertilização. É por isso que em muitas áreas culturais as pedras, que se supõe habitadas pelos "ancestrais", são instrumentos de fecundação dos campos e das mulheres. As tribos neolíticas do Sudão assimilam as "pedras de chuva" aos ancestrais que sabiam trazer a chuva[8]. Nas ilhas do Pacífico (Nova Caledônia, Malekula, Atchin etc.) certos rochedos representam ou encarnam os deuses, os ancestrais e os heróis "civilizadores"[9]. A peça central de cada altar dessas regiões do Pacífico é, segundo J. Layard, um monólito acompanhado de um dólmen de proporções mais reduzidas, que representam os ancestrais[10].

Leenhardt escreve[11] que "as pedras são o espírito petrificado dos ancestrais". A expressão é muito bonita, mas não deve ser interpretada literalmente. Não se trata de um "espírito petrificado", mas de uma representação concreta, de um "hábitat" provisório ou simbólico desse espírito. Aliás, o próprio Leenhardt admite, em outra passagem da mesma obra: "quer se trate de espírito, de deus, de totem, de clã, todas essas concepções diversas têm efetivamente uma representação concreta, que é a pedra". Os khasis do distrito de Assam (nordeste da Índia) creem que a Grande Mãe do clã está representada nos dólmenes (*maw-kynthei*, "as pedras-fêmeas") e que o Grande Pai está presente nos menires (*maw-shynrang*, "as pedras-machos")[12]. Em outras áreas culturais, os menires encarnam até mesmo a divindade suprema (uraniana). Vimos no § 16 que em numerosas tribos africanas o culto do deus supremo do céu compreende menires (prestam-lhes sacrifícios) e outras pedras sagradas.

76. Pedras fertilizantes – Portanto, o culto não se dirige à pedra, considerada substância material, mas ao espírito que a anima, ao símbolo que a consagra. A pedra, o rochedo, o monólito, o dólmen, o menir etc. *tornam-se* sagrados graças à força espiritual cuja marca portam. Visto que estamos nessa área cultural do "ancestral", do morto "fixado" na pedra a fim de ser utilizado como instrumento de defesa e de aumento de vida, acrescentaremos ainda alguns exemplos. Na Índia, é aos megálitos que se dirigem as recém-casadas para ter filhos[13]. As mulheres estéreis de Salem (sul da Índia) creem que é nos dólmenes que residem os ancestrais que têm o poder de fecundá-las, e por isso se esfregam na pedra depois de depositarem as oferendas (flores, sândalo e arroz cozido)[14]. As tribos do centro da Austrália têm concepções semelhantes. Spencer e Gillen citam o caso de um grande rochedo, denominado Erathipa, que apresenta uma abertura lateral pela qual as almas das crianças que ali estão encerradas espreitam a passagem de uma mulher para poderem renascer nela. Quando as mulheres que não querem filhos se acham perto do rochedo, fingem-se velhas e caminham apoiadas numa bengala, exclamando: "Não venhas em mim, eu sou uma velha!"[15] As mulheres estéreis da tribo Maidu (norte da Califórnia) tocam num rochedo que se assemelha a uma mulher grávida[16]. Na ilha de Kai (sudoeste da Nova Guiné) a mulher que quer ter filhos besunta de gordura uma pedra. O mesmo uso existe em Madagascar[17]. É interessante notar que as mesmas "pedras fertilizantes" são também untadas de azeite pelos mercadores que querem ter prosperidade em seus negócios. Na Índia há uma crença segundo a qual certas pedras teriam nascido e se reproduziriam por si mesmas (*svayambhû* = autogenia); por isso são procuradas e veneradas pelas mulheres estéreis, que lhes levam oferendas[18]. Em certas regiões da Europa e de outros continentes os recém-casados caminham sobre uma pedra para tornar fértil sua união[19]. Os samoiedos oram diante de uma pedra de forma estranha denominada *pyl-paja* ("a mulher-pedra") e fazem-lhe oferendas de ouro[20].

Todos esses ritos se baseiam na ideia de que certas pedras podem fecundar mulheres estéreis, quer graças ao espírito do ancestral que ali se encontra, quer em virtude de sua forma ("mulher-grávida", "mulher-pedra") ou de sua origem (*svayambhû*, "autogenia"). Mas a "teoria" que deu lugar a tais práticas religiosas ou justificou-as nem sempre se conservou na consciência daqueles que ainda continuam a observar essas práticas. Às vezes a "teoria" inicial foi substituída ou modificada por uma teoria diferente; outras vezes a "teoria" originária foi completamente esquecida depois de uma revolução religiosa vitoriosa. Lembremos alguns fatos que cabem neste último caso. Nas crenças populares europeias subsistem ainda em nossos dias fracos vestígios de uma devoção pelos megálitos, rochedos ou dólmenes, resquícios das práticas de "fertilização" por contato com as pedras. Essa devoção, como dissemos, é muito vaga: no cantão de Moutiers (Savoia) a população mostra "um temor religioso e respeito piedoso" pela "Pierra Chevetta" (Pedra da Coruja), sem nada saber sobre ela, exceto que protege a aldeia e que, enquanto ela subsistir, nem o fogo nem a água os atingirão[21]. No cantão de Sumène (departamento de Gard), os camponeses temem os dólmenes e evitam-nos[22]. As mulheres do cantão de Annecy-sud rezam o "Pater" e o "Ave" ao passarem perto de um grande amontoado de pedras denominado "o Morto". Mas esse temor se explica pela crença de que alguém teria sido sepultado ali[23]. Na mesma região as mulheres ajoelham e persignam-se ao jogarem uma pedrinha num monte que se julga cobrir o corpo de um peregrino assassinado ou sepultado por um deslizamento de terra[24]. Encontra-se um costume semelhante na África. Os hotentotes lançam pedras sobre o túmulo do demiurgo Heitsi Eibid, e os povos bantos meridionais praticam o mesmo ritual com relação ao demiurgo Unkulunkulu[25]. Desses exemplos se deduz que a devoção ou o temor religioso para com os megálitos é esporádico na França e determinado, na maioria dos casos, por razões que não têm relação com a magia da pedra (por exemplo, "morte violenta"). A concepção arcaica da fertilidade das pedras consagradas – dólmenes, menires – é totalmente diferente. Mas as práticas conservaram-se, um pouco em toda parte, até nossos dias.

77. A "escorregadela" – O costume denominado "escorregadela" é bem conhecido: para terem filhos, as jovens deixam-se escorregar ao longo de uma pedra consagrada[26]. Outro costume ritual ainda mais difundido é a "fricção": é praticada por razões de saúde, mas são sobretudo as mulheres estéreis que fazem uso dela. Em Decines (Ródano), ainda recentemente elas sentavam num monólito que se encontra no campo, num local chamado Pierre Frite. Em Saint-Renan (Finisterra) a mulher que desejasse ter um filho deitava-se por três noites consecutivas sobre um grande rochedo, La Jument de Pierre[27]. Também as jovens recém-casadas iam até ele nas primeiras noites após o casamento e esfregavam o ventre naquela pedra[28]. Essa prática é muito disseminada[29]. Em outros lugares, por exemplo na aldeia Moédan, do cantão de Pont-Aven, as mulheres que roçavam o ventre na pedra ficavam seguras de que teriam filhos do sexo masculino[30]. Ainda em 1923 as camponesas que iam a Londres abraçavam as colunas da catedral de São Paulo para ter filhos[31].

Devemos integrar nesse mesmo conjunto ritual o costume relatado por Sébillot: "Por volta de 1880, não muito longe de Carnac, pessoas casadas havia vários anos sem que tivessem filhos foram, na lua cheia, até um menir; despiram-se, e a mulher pôs-se a correr em volta da pedra, tentando escapar do marido; os familiares vigiavam a distância para afastar os profanos."[32] É muito provável que esses procedimentos tenham sido mais frequentes no passado. Citam-se numerosas proibições da parte do clero e dos reis com relação ao culto das pedras e sobretudo à emissão seminal diante das pedras, na Idade Média[33]. Mas este último rito é muito mais complexo e não pode ser reduzido – como os das "escorregadelas" e das "fricções" – a uma crença na possibilidade de "fertilização" direta do dólmen ou do menir. Menciona-se, em primeiro lugar, o tempo da cópula ("durante a lua cheia"), o que indica vestígios de culto lunar; depois, o coito dos casados e a emissão seminal diante da pedra explicam-se pela concepção, mais evoluída, da sexualização do reino mineral, dos nascimentos que têm por origem a pedra etc., que correspondem a certos ritos de fecundação pela pedra[34].

A maioria desses costumes, dizíamos há pouco, conserva ainda a crença de que o simples contato com o rochedo ou com a pedra consagrada basta para fertilizar uma mulher estéril. Nessa mesma aldeia (Carnac) as mulheres sentavam-se no dólmen Creuz-Moquem, arregaçando os vestidos; sobre o rochedo foi erigida uma cruz para impedir essa prática[35]. Existem muitas outras pedras chamadas "de amor" ou "de casamento" cujas virtudes são eróticas[36]. Em Atenas, as mulheres grávidas dirigiam-se à colina das ninfas e deslizavam sobre o rochedo ao mesmo tempo que invocavam Apolo para terem um parto feliz[37]. Esse é um bom exemplo de mudança de significado de um rito, pois a pedra de fecundação se torna pedra de parto. As mesmas crenças nas pedras que só por ser tocadas determinam um parto bem-sucedido são encontradas também em Portugal[38].

Muitos megálitos favorecem o andar das crianças ou proporcionam-lhes boa saúde[39]. No cantão de Amence existe a "Pedra Furada": as mulheres ajoelham diante dela e oram pela saúde dos filhos, jogando uma moeda no buraco[40]. No momento do nascimento, os pais levavam a criança à "pedra furada" de Fouvent-le-Haut e faziam-na passar pelo buraco. "Era, de certo modo, o batismo da pedra destinado a preservar a criança de malefícios e a dar-lhe felicidade."[41] Ainda em nossos dias as mulheres estéreis de Pafos passam pelo buraco de uma pedra[42]. Esse mesmo costume existe em certas regiões da Inglaterra[43]. Em outros lugares, as mulheres passam simplesmente a mão direita pela abertura porque, dizem elas, é essa a mão que suporta o peso da criança[44]. No Natal e em São João (ou seja, nos dois solstícios) punham-se velas ao lado de certas pedras esburacadas e espalhava-se sobre elas azeite que depois era recolhido para servir de remédio[45].

A Igreja combateu durante muito tempo esses costumes[46]. Sua sobrevivência, a despeito das pressões eclesiásticas e sobretudo a despeito de um século de racionalismo antirreligioso e antissupersticioso, atesta uma vez mais sua força. Quase todas as outras cerimônias que se relacionam com as pedras consagradas (devoção, temor, adivinhação etc.) desapareceram. Delas ficou apenas o que tinham de essencial: a fé em sua virtude fertilizante. Hoje essa crença já não é sustentada por nenhuma consideração teórica, mas justificada por lendas recentes ou por interpretações clericais (no rochedo repousou um santo; sobre um menir há uma cruz etc.). Entretanto, às vezes é possível extrair uma fórmula teórica intermediária: as pedras, os rochedos, os menires são frequentados por fadas e é a elas que se levam oferendas (óleos, flores etc.). Não é que se preste um verdadeiro culto a esses seres, mas há sempre alguma coisa a pedir-lhes.

Entretanto, a revolução religiosa realizada pela conversão da Europa ao cristianismo acabou anulando o conjunto teórico primitivo no qual se enquadrava o cerimonial das pedras fertilizantes. A devoção manifestada pelas populações rurais até a Idade Média para com tudo o que se relacionava com as civilizações pré-históricas (ao que é chamado "idades de pedra"), para com seus monumentos funerários, mágicos ou cultuais, para com suas armas de pedra (a "pedra de raio"), explica-se não só por uma sobrevivência direta das ideias religiosas que tinham animado seus ancestrais pré-históricos, mas também pelo temor, pela devoção ou pela admiração supersticiosa que as populações rurais manifestavam a respeito daqueles homens: julgavam-nos segundo os restos de sua civilização lítica. É verdade que as populações rurais consideravam – como veremos mais adiante – as armas primitivas como "pedras de raio" caídas do céu; também os menires, as estelas, os dólmenes eram vistos como vestígios dos gigantes, das fadas, dos heróis.

78. Pedras furadas, "pedras de raio" – Dissemos há pouco que, no caso das pedras "fertilizantes" e da devoção pelas pedras, a "teoria" tradicional que justificava a prática tinha sido substituída – ou pelo menos contaminada – por uma teoria nova. Um exemplo claro disso nos é dado pelo costume (conservado na Europa até nossos dias) de passar o recém-nascido pelo buraco de uma pedra[47]. Esse rito se relaciona indiscutivelmente com um "renascimento" concebido quer como nascimento por intermédio de um símbolo em pedra da matriz divina, quer como um renascimento por um símbolo solar. Os povos proto-históricos da Índia consideravam as pedras furadas um emblema do *yoni*, e a ação de passar pelo buraco implicaria a regeneração por intermédio do princípio cósmico feminino[48]. As "mós de pedra" cultuais (*älv-kvarnar*) da pré-história escandinava teriam desempenhado uma função similar: Oscar Almgren atribui a elas um sentido simbólico próximo daquele do *yoni*[49]. Mas na Índia essas *ring-stones* têm além disso um simbolismo solar. São assimiladas à porta do mundo, *loka-dvâra*, através da qual também a alma pode "passar além" (salvar-se = *atimucyate*). O buraco da pedra chama-se "a porta da libertação" (*mukti-dvâra*) e, de qualquer forma, essa fórmula não pode ser aplicada a um renascimento pelo *yoni* (a matriz), mas somente a uma libertação do cosmos e do ciclo cármico, libertação implicada no simbolismo solar[50]. Encontramo-nos perante um simbolismo que revela um sentido diferente do rito arcaico da passagem pela *ring-stone*. Também na Índia há outro exemplo da substituição de uma antiga teoria por outra nova: ainda hoje a pedra *sâlagrâma* é sagrada porque é vista como o símbolo de Vishnu e porque é casada com a planta *tulasi*, símbolo da deusa Lakshmî. Na realidade, o conjunto cultual pedra-planta é um símbolo arcaico do "lugar consagrado", do altar primitivo, e abrange toda a área indo-mediterrânica (cf. § 97).

Em numerosas regiões as pedras meteóricas são consideradas emblemas ou sinais da fertilidade. Os buriatos estão convencidos de que certas pedras "caídas do céu" favorecem a chuva e por isso lhes oferecem sacrifícios em períodos de seca. Em muitas outras aldeias encontram-se pedras análogas, de dimensões reduzidas: na primavera fazem-lhes oferendas para obter uma boa colheita[51]. Disso se deduz que, se a pedra é provida de um valor religioso, isso é devido à sua origem: ela viria de uma zona sagrada e fértil por excelência. Ela cai do céu ao mesmo tempo que o raio que traz a chuva. Todas as crenças relativas à fertilidade das "pedras de chuva" têm como fundamento sua origem meteórica ou as analogias que se pensa existirem entre elas e certas forças, formas e seres que comandam a chuva. Em Kota Gadang (Sumatra), por exemplo, há uma pedra que apresenta uma vaga semelhança com um gato. Aproximando esse fato do papel desempenhado por um gato negro em certos ritos destinados a fazer chover, pode-se supor que essa pedra possua capacidades semelhantes[52]. A análise rigorosa das inúmeras "pedras de chuva" sempre faz ressaltar a existência de uma "teoria" que explica a capacidade que elas têm de comandar as nuvens; trata-se quer de sua forma, que tem certa "simpatia" com as nuvens ou com o raio, quer de sua origem celeste (teriam caído do céu), quer porque pertenceram aos "ancestrais", porque foram encontradas na água, porque sua forma lembra a das serpentes, das rãs, dos peixes ou de qualquer outro emblema aquático. A eficácia dessas pedras nunca reside nelas mesmas; participam de um princípio ou encarnam um símbolo, exprimem uma "simpatia" cósmica ou traduzem uma origem celeste. Essas pedras são *signos* de uma realidade espiritual diferente ou instrumentos de uma força sagrada da qual são apenas o receptáculo.

79. Meteoritos e bétilos – Um exemplo sugestivo a respeito da multivalência simbólica das pedras nos é fornecido pelos meteoritos. A Kaaba da Meca e a pedra negra de Pessinonte, imagem anicônica da Grande Mãe dos frígios, Cibele, levada para Roma durante a última guerra púnica, são os meteoritos mais notáveis[53]. Seu caráter sagrado era devido, em primeiro lugar, à sua origem celeste. Mas eram ao mesmo tempo imagens da Grande Mãe, ou seja, da divindade telúrica por excelência. É difícil crer que sua origem uraniana tenha sido esquecida, pois as crenças populares conferem essa descendência a todos os instrumentos de pedra pré-históricos, que se designam por "pedras de raio". Os meteoritos provavelmente se tornaram imagens da Grande Deusa porque se acreditou que eram perseguidos pelo raio, símbolo do deus uraniano. Mas, por outro lado, a Kaaba era considerada o "centro do mundo". Ou seja, ela não era somente o centro da Terra, mas, acima dela, no centro do céu, ficava "a porta do céu". Evidentemente, ao cair do céu a Kaaba encontrou o firmamento e é por esse buraco que pode efetuar-se a comunicação da Terra com o céu. É por ele que passa o *Axis Mundi*.

Assim, os meteoritos são sagrados ou porque caíram do céu, ou porque revelam a presença da Grande Deusa, ou ainda porque representam o "centro do mundo". Em todos esses casos, são *símbolos* ou *emblemas*. Seu caráter sagrado supõe uma teoria cosmológica e, ao mesmo tempo, uma concepção precisa da dialética hierofânica. "Os árabes adoram as pedras", escreveu Clemente de Alexandria[54]. Tal como seus predecessores monoteístas do Antigo Testamento, o apologeta cristão era levado pela pureza e pela intensidade de sua experiência religiosa – fundamentada na revelação cristológica – a negar qualquer valor espiritual às antigas formas de culto. Considerando a tendência estrutural do espírito semítico para confundir a divindade com o suporte material que a representa ou que manifesta sua força[55], pode-se supor que no tempo de Clemente a maioria dos árabes "adorava" as pedras. Pesquisas recentes demonstraram, no entanto, que os árabes pré-islâmicos veneravam certas pedras denominadas pelos greco-latinos *baytili*, termo de origem semítica que significa "casa de Deus"[56]. Aliás, essas pedras sagradas não foram veneradas apenas no mundo semítico, mas também pelas populações do norte da África antes mesmo de seus contatos com os cartagineses[57]. Mas os bétilos nunca foram adorados como *pedras*, mas apenas na medida em que manifestavam uma *presença divina*. Representavam a "casa" de Deus, eram seu signo, seu emblema e o receptáculo de sua força ou o testemunho inabalável de um ato religioso realizado em seu nome. Alguns exemplos colhidos no mundo semítico explicarão melhor seu sentido e sua função.

A caminho da Mesopotâmia, Jacó atravessou o rio Caran (sic) [Jaboque]. "Ele chegou a um lugar onde passou a noite, porque o sol se tinha posto. Pegou uma pedra que ali estava e, fazendo dela travesseiro, deitou-se naquele lugar. Teve um sonho: viu uma escada apoiada na terra e cujo topo tocava o céu; e eis que os anjos de Deus subiam e desciam pela escada. O Eterno, no topo da escada, dizia: 'Eu sou o Eterno, o Deus de Abraão, teu pai, e o Deus de Isaac. Essa terra sobre a qual estás deitado, eu a darei a ti e à tua posteridade...' Jacó acordou e disse: 'Certamente o Eterno está presente neste lugar, e eu não sabia!' Depois, tomado de temor, continuou: 'Como este lugar é temível! É bem aqui a casa de Deus; é aqui a porta dos céus!' Jacó levantou-se cedo, pegou a pedra que lhe servira de travesseiro, erigiu-a em monumento e derramou-lhe óleo no topo. Deu àquele lugar o nome de Bethel..."[58]

80. Epifanias e simbolismos líticos – Zimmern mostrou que Bethel, "casa de Deus", é ao mesmo tempo um nome divino e um dos apelativos da pedra sagrada, do bétilo[59]. Jacó adormeceu sobre uma pedra, no lugar onde o céu e a Terra se comunicavam; era um "centro" correspondente à "porta dos céus". Mas o deus que aparece em sonho a Jacó é o Deus de Abraão, como destaca o texto bíblico, ou é uma divindade local, o deus de Betel, como pensava Dussaud em 1921[60]? Os textos de Ras Shamra, que são valiosos documentos sobre a vida religiosa dos semitas pré-mosaicos, mostram que *El* e *Bethel* são os nomes intercambiáveis de uma mesma divindade[61]. Em outras palavras, foi o Deus de seus ancestrais que Jacó viu em sonho e não uma divindade local. A fim de consagrar o lugar, ele erigiu um bétilo, que depois foi venerado pelos autóctones como certa divindade, Bethel. As elites monoteístas, fiéis à mensagem de Moisés, travaram longos combates contra esse "deus" e são esses os combates que Jeremias lembra. "Pode-se considerar demonstrado que, na famosa narrativa da visão de Jacó [...] o deus de Betel não era ainda o deus Betel. Mas essa identificação e essa confusão fizeram-se rapidamente nos meios populares."[62] Onde Jacó viu – segundo a tradição – a *escada dos anjos* e a *casa de Deus*, os camponeses palestinos viam o *deus Betel*[63].

Mas convém lembrar que, qualquer que fosse o deus reconhecido em Betel pelas populações autóctones, a *pedra* representava apenas um *signo*, uma "casa", uma teofania. A divindade *manifesta-va-se* por intermédio da pedra ou – em outros rituais – devia *testemunhar* e santificar um pacto concluído em sua vizinhança. Esse "testemunho" consistia, para a consciência popular, na encarnação da divindade em uma pedra; e, para as elites, em uma transfiguração da pedra pela presença divina. Após concluir o pacto entre Javé e seu povo, Josué "pegou em seguida uma grande pedra e colocou-a sob o carvalho que estava no lugar consagrado ao Eterno. E Josué disse ao povo: 'Eis aqui esta pedra, que servirá de testemunha contra nós; porque ela ouviu todas as palavras que o Eterno nos disse, servirá de testemunha contra vós, para que não abandoneis vosso Deus!'"[64]. Deus é também "testemunha" nas pedras erguidas por Labão por ocasião de seu pacto de amizade com Jacó[65]. Tais pedras-testemunhas provavelmente foram adoradas pelas populações cananeias como manifestações da divindade.

A luta das elites monoteístas mosaicas era travada contra a confusão frequente entre o *signo* da presença divina e a *incorporação* da divindade num receptáculo qualquer. "Não fareis ídolos. Não elevareis imagens talhadas nem pedras sagradas (*masseba*), e não colocareis em vossa terra nenhuma pedra figurada (*maskit*) para vos prostrardes diante dela."[66] E, nos Números[67], Deus ordena a Moisés que destrua as pedras cultuais que ia encontrar em Canaã: "Destruireis todas as pedras figuradas (*maskitîm*), todas as imagens de metal fundido e arrasareis as colinas onde celebram culto." Assistimos aqui não a um conflito entre a fé e a idolatria, mas a um combate entre duas teofanias, entre dois momentos da experiência religiosa: de um lado, a concepção arcaica que identificava a divindade com a matéria e adorava-a, qualquer que fosse a forma ou o local da aparição divina; do outro, uma concepção, oriunda da experiência de uma elite, que reconhecia a presença divina somente nos lugares consagrados (a Arca, o templo etc.) e em certos ritos mosaicos, e empenhava-se em confirmar essa presença na própria consciência do crente. Como habitualmente, as antigas formas e objetos cultuais, após modificação de seu sentido e de seu valor religioso, foram adotados pela reforma religiosa. Na Arca da Aliança onde se conservavam, segundo a tradição, as Tábuas da Lei, talvez originariamente houvessem sido guardadas certas pedras cultuais consagradas pela presença divina. Os reformadores aceitavam tais objetos valorizando-os num sistema religioso diferente dando-lhes um conteúdo totalmente diverso[68]. Toda reforma se faz, em suma, contra uma degradação da experiência originária; a confusão entre *signo* e *divindade* tinha se agravado nos meios populares, e era justamente para evitar o perigo de tais confusões que as elites mosaicas aniquilavam os *signos* (as pedras figuradas, as imagens esculpidas etc.) ou lhes transformavam o sentido ("a Arca da Aliança"). A confusão, que não tardaria a reaparecer sob outras formas, determinava novas reformas, isto é, uma nova proclamação do sentido originário.

81. Pedra sagrada, *omphalós*, Centro do Mundo – A pedra sobre a qual Jacó adormeceu não era somente a "casa de Deus", mas também o lugar onde, pela "escada dos anjos", se estabelecia a comunicação entre o céu e a Terra. O bétilo era, portanto, um "centro do mundo", da mesma forma que a Kaaba de Meca ou o monte Sinai, assim como todos os templos, palácios e "centros" ritualmente consagrados (§§ 143 ss.). A qualidade de "escada" unindo o céu e a Terra derivava de uma teofania efetuada nesse lugar. Ao mostrar-se a Jacó sobre o bétilo, a divindade revelava ao mesmo tempo o lugar onde ela podia descer à Terra, o ponto em que o transcendente podia manifestar-se no imanente. Veremos mais adiante que tais escadas unindo o céu e a Terra não são necessariamente localizáveis numa geografia concreta, profana, e que o "centro do mundo" pode ser consagrado ritualmente numa infinidade de pontos geográficos sem que a autenticidade de cada um prejudique a dos outros.

De momento, vamos limitar-nos a lembrar algumas crenças que dizem respeito ao *omphalós* ("umbigo"), sobre o qual Pausânias escreve[69]: "O que os habitantes de Delfos chamam ônfalo é feito de pedra branca e acha-se, segundo pensam, no centro da Terra, opinião confirmada por Píndaro numa de suas odes." Foram publicados muitos trabalhos sobre esse assunto. Rohde e J. H. Harrison pensam que o ônfalo representava originariamente a pedra funerária colocada sobre o túmulo[70]. Roscher, que dedicou três monografias a esse problema, afirma que o ônfalo foi concebido desde o começo como "centro da Terra". Nilsson não parece satisfeito com essas interpretações e considera as duas concepções, da pedra tumular e do "centro do mundo", recentes e substitutas de uma crença mais "primitiva"[71].

As duas interpretações são, na realidade, "primitivas" e não se excluem mutuamente. Considerado ponto de interferência do mundo dos mortos, do mundo dos vivos e do mundo dos deuses, um túmulo pode ser ao mesmo tempo um "centro", um "*omphalós* da Terra". Entre os romanos, por exemplo, o *mundus* representava o lugar de comunicação entre os três domínios; "quando o *mundus* está aberto, aberta está também a porta dos tristes deuses do Inferno", escreve Varrão[72]. Evidentemente, o *mundus* não é um túmulo, mas seu simbolismo permite-nos compreender melhor a função análoga desempenhada pelo ônfalo: as eventuais origens funerárias não contrariam sua qualidade de "centro". O lugar onde a comunicação com o mundo dos mortos e o dos deuses subterrâneos podia fazer-se era consagrado como um traço de união entre os diversos planos cósmicos e é unicamente num "centro" que tal lugar podia estar (a multivalência simbólica do ônfalo será estudada em seu conjunto próprio quando analisarmos a teoria e a função ritual da consagração dos "centros", § 145).

Ao sobrepor-se ao antigo culto ctônico de Delfos, Apolo agregou a si o ônfalo e seus privilégios. Perseguido pelas Erínias, Orestes é purificado por Apolo junto ao ônfalo, lugar sagrado por excelência, no "centro" onde as três zonas cósmicas se comunicam, no "umbigo", que, por seu simbolismo, garante um novo nascimento e uma consciência reintegrada. A multivalência da "pedra central" conservou-se melhor ainda nas tradições célticas: Lia Fâil, "a pedra de Fâil" (o nome é obscuro – Fâil = Irlanda?), começa a cantar no momento em que aquele que é digno de ser rei senta nela; nos ordálios, o acusado que sobe nela torna-se branco se estiver inocente; na presença de uma mulher condenada a ficar estéril, a pedra transpira sangue; mas, se à mulher estiver destinado ser mãe, é leite que a pedra transpira[73]. Lia Fâil é uma teofania da divindade do solo, a única que reconhece seu senhor (o rei da Irlanda), a única a dirigir a economia da fecundidade e a garantir os ordálios. Evidentemente, há também variantes fálicas, tardias, desses *omphaloi* célticos: a fertilidade representa por excelência um atributo do "centro" e seus emblemas são frequentemente sexuais. A valorização religiosa (e implicitamente política) do "centro" pelos celtas é atestada por nomes como *medinemetum*, *mediolanum*[74], conservados até hoje na toponímia francesa[75]. Considerando o que Lia Fâil e algumas tradições conservadas na França ensinam, é legítimo identificar esses "centros" com as pedras onfálicas. Na aldeia de Amancy (cantão de la Roche), por exemplo, existe (testemunho certo do "centro") uma Pedra do Meio do Mundo[76]. A Pierra Chevetta (cantão de Moutiers) nunca foi submergida pelas inundações, o que constitui um vago resquício do "centro" que o dilúvio não pôde submergir[77] (§ 143).

82. Signos e formas – Em qualquer tradição o ônfalo *é* uma pedra consagrada por uma presença sobre-humana ou por um simbolismo qualquer. Da mesma forma que os bétilos e os *masseba* ou os megálitos pré-históricos, o ônfalo dá testemunho de alguma coisa e é desse testemunho que ele tira seu valor ou sua função no culto. Quer *protejam* os mortos (como os megálitos neolíticos, por exemplo), quer se tornem as moradas provisórias das almas dos mortos (como em muitos povos "primitivos"), quer atestem um pacto feito entre homem e Deus ou entre homem e homem (entre os semitas), quer recebam o caráter sagrado de sua forma ou de sua origem uraniana (meteoritos etc.), quer, por fim, representem teofanias ou pontos de interseção das zonas cósmicas ou imagens do "centro", as pedras tiram sempre seu valor cultual da presença divina que as transfigurou, das forças extra-humanas (as almas dos mortos) que nelas estão encarnadas ou do simbolismo – erótico, cosmológico, religioso, político – que as enquadrou. As pedras cultuais são *signos* e exprimem sempre uma realidade transcendente. Desde a simples hierofania elementar representada por certas pedras e por certos rochedos – que *atingem* o espírito humano por sua solidez, dureza e imponência – até o simbolismo onfálico ou meteórico, as pedras cultuais sempre *significam* alguma coisa que supera o homem.

Evidentemente, esses "significados" transformam-se, substituem-se, por vezes degradam-se ou reforçam-se. Não é possível analisá-los em algumas páginas. Basta dizer que há formas do culto das pedras que apresentam as características de uma regressão ao infantilismo, outras que, na sequência de novas experiências religiosas ou pelo fato de integrarem outros sistemas cosmológicos, sofrem transformações tão radicais que se tornam quase irreconhecíveis. A *história* modifica, transforma, degrada ou, por interferência de alguma forte personalidade religiosa, transfigura qualquer teofania. Veremos mais adiante o sentido das modificações causadas pela *história* na morfologia religiosa. Lembraremos, por ora, um exemplo da "transfiguração" da pedra: o caso de alguns deuses gregos.

"Se recuarmos ainda mais no tempo", escreve Pausânias, "veremos todos os gregos prestarem as honras divinas não a estátuas mas a pedras não trabalhadas (*argoi lithoi*)."[78] A figura de Hermes é precedida de uma pré-história longa e confusa: as pedras colocadas à beira dos caminhos para "protegê-los" e conservá-los chamavam-se *hermaii*, hermas; só mais tarde é que uma coluna itifálica com cabeça de homem, um *hermès*, passou por ser a imagem do deus. Assim, antes de tornar-se, na religião e na mitologia pós-homérica, a "pessoa" que é conhecida, inicialmente Hermes era apenas uma teofania de pedra[79]. Esses *hermai* significavam uma presença, encarnavam uma força, protegiam e fecundavam ao mesmo tempo. A antropomorfização de Hermes resulta da ação corrosiva da imaginação helênica e da tendência que cedo tiveram as pessoas para personalizar cada vez mais as divindades e as forças sagradas. Assim assistimos realmente a uma evolução, mas uma evolução que não implica de forma alguma uma "purificação" e um "enriquecimento" da divindade, que modifica simplesmente a *fórmula* pela qual o homem exprimia inicialmente sua experiência religiosa e sua concepção da divindade. No decurso do tempo, o grego figurou de formas diferentes suas experiências e seus conceitos. Os horizontes de seu espírito ousado, plástico e fértil alargavam-se e, nesses novos cenários em que perdiam a eficácia, as antigas teofanias perdiam também seu sentido. Os *hermai* manifestavam uma presença divina apenas àquela consciência que recebia a revelação do sagrado de maneira imediata, em qualquer gesto criador, em qualquer "forma" ou "sinal". O próprio Hermes se separou da matéria; sua figura tornou-se humana, sua teofania tornou-se mito.

A teofania de Atena apresenta a mesma evolução do *signo* para a *pessoa*: qualquer que seja sua origem, o *palladium* manifestava nos tempos pré-históricos a força imediata da deusa[80]. Inicialmente, Apolo Agieu não era mais que uma coluna de pedra[81]. No ginásio de Mégara havia uma pequena pedra piramidal chamada Apolo Karino; em Malea, Apolo Litésio erguia-se ao lado de uma pedra, e recentemente se interpretou esse epíteto do deus como *lithos*[82], etimologia que, segundo Nilsson, não é nem menos nem mais satisfatória do que as que a precederam[83]. Em todo caso, o certo é que nenhum outro deus grego, nem mesmo Hermes, era rodeado de tantas "pedras" como Apolo. Mas, assim como Hermes não "é" a pedra, tampouco Apolo surge da pedra: as hermas destacavam somente a solidão dos caminhos, a noite assustadora, a proteção do viajante, da casa, dos campos. E é porque agregou a si os antigos lugares de culto que Apolo tomou posse também de seus signos distintivos, pedras, ônfalos, altares, dos quais a maioria era inicialmente dedicada à Grande Deusa. Isso não quer de modo algum dizer que uma teofania apolínea com base na pedra não tenha ocorrido no momento em que o deus ainda não havia recebido sua figura clássica: para a consciência religiosa arcaica, a pedra bruta evocava a presença divina de uma maneira mais segura do que o faziam para seus contemporâneos as estátuas de Praxíteles.

VII

A Terra, a mulher e a fecundidade

83. A Terra-Mãe – "... Terra (Gaia), por sua vez, primeiro deu à luz um ser igual a ela mesma, capaz de cobri-la totalmente, o Céu (Urano) estrelado, que ofereceria aos deuses bem-aventurados morada segura para sempre."[1] Esse casal primordial deu origem à numerosa família dos deuses, ciclopes e outros seres míticos (Cotos, Briareu, Giges, "seres cheios de orgulho" que tinham cem braços e cinquenta cabeças cada um). O casamento do Céu e da Terra é a primeira hierogamia. Os deuses tratarão de repeti-la e os homens, por seu turno, a imitarão com a mesma gravidade sagrada com que imitavam todo gesto realizado na aurora dos tempos.

Gaia ou Gê gozou de um culto muito difundido na Grécia, mas com o tempo foi substituída por outras divindades da Terra. A etimologia parece mostrar nela o elemento telúrico em sua forma mais imediata (cf. sânscrito, *gô*, "terra", "lugar"; zend, *gava*; godo, *gawi*, *gauja*, "província"). Homero mal a menciona: uma divindade ctônica – pertencente por excelência ao substrato pré-helênico – dificilmente encontraria lugar em seu Olimpo. Mas um dos hinos homéricos lhe é dedicado: "É a Terra que cantarei, mãe universal com profundas raízes, avó venerável que nutre em seu solo tudo o que existe... É a ti que compete dar a vida aos mortais, bem como tomá-la de volta... Bem-aventurado aquele a quem honras com tua benevolência! Para ele a vida é uma gleba de boa colheita, nos campos seus rebanhos prosperam e sua casa enche-se de riquezas."[2]

Ésquilo também a glorifica, porque é a Terra que "gera todos os seres, alimenta-os e depois recebe deles novamente o germe fecundo"[3]. Veremos como essa expressão de Ésquilo é verdadeira e arcaica. Lembramos ainda um antiquíssimo hino que, segundo Pausânias[4], as Pelêiades de Dodona cantavam: "Zeus foi, é e será, ó Grande Zeus: é com tua ajuda que a Terra nos dá seus frutos. Com justiça a chamamos nossa mãe."

Um número considerável de crenças, mitos e rituais relacionados com a terra, com suas divindades, com a "Grande Mãe" chegou até nós. Constituindo em certo sentido os próprios fundamentos do cosmos, a terra é dotada de multivalência religiosa. Foi adorada porque "era", porque se mostrava e mostrava, porque dava, produzia fruto, recebia. Se estudássemos a história de uma única religião, talvez conseguíssemos circunscrever com bastante precisão a função e o desenrolar das crenças que dizem respeito às epifanias telúricas. Mas, se nos ocuparmos exclusivamente de morfologia religiosa, isso já não será possível: encontramo-nos – aqui também, como em todos os outros capítulos – perante gestos, crenças e teorias que pertencem a ciclos de civilização diferentes, cujas idades e estruturas são diferentes. Entretanto, procuraremos ver quais são as linhas mestras desse conjunto de fatos que os índices das grandes monografias distribuem com os títulos "terra", "Terra-Mãe", "divindades da terra", "espíritos telúricos" etc.

84. O casal primordial Céu-Terra – O casal divino Céu-Terra que Hesíodo evocou é um dos motivos recorrentes da mitologia universal. Em muitas mitologias em que o céu desempenha ou desempenhou o papel de divindade suprema, a Terra é representada como sua companheira e, como já vimos, na vida religiosa primitiva encontra-se o Céu por toda parte[5]. Lembramos alguns casos: os maoris chamam o céu de Rangi e a Terra, de Papa; no princípio, tal como Urano e Gaia, eles estavam unidos num estreito abraço. Os filhos nascidos desse acasalamento sem fim – Tumata-nenga, Tane-mahuta e outros – e que, sedentos de luz, tateavam nas trevas, decidiram separar seus pais. Assim, um belo dia, cortaram os tendões que ligavam o Céu à Terra e empurraram o pai cada vez mais para cima, até que Rangi foi projetado no ar e a luz fez sua aparição no mundo[6].

O motivo cosmogônico do casal primordial Céu-Terra está presente em todas as civilizações oceânicas, da Indonésia à Micronésia[7]. É encontrado em Bornéu, em Minahassa, nas ilhas Celebes setentrionais – onde Luminuut, a deusa da terra, é a principal divindade[8] –, entre os torajas das Celebes centrais (I-lai e I-ndora), em muitas outras ilhas da Indonésia etc. Por vezes ainda se encontra o motivo da separação brutal do céu e da Terra: no Taiti, por exemplo, acredita-se que essa operação foi feita por uma planta que, ao crescer, ergueu o céu[9]. Por outro lado, esse motivo está muito difundido em outras zonas de civilização[10]. Encontra-se o casal primordial Céu-Terra na África: por exemplo, Nzambi e Nzambi-Mpungu da tribo Bawili, no Gabão[11], Olorun e Oduna ("a negra") entre os iorubás[12], o casal divino dos ewes, dos akwapins[13] etc. Num povo agrícola da África austral, kumama, o casamento do Céu e da Terra assume o mesmo sentido de fecundidade cósmica que se apresenta nos cantos das Pelêiades de Dodona: "A Terra é nossa mãe, o Céu é nosso pai. O Céu fertiliza a Terra pela chuva, a Terra produz os cereais e as plantas."[14] Essa fórmula, como veremos, poderia resumir uma boa parte das crenças agrícolas. O casal divino figura também nas mitologias das duas Américas. Na Califórnia meridional, o céu chama-se Tukinit e a Terra, Tamaiovit[15]; entre os navajos encontra-se Yadilqil hastqin ("Céu homem") e sua esposa Nihosdzan esdza ("Terra mulher"); nos Pawnis, na América setentrional, nos sioux, nos huronianos (uma das principais tribos iroquesas), nos hopis, nos zunis, nas Antilhas etc., encontramos o mesmo binômio cósmico[16]. Nas mitologias do Oriente clássico, ele desempenha um papel cosmogônico igualmente importante: a "rainha dos lugares" (a deusa de Arinna) e seu esposo U ou Im, o deus da tempestade, entre os hititas[17]; a deusa da Terra e o deus do Céu dos chineses, Izanagi e Izanami entre os japoneses[18] etc. Entre os povos germânicos, Frigg, a esposa de Tyr, e mais tarde de Othin, é uma deusa de estrutura telúrica. Entre os egípcios, apenas um acaso de ordem gramatical (a palavra "céu" é do gênero feminino) fez com que o céu fosse representado por uma deusa, Nut, e a Terra por um deus, Gebb.

85. Estrutura das hierofanias telúricas – Poderíamos facilmente multiplicar os exemplos, mas sem proveito. As listas dos casais cosmológicos não poderiam revelar-nos nem a estrutura das divindades telúricas nem seu valor religioso. No mito cosmogônico a Terra desempenha um papel passivo, mesmo sendo primordial. Antes de qualquer fabulação mítica a respeito da Terra, houve a própria *presença* do solo, valorizada no plano religioso. A Terra, para uma consciência religiosa "primitiva", é um dado imediato: sua extensão, sua solidez, a variedade de seu relevo e da vegetação que nela cresce constituem uma unidade cósmica, viva e ativa. A primeira valorização religiosa da Terra foi "indistinta", ou seja, não localizava o sagrado na camada telúrica propriamente dita, mas confundia numa única unidade todas as hierofanias que tinham se realizado no meio cósmico circundante – terra, pedras, árvores, águas, sombras etc. A intuição primária da Terra como "forma" religiosa pode ser reduzida à fórmula: "cosmos-receptáculo das forças sagradas difusas". Se nas valorizações religiosas, mágicas ou míticas das águas se encontram implicadas as ideias de germes, de latências e de regeneração, a intuição primordial da Terra mostra-a como sendo *o fundamento* de todas as manifestações. Tudo o que *está* sobre a Terra está *em conjunto* e constitui uma grande unidade.

A estrutura cósmica dessas intuições primárias quase nos impossibilita de distinguir nelas o elemento propriamente telúrico. Visto que o meio circundante é vivenciado como uma unidade, seria muito difícil distinguir nessas intuições primárias o que pertence à terra propriamente dita e o que é somente *manifestado* por ela: montanhas, florestas, águas, vegetação. Uma única coisa se pode afirmar com certeza acerca dessas intuições primárias (cuja estrutura religiosa é inútil demonstrar, mais uma vez): é que elas se manifestam como *formas*, revelam realidades, impuseram-se necessariamente, "atingindo" a consciência do homem. A Terra, com tudo o que ela sustém e engloba, foi desde o início uma fonte inesgotável de *existências* que se revelavam ao homem imediatamente.

O que nos prova que a estrutura cósmica da hierofania da Terra precedeu sua estrutura propriamente telúrica – que só com o aparecimento da agricultura se impôs definitivamente – é a história das crenças sobre a origem das crianças. Antes de serem conhecidas as causas fisiológicas da concepção, os homens pensavam que a maternidade era devida à inserção direta da criança no ventre da mulher. Quanto a saber se o que penetra no ventre da mulher já é um feto – que até aí teria vivido sua vida pré-natal nas grutas, nas fendas, nos poços, nas árvores etc. – ou se é simplesmente um germe, ou ainda a "alma do ancestral" etc., são questões que não têm nenhum interesse para este capítulo. O importante é a ideia de que as crianças não são concebidas pelo pai, mas que, num estágio mais ou menos avançado de seu desenvolvimento, tomam lugar no ventre materno depois de um contato entre a mulher e um objeto ou um animal do meio cósmico circundante.

Embora esse problema pertença mais à etnologia do que à história das religiões, estamos pondo-o aqui pelos esclarecimentos que pode fornecer a nosso assunto. O homem não intervém na criação. O pai só é pai de seus filhos no sentido jurídico, nunca no sentido biológico do termo. Os seres humanos estão ligados entre si apenas pelas mães, e mesmo assim essa ligação é precária. Mas estão ligados ao meio cósmico circundante de maneira infinitamente mais estreita do que uma mentalidade moderna, profana pode conceber. Eles são, no sentido concreto e não no sentido alegórico da palavra, "gente do lugar". Foram trazidos pelos animais aquáticos (peixes, rãs, crocodilos, cisnes etc.), desenvolveram-se nas rochas, nos abismos e nas grutas, antes de ser projetados, por um contato mágico, no ventre materno; começaram sua vida pré-natal nas águas, nos cristais, nas pedras, nas árvores; viveram – sob uma forma pré-humana, obscura, como "almas" de "crianças-ancestrais" – numa das zonas cósmicas mais próximas. Assim, para só mencionar alguns exemplos, os armênios creem que a terra é "o ventre materno, de onde saíram os homens"[19]. Os peruanos creem que descendem das montanhas e das pedras[20]. Outros povos localizam a origem das crianças nas grutas, nas fendas, nas nascentes etc. Ainda hoje se conserva na Europa a crença de que as crianças "vêm" dos pântanos, das nascentes, dos riachos, das árvores etc.[21] O que é significativo nessas superstições é a estrutura cósmica da Terra; esta pode ser identificada em todo o meio circundante, no microcosmo e não apenas na região telúrica propriamente dita. "A Terra" significa aqui tudo o que rodeia o homem, todo o "lugar" – com suas montanhas, suas águas e sua vegetação.

O pai humano nada mais faz do que *legitimar* tais filhos por um ritual que possui todas as características da adoção. Eles pertencem, em primeiro lugar, ao "lugar", ou seja, ao microcosmo da região. A mãe não fez mais do que recebê-los; "recolheu-os" e, quando muito, aperfeiçoou-lhes a forma humana. Compreende-se assim, sem dificuldade, que o sentimento de solidariedade com o microcosmo circundante, com o "lugar", tenha sido um sentimento dominante para o homem que se encontrava nesse estágio de sua evolução mental – ou, mais exatamente, que via dessa maneira a vida humana. Em certo sentido, podemos dizer que o *homem ainda não tinha nascido*, que ainda não tinha consciência de seu pertencimento total à espécie biológica que representava. Poderíamos, nesse estágio, considerar sua vida mais como uma fase pré-natal: o homem continuava ainda a participar, imediatamente, de uma vida diferente da sua, de uma vida "cósmico-materna". Ele tinha, diríamos, uma experiência "ontofilogenética" obscura e fragmentada; sentia que descendia de duas ou três "matrizes" ao mesmo tempo.

Não é difícil compreender que tal experiência fundamental tenha implicado para o homem certo número de atitudes específicas para com o cosmos e para com seus semelhantes. A precariedade da paternidade humana era compensada pela solidariedade que havia entre o homem e certas forças ou substâncias cósmicas protetoras. Mas, por outro lado, essa solidariedade com o "lugar" não podia promover no homem o sentimento de *ser um criador na ordem biológica*. O pai, ao legitimar seus filhos saídos de um meio cósmico qualquer, ou ainda das "almas dos ancestrais", não tinha propriamente filhos, mas apenas novos membros em sua família, novas ferramentas para seu trabalho e sua defesa. O vínculo que o unia à sua progenitura era, em todo caso, *per proximi*. Sua vida biológica acabava com ele, sem possibilidade de continuar através de outros seres, como será o caso na interpretação que mais tarde os indo-europeus darão do sentimento de continuidade familiar, interpretação fundamentada em dois fatos: a descendência biológica direta (os pais criam o corpo, a "substância" da criança) e a descendência ancestral indireta (as almas dos ancestrais encarnam nos recém-nascidos)[22].

Portanto, nas primeiras experiências religiosas ou intuições míticas, a "Terra" era "o lugar todo" que se achava à volta do homem. Grande número de palavras que designam a "Terra" têm etimologias que se explicam por impressões espaciais – "lugar", "largo", "província" (cf. *prithiví*, "a larga") – ou impressões sensoriais primárias – "firme", "o que resta", "negro" etc. A valorização religiosa da terra de um ponto de vista estritamente telúrico só mais tarde pôde ocorrer: no ciclo pastoril e sobretudo no ciclo agrícola, para falar a linguagem da etnologia. Até então, tudo o que se poderia chamar de "divindades da Terra" eram mais propriamente *divindades do lugar*, no sentido de meio cósmico circundante.

86. Maternidade ctônica – Uma das primeiras teofanias da terra como tal, sobretudo como camada telúrica e profundidade ctônica, foi sua "maternidade", sua inesgotável capacidade de dar frutos. Antes de ser considerada uma deusa-mãe, uma divindade da fertilidade, a terra impôs-se diretamente como Mãe, Tellus Mater. A evolução posterior dos cultos agrícolas, esclarecendo com precisão cada vez mais acentuada a figura de uma Grande Deusa da vegetação e da colheita, acabou apagando os traços da Terra-Mãe. Na Grécia, Deméter substituiu Gê. No entanto, restos do culto antiquíssimo da Terra-Mãe transparecem nos documentos arcaicos e etnográficos. Um profeta indígena, Smohalla, da tribo umatilla, proibia seus discípulos de cavar a terra porque – dizia – "é um pecado ferir ou cortar, fender ou arranhar nossa mãe comum com os trabalhos agrícolas". E justificava assim sua atitude antiagrícola: "Pedis-me que trabalhe o solo? Acaso pegaria eu numa faca para a mergulhar no seio de minha mãe? Pedis-me que cave e levante pedras? Iria eu mutilar a carne para chegar aos ossos? Pedis-me que corte o capim e o feno e que o venda e me enriqueça como os brancos? Mas como ousaria eu cortar a cabeleira de minha mãe?"[23]

Essa devoção mística pela Mãe telúrica não é um fato isolado. Os membros de uma tribo dravídica primitiva da Índia central, os baígas, praticam a agricultura migratória, limitando-se a semear exclusivamente nas cinzas que ficam depois de certas áreas da floresta serem queimadas. E têm todo esse trabalho porque consideram um pecado "rasgar o seio de sua mãe-terra com a charrua"[24]. Os povos altaicos também creem que é um grande pecado arrancar as plantas, porque a terra sofre exatamente como sofreria um homem a quem arrancassem os cabelos ou a barba. Os votíacos, que têm o costume de levar suas oferendas para uma cova, abstêm-se de repetir essa operação no outono, pois nessa época do ano a terra dorme. Os cheremissos frequentemente julgam que a terra está doente e então evitam sentar-se nela. E as provas da persistência dessas crenças sobre a Terra-Mãe nos povos não agrários, ou apenas esporadicamente agrários, poderiam ser multiplicadas[25]. A religião da terra, mesmo que não seja a mais velha religião humana, como creem alguns estudiosos, é daquelas que dificilmente morrem. Uma vez consolidada nas estruturas agrícolas, os milênios passam por ela sem modificá-la. Às vezes ela não apresenta nenhuma solução de continuidade desde a Pré-História até nossos dias. Por exemplo, o "bolo dos mortos" (em romeno, *coliva*) era conhecido com o mesmo nome na Antiguidade grega, que o recebera das civilizações pré-históricas e pré-helênicas. Outros exemplos de continuidade no mesmo conjunto constituído pelas religiões telúricas agrárias serão mencionados mais adiante.

A. Dieterich publicou em 1905 um livro que rapidamente se tornou um trabalho clássico[26]. Emil Goldmann[27] e outros depois dele e, mais perto de nós, Nilsson[28] fizeram toda espécie de objeções à teoria de Dieterich, mas não conseguiram invalidá-la em sua totalidade. Dieterich começa seu estudo lembrando três costumes em uso na Antiguidade – deposição da criança recém-nascida sobre a terra, inumação das crianças (em contraste com a incineração dos adultos), colocação diretamente no chão também dos doentes e dos agonizantes – para reconstituir a figura da arcaica Deusa-Terra, da "Terra-Mãe-de-Tudo" (*pammétôr Gê*) que Ésquilo menciona[29], da Gaia que Hesíodo cantou. Em volta dessas três práticas arcaicas, os documentos acumularam-se em número impressionante e surgiram controvérsias de que não podemos ocupar-nos aqui. Trataremos de ver o que nos ensinam os próprios fatos e em que conjunto religioso eles se enquadram.

87. Descendência telúrica – Santo Agostinho, depois de Varrão, menciona o nome de uma divindade latina, Levana, que levantava da terra (*levat de terra*[30]) as crianças. Dieterich lembra, em ligação com esse fato, o costume, ainda praticado nos Abruzos, de deitar a criança diretamente na terra logo depois de lavada e protegida com cueiros[31]. O mesmo ritual é praticado entre os escandinavos, os alemães, os parses, os japoneses etc. A criança é levantada pelo pai (*de terra tollere*), o que significa que a reconhece como seu filho[32]. Esse rito foi interpretado por Dieterich como uma maneira de votar a criança à terra, à Tellus Mater que é sua verdadeira mãe. Goldmann objeta que o fato de deitar a criança (ou o doente ou agonizante) na terra não implicava necessariamente uma descendência telúrica desta nem uma consagração à Terra-Mãe, mas tinha como finalidade muito simplesmente o contato com a força mágica do solo. Outros são de opinião que esse rito tinha em vista conseguir para a criança uma alma que lhe vinha da Tellus Mater[33].

É evidente que estamos ante interpretações diferentes que só aparentemente se contradizem de uma mesma concepção primordial: a da terra considerada fonte simultaneamente de força, de "alma" e de fecundidade, a concepção da Terra-Mãe. O parto no solo (*humi positio*) é um costume frequente em muitos povos: nos gurions do Cáucaso, assim como em várias regiões da China, as mulheres deitam-se no solo tão logo sentem as dores do parto para dar à luz em contato direto com a terra[34]; as mulheres maoris, na Nova Zelândia, dão à luz nas moitas, à beira de um riacho; em muitas tribos africanas é costume as mulheres darem à luz na floresta, sentadas no chão[35]; encontra-se o mesmo ritual na Austrália, no norte da Índia, entre os aborígenes do norte da América, no Paraguai, no Brasil[36]. Entre os gregos e os romanos, observa Samter[37], esse costume tinha desaparecido nos tempos históricos, mas não há dúvida de que existiu: certas estátuas de deusas do nascimento (Ilítia, Dâmia, Auxeia) apresentam-nas de joelhos, exatamente na posição da mulher que dá à luz diretamente sobre a terra[38]. Na Idade Média alemã, entre os japoneses, em certas comunidades judaicas, no Cáucaso, na Hungria, entre os romenos, os escandinavos, na Islândia etc. encontra-se o mesmo ritual. Em língua egípcia a expressão "sentar-se na terra" era utilizada nos textos demóticos para significar "parto, parir"[39].

Sem dúvida o sentido inicial desse ritual universalmente difundido era a maternidade da terra. Vimos que em muitas regiões se acreditava que as crianças eram trazidas de poços, da água, das rochas, das árvores etc.; é evidente que em certas regiões as crianças se consideravam "vindas da terra"[40]. O bastardo era chamado *terrae filius*. Quando os mordves desejam adotar uma criança, colocam-na numa cova do jardim ou pomar, onde julgam habitar a deusa protetora, a Terra-Mãe[41]. Isso significa que, para ser adotada, a criança deve nascer de novo; e isso é feito não simulando o parto nos joelhos da mãe adotiva – como entre os romanos, por exemplo –, mas colocando a criança no seio de sua mãe verdadeira, a Terra.

É natural que, posteriormente, esse sentido de descendência telúrica tenha sido substituído por uma ideia mais generosa, a saber, que a terra é a protetora das crianças, que é a fonte de toda força e que é a ela (ou seja, ao espírito materno que a habita) que são consagrados os recém-nascidos. É assim que se explica a frequência do berço ctônico: os bebês são postos para dormir ou repousam em covas, em contato direto com a terra ou com a camada de cinzas, palha e folhas que a mãe preparou no fundo da cova. O berço ctônico é conhecido tanto nas sociedades primitivas (australianos e alguns povos turco-altaicos) como nas civilizações superiores (no império inca, por exemplo)[42]. As crianças abandonadas não são mortas, mas, entre os gregos, por exemplo, deixadas por terra. A Terra-Mãe cuidará delas: ela decidirá se devem morrer ou sobreviver[43].

Uma criança "exposta", abandonada ao acaso dos elementos cósmicos – água, vento, terra –, é sempre como um desafio lançado à face do destino. Confiada à terra ou às águas, a criança, tendo para o futuro o estatuto social de órfão, corre o risco de morrer, mas tem ao mesmo tempo possibilidades de adquirir uma condição diferente da condição humana. Protegida pelos elementos cósmicos, a criança abandonada torna-se muito frequentemente herói, rei ou santo. Sua biografia lendária imita assim o mito dos deuses abandonados imediatamente após o nascimento. Lembramos que Zeus, Posídon, Dioniso, Átis e inúmeros deuses partilharam a sorte de Perseu, Íon, Atalante, Anfíon e Zeto, Édipo, Rômulo e Remo. Moisés também foi abandonado às águas, assim como o herói maori Massi, que foi lançado no mar, como o foi o herói do Kalevala, Vainämöinen, que "flutuava nas vagas tenebrosas". O drama da criança abandonada é compensado pela grandeza mítica do "órfão", da criança primordial em sua absoluta e invulnerável solidão cósmica, em sua unicidade. O aparecimento de tal "criança" coincide com um momento auroral: criação do cosmos, criação de um mundo novo, uma nova época histórica (*Jam redit ed virgo...*), uma "vida nova" em qualquer nível da realidade[44]. A criança abandonada à Terra-Mãe, por ela salva e criada, deixa de poder partilhar o destino comum dos homens porque repete o momento cosmológico das origens e cresce no meio dos elementos e não no meio da família. É por isso que os heróis e os santos são recrutados entre as crianças abandonadas: pelo simples fato de tê-la protegido e preservado da morte, a Terra-Mãe (ou as Águas-Mães) votou-a a um destino grandioso, inacessível ao comum dos mortais.

88. Regeneração – Um ritual que se explica pela mesma crença na Terra-Mãe é a inumação dos cadáveres de crianças. Os adultos são incinerados, mas as crianças são enterradas, para que voltem ao seio da mãe telúrica e possam renascer mais tarde. *Terra clauditur infans*[45]. As leis de Manu prescrevem a inumação das crianças de menos de dois anos e proíbem sua incineração. Os huronianos da América do Norte enterram nos caminhos as crianças mortas, para que possam renascer introduzindo-se no ventre das mulheres que por ali passarem[46]. Entre os andamaneses, as crianças são enterradas sob a lareira, na cabana[47]. Há que lembrar também o sepultamento "em forma de embrião", prática frequente em muitos povos e à qual voltaremos quando examinarmos a mitologia da morte[48]. Dá-se ao cadáver uma forma embrionária para que a Terra-Mãe possa dá-lo à luz uma segunda vez. Há regiões onde se oferecem à deusa telúrica crianças enterradas vivas; é o caso da Groenlândia, onde se enterra a criança se o pai estiver gravemente doente; na Suécia, duas crianças foram enterradas vivas durante uma epidemia de peste; entre os maias faziam-se sacrifícios desse tipo quando grassava a seca[49].

Da mesma forma que se deita a criança na terra logo que nasce, para que sua verdadeira mãe a legitime e lhe assegure uma proteção divina, também são deitados na terra – ou mesmo enterrados – as crianças e os adultos em caso de doença. Esse rito equivale a um novo nascimento. O enterro simbólico, parcial ou total, tem o mesmo valor mágico-religioso da imersão na água, do batismo (§ 64). O doente regenera-se: nasce de novo. Para ele não é um simples contato com as forças da terra e sim uma regeneração total. Essa operação tem a mesma eficácia quando se trata de sanar uma falta grave ou curar uma doença da mente (que apresenta para a coletividade o mesmo perigo que o crime ou a doença fisiológica). O pecador é colocado num tonel ou numa fossa feita na terra e quando sai dali "nasceu uma segunda vez, do seio de sua mãe"[50]. É por isso que entre os escandinavos se acredita que uma feiticeira pode ser salva da danação eterna se for enterrada viva e se forem feitas semeadura e colheita no local onde foi enterrada[51]. O mesmo se pensa acerca das crianças gravemente doentes: se fosse possível enterrá-las e semear acima delas grãos que tivessem tempo para germinar e crescer, essas crianças se curariam. Compreende-se claramente o sentido dessa crença: o homem (o feiticeiro, o doente) tem desse modo a possibilidade de nascer de novo juntamente com a vegetação.

Um rito aparentado com esses consiste em fazer a criança doente passar através de uma fenda da terra, ou através de um rochedo furado, ou ainda do buraco de uma árvore[52]. Trata-se aqui de uma crença um pouco mais complexa: por um lado, a finalidade é transferir a "doença" da criança para um objeto qualquer (árvore, rochedo, terra); por outro, imita-se o próprio ato do parto (a passagem através do orifício). É mesmo provável que elementos do culto solar (a roda = o Sol) tenham dado sua contribuição a esse rito, pelo menos em certas regiões (na Índia, por exemplo; cf. § 78). Mas a ideia fundamental é a de cura por meio de um novo nascimento – e vimos que, na maioria de suas crenças, os povos agrícolas estabelecem uma relação muito estreita entre esse novo nascimento e o contato com a Terra-Mãe. Só assim se pode explicar toda uma série de crenças e costumes a respeito das purificações e do emprego da terra como meio terapêutico. A terra está realmente impregnada de força, como crê Goldmann, mas é à sua capacidade de dar fruto e à sua maternidade que ela deve essa força.

Vimos que se enterram as crianças, mesmo entre os povos que têm o costume de incinerar seus mortos, e isso na esperança de que as entranhas da terra lhes concedam uma vida nova. A palavra *whenna* significa, entre os maoris, "terra" e "placenta"[53]. Aliás, mesmo o enterro dos que morrem em idade adulta – ou de suas cinzas nos povos que praticam a incineração – é feito com o mesmo objetivo. "Arrasta-te para a terra, tua mãe!", diz o *Rig Veda*[54]. "A ti, que és terra, ponho-te na terra!", está escrito no *Atharva Veda*[55]. "A Terra é uma mãe, eu sou filho da Terra, meu pai é Parjanya... Nascidos de ti, os mortais voltam para ti..."[56] No momento do enterro das cinzas e dos ossos incinerados, juntam-se grãos a eles e espalha-se tudo sobre um campo lavrado recentemente, dizendo: "Savitri, espalha tua carne no seio de nossa mãe, a Terra."[57] Mas essas crenças hindus nem sempre são tão simples como parecem nos textos citados acima. A ideia de retorno à Terra-Mãe foi complementada por uma ideia ulterior: a de reintegração do homem no todo do cosmos, uma *restitutio ab integro* das faculdades psíquicas e dos órgãos no antropocosmos original[58].

A crença segundo a qual os mortos habitam sob a terra até o momento em que voltam de novo à luz do dia, a uma nova existência, explica a identificação do reino dos mortos com o lugar de onde vêm as crianças. Os mexicanos, por exemplo, creem que elas se originam de um lugar chamado Chicomoztoc, o lugar das sete grutas[59]. Quer porque os mortos eram considerados conhecedores do futuro, quer porque se considerava a terra, graças à absorção periódica de todas as criaturas vivas, possuidora de poder oracular, alguns oráculos arcaicos da Grécia ficavam ao lado de fendas ou de grutas telúricas. Sabemos que houve tais oráculos ctônicos em Olímpia e em Delfos, e Pausânias menciona um oráculo em Aigai, na Aqueia, onde as sacerdotisas de Gê prediziam o futuro à beira de uma fenda[60]. Por fim, não há necessidade de lembrar o grande número de "incubações" que ocorriam quando se dormia por terra[61].

89. *Homo humus* De todas as crenças de que falamos até aqui, ressalta que a terra é mãe, ou seja, gera formas vivas extraindo-as de sua própria substância. Em primeiro lugar, a terra é "viva" porque é fértil. Tudo o que sai da terra é dotado de vida e tudo o que volta para a terra é novamente provido de vida. O binômio *homo-humus* não deve ser compreendido no sentido de que o homem seria terra porque é mortal, mas neste outro: se o homem pôde ser um ente vivo é porque veio da terra, é porque nasceu da

Terra-Mater e volta para ela. Solmsen explicou *mâteries* por *mâter*; ainda que essa etimologia não seja a verdadeira (o sentido primordial da palavra "matéria" parece ter sido efetivamente "coração da madeira"), ela pode ser encarada no interior de uma Weltanschauung mítico-religiosa: a "matéria" tem o destino de uma mãe porque gera incessantemente. O que chamamos vida e morte são apenas dois momentos diferentes do destino total da Terra-Mãe: a vida nada mais é que um separar-se das entranhas da terra, a morte reduz-se a um voltar "para casa". O desejo, tão frequente, de ser sepultado no solo da pátria é apenas uma forma profana do autoctonismo místico, da necessidade de entrar novamente em sua própria casa. As inscrições sepulcrais do tempo do Império Romano mostram a alegria de ser sepultado no solo pátrio: *hic natus hic situs est* (CIL, V, 5595); *hic situs est patriae* (VIII, 2885); *hic quo natus fuerat optans erat illo reverti* (V, 1703) etc. Da mesma forma, outras não escondem a tristeza por não ter havido essa consolação: *altera contexit tellus dedit altera nasci* (XIII, 6429)[62] etc. Por fim, recusava-se o enterro aos traidores porque, segundo a explicação de Filostrato, eles eram indignos "de ser santificados pela terra"[63].

A água é portadora de germes; também a terra porta germes, mas na terra tudo dá fruto rapidamente. As latências e os germes ficam por vezes durante vários ciclos nas águas antes de chegarem a manifestar-se; da terra quase se pode dizer que ela não tem repouso: seu destino é gerar incessantemente, é dar forma e vida a tudo o que volta para ela inerte e estéril. As águas estão no começo e no fim de todo acontecimento cósmico; a terra está no começo e no fim de toda vida. Toda manifestação se realiza *acima* das águas e se reintegra no caos primordial através de um cataclismo histórico (o dilúvio) ou cósmico (*mahâpralaya*). Toda manifestação vital ocorre graças à fecundidade da terra; toda forma nasce dela, viva, e volta para ela no momento em que a parcela de vida que foi designada se esgota; volta a ela para renascer; mas, antes de renascer, para repousar, para purificar-se, para regenerar-se. As águas *precedem* toda criação e toda forma; a terra *produz formas vivas*. Enquanto o destino mítico das águas é abrir e fechar ciclos cósmicos ou eônicos que se estendem por milhões de anos, o destino da terra é estar no princípio e no fim de toda forma biológica ou pertencente à história local ("os homens do lugar"). O tempo – que, por assim dizer, tem sono quando se trata das águas – é vivo e infatigável quando a terra gera. As formas vivas aparecem e desaparecem com uma rapidez fulminante. Mas nenhum desaparecimento é decisivo: a morte das formas vivas não passa de um modo – latente e provisório – de existência; a forma viva como tipo ou como espécie nunca desaparece durante o prazo que as águas concedem à terra.

90. Solidariedade cosmobiológica – A partir do momento em que uma forma se destaca das águas, toda ligação orgânica imediata entre estas e aquela se rompe: entre o pré-formal e a forma há um hiato. Essa ruptura não se verifica quando se trata de formas geradas pela Terra e da Terra: elas permanecem solidárias com sua matriz, da qual, aliás, só se separaram provisoriamente, e à qual regressarão para repousar, fortalecer-se e, finalmente, reaparecer em pleno dia. É por isso que há entre a terra e as formas orgânicas por ela geradas um vínculo mágico de simpatia. Em conjunto elas constituem um sistema. Os fios invisíveis que ligam a vegetação, o reino animal e os homens de certa região ao solo que os produziu, no qual vivem e do qual se alimentam foram tecidos pela vida que palpita tanto na Mãe como em suas criaturas. A solidariedade que existe entre o telúrico de um lado, o vegetal, o animal e o humano do outro é devida à *vida*, que é a mesma em toda parte. A unidade deles é de ordem biológica. E, sempre que qualquer dos modos dessa vida é manchado ou esterilizado por um crime contra a vida, todos os outros modos são atingidos, em virtude de sua solidariedade orgânica.

Um crime é um sacrilégio que pode ter consequências muito graves em todos os níveis da vida pelo simples fato de que o sangue vertido "envenena" a terra. E a calamidade manifesta-se na esterilidade dos campos, dos animais e dos homens. No prólogo de *Édipo Rei*, o sacerdote lamenta-se por causa das desgraças que caíram sobre Tebas: "A cidade morre nas sementes frutíferas da terra, nos rebanhos de bois, nos ventres das mulheres, dos quais não nascem crianças..."[64] Um rei sábio, um reino fundado na justiça garantem, ao contrário, a fertilidade da terra, dos animais e das mulheres. Ulisses confessa a Penélope que é porque ele tem fama de bom rei que a terra dá frutos, que as árvores se curvam sob o peso de seus frutos, que as ovelhas parem como devem, que o mar pulula de peixes[65]. Hesíodo formula nestes termos essa concepção rústica de harmonia e fertilidade antropocósmicas: "Aqueles que, tanto para o estrangeiro como para o cidadão, pronunciam sentenças retas e nunca se afastam da justiça veem prosperar sua cidade e, dentro de seus muros, a população florescer. Em suas terras espalha-se a paz que alimenta os jovens, e Zeus onividente não lhes reserva a guerra dolorosa. Nunca esses atos de justiça são seguidos de fome ou desgraça... a terra oferece-lhes uma vida de abundância; nos montes cresce o carvalho, em seus ramos nascem as bolotas e no tronco vivem as abelhas; o pelo abundante de suas ovelhas torna-as mais pesadas; suas mulheres geram filhos que se parecem com os pais; sua prosperidade se expande e não partem para o mar, pois o solo fértil lhes oferece seus frutos."[66]

91. Gleba e mulher – A solidariedade reconhecida entre a fecundidade da gleba e a da mulher constitui um dos traços marcantes das sociedades agrícolas. Por muito tempo os gregos e os romanos assimilaram gleba e matriz, ato gerador e trabalho agrícola. Aliás, encontramos essa assimilação em muitas civilizações e ela deu origem a grande número de crenças e ritos. Ésquilo, por exemplo, diz que Édipo "ousou lançar semente no sulco sagrado onde tinha se formado e plantar nele um tronco sangrento"[67]. Em Sófocles são abundantes as alusões: aos "sulcos paternos"[68], ao "lavrador, senhor de um campo longínquo, que ele só visita uma vez, no tempo da semeadura"[69]. Dieterich, que acrescenta a esses textos clássicos inúmeras outras referências, estuda também a frequência do motivo *arat-amat* nos poetas latinos[70]. Mas, como seria de esperar, a assimilação da mulher e do campo lavrado, do ato gerador e do trabalho agrícola, é uma intuição arcaica e muito difundida. É preciso distinguir nessa síntese mítico-ritual diversos elementos: identificação da mulher e da terra arável; identificação do falo e da charrua; identificação do trabalho agrícola e do ato gerador.

Precisamos dizer, entretanto, que, embora a Terra-Mãe e sua representante humana, a mulher, desempenhem um papel preponderante nesse conjunto ritual, não têm nele um papel exclusivo.

Não há lugar aqui somente para a mulher ou a terra, mas também para o homem e o deus. A fertilidade é precedida de uma hierogamia. Um velho sortilégio anglo-saxão contra a esterilidade dos campos reflete admiravelmente as expectativas que as sociedades agrícolas põem na hierogamia: "Salve, Terra, mãe dos homens, sê fértil no abraço do deus e enche-te de frutos para servir o homem."[71] Em Elêusis o mista pronunciava a fórmula agrícola arcaica: "Faze chover! - dá frutos!", olhando primeiro para o céu e depois para a terra. É muito provável que essa hierogamia entre o céu e a Terra tenha sido o modelo primordial tanto da fecundidade dos campos como do casamento humano. Um texto do *Atharva Veda*[72], por exemplo, compara os noivos ao céu e à Terra.

92. A mulher e a agricultura - Admite-se geralmente que a agricultura foi uma descoberta feminina. Ocupado em perseguir a caça ou apascentar o gado, o homem estava sempre ausente. Ao contrário, a mulher, ajudada por seu espírito de observação, limitado mas penetrante, tinha oportunidade de observar os fenômenos naturais de semeio e germinação e de tentar reproduzi-los artificialmente. Por outro lado, pelo fato de ser solidária com outros centros de fecundidade cósmica - a Terra, a Lua -, a mulher também adquiria o prestígio de poder influir na fertilidade e de poder distribuí-la. Assim se explica o papel preponderante desempenhado pela mulher nos primórdios da agricultura - sobretudo no tempo em que essa técnica ainda era apanágio das mulheres -, papel que continua a desempenhar em certas civilizações[73]. Assim, em Uganda, uma mulher estéril é considerada perigosa para a horta e o pomar, e o marido pode pedir o divórcio alegando apenas esse motivo de ordem econômica[74]. A mesma crença sobre o perigo que a esterilidade feminina pode representar para a agricultura é encontrada na tribo Bantu, na Índia[75]. Em Nicobar, diz-se que a colheita será mais abundante se a semeadura for feita por uma mulher grávida[76]. No sul da Itália crê-se que terá bom resultado qualquer trabalho empreendido por uma mulher grávida e tudo o que for semeado por ela crescerá como cresce o feto em seu ventre[77]. Em Bornéu, "as mulheres desempenham o papel principal nas cerimônias e nos trabalhos relativos à cultura do arroz. Os homens colaboram apenas no desbaste do terreno e em alguns trabalhos finais. São as mulheres que escolhem e conservam as sementes... Parece que se sente nelas uma afinidade natural com as sementes, das quais elas dizem estar grávidas. Às vezes vão passar a noite nos campos de arroz, na época em que ele cresce. Sua intenção provavelmente é aumentar sua própria fertilidade ou a do arroz; mas a respeito disso se mostram muito reticentes"[78].

Os índios do Orenoco deixavam às mulheres o cuidado de semear o milho e plantar raízes porque, "assim como as mulheres sabiam conceber e pôr crianças no mundo, assim também os grãos e as raízes que plantavam davam frutos muito mais abundantes do que se fossem plantados pelos homens"[79]. Em Nias, uma palmeira de vinho plantada por uma mulher dá mais seiva do que outra plantada por um homem[80]. As mesmas crenças são encontradas na África, entre os ewes. Na América do Sul, entre os jivaros, por exemplo, acredita-se "que as mulheres exercem uma influência especial, misteriosa, no crescimento das plantas cultivadas"[81]. Essa solidariedade entre a mulher e o campo fértil conservou-se mesmo depois de a agricultura tornar-se uma técnica masculina e o arado tomar o lugar da enxada primitiva. Tal solidariedade explica um número muito grande de ritos e crenças, que examinaremos ao mesmo tempo que as encenações agrárias (§ 126).

93. Mulher e solo arado – A assimilação entre a mulher e a terra lavrada é encontrada em muitas civilizações e conservou-se nos folclores europeus. "Eu sou a terra", confessa a bem-amada numa canção de amor egípcia. O *Vidêvdât* compara a terra inculta a uma mulher sem filhos, assim como, nos contos, a rainha estéril se lamenta: "Sou como um campo onde nada cresce!"[82] Ao contrário, num hino do século XII, a Virgem Maria é glorificada como *terra non arabilis quae fructum parturiit.* Baal era chamado "o marido dos campos"[83]. Quanto à identificação entre a mulher e a gleba, era frequente entre todos os povos semitas[84]. Nos textos islâmicos a mulher é chamada "campo", "vinha" etc. "Vossas mulheres são para vós como campos."[85] Os hindus assimilavam campo cultivável e vulva (*yoni*), sementes e sêmen viril[86]. "Esta mulher é como um terreno vivo: homens, lançai nela a semente!"[87] As leis de Manu também sustentam que "a mulher pode ser considerada um campo e o homem, a semente" (IX, 33). Nârada faz o seguinte comentário: "A mulher é o campo e o homem é o que dá a semente."[88] Um provérbio finlandês diz que "as moças têm seu campo no próprio corpo"[89].

Evidentemente, a assimilação da mulher com a terra arável implica a assimilação do falo com a enxada e da lavra com o ato gerador. Essas simetrias antropotelúricas só foram possíveis nas civilizações que conheciam tanto a agricultura como as causas reais da concepção. Em algumas línguas austro-asiáticas, a palavra *lak* designa igualmente o falo e a enxada. Przyluski sugeriu que um vocábulo austro-asiático semelhante está na origem dos termos sânscritos *lângûla* (cauda, enxada) e *linga* (órgão gerador do macho)[90]. A identidade falo-arado até mesmo foi representada plasticamente[91]. A origem dessa figuração é muito mais antiga: num desenho da época dos cassitas que representa uma charrua estão marcados os símbolos conjugados do ato gerador[92]. Intuições arcaicas desse tipo dificilmente desaparecem não só da linguagem popular corrente, mas também do vocabulário dos escritores notáveis. Rabelais guardou a expressão "membro que chamam de lavrador da natureza"[93].

Por fim, para mencionar alguns exemplos de identificação entre o trabalho agrícola e o ato gerador, lembramos o mito do nascimento da heroína de *Râmâyana*, Sîtâ. Seu pai, Janaka (= progenitor), encontrou-a num campo quando lavrava e chamou-a de Sîtâ, "terreno arável"[94]. Um texto assírio fez chegar até nós a oração dirigida a um deus cujo "arado fecundou a terra"[95].

Muitos povos primitivos ainda hoje usam, para frutificar a terra, amuletos mágicos que representam os órgãos geradores[96]. Os australianos praticam um curiosíssimo ritual de fecundação: armados com flechas que trazem à maneira do falo, dançam em volta de uma cova semelhante ao órgão gerador feminino: por fim, espetam bastoes na terra[97]. Há que lembrar igualmente a estreita ligação existente entre, de um lado, mulher e erotismo e, do outro, lavra e fertilidade da terra. Assim, é conhecido o costume que manda que sejam moças nuas que abram com o arado os primeiros sulcos[98], costume que nos lembra a união exemplar da deusa Deméter com Jasão, no começo da primavera, em cima do sulco recém-semeado[99]. Todas essas cerimônias e lendas revelarão seu significado quando estudarmos a estrutura da religiosidade agrária.

94. Síntese – Nos conjuntos míticos e rituais que acabamos de ver, a terra é valorizada principalmente porque tem uma capacidade infinita de dar fruto. É por isso que, com o passar do tempo, a Terra-Mãe se transforma insensivelmente numa Mãe das Sementes. Mas os vestígios da teofania telúrica nunca desaparecem da figura das "Mães", das divindades telúricas. Para dar só um exemplo, nas figuras femininas da religião grega – Nêmesis, as Erínias, Têmis – reconhecem-se atributos originais de Terra-Mãe. E Ésquilo, em *Eumênides*, suplica primeiro à Terra e depois a Têmis. É verdade que Gê ou Gaia por fim é substituída por Deméter, mas a consciência da solidariedade entre a deusa dos grãos e a Terra-Mãe não se perde entre os helenos. Eurípedes, nas *Bacantes*[100], ao falar de Deméter, diz: "Ela é a Terra... Dá-lhe o nome que quiseres!"

As divindades agrárias substituem arcaicas divindades telúricas, mas sem que essa substituição implique a abolição de todos os ritos primordiais. Pela "forma" das Grandes Deusas agrícolas pode-se reconhecer a presença da "dona do lugar", a Terra-Mãe. Mas o perfil das novas divindades torna-se mais preciso, sua estrutura religiosa torna-se mais dinâmica. Essas divindades começam a ter uma história patética, a viver o drama do nascimento, da fertilidade e da morte. A passagem da Terra-Mãe para a Grande Deusa agrícola é a passagem da simplicidade para o drama.

Desde a hierogamia cósmica do céu e da Terra até a mais modesta prática que atesta a santidade telúrica encontra-se sempre a mesma intuição central, que se repete como tema condutor: a Terra produz formas vivas, ela é uma matriz que procria incansavelmente. Seja qual for a estrutura do fenômeno religioso suscitado pela epifania telúrica – "presença sagrada", divindade ainda amorfa, figura divina bem definida ou, por último, "costume" resultante de uma recordação confusa das forças subterrâneas –, sempre reconhecemos nele o destino da maternidade, do inesgotável poder de criação. Essa criação às vezes é monstruosa, como no mito de Gaia que Hesíodo evoca. Mas os monstros da *Teogonia* apenas provam os infinitos recursos criadores da Terra. Em certos casos nem há necessidade de determinar o sexo dessa divindade telúrica – procriadora universal. Muitas divindades da Terra, assim como algumas divindades da fecundidade, são bissexuadas[101]. A divindade acumula então todas as forças de criação – e essa fórmula de bipolaridade, de coincidência dos contrários, será retomada pela mais elevada especulação posterior. Toda divindade tende, na consciência de seus fiéis, a tornar-se *tudo*, a substituir todas as outras figuras religiosas, a reinar sobre todas as regiões cósmicas. E poucas divindades tiveram, como a Terra, o direito e o poder de tornar-se *tudo*. Mas a ascensão da Terra-Mãe à categoria de divindade suprema, se não única, foi interrompida tanto por sua hierogamia com o céu como pelo aparecimento das divindades agrárias. Há vestígios dessa história grandiosa na bissexualidade das divindades telúricas. Mas a Terra-Mãe nunca perdeu seus privilégios arcaicos de "dona do lugar", de fonte de todas as formas vivas, de guardiã das crianças e de matriz na qual se sepultam os mortos para que nela repousem, regenerem-se e finalmente regressem à vida graças à santidade da Mãe telúrica.

VIII
A vegetação: símbolos e ritos de renovação

95. Tentativa de classificação – Despertada por Odin de seu sono profundo para que revele aos deuses o princípio e o fim do mundo, a profetisa, a *völva*, declara:

Lembro-me dos gigantes nascidos na aurora dos tempos,
Daqueles que outrora me geraram.
Conheço nove mundos, nove domínios cobertos pela árvore do mundo,
Essa árvore sabiamente plantada cujas raízes afundam no âmago da Terra...
Sei que existe um freixo chamado Yggdrasil.
A copa da árvore está envolta em brancos vapores de água
De onde se desprendem gotas de orvalho que caem no vale.
Ela se ergue eternamente verde acima da fonte de Urd.[1]

O cosmos é visto na forma de uma árvore gigante. Esse ideograma da mitologia escandinava tem correspondências em muitas outras tradições. Antes de recordarmos cada uma delas separadamente, vamos olhar um pouco o terreno que percorreremos: árvores sagradas, símbolos, mitos e ritos vegetais. A quantidade de documentos é considerável; quanto à sua variedade morfológica, é tão grande que torna impossível qualquer tentativa de classificação sistemática. Efetivamente, encontram-se árvores sagradas, ritos e símbolos vegetais na história de todas as religiões, nas tradições populares do mundo inteiro, nas metafísicas e nas místicas arcaicas, para não falar da iconografia e da arte populares. As idades desses documentos, bem como as culturas em que foram recolhidos, são extremamente diferentes. É evidente que o contexto de Yggdrasil, por exemplo, ou da "Árvore da Vida" das Escrituras é muito diferente do contexto do "casamento das árvores" que ainda hoje se pratica na Índia, ou do "Maio" que é portado ritualmente na primavera nas aldeias europeias. No nível da religiosidade popular, a árvore ritual desempenha um papel que o simbolismo da árvore, tal como se pode reconstituí-lo a partir de documentos paleorientais, por sua vez também implica; mas esse papel está longe de esgotar toda a riqueza, toda a multivalência desse simbolismo. Podemos identificar com precisão os centros de difusão de algumas concepções fundamentais (como, por exemplo, a da Árvore Cósmica, a dos ritos de regeneração vegetal etc.). De certo modo, isso facilita a classificação dos documentos. Mas o problema da "história" dos motivos só subsidiariamente pode ter interesse para nossa pesquisa.

Antes de procurar saber – supondo que seja possível – em que milênio, a partir de que civilização e por meio de que fatores certo simbolismo vegetal se difundiu, antes mesmo de determinar certos conjuntos de ritos que envolvam esse simbolismo, o que nos interessa no momento é saber qual foi a *função religiosa* da árvore, da vegetação ou dos símbolos vegetais na economia do sagrado e na vida religiosa, saber o que ela *revela* e o que *significa*, ver, por fim, em que medida seria legítimo procurar uma estrutura coerente sob a aparente polimorfia do simbolismo da árvore. Portanto, o que queremos saber é o seguinte: haverá uma afinidade íntima entre os sentidos aparentemente tão diferentes que a "vegetação" assume conforme é valorizada em qualquer dos seguintes contextos: cosmológico, mítico, teológico, ritual, iconográfico, folclórico? Evidentemente, trata-se aqui apenas de uma coerência que teria se imposto à consciência pela própria estrutura do objeto; coerência que se revelaria a nós – parcial ou totalmente – qualquer que fosse o nível em que nos colocássemos para contemplar o objeto, quer fosse o do rito popular (como o cortejo de "maio" no começo da primavera) ou o do ideograma da "Árvore Cósmica" na plástica mesopotâmica ou nos textos védicos.

Só obteremos a resposta a essa questão depois de examinarmos um número suficiente de fatos, escolhidos dentre os mais significativos. Mas, para não nos perdermos nesse labirinto, precisamos propor uma classificação, totalmente provisória, do imenso material que se acha à nossa disposição. Deixando de lado o conjunto de valores religiosos e cerimônias agrárias (que estudaremos em outro capítulo), distinguiremos, naquilo que poderíamos chamar de "cultos da vegetação" – uma expressão aproximativa, mas cômoda –, os seguintes grupos:

a) o conjunto pedra-árvore-altar, que constitui um *microcosmos efetivo* nas camadas mais antigas da vida religiosa (Austrália; China-Indochina-Índia; Fenícia-Egeu);

b) a árvore-*imagem* do cosmos (Índia; Mesopotâmia; Escandinávia etc.);

c) a árvore-*teofania* cósmica (Mesopotâmia; Índia; Egeu);

d) a árvore-*símbolo da vida*, da fecundidade inesgotável, da realidade absoluta; em relação com a Grande Deusa ou com o simbolismo aquático (por exemplo, Yaksa); identificada com a fonte da imortalidade ("A Árvore da Vida") etc.;

e) a árvore-*centro* do mundo e *suporte* do universo (altaicos, escandinavos etc.);

f) *ligações místicas* entre árvores e homens (árvores antropogênicas; a árvore como receptáculo das almas dos ancestrais; o casamento das árvores; a presença da árvore nas cerimônias de iniciação etc.);

g) a árvore símbolo da ressurreição da vegetação, da primavera e da "regeneração" do ano (por exemplo, o "maio").

Essa classificação sumária e sem dúvida incompleta tem pelo menos o mérito de chamar nossa atenção, logo de início, para as características comuns a todos os documentos. Sem antecipar as conclusões que resultarão da análise desses documentos, podemos desde já atentar para o fato de que a árvore representa – quer de maneira ritual e concreta, quer de modo mítico e cosmológico, ou ainda puramente simbólico – o *cosmos vivo*, regenerando-se incessantemente. Visto que a vida inesgotável é um equivalente da imortalidade, a árvore-cosmos pode, por isso, tornar-se, em outro nível, a árvore da "vida-sem-morte". Visto que a mesma vida inesgotável é na ontologia arcaica a tradução da ideia de *realidade absoluta*, a árvore torna-se nela o símbolo dessa realidade ("o centro do mundo"). Mais tarde, quando outra maneira de olhar os problemas metafísicos for somar-se à ontologia tradicional (na Índia, por exemplo), o esforço do espírito para separar-se do processo cósmico e concentrar-se em sua própria autonomia será designado como um esforço para "cortar pela raiz a árvore cósmica", ou, em outras palavras, como uma superação total das "aparências", das representações em cuja origem se encontra a fonte inesgotável da vida universal.

96. Árvore sagrada – Por meio de qual síntese mental da humanidade arcaica e a partir de quais particularidades da estrutura da "árvore" como tal se estabeleceu um simbolismo tão vasto e tão coerente? Não se trata aqui de determinar a gênese de um valor religioso, mas de descobrir as mais antigas e, portanto, as mais puras intuições desse valor. É certo que para a experiência religiosa arcaica a árvore (ou, mais propriamente, certas árvores) representa um *poder*. Há que acrescentar que esse *poder* é devido tanto à "árvore" em si como a suas implicações cosmológicas. Para a mentalidade arcaica, a natureza e o símbolo coexistem. Uma árvore impõe-se à consciência religiosa por sua própria substância e por sua forma, mas essa substância e essa forma devem seu valor ao fato de que se impuseram à consciência religiosa, de que foram "escolhidas", ou seja, se "revelaram". Nem a fenomenologia da religião nem a história das religiões poderiam superar a constatação dessa coexistência da natureza e do símbolo que a intuição do sagrado vem valorizar. Portanto, não se pode falar propriamente de um "culto da árvore". Nunca uma árvore foi adorada *apenas* por ela mesma, mas sempre por aquilo que, através dela, se "revelava", por aquilo que ela implicava e significava. As plantas mágicas ou farmacêuticas, como veremos adiante (§ 111), também devem sua eficácia a um protótipo mítico. Ao estudar as representações da "árvore sagrada" na Mesopotâmia e no Elam, Nell Parrot escreve: "Não há um culto da árvore propriamente dita; sob essa figuração esconde-se sempre uma entidade espiritual."[2] Ao fazer pesquisas no mesmo âmbito, outro autor chega à conclusão de que a árvore sagrada mesopotâmica é mais propriamente um símbolo do que um objeto de culto: "Não é a cópia de uma árvore real mais ou menos enriquecida de ornamentos, mas antes a estilização inteiramente artificial, e, mais do que um verdadeiro objeto cultual, parece-nos ser um símbolo dotado de um grande poder benéfico."[3]

Essas conclusões, ligeiramente corrigidas, terão confirmação em outras áreas que não a Mesopotâmia.

Assim – e com isso voltamos às intuições iniciais da sacralidade da vegetação –, é em virtude de seu *poder*, é em virtude do que ela *manifesta* (e que vai além dela) que a árvore se torna um objeto religioso. Mas esse poder, por sua vez, é validado por uma ontologia: se a árvore está carregada de forças sagradas, é porque é vertical, porque cresce, porque perde as folhas e as recupera, porque, portanto, se regenera ("morre" e "ressuscita") inúmeras vezes, porque tem seiva etc. Todas essas validações têm origem na simples contemplação mística da árvore, como "forma" e modalidade biológicas. Mas é só depois de sua subordinação a um protótipo – cuja forma não é forçosamente de ordem vegetal – que a árvore sagrada adquire sua verdadeira validade. É em virtude de seu *poder*, ou melhor, é porque ela *manifesta* uma realidade extra-humana – que se apresenta ao homem em determinada forma, que dá fruto e se regenera periodicamente – que uma árvore se torna sagrada. Por sua simples presença ("o poder") e por sua lei própria de evolução ("a regeneração"), a árvore repete o que, para a experiência arcaica, é o cosmos inteiro. A árvore pode, sem dúvida, tornar-se um *símbolo* do Universo, forma na qual a encontramos nas civilizações evoluídas; mas para uma consciência religiosa arcaica a árvore é o Universo, e se ela é o Universo é porque o repete e o resume ao mesmo tempo que o "simboliza". Essa concepção primeira do "símbolo", em virtude da qual ele deve sua validade ao fato de que a realidade que simboliza está incorporada nele, será mais aprofundada quando abordarmos o problema do mecanismo e da função do símbolo (§§ 166 ss.).

A única coisa que queremos tornar claro aqui é que, se o *todo* existe no interior de cada *fragmento significativo*, não é porque a lei da "participação" (sobretudo como a compreendia Lévy-Bruhl) seja verdadeira, mas porque qualquer fragmento significativo *repete* o todo. Uma árvore torna-se sagrada, mesmo continuando a ser árvore, em virtude do *poder* que ela manifesta; e torna-se *árvore* cósmica porque o que ela *manifesta* repete em todos os pontos o que o cosmos manifesta. A árvore sagrada não precisa perder seus atributos formais-concretos para tornar-se simbólica (a tamareira entre os mesopotâmicos, o carvalho entre os escandinavos, Açvattha e Nyagrodha entre os hindus etc.). É só depois que certas etapas mentais foram superadas que o símbolo se separa das formas concretas e se torna esquemático e abstrato[4].

97. Árvore-microcosmos – Os "lugares sagrados" mais arcaicos de que temos conhecimento constituem, como bem observara Przyluski[5], um microcosmos: paisagem de pedras, águas e árvores. O centro totêmico australiano frequentemente se localiza num conjunto sagrado de árvores e pedras. O tríptico árvore-altar-pedra nos "lugares sagrados" primitivos da Ásia Oriental e da Índia foi revelado por P. Mus[6], embora ele escalonasse esses elementos no tempo (na origem do lugar sagrado teria havido a floresta e só depois o conjunto árvore-altar-pedra) em vez de ver neles – como fazia Przyluski, com muita razão – uma coexistência simultânea. Na verdade, o binômio cultual pedra-árvore também está presente em outras áreas arcaicas. Na civilização pré-indiana de Mohenjo Daro o lugar sagrado era formado de um recinto erigido em volta de uma árvore. Tais lugares sagrados existiam por toda parte na Índia nos tempos da pregação de Buda. Os textos pâlis mencionam frequentemente a pedra ou o altar (*yeyaddi*, *manco*) situados ao lado de uma árvore sagrada e que constituíam a ossatura dos cultos populares das divindades da fertilidade (os Yaksha). Essa antiquíssima associação entre a pedra e a árvore foi aceita e assumida pelo budismo. A *caitya* budista era, às vezes, a árvore só, sem altar; mas outras vezes era a construção rudimentar que se erigia perto da árvore[7]. O valor religioso dos lugares sagrados arcaicos não foi abalado pelo budismo nem pelo hinduísmo. As grandes sínteses religiosas da Índia pós-budista tiveram de levar em conta esses lugares sagrados e acabaram mesmo por absorvê-los em suas próprias estruturas e, desse modo, validaram-nos.

A mesma continuidade pode ser observada na Grécia e no mundo semítico. Já nos tempos minoicos e até o crepúsculo do helenismo encontra-se sempre a árvore ritual ao lado de um rochedo[8]. O santuário arcaico semítico frequentemente era constituído por uma árvore e um bétilo[9]. Mais tarde a árvore ou *ashera* (tronco sem casca que substitui a árvore verde) ficou sozinha junto ao altar. Os lugares de oferendas dos cananeus e dos hebreus situavam-se "em qualquer colina elevada e embaixo de qualquer árvore frondosa"[10]. O mesmo profeta lembra "o pecado dos homens de Judá", os altares e as "imagens de Astarte que eles erigiram perto das árvores verdejantes e nas altas colinas"[11]. O pilar, graças à sua verticalidade e à sua substância, reforçava a sacralidade da árvore. A inscrição – só parcialmente decifrada – que se encontra no monumento arcaico sumério chamado "o personagem das plumas" diz: "Ennamaz assentou os tijolos com firmeza; terminada a morada principesca, colocou perto dela uma grande árvore; perto da árvore colocou um poste."[12]

O "lugar sagrado" é um microcosmos porque *repete* a paisagem cósmica; porque é um reflexo do todo. O altar e o templo (ou o monumento funerário, ou o palácio), que são transformações posteriores do "lugar sagrado" primitivo, são também microcosmos porque são *centros do mundo*, porque estão no próprio âmago do Universo e constituem uma *imago mundi* (§ 143). A ideia de "centro", de realidade absoluta – absoluta porque receptáculo do sagrado – está implícita mesmo nas concepções mais elementares do "lugar sagrado", concepção na qual, como vimos, a árvore sagrada nunca falta. A pedra representava a realidade por excelência: a indestrutibilidade e a duração; a árvore, com sua regeneração periódica, manifestava o poder sagrado na ordem da vida. No lugar onde as águas vinham completar essa paisagem, elas significavam as latências, os germes, a purificação (§ 60). A "paisagem microcósmica" reduziu-se com o tempo a apenas um de seus elementos constitutivos, o mais importante: à árvore ou ao pilar sagrado. A árvore acabou exprimindo, por si só, o cosmos, incorporando sob uma forma aparentemente estática a "força" deste, sua vida e sua capacidade de renovação periódica.

98. Árvore-habitação da divindade – O momento dessa passagem do "lugar sagrado" – imagem do microcosmos para uma Árvore Cósmica, concebida ao mesmo tempo como "habitação" da divindade – conservou-se admiravelmente numa encantação babilônica que os orientalistas têm traduzido com frequência[13]:

> "Em Eridu cresceu um *Kiskanu* negro, num lugar santo foi criado;
> Seu brilho é o do lápis-lazúli brilhante, e estende-se até o *apsu*.
> É o deambulatório de Ea na opulenta Eridu,
> Sua morada é um lugar de repouso para Bau..."

A árvore Kiskanu apresenta todas as características da árvore cósmica: acha-se em Eridu, portanto num "centro do mundo"; num lugar sagrado, ou seja, no centro do real (§§ 140 ss.); assemelha-se, por seu esplendor, ao lápis-lazúli, símbolo cósmico por excelência (a noite estrelada)[14]; estende-se em direção ao oceano que rodeia e sustenta o mundo (será preciso dizer que essa árvore se estende em direção ao oceano *com a ponta de seus ramos*, ou seja, que essa é "uma árvore invertida", como o são habitualmente as árvores cósmicas?); é a morada do deus da fertilidade e das ciências civilizadoras (artes, agricultura, artes da escrita etc.); é o lugar de repouso da mãe de Ea, a deusa Bau, divindade da abundância, dos rebanhos e da agricultura.

Kiskanu pode ser considerada um dos protótipos da "árvore sagrada" babilônica, cuja frequência na iconografia do antigo Oriente é significativa. Que a "árvore sagrada" que se encontra nessas regiões significa mais do que um simples "culto da árvore", que ela tem um sentido cosmológico bem definido é o que prova abundantemente a posição que ocupa no espaço iconográfico. A árvore é quase sempre acompanhada de símbolos, emblemas ou figuras heráldicas que lhe especificam e complementam o valor cosmológico. Por exemplo, o mais antigo documento de que dispomos, o fragmento de um vaso descoberto pela missão Gautier em Moussian, representa uma árvore esquematizada, rodeada de losangos[15]. Na iconografia mesopotâmica, habitualmente a árvore está rodeada de caprídeos, de astros, de pássaros ou de serpentes. Cada um desses emblemas tem um sentido cosmológico bem determinado. A presença dos astros ao lado das árvores indica indubitavelmente seu valor cosmológico[16]. Um esboço arcaico de Susa representa uma serpente erguendo-se verticalmente para comer o fruto de uma árvore (essa cena foi classificada por Toscane no motivo serpente-árvore e interpretada por ele como um protótipo babilônico do episódio bíblico bem conhecido).

A iconografia apresenta outras cenas próximas: um pássaro pousado numa árvore, no meio de caprídeos[17]; a árvore – o disco solar –, homens com máscaras rituais de peixes[18], ou a árvore – espíritos alados –, o disco solar[19]. Limitamo-nos a mencionar alguns dos grupos mais significativos e mais frequentes, sem termos a pretensão de esgotar a riqueza da documentação mesopotâmica.

Mas é evidente o valor cosmológico que a árvore sagrada tem constantemente nesse conjunto[20]. Nenhum dos emblemas que acompanham a árvore pode ser interpretado em sentido naturista simplesmente porque, na concepção mesopotâmica, a própria "natureza" era muito diferente do que é na experiência e na concepção modernas. Basta lembrar, por exemplo, que nenhum ser e nenhuma ação significativa adquirem sua eficácia – para os mesopotâmicos como para o homem arcaico em geral –, senão na medida em que a coisa tiver um protótipo celeste e a ação repetir um gesto cosmológico primordial.

99. Árvore Cósmica – A tradição indiana, já nos textos mais antigos (por exemplo, no *Atharva Veda*), representa o cosmos na forma de uma árvore gigante[21]. Nos Upanixades essa concepção é explicada dialeticamente: o Universo é uma "árvore invertida" que mergulha suas raízes no céu e estende seus ramos por sobre toda a Terra. (Não se exclui a possibilidade de essa imagem ter sido sugerida pela expansão dos raios solares, como se pode ver no *Rig Veda*: "É para baixo que se dirigem os ramos, é em cima que está a raiz, que seus raios desçam sobre nós!"[22]) A *Kâtha-Upanishad* (VI, 1) descreve-a assim: "Essa Açvattha eterna, cujas raízes vão para cima e os ramos para baixo, é o puro (*çukra*), é o Brahman, é o que se chama Não-Morte. Todos os mundos repousam nela!" A árvore Açvattha representa aqui, em toda sua clareza, a *manifestação* do Brahman no cosmos, ou seja, a criação como movimento descendente. Outros textos dos Upanixades confirmam e tornam mais precisa essa intuição do cosmos como árvore. "Seus ramos são o éter, o ar, o fogo, a água, a terra" etc.[23] São os elementos cosmológicos que manifestam esse "Brahman cujo nome é Açvattha"[24].

Na *Bhagavad Gîtâ* (XV, 1-3), a Árvore Cósmica acabou exprimindo não somente o Universo mas a condição do homem no mundo: "Conta-se que ela é uma Açvattha imperecível, com as raízes em cima e os ramos embaixo, e que os hinos do Veda são as folhas; quem conhecê-la conhece o Veda. Seus ramos desenvolvem-se em altura e em profundidade, crescendo sobre os *gunas*; seus rebentos são os objetos dos sentidos; embaixo, as raízes ramificam-se, ligadas aos atos no mundo dos homens. O homem não lhe percebe, neste mundo, nem a forma nem o fim nem o começo nem a envergadura. É preciso, com a arma sólida da renúncia, cortar primeiro essa Açvattha de fortes raízes e depois procurar o lugar de onde não se volta..."[25] Todo o Universo, bem como a experiência do homem que nele vive e dele não se desprendeu, está aqui simbolizado pela Árvore Cósmica. Por tudo o que dela coincide com o cosmos ou dele participa, o homem perde-se na mesma manifestação, única e vasta, de Brahman. "Cortar a árvore pela raiz" equivale a retirar o homem do cosmos, isolá-lo dos "objetos dos sentidos" e dos "frutos de suas ações". O mesmo motivo do desprendimento da vida cósmica, do retirar-se em si mesmo e do recolhimento, considerado a única possibilidade que o homem tem de transcender-se e libertar-se, se encontra num texto do *Mahabharata*. "Tendo sua fonte no não manifestado (*avyakta*), emergindo dele como de um suporte único, seu tronco é *buddhi* (inteligência), suas cavidades interiores (são) canais para os sentidos, os elementos cósmicos: seus ramos, os objetos dos sentidos; suas folhas, suas belas flores: o bem e o mal (*dharmâdharmav*), o prazer e o sofrimento: seus frutos. Essa eterna Árvore-Brahman (*brahmavrkça*) é fonte de vida (*âjîvyah*) para todos os seres... Se ele cortar e quebrar a árvore com a arma do conhecimento metafísico (*jnânena*) e se gozar assim no Espírito, não retornará mais..."[26]

100. A "árvore invertida" – Não cabe aqui fazer a exegese filosófica dos textos citados acima. Basta-nos constatar a identificação do cosmos com a "árvore invertida". Esse ideograma mítico e metafísico não está isolado. Masûdi menciona uma tradição sabeia segundo a qual Platão teria afirmado que o homem é uma planta invertida cujas raízes se estendem para o céu e os ramos, para a terra[27]. A mesma tradição se encontra na doutrina esotérica hebraica: "A Árvore da Vida estende-se de cima para baixo e o Sol ilumina-a toda."[28] Passa-se o mesmo na tradição islâmica da "árvore da felicidade", cujas raízes mergulham no último céu e cujos ramos se estendem acima da Terra[29]. Dante imagina o conjunto de esferas celestes como a coroa de uma árvore cujas raízes estão viradas para cima:

In questa quinta soglia
Dell'albero che vive della cima,
e fruta sempre, e mai non perde foglia.[30]

O "quinto ramo" é a esfera do planeta Júpiter. "A árvore que recebe a vida de seu cimo" é uma árvore invertida. Outro poeta florentino que sofreu a influência de Dante, Federigo Frezzi, descreve "a planta mais bela do Paraíso, a planta feliz que conserva a vida e a renova" e "cuja raiz estava acima, no céu, e cujos ramos se dirigiam para a terra":

Su dentro al cielo avea la sua radice
e giù inverso terra i rami spande.[31]

Holmberg encontra a mesma tradição no folclore islandês e finlandês[32]. Os lapões sacrificam todo ano um boi ao deus da vegetação e põem então uma árvore junto ao altar, com as raízes para o ar e a copa no chão[33]. Nas tribos australianas wiradyuri e kamilaroi, os feiticeiros tinham uma árvore mágica que plantavam invertida e queimavam depois de untarem as raízes com sangue humano[34]. A propósito desse costume, Schmidt menciona cerimônias de iniciação em uso em outra tribo australiana, yuin: o jovem, que desempenha o papel de um morto, é enterrado e depois colocam sobre ele um arbusto. Quando os neófitos, candidatos à iniciação, se aproximam dele, esse jovem faz tremer o arbusto, levanta-se e sai do túmulo. O arbusto representaria, segundo Schmidt, a árvore celeste das estrelas[35].

101. Yggdrasil – A árvore cósmica acompanhada de pássaros, cavalos ou tigres[36] é encontrada na China ártica e, como em outras regiões, às vezes se confunde com a Árvore da Vida. O sentido dessa fusão ficará mais preciso nas páginas seguintes. O conjunto Árvore Cósmica-animal mítico lunar aparece num documento iconográfico maia que representa um jaguar amarrado à Árvore da Vida[37]. Nos povos árticos e em todo o circuito do Pacífico, a Árvore Cósmica – cujos ramos se estendem até o terceiro ou o sétimo céu – desempenha um papel central, tanto na mitologia como nos ritos. Frequentemente a relacionam com o ancestral mítico, visto que os homens se consideram descendentes de um ancestral nascido de uma árvore[38]. Em outro parágrafo voltaremos a essas crenças sobre a descendência mítica de um símbolo cosmológico-vegetal.

Yggdrasil é a Árvore Cósmica por excelência. Suas raízes mergulham no coração da Terra, até o lugar onde se localiza o reino dos gigantes e o Inferno[39]. Perto dela está a fonte miraculosa Mîmir (a "meditação", a "recordação"), onde Odin deixou um olho como penhor e para onde volta incessantemente, a fim de restaurar e aumentar sua sabedoria[40]. É sempre nos mesmos lugares, perto de Yggdrasil, que se encontra a fonte Urd; ali os deuses reúnem diariamente seu conselho e ministram justiça. Com a água dessa fonte as Nornas regam a árvore gigante para que recobre juventude e vigor. A cabra Heidrûn, uma águia, um veado e um esquilo empoleiram-se nos ramos de Yggdrasil e em suas raízes acha-se a víbora Nidhögg, que procura abatê-la. A águia luta diariamente com a víbora (motivo cosmológico frequente em outras civilizações)[41]. Quando o Universo tremer em suas bases, no cataclismo anunciado no *Voluspâ* e que porá fim ao mundo para instaurar um novo período, paradisíaco, Yggdrasil será sacudida muito fortemente, mas não tombará[42]. Essa conflagração apocalíptica, anunciada pela profetisa, não causará a desintegração do cosmos.

Kaarle Krohn tentou explicar o mito de Yggdrasil pela Árvore da Vida do Antigo Testamento e Sophus Bugge, pela lenda da Cruz de Jesus Cristo. As duas hipóteses são inaceitáveis. Odin amarra seu cavalo a Yggdrasil, e é difícil crer que esse motivo – central na mitologia escandinava – seja tão tardio. Holmberg observa com razão que a presença da águia sobre Yggdrasil – detalhe ausente na tradição bíblica – aproxima mais propriamente esse símbolo cosmológico dos tipos norte-asiáticos. A luta entre a águia e a serpente, como a luta de Garuda com o réptil – motivo muito conhecido na mitologia e na iconografia indianas –, é um símbolo cosmológico da luta entre a luz e as trevas, da oposição dos dois princípios, o solar e o subterrâneo. É difícil dizer se elementos judaico-cristãos interferiram ou não na concepção de Yggdrasil, porque, das afinidades que Holmberg descobre entre essa Árvore Cósmica da mitologia escandinava e os tipos norte-asiáticos, não se pode deduzir com rigor que a primeira dependa dos últimos. Em todo caso, Alfred Detering mostrou, num trabalho bem documentado, que é possível seguir até a Pré-História, entre os indo-europeus, a personificação da Árvore Cósmica e da Árvore da Vida num carvalho, e que, de qualquer modo, foi nos territórios do norte da Europa que as populações protogermânicas elaboraram esse mito[43]. A fusão da Árvore Cósmica com a Árvore da Vida ocorre também entre os germanos. A identificação de uma árvore sagrada e mítica com uma espécie botânica bem determinada é um fenômeno que já observamos (a Açvattha entre os indianos, a tamareira entre os mesopotâmicos etc.). No caso de Yggdrasil, a presença do carvalho nos monumentos pré-históricos, assim como a continuidade dos motivos que representam a árvore sagrada na forma de um carvalho e as folhas de carvalho na arte decorativa, tanto religiosa como popular, demonstra abundantemente a autoctonia dessa concepção.

102. Epifanias vegetais – A epifania de uma divindade numa árvore é um motivo corrente na arte plástica paleoriental; também é possível destacá-la em toda a área indo-mesopotâmico-egípcio-egeia[44]. Na maioria das vezes a cena representa a teofania de uma divindade da fecundidade. O cosmos revela-se a nós como manifestação das forças criadoras divinas. Assim, em Mohenjo Daro (terceiro milênio a.C.) encontra-se a epifania divina numa *Ficus religiosa*[45]; a árvore está esquematizada de uma forma que faz pensar na árvore sagrada mesopotâmica. Até nos textos védicos há vestígios de teofania vegetal. Além da Açvattha, símbolo cósmico, e de Brahman, revelado numa árvore (§ 99), é possível identificar, nos documentos védicos que deixam transparecer uma "experiência religiosa popular", ou seja, que conservam as fórmulas arcaicas concretas, outras expressões da teofania vegetal. "Ó plantas!, ó vós, mães!, é a vós que saúdo como deusas!", proclama o *Yajur Veda* (IV, 2, 6). Um longo hino do *Rig Veda* (X, 97) é dedicado às plantas, referindo-se em particular a suas virtudes terapêuticas e regeneradoras (expressão mínima da "Erva da Vida" e da imortalidade). O *Atharva Veda* (IV, 136, 1) louva uma planta chamando-a de "Divindade nascida da Deusa Terra". A mesma teofania no nível vegetal explica o "Senhor dos Vegetais", *Vanaspa-*

ti, cujo culto é mencionado pelo *Rig Veda*[46]. Graças ao protótipo cósmico de onde lhes vêm suas virtudes, as ervas facilitam o parto, aumentam o poder genético, asseguram a fertilidade e a riqueza. É por isso que se chega a recomendar que se sacrifiquem animais às plantas[47]. O circuito da energia genesíaca do cosmos é formulado da maneira seguinte no *Çatapatha Brâhmana* (IX, 3, 3, 15): raio, chuva, plantas. O sagrado manifesta-se aqui no ato essencial de renovação da vida vegetativa.

Um exemplo admirável de teofania numa árvore é o célebre baixo-relevo de Assur[48], que representa o deus com a parte superior do corpo emergindo de uma árvore. Ao lado dele estão "as águas que transbordam" do vaso inesgotável, símbolo da fertilidade. Um caprídeo, atributo da divindade, come folhas da árvore. Na iconografia egípcia encontra-se o motivo da "Árvore da Vida", de onde saem os braços divinos carregados de dádivas e despejando de um vaso a água da vida[49]. Evidentemente, entre a teofania que ressalta desses exemplos e o motivo da "Árvore da Vida" houve contaminação, e esse processo é fácil de compreender: a divindade que se revela no cosmos na forma de uma árvore é ao mesmo tempo fonte de regeneração e de "vida sem morte", uma fonte para a qual o homem se volta porque considera que ela justifica as esperanças que ele alimenta a respeito de sua própria imortalidade. Entre as articulações do conjunto árvore-cosmos-divindade há simetria, associação, fusão. Os deuses designados como deuses da vegetação são frequentemente representados em forma de árvore: Átis e o pinheiro, Osíris e o cedro etc. Entre os gregos, Ártemis às vezes está presente numa árvore: em Boiai, na Lacônia, adorava-se um mirto com o nome de Ártemis Soteira. Ao lado de Orcômeno, na Arcádia, havia num cedro um xoano de Ártemis Cedreátis[50]. Às vezes as imagens de Ártemis eram enfeitadas com ramos. É conhecida a epifania vegetal de Dioniso, chamado às vezes Dioniso Dendrites[51]. Lembramos também o carvalho oracular sagrado de Zeus em Dodona, o loureiro de Apolo em Delfos, a oliveira selvagem de Héracles em Olímpia etc. Entretanto, no que diz respeito à Grécia, não há provas que atestem a existência de um culto da árvore, a não ser em dois lugares: a árvore do monte Citeron, que se acreditava ter Penteu escalado para espionar as Mênades e que o oráculo ordenara que se venerasse como um deus; e o plátano de Helena, em Esparta[52].

Um exemplo claro de teofania vegetal observa-se no culto da deusa indiana (pré-ariana) Durgâ. Os textos que citamos são tardios, mas seu caráter popular confere-lhes uma antiguidade que não deixa lugar a dúvidas. Na *Devî-Mahâtmya*[53], a deusa proclama: "Em seguida, ó deuses!, alimentarei (literalmente = sustentarei) o Universo inteiro com esses vegetais que conservam a vida e crescem de meu próprio corpo durante a estação das chuvas. Então me tornarei gloriosa na Terra como *Sâkamhari* ('portadora de plantas' ou 'que nutre as plantas') e nessa mesma estação estriparei o grande *asura* chamado Durgama (personificação da seca)." No rito *Navapatrikâ* ("as nove folhas"), Durgâ é chamada de "aquela que habita as nove folhas"[54]. As confirmações indianas podem ser multiplicadas[55]. Voltaremos a este assunto quando estudarmos as outras valências da sacralidade da árvore.

103. Grandes deusas e vegetação – Um dos conjuntos mais frequentes e persistentes é este: Grande Deusa-vegetação-animais heráldicos-servidores. A economia desta obra força-nos a examinar apenas alguns dos exemplos que estão à nossa disposição em número considerável. A presença da deusa ao lado de um símbolo vegetal confirma o sentido que tem a árvore na iconografia e na mitologia arcaicas: o de *fonte inesgotável da fertilidade cósmica.* Na civilização pré-ariana do vale do Indo, que as escavações de Harrappa e de Mohenjo Daro trouxeram à luz, a consubstancialidade da Grande Deusa e da vegetação é representada quer pela associação de deusas nuas (tipo Yakshini) perto de uma *Ficus religiosa*[56], quer por uma planta que sai da região genital da deusa[57]. As efígies que representam a *Ficus religiosa* são numerosas[58] e o mesmo se dá com as que representam a Grande Deusa nua[59] – tipo iconográfico comum à civilização calcolítica afro-asiática toda, inclusive no Egito. A árvore sagrada é rodeada por um recinto e às vezes uma deusa nua ergue-se nele, entre dois ramos de uma *Ficus religiosa* que cresce no meio de um círculo. O espaço iconográfico indica com precisão o valor sagrado do lugar santo e do "centro" (§§ 142 ss.).

Em toda a África e na Índia, as árvores de látex são símbolos da maternidade divina e por isso são veneradas pelas mulheres e também procuradas pelos espíritos dos mortos que pretendem voltar à vida[60]. O motivo deusa-árvore, complementado ou não pela presença de animais heráldicos, conservou-se na iconografia indiana, de onde, não sem contaminar-se de ideias cosmogônicas aquáticas, se transmitiu para a arte popular, na qual podemos observá-lo ainda hoje. Aliás, é fácil compreender o vínculo que une os dois símbolos – as águas e as plantas. As águas são portadoras de germes, de todos eles. A planta – rizoma, arbusto, flor de lótus – exprime a *manifestação* do cosmos, o aparecimento das *formas*: é interessante notar que na Índia as imagens cósmicas são representadas emergindo de uma flor de lótus. O rizoma com flores significa a atualização da criação, "o fato de estabelecer-se firmemente acima das águas". A coexistência dos motivos florais-aquáticos e dos motivos vegetais-femininos explica-se pela ideia central da criação inesgotável, cujo símbolo é a Árvore Cósmica e que se identifica com a Grande Deusa.

Essa associação está solidamente estabelecida tanto na cosmogonia védica e purânica (a divindade *manifesta-se* ali, ao mesmo tempo que o Universo, emergindo de um lótus que flutua nas águas) como na concepção indo-iraniana da planta miraculosa, *soma*. Quanto a esta, lembramos que o soma é muito frequentemente representado no *Rig Veda* em forma de nascente ou de riacho[61], mas também como uma *planta* paradisíaca, que os textos e, em especial, os textos védicos tardios e pós-védicos colocam num vaso (símbolo aquático – § 61). Esse polimorfismo justifica-se quando se considera tudo o que o soma implica: ele assegura a vida, a fertilidade, a regeneração – ou seja, tudo o que o simbolismo das águas também envolve e que no simbolismo das plantas está formulado explicitamente. O roubo do soma no *Mahabhârata* valoriza sua dupla estrutura, ao mesmo tempo aquática e vegetal; embora seja apresentado como bebida miraculosa, é dito, por outro lado, que Garuda "o arranca" (*samutpâtya*), como se fosse uma planta[62]. No simbolismo dos Upanixades há a mesma associação água-árvore; "o rio sem idade" (*vijâra nadî*: aquela que regenera) está ao lado da "árvore suporte"[63]. As duas nascentes místicas localizam-se no céu, da mesma forma que é no céu que se encontra, se não sua própria substância concreta, pelo menos o protótipo de todas as bebidas regeneradoras e dispensadoras de imortalidade – *hom* branco, soma, o mel divino dos finlandeses etc.

A mesma associação água-árvore existe na tradição judaica e cristã. Ezequiel descreve a nascente maravilhosa que brotava embaixo do templo e que era rodeada de árvores frutíferas (o valor simbólico-metafísico da água cuja nascente se situa sob o templo, assim como o das árvores, não dá lugar a nenhuma dúvida: o templo localiza-se no "centro do mundo")[64]. O Apocalipse[65] retoma, tornando-a ainda mais precisa, a expressão cosmológica e soteriológica do conjunto água-árvore: "Depois, o anjo mostrou-me o rio da água da vida, claro como cristal, que saía do trono de Deus e do Cordeiro. No meio da praça da cidade e nas duas margens do rio está a árvore da vida, que dá doze colheitas, produzindo frutos todo mês; e as folhas dessa árvore servem para curar as nações." O protótipo bíblico acha-se, naturalmente, no Éden: "a árvore da vida no meio do jardim, com a árvore do conhecimento do bem e do mal. Um rio saía do Éden para banhar o jardim e ali se dividia e formava quatro braços"[66]. O templo, lugar sagrado por excelência, é semelhante ao protótipo celeste – o Paraíso.

104. Simbolismo iconográfico – A associação dos símbolos aquáticos e vegetais acha-se explicitada de maneira muito coerente na cosmogonia indiana subjacente à arte decorativa. Coomaraswamy dá dela a seguinte fórmula: um rizoma de lótus cheio de folhas e flores (*lata-kamma, malâ-kamma*), ora servindo de sustentáculo, ora enquadrando flores e animais (cf. *sakuna-yatthi*), e que sai da boca ou do umbigo de um Yaksha ou de outro símbolo aquático, ou seja, de um vaso cheio (*punna-ghata*), ou das fauces abertas de um *makara* ou de um elefante com cauda de peixe[67]. O "vaso cheio" é um símbolo que encontraremos em outros âmbitos e que estará sempre relacionado com a "planta da vida" ou com um emblema qualquer da fertilidade. Assim, depois da época de Gudea, a "árvore sagrada" desaparece do repertório acádio-sumério, sendo substituída pela "planta da vida" saindo de um vaso[68]. O "vaso cheio" é sempre segurado por um deus ou por um semideus, nunca por um homem. Às vezes o "vaso" é omitido e a água corre diretamente do corpo da divindade[69]. Não se poderia formular com mais clareza a crença segundo a qual é diretamente da substância divina, ou mais exatamente de sua revelação plenamente manifestada, da teofania, que decorrem a vida e a regeneração.

Ao motivo decorativo do rizoma que emerge de um emblema aquático corresponde na mitologia a concepção purânica do nascimento de Brama. O deus é chamado *abjaja*, "nascido do lótus" que sai do umbigo de Vishnu[70]. Coomaraswamy mostrou a origem e o fundamento védicos dessa concepção[71]. O que o símbolo "lótus (ou rizoma) saindo da água (ou de um emblema aquático)" exprime é a própria procissão cósmica. As águas representam ali o não manifestado, os germes, as latências; o símbolo floral representa a manifestação, a criação cósmica. Varuna, como deus das águas, das chuvas e da fertilidade, era originariamente a raiz da Árvore da Vida, a fonte de toda a criação[72].

105. Grande Deusa-Árvore da Vida – A associação Grande Deusa-Árvore da Vida também era conhecida no Egito. Um relevo representa Hathor dentro de uma árvore celeste (sem dúvida a árvore da imortalidade), dando de comer e beber à alma do morto, isto é, assegurando-lhe a continuidade da vida, a sobrevivência[73]. Essa representação deve ser relacionada com a série iconográfica que retrata as mãos da deusa carregadas de dádivas, ou seu busto, saindo de uma árvore e dando de beber à alma do morto. Uma série paralela é a da deusa do destino sentada nos ramos baixos de uma árvore enorme que simboliza o céu, e nos quais estão inscritos os nomes dos faraós e seu destino[74]. O mesmo motivo se encontra nas crenças populares altaicas, como dos iacutos, por exemplo: ao pé da árvore da vida, que tem sete ramos, está a "Deusa das Idades"[75].

Mesma associação mítica e cultual na Mesopotâmia. Gilgamesh encontra num jardim uma árvore miraculosa e junto dela a divindade Siduri – isto é, a "menina" –, qualificada *sabitu*, ou seja, "a mulher do vinho"[76]. Na verdade, segundo a interpretação de Autran, Gilgamesh encontra-a ao lado de uma cepa de vinha; a vinha era identificada pelos paleorientais com a "planta da vida", e o signo sumério para "vida" era originariamente uma folha de videira[77]. Essa planta maravilhosa era consagrada às Grandes Deusas. A Deusa-Mãe era chamada, no princípio, "a Mãe tronco de videira" ou "a Deusa tronco de videira"[78]. Albright provou que, nas recensões arcaicas da lenda de Gilgamesh, Siduri tinha um papel muito importante. Gilgamesh pediu diretamente a ela a imortalidade[79]. Jensen identificou-a com a ninfa Calipso da *Odisseia*[80]. Como Calipso, Siduri tinha a aparência de uma jovem núbil, usava véu, estava carregada de cachos de uva e morava num lugar de onde saíam as quatro nascentes; sua ilha ficava no "umbigo do mar" (*omphalós thalassês*) e a ninfa podia conceder a imortalidade aos heróis, a ambrosia celeste com a qual tentou Ulisses.

Calipso era uma das inúmeras teofanias da Grande Deusa, que se revelava no "centro do mundo", ao lado do *omphalós*, da "Árvore da Vida" e das quatro nascentes. Ora, a vinha era a expressão vegetal da imortalidade – tal como o vinho permaneceu, nas tradições arcaicas, como símbolo da juventude e da vida eterna[81]. A *Mishna*[82] afirma que a árvore da ciência do bem e do mal[83] era uma vinha. O livro de Enoch (24, 2) localiza essa vinha-árvore da ciência do bem e do mal entre sete montanhas, como, aliás, faz a epopeia de Gilgamesh[84]. A deusa-serpente Hannat podia provar os frutos da árvore, o que também era permitido às deusas Siduri e Calipso. As uvas e o vinho continuaram a simbolizar a sabedoria até uma época tardia[85]. Mas a concepção primitiva da vinha-Árvore Cósmica-árvore do conhecimento e da redenção conservou-se no mandeísmo com uma coerência surpreendente. O vinho (*gufnâ*) é, para essa gnose, a incorporação da luz, da sabedoria e da pureza. O arquétipo do vinho (*qadmâiâ*) encontra-se no mundo superior, celeste. A vinha arquétipo compõe-se de água no interior, sua folhagem é formada de "espíritos da luz" e seus nós são grãos de luz. É dela que nascem as correntes de água santa destinadas a matar a sede dos homens; também o deus da luz e da sabedoria, o Redentor (*Mandâ d'haiiê*), é identificado com a vinha da vida (*gufnâ d'haiiê*), e a vinha é considerada uma Árvore Cósmica, visto que envolve os céus e que os grãos de uva são as estrelas[86].

O motivo mulher nua-vinha transmitiu-se também para as lendas apócrifas cristãs. Por exemplo, nas *Perguntas e Respostas*[87], compilação tardia traduzida do eslavo para o romeno antes do século XVII, conta-se como Pilatos encontrou sua mulher, nua, numa vinha, junto de uma cepa que surgira de seus trajes manchados do sangue de Cristo e produzira frutos miraculosamente[88].

Nos âmbitos egeu e grego, o conjunto deusa-árvore-montanha-animais heráldicos também é frequente. Lembramos o grande anel de Micenas[89], que representa uma cena cultual em que a deusa, com a mão na garganta nua, está sentada embaixo da Árvore da Vida, junto de uma série de emblemas cosmológicos: o machado (lábris), o Sol, a Lua, as águas (as quatro nascentes). A cena assemelha-se muito ao relevo semítico reproduzido por Holmberg (fig. 30) e representa a deusa sentada num trono perto da árvore sagrada, com o menino divino nos braços. Uma moeda de Mira (Lícia) mostra a teofonia da deusa no meio da árvore[90]. No repertório egeu há que assinalar ainda o anel de ouro de Mochlos, que representa a deusa numa barca com um altar e uma árvore[91], e a célebre cena da dança diante da árvore sagrada[92].

Nem todas essas associações míticas e iconográficas são produto do acaso, e tampouco são desprovidas de valor religioso e metafísico. Que querem dizer estes conjuntos: deusa-árvore, deusa-vinha, com seu aparato de emblemas cosmológicos e de animais heráldicos? Que esse lugar é um "centro do mundo", que aí se encontra a fonte da vida, da juventude e da imortalidade. As árvores representam o Universo em permanente regeneração; mas no centro do Universo há sempre uma árvore – a da vida eterna ou a do conhecimento. A Grande Deusa é a personificação da fonte inesgotável de criação, desse último fundamento da realidade. Ela é simplesmente a expressão mítica dessa intuição primordial de que a sacralidade, a vida e a imortalidade se encontram num "centro".

106. A Árvore do Conhecimento – No meio do Paraíso estavam a Árvore da Vida e a Árvore do Conhecimento do bem e do mal, e Deus proibiu Adão de provar os frutos desta "porque, no dia em que deles comeres, morrerás certamente"[93]. Por que Deus não menciona a Árvore da Vida? Seria ela um duplicado da Árvore do Conhecimento, ou – como creem certos estudiosos[94] – estaria a Árvore da Vida "escondida", só se tornando identificável e, portanto, acessível no momento em que Adão se apropriasse do conhecimento do bem e do mal, ou seja, da sabedoria? Inclinamo-nos para esta última hipótese. A Árvore da Vida pode dar a imortalidade, mas não é fácil atingi-la. Ela está "escondida" – como, por exemplo, a planta da imortalidade que Gilgamesh procura no fundo do mar – ou então está guardada por monstros – como é o caso dos pomos de ouro do jardim das Hespérides. A coexistência dessas duas árvores miraculosas – a da vida e a da sabedoria – não é tão paradoxal como parece à primeira vista. Existe também em outras tradições arcaicas – na entrada leste do céu os babilônios colocavam duas árvores: a da verdade e a da vida; e um texto de Ras Shamhra conta que Alein concede a Ltpn a sabedoria e a eternidade ao mesmo tempo[95].

A serpente induz Adão e Eva a comer o fruto da Árvore do Conhecimento, assegurando-lhes que isso não lhes causará a morte, mas lhes dará a divindade: "Certamente não morrereis. Mas Deus sabe que, no dia em que comerdes este fruto, vossos olhos se abrirão e sereis como deuses, pois passareis a conhecer o bem e o mal."[96] Será o homem semelhante a Deus só por conhecer o bem e o mal, ou porque, tornando-se onisciente, poderá "ver" onde se encontra a Árvore da Vida e saber como se adquire a imortalidade? O texto bíblico é claríssimo: "E o Senhor Deus disse: 'Eis que Adão se tornou semelhante a nós pelo conhecimento do bem e do mal. Agora é preciso evitar que ele estenda a mão, que colha também o fruto da Árvore da Vida, que dele coma e assim viva eternamente.' "[97] Desse modo, o homem só poderia alcançar a divindade provando os frutos da segunda árvore, a da imortalidade. Então por que a serpente tentou Adão, incitando-o a provar o fruto da Árvore do Conhecimento por meio do qual só poderia obter a sabedoria? Se é verdade que a serpente prefigurava o espírito do mal e, como tal, devia opor-se à imortalidade do homem, então era necessário que ela "proibisse" o homem de aproximar-se da Árvore da Vida. A serpente constitui o obstáculo em que esbarra o homem em sua busca da fonte da imortalidade, da Árvore da Vida. Essa interpretação será confirmada em outras tradições que logo teremos ocasião de mencionar. Mas a tentação da serpente pode ter mais uma explicação: ela pretendia adquirir a imortalidade para si mesma (como efetivamente a adquire nos mitos de outros povos), e para isso era preciso descobrir a Árvore da Vida, dissimulada na multidão de árvores do Paraíso, para ser a primeira a provar seus frutos – é por isso que incita Adão a "conhecer o bem e o mal". Adão, por seu conhecimento, teria lhe revelado o local onde se encontrava a Árvore da Vida.

107. Os guardiães da Árvore da Vida – O conjunto homem primordial (ou herói) em busca da imortalidade-Árvore da Vida-serpente ou monstro que guarda essa árvore (ou que impede astuciosamente que o homem prove seu fruto) existe também em outras tradições. O sentido dessa coexistência (homem, árvore, serpente) é bastante claro: é difícil adquirir a imortalidade; ela está concentrada numa Árvore da Vida (ou numa Fonte da vida), que se encontra num lugar inacessível (no fim da terra, no fundo do mar, no país das trevas, no topo de um monte muito elevado ou num "centro"); um monstro (uma serpente) guarda a árvore; e o homem que, não sem múltiplos esforços, conseguir chegar até ela tem de lutar com o monstro e vencê-lo para apoderar-se dos frutos da imortalidade.

A luta com o monstro tem, evidentemente, um sentido iniciático: é preciso que o homem preste "provas", que se torne "herói", para ter o direito de adquirir a imortalidade. Quem não conseguir vencer o dragão ou a serpente não tem acesso à Árvore da Vida, ou seja, não pode adquirir a imortalidade. A luta do herói com o monstro nem sempre é de natureza física. Adão foi vencido pela serpente sem ter lutado com ela, no sentido heroico (como é o caso de Héracles, por exemplo); foi vencido pela astúcia da serpente, que o induziu a tornar-se semelhante a Deus, incitou-o a infringir a ordem divina e assim o condenou à morte. No texto bíblico, evidentemente, a serpente não desempenha o papel de "protetora" da Árvore da Vida, mas, considerando as consequências da tentação, poderíamos atribuir-lhe essa missão.

Gilgamesh, o herói babilônico, não tem melhor sorte. Também ele queria obter a imortalidade; fica consternado pela morte de seu amigo Enkidu e lamenta-se: "Também eu terei, um dia, de deitar-me como ele, para não mais despertar?"[98] Sabe que no mundo há apenas um homem que pode ajudá-lo – o sábio Ut-Napishtim, que escapou ao dilúvio e a quem os deuses concederam uma vida imortal – e por isso Gilgamesh se encaminha para sua morada, em algum lugar na "foz dos rios". O caminho é longo, penoso, semeado de obstáculos como todo caminho para o "centro", para o "Paraíso" ou para uma fonte de imortalidade. Ut-Napishtim habita uma ilha rodeada pelas águas da morte – que o herói consegue atravessar, apesar de todas as dificuldades. É razoável que, perante certas "provas" a que é submetido por Ut-Napishtim, Gilgamesh deixe transparecer sua incapacidade: não consegue, por exemplo, velar seis dias e seis noites seguidas. Assim, seu destino está antecipadamente decidido: ele não adquirirá a vida eterna, não poderá tornar-se semelhante aos deuses porque não tem nenhuma das qualidades dos deuses.

No entanto, cedendo às súplicas de sua mulher, Ut-Napishtim revela a Gilgamesh a existência, no fundo do mar, de uma planta "cheia de espinhos" (ou seja, de difícil acesso) que, embora não confira imortalidade, prolonga indefinidamente a juventude e a vida daquele que dela provar. Gilgamesh amarra pedras nos pés e desce ao fundo do mar em busca da planta. Encontra-a, arranca-lhe um ramo, desamarra as pedras dos pés e volta à superfície. A caminho de Uruk, para junto de uma fonte para beber; atraída pelo cheiro da planta, uma serpente aproxima-se e devora-a, tornando-se assim imortal. Gilgamesh, como Adão, não alcançou a imortalidade por causa da astúcia da serpente e de sua própria estupidez. Assim como não conseguiu vencer as "provas" a que Ut-Napishtim o submeteu, tampouco soube conservar o que havia adquirido com a ajuda de tanta benevolência (durante a viagem fora ajudado por Sabitu, por Urnashabi – o barqueiro de Ut-Napishtim –, por Ut-Napishtim e sua mulher). Portanto, o monstro, a serpente era por excelência o adversário da imortalidade do homem. Quando, muito antes de Gilgamesh, Etana, rei lendário de Kish, pedira ao Sol e ao deus Anu que lhe dessem a "planta da vida" para que sua mulher pudesse dar-lhe um herdeiro, ele foi levado até o céu por uma águia que a serpente tinha, por astúcia, lançado num fosso. O conflito entre a serpente e a águia é, como já vimos, um tema recorrente da mitologia eurasiática (§ 101).

108. Monstros e grifos – Também a tradição iraniana conhece não só uma Árvore da Vida e da regeneração que cresce na Terra, mas também seu protótipo celeste. O *haoma* terrestre, o *hom* "amarelo" – que, assim como o soma dos textos védicos, é concebido quer como uma planta, quer como uma nascente –, cresce nas montanhas[99]; Ahura Mazda plantou-o, originariamente, no monte Haraiti[100]. Seu protótipo está no céu: é o *haoma* celeste ou *gaokerena* (o *hom* branco) que dá a imortalidade aos que o provam e se encontra na nascente das águas do Ardvisurâ, numa ilha do lago Vourakasha, entre outros milhares de plantas terapêuticas[101]. Esse "*hom* branco foi criado para abolir a decrepitude. É ele que operará a regeneração do Universo e a imortalidade que virá em seguida. Ele é o rei das plantas"[102]. "Quem dele come torna-se imortal."[103] Ahriman respondeu a essa criação de Ahura Mazda criando um lagarto nas águas do Vourakasha para danificar a árvore miraculosa Gaokerena[104]. Yima, o primeiro homem da tradição mítica iraniana, era imortal, mas, como Adão, perdeu a imortalidade por ter pecado: "ele mentiu e começou a pensar na palavra falsa e contrária à verdade"[105]. É por causa do pecado de Yima que os homens são mortais e infelizes[106].

A serpente está presente junto da Árvore da Vida também em outras tradições provavelmente influenciadas pelas concepções iranianas. Os calmucos contam que no oceano há um dragão, perto da árvore Zambu, esperando que caia alguma folha que ele possa engolir. Os buriatos falam da serpente Abyrga junto da árvore num "lago de leite". Em algumas narrativas da Ásia Central, a serpente Abyrga está enrolada diretamente no tronco da árvore[107].

Os grifos ou os monstros sempre vigiam as vias da salvação, ou seja, montam guarda à volta da Árvore da Vida ou de outro símbolo seu. Héracles, para se apoderar dos pomos de ouro do jardim das Hespérides, teve de adormecer ou matar o dragão que os guardava. Que isso seja obra do próprio herói ou de Atlas – no momento em que Héracles o substitui para suportar o globo celeste – é questão secundária. O importante é que Héracles realizou com êxito as "provas" heroicas e apoderou-se dos pomos de ouro. O tosão de ouro da Cólquida também era guardado por um dragão e Jasão teve de matá-lo para apossar-se dele. As serpentes "guardam" todas as vias da imortalidade, ou seja, todo "centro", todo receptáculo onde esteja concentrado o sagrado, toda substância real etc. São sempre representadas em volta da cratera de Dioniso[108], vigiam na longínqua Cítia o ouro de Apolo[109], guardam os tesouros escondidos no fundo da terra ou os diamantes e as pérolas do fundo do mar – em suma, todo símbolo que incorpore o sagrado, que confira *poder*, *vida* e *onisciência*. No batistério de Parma, perto da Árvore da Vida dragões montam guarda. O mesmo motivo aparece num baixo-relevo do museu da catedral de Ferrara[110].

109. A árvore e a Cruz – A Árvore da Vida é o protótipo de todas as plantas miraculosas, as que ressuscitam os mortos, curam os doentes, dão juventude etc. Assim, no monte Oshadihá há quatro plantas maravilhosas: "uma delas, planta muito apreciada, ressuscita os mortos, outra faz as flechas saírem dos ferimentos, uma terceira cicatriza as feridas..."[111] A planta *mritasamjîvanî*, que ressuscita os mortos, é, sem a menor dúvida, a mais preciosa. Mas há ainda uma "grande planta", *samdhâni*, que tem a virtude de reunir as partes de um corpo morto[112]. As lendas chinesas falam de uma ilha maravilhosa de onde os corvos trazem uma planta capaz de ressuscitar os guerreiros mortos há três dias. As mesmas crenças existem no Irã[113]. A planta que ressuscita também é conhecida no mundo romano e suas virtudes são célebres em todas as lendas europeias[114]. Quando o rei Salomão pede a imortalidade à rainha de Sabá, ela lhe fala de uma planta que existe no meio das rochas. Salomão encontra um "homem branco", um velho, que está passeando com a planta na mão e a dá a ele com alegria porque, enquanto a tivesse consigo, não poderia morrer. Essa planta, aliás, só dava a imortalidade, não a juventude[115].

A verdadeira madeira da Cruz ressuscita os mortos, e Helena, mãe do imperador Constantino, mandou procurá-la. Essa madeira deve sua eficácia ao fato de a Cruz ter sido feita da Árvore da Vida que estava plantada no Paraíso[116]. Na iconografia cristã a Cruz muitas vezes é representada como uma Árvore da Vida[117]. Um número considerável de lendas sobre a madeira da Cruz e a viagem de Seth ao Paraíso circulou em toda a Idade Média e em todos os países cristãos; sua origem está no *Apocalipse de Moisés*, no *Evangelho de Nicodemos* e na *Vida de Adão e Eva*. Vejamos rapidamente a variante que teve mais sucesso: Adão, após viver 932 anos no vale do Hebron, foi atacado de uma doença mortal e mandou seu filho Seth pedir ao arcanjo que guarda a porta do Paraíso o óleo da misericórdia. Seth seguiu a trilha dos passos de Adão e Eva, na qual o mato não crescera, e chegou diante do Paraíso, onde informou ao arcanjo o desejo de Adão. O arcanjo aconselhou-o a olhar três vezes para o Paraíso. Na primeira vez, Seth viu a água que dava origem a quatro rios e, por cima, uma árvore ressequida; na segunda vez, viu uma serpente enrolar-se no tronco da árvore; e na terceira vez viu a árvore subir até o céu, tendo no topo uma criança recém-nascida e raízes que se prolongavam até o Inferno (a Árvore da Vida ficava no centro do Universo e seu eixo atravessava as três regiões cósmicas). O anjo explicou a Seth o que ele vira e anunciou-lhe a vinda de um redentor. Deu-lhe três sementes dos frutos da árvore fatal de que seus pais tinham provado e disse-lhe que os pusesse na língua de Adão, que morreria passados três dias. Quando Adão ouviu a narrativa de Seth, riu pela primeira vez desde que fora expulso do Paraíso porque compreendeu que a espécie humana seria salva. Ao morrer, das sementes colocadas em sua língua por Seth surgiram no vale do Hebron três árvores que cresceram um palmo até o tempo de Moisés. Este, sabendo de sua origem divina, transplantou-as para o monte Tabor ou Horeb ("centro do mundo"). As árvores ficaram lá um milhar de anos, até o dia em que Davi recebeu a ordem divina de levá-las para Jerusalém (também um "centro"). Após muitos outros episódios (a rainha de Sabá recusou-se a pôr os pés na madeira delas etc.), essas três árvores fundiram-se numa só, da qual foi feita a Cruz do Redentor. O sangue de Jesus, crucificado no centro da Terra, precisamente no local onde fora criado e enterrado Adão, caiu sobre o "crânio de Adão" e batizou assim – redimindo-o de seus pecados – o pai da humanidade[118].

Uma adivinhação germânica medieval fala de uma árvore cujas raízes estão no Inferno, cuja copa está no trono de Deus e que envolve o mundo em seus ramos, e essa árvore é precisamente a Cruz. Para os cristãos, efetivamente, a Cruz é o sustentáculo do mundo: *quapropter lignum crucis coeli sustinet machinam, terrae fundamenta corroborat, adfixos sibi homines ducit ad vitam*, escreve Fírmico Materno (27, 1). Nas lendas orientais a Cruz é a ponte ou a escada pela qual as almas dos homens sobem até Deus; situado no "centro do mundo", é o lugar de passagem entre o céu, a Terra e o inferno. Em algumas variantes a madeira da Cruz tem sete degraus, da mesma forma que as árvores cósmicas que representam os sete céus[119].

110. Rejuvenescimento e imortalidade – Como no mito da "Fonte da Vida", encontramos diversas concepções referentes às plantas e aos frutos miraculosos: uns rejuvenescem, outros conferem uma vida muito longa e outros até mesmo concedem a imortalidade. Cada uma dessas concepções tem uma "história" que a modificou em conformidade com certos cânones que se prendem ao espírito da raça, à interferência das culturas e às diversas concepções das classes sociais. "A planta da imortalidade e da juventude", por exemplo, era concebida de modos muito diferentes na Índia e no mundo semítico. Os semitas tinham sede de imortalidade, de vida imortal; os indianos procuravam a planta que regenera e rejuvenesce. É por isso que as dietas alquímicas e médicas dos indianos prolongam a existência por várias centenas de anos e tornam aqueles que a elas se submetem "potentes (em suas relações) com as mulheres" (*balavân strîshu*). O mito de Cyavana mostra claramente qual era o ideal profano indiano: o *rejuvenescimento* e não a *imortalidade*. Cyavana combina com os Asvins que eles o rejuvenesçam e em troca lhes dá o soma, a ambrosia divina. Os Asvins conduzem-no à "fonte da juventude" de Sarasvatî e, quando Cyavana sai dela, assemelha-se aos deuses por sua juventude e seu esplendor[120].

O indiano, que aceitava a existência e amava a vida, não desejava conservá-la indefinidamente, preferindo gozar uma longa juventude. Por outro lado, a imortalidade não tentava o sábio e o místico – que aspirava à libertação e não a um prolongamento contínuo da existência; a um desprendimento definitivo do cosmos e à aquisição da autonomia espiritual absoluta, e não a uma duração no tempo, mesmo infinita. Mesmas concepções entre os gregos: não aspiravam à imortalidade, mas à juventude e à vida longa. Na maioria das lendas sobre Alexandre Magno, ele se admira de que se possa pedir a imortalidade[121]. O mito da regeneração e do rejuvenescimento, como o concebiam os indianos, foi conhecido dos europeus não só de maneira indireta, por intermédio do mundo semítico, pelo Islã, mas também diretamente, pelos escritos dos viajantes do Oriente. Na carta do Preste João (1160-1165) é dito que o Indo rodeia o Paraíso, que a três dias do Paraíso existe uma fonte e quem dela beber três vezes ficará, até o fim de sua vida, semelhante a um homem de trinta anos[122]. Del Rio e Peter Maffeius afirmam que os indianos de Bengala e do vale do Ganges vivem 300 ou 330 anos[123]. Gervásio conta como Alexandre Magno, ao procurar a "Água da Vida" na Índia, encontrou pomos que prolongavam até 400 anos a vida dos sacerdotes[124]. Na mitologia escandinava o pomo desempenha o papel de fruto regenerador e rejuvenescedor. Os deuses comem pomos e ficam jovens até o *ragna rök*, ou seja, até o fim do atual ciclo cósmico.

Esses exemplos esclarecem as diferenças entre a estrutura do ideal indiano e do ideal semítico, mas, por sua vez, cada um desses temas míticos continuou a modificar-se no interior mesmo dos grupos étnicos que o haviam formulado. O nível espiritual do mito, por um lado, e o nível da lenda, da superstição, do costume, por outro, são absolutamente diferentes. Um grupo popular e uma elite culta conhecem e interpretam o mito da planta da regeneração ou da imortalidade de modos muito distintos. Entretanto, nas diferentes variantes desse mesmo tema central – por muito grandes que sejam as diferenças devidas ao espírito étnico ou ao grupo social, ou ainda às vicissitudes da difusão –, podemos facilmente verificar a unidade estrutural. No caso presente, por trás de toda versão da planta miraculosa descobrimos o protótipo originário: a Árvore da Vida; a *realidade*, a *sacralidade* e a *vida* concentradas numa árvore maravilhosa que se acha num "centro", ou num mundo inacessível, e cujos frutos só os eleitos podem provar.

111. O arquétipo dos simples – O valor mágico e farmacêutico de certas ervas é devido também a um protótipo celeste da planta, ou ao fato de ter sido colhida pela primeira vez por um deus. Nenhuma planta é valiosa em si mesma, mas somente por sua participação num arquétipo ou pela repetição de certos gestos e palavras que, isolando a planta do espaço profano, a consagram. Assim, duas fórmulas de encantação anglo-saxônicas do século XVI, que era costume pronunciar quando se fazia a colheita de ervas ricas em propriedades curativas, explicitam a origem de sua eficácia terapêutica: elas cresceram pela primeira vez (ou seja, *ab origine*) no monte sagrado do Calvário (no "centro" da Terra). "Salve, ó erva santa que cresces na terra; estavas primeiro no monte do Calvário; és boa para qualquer ferida; em nome do doce Jesus, eu te colho" (1584). "Tu és santa, verbena, como cresces na terra, pois primeiro foste encontrada no monte Calvário. Curaste nosso Redentor Jesus Cristo e fechaste suas chagas sangrentas; em nome (do Pai, do Filho e do Espírito Santo) eu te colho."[125] Atribui-se a eficácia dessas plantas ao fato de seu protótipo ter sido descoberto num momento cósmico decisivo ("naquele tempo") no monte Calvário. Receberam sua consagração por terem curado as chagas do Redentor. A eficácia das plantas colhidas só vale na medida em que aquele que as colhe repita esse gesto primordial da cura. É por isso que uma velha fórmula de encantação diz: "Nós vamos colher plantas para colocá-las sobre as chagas do Salvador."[126] Atribui-se também a virtude da planta ao fato de um ser divino tê-la plantado. "Quem te plantou?", pergunta o herborista ao acônito. "Foi Nossa Senhora... para minha cura."[127] Às vezes é preciso que ela seja colhida em nome de Jesus[128].

Essas fórmulas de magia popular cristã dão continuidade a uma antiga tradição. Na Índia, por exemplo, a erva Kapitthaka (*Feronia elephantum*) cura a impotência sexual porque, *ab origine*, o Gandharva a utilizou para restituir a virilidade a Varuna. Assim, a colheita ritual da planta é efetivamente uma repetição do ato de Gandharva. "A ti, planta que Gandharva arrancou para Varuna, que perdera a virilidade; a ti, planta que ergue o pênis, nós te arrancamos!"[129] A artemísia (*damana*) deve ser colhida com a seguinte prece: "Sê bendito, Kamedeva, tu que nos deslumbras. Eu te colho com a boa vontade de Vishnu" etc.[130]

Uma longa invocação que figura no Papiro de Paris demonstra o *status* excepcional da planta colhida: "Foste semeada por Cronos, colhida por Hera, conservada por Amon, concebida por Ísis, alimentada por Zeus Pluvioso; cresceste graças ao Sol e ao orvalho. És o orvalho de todos os deuses, o coração de Hermes, a semente dos primeiros deuses, o olho do Sol, a luz da Lua, a dignidade de Osíris, a beleza e a glória do céu etc. Assim como levantaste Osíris, levanta-te! Levanta-te como o Sol! Tua grandeza iguala o zênite; tuas raízes são tão profundas como o abismo etc. Teus ramos são os ossos de Mnévia; tuas flores, o olho de Hórus; tuas sementes, a semente de Pã etc.; eu sou Hermes. Colho-te com a Boa Fortuna, o Bom Demônio, e na hora favorável, no dia próprio e favorável a todos."[131] A planta evocada e colhida desse modo tem o valor de uma Árvore Cósmica. Sua aquisição equivale à apropriação das virtudes que residem nesse receptáculo de força, vida e sacralidade. Evidentemente, essa encantação é produto da magia eclética greco-egípcia – seu autor era, incontestavelmente, um erudito, mas isso não é razão para duvidar de sua autenticidade: sabe-se, em compensação, que a maioria das encantações populares são obra de letrados degradada por um longo processo de infantilização. A planta medicinal que se dilata a ponto de atingir as proporções cósmicas de uma árvore teofânica é perfeitamente justificada pelas concepções mais arcaicas. Só se atribui valor ao mundo circundante na medida em que se pode atribuir-lhe um protótipo no mundo celeste.

Para os cristãos, as plantas medicinais deviam sua eficácia ao fato de ter sido encontradas pela primeira vez no monte Calvário. Para os antigos, as plantas deviam suas virtudes curativas ao fato de ter sido descobertas pela primeira vez pelos deuses. "Betônica, tu que foste descoberta pela primeira vez por Esculápio, ou pelo centauro Quíron...", assim é a invocação recomendada por um tratado herborístico[132]. Ou então sua eficácia devia-se a ter sido plantada pela divindade: "Basílico, peço-te pela divindade suprema que te fez nascer..."; "Rícino, em nome do deus todo-poderoso que te fez nascer..."; "Vós, plantas poderosas, vós que a Terra-Mãe criou e deu a todas as nações..."[133]

Na tradição popular cristã a planta devia suas virtudes medicinais também ao fato de Deus tê-la dotado de propriedades totalmente excepcionais. Na França, pronuncia-se a seguinte fórmula: "Erva santa, que não foste semeada nem plantada, mostra a virtude que Deus te deu!"[134] Às vezes a planta é divina: o texto herborístico *Les Cyranides*, por exemplo, chama a briônia de divina, rainha dos deuses, mãe das plantas, senhora da terra, do céu e da água[135]. Por isso a colheita é um ritual que se efetua em condições de pureza cerimonial, com orações e sacrifícios que supõem certos perigos. Não se trata, pura e simplesmente, de colher uma planta, certa espécie botânica, mas de repetir uma ação primordial (foi a divindade que a colheu pela primeira vez) para obter uma substância saturada de sagrado, variante menor da Árvore da Vida, fonte de toda cura.

112. Árvore – *Axis Mundi* – Encontramos frequentemente nos mitos e nas lendas relativas à Árvore da Vida a ideia implícita de que ela se localiza no centro do Universo e liga o céu, a Terra e o inferno. Esse pormenor de topografia mítica tem um valor muito especial nas crenças dos povos nórdicos e centro-asiáticos, mas é provável que a origem seja oriental (mesopotâmica). Os altaicos creem, por exemplo, que "no umbigo da Terra cresce a árvore mais alta, pinheiro gigante cujos ramos se erguem até a morada de Bai-Ulgãn", ou seja, até o céu[136]. Muitas vezes, a árvore está no topo de uma montanha, no centro da Terra. Os tártaros abakans falam de um monte de ferro sobre o qual cresce uma bétula com sete ramos, provável símbolo dos sete andares do céu (ideograma de origem babilônica, parece). Nos cantos dos xamãs ostíacos, Vasjugan, a Árvore Cósmica, tem, como o céu, sete degraus; atravessa todas as regiões celestes e mergulha suas raízes nas profundezas subterrâneas[137].

Quando sobe ao céu durante sua viagem mística, o xamã escala uma árvore que tem nove ou sete degraus (§ 33). Quase sempre, porém, realiza essa ascensão por um poste sagrado que também tem sete degraus e, naturalmente, supõe-se estar no centro do mundo[138]. O pilar sagrado e a árvore são símbolos que equivalem ao poste cósmico que sustenta o mundo e se acha no centro do Universo. Entre os altaicos, os deuses amarram cavalos nesse poste cósmico, em volta do qual giram as constelações. A mesma concepção existe entre os escandinavos; Odin amarra seu cavalo em Yggdrasil (literalmente "cavalo de Odin"). Os saxões denominavam Irminsul esse pilar cósmico – *universalis columna quasi sustinens omnia*[139]. Os indianos têm a mesma ideia de um eixo cósmico, representado por uma Árvore da Vida ou um pilar, situado no meio do Universo[140]. Na mitologia chinesa, a árvore miraculosa cresce no centro do Universo, no local onde deveria localizar-se a Capital perfeita. Ela reúne as Nove Nascentes aos Nove Céus. Chamam-na "lenho ereto" (*Kieou-Mou*) e dizem que ao meio-dia tudo o que estiver perto dela e em posição vertical não pode fazer sombra[141]. Essa Árvore Cósmica assemelha-se ao Pilar, sustentáculo do mundo, "eixo do Universo" (*Axis Mundi*), das cosmologias altaicas e norte-europeias. A árvore, segundo esses mitos, exprime a realidade absoluta em seu aspecto de norma, de ponto fixo, sustentáculo do cosmos. É o ponto de apoio por excelência. Consequentemente, a comunicação com o céu só pode ser feita em torno dela ou mesmo por intermédio dela.

113. Descendência mítica a partir de uma espécie vegetal – As mesmas concepções da vida e da realidade simbolizadas pela vegetação explicam o que poderíamos chamar aproximativamente de "relações místicas entre as árvores e os homens". A mais categórica dessas relações místicas parece ser a descendência das raças a partir de uma espécie vegetal. A árvore ou o arbusto é considerado o ancestral mítico da tribo. Em geral essa árvore genealógica tem íntima relação com o culto lunar; o ancestral mítico, assimilado à Lua, é representado na forma de uma espécie vegetal. Assim certos grupos miaos prestam culto ao bambu como seu ancestral. Encontramos as mesmas crenças nos aborígenes de Formosa, nos tagalogs das Filipinas, nos ya-langs (yunnan) e no Japão. Entre os ainos, os giliaques e na Coreia, a árvore figura no culto lunar dos ancestrais[142]. As tribos australianas de Melbourne acreditavam que o primeiro homem nascera de uma mimosa[143]. Segundo um mito muito difundido na Indochina, toda a humanidade foi aniquilada por um dilúvio, com exceção de dois jovens, irmão e irmã, que escaparam miraculosamente numa abóbora. Não obstante sua repugnância, os jovens casaram-se e a moça deu à luz uma abóbora de cujas sementes, lançadas na montanha e na planície, surgiram as raças humanas[144].

Encontramos o mesmo mito, com suas inevitáveis deformações (deformação do "ancestral"), na Índia. Sumati, esposa do rei Sagara de Ayodhyâ, a quem tinham sido prometidos sessenta mil filhos, deu à luz uma abóbora da qual saíram sessenta mil crianças[145]. Um episódio do *Mahâbhârata* conta como "de Gautama, filho de Saradvat, nasceram dois gêmeos, Krpî e Krpa, de um tufo de caniços"[146]. Outros documentos confirmam a descendência mítica a partir de uma espécie vegetal de certas populações aborígenes indianas. Udumbara, nome sânscrito da *Ficus glomerata*, designa ao mesmo tempo a província de Pendjabe e seus habitantes[147]. Uma tribo de Madagascar chama-se antaivandrika, literalmente "os da (árvore) vandrika", e seus vizinhos, os antaifasys, são descendentes de uma bananeira; "dessa bananeira saiu certo dia um belo garoto que em pouco tempo se tornou grande e forte... ele teve muitos filhos e netos, que foram os ancestrais dessa tribo; às vezes ainda são chamados de filhos da bananeira"[148].

Poderíamos facilmente multiplicar os exemplos. Entre eles, vejamos a tradição iraniana da origem do primeiro casal humano:

quando o homem primordial, Gayomard, sucumbiu aos golpes do espírito do mal, sua semente penetrou na terra e, quarenta anos mais tarde, deu origem a uma planta *rîvâs*, que por sua vez se transformou em Mashyagh e Mashyânagh[149]. Mas a lenda iraniana comporta um elemento suplementar: a morte violenta de Gayomard. Em dois de nossos trabalhos anteriores estudamos esse motivo mítico da origem da vegetação pelo sacrifício (a morte violenta) de um gigante primordial, e também o tema lendário do aparecimento das plantas graças ao sangue ou ao corpo de um deus ou de um herói covardemente abatidos[150]. Mencionaremos e retomaremos em outro contexto as conclusões a que chegamos nos citados trabalhos. Podemos, no entanto, observar desde já a solidariedade entre o homem e certa espécie vegetal, solidariedade concebida como um circuito contínuo entre os níveis humano e vegetal. Uma vida humana que é terminada de forma violenta vai continuar numa planta; esta, por sua vez, se lhe acontecer ser colhida ou queimada, dará origem a um animal ou a outra planta que acaba recuperando a forma humana. Podemos resumir assim as implicações teóricas dessas lendas: é preciso que a vida humana se consuma completamente para esgotar suas possibilidades de criação ou de manifestação; se acaso for interrompida bruscamente, por uma morte violenta, ela procurará prolongar-se sob outra forma – planta, fruto, flor. Vamos limitar-nos a citar alguns exemplos em apoio a essa interpretação: nos campos de batalha onde sucumbiram muitos heróis crescem roseiras[151]; do sangue de Átis cresceram violetas, e as rosas e as anêmonas brotaram do sangue de Adônis quando esses deuses jovens agonizavam; do corpo de Osíris cresceram o trigo e a planta *maat*, assim como todas as espécies de plantas etc. A morte desses deuses é, de certo modo, a repetição do ato cosmogônico da criação dos mundos, que, como se sabe, resultaram do sacrifício de um gigante (tipo Ymir) ou do autossacrifício de um deus.

Mas o que mais nos interessa neste capítulo é o circuito de vida entre estes dois níveis: vegetal e humano. O fato de uma raça descender de uma espécie vegetal pressupõe que a fonte da vida está concentrada nesse vegetal e, portanto, que a modalidade humana se encontra nele em estado virtual, em forma de germes ou de sementes. A tribo warramunga, do norte da Austrália, acredita que "o espírito das crianças", pequeno como um grão de areia, se acha no interior de certas árvores, de onde às vezes sai para penetrar pelo umbigo no ventre materno[152]. Nesse caso estamos diante de um processo de racionalização da concepção arcaica da descendência da espécie a partir de uma árvore: não só o ancestral mítico nasceu de uma árvore, mas cada recém-nascido descende, de modo direto e concreto, da substância dessa árvore. A fonte da realidade e da vida, identificada numa árvore, não se limitou a projetar somente uma vez sua força criadora para dar origem a um ancestral mítico: ela continua a criar incessantemente cada homem em particular. É uma interpretação concreta e racionalista do mito da descendência do gênero humano a partir da própria fonte da vida, manifestada nas espécies vegetais. Mas as implicações teóricas dessas variantes racionalistas continuam as mesmas: a realidade última e suas forças criadoras estão concentradas – ou manifestadas – numa árvore.

Encontramos outras variantes racionalistas no grupo compacto das crenças segundo as quais as almas dos ancestrais se fixam em certas árvores, de onde se introduzem, em forma de embrião, no ventre das mulheres[153]. Na China, acredita-se que a cada mulher corresponde uma árvore: tantos filhos terá uma quantas flores der a outra. As mulheres estéreis adotam uma criança para provocar o crescimento de flores na árvore correspondente, que, por sua vez, as tornará férteis[154]. O que é importante nesses costumes é a concepção do circuito contínuo entre o nível vegetal – considerado fonte de vida inesgotável – e o nível humano; os homens são apenas simples projeções energéticas da mesma matriz vegetal, são formas efêmeras cuja aparição é constantemente provocada pela exuberância do nível vegetal. A "realidade" e a "força" não têm sua base nem sua origem no homem, e sim nas plantas. O homem é apenas a aparição efêmera de uma nova modalidade vegetal. Ao morrer, ou seja, ao abandonar a condição humana, regressa – em estado de "semente" ou de "espírito" – à árvore. Efetivamente, essas fórmulas concretas exprimem apenas uma mudança de nível. Os homens reintegram-se na matriz universal, adquirem outra vez o estado de semente, voltam a ser germes. A morte é uma retomada de contato com a fonte de vida universal. Encontramos essa mesma concepção fundamental em todas as crenças relacionadas com a Terra-Mãe e as místicas agrárias. A morte é apenas uma mudança de modalidade, uma passagem para outro nível, uma reintegração na matriz universal. Se a realidade e a vida são formuladas em termos vegetais, a reintegração efetua-se por uma simples modificação de forma: o morto passa de antropomorfo a dendromorfo.

114. Transformação em plantas – O circuito entre esses dois níveis conservou-se em um número considerável de lendas e contos que podemos classificar em dois grupos: *a*) transformação em flor ou em árvore de um ser humano covardemente assassinado; *b*) fecundação miraculosa por um fruto ou uma semente. Esses motivos foram objeto de pesquisas bastante minuciosas em nossos trabalhos anteriores e por isso nos limitaremos a citar alguns exemplos. Numa lenda santal, publicada por Bodding[155], sete irmãos matam a irmã para devorá-la. Só o mais novo, de todos o mais compassivo, não foi capaz de comer do corpo da irmã e sepultou na terra a parte que lhe coubera. Algum tempo depois, no local onde enterrara aquela parte cresceu um belíssimo bambu. Um homem que passava por ali viu o arbusto e dispôs-se a cortá-lo para fazer um violino. Mas, quando espetava o machado, ouviu uma voz que gritava: "Para, para! não cortes tão acima! Corta mais abaixo!" Deu então um golpe na árvore mais perto da raiz e ouviu outra vez a voz: "Para! não cortes tão abaixo! Corta mais acima!" Por fim, depois de a voz se fazer ouvir mais duas vezes, o bambu caiu. O homem fez dele um violino, e o violino tocava maravilhosamente, "porque a jovem estava dentro dele". Certo dia ela saiu do violino e casou-se com o músico – e seus irmãos foram engolidos pela terra.

Esse tema folclórico está muito difundido (tema dos três limões dos folcloristas)[156]. Pode resumir-se no seguinte esquema: uma jovem maravilhosa (uma fada) sai de um fruto miraculoso ou obtido por um herói à custa de muito trabalho (romã, limão, laranja); uma escrava ou uma mulher muito feia mata-a e toma seu lugar, tornando-se assim mulher do herói; do cadáver da jovem surge uma flor ou uma árvore (ou a jovem transforma-se num pássaro, ou num peixe que, mortos pela mulher feia, dão origem a uma árvore); do fruto (ou da casca, ou da lasca da madeira) da árvore acaba surgindo a heroína. Assim, num conto indiano coletado em Pendjabe, a esposa assassinada transforma-se num lírio; a falsa princesa despedaça-o, mas do lírio surgem um pé de hortelã e depois uma bela planta trepadeira. No planalto do Decão, é uma rainha ciumenta que afoga uma jovem num lago. Dele sai uma flor de girassol que, depois de queimada, fez crescer de suas cinzas uma mangueira[157].

Esse conto continua popular na Europa, apesar de muito contaminado pelo subtema da "noiva trocada" e do "alfinete encantado". A heroína, como na forma asiática, sofre várias metamorfoses. Num conto toscano a heroína transforma-se numa "enorme enguia" que, por sua vez, é morta e lançada num canteiro de roseiras silvestres. Transforma-se então numa roseira "maravilhosamente grande", que é apresentada ao príncipe como uma curiosidade rara. Da roseira sai uma voz: "Devagar, não me machuqueis!" O príncipe abre então a roseira com um canivete e a bela jovem aparece sã e salva. Na variante grega a jovem transforma-se num peixinho de ouro e depois, num limoeiro. No momento em que um velho pega o machado para abatê-lo, ouve uma voz dizendo: "Corta em cima! Corta embaixo! Não cortes no meio porque feres uma moça!" – o que faz lembrar o conto santal[158]. No conto romeno "As três romãs de ouro" a heroína é transformada por uma cigana num pássaro que esta manda matar; do sangue do pássaro cresce um pinheiro muito belo e muito alto[159].

115. Relações homem-planta – Em todos esses contos o circuito homem-planta é dramático; pode-se dizer que a heroína se dissimula tomando a forma de uma árvore sempre que alguém põe termo à sua vida. Trata-se de uma regressão provisória ao nível vegetal. Ela continua sua vida "escondendo-se" sob uma nova forma. Todavia, os contos populares conservaram também o outro motivo arcaico do circuito homem-planta, aquele que consiste em engolir uma semente ou cheirar uma flor para obter a fecundidade. Nas variantes romenas do conto "As três romãs", um dos pais recebe de um santo uma maçã e depois de comê-la gera uma criança[160]. Um dos exemplos clássicos da literatura folclórica é o *Pentamerone* (II, 8), no qual uma jovem virgem fica grávida depois de comer uma folha de roseira. Ovídio registra a tradição segundo a qual Marte nasceu de Juno sem intervenção de Júpiter: Juno foi tocada com uma flor pela deusa Flora[161]. Penzer recolheu também muitos exemplos de concepção por frutos celestes[162].

O circuito homem-planta, que o folclore conservou em forma dramática, existe em numerosíssimas crenças. Em Meklemburgo enterra-se a placenta do recém-nascido ao pé de uma árvore frutífera jovem. Na Indonésia planta-se uma árvore no local onde se enterrou a placenta[163]. Nesses dois costumes manifesta-se a solidariedade mística entre o crescimento da árvore e o crescimento do homem. Às vezes, é entre um povo e uma árvore que essa solidariedade existe. Assim, por exemplo, os papuas creem que, caso se cortasse certa árvore, também eles morreriam[164]. Os xamãs dolganos plantam uma árvore no momento em que sentem o chamado de sua vocação mágica; quando morrem, a árvore é arrancada. Em outras tribos altaicas (os goldes, os orotchis, os orokis) crê-se que a vida do xamã depende de tal árvore. Os xamãs dos yuraks da tundra ao norte de Obolsk nomeiam dois *sjadai* (ídolos) para a guarda da árvore porque, se esta morrer, também eles morrerão[165]. Na Europa, quando nasce um príncipe herdeiro, ainda se planta uma tília. No arquipélago Bismarck, ao nascer uma criança, semeia-se uma noz de coco; quando a árvore dá os primeiros frutos, a criança passa a ser considerada um adulto; o *mana* de um chefe indígena cresce na mesma proporção da robustez da árvore[166]. A participação mística entre o homem e a árvore constitui um tema bem conhecido do folclore universal: as flores de determinada espécie vegetal murcham ou caem? É sinal de que um perigo ou a morte ameaçam o herói. Outras crenças populares europeias envolvem mesmo o mito de que os homens descendem de uma árvore: assim, na localidade de Nierstein, no Hesse, havia uma grande tília "que provia de crianças toda a região"[167]. Nos Abruzos diz-se que os recém-nascidos vêm de uma cepa de vinha[168].

116. A árvore regeneradora – A árvore é também a protetora dos recém-nascidos: facilita o nascimento e zela pela vida das criancinhas exatamente como faz a terra. Os exemplos que vamos citar mostrarão a analogia existente entre a sacralidade da terra e a da vegetação. A árvore, aliás, é apenas uma nova fórmula da realidade e da vida inesgotável que também a terra representa. Na base de todas as crenças relacionadas com a descendência telúrica ou vegetal e com a proteção que a terra ou a árvore dispensam aos recém-nascidos encontram-se uma experiência e uma "teoria" da realidade última, fonte de vida, matriz de todas as formas. A terra ou a vegetação que dela surge manifesta-se como *aquela que existe*, que existe de forma viva, prolifera incessantemente, por uma palingenesia contínua. O fato de tocar nas árvores ou de aproximar-se delas, como o fato de tocar na terra, é benéfico, fortificante, fertilizante. Leto pôs no mundo Apolo e Ártemis quando estava ajoelhada num prado e tocava com a mão uma palmeira sagrada. A rainha Mahâ-Mâyâ deu à luz Buda junto de uma árvore *sâla* e abraçando um de seus ramos. Engelmann e Nyberg reuniram um rico material etnográfico que mostra a frequência do costume segundo o qual as mulheres dão à luz nas proximidades ou ao pé de uma árvore[169]. O simples fato de nascer perto de uma fonte de vida e de cura assegura à criança o melhor destino: estará isenta de doenças, escapará aos maus espíritos e aos acidentes. Seu nascimento – como no caso do nascimento sobre terra – é, num sentido, um nascimento *per proximi*; sua verdadeira mãe é a vegetação, que cuidará dela. A propósito dessas crenças, convém mencionar o costume – conhecido desde a Antiguidade e conservado ainda hoje nos meios populares – de enfaixar as crianças logo que nascem e friccioná-las com ervas, ramos verdes ou palha[170]. O contato direto com as personificações da potência e da vida só pode ser favorável ao recém-nascido. O berço arcaico compunha-se de ramos verdes ou de espigas. Dioniso, a exemplo de todas as crianças da Grécia antiga, logo que nasceu foi posto num cesto de vime (*liknon*) no qual se carregavam também as primícias das colheitas[171]. O mesmo costume existe na Índia moderna e em outras regiões[172]. O rito é muito antigo: nos hinos sumérios narra-se como, ao nascer, Tammuz foi colocado num cesto onde eram postos os cereais colhidos nos campos[173].

Pôr uma criança doente no côncavo de uma árvore implica um novo nascimento e, portanto, uma regeneração[174]. Na África e em Sindh (Paquistão), cura-se a criança doente passando-a entre duas árvores frutíferas ligadas uma à outra: a doença fica presa nas árvores[175]. Mesmo costume na Escandinávia, onde não só as crianças mas também os adultos doentes podem ser curados passando pela cavidade de uma árvore. As plantas fertilizantes, assim como as ervas medicinais, devem sua eficácia a este mesmo princípio: a vida e a força estão incorporadas na vegetação. Os hebreus chamavam os filhos ilegítimos de "filhos das ervas" e os romenos os chamam de "filhos das flores". A mesma terminologia é encontrada em outras regiões; por exemplo, entre os indígenas da Nova Caledônia. Certas plantas têm poderes fertilizantes. Lea teve de Jacob um filho, Isahar, graças às mandrágoras que Ruben encontrou nos campos[176]. Todas essas plantas miraculosas e medicinais são apenas variantes atenuadas e racionalizadas dos protótipos míticos: a planta que ressuscita os mortos, a planta da eterna juventude, a planta que cura todas as enfermidades.

117. Casamento das árvores – Outro cerimonial que revela o sentimento de solidariedade entre a vegetação e os homens é conhecido como "casamento das árvores". O costume é frequente na Índia e encontrado esporadicamente em alguns grupos de ciganos (os da Transilvânia, por exemplo)[177]. O casamento das árvores geralmente é feito quando, alguns anos após se casarem, as mulheres ainda não têm filhos. Nesse caso, no dia e hora propícios os esposos vão para junto de um lago e plantam um arbusto cada um – a mulher, uma figueira jovem dos pagodes; o marido, uma mangueira. O plantio é feito como um verdadeiro ritual, precedido de banhos etc. A mulher amarra o caule da árvore Vepu ao tronco da árvore macho Arasu, depois rega-as com água do lago e faz com o marido a *pradakshina*, a marcha ritual, para a direita, 3, 27 ou 108 vezes. Se uma das árvores secar, é mau sinal. Por isso se tomam todas as medidas para que elas cresçam normalmente: cercam-nas com uma barricada etc. Considera-se que seu casamento desempenha um grande papel na fecundidade da mulher. Após algum tempo, essas árvores tornam-se objeto de um culto, sobretudo quando se colocou junto dos troncos entrecruzados um *nagakkal* que representa duas cobras entrelaçadas, esculpidas em pedra[178].

Esse costume, praticado em grande escala na Índia, supõe uma influência possível da união nupcial de duas espécies vegetais sobre a fecundidade da mulher. Em outras regiões da Índia, o casamento das plantas efetua-se juntamente com o das pessoas. Em Pendjabe, quando um homem se casa pela terceira vez, celebra-se o casamento de um bambu (*Acacia arabica*) ou de uma *Asclepia gigantesca*. No Nepal, faz-se o casamento de cada jovem newari com um *bel*, quando ainda é menina; em seguida o esposo é jogado na água[179]. Estabelecem-se relações nupciais entre as árvores também por outros motivos: a boa sorte e a opulência coletiva, por exemplo. Um costume paralelo ao casamento das árvores é o seguinte: entre recém-casados, nas primeiras noites após o casamento, coloca-se um bastão (*danda*) da árvore Udumbara, que representa os Gandharvas, que, como se sabe, gozavam do *jus primae noctis*[180]. Supõe-se que a força sagrada erótica e fecundadora dos Gandharvas, incorporada no pau, consuma antes do esposo a união com a recém-casada.

118. O "Maio" – Vimos como as árvores ou a vegetação encarnam sempre a vida inesgotável: o que corresponde, na ontologia arcaica, à realidade absoluta, ao "sagrado" por excelência. O cosmos é simbolizado por uma árvore; a divindade manifesta-se em forma vegetal; a fecundidade, a opulência, a fortuna, a saúde ou, em nível mais elevado, a imortalidade e a juventude eterna estão concentradas nas plantas ou nas árvores; a humanidade ou a raça derivam de uma espécie vegetal; a vida humana refugia-se nas formas vegetais quando seu curso é interrompido ardilosamente e antes do tempo; em resumo, tudo o que é, tudo o que é *vivo* e *criador*, em estado de regeneração contínua, se exprime por símbolos vegetais. O cosmos foi representado na forma de uma árvore porque, assim como esta, *ele se regenera periodicamente*. A primavera é uma ressurreição da vida universal e, portanto, da vida humana. Por esse ato cósmico, todas as forças de criação recuperam seu vigor inicial. A vida é integralmente reconstituída; *tudo começa de novo*; em resumo, repete-se o ato primordial da criação cósmica porque toda regeneração é um novo nascimento, um regresso àquele tempo mítico em que apareceu pela primeira vez a forma que se regenera.

A ideia de regeneração do coletivo humano por uma ativa participação sua na ressurreição da vegetação e, portanto, na regeneração do cosmos está implícita em numerosos rituais da vegetação. Nas tradições populares europeias conservaram-se vestígios ou fragmentos dos roteiros arcaicos em que se apressava a chegada da primavera ornamentando uma árvore e levando-a depois em cortejo com aparato cerimonial. Na Europa ainda há o costume de trazer uma árvore da floresta na primavera, no começo do verão, ou no dia de São João, e colocá-la no centro da aldeia; ou o de todos irem ao bosque cortar ramos verdes e pendurá-los em suas casas para garantir a prosperidade do dono. Tal costume tem o nome de "árvore de maio" ou *May-pole*[181]. Na Inglaterra, grupos de rapazes e moças ou de meninas vão de casa em casa, no dia primeiro de maio, com coroas de ramos e de flores, cantando e pedindo presentes. Nos Vosges a cerimônia realiza-se no primeiro domingo de maio. Na Suécia põem-se "mastros de Maio" (*Maj stänger*) nas casas, sobretudo no solstício de verão; são pinheiros desprovidos dos ramos e decorados com flores artificiais, brinquedos etc. Onde quer que se encontre esse cerimonial (da Escócia, da Suécia até os Pireneus e entre os eslavos) o "mastro de maio" é uma ocasião para divertimentos coletivos que acabam com uma dança em volta do mastro. Os principais papéis geralmente cabem às crianças e aos jovens. É uma festa da primavera, mas, como toda manifestação desse tipo, tem mais ou menos características de orgia (§ 137).

Um autor puritano inglês, Philipp Stubbes[182], condena com indignação esses resquícios pagãos porque, diz ele, os jovens dos dois sexos passam a noite na floresta, com Satã em vez de Deus; e, quando levam para a aldeia o "mastro de maio" ("this stinkyng ydol rather"), dançam todos em volta dele uma dança pagã. Apenas um terço das jovens voltam para casa "undefiled"[183]. Não obstante a resistência da Igreja, "a festa de maio" ou "maias" continuou a ser celebrada. As profundas transformações sociais tampouco conseguiram aboli-la: mudaram-lhe apenas o nome. No Périgord e em outras regiões, a "árvore de maio" tornou-se um símbolo da Revolução Francesa: chamam-na "árvore da Liberdade", mas em volta dela os camponeses dançam as mesmas rondas arcaicas que lhes foram transmitidas pelos ancestrais[184]. O dia primeiro de maio é celebrado hoje como dia do trabalho e da liberdade; para a mentalidade moderna essa festa conserva em parte o mito da regeneração e da melhoria do bem-estar coletivo, mito comum a todas as sociedades tradicionalistas.

Em muitas regiões, durante a troca solene do "mastro de maio" a árvore do ano anterior é queimada[185]. A consumação da madeira pelo fogo provavelmente também é um rito de regeneração da vegetação e da renovação do ano, pois na Índia e na Antiguidade clássica queimava-se uma árvore no começo do ano[186]. A celebração do novo ano e a consumação da árvore pelo fogo frequentemente são ocasião de orgias na Índia, como entre os biaris das Províncias Unidas (Agra e Oudh), que colocam fogo na árvore çalmali e terminam com uma orgia coletiva[187]. As cinzas dessa árvore ficam carregadas de propriedades apotropaicas e fertilizantes. Protegem das doenças, do mau-olhado, dos espíritos maus[188]. Na Europa, no Carnaval e no Natal as cinzas ou os tições do "mastro de maio" são espalhados pelos campos para favorecer e aumentar as colheitas.

Tudo isso se explica se considerarmos que se trata de um mesmo complexo ritual: regeneração da vegetação e regeneração do "ano" (lembramos que para muitos povos do Oriente antigo o ano começava em primeiro de março). Atribuem-se às cinzas e aos carvões os valores mágicos e fertilizantes do mastro sacrificial[189]. Sua "força" é devida à sua semelhança com um protótipo (cinzas de uma árvore queimada ritualmente no começo do ano, no mês de maio, em São João etc.). Ora, a árvore ou a madeira queimadas cerimonialmente adquirem eficácia pela simples regressão em potência, pelo retorno ao estado de "semente" que a queima realiza; a "força" que eles representam ou personificam, não podendo mais manifestar-se de modo formal, concentra-se nas cinzas ou no carvão.

Frequentemente a chegada do "maio" é figurada não só por uma árvore ou um mastro, mas também por efígies antropomórficas, decoradas com folhagem e flores, e até mesmo por uma pessoa designada que encarna a força da vegetação ou uma de suas manifestações míticas. Assim, no norte da Baviera leva-se em procissão até o centro da aldeia uma árvore Walber e, sob um disfarce de palha, um jovem, também chamado "Walber". Coloca-se a árvore diante de um bar e toda a aldeia dança em volta dela; o jovem Walber é apenas um "duplo" antropomórfico das forças da vegetação.

O mesmo se dá entre os eslavos de Caríntia, que no dia de São Jorge decoram uma árvore, ao mesmo tempo que envolvem com ramos verdes um jovem, também chamado "Jorge Verde". Depois dos cantos e das danças inevitáveis em qualquer festa da primavera, uma imagem do "Jorge Verde" (ou mesmo o próprio jovem) é jogada na água. Na Rússia, a árvore desapareceu e "Jorge Verde" só se aplica ao jovem revestido de verde. Na Inglaterra, para a festa de maio, "Jack-in-the-green", um limpa-chaminés enfeitado com folhagem e hera, dança diante de grupos de limpa-chaminés. Após a dança, os limpa-chaminés fazem o peditório entre os assistentes[190].

Aliás, todas as cerimônias de maio terminam com um pedido de presentes. Os grupos que percorrem a aldeia com ramagens e flores, tanto levando em cortejo figuras de flores como com jovens personificando a vegetação, recolhem prendas em cada casa (até mesmo essas prendas têm um caráter tradicional: ovos, frutas secas, certos bolos etc.). Os que recusam são ameaçados em verso ou em prosa, segundo o cerimonial em uso: que não tenham boas colheitas, que seu pomar não dê frutos, que a vinha não floresça! etc. Em sua qualidade de mensageiro da vegetação, o grupo arroga-se o direito de injuriar os avarentos: por um lado, porque a avareza é prejudicial a toda a coletividade e porque, num episódio dramático como é a chegada da primavera, é preciso que a substância vital, o alimento, circule generosamente no interior da coletividade para promover de forma mágica o circuito das reservas cósmicas de substância vital (plantas, rebanhos, colheitas); por outro, porque o grupo, ao anunciar a boa-nova da vegetação, tem a sensação de cumprir um ato cerimonial que interessa a toda a coletividade e de que essa função exige recompensa: o grupo *vê* antes dos outros a primavera, *conduz* a primavera à aldeia, *mostra-a* aos outros, *estimula-a* com cantos, danças e rituais.

119. O "rei" e a "rainha" – Efetivamente, em certas regiões a chegada do "maio" é uma oportunidade para concursos diversos, seleção dos pares mais vigorosos (o "rei" e a "rainha"), lutas cerimoniais etc. A função de todas essas provas, mesmo que seu sentido original tenha sido diferente, hoje é estimular as energias da natureza. Geralmente a festa começa por uma corrida ao "mastro" ou por uma competição entre jovens que procuram chegar em primeiro lugar ao topo do mastro. Vamos limitar-nos a alguns exemplos: na Saxônia, esse cerimonial tem lugar no dia primeiro de maio ou em Pentecostes e consiste primeiramente em transportar da floresta árvores novas (*majum quaerere*) para decorar as casas e depois em erguer solenemente uma árvore, o "maio", no centro da aldeia. Cortam-se seus ramos, com exceção de alguns no topo, onde se penduram prendas (salsichas, ovos, bolos). Os jovens rivalizam para chegar ao topo da árvore, em certas regiões e, em outras, para correr o mais rápido possível até o "mastro". Às vezes a corrida é feita a cavalo[191]. O herói é carregado e festejado. Outrora era-lhe oferecido pelas mais belas jovens um tecido vermelho.

Na Silésia, o vencedor da corrida a cavalo é chamado "rei de Pentecostes" e sua noiva, "rainha de Pentecostes". O último a chegar é obrigado a fazer o papel de bobo: entre outras coisas, tem de comer trinta pãezinhos e beber quatro litros de aguardente antes da chegada do "rei"; este, levando um ramalhete de maio e uma coroa, é acompanhado em cortejo por toda a aldeia e por fim conduzido até o albergue. Se o "bobo" conseguir beber e comer tudo o que lhe foi ordenado e estiver em condições de receber o "rei" com um discurso e um copo de cerveja, sua despesa é paga pelo "rei"; caso contrário, é o próprio bobo que terá de pagá-la. Depois da missa, a procissão põe-se novamente em marcha, com o "rei" e o "bobo" à frente, levando na cabeça a coroa de Pentecostes; detém-se diante de cada propriedade para pedir presentes em gêneros e em dinheiro (a fórmula é a seguinte: "Para comprar sabão e lavar a barba do louco."). O costume permite aos "cavaleiros" do cortejo do "rei" apoderarem-se de tudo o que encontrarem em matéria de comida dentro das casas, salvo o que estiver fechado à chave. Depois o cortejo dirige-se para a casa da noiva do "rei"; chamam-na de "rainha de Pentecostes" e oferecem-lhe presentes. O "rei" tem também o direito de erguer a árvore de maio diante da casa de seu patrão, onde ela fica até o ano seguinte. Para terminar, todos se reúnem no bar e o "rei" e a "rainha" abrem o baile[192].

120. Sexualidade e vegetação – Em outras regiões (França, Inglaterra, Boêmia, por exemplo), o uso manda que se escolha, já no início, uma "rainha de maio". Mas a maioria das tradições populares europeias conserva o casal primordial sob diferentes designações: rei e rainha, amo e ama, noivo e noiva, os namorados (como é o caso na Sicília e na Sardenha). Trata-se, sem dúvida, de uma imagem alterada do jovem casal que outrora estimulava as forças criadoras da natureza realizando sua união ritualmente no campo arado (cf. §§ 135 ss.) e repetindo assim a hierogamia cósmica entre o céu e a Terra. Esses casais estão sempre à frente das procissões que levam a "árvore de maio" ou as figuras vegetais de propriedade em propriedade, recolhendo doações. Muitas vezes são considerados casados; em outros conjuntos e outros níveis culturais o casal cerimonial perde seu sentido originário hierogâmico, sendo absorvido pelo rito da orgia. Aliás, em certos casos, é difícil precisar em que medida um rito se articula num sistema erótico ou num sistema telúrico-agrário. A vida revela-se como unidade; os níveis de vida cósmica correspondem-se mutuamente (Lua-mulher-Terra; céu-chuva-homem etc.) e até mesmo interferem em determinados centros (todos os atributos cosmológicos da Lua, da noite, das águas, da terra, das sementes, do nascimento, da regeneração, da ressurreição etc. estão presentes, mesmo virtualmente, na mulher e podem ser atualizados e aumentados por rituais femininos ou hierogamias). Por isso somos continuamente obrigados a chamar a atenção para esse conjunto unitário de que deriva, em parte, cada ritual e do qual entretanto ele é o fundamento. Sobretudo os cultos da vegetação devem ser interpretados segundo a concepção biocosmológica originária que os gerou. Seu polimorfismo muitas vezes é uma ilusão de óptica moderna: no fundo, eles decorrem de uma intuição ontológica arcaica (*o real* não é só o que *permanece* indefinidamente igual, mas também o que se *converte em formas orgânicas mais cíclicas*) e convergem para o mesmo objetivo: assegurar, por quaisquer meios que sejam, a regeneração das forças da natureza.

Assim, em certas ilhas de Amboíno, por exemplo, quando as plantações de craveiros-da-índia se mostram deficientes, os homens entram nelas à noite, sem roupas, e tentam fertilizar as árvores gritando: "Cravos-da-índia!" Entre os bagandas da África Central, a mulher que teve gêmeos torna-se, por essa prova de fecundidade, um centro genésico capaz de fecundar as bananeiras;

uma folha de bananeira colocada entre suas pernas e empurrada para o lado pelo marido, com um gesto marital, adquire virtudes excepcionais, a ponto de ser procurada pelos colonos das aldeias vizinhas e ser vendida por bom preço[193]. Nesses dois casos, estamos diante de uma aplicação do regime erótico humano à vida vegetativa, aplicação grotesca, excessivamente concreta, limitada a "objetos individuais" (certas árvores, certas mulheres) e não projetada magicamente no "conjunto", ou seja, na vida como totalidade.

Esses casos aberrantes confirmam o princípio implícito na hierogamia, na união primaveril dos casais jovens no campo arado, nas corridas e nos concursos que estimulam as forças vegetativas durante certas festas da primavera e do verão, no "rei" e na "rainha de maio" etc. Em toda parte identificamos a vontade de promover num vasto plano o circuito da energia biocósmica e sobretudo da energia vegetativa. Como vimos, nem sempre é a vegetação que é estimulada pelo homem por meio de um cerimonial e de uma hierogamia; muitas vezes, ao contrário, é a vida vegetativa que estimula a fecundidade dos homens (por exemplo, o casamento das árvores na Índia, a fecundidade pelos frutos e pelas sementes, pela sombra da árvore etc.). É o mesmo circuito fechado da substância vital que irrompe em todos os níveis cósmicos, mas que é possível fazer concentrar e projetar em certos centros (mulher, vegetação, animais), de acordo com as necessidades do homem. A circulação da substância vital e das forças sagradas entre os múltiplos níveis biocósmicos, circulação dirigida pelo homem para seu proveito imediato, será mais tarde utilizada como o melhor meio para adquirir a imortalidade ou a "salvação" da alma[194].

121. Representantes da vegetação – O essencial nas festas da vegetação, tal como se conservaram nas tradições europeias, não é só a *exposição cerimonial* de uma árvore, mas também a *bênção* de um novo ano que começa. Compreenderemos tudo isso mais claramente a partir dos exemplos que citaremos adiante. As modificações que o calendário sofreu no decurso dos tempos às vezes escondem um pouco esse elemento de regeneração, de "novo começo" que é possível vislumbrar em inúmeros costumes da primavera. O aparecimento da vegetação inaugura um novo ciclo temporal; a vida vegetativa renasce em cada primavera, "recomeça". A fonte comum desses dois grupos de cerimônias – a *exposição* da árvore de maio e o *começo* de um novo "tempo" – é evidente em muitas tradições. Em certas regiões, por exemplo, é costume matar o "rei de maio", representante e estimulador da vegetação. Na Saxônia e na Turíngia, grupos de rapazes põem-se à procura do "selvagem", coberto de folhagem e escondido na floresta; agarram-no e fazem dele alvo de seus mosquetes sem pólvora[195]. Na Boêmia, na terça-feira de Carnaval, um grupo de jovens mascarados põe-se a perseguir o "rei" numa corrida patética através da cidade, agarram-no, julgam-no e condenam-no à morte. O "rei", que tem um pescoço muito alto, composto de vários chapéus sobrepostos, é decapitado. No distrito de Pilsen (Boêmia), o "rei" apresenta-se vestido de plantas e flores e, após o processo, pode fugir a cavalo. Se não for pego, terá o direito de continuar "rei" mais um ano; caso contrário, cortam-lhe a cabeça[196].

Encontramos ainda nas tradições populares europeias duas encenações que, em estreita relação com essas festas da primavera, desempenham funções semelhantes no contexto do mesmo sistema cerimonial da regeneração do "ano" e da vegetação. Trata-se da "morte e enterro do Carnaval" e da "luta entre o inverno e o verão", seguida da expulsão do inverno (ou da "morte") e da introdução da primavera. A data deste último costume varia: em geral, a expulsão do inverno (e a execução da "morte") tem lugar no quarto domingo da Quaresma ou – como sucede entre os tchecos da Boêmia – uma semana mais tarde; em certas aldeias alemãs da Morávia, efetua-se no primeiro domingo depois da Páscoa. Essa diferença, que já vimos também no cerimonial de "maio" (1º de maio, Pentecostes, começo de junho, São João etc.), é, ela própria, um indício de que a cerimônia mudou de data ao passar de uma região para outra e integrar-se em outros conjuntos rituais. Não podemos aqui referir-nos mais pormenorizadamente à origem e ao sentido do Carnaval: o que nos interessa é o ato final dessa importante festa; em muitas regiões, a efígie do Carnaval é "condenada à morte" e executada (o modo de execução varia: ora é queimada, ora afogada, ora decapitada). Por ocasião dessa execução realizam-se frequentemente lutas e combates corpo a corpo, jogam-se nozes na figura grotesca que representa o Carnaval, luta-se atirando flores e legumes etc. Em outras regiões – por exemplo, nas imediações de Tübingen – condena-se, decapita-se e enterra-se em um caixão, no cemitério, no fim de uma cerimônia divertida, a figura do Carnaval. O costume tem o nome de "enterro do Carnaval"[197].

O outro episódio semelhante, a expulsão ou a execução da "morte", desenrola-se de diversas maneiras. O costume mais disseminado na Europa é o seguinte: algumas crianças fazem uma boneca de palha e de ramos e levam-na para fora da aldeia, dizendo: "Estamos levando a morte para a água" etc.; depois, jogam-na num lago ou num poço ou queimam-na. Na Áustria, diante da fogueira da "morte" desenrolam-se lutas entre espectadores, cada um tentando pegar um pedaço da efígie[198]. Revela-se aqui o poder fertilizante da "morte", poder que também possuem os outros símbolos da vegetação e as cinzas da madeira queimada durante as diversas festas de regeneração da natureza e de começo do ano. Imediatamente após a expulsão ou a execução da "morte" entra em cena a primavera. Entre os saxões da Transilvânia, enquanto os rapazes levam para fora da aldeia a "efígie da morte", as moças preparam a vinda da primavera, personificada numa delas[199].

Em outras regiões, são também os jovens que introduzem o verão, e esse cerimonial é uma variante da "árvore de maio"; alguns rapazes vão à floresta, cortam uma árvore nova, tiram-lhe os ramos, decoram-na e depois voltam para a aldeia, onde vão de casa em casa cantando que trazem "o verão" e pedindo prendas[200]. Liungman provou que esse costume popular europeu derivava do complexo ritual do Carnaval, ou seja, da instauração do "Ano-Novo"[201] (§ 153). Na Suíça, entre os suábios e em Ostmark, ainda hoje, no Carnaval, expulsa-se a figura do inverno ou da "avó"[202]. Um texto do século VIII menciona que as populações alemânicas "in mense Februario hibernum credi expellere". No Carnaval, em certas localidades queimavam-se feiticeiras (personificações do "inverno"), atava-se a figura do "inverno" a uma roda etc.[203]

Quanto ao segundo ato – a introdução do verão –, sua origem, segundo Liungman, está na encenação arcaica do Carnaval. Esse segundo ato consiste em *mostrar* um animal, geralmente um pássaro, um ramo verde ou um ramalhete de flores, em suma, um sinal da primavera semelhante à "árvore de maio"[204]. Os versos cantados durante a expulsão do inverno e a introdução da primavera são os mesmos que se cantam no Carnaval e também são iguais às ameaças proferidas nos dois casos devido à recusa de prendas[205]: assim como a cerimônia de Carnaval e as outras que dela derivam, também essa festa termina com um peditório.

122. Lutas rituais – Por fim, convém ainda destacar neste contexto um costume: a luta entre o verão e o inverno, episódio dramático que consiste, por um lado, na luta entre representantes dessas duas estações e, por outro, num longo diálogo versificado do qual cada personagem entoa sucessivamente uma estrofe. Esse complexo, como mostrou Liungman, está muito menos difundido do que a cerimônia de expulsão do inverno e introdução do verão, o que indica uma origem mais recente[206]. Daremos apenas alguns exemplos. Na Suécia, no dia da festa do "maio", realiza-se uma luta entre dois grupos de cavaleiros. Um deles, que personifica o inverno, está vestido de peles e arremessa bolas de neve e de gelo; o outro está enfeitado com ramagens e flores. Por fim, o grupo do "verão" vence e a cerimônia termina com um banquete geral. No Reno o "inverno" aparece vestido de palha e o "verão", de hera. A luta, evidentemente, acaba com a vitória do verão; o jovem que desempenha o papel de inverno é lançado por terra e arrancam-lhe toda a fantasia de palha; depois os atores, com uma linda coroa de flores, percorrem alternadamente as casas, pedindo prendas[207].

A forma mais frequente dessa luta é a passagem pelas diversas casas e a recitação alternada de estrofes pelos representantes das duas estações. Liungman recolheu um número considerável de variantes desse canto, em que se celebram sucessivamente o inverno e o verão. Segundo esse especialista sueco[208], a forma literária não é anterior ao século XV d.C., mas o protótipo mítico dessa luta é indiscutivelmente arcaico. Depois de destacar numerosas tradições literárias medievais e antigas ("Des Poppe Hofton", manuscrito do século XV, o poema de Hans Sachs "Gesprech zwischen dem Sommer und Winter" de 1538, o poema latino "Conflictus Veris et Hiemis" dos séculos VIII-IX, a terceira Écloga de Virgílio, o quinto Idílio de Teócrito etc.), Liungman passa em revista, para rejeitá-las, as hipóteses de outros especialistas (por exemplo, a luta entre Xanthos e Melanthos, "o louro" e "o negro", em que Usener via o protótipo de nosso motivo) e admite que é pertinente identificar o arquétipo mítico com a luta entre Tiamat e Marduk, luta que era comemorada ritualmente no princípio de cada ano[209].

Compartilhamos as conclusões do pesquisador sueco no que diz respeito ao protótipo mítico (ao qual ele acrescenta a luta da divindade da vegetação com seu adversário, a seca: Osíris-Seth no Egito, Alein-Mot entre os fenícios) porque, como já tivemos ocasião de ilustrar muitas vezes neste trabalho, cada ritual não passa da repetição de um gesto primordial que teve lugar *in illo tempore*. Quanto à difusão histórica do motivo, não sabemos em que medida os resultados das pesquisas de Liungman podem ser considerados definitivos. Ele mesmo indica que a luta entre o verão e o inverno se encontra entre os esquimós e os iiacutos, sem, no entanto, poder explicar se o costume deriva da tradição mesopotâmico-europeia ou de outro centro. A luta em si mesma é um ritual de estimulação das forças genésicas e das forças da vida vegetativa. As batalhas e os conflitos que ocorrem em muitos lugares por ocasião da primavera ou das colheitas certamente devem sua origem à concepção arcaica de que as lutas, os concursos, os jogos brutais entre grupos de sexos diferentes aumentam e fomentam a energia universal. O que nos interessa em primeiro lugar é o *modelo*, o *arquétipo* que fundamenta precisamente os costumes; *fazem-se* todos esses ritos porque eles *foram feitos* "naquele tempo" por certos seres divinos e em conformidade com as normas rituais instauradas justamente então.

Encontramos as lutas cerimoniais em numerosíssimas religiões arcaicas, por exemplo nas mais antigas camadas do culto agrário osírico, nas religiões proto-históricas escandinavas[210]. As mesmas lutas ocorrem na Europa moderna e também em outras circunstâncias, no contexto desse mesmo conjunto de festas da primavera; assim, por exemplo, no dia de São Pedro, 29 de junho, celebra-se na Rússia o "enterro de Kostroma", uma das figuras míticas que simbolizam a vida e a morte rítmica da vegetação. Trata-se então de lutas seguidas de lamentações[211]. Ainda na Rússia, a morte e a ressurreição de Kostrubonko – outra designação da mesma divindade popular da primavera, autenticamente eslava, segundo A. Brückner[212] – são celebradas por um coro de moças:

> Morto, está morto nosso Kostrubonko
> Morto! aquele que nos é querido está morto!

De súbito, uma delas grita:

> Regressou à vida! Nosso Kostrubonko voltou à vida!
> Aquele que nos é querido voltou à vida![213]

Embora, na opinião de um especialista como Brückner, o rito e o nome da divindade sejam autenticamente protoeslavos, o lamento das jovens seguido da alegria causada pela ressurreição de Kostrubonko lembra-nos o modelo tradicional do drama das divindades orientais da vegetação.

123. Simbolismo cósmico – Um ponto comum ressalta de todas essas cerimônias populares: a celebração de um *acontecimento cósmico* (primavera ou verão) pela manipulação de um *símbolo da vegetação*. As pessoas *mostram* uma árvore, uma flor, um animal, *decoram* e *passeiam* ritualmente uma árvore, um pedaço de madeira, um homem vestido de ramos ou uma efígie; às vezes realizam-se *lutas, concursos, cenas dramáticas* que se referem a uma morte ou a uma ressurreição. A vida do grupo humano todo concentra-se, por um momento, numa árvore ou numa figura vegetal, simples símbolo destinado a *representar* e *abençoar* um acontecimento cósmico: a primavera. Tudo se passa como se o coletivo humano fosse incapaz de manifestar sua alegria e de colaborar na instauração da primavera num plano – objetivamente falando – mais amplo, que englobasse toda a natureza. Sua alegria, e também o fato de cooperar na vitória definitiva da vida vegetativa, limita-se a um microcosmo: um ramo, uma árvore, uma efígie, um personagem travestido. *Um único objeto* (ou *símbolo*) indica a presença da natureza. Portanto, não se trata de um sentimento panteísta de simpatia e adoração com relação à natureza, mas de um sentimento provocado pela presença do *símbolo* (ramo, árvore etc.) e estimulado pela realização do *rito* (procissões, lutas, concursos etc.). Esse cerimonial fundamenta-se numa intuição global do sagrado biocósmico que se manifesta em todos os níveis da vida, desenvolve-se, esgota-se e se regenera periodicamente. As personificações dessa sacralidade biocósmica são polimorfas e – estaríamos tentados a dizer – provisórias. Um "gênio" da vegetação aparece às vezes por uma criação mítica, vive, difunde-se e em seguida desaparece. O que se mantém, o que é primário e permanente é o "poder" da vegetação, posto à prova e controlado com igual eficácia num ramo, numa efígie ou numa personificação mítica. Mas nos enganaríamos se atribuíssemos um valor religioso mais autêntico a um cerimonial que se desenrola em torno de um *personagem mítico* (como Kostrubonko, por exemplo) do que a um cerimonial em que figura apenas um *signo* (ramagem, "maio" etc.). É preciso atribuir essas diferenças a diferenças na capacidade mítica dos diversos grupos humanos, ou, muito simplesmente, à história. Essas diferenças não são, em caso algum, muito importantes. Por toda parte encontramos a mesma intuição fundamental e a mesma tendência para celebrar o acontecimento cósmico num microcosmo, para celebrá-lo *simbolicamente.*

O que importa, insistimos, não é somente a *manifestação* da força vegetativa, mas o *tempo* em que ela se realiza. Não é somente um acontecimento que ocorre no espaço, mas também no tempo. Uma nova etapa começa; ou seja, repete-se o ato inicial, mítico, da regeneração. É por isso que encontramos o cerimonial da vegetação – em diferentes regiões e em diferentes épocas – celebrado entre o Carnaval e o dia de São João. Não foi o aparecimento *real* da primavera que criou o ritual da vegetação; não se trata do que já foi designado como "religião naturista", e sim de um cerimonial que se adaptou, segundo as circunstâncias, às diferentes datas do calendário, mas conservou em toda parte a estrutura inicial: é uma *reatualização* do ato primordial da regeneração. Vimos, além disso, que se queima o "maio" do ano precedente quando chega a nova árvore, que também se queimam as imagens do Carnaval, do inverno, da morte, da vegetação, e que muitas vezes suas cinzas são valorizadas pelas virtudes germinativas e apotropaicas que encerram. Liungman observou, entretanto, que se queimam também certos troncos de árvore, em outras circunstâncias: por exemplo, os eslavos do sul do Danúbio costumam queimar uma árvore ou um ramo chamado Badnjak no Natal, no Ano-Novo ou na Epifania. O Badnjak arde vários dias a fio em cada casa e suas cinzas são dispersadas pelos campos para fertilizá-los; também ele traz riqueza à casa e multiplica os rebanhos. Entre os búlgaros, o Badnjak é até mesmo honrado com incenso, mirra e azeite; esse costume, muito antigo nos Bálcãs, está espalhado por toda a Europa, o que confirma seu arcaísmo[214].

Evidentemente, há regiões onde a árvore é queimada em datas diferentes. No Tirol, é na primeira quinta-feira da Quaresma que se leva uma acha em procissão solene; na Suíça, é na véspera de Natal, no Ano-Novo e no Carnaval. Além disso, o cerimonial do transporte e da queima da "acha de Cristo", do *calendeau* ou da árvore do Carnaval (no Ocidente) é executado pelos mesmos personagens da introdução do "maio"; nele encontramos o "rei" e a "rainha", o "mouro", o "selvagem", o "bobo" etc.; e encontramos também os mesmos personagens dramáticos, com a mesma árvore cerimonial, no momento das núpcias. Liungman pensa que todos os costumes que consistem em levar solenemente uma árvore e queimá-la derivam do costume antigo de queimar as árvores no dia primeiro de maio, ou seja, no começo do novo ano. Em certas regiões (Bálcãs), o costume deslocou-se para as festas de Natal e de Ano-Novo; em outras (Ocidente), o costume fixou-se na terça-feira de Carnaval e depois em primeiro de maio, em Pentecostes e em São João[215]. O que interessa destacar aqui é o significado cósmico-temporal que tinha (e que conserva, ainda que de forma atenuada) esse costume de queimar árvores. A queima era e continua a ser um ritual de regeneração, de recomeço e, ao mesmo tempo, de comemoração de um gesto primordial, realizado "naquele tempo". O valor mágico-vegetal passa para o segundo plano nesse cerimonial: seu valor manifesto é o de comemorar o "Ano-Novo". Portanto, poderíamos concluir que nesse conjunto ritual a concepção teórica, metafísica, precede a experiência concreta da vinda da primavera.

124. Síntese – Não devemos desconcertar-nos com a riqueza quase ilimitada das hierofanias vegetais. Sua abundância e variedade morfológica são facilmente redutíveis a uma estrutura coerente. Para lembrar apenas alguns dos fatos que acabamos de examinar, é evidente que a principal diferença entre, por exemplo, a Árvore Cósmica e a procissão da "árvore de maio" é devida, em primeiro lugar, à diferença de modalidade que existe entre um *ideograma* cosmológico e um *ritual*. Um rito "realiza-se" por *fórmulas* diferentes de um ideograma, um mito ou uma lenda. Mas todas essas fórmulas exprimem a mesma "verdade": a vegetação é a manifestação da *realidade viva*, da vida que se regenera periodicamente. Os mitos das árvores antropogênicas, os cerimoniais primaveris da vegetação, as lendas sobre a origem das plantas curativas ou sobre a transformação dos heróis dos contos em plantas limitam-se a exprimir, simbólica ou dramaticamente, uma mesma afirmação teórica: a vegetação encarna (ou significa, ou participa da) a *realidade* que se faz *vida*, que cria sem se exaurir, que se regenera manifestando-se em formas inumeráveis, sem nunca se esgotar. Tocar numa árvore para ter filhos ou para proteger o recém-nascido implica certa concepção global da *realidade* e da *vida* incorporada na vegetação, concepção que está igualmente implícita no ideograma da Árvore Cósmica ou nos mitos da Árvore da Vida; num caso como no outro, a vida manifesta-se através de um símbolo vegetal: o mesmo é dizer que a vegetação se torna uma hierofania – isto é, encarna e revela o sagrado – na medida em que ela *significa* alguma coisa *diferente dela mesma*. Uma árvore ou uma planta nunca são sagradas como árvore ou como planta; tornam-se sagradas por sua *participação* numa realidade transcendente, porque *significam* essa realidade transcendente. Por sua consagração, a espécie vegetal concreta, "profana", é transubstanciada; segundo a dialética do sagrado, um fragmento (uma árvore, uma planta) vale o todo (o cosmos, a vida), um objeto profano torna-se uma hierofania. Yggdrasil simboliza o Universo, mas qualquer carvalho poderia, aos olhos dos antigos germanos, tornar-se sagrado se participasse desse estado arquetípico, se "repetisse" Yggdrasil. Da mesma forma, para os altaicos qualquer bétula se torna, pela força da consagração, a "árvore do mundo"; ao escalá-la ritualmente, cerimonialmente, o xamã eleva-se, na realidade, através dos diversos céus.

Consequentemente, o que se designa como "cultos da vegetação" é mais complexo do que a denominação sugere. Por meio da vegetação, é a vida inteira, é a natureza que se regenera por múltiplos ritmos, que é "honrada", promovida, solicitada. As forças vegetativas são uma epifania da vida cósmica. Na medida em que está integrado nessa natureza e acredita que pode utilizar essa vida para seus próprios fins, o homem manipula os "signos" vegetais (o "maio", o ramo vernal, o casamento das árvores etc.), ou venera-os (as "árvores sagradas" etc.). Mas nunca houve uma "religião da vegetação", um culto exclusivamente concentrado em plantas ou em árvores. Ao mesmo tempo que a homenagem e a manipulação ritual da vida vegetativa, houve sempre, mesmo nas religiões mais "especializadas" (por exemplo, nas religiões da fecundidade), a homenagem e a manipulação ritual das outras forças cósmicas. Os chamados "cultos da vegetação" são mais propriamente rituais sazonais, que em nenhum caso se explicam por uma simples hierofania vegetal, mas se enquadram em roteiros infinitamente mais complexos que envolvem toda a vida biocósmica. Às vezes chega a ser difícil distinguir os elementos vegetais dos elementos cultuais relacionados com a Terra-Mãe, ou com Eros, o culto dos ancestrais, o Sol, o Ano-Novo etc. Nesta nossa exposição, os escolhemos e apresentamos isolados para evidenciar melhor a estrutura das hierofanias vegetais. Mas, como sucede sempre com a experiência religiosa arcaica, essas diversas hierofanias (vegetação, Terra-Mãe, Eros etc.) apresentam-se num todo e já organizadas em determinado sistema. Utilizando os "símbolos" vegetais e prestando homenagem a um "signo" vegetal, *significa-se* a vida em todas suas modalidades, a natureza em seu trabalho fecundo e infatigável. Essas referências à vida e à natureza não devem ser compreendidas como uma experiência panteísta, como uma tomada de contato místico com a vida cósmica. Porque, como já tivemos ocasião de observar (§ 123), não é o fenômeno "natural" da primavera, o acontecimento cósmico em si mesmo que provoca os rituais primaveris mas, ao contrário, é o ritual que *significa*, que confere um significado ao aparecimento da primavera; é o simbolismo e o ritual que tornam transparentes a regeneração da natureza e o começo de uma "vida nova", ou seja, a repetição periódica de uma nova criação.

Não fizemos referência, nesta rápida exposição, aos pretensos "deuses da vegetação" pelo simples motivo de que tal denominação se presta a deploráveis confusões. Se há epifanias vegetais de certas divindades, dificilmente poderíamos reduzir essas divindades a uma hierofania vegetal. Esses deuses revelam sempre mais do que revela uma hierofania vegetal: a "forma" deles, seu destino, sua modalidade de ser superam a simples revelação da realidade viva, da vida que se regenera periodicamente etc. Para compreender bem o que pode ser um "deus da vegetação" é preciso primeiramente saber o que é, na realidade, um "deus".

IX

A agricultura e os cultos da fertilidade

125. Ritos agrários – A agricultura revela de maneira mais dramática o mistério da regeneração vegetal. No cerimonial e na técnica agrícola o homem intervém diretamente: a vida vegetal e o sagrado da vegetação já não lhe são exteriores: participa de ambos, manipulando-os e conjurando-os. Para o homem "primitivo" a agricultura, como toda atividade essencial, não é uma simples técnica profana. Ligada à vida e prosseguindo o desenvolvimento prodigioso dessa vida presente nas sementes, na terra cultivada, na chuva e nos gênios da vegetação, a agricultura é principalmente um ritual. Assim foi no princípio e a situação é ainda a mesma nas sociedades agrárias atuais, até nas regiões mais civilizadas da Europa. O lavrador penetra e integra-se numa zona rica em sagrado. Seus gestos, seu trabalho são responsáveis por graves consequências porque se cumprem no interior de um ciclo cósmico e porque o ano, as estações, o verão e o inverno, a época da semeadura e a da colheita fortalecem suas próprias estruturas e adquirem cada uma um valor autônomo.

Em primeiro lugar, temos de chamar a atenção para a importância que o tempo, o ritmo das estações assumem para a experiência religiosa das sociedades agrárias. O lavrador já não está envolvido apenas com as zonas sagradas "espaciais" – a gleba fecunda, as forças ativas nas sementes, nos rebentos, nas flores –, mas também seu trabalho é integrado e comandado por um conjunto temporal, pelo ciclo das estações. Essa solidariedade das sociedades agrárias com ciclos temporais fechados explica bom número de cerimônias ligadas à expulsão do "ano velho" e à chegada do "novo ano", à expulsão dos "males" e à regeneração dos "poderes", cerimônias que se encontram quase sempre em simbiose com os ritos agrários. Agora os ritmos cósmicos mostram com precisão sua coerência e aumentam sua eficiência. Certa concepção otimista da existência começa a surgir depois desse longo comércio com a gleba e as estações; a morte revela-se como uma simples mudança provisória na maneira de ser; o inverno nunca é definitivo porque a ele se segue uma regeneração total da natureza, uma manifestação de formas novas e infinitas da vida; nada morre realmente, tudo se reintegra na matéria primordial e repousa à espera de uma nova primavera. Entretanto, essa concepção serena, consoladora, não exclui o drama. Seja qual for a valorização do mundo baseada no ritmo, no eterno retorno, não poderá evitar os momentos dramáticos. Viver ritualmente os ritmos cósmicos significa em primeiro lugar viver em tensões múltiplas e contraditórias.

O trabalho agrícola é um rito, não só porque se processa no corpo da Terra-Mãe e desencadeia as forças sagradas da vegetação, mas também porque implica a integração do agricultor em certos períodos de tempo benignos ou nocivos; porque é uma atividade acompanhada de perigos (por exemplo, a cólera do espírito que era dono do campo antes de este ser arroteado); porque pressupõe uma série de cerimônias com estrutura e origem diversas, destinadas a promover o crescimento dos cereais e justificar o gesto do cultivador; por fim, porque o introduz num âmbito que, de certo modo, está sob jurisdição dos mortos etc. Seria impossível passar em revista até mesmo os mais importantes grupos de crenças e ritos relacionados com a agricultura. Esse problema foi abordado muitas vezes, desde Mannhardt e Frazer até Rantasalo, J. J. Meyer e Waldemar Liungman. Vamos limitar-nos a apresentar os ritos e as crenças mais significativos, referindo-nos preferencialmente às zonas mais metodicamente estudadas, como, por exemplo, as regiões finlandesa e estoniana, objeto dos cinco volumes da obra de Rantasalo[1].

126. Mulher, sexualidade, agricultura – Já nos referimos à solidariedade que sempre existiu entre a mulher e a agricultura. Na Prússia Oriental ainda há pouco tempo se respeitava o costume de uma mulher nua ir ao campo semear ervilhas[2]. Entre os finlandeses, as mulheres levam as sementes para o campo na camisa menstrual, no sapato de uma prostituta ou nas meias de um filho bastardo[3], aumentando assim a fecundidade das sementes pelo contato com objetos usados por pessoas marcadas por uma poderosa nota erótica. A beterraba semeada por uma mulher é doce, a que é semeada por um homem é amarga[4]. Na Estônia a semente do linho é levada para os campos por moças e os suecos só permitem que ele seja semeado por mulheres. Entre os alemães são ainda as mulheres, em particular as casadas e as grávidas, que plantam as sementes[5]. A solidariedade mística entre a fecundidade da terra e a força criadora da mulher é uma das intuições fundamentais do que poderíamos chamar de "consciência agrícola".

Evidentemente, se a mulher exerce tanta influência sobre a vegetação, a hierogamia e mesmo a orgia coletiva terão, com muito mais razão, as mais felizes consequências para a fecundidade vegetal. Teremos ocasião de examinar muitos ritos que atestam a influência decisiva da magia erótica sobre a agricultura (§ 138). Lembramos, por ora, que as camponesas finlandesas espalham nos sulcos, antes da semeadura, algumas gotas de seu próprio leite[6]. Poderíamos interpretar esse costume de diferentes modos: oferenda aos mortos, transformação mágica do campo ainda estéril em gleba fértil ou simplesmente influência simpática da mulher fecunda, da mãe, sobre a semeadura. Também devemos mencionar o papel desempenhado pela nudez ritual nos trabalhos agrícolas, sem reduzi-lo exclusivamente a um rito de magia erótica. Na Finlândia e na Estônia, às vezes semeiam totalmente nus, à noite, murmurando: "Senhor, estou nu! Abençoa meu linho!"[7] O que se pretende é, evidentemente, o aumento da colheita, mas também que ela seja protegida contra o mau-olhado ou contra as lebres. (Também o feiticeiro está nu quando expulsa os sortilégios ou outros flagelos do campo.) Na Estônia, os plantadores garantem uma boa colheita lavrando e gradando o solo nus[8]. Durante a seca, as mulheres hindus, completamente nuas, puxam uma charrua pelos campos[9]. E, ainda em ligação com a magia erótico-agrária, há que registrar o uso, muito difundido, de regar o arado com água para a primeira lavra do ano. Nesse caso, a água não tem unicamente o valor simbólico pluvial, mas também um significado seminal. A aspersão dos lavradores com água é muito frequente na Alemanha, na Finlândia e na Estônia[10]. Um texto indiano diz que a chuva desempenha o mesmo papel que o fluxo seminal nas relações entre o homem e a mulher[11]. Aliás, o desenvolvimento da agricultura tende a atribuir também ao homem um papel cada vez mais importante. Se a mulher é identificada com a gleba, o homem é visto como solidário das sementes que a fecundam. No ritual indiano os grãos de arroz personificam o esperma que fecunda a mulher[12].

127. Oferendas agrárias – Esses exemplos, tirados de uma documentação particularmente rica, mostram bem o caráter ritual dos trabalhos agrícolas. A mulher, a fertilidade, a sexualidade, a nudez são centros de energia sagrada e pontos de partida para as atuações cerimoniais. Mas, mesmo fora desses ‘"centros", que revelam em primeiro lugar a solidariedade entre as diversas modalidades da fertilidade biocósmica, o trabalho agrícola mostra que é, em si mesmo, um ritual. Assim como um sacrifício ou outra cerimônia religiosa, só se pode começar um trabalho agrícola em estado de pureza ritual. Antes de iniciar a semeadura ou a colheita, o lavrador deve banhar-se e vestir uma camisa nova. Toda uma *mesma série* de gestos rituais é cumprida no início das semeaduras e no início das colheitas. Essa coincidência não é fortuita: a semeadura e a colheita marcam os momentos culminantes do drama agrário. Os gestos com que se iniciam constituem, no fundo, sacrifícios destinados a garantir bons resultados. Assim, os primeiros grãos não são semeados, mas lançados fora do sulco arado, oferecidos aos diferentes gênios (os mortos, os ventos, a "deusa do trigo" etc.); da mesma forma, na ceifa, as primeiras espigas são deixadas no campo para os pássaros, ou para os anjos, para as "três virgens", para a "mãe do trigo" etc. E os sacrifícios que têm lugar no começo da semeadura repetem-se no começo da ceifa e da debulha[13]. Entre os finlandeses e os alemães sacrificam-se ovelhas, cordeiros, gatos, cães[14].

Com que finalidade e a quem são oferecidos esses sacrifícios? A resposta tem posto à prova os talentos e suscitado pacientes pesquisas. Não é mais possível duvidar do caráter ritual dos costumes agrários e evidentemente sua finalidade é assegurar uma ótima colheita. Mas as forças de que depende uma boa colheita são inúmeras, e é natural que encontremos certa confusão na maneira como elas são personificadas e distribuídas. Também é natural que a representação dessas forças sagradas, presentes ou implícitas no drama agrícola, varie de um tipo cultural para outro e de um povo para outro, ainda que a origem seja a mesma; tais representações, por sua vez, estão enquadradas em conjuntos culturais e religiosos diferentes e são interpretadas de maneiras diferentes, até mesmo contraditórias, no seio de uma mesma população (por exemplo, no norte da Europa as modificações ocorridas nas concepções religiosas das tribos germânicas durante a época da migração; ou a influência do cristianismo na Europa, do islamismo na África e na Ásia).

128. "Poder" da colheita – O que se pode distinguir com bastante precisão é a estrutura das representações agrícolas. Assim, observa-se que toda a infinita variedade de ritos e crenças agrários supõe o reconhecimento de uma *força manifestada na colheita*. Esse "poder" ora é concebido como impessoal, como o são os "poderes" de tantos objetos e atos, ora é representado em estruturas míticas, ou ainda concentrado em certos animais ou em algumas pessoas humanas. Os rituais, simples ou elaborados em encenações dramáticas densas, tendem a estabelecer relações favoráveis entre o homem e esses "poderes" e a assegurar sua regeneração periódica. Às vezes o "poder" encarnado e ativo na colheita é manipulado de tal forma que é difícil determinar se o rito pretende prestar homenagem a uma figura mítica que o representa ou se tem em vista muito simplesmente a conservação do "poder" em si. Assim, o costume de não ceifar as últimas espigas de um campo é muito difundido; são deixadas para "o espírito da casa do vizinho", ou para "aqueles que moram sob a terra", ou para os "cavalos de Othin", como dizem os finlandeses, os estonianos e os suecos, para a "Gute Frau", "Arme Frau" ou "Wald Fräulein" na Alemanha, ou para a "esposa do trigo" ou a "Holz Frau"[15].

Como observa Jan de Vries[16], o sentido desse costume deve ser buscado na preocupação de não esgotar a essência, a "força" vivificante da colheita. É da mesma maneira que nunca se colhem os últimos frutos de uma árvore, que se deixam sempre alguns fios de lã no dorso das ovelhas, que na Estônia e na Finlândia nunca se esvazia completamente a arca onde se guarda o trigo e que os camponeses despejam um pouco de água no poço quando a tiram, para que ele não seque. As espigas não ceifadas possibilitam que a vegetação e a gleba conservem sua força. Esse costume – derivado da concepção fundamental do "poder" que se consome, mas nunca completamente, refazendo-se em seguida por sua própria magia – foi interpretado mais tarde como uma oferenda às personificações míticas das forças da vegetação e aos diferentes espíritos imaginados em relação direta ou indireta com ela.

Mas muito mais frequente e mais dramático é o ritual da ceifa do primeiro ou do último feixe de espigas de um campo. A "força" de toda a vegetação reside nesse feixe, da mesma forma que está concentrada nas poucas espigas que se evita ceifar. Mas esse primeiro ou último feixe, saturado de força sagrada, é valorizado de maneira contraditória. Em certas regiões os homens apressam-se a ceifá-lo em primeiro lugar, em outras todos os lavradores evitam ceifar o último feixe; às vezes ele é levado em cortejo até a propriedade, em outros lugares é jogado no campo do vizinho. Não há dúvida de que o último feixe concentra em si uma força sagrada, propícia ou nociva: os homens brigam para apossar-se dele ou para expulsá-lo. Essa ambivalência não contradiz a estrutura do sagrado, mas é mais provável que as valorizações contraditórias do último feixe sejam devidas a representações paralelas relacionadas com a manipulação e a distribuição do "poder" encarnado na vegetação. Os alemães fazem um feixe com as primeiras e as últimas espigas e põem-no sobre a mesa porque isso traz felicidade[17]. Para os finlandeses e os estonianos, o primeiro feixe – que é levado com grande pompa à propriedade – traz a bênção para toda a casa, protege-a das doenças, dos raios etc., como também protege a colheita contra os ratos. Também é muito disseminado o costume de guardar o primeiro feixe de trigo no aposento principal da propriedade durante as refeições e uma noite inteira, como sucede na Alemanha, na Estônia e na Suécia[18]. Em outros lugares, dá-se o primeiro feixe ao gado para protegê-lo e abençoá-lo.

Na Estônia, o primeiro feixe tem poderes proféticos: lançando as espigas segundo certo cerimonial, as jovens ficam sabendo qual será a primeira a casar. Ao contrário, na Escócia é aquele que ceifa o último feixe – chamado "a jovem" – que se casa no decurso do ano, por isso os ceifeiros recorrem a vários estratagemas para se apoderarem dele[19]. Em muitas regiões, a última mancheia de trigo ceifado é chamada "a casada"[20]. O preço do trigo no decorrer do ano pode ser previsto em certas regiões da Alemanha por meio do primeiro feixe[21]. Na Finlândia e na Estônia, os ceifeiros apressam-se em chegar à última fileira de trigo. Os finlandeses chamam-na de "berço de criança" e acreditam que a mulher que a amarrar ficará grávida. Nas mesmas regiões, assim como nos países germânicos, é frequente o costume de fazer um feixe enorme com as últimas espigas para garantir boa colheita no ano seguinte; é por isso que no tempo da semeadura grãos dessas espigas são misturados com as sementes[22].

129. Personificações míticas – Em todas essas crenças e costumes estamos diante do "poder" da colheita representado como tal, como "força sagrada", e não transfigurado numa personificação mítica. Mas existem muitas outras cerimônias que supõem, de maneira mais ou menos manifesta, um "poder" personificado. As figuras, os nomes e a intensidade dessas personificações variam: "mãe do trigo" nos países anglo-germânicos, ou "grande mãe"; "mãe da espiga", "velha rameira", "mulher velha", "ancião", entre os eslavos; "mãe da colheita", "o velho", entre os árabes; "o ancião" (*djedo*) ou "a barba" (a barba do Salvador, de Santo Elias, ou de São Nicolau entre os búlgaros, sérvios e russos) e ainda outros nomes são dados ao ser mítico que se supõe estar no último feixe de trigo[23].

Observam-se uma terminologia e concepções similares nos povos não europeus. Assim, os peruanos pensam que as plantas úteis são animadas por uma força divina que lhes proporciona crescimento e fertilidade; a efígie da "mãe do milho" (*zara-mama*), por exemplo, é feita de hastes de milho de maneira que pareça uma mulher, e os indígenas creem que, "como mãe, ela tem o poder de produzir muito milho"[24]. Essa efígie é conservada até a colheita seguinte, mas por volta do meio do ano os "feiticeiros" perguntam-lhe se ela se sente com forças para chegar até o fim; se a *zara-mama* responder que se sente fraca, queimam-na e fazem uma nova "mãe do milho", para que a semente do milho não morra[25]. Os indonésios conhecem um "espírito do arroz", poder que faz crescer e frutificar o arroz: por isso se comportam para com o arroz em flor como para com uma mulher grávida, tomando muitas precauções para que o "espírito" seja captado, fechado num cesto e depois cuidadosamente guardado no celeiro de arroz[26]. Se a plantação estiver definhando, os karens da Birmânia acreditam que foi a alma (*Kelah*) do arroz que se afastou dela e que, se não conseguirem sua reintegração, a colheita será perdida. Por isso pronunciam certas fórmulas dirigidas à "alma", à força que parece já não estar ativa na planta: "Ó, vem, *Kelah* do arroz, vem, vem para o campo! Vem para o arroz! Com sementes dos dois sexos, vem! Vem do rio Kho, vem do rio Kaw; do lugar onde elas se encontram, vem; vem do Ocidente, vem do Oriente! Da garganta do pássaro, das mandíbulas do macaco, da goela do elefante! Vem da nascente dos rios e de sua embocadura! Vem do país do Chan e do Birman! Dos reinos longínquos, de todos os celeiros, ó, vem! Ó *Kelah* do arroz, vem para o arroz!"[27]

Os minangkabauers de Sumatra pensam que o arroz é protegido por um espírito feminino chamado Saning Sari, também designado como *indoea padi* (literalmente, "mãe do arroz"). Certos pés de arroz, cultivados com especial cuidado e transplantados para o meio do campo, representam essa *indoea padi* cuja força exemplar se exerce de maneira coativa e benfazeja sobre toda a plantação[28]. Os tomoris, das Celebes, também conhecem uma "mãe do arroz" (*ineno pae*)[29]. Na península malaia, W. W. Skeat assistiu a cerimônias relacionadas com a "mãe do arroz criança" que provam que se assimila, por três dias, a mulher do fazendeiro a uma mulher parida, a partir do momento em que a "alma do arroz criança" foi levada para casa. Nas ilhas de Java, Bali e Sombok, realizam-se os noivados e as núpcias de dois molhos de arroz, escolhidos entre as plantas maduras antes do início da colheita. O casal nupcial é levado para casa e posto no celeiro "para que o arroz possa multiplicar-se"[30]. Trata-se, nestes últimos casos, de uma mistura de duas representações: a força que faz multiplicar a planta e a magia fertilizante do casamento.

Diríamos que essa personificação da "força" ativa na vegetação se realiza completamente quando os ceifeiros fazem com as últimas espigas uma efígie que se assemelha o mais possível à figura humana, habitualmente uma figura de mulher, ou mesmo decoram com palha uma pessoa real, dando-lhe o nome do ser mítico que ela presumivelmente representa; essa pessoa desempenha sempre certo papel cerimonial. Assim, na Dinamarca, a figura chamada "o velho" (*gammelmanden*) é enfeitada com flores e conduzida a casa com grande deferência. Mas, segundo outras fontes, davam uma forma humana ao último feixe de trigo, recortando nele uma cabeça, dois braços e duas pernas, e jogavam-no no campo ainda não ceifado do vizinho[31]. Entre os alemães, a "mulher velha" ou o "ancião" eram lançados no campo do vizinho ou então levados para casa e conservados até a colheita seguinte. Entretanto, identificavam com esse ser mítico o ceifeiro que cortava o último feixe ou o estranho que passava por acaso ao longo do campo, ou o próprio fazendeiro. Na Suécia, por exemplo, a jovem que ceifava as últimas espigas devia amarrá-las ao pescoço, levá-las para casa e, na festa que se fazia no fim da ceifa, dançar com essa efígie[32]. Na Dinamarca, a ceifeira dança com o manequim formado com as últimas espigas e chora porque se considera "viúva", visto que está casada com um ser mítico destinado à morte[33].

Às vezes, demonstra-se grande respeito para com os representantes humanos do "poder" personificado na colheita; outras vezes, ao contrário, zomba-se deles. Essa ambivalência parece ser devida à dupla função que aquele que ceifa as últimas espigas pode desempenhar: identificado com o "espírito" ou com o "poder" agrícola, ele é festejado; considerado, ao contrário, como o que destrói ou mata esse poder, é olhado com hostilidade e ameaçado de morte. Assim, em diferentes países germânicos, daquele que deu o último corte com a foice diz-se que "feriu o velho" ou "apanhou o velho"; ele tem de levar o manequim de palha até a aldeia, em meio aos risos e gracejos de todos, ou então deverá lançá-lo, sem ser visto, no campo de um vizinho que ainda não tenha acabado de debulhar[34]. Na Alemanha, o último ceifeiro ou a jovem que ata o último feixe são amarrados ao molho e conduzidos com grande pompa à aldeia, onde lhes servem os melhores pratos do festim[35].

Na Escócia, o último feixe é chamado "mulher velha" (*cailleach*) e todos se esforçam para não ceifá-lo, com medo da fome, pois acreditam que quem o ceifar terá de sustentar uma velha imaginária até a próxima colheita[36]. Os noruegueses creem que *skurekail* (o ceifeiro) vive durante todo o ano nos campos sem ser visto e se alimenta do trigo do dono. É capturado no último feixe, do qual se faz um boneco antropomórfico chamado *skurekail*[37]. Segundo outras fontes, o boneco é lançado no campo de um vizinho que ainda não acabou de ceifar e este é obrigado a alimentá-lo durante todo o ano. Entre os eslavos, ao contrário, quem ata a "baba" (a mulher velha) é considerado felizardo, pois terá um filho no decorrer do ano[38]. Na região da Cracóvia, a pessoa que ata o último feixe é chamada "baba" ou "avô"; é enfeixada com palha de maneira a ficar-lhe livre apenas a cabeça e conduzida no último carro até a propriedade, onde toda a família a asperge com água. Durante um ano inteiro essa pessoa conserva o nome de "baba"[39]. Em Caríntia, quem amarra os últimos feixes é envolvido em palha e lançado à água. Os búlgaros chamam o último feixe de "rainha do trigo"; vestem-no com uma camisa de mulher, desfilam com ele pela aldeia e depois o jogam no rio para garantirem chuva para a colheita seguinte; ou então o queimam e espalham as cinzas no campo para aumentar-lhe a fertilidade[40].

130. Sacrifícios humanos – O costume de aspergir e jogar na água o representante da vegetação é muito disseminado, como o de queimar o boneco de palha e espalhar as cinzas pelos campos. Todos esses atos têm um sentido ritual preciso e fazem parte de um roteiro dramático que foi conservado intacto em certas regiões e, por si só, nos fará compreender o cerimonial agrário. Na Suécia, por exemplo, se uma mulher estranha penetrar na eira, será envolvida em palha e chamada "mulher do trigo". Na Vendeia, é a proprietária que desempenha esse papel; envolta em palha, é levada para a debulhadora e empurrada para baixo dela; depois é retirada do meio das espigas e elas são debulhadas, mas a mulher é lançada para o alto numa coberta, como se ela própria fosse o trigo que deve ser joeirado[41]. Nesse caso, a identidade entre o "poder" dos cereais e seu representante humano é completa; a agricultora sofre simbolicamente todo o drama do trigo, cujo "poder" está concentrado no último feixe e que passa por uma série de ritos destinados a regenerá-lo e aplacá-lo.

Em muitas outras regiões da Europa ameaçam de morte, gracejando, o estranho que se aproxima do campo que está sendo ceifado ou da eira onde debulham o trigo[42]. Em algumas regiões, mordem-lhe a ponta dos dedos, chegam-lhe a foice ao pescoço etc. Em certas regiões da Alemanha, o desconhecido é amarrado pelos ceifeiros e tem de pagar uma multa para ser libertado. O jogo é acompanhado de canções que falam uma linguagem clara; na Pomerânia, por exemplo, o chefe dos ceifeiros diz assim:

Os homens estão prontos,
As foices são curvas,
O trigo é grande e pequeno.
Trata-se de ceifar o estrangeiro!

E no distrito de Stettin: "Bateremos no visitante – com nossas espadas nuas – com que tosquiamos campos e prados."[43] O mesmo costume existe contra o estranho que se aproxima da eira de debulha: é agarrado, amarrado e ameaçado.

É provável que tenhamos aqui reminiscências de uma encenação ritual que envolvia um sacrifício humano real. Essas reminiscências não supõem, no entanto, que todas as sociedades agrárias que praticam hoje a amarração e a ameaça de morte para com o estranho apanhado nas imediações do campo ceifado tenham praticado outrora o sacrifício humano por ocasião da colheita. É provável que todas essas cerimônias agrícolas tenham se difundido a partir de alguns centros (Egito, Síria, Mesopotâmia) para grande parte do mundo e que muitos povos tenham incorporado apenas fragmentos dos roteiros originais. Já na Antiguidade clássica o "sacrifício humano" por ocasião da ceifa não era mais que uma vaga recordação de tempos antigos, superados havia muito. Assim, uma lenda grega menciona um bastardo do rei frígio Midas, Litierses, conhecido por seu fabuloso apetite e pela paixão com que ceifava seu trigo. Todo estrangeiro que passasse por acaso perto de seus campos era banqueteado por Litierses e depois conduzido ao campo e obrigado a ceifar com ele. Se fosse vencido nesse concurso, Litierses amarrava-o a um feixe, cortava-lhe a cabeça com a foice e lançava o corpo no campo. Por fim, Héracles desafiou Litierses, venceu-o, cortou-lhe a cabeça com sua foice e lançou o corpo no rio Meandro, o que nos leva a supor que Litierses fazia o mesmo com suas vítimas[44]. É provável que, muitos séculos antes, os frígios praticassem efetivamente um sacrifício humano por ocasião da colheita; segundo alguns indícios, esse sacrifício era igualmente frequente em outras regiões do Oriente mediterrânico.

131. Sacrifícios humanos entre os astecas e os khonds – Temos provas de sacrifícios humanos em favor das colheitas entre certas populações da América Central e do Norte, em algumas regiões da África, em algumas ilhas do Pacífico e entre numerosas populações dravídicas da Índia[45]. Para uma compreensão mais clara da estrutura desses sacrifícios humanos, vamos limitar-nos a lembrar somente alguns exemplos, mas com detalhes suficientes.

Sahagun deixou-nos uma descrição rigorosa dos ritos do milho entre os astecas do México. Logo que a planta germinava, eles iam aos campos "procurar o deus do milho", ou seja, um rebento que levavam para casa e ao qual apresentavam oferendas em alimentos, exatamente como se fosse uma divindade. À noite, a planta era levada ao templo da deusa das substâncias, Chicomé-coatl, onde se reuniam moças que levavam, cada uma, um feixe de sete espigas de milho da colheita anterior, num invólucro vermelho e borrifadas com caucho. O nome que davam a esse feixe, *chicomolotl* (a sétupla espiga), designava também a deusa do milho. As jovens eram de três idades diferentes: pequenas, adolescentes e grandes, sem dúvida personificando simbolicamente as etapas do crescimento do milho; tinham os braços e as pernas cobertos de plumas vermelhas, cor das divindades do milho. Essa cerimônia, que se limitava à homenagem à deusa e à bênção mágica da colheita ainda mal germinada, não comportava sacrifício. Era somente três meses mais tarde, quando a colheita já estava madura, que uma jovem que representava a deusa do milho novo, Xilonen, era decapitada; esse sacrifício abria o uso alimentar, profano, do milho novo, o que faz supor que sua função era mais propriamente a de um sacrifício de primícias. Quando, sessenta dias depois, acabava a ceifa, tinha lugar um novo sacrifício. Uma mulher, que representava a deusa Toci, "nossa mãe" (a deusa do milho colhido e utilizado), era decapitada e esfolada imediatamente. Um sacerdote envolvia-se com a pele, e um pedaço da coxa era levado ao templo de Cinteotl, deus do milho, onde outro figurante fazia com ele uma máscara. Por algumas semanas, este era tratado como uma mulher recém-parida, porque provavelmente o sentido desse rito era que Toci, uma vez morta, renascia em seu filho, o milho seco, nos grãos que iam servir de alimento durante todo o inverno. Seguia-se uma série de cerimônias: os guerreiros desfilavam (Toci, como diversas divindades orientais da fecundidade, era ao mesmo tempo divindade da guerra e da morte), executavam-se danças e, por fim, o rei, seguido de todo o povo, lançava à cabeça do que representava Toci tudo o que tinha à mão e retirava-se imediatamente. Parece que Toci no final se tornava um bode expiatório e carregava consigo, quando era expulsa, todos os pecados da comunidade, porque o figurante levava a pele até um castelo da fronteira onde ele a pendurava com os braços abertos. Era também para lá que levavam a máscara de Cinteotl[46]. Em outros povos americanos, como, por exemplo, os pawnees, o corpo da jovem sacrificada era esquartejado e os pedaços enterrados nos campos[47]. Encontra-se o mesmo costume de esquartejar e espalhar o corpo na terra arada em certas tribos da África[48].

Mas o exemplo de sacrifício humano agrícola mais conhecido é o praticado até meados do século XIX por uma tribo dravídica de Bengala, os khonds. Os sacrifícios eram oferecidos à deusa da terra, Tari Pennu ou Bera Penu, e a vítima, chamada Meriah, ora era comprada, ora era filha de indivíduos que também tinham servido de vítimas. Os sacrifícios tinham lugar em festas periódicas ou em circunstâncias excepcionais, mas as vítimas eram sempre voluntárias. Aliás, os Meriahs viviam bastante felizes longos anos, pois eram considerados seres consagrados; desposavam outras "vítimas" e recebiam uma porção de terreno como dote. Dez ou doze dias antes do sacrifício, cortava-se o cabelo da vítima, cerimônia a que o povo assistia, pois na crença dos khonds o sacrifício era oferecido em proveito de toda a humanidade. Seguia-se uma orgia indescritível – sintoma que vamos encontrar em muitas festas relacionadas com a agricultura e com a fecundidade da natureza – e conduzia-se o Meriah, em procissão, desde a aldeia até o lugar do sacrifício, em geral uma floresta que o machado nunca havia tocado. Lá ele era consagrado: ungido com manteiga derretida e cúrcuma, ornado de flores, o Meriah parecia identificar-se com a divindade porque o povo se comprimia em volta dele para tocá-lo e as homenagens que lhe eram dirigidas dificilmente se distinguiam da adoração. A multidão dançava em volta da vítima ao som de música e, dirigindo-se a terra, exclamava: "Ó deus, nós te oferecemos este sacrifício; dá-nos boas colheitas, boas estações, boa saúde!" Depois diziam, dirigindo-se à vítima: "Nós te compramos, não te tomamos à força; agora te sacrificamos segundo o costume e disso nenhum pecado cairá sobre nós!" As orgias, suspensas à noite, recomeçavam na manhã seguinte e duravam até o meio-dia, quando todos se reuniam novamente em volta do Meriah para assistir ao sacrifício. A morte podia ser consumada de diferentes modos: drogavam o Meriah com ópio, amarravam-no e trituravam-lhe os ossos, ou era estrangulado, ou cortado em pedaços, ou ainda queimado lentamente no braseiro. O importante era que todos os que assistiam à festa, assim como todas as aldeias que tinham enviado representantes, recebessem um pedaço do corpo sacrificado. O sacerdote repartia cuidadosamente os pedaços, que rapidamente eram enviados a todas as aldeias e enterrados em seus campos com certo ritual. Os restos, em particular a cabeça e os ossos, era incinerados e as cinzas, espalhadas pela gleba, a fim de garantir uma boa colheita. Quando as autoridades britânicas proibiram os sacrifícios humanos, os khonds substituíram os Meriahs por certos animais (bode, búfalo)[49].

132. Sacrifício e regeneração – O sentido desses sacrifícios humanos deve ser buscado na teoria arcaica da regeneração periódica das forças sagradas. Evidentemente, todo rito ou encenação dramática que pretende obter a regeneração de uma "força" é, em si, a repetição de um ato primordial, de tipo cosmogônico, que teve lugar *ab initio.* O sacrifício de regeneração é uma "repetição" ritual da criação. O mito cosmogônico implica a morte ritual (ou seja, violenta) de um gigante primordial de cujo corpo se constituíram os mundos, cresceram as plantas etc. É sobretudo a origem das plantas e dos cereais que é relacionada com tal sacrifício: vimos que as plantas, o trigo, a vinha etc. germinaram do sangue e da carne de uma criatura mítica sacrificada ritualmente "no princípio", *in illo tempore.* De fato, o sacrifício de uma vítima humana para regeneração da força manifestada na colheita tem por objeto a repetição do ato de criação que deu vida às sementes. *O ritual refaz a criação*; a força ativa nas plantas regenera-se por uma suspensão do tempo e pelo retorno ao momento inicial da plenitude cosmogônica. O corpo esquartejado da vítima coincide com o corpo do ser mítico primordial que deu vida às sementes por seu esquartejamento ritual.

É esse, diríamos, o roteiro ideal que podemos situar na origem de todo sacrifício humano ou animal praticado com a intenção de aumentar e revigorar a colheita. O sentido mais imediato e mais evidente é simplesmente o da regeneração da força sagrada que atua nas colheitas. A fecundidade é, em si mesma, uma realização e, portanto, um esgotamento de todas as possibilidades até então virtuais. O homem "primitivo" vive em constante ansiedade por ver esgotarem-se as forças úteis que o rodeiam. O medo de que o sol se extinga definitivamente no solstício de inverno, de que a lua não se levante mais, de que a vegetação desapareça atormentou-o durante milhares de anos. Diante de qualquer manifestação do "poder" a mesma inquietação se apodera dele; esse poder é precário, corre o risco de esgotar-se. A ansiedade é particularmente patética diante das manifestações periódicas do "poder", como a vegetação, cujo ritmo conhece momentos de extinção aparente. E a ansiedade é ainda mais aguda quando a desagregação da "força" parece ser devida à intervenção do homem: a colheita das primícias, a ceifa etc. Nesse caso, oferecem-se sacrifícios designados "primícias"; o ritual reconcilia o homem com as forças que atuam nos frutos e outorga-lhe permissão para consumi-los sem risco. Tais ritos marcam, ao mesmo tempo, o começo do novo ano, ou seja, de um novo período de tempo, "regenerado". Entre os cafres de Natal e os zulus, após as festas do novo ano tem lugar no *kraal* do rei a grande dança durante a qual são cozidos frutos de toda espécie, num fogo novo, aceso por mágicos, em vasilhames novos que servem apenas para essa cerimônia. É só depois de o rei fazer cada participante comungar dessa papa das primícias que pode começar o consumo alimentar dos frutos[50]. Entre os índios creeks, o ritual de oferenda das primícias coincide com o da purificação e da expulsão de todos os males e pecados. Apagam-se todos os fogos e os sacerdotes acendem, por fricção, um fogo novo; todos se purificam com um jejum de oito dias, com vomitórios etc. Só é permitido consumir os grãos colhidos depois de o ano ser "renovado" desse modo[51].

Em rituais de primícias como esses, distinguem-se vários elementos constitutivos: 1º) o perigo que acompanha o consumo de uma nova colheita, quer porque isso pode provocar o esgotamento da espécie vegetal em questão, quer porque quem consumi-la corre o risco de atrair as represálias da "força" presente nos frutos; 2º) a necessidade de afastar esse perigo pela consagração ritual das primícias ou pela 3º) purificação prévia ("expulsão dos pecados", tipo bode expiatório) e regeneração da comunidade; 4º) regeneração que se dá pela "renovação do tempo", ou seja, pelo recomeço de um tempo puro, primordial (cada Ano-Novo é uma nova criação do tempo – cf. § 153). Vimos que entre os astecas a expulsão do ano velho e, ao mesmo tempo, de todos os males e pecados ocorria simultaneamente com o sacrifício à deusa do milho. O roteiro dramático compreende paradas militares, lutas mimadas etc., que também encontramos em outras cerimônias agrárias (por exemplo, nos mais antigos rituais osíricos).

133. Rituais finais – Para concluir esta exposição sumária das cerimônias agrárias devemos mencionar alguns costumes com os quais o ciclo se fecha, os sacrifícios que têm lugar quando se leva a colheita para os celeiros etc. Os finlandeses, ao começarem a ceifa, sacrificam o primeiro cordeiro nascido nesse ano. Deixam escorrer o sangue para a terra e as vísceras são dadas em "paga ao urso", "ao guarda campestre". A carne é assada e comida em comum, nos campos; deixam no solo arado três pedaços para o "espírito da terra". Também costumam preparar no início da ceifa certos pratos, provavelmente uma vaga reminiscência de um festim cerimonial[52]. Uma informação estoniana menciona um lugar do campo denominado "cova dos sacrifícios", onde outrora eram depositadas todo ano as primícias da nova colheita[53]. Já vimos que a ceifa conservou até nossos dias um caráter ritual; os três primeiros feixes são ceifados em silêncio; os estonianos, os alemães e os suecos não colhem as primeiras espigas[54]. Este último costume está muito difundido e as espigas deixadas como oferenda destinam-se, segundo diversas crenças, "aos cavalos de Odin", "à vaca da mulher da floresta", "aos ratos", "às sete jovens dos celeiros" (Baviera) ou "à senhorita do bosque" etc.[55]

Quando se levava o trigo para os celeiros, realizavam-se várias cerimônias; por exemplo, lançava-se por cima do ombro esquerdo um punhado de grãos, dizendo: "Estes são para os ratos." O ombro esquerdo indica o sentido funerário da oferenda. Aliás, entre os alemães existe o costume de moer os primeiros pés de feno levados para o celeiro, dizendo: "É a comida dos mortos!" Na Suécia levam para os celeiros pão e vinho, a fim de obter a benevolência do espírito da casa[56]. Na debulha, deixam de lado algumas espigas para o espírito da eira. Os finlandeses dizem que a oferenda é feita para "que o trigo continue a crescer no próximo ano"[57]. Outra tradição finlandesa diz que o feixe deixado sem debulhar pertence ao espírito da terra (*maanhaltia*). Em outras regiões acreditam que na noite de Páscoa o espírito da terra (*talonhaltia*) vem debulhar os três feixes deixados no outono. Em alguns casos, esses feixes deixados como oferenda são chamados "feixes dos espíritos". Entre os suecos, o último feixe não é debulhado, mas deixado no campo até a colheita seguinte, "para que o ano seja abundante"[58].

Não há dúvida de que muitas dessas oferendas têm caráter funerário. As relações entre os mortos e a fertilidade agrícola são bastante importantes e teremos ocasião de voltar a elas. Notemos, entretanto, a perfeita simetria entre as oferendas feitas no *início* da semeadura, da ceifa, da debulha ou no enceleiramento. O ciclo fecha-se com a festa coletiva da colheita que se realiza no outono (nas regiões do Norte, no dia de São Miguel) e comporta um festim, danças e sacrifícios oferecidos aos diferentes espíritos[59]. Com essa cerimônia termina o ano agrícola. Os elementos agrários presentes nas festas de inverno explicam-se pela fusão dos cultos da fertilidade com os cultos funerários. Os mortos que vão proteger os grãos semeados na terra têm também sob sua jurisdição a colheita enceleirada, alimento dos vivos durante todo o inverno.

A similitude entre os rituais agrários do *início* e do *fim* é digna de registro. Com ela acentua-se o caráter de ciclo fechado do cerimonial agrícola. O "ano" torna-se uma unidade fechada. O tempo perde a homogeneidade relativa que tinha nas sociedades pré-

-agrárias. Já não é somente dividido em estações, mas delimitado em unidades perfeitamente fechadas: "o ano velho" difere nitidamente do "ano novo". *A regeneração da força ativa da vegetação estende sua eficácia sobre a regeneração da sociedade humana pela renovação do tempo.* A expulsão do "ano velho" faz-se ao mesmo tempo que a expulsão dos males e dos pecados de toda a comunidade (§ 152). Essa ideia de regeneração periódica penetra ainda em outros âmbitos, por exemplo, no da soberania. A mesma teoria central gera e aumenta a esperança numa regeneração espiritual por iniciação. Finalmente, em relação direta com essas crenças da regeneração cíclica – realizada pelo cerimonial agrário –, encontram-se também inúmeros rituais de "orgia", de reatualização fulgurante do caos primordial, de reintegração na unidade não diferencial anterior à Criação.

134. Os mortos e as sementes – A agricultura, como técnica profana e como forma de culto, encontra o mundo dos mortos em dois planos distintos. O primeiro é a solidariedade com a terra: os mortos, como as sementes, são enterrados, penetram na dimensão ctônica só a eles acessível. Por outro lado, a agricultura é, por excelência, uma técnica da fertilidade, da vida que se reproduz multiplicando-se; e os mortos são particularmente atraídos por esse mistério do renascimento, da palingenesia e da fecundidade incansável. Semelhantes às sementes enterradas na matriz telúrica, os mortos esperam seu regresso à vida sob uma nova forma. Por isso se aproximam dos vivos, sobretudo nos momentos em que a tensão vital das comunidades atinge seu máximo, ou seja, nas chamadas festas da fertilidade, quando as forças genésicas da natureza e do grupo humano são evocadas, desencadeadas, exacerbadas por ritos, pela opulência e pela orgia. As almas dos mortos estão sedentas de plenitude biológica, de excesso orgânico, porque esse transbordamento vital compensa a pobreza de sua substância e projeta-as numa corrente impetuosa de virtualidades e de germes.

O festim coletivo representa justamente essa concepção de energia vital; portanto, um festim, com todos os excessos que implica, é indispensável tanto para as festas agrícolas como para a comemoração dos mortos. Outrora os banquetes realizavam-se perto dos próprios túmulos para que o defunto pudesse regalar-se com o excedente vital desencadeado perto dele. Na Índia, o feijão era a principal oferenda levada aos mortos, mas era considerado, ao mesmo tempo, um afrodisíaco[60]. Na China, o leito conjugal ficava no canto mais escuro da casa, local onde se conservavam as sementes e por cima do lugar onde se enterravam os mortos[61]. A ligação entre os ancestrais, as colheitas e a sexualidade é tão estreita que os cultos funerários, agrários e genésicos se interpenetram, às vezes até a fusão completa. Nos povos nórdicos, o Natal ("Jul") era a festa dos mortos e ao mesmo tempo uma exaltação da fertilidade e da vida. É no Natal que se realizam banquetes copiosos e frequentemente é quando se celebram os casamentos e se cuida dos túmulos[62].

Os mortos regressam nesses dias para tomar parte nos ritos de fertilidade dos vivos. Na Suécia, a mulher guarda no baú do dote um pedaço do bolo de casamento para levá-lo consigo para seu túmulo. Da mesma forma, tanto nos países nórdicos como na China, as mulheres são amortalhadas em seus vestidos de noiva[63]. "O arco de honra" que se ergue no caminho dos recém-casados é idêntico ao que se ergue no cemitério para acolher o morto. A árvore de Natal (originariamente, no Norte, uma árvore a que só se deixavam as folhas do topo, *maj*) é usada tanto nas núpcias como nos sepultamentos[64]. É inútil mencionar ainda os casamentos *post mortem*, reais ou simbólicos, aos quais voltaremos em outro momento e cujo sentido deve ser buscado no desejo de assegurar ao defunto uma condição vital ótima e uma plenitude genésica.

Se os mortos procuram as modalidades espermáticas e germinativas, não é menos verdade que os vivos também precisam delas para defender suas sementeiras e proteger as colheitas. Enquanto os grãos permanecem enterrados, estão também sob jurisdição dos mortos. A "Terra-Mãe" ou a Grande Deusa da fertilidade controla da mesma maneira o destino das sementes e o dos mortos. Mas estes às vezes estão mais perto do homem e o lavrador dirige-se a eles para que abençoem e amparem seu trabalho (o preto é a cor da terra e dos mortos). Hipócrates diz-nos que os espíritos dos defuntos fazem crescer e germinar as sementes, e o autor dos *Geoponica* sabe que os ventos (isto é, as almas dos mortos) dão vida às plantas e a todas as coisas[65]. Na Arábia, o último feixe, chamado "o velho", é ceifado pelo próprio dono do campo, colocado numa cova e sepultado com orações em que se pede a ele que "o trigo renasça da morte para a vida"[66]. Entre os bambaras, quando se verte água sobre a cabeça do cadáver deitado na cova prestes a ser coberta, implora-se: "Que os ventos nos sejam benfazejos, que soprem do Norte ou do Sul, do Oeste ou do Leste! Dá-nos chuva! Dá-nos uma colheita abundante!"[67] Durante as semeaduras os finlandeses enterram ossos de mortos (tirados do cemitério e devolvidos depois da colheita) ou objetos que tenham pertencido a mortos. Se uns ou outros lhes faltarem, contentam-se com terra do cemitério ou de uma encruzilhada por onde tenham passado os mortos[68]. Os alemães têm o costume de espalhar no campo, com as sementes, terra de um túmulo recente ou palha que tenha servido de leito a um defunto[69]. A serpente, animal funerário por excelência, protege as colheitas. Na primavera, no começo da semeadura, ofereciam-se sacrifícios aos mortos para que defendessem a colheita e cuidassem dela[70].

135. Divindades agrárias e funerárias – Podemos observar ainda mais claramente a solidariedade dos mortos com a fertilidade e a agricultura quando estudamos as festas ou as divindades relacionadas com um desses dois roteiros cultuais. Geralmente, uma divindade da fertilidade ctônico-vegetal torna-se também uma divindade funerária. Holika, originariamente representada com a aparência de uma árvore, torna-se mais tarde divindade dos mortos e gênio da fecundidade vegetal[71]. Uma multidão de gênios da vegetação e do crescimento, com estrutura e origem ctônicas, são assimilados, até se tornarem irreconhecíveis, ao grupo amorfo dos mortos[72]. Na Grécia arcaica os mortos, como os cereais, eram postos em vasos de terracota. Às divindades do mundo subterrâneo ofereciam-se círios, tal como às divindades da fertilidade[73]. Feronia é chamada *dea agrorum sive inferorum*[74]. Durgâ, grande deusa da fecundidade que agrupa um número considerável de cultos locais e sobretudo de cultos da vegetação, torna-se também a divindade senhora dos espíritos dos mortos.

Quanto às festas, lembraremos somente que a antiga comemoração indiana dos mortos caía justamente em plena ceifa e era ao mesmo tempo a festa principal da colheita[75]. Vimos que o mesmo acontecia nos países nórdicos. Na Antiguidade o culto dos manes era celebrado com o cerimonial da vegetação. As mais importantes festas agrárias ou da fertilidade chegaram a coincidir com as festas que comemoravam os mortos. Outrora, o dia de São Miguel (29 de setembro) era ao mesmo tempo a festa dos mortos e da ceifa em todo o norte e centro da Europa. E o culto funerário vai influenciando cada vez mais os cultos da fertilidade, apropriando-se dos ritos, que converte em oferendas ou sacrifícios às almas dos ancestrais. Os defuntos são "os que moram embaixo da terra" e sua benevolência precisa ser captada. As sementes lançadas por cima do ombro esquerdo, oferecidas em homenagem "ao rato", são destinadas a eles. Reconciliados, alimentados e solicitados, eles protegem e multiplicam as colheitas. O "velho" ou a "velha", que os camponeses veem como personificação dos "poderes" e da fertilidade dos campos, com o tempo começam a acentuar seu perfil mítico sob influência das crenças funerárias: eles se apropriam da estrutura e dos atributos dos "ancestrais", dos espíritos dos mortos.

Esse fenômeno é particularmente fácil de ser identificado nas crenças dos povos germânicos. Odin, divindade funerária, chefe da "caça furiosa" das almas que não têm repouso, apropria-se de uma quantidade de ritos de todos os cultos agrários. Na festa propriamente funerária dos germanos, o Jul, que cai no solstício de inverno, do último feixe da colheita do ano faz-se uma efígie de homem ou de mulher, de um galo, um bode ou outro animal[76]. É significativo o fato de as formas animais sob as quais se manifesta o "poder" da vegetação serem as mesmas que representam as almas dos mortos. Em certo momento da história dos dois cultos não é mais possível determinar se um "espírito", ao manifestar-se de maneira teriomórfica, representa as almas dos que já não existem ou se é uma personificação animal da força telúrico-vegetal. Essa simbiose deu origem a muitas confusões e as controvérsias dos especialistas ainda não terminaram no que diz respeito, por exemplo, ao caráter agrário ou funerário de Odin, à origem das cerimônias do Jul. Trata-se, na realidade, de conjuntos rituais e míticos nos quais a morte e o renascimento se interpenetram, se convertem em momentos distintos da mesma realidade trans-humana. As zonas de interferência entre os cultos da fertilidade e os cultos funerários são tantas e tão importantes que não é de admirar que, após a simbiose e a fusão, se chegue a uma nova síntese religiosa baseada numa valorização mais ampla da existência do homem no cosmos.

Encontra-se essa síntese em sua forma definitiva no segundo milênio a.C., no mundo egeu-asiático, e foi ela que tornou possível a florescência dos mistérios. A fusão dos dois cultos começou no norte da Europa e na China já nos tempos pré-históricos[77], mas é provável que uma síntese definitiva e formulada de maneira coerente só tenha ocorrido mais tarde. O fato é que o solstício de inverno tem muito mais importância no norte da Europa do que no sul mediterrânico. Jul é a festa patética desse momento cósmico decisivo, e os mortos reúnem-se em volta dos vivos porque é então que se prediz a "ressurreição do ano", portanto da primavera. As almas dos mortos são atraídas pelo que "começa", pelo que "se cria": um novo ano (e, como todo começo, uma repetição simbólica da criação), uma nova explosão vital no torpor do inverno (banquetes sem fim, libações e orgias, festas matrimoniais), uma nova primavera. Os vivos reúnem-se para estimular com seus excessos biológicos a energia do Sol em pleno declínio; suas inquietações e esperanças concentram-se na vegetação, no destino da próxima colheita. Os dois destinos, agrário e funerário, cruzam-se e fundem-se, formando por fim uma única modalidade da existência, a existência larvar, pré-germinativa.

136. Sexualidade e fecundidade agrária – Os germes precisam ser ajudados ou pelo menos "acompanhados" em seu processo de crescimento. Essa solidariedade das formas e dos atos da vida foi uma das descobertas mais essenciais do homem arcaico, e ele a fez frutificar de maneira mágica pelo seguinte método: *o que é feito em comum dá melhores resultados*. A fecundidade da mulher influencia a fecundidade dos campos, mas a opulência da vegetação, por sua vez, ajuda a mulher a conceber. Os mortos colaboram nos dois casos, ao mesmo tempo que esperam dessas duas fontes de fertilidade a energia e a substância que os reintegrarão no fluxo vital. Por isso, logo que se aproxima o momento crítico da colheita e a cevada começa a germinar, os negros ewes da África Ocidental (Costa dos Escravos) tomam medidas de precaução contra os desastres, por meio de orgias rituais. Um número considerável de moças é oferecido, à guisa de noivas, ao deus Píton. A hierogamia é consumada no templo pelos representantes do deus, pelos sacerdotes, e as jovens ou esposas consagradas desse modo continuam a prostituição sagrada durante algum tempo no recinto do santuário. Reconhece-se que a hierogamia é feita para assegurar a fertilidade da terra e dos animais[78].

O papel dos sacerdotes traduz uma forma evoluída do ritual, que originariamente supunha apenas a união do maior número possível de casais no campo verdejante. É o que acontecia, aliás, na China, onde os rapazes e as moças se uniam na primavera, deitados na terra, convencidos de que seu gesto contribuía para a regenerescência cósmica favorecendo a germinação universal, atraindo a chuva e abrindo os campos para as obras férteis[79]. Nas tradições helênicas também é possível identificar vestígios de semelhantes casamentos juvenis sobre o solo germinado, dos quais a união de Deméter e Jasão é o protótipo. Os pipilos da América Central nas quatro noites que precedem a semeadura dormem longe das esposas a fim de se excederem na noite que a antecede. Alguns casais devem estar ativos no momento exato da semeadura. Em certas regiões, em Java, quando o arroz floresce, os cônjuges unem-se no próprio campo[80]. As núpcias consumadas ritualmente nos campos, a estreita ligação entre vegetação e erotismo marcada pela presença da árvore sagrada (*maj*) na celebração dos casamentos ainda são frequentes em nossos dias, no norte e no centro da Europa[81]. Na Ucrânia existia o seguinte costume: no dia de São Jorge, depois de o padre benzer a colheita, casais jovens rolavam pelo campo. Na Rússia, era o próprio padre que era rolado na terra pelas mulheres, sem dúvida não só para consagrar a colheita, mas também numa reminiscência confusa da hierogamia primordial[82]. Em outros lugares a hierogamia ficou reduzida à dança cerimonial de um casal ornado com espigas de trigo, ou ao casamento alegórico da "noiva do trigo" com o "noivo". Tais casamentos são celebrados com muito aparato; na Silésia, os recém-casados eram conduzidos por toda a população, num carro nupcial ornamentado, do campo para a aldeia[83].

Lembramos que os costumes observados na Europa por ocasião da colheita são análogos aos que têm lugar na primavera, quando se anuncia o aparecimento da vegetação. Nos dois conjuntos rituais, o "poder" ou o "espírito" é representado diretamente por uma árvore ou um feixe de espigas, e por um casal humano, e as duas cerimônias têm uma influência fertilizante sobre a vegetação, os rebanhos e as mulheres[84]: é sempre a mesma necessidade sentida pelo homem arcaico de fazer as coisas "em comum", "de estar juntos". O próprio casal que personifica o poder ou o gênio da vegetação é um centro de energia, capaz de aumentar as forças do agente que representa. A força mágica da vegetação é aumentada pelo simples fato de ser "representada", personificada, diríamos, por um casal jovem, extremamente rico de possibilidades – até mesmo de realizações – eróticas. Esse casal, o "noivo" e a "noiva", é simplesmente um simulacro alegórico do que outrora acontecia na realidade: a repetição do gesto primordial, a hierogamia.

137. Função ritual da orgia – De modo geral, a orgia corresponde à hierogamia. À união do casal divino deve corresponder, na Terra, o delírio genésico ilimitado. Ao lado dos casais jovens que repetiam a hierogamia sobre os sulcos arados devia produzir-se o aumento máximo de todas as forças da coletividade. Quando o povo oraon celebra, no mês de maio, o casamento do deus Sol com a deusa Terra, o sacerdote copula publicamente com a esposa, ato a que se segue uma orgia indescritível[85]. Em algumas ilhas situadas a oeste da Nova Guiné e ao norte da Austrália (Leti, Sarmata etc.) as mesmas orgias têm lugar no início da estação das chuvas[86]. Os homens não podem fazer melhor do que imitar o exemplo divino, sobretudo se dessa imitação dependerem a prosperidade do mundo inteiro e, em particular, o destino da vida vegetal e animal. Os excessos desempenham um papel preciso e salutar na economia do sagrado. Quebram as barreiras entre o homem, a sociedade, a natureza e os deuses; ajudam a fazer a força, a vida, os germes circularem de um nível para outro, de uma zona da realidade para todas as outras. O que estava vazio de substância sacia-se; o que estava fragmentado reintegra-se na unidade; o que estava isolado funde-se na grande matriz universal. A orgia faz circular a energia vital e sagrada. Os momentos de crise cósmica ou de opulência servem particularmente de pretexto para o desencadeamento de uma orgia. Em muitos lugares as mulheres correm nuas pelos campos durante a seca a fim de despertar a virilidade do céu e provocar a chuva. Em outras regiões festejam-se com orgias os casamentos e o nascimento de gêmeos; por exemplo, entre os bagandas da África ou entre os habitantes do arquipélago Fiji[87]. As orgias praticadas em ligação com o drama da vegetação, e especialmente com as cerimônias agrárias, explicam-se ainda melhor. É preciso reanimar a terra, excitar o céu, para que a hierogamia cósmica – a chuva – se cumpra nas melhores condições, para que os cereais cresçam e frutifiquem, para que as mulheres gerem filhos, para que os animais se multipliquem e os mortos possam saciar sua vacuidade com a força vital.

Os kanas do Brasil estimulam as forças de reprodução da terra, dos animais e dos homens por meio de uma dança fálica que imita o ato gerador; a dança é seguida de uma orgia coletiva[88]. Podemos encontrar vestígios de simbolismo fálico também nas cerimônias agrárias europeias; assim, às vezes o "velho" é representado de maneira falomórfica e o último feixe é chamado de "a desavergonhada"; ou, então, fazem nele uma cabeça negra com lábios vermelhos, originalmente as cores mágico-simbólicas do órgão genital feminino[89]. Há que mencionar ainda os excessos que ocorriam em certas festas arcaicas da vegetação, por exemplo, nos Jogos Florais dos romanos (em 27 de abril), quando cortejos de rapazes e moças desfilavam nus pelas ruas, ou nas Lupercais, em que rapazes tocavam nas mulheres para torná-las fecundas, ou na Holi, a principal festa indiana da vegetação, em que tudo era permitido.

A Holi conservou até uma época recente todos os atributos de uma orgia coletiva, desencadeada para exacerbar e levar ao máximo as forças de reprodução e criação de toda a natureza. Toda decência é esquecida porque se trata de algo bem mais sério do que o respeito às normas e aos costumes: trata-se de garantir a continuidade da vida. Grupos compactos de homens e crianças circulam pelas ruas cantando, gritando e aspergindo-se com pó de *holi* e água avermelhada, pois o vermelho é cor vital e genésica por excelência. Sempre que se encontram mulheres ou que são vislumbradas atrás das cortinas, a tradição impõe que se dirijam a elas as mais violentas obscenidades e injúrias. O valor mágico das injúrias obscenas é bem conhecido e era apreciado mesmo nos cultos evoluídos (cf. as tesmofórias atenienses etc.). Os hindus permitem-se também uma grande liberdade sexual durante as festas de Bali, em que, com exceção do incesto, toda união é permitida[90]. Os hoses do noroeste da Índia praticam formidáveis orgias durante a ceifa, justificando esses desregramentos pelas tendências viciosas exacerbadas dos homens e das mulheres, tendências que devem ser saciadas para estabelecer o equilíbrio da comunidade. A libertinagem habitual nas festas da colheita, na Europa Central e Setentrional, foi estigmatizada por muitos concílios – como o de Auxerre em 590 – e por muitos autores da Idade Média, mas apesar disso sobreviveu em certas regiões até nossos dias[91].

138. Orgia e reintegração – As orgias não se enquadram exclusivamente nas cerimônias agrárias, embora guardem sempre coincidências precisas com os ritos de regeneração (o "novo ano") e de fecundidade. O sentido metafísico e a função psicológica da orgia ficarão mais claros em outros capítulos desta obra. Podemos, no entanto, entrever desde já uma perfeita analogia entre o fenômeno agrícola e a mística agrária, de um lado, e a orgia como modalidade da vida coletiva, de outro. Como as sementes que perdem seu contorno na grande fusão subterrânea, desagregando-se e tornando-se *outra coisa* (germinação), na orgia os homens perdem sua individualidade, fundindo-se numa única unidade viva. Realiza-se assim uma confusão patética e definitiva em que já não é possível distinguir nem "forma" nem "lei". Experimenta-se outra vez o estado primordial, pré-formal, "caótico" – estado que corresponde, na ordem cosmológica, à "indiferenciação" caótica anterior à criação –, para promover, pela virtude da magia imitativa, a fusão dos germes na mesma matriz telúrica. O homem reintegra-se numa unidade biocósmica, mesmo que essa unidade signifique uma regressão da modalidade de *pessoa* à de *semente*. Em certo sentido, a orgia transmuta o homem numa condição agrícola. A abolição das normas, dos limites e das individualidades, a experiência de todas as possibilidades telúricas e noturnas equivalem à aquisição da condição das sementes que se decompõem na terra, abandonando sua forma para dar origem a uma nova planta.

A orgia, entre outras funções que desempenha na economia espiritual e psicológica de uma coletividade, tem também a de possibilitar e preparar a renovação, a regeneração da vida. O despertar de uma orgia pode ser assimilado ao aparecimento do rebento verde na terra arada: é uma vida nova que começa e para essa vida a orgia saciou o homem de substância e entusiasmo. Mais ainda: a orgia, reatualizando o caos mítico anterior à criação, possibilita a repetição dessa criação. O homem regressa provisoriamente ao estado amorfo, noturno, do caos, para poder renascer com mais vigor em sua forma diurna. A orgia, assim como a imersão na água (§ 64), anula a criação mas a regenera ao mesmo tempo; identificando-se com a totalidade não diferenciada, pré-cósmica, o homem espera voltar a si restaurado e regenerado, numa palavra, "um homem novo". Na estrutura e na função da orgia identificamos o mesmo desejo de repetir um gesto primordial: a criação organizando o caos. Na alternância vida cotidiana-orgia (saturnais, Carnaval etc.) identificamos a mesma visão rítmica da vida, formada da ação e do sono, do nascimento e da morte, e a mesma intuição cíclica do cosmos, que nasce do caos e a ele regressa por uma catástrofe ou uma *mahâpralaya*, uma "grande dissolução". Não há dúvida de que as formas monstruosas são degradações dessa intuição fundamental do ritmo cósmico e da sede de regeneração e renovação. Mas não é dessas formas aberrantes que devemos partir para compreender a origem e a função da orgia. Toda "festa" comporta em sua estrutura a vocação orgiástica.

139. Mística agrária e soteriologia – Temos de destacar a estrutura soteriológica da mística agrária mesmo em suas formas que não são orgiásticas. A vida vegetal que se regenera pelo desaparecimento aparente (o enterramento das sementes) também é um exemplo e uma esperança: o mesmo pode acontecer com os mortos e com as almas. É verdade que o espetáculo dessa regeneração rítmica não é um "dado", que ele não se oferece diretamente à contemplação do homem; entretanto, não deixa de ser nas crenças arcaicas um fato que se produz graças aos ritos e às ações humanas. *Obtém-se* a regeneração por gestos mágicos, pela Grande Deusa, pela presença da mulher, pela força do Eros e pela colaboração do cosmos inteiro (a chuva, o calor etc.). Mais ainda, tudo isso só é possível na medida em que é uma repetição do gesto primordial, obtida quer pela hierogamia, quer pela regeneração do tempo (o "novo ano"), quer pela orgia que reatualiza o caos arquetípico. Nada se obtém sem esforço, só se pode ganhar a vida trabalhando, isto é, agindo em conformidade com as normas: repetindo os gestos primordiais. Portanto, as esperanças que o homem da civilização agrícola põe no exemplo da vegetação estão, desde o início, orientadas para o *gesto*, para o *ato*. Procedendo de certa maneira, agindo segundo certos modelos, o homem pode ter esperança na regeneração. O ato, o rito, é indispensável. Deveremos ter presente esse pormenor quando estudarmos os mistérios antigos, que não só conservaram vestígios de cerimônias agrárias, mas que não teria sido possível organizar como religiões iniciáticas se elas não tivessem atrás de si um longo período pré-histórico de mística agrária: ou seja, se o espetáculo da regeneração periódica da vegetação não tivesse revelado, muitos milênios antes, a solidariedade entre o homem e a semente, e a esperança de uma regeneração obtida após a morte e pela morte.

É habitual dizer que a descoberta da agricultura mudou radicalmente o destino da humanidade, assegurando-lhe uma alimentação abundante e permitindo assim um crescimento prodigioso da população. Mas a descoberta da agricultura teve consequências decisivas por uma razão muito diferente. Não foi o crescimento da população nem sua superalimentação que decidiram o destino da humanidade, mas a *teoria* que o homem elaborou ao descobrir a agricultura. O que ele próprio *viu* nos cereais, o que ele próprio *aprendeu* nesse contato, o que *compreendeu* do exemplo das sementes que perdem sua forma embaixo da terra, tudo isso constituiu a lição decisiva. A agricultura revelou ao homem a unidade fundamental da vida orgânica. A analogia mulher-campo, ato gerador-semeadura etc., assim como as mais importantes sínteses mentais, saiu desta revelação: a vida rítmica, a morte compreendida como regressão etc. Essas sínteses mentais foram essenciais para a evolução da humanidade e só foram possíveis depois da descoberta da agricultura. É na mítica agrária pré-histórica que se encontra uma das principais raízes do otimismo soteriológico: exatamente como a semente posta embaixo da terra, o morto pode ter esperança de um regresso à vida sob uma forma nova. Mas a visão melancólica, por vezes cética, da vida também tem origem na contemplação do mundo vegetal: o homem é semelhante à flor dos campos...

X

O espaço sagrado: templo, palácio, "centro do mundo"

140. Hierofanias e repetição – Toda cratofania e toda hierofania, sem distinção alguma, transfiguram o lugar que lhes serviu de teatro: de espaço profano que era até então, tal lugar ascende à categoria de espaço sagrado. Assim, para os canaques da Nova Caledônia, "no mato, uma enorme quantidade de rochedos, de pedras furadas, têm um sentido particular: tal concavidade é propícia à busca da chuva, outra é hábitat de um totem; certo lugar é às frequentado pelo espírito vingador de um homem assassinado. Assim, toda a paisagem é animada, mesmo seus menores detalhes têm um significado, a natureza está carregada de história humana"[1]. Diríamos mais exatamente que, devido às cratofanias e hierofanias, a natureza sofre uma transfiguração da qual sai carregada de mito. Partindo das observações de A. R. Radcliffe-Brown e de A. P. Elkin, Lévy-Bruhl esclareceu com êxito a estrutura hierofânica dos espaços sagrados: "Entre esses indígenas, nunca o lugar sagrado se apresenta isoladamente ao espírito. Ele sempre faz parte de um complexo em que entram também as espécies vegetais ou animais que ali abundam em certas estações, os heróis míticos que ali viveram, vaguearam, criaram e frequentemente foram incorporados ao solo, as cerimônias que ali se celebraram periodicamente e, por fim, as emoções suscitadas por esse conjunto."[2]

O principal elemento desse complexo, segundo Radcliffe-Brown, é "o centro local totêmico" e verifica-se, na maioria dos casos, uma ligação direta – uma "participação", para empregar o vocabulário de Lévy-Bruhl – entre os centros totêmicos e certas figuras míticas que viveram na origem dos tempos e naquele momento criaram centros totêmicos. Foi lá, naqueles espaços hierofânicos, que se operaram as revelações primordiais, lá é que o homem foi iniciado no modo de alimentar-se, de assegurar a continuidade de suas reservas alimentares. Por isso todos os rituais alimentares celebrados nos limites da área sagrada, do centro totêmico, não são mais que a imitação e a reprodução dos gestos realizados *in illo tempore* pelos seres míticos. "É dessa forma que os heróis de outrora (do período mítico, *bugari*) tiravam de seus buracos, os 'bandicoots', os opossuns, os peixes e as abelhas."[3]

De fato, a noção de espaço sagrado implica a ideia de repetição da hierofania primordial que consagrou esse espaço ao transfigurá-lo, ao singularizá-lo, em resumo, ao isolá-lo do espaço profano à sua volta. O capítulo seguinte mostrará como uma ideia análoga de repetição serve de suporte para a noção de tempo sagrado e fundamenta tanto os inúmeros sistemas rituais como, de maneira geral, as esperanças do homem religioso quanto à sua salvação pessoal. Um espaço sagrado assenta sua validade na permanência da hierofania que em dada altura o consagrou. É por isso que certa tribo da Bolívia volta ao lugar que julga ter sido o berço de seus ancestrais sempre que sente necessidade de renovar sua energia e sua vitalidade[4]. Portanto, a hierofania não teve como único efeito santificar determinada fração do espaço profano homogêneo: também assegura para o futuro a perseverança dessa sacralidade. *Ali, nessa área*, a hierofania se repete. O lugar transforma-se assim numa fonte inesgotável de força e sacralidade que permite ao homem, com a única condição de ali entrar, tomar parte nessa força e comungar dessa sacralidade. Essa intuição elementar do lugar que se torna, pela hierofania, um "centro" permanente de sacralidade orienta e explica todo um conjunto de sistemas muitas vezes complexos e densos. Mas, por mais variados e diferentemente elaborados que sejam os espaços sagrados, todos eles apresentam uma característica em comum: há sempre uma área definida que torna possível (aliás, sob formas bem variadas) a comunhão da sacralidade.

A continuidade das hierofanias é a explicação da perenidade desses espaços consagrados. Ao continuarem a cuidar de seus lugares secretos tradicionais, os australianos não pensam na pressão de um interesse de ordem econômica, visto que, como observa Elkin, uma vez a serviço dos brancos, os indígenas passam a depender destes no que diz respeito à alimentação e a toda sua economia[5]. O que eles vão pedir a esses lugares é que os mantenham em solidariedade mística com o território e com os ancestrais que fundaram a civilização do clã. A necessidade que os australianos sentem de salvar o contato com os espaços hierofânicos é de essência religiosa; é simplesmente a necessidade de permanecer em comunicação direta com um "centro" produtor de sacralidade. Por isso esses centros muito dificilmente são despojados de seus sortilégios e passam, à guisa de herança, de um povo para outro, de uma religião para outra. Os rochedos, as nascentes, as grutas, os bosques venerados na proto-história continuam, sob formas variadas, a ser considerados sagrados pelas populações cristãs de hoje. Um observador superficial corre o risco de tomar por uma "superstição" esse aspecto da religiosidade popular e ver nele a prova de que toda vida religiosa coletiva é constituída, em boa parte, por uma herança da Pré-História. Na realidade, a continuidade dos lugares sagrados demonstra a autonomia das hierofanias; o sagrado manifesta-se segundo as leis de sua dialética própria e essa manifestação impõe-se ao homem vinda *de fora*. Supor que a "escolha" dos lugares sagrados é deixada ao próprio homem é, ao mesmo tempo, tornar inexplicável a continuidade dos espaços sagrados.

141. Consagração do espaço – De fato, o lugar nunca é "escolhido" pelo homem; é simplesmente "descoberto" por ele[6], ou, em outras palavras, o espaço sagrado *revela-se* a ele sob uma ou outra forma. A "revelação" não se produz necessariamente por intermédio de formas hierofânicas diretas (*este* espaço, *esta* nascente, *esta* árvore etc.); às vezes é obtida por meio de uma técnica tradicional saída de um sistema cosmológico e baseada nele. A *orientatio* é um dos processos usados para "descobrir" os lugares.

Evidentemente, como veremos daqui a pouco, os santuários não são os únicos que exigem a consagração de um espaço. Também a construção de uma casa implica uma transfiguração análoga do espaço profano. Mas em todos os casos o lugar é regularmente indicado por alguma coisa *diferente*, seja uma hierofania fulgurante, seja pelos princípios cosmológicos que fundamentam a orientação e a geomancia, ou ainda, na forma mais simples, por um "sinal" carregado de uma hierofania, geralmente um animal. Sartori reuniu abundante documentação sobre a validação pelos sinais animais da área destinada a um estabelecimento humano[7]. A presença ou a ausência de formigas, de ratos etc. é tida como um sinal hierofânico decisivo. Às vezes, deixa-se em liberdade um animal doméstico, um touro, por exemplo; ao fim de alguns dias, procura-se o animal e, no local onde for encontrado, é sacrificado: é ali que deverá erguer-se a cidade.

"Todos os santuários são consagrados por uma teofania", escreveu Robertson Smith[8]. Mas sua observação não deve ser considerada limitativa. Há que estendê-la às moradas dos eremitas ou dos santos e, em geral, a toda habitação humana. "Segundo a lenda, o marabu que fundou El-Hemel no fim do século XVI parou para passar a noite perto da nascente e fincou um cajado na terra. No dia seguinte, ao tentar pegá-lo para continuar seu caminho, viu que o cajado tinha se enraizado e que nele tinham aparecido rebentos. Vendo nisso um sinal da vontade de Deus, ali fixou sua morada."[9] Por sua vez, os lugares nos quais viveram, pregaram e foram enterrados os santos são santificados e, por essa razão, isolados do espaço profano limítrofe por meio de muros ou barreiras de pedras[10]. Já havíamos encontrado esses amontoados de pedras nos lugares onde alguém perecera de morte violenta (raio, mordedura de serpente etc.); a "morte violenta" tem então valor de cratofania ou de hierofania.

A vedação, o muro ou o círculo de pedras que encerram o espaço sagrado estão entre as mais antigas estruturas arquitetônicas conhecidas no âmbito dos santuários. Aparecem já nas civilizações protoindianas (por exemplo, em Mohenjo Daro, cf. § 97) e egeias[11]. O muro ou vedação não implica e não significa apenas a presença contínua de uma cratofania ou de uma hierofania no interior do recinto: também tem como objetivo preservar o profano do perigo a que se exporia se nele entrasse sem os devidos cuidados. O sagrado é sempre perigoso para quem entra em contato com ele sem estar preparado, sem ter passado pelos "movimentos de abordagem" que qualquer ato de religião requer. "Não te aproximes daqui" – diz o Senhor a Moisés –, "tira teus sapatos porque o lugar onde estás é uma terra santa."[12] Daí os inúmeros ritos e prescrições (pés nus etc.) relativos à entrada no templo, atestados frequentemente tanto entre os semitas como entre os outros povos mediterrânicos[13]. Quaisquer que sejam as valorizações e interpretações dadas, no decurso dos tempos, à importância ritual do limiar do templo ou da casa, ela se explica igualmente pela função separadora dos limites, tal como a definimos[14].

O mesmo se dá com as muralhas da cidade: antes de serem obras militares, são uma defesa mágica, visto que reservam, no meio de um espaço "caótico", povoado de demônios e larvas, um enclave, um espaço organizado, "cosmicizado", ou seja, provido de um "centro". Assim se explica que em período crítico - cerco, epidemia - toda a população se reúna em procissão em volta dos muros da cidade, reforçando desse modo sua qualidade de limite e de muralha mágico-religiosa. Esse circundamento processional da cidade com todo seu aparelho de relíquias, círios etc. às vezes assume simplesmente uma forma mágico-simbólica: oferece-se ao santo patrono da cidade um círio cujo comprimento é igual ao perímetro do recinto. Todas essas práticas de defesa estavam muito difundidas na Idade Média[15], mas são encontradas também em outras épocas e em outros meios. No norte da Índia, por exemplo, em tempo de epidemia faz-se em volta da aldeia um círculo destinado a impedir que os demônios da doença entrem na área circundada[16]. O "círculo mágico", tão valorizado em tantos rituais mágico-religiosos, tem como principal finalidade estabelecer uma compartimentação entre dois espaços heterogêneos.

142. "Construção" do espaço sagrado – É certo que os espaços sagrados por excelência - altares, santuários - são "construídos" segundo as prescrições de cânones tradicionais. Mas essa "construção" se baseia, em última análise, numa revelação primordial que desvendou *in illo tempore* o arquétipo do espaço sagrado, arquétipo copiado e repetido depois indefinidamente no erguimento de cada novo altar, de cada novo templo ou santuário etc. Dessa "construção" de um espaço sagrado a partir de um modelo arquetípico encontram-se exemplos em toda parte. Vamos limitar-nos a alguns casos tirados do mundo oriental. Podemos citar, por exemplo, o *maga* iraniano. Desligando-se das antigas interpretações desse termo (Geldner traduzia-o por "Bund, Geheimbund"*), Nyberg liga-o ao *maya* do *Vidêvdât*[17], que designa o ato de purificação realizado num espaço consagrado de nove covas e vê nele o lugar sagrado onde a impureza é abolida e onde se torna possível a união entre céu e Terra[18]. É nessa área bem delimitada que se realiza a experiência do grupo que Nyberg designa como "a comunidade Gatha"[19].

A construção do altar sacrificial védico é ainda mais instrutiva a respeito disso. A consagração do espaço desenrola-se segundo um duplo simbolismo. Por um lado, a construção do altar é concebida como uma criação do mundo[20]. A água na qual se amassa a argila é assimilada à água primordial, a argila usada nas fundações do altar, à Terra, as paredes laterais, à atmosfera e assim sucessivamente[21]. Por outro lado, a construção do altar equivale a uma integração simbólica do tempo, à sua "materialização no próprio corpo do altar". "O altar do fogo é o ano... As noites são as pedras de vedação e destas há 360 porque há 360 noites no ano; os dias são os tijolos *yajusmati*, pois estes são 360 e há 360 dias no ano."[22] O altar torna-se assim um microcosmos que existe num espaço e num tempo místicos qualitativamente diferentes do espaço e do tempo profanos. Quem diz construção de altar diz, ao mesmo tempo, repetição da cosmogonia. O sentido profundo de tal repetição nos aparecerá em breve (§§ 151 ss.).

A mesma dimensão cosmogônica se verifica na construção do *mandala* tal como a praticam as escolas tântricas. A palavra significa "círculo" e as traduções tibetanas traduzem-na quer por "centro", quer por "aquilo que rodeia". Consiste numa série de círculos, concêntricos ou não, inscritos num quadrado. No interior desse diagrama, desenhado no solo por meio de um fio colorido ou de farinha de arroz colorida, constroem-se as imagens das diversas divindades tântricas. O mandala é simultaneamente uma *imago mundi* e um panteão simbólico. A iniciação consiste essencialmente, para o neófito, em penetrar nas diferentes zonas ou níveis do mandala. O rito pode ser visto como uma equivalência do *pradakshina*, o cerimonial bem conhecido da volta ao redor de

* "União", "União secreta ou sagrada". (N. da T.)

um templo ou de um monumento sagrado (*stûpa*), ou da iniciação pela entrada ritual num labirinto. A assimilação do templo ao mandala é evidente no caso de Barabudur[23] e dos templos indo-tibetanos construídos sob influência das doutrinas tântricas[24]. Todas essas construções sagradas representam simbolicamente o Universo em sua totalidade: os andares ou os terraços são identificados com os "céus" ou com os níveis cósmicos. Em certo sentido, cada uma dessas construções reproduz o monte cósmico, ou seja, consideram-na construída no "centro do mundo". Esse simbolismo do centro está implícito tanto na construção das cidades quanto na das casas, como mostraremos em breve: de fato, é "centro" todo espaço consagrado, ou seja, todo espaço no qual podem ocorrer as hierofanias e as teofanias e no qual se verifica uma possibilidade de ruptura de nível entre o céu e a Terra.

Qualquer nova instalação humana é, em certo sentido, uma reconstrução do mundo (§ 151). Para poder *durar*, para ser *real* a nova habitação ou a nova cidade devem ser projetadas, por meio do ritual da construção, no "centro do Universo". Segundo inúmeras tradições, a criação do mundo começou num centro e por essa razão a construção da cidade também deve desenrolar-se em volta de um centro. Depois de abrir um fosso profundo (*fossa*), Rômulo encheu-o de frutos, cobriu-o de terra, erigiu em cima dele um altar (*ara*) e traçou com o arado o sulco das muralhas (*designat moenia sulco*)[25]. A trincheira era um *mundus* e, como observa Plutarco[26], "deu-se a essa trincheira, como ao próprio Universo, o nome de mundo" (*mundus*). Esse *mundus* era o lugar de interseção dos três níveis cósmicos[27]. É provável que o modelo primitivo de Roma tenha sido um quadrado inscrito num círculo: a difusão extremamente extensa da tradição gêmea do círculo e do quadrado leva a essa suposição[28].

Por outro lado, o significado ctônico dos monumentos circulares gregos (*bothros*, *tholos*, *thymélê* etc.)* tão vigorosamente ressaltado pelas pesquisas recentes de F. Robert[29] não deve induzir-nos em erro. Resta saber se esse significado exclusivo não é na verdade o resultado de uma "especialização" egeia, visto que os monumentos sagrados de qualquer espécie, mesmo os monumen-

* *Bothros* = fossa; *tholos* = abóbada, cúpula; *thymélê* = altar. (N. da T.)

tos funerários (cf. o *stûpa* indiano), apresentam em geral um sentido cosmológico mais amplo: o de uma interseção de todos os níveis cósmicos que faz de cada construção um "centro". A África oferece-nos a respeito disso um exemplo instrutivo em que o fator ctônico não oculta a inspiração cosmogônica. Trata-se do cerimonial de fundação das cidades no povo mande, que Frobenius descreve e Jeanmaire e Kerényi comparam, com justeza, ao cerimonial da fundação de Roma[30]. Esse ritual africano, mesmo comportando elementos ctônico-agrários (sacrifício de touro e erguimento de um altar falomorfo em cima de seu órgão gerador), baseia-se numa concepção cosmogônica. A fundação da nova cidade repete a criação do mundo; de fato, depois de validar ritualmente o lugar, erguem uma vedação em forma de círculo ou de quadrado e nela abrem quatro portas, correspondentes aos quatro pontos cardeais. Ora, como Usener[31] já mostrara, as cidades, à semelhança do cosmos, estão divididas em quatro; em outras palavras, são uma cópia do Universo.

143. O "centro do mundo" – Como o simbolismo do "centro" e suas implicações cosmológicas já foram objeto de vários estudos anteriores[32], reproduziremos aqui apenas alguns exemplos. Abarcando os fatos numa visão geral, pode-se dizer que o simbolismo em questão se articula em três conjuntos solidários e complementares: 1º) no centro do mundo está a "montanha sagrada" e é lá que o céu e a Terra se encontram; 2º) qualquer templo ou palácio e, por extensão, qualquer cidade sagrada e qualquer residência régia são assimilados a uma "montanha sagrada", sendo assim elevados a "centros"; 3º) já o templo ou a cidade sagrada, por serem o lugar por onde passa o *Axis mundi*, são vistos como o ponto de junção do céu, da Terra e do inferno.

É assim que nas crenças indianas o monte Meru se ergue no meio do mundo e acima dele brilha a estrela polar. Essa concepção é partilhada pelos povos uralo-altaicos, iranianos, germânicos[33]; ela surge até entre os "primitivos", como os pigmeus de Malaca[34], e parece presente também no simbolismo dos monumentos pré-históricos[35]. Na Mesopotâmia, um monte central – a "montanha das terras" – une o céu e a Terra[36]. Tabor, o nome da montanha palestina, poderia muito bem ser *tabbûr* e significar "umbigo", *omphalos*[37]; o monte Gerizim era designado como "o umbigo da terra" (*tabbûr eres*)[38]. A Palestina, graças à sua condição de lugar mais elevado – encontra-se, efetivamente, perto do topo da montanha cósmica –, não foi inundada pelo dilúvio[39]. Para os cristãos, o Gólgota ficava no centro do mundo: era ao mesmo tempo o cimo da montanha cósmica e o lugar onde Adão fora criado e enterrado; de forma que o sangue do Salvador banhou o crânio de Adão, sepultado precisamente ao pé da Cruz, e resgatou-o[40].

Sobre a assimilação dos templos e das cidades à montanha cósmica, a terminologia mesopotâmica é clara: os templos chamam-se o "monte casa", a "casa do monte de todos os lugares", o "monte das tempestades", a "ligação entre céu e Terra" e outras designações[41]. Um cilindro do tempo do rei Gudea diz que "a câmara (do deus) que ele (rei) construiu era igual ao monte cósmico"[42]. Cada cidade oriental se encontrava no centro do mundo. Babilônia era uma Bâb-ilâni, uma "porta dos deuses", pois era lá que os deuses desciam à Terra. O zigurate mesopotâmico era propriamente uma montanha cósmica (§ 31). O templo de Barabudur também é uma imagem do cosmos e tem a forma de uma montanha[43]. Subindo-o, o peregrino aproxima-se do "centro do mundo" e no terraço superior realiza uma ruptura de nível, transcendendo o espaço profano, heterogêneo, e penetrando numa "terra pura".

As cidades e os lugares santos são assimilados aos cumes das montanhas cósmicas. Por isso Jerusalém e Sião não foram submergidas pelo dilúvio. Por outro lado, segundo a tradição islâmica, o lugar mais elevado da terra é a Kaaba porque a estrela polar atesta que ela se situa em frente do centro do Céu[44]. Na capital do soberano chinês perfeito, o gnômon não deve projetar sombra no dia do solstício de verão, ao meio-dia. Essa capital acha-se, efetivamente, no centro do Universo, perto da árvore miraculosa Kien-mou ("madeira ereta"), no local onde se entrecruzam as três zonas cósmicas: céu, Terra e inferno[45].

Efetivamente, por se situarem no centro do cosmos, o templo ou a cidade sagrada são sempre ponto de encontro das três regiões cósmicas. *Dur-an-ki*, "ligação entre o céu e a Terra", era o nome dos santuários de Nippur, de Larsa e certamente também de Sippar[46]. Babilônia possuía uma infinidade de nomes, entre os quais "Casa da base do céu e da Terra", "Ligação entre o céu e a Terra"[47]. Mas era sempre em Babilônia que se dava a ligação entre a terra e as regiões inferiores porque a cidade havia sido construída sobre *bâb-apsî*, "porta de Apsu"[48]; *apsu* designava as águas do caos anterior à criação. Encontramos essa mesma tradição entre os hebreus. O rochedo de Jerusalém penetrava profundamente nas águas subterrâneas (*tehôm*). Está dito na Mishna que o templo se localiza justamente por cima de *tehôm* (equivalente hebraico de *apsu*). E, assim como em Babilônia havia a "porta de *apsu*", também o rochedo do templo de Jerusalém encerrava a "boca do *tehôm*"[49]. Encontram-se concepções similares no mundo romano. "Quando o *mundus* está aberto, é, por assim dizer, a porta das tristes divindades infernais que está aberta", diz Varrão[50]. Também o templo itálico era zona de interseção dos mundos superior (divino), terrestre e subterrâneo.

Já observamos (§ 81) que o *omphalós* era visto como o "umbigo da Terra", ou seja, como o "centro do Universo". As valências ctônico-funerárias do *omphalós* não lhe impedem *a priori* todo alcance cosmológico. O simbolismo do "centro" abarca noções múltiplas: a de ponto de interseção dos níveis cósmicos (de canal de junção entre o inferno e a Terra)[51], a de espaço hierofânico e simultaneamente real, a de espaço "criacional" por excelência, o único onde a criação *pode* começar. Por isso, vemos nas diversas tradições a criação partir de um "centro", pois nele está a fonte de toda realidade e, portanto, da *energia* da *vida*. Acontece até mesmo de as tradições cosmológicas exprimirem o simbolismo do centro em termos que diríamos tirados da embriologia: "O Santíssimo criou o mundo como um embrião. Assim como o embrião cresce a partir do umbigo, também Deus começou a criar o mundo pelo umbigo e dali ele se expandiu em todas as direções."[52] *Yoma* afirma: "O mundo foi criado começando por Sião."[53] Também no *Rig Veda* o Universo é concebido como dilatando sua extensão a partir de um ponto central[54].

A tradição budista apresenta-nos uma concepção idêntica: a criação parte de um cume, ou seja, de um ponto que é simultaneamente central e transcendente. "Logo que nasce, o Bodhisattva assenta firmemente os pés no chão e, voltado para o Norte, dá sete passadas, atinge o polo e exclama: 'Sou eu que estou no topo do mundo... (*aggo'hjam asmi lokassa*), sou eu que sou o mais velho do mundo (*jettho 'ham asmi lokassa*).'"[55] Com efeito, ao atingir o cume cósmico, Buda torna-se *contemporâneo do começo do mundo*. De maneira mágica – pelo próprio fato de inserir-se no "centro" de onde saiu o Universo inteiro –, Buda aboliu o tempo e a criação e encontra-se assim no instante atemporal que precede a cosmogonia[56]. Daqui a pouco nos daremos conta disso; a abolição do tempo profano e a inserção nesse *illo tempore* mítico da cosmogonia estão implícitas em qualquer "construção" e em qualquer contato com um "centro".

Visto que a criação do mundo começa em certo centro, a do homem só poderia ter lugar nesse mesmo ponto, *real* e *vivo* no mais alto grau. Segundo a tradição mesopotâmica, o homem foi feito no "umbigo da Terra" em *Uzu* (carne) *Sar* (ligação) *Ki* (lugar, terra), no local onde está também *Dur-an-ki*, a "ligação entre o céu e a Terra"[57]. Ormuzd criou o boi primordial, Evagdâth, assim como o homem primordial, Gayomard, no centro do mundo[58]. O paraíso onde Adão foi criado a partir do barro localiza-se, é claro, no centro do cosmos. O paraíso era o "umbigo da Terra" e, segundo uma tradição síria, achava-se "sobre uma montanha mais alta do que todas as outras"[59]. Segundo o livro sírio *A caverna dos tesouros*, Adão foi criado no centro da Terra, no próprio local onde mais tarde haveria de erguer-se a cruz de Jesus[60]. As mesmas tradições foram conservadas pelo judaísmo[61]. O Apocalipse judaico e os *misdrashim* especificam que Adão foi criado em Jerusalém[62]. Como Adão foi sepultado no mesmo local onde fora criado, ou seja, no centro do mundo, no Gólgota, o sangue do Salvador – como já mencionamos – resgatou-o diretamente.

144. Modelos cósmicos e ritos de construção – A cosmogonia é o modelo de todas as construções. Construir uma cidade, uma nova casa, é imitar mais uma vez e, em certo sentido, repetir a criação do mundo. Isso porque cada cidade, cada casa encontra-se no "centro do universo", e por essa razão sua construção só foi possível mediante a abolição do espaço e do tempo profanos e a instauração do espaço e do tempo sagrados[63]. A casa é um microcosmos, do mesmo modo que a cidade é sempre uma *imago mundi*. O umbral separa os dois espaços, o lar é assimilado ao centro do mundo. O poste central da habitação dos povos primitivos (*Urkultur* da escola Graebner-Schmidt) árticos e norte-americanos (samoiedos, ainos, californianos do norte e do centro, algonquinos) é assimilado ao eixo cósmico. Quando a forma da habitação varia (por exemplo, entre os pastores-criadores de gado da Ásia Central) e a casa é substituída pela iurta, a função mítico-religiosa do pilar central é cumprida pela abertura superior destinada à saída da fumaça. Por ocasião dos sacrifícios, introduz-se na iurta uma árvore cuja copa sai por essa abertura[64]. A árvore sacrificial, com seus sete ramos, simboliza as sete esferas celestes. Assim, por um lado, a casa é homóloga ao Universo e, por outro, é vista como situada no "centro" do mundo, pois a abertura para a saída de fumaça situa-se em frente da estrela polar. Cada habitação, pelo paradoxo da consagração do espaço e pelo rito de construção, se vê transformada num "centro". De forma que todas as casas, como todos os templos, palácios e cidades, estão situadas num único e mesmo ponto comum, o centro do Universo. Trata-se, como vemos, de um espaço transcendente, de uma estrutura diferente do espaço profano, compatível com uma multiplicidade e mesmo com uma infinidade de "centros".

Na Índia, no momento de proceder à construção da casa, o astrólogo determina qual pedra fundamental deve ser colocada sobre a cabeça da serpente que suporta o mundo. O mestre pedreiro finca uma estaca no local designado, de modo a "fixar" bem a cabeça da serpente ctônica e evitar os tremores de terra[65]. Não só a construção da casa se situa no centro do mundo como ela também repete, em certo sentido, a cosmogonia. Sabe-se efetivamente que em muitas mitologias os mundos saíram do desmembramento de um monstro primordial, geralmente ofidiomórfico. Assim como todas as habitações se localizam magicamente no "centro do mundo", também sua construção se insere no *mesmo momento* auroral da criação dos mundos (§§ 152 ss.). O tempo mítico, assim como o espaço sagrado, *repete-se* até o infinito, por ocasião de cada nova obra do homem.

145. Simbolismo do "centro" – Um imenso número de mitos e lendas conta com uma Árvore Cósmica que simboliza o Universo (os sete ramos correspondem aos sete céus), uma árvore ou uma coluna central que sustenta o mundo, uma Árvore da Vida ou uma árvore miraculosa que confere imortalidade aos que provam seus frutos etc. (§§ 97 ss.). Cada um desses mitos e lendas confirma a teoria do "centro", no sentido de que a árvore incorpora a realidade absoluta, a fonte da vida e da sacralidade, e por isso está no centro do mundo. Quer se trate de uma Árvore Cósmica ou de uma Árvore da Vida imortal ou do conhecimento do bem e do mal, o caminho que conduz a ela é "um caminho difícil", semeado de obstáculos: a árvore localiza-se em regiões inacessíveis e é guardada por monstros (§ 108). Não é dado a qualquer pessoa chegar até ela nem, se acaso o conseguir, sair vitoriosa do duelo que terá de travar com o monstro que a guarda. Cabe aos "heróis" vencer esses obstáculos e matar o monstro que defende as imediações da árvore ou da planta da imortalidade, dos pomos de ouro, do tosão de ouro etc. Como pudemos verificar várias vezes nos capítulos anteriores, o símbolo que incorpora a realidade absoluta, a sacralidade e a imortalidade é de difícil acesso. Os símbolos dessa espécie situam-se num "centro", ou seja, estão sempre bem defendidos e o fato de chegar até eles equivale a uma iniciação, a uma conquista ("heroica" ou "mística") da imortalidade.

Sem pretender prejulgar o significado e a função originais do labirinto, não há dúvida de que incluíam a ideia de defesa de um "centro". Uma pessoa qualquer não podia ter a pretensão de penetrar num labirinto ou sair dele incólume: a entrada tinha o valor de uma iniciação. Quanto ao "centro", ele comportava, evidentemente, figurações muito diferentes. O labirinto podia defender uma cidade, um túmulo ou um santuário, mas em qualquer dos casos defendia um espaço mágico-religioso que se pretendia tornar inviolável aos não iniciados[66]. A função militar do labirinto era apenas uma variante de sua função essencial de defesa contra o "mal", os espíritos hostis e a morte. Em linguagem militar, um labirinto impedia ou pelo menos dificultava a penetração do inimigo, ao mesmo tempo que permitia a entrada dos que conheciam a planta das obras defensivas. Em linguagem religiosa, impedia o acesso à cidade aos espíritos de fora, aos demônios do deserto, à morte. Então o "centro" abarcava inteiramente a cidade, cuja configuração reproduzia, como vimos, o próprio universo.

Mas muitas vezes o labirinto destinava-se a defender um "centro" na acepção inicial e rigorosa do termo, ou seja, representava o acesso iniciático à sacralidade, à imortalidade, à realidade absoluta. Os rituais labirínticos em que se baseia o cerimonial de iniciação (por exemplo, em Malekula) têm justamente como objetivo ensinar ao neófito, no decurso de sua vida neste mundo, a maneira de penetrar, sem se perder, nos territórios da morte. O labirinto, assim como todas as outras provas iniciáticas, é uma prova difícil que nem todos conseguem vencer. De certa maneira, a experiência iniciática de Teseu no labirinto de Creta equivalia à expedição ao Jardim das Hespérides em busca dos pomos de ouro, ou à do tosão de ouro da Cólquida. Cada uma dessas provas se resumia, falando em termos de morfologia, em penetrar vitoriosamente num espaço de difícil acesso e bem defendido no qual havia um símbolo mais ou menos transparente do *poder*, da *sacralidade* e da *imortalidade*.

Mas esse "itinerário difícil" não se verifica somente nas provas de iniciação ou heroicas mencionadas acima. Vamos encontrá-lo em muitas outras circunstâncias. Podemos citar, a título de exemplo, as circunvoluções complicadas de certos templos, como o de Barabudur, a peregrinação aos lugares santos (Meca, Hardwar, Jerusalém), as atribulações do asceta sempre em busca do caminho para si mesmo, para o "centro" de seu ser etc. A estrada é penosa, semeada de perigos, pois na verdade se trata de um rito de passagem do profano para o sagrado, do efêmero e ilusório para a realidade e a eternidade, da morte para a vida, do homem para a divindade. O acesso ao "centro" equivale a uma consagração, a uma iniciação. À existência de ontem, profana e ilusória, sucede uma nova existência, real, duradoura e eficaz.

Examinada mais de perto, a dialética dos espaços sagrados e principalmente do "centro" parece contraditória. Todo um conjunto de mitos, símbolos e rituais combina-se para enfatizar a dificuldade de penetrar sem dano num "centro"; e por outro lado, concorrentemente, uma série de mitos, símbolos e rituais estabelece que esse "centro" é facilmente acessível. A peregrinação aos lugares santos é difícil, mas qualquer visita a uma igreja é uma peregrinação. A Árvore Cósmica é, pode-se dizer, inacessível, mas é perfeitamente legítimo introduzir em qualquer iurta uma árvore equivalente a ela. O itinerário que conduz ao "centro" é cheio de obstáculos, entretanto cada cidade, cada templo, cada habitação *se localiza* no centro do Universo. Entrar num labirinto e regressar dele é o rito iniciático por excelência, no entanto toda existência, mesmo a menos movimentada, poderia ser assimilada ao caminhar num labirinto. Os sofrimentos e as provações por que passou Ulisses são fabulosos, entretanto qualquer *regresso ao lar* "vale" o regresso de Ulisses a Ítaca.

146. A "saudade do Paraíso" – Em resumo, todos os simbolismos e assimilações que analisamos acima provam que o homem, por diferentes que sejam qualitativamente o espaço sagrado e o profano, *só pode viver num espaço sagrado desse gênero*. E quando este não se revela a ele através de uma hierofania o homem o constrói aplicando os cânones cosmológicos e geomânticos. Desse modo, embora o "centro" seja concebido como situado "em algum lugar" onde só alguns iniciados podem ter esperança de penetrar, isso não impede que cada casa se julgue construída nesse *mesmo centro do mundo*. Poderíamos dizer que um grupo de tradições atesta o desejo do homem de estar *sem esforço* no "centro do mundo", enquanto outro grupo insiste na *dificuldade* e, portanto, no *mérito* que há em conseguir entrar nele. Não nos interessa, por enquanto, estabelecer a história de cada uma dessas tradições. O fato de a primeira delas – a que facilita a construção do "centro" na própria casa do homem – existir quase em toda parte leva-nos a vê-la, se não imediatamente como a mais primitiva, pelo menos como significativa, característica de toda a humanidade. Ela ressalta e revela uma condição determinada do homem no cosmos a qual poderíamos designar como "*saudade do Paraíso*". Entendemos com isso o desejo de estar *sempre e sem esforço* no âmago do mundo, da realidade e da sacralidade e, em suma, de superar de maneira natural a condição humana e recuperar a condição divina ou, como diria um cristão, a condição anterior à queda.

Além disso, a assimilação do pilar da casa com o eixo do mundo nas populações que pertencem às culturas primitivas, da mesma forma que a crença estudada em outro livro[67], referente à junção relativamente fácil entre o céu e a Terra, autoriza-nos a afirmar que o desejo do homem de colocar-se de maneira natural e permanente num espaço sagrado, no "centro do mundo", era mais fácil de satisfazer nas sociedades arcaicas do que nas civilizações que as sucederam. De fato, esse resultado se torna cada vez mais difícil de conseguir. Os mitos de "heróis", que são os únicos capazes de penetrar num "centro", tornam-se tanto mais frequentes quanto mais evoluídas são as civilizações que os produzem ou propagam. As noções de mérito, de coragem, de personalidade forte, de provas iniciáticas etc. desempenham um papel de crescente importância e são alimentadas e servidas pelo crédito cada vez mais abrangente que é concedido à magia e à ideia de personalidade.

Mas nos dois casos a *saudade do Paraíso* revela-se com igual intensidade. Mesmo onde domina a tradição de um "centro" muito defendido, encontram-se em grande número "equivalentes" desse centro situados em níveis cada vez mais acessíveis. Poderíamos até mesmo falar de "duplos fáceis" do "centro", assim como vimos (§ 111) que a Árvore da Vida e a planta da imortalidade têm "duplos fáceis" na magia, na farmacologia e na medicina popular, no sentido de que *qualquer* planta mágica ou medicinal pode fazer as vezes delas. Em resumo, por qualquer ângulo que se olhe, a dialética das espécies sagradas sempre deixa transparecer a "saudade do Paraíso".

São fatos ricos de interesse: anunciam e mesmo trazem uma contribuição valiosa para o estabelecimento de uma autêntica antropologia filosófica. Têm acima de tudo o mérito de revelar, numa humanidade que ainda está, segundo a expressão aceita, "no nível etnográfico", uma postura espiritual que apenas a pobreza dos meios de expressão – reduzidos a símbolos, ritos e "superstições" – distingue dos sistemas elaborados e logicamente coerentes da teologia e da metafísica. Mas precisamente essa indigência e essa vulgaridade dos meios de expressão dão um peso particular à atitude espiritual que exprimem. Sua autenticidade, a função importante que desempenham na vida dos povos primitivos e semicivilizados provam, em todo caso, que os problemas da metafísica e da teologia estão longe de ser uma invenção recente do espírito humano ou de representar uma fase aberrante ou transitória na história espiritual da humanidade.

Mas a dialética paradoxal do espaço sagrado – acessível e inacessível, único e transcendente por um lado, "repetível" sem restrições por outro – deve ainda ser estudada de outro ponto de vista. Ela cabe sem dificuldade no que chamamos de ambivalência do sagrado (§§ 6 ss.). Vimos que o sagrado atrai e repele, é útil e perigoso, tanto dá a morte como a imortalidade. Essa ambivalência desempenha também seu papel na criação da morfologia densa e contraditória dos espaços sagrados. As qualidades negativas dos espaços sagrados (inacessíveis, perigosos, guardados por monstros etc.) devem ser explicadas, sem dúvida alguma, pela morfologia "terrível" do sagrado (tabu, perigoso etc.) e vice-versa.

Convém, por fim, dizer uma palavra acerca dos "duplos fáceis do espaço sagrado" e particularmente do "centro". Sua fabricação em série e em planos cada vez mais "baixos", "acessíveis" (graças a múltiplas assimilações, *tudo* é passível de tornar-se um "centro", um labirinto, um símbolo de imortalidade etc.), atesta uma reprodução, diríamos mecânica, de um único e mesmo arquétipo em variantes cada vez mais "localizadas" e mais "grosseiras". Já não podemos nos ocupar aqui da estrutura e da função desses arquétipos, que já vimos várias vezes em outros capítulos deste livro: qualquer árvore é passível de tornar-se Árvore Cósmica, qualquer água é identificável com as águas primordiais. Dedicamos a esse problema um estudo especial e teremos ocasião de voltar a ele[68]. Basta destacar que a "dinâmica" e a "fisiologia" dos espaços sagrados permitem constatar a existência de um espaço sagrado arquetípico que as hierofanias e a consagração de qualquer espaço procuram "realizar". A multiplicidade de "centros" explica-se, como vimos, pela estrutura do espaço sagrado, que admite a coexistência de uma "infinidade" de "lugares" num mesmo centro. Quanto à "dinâmica", à "realização" dessa multiplicidade, ela se torna possível graças à repetição de um arquétipo. Que o arquétipo pode repetir-se no nível que se queira, e sob formas tão grosseiras quanto se queira, já o vimos (a árvore sagrada, as águas sagradas etc.); aliás, não é o fato de o arquétipo ser passível de imitações (repetições) grosseiras que nos parece significativo, mas justamente o fato de o homem *tender*, mesmo nos mais baixos níveis de sua experiência religiosa "imediata", a *aproximar-se* desse arquétipo e a *realizá-lo*. Se há um sinal revelador do lugar do homem no cosmos, não é, por exemplo, a possibilidade de a Árvore da Vida ser rebaixada a uma superstição mágico-medicinal qualquer nem a possibilidade de o símbolo do centro degradar-se num "duplo fácil", como é o lar. Não: é muito mais *a necessidade que o homem sente constantemente de realizar os arquétipos* até nos níveis mais vis e mais "impuros" de sua existência imediata; é muito mais essa saudade das formas transcendentes – nesse caso, do espaço sagrado.

XI

O tempo sagrado e o mito do eterno recomeço

147. Heterogeneidade do tempo – O problema que abordamos neste capítulo é dos mais difíceis da fenomenologia religiosa. A dificuldade não se deve apenas a uma diferença de estrutura entre o tempo mágico-religioso e o tempo profano; está também no fato de *a própria experiência do tempo* como tal entre os povos primitivos nem sempre equivaler à experiência do tempo de um ocidental moderno. Por um lado, portanto, o tempo sagrado opõe-se à *duração profana* e, por outro, essa mesma *duração* apresenta tipos diferentes de estrutura, segundo se trate de sociedades arcaicas ou de sociedades modernas. É difícil decidir, de momento, se essa diferença provém do fato de entre os primitivos a experiência do tempo profano ainda não ter se separado das categorias do tempo mítico-religioso. Mas é um fato que essa experiência do tempo deixa ao primitivo, por assim dizer, uma "abertura" permanente para o tempo religioso. Simplificando a exposição e antecipando um pouco o resultado de nosso estudo, poderíamos dizer que a própria estrutura da experiência temporal do primitivo facilita-lhe a transformação da duração em tempo sagrado. No entanto, como esse problema interessa principalmente à antropologia filosófica e à sociologia, aqui só nos ocuparemos dele na medida em que nos obrigar a discutir o tempo hierofânico.

O problema que nos ocupa aqui é realmente o seguinte: em que um tempo sagrado se distingue da duração "profana" que o precede e o sucede? O termo "tempo hierofânico", como veremos, abrange realidades muito variadas. Pode designar o tempo no qual se coloca a celebração de um ritual e é, por isso, um *tempo sagrado*, ou seja, um tempo essencialmente diferente da duração profana que o antecede. Pode também designar o tempo mítico, ora recuperado graças à intermediação de um ritual, ora realizado pela *repetição* pura e simples de uma ação provida de um arquétipo mítico. Por fim, pode ainda designar os ritmos cósmicos (por exemplo, as hierofanias lunares), na medida em que esses ritmos são considerados revelações – queremos dizer manifestações, *ações* – de uma sacralidade fundamental subjacente ao cosmos. Assim, um momento ou uma porção de tempo pode tornar-se, *a qualquer momento*, hierofânica: basta que se produza uma cratofania, uma hierofania ou uma teofania para que ele seja transfigurado, consagrado, comemorado por efeito de sua repetição e, portanto, "repetível" até o infinito. Todo tempo, qualquer que ele seja, é "aberto" para um tempo sagrado ou, em outras palavras, pode revelar aquilo que chamaríamos, numa expressão cômoda, o *absoluto*, ou seja, o sobrenatural, o sobre-humano, o supra-histórico.

Para a mentalidade primitiva o tempo não é homogêneo. Sem falar de suas eventuais hierofanizações, o tempo como tal apresenta-se em várias formas, de intensidade variada e destinação múltipla. Lévy-Bruhl, após Hardeland, distinguiu entre os daiaques cinco tempos diferentes cuja destinação própria diversifica a duração de um mesmo dia, nesse caso o domingo: "1º) O nascer do sol, favorável para começar uma operação. As crianças que nascem nessa hora são felizes. Convém, no entanto, não ir à caça, à pesca nem partir em viagem, pois não se seria bem-sucedido. 2º) Por volta das nove horas da manhã: momento infeliz; nada que se comece então dará certo; no entanto, quem se puser a caminho não precisará temer salteadores. 3º) Meio-dia: 'tempo' muito favorável. 4º) Três horas da tarde: momento da luta, propício para os inimigos, os salteadores, os caçadores, os pescadores, funesto para os viajantes. 5º) O pôr do sol: pequeno 'tempo feliz.'"[1]

Os exemplos são abundantes. Todas as religiões conhecem dias fastos e dias nefastos, momentos ótimos no decurso de um mesmo dia fasto, períodos de tempo "concentrado" e de tempo "diluído", de tempo "forte" e de tempo "fraco" etc. Uma característica merece desde já nossa atenção, a saber, que o tempo aparece como não homogêneo antes mesmo de todas as valorizações que poderá receber dentro de determinado sistema ritual: alguns períodos são fastos, outros são nefastos. Em outras palavras, o tempo assume uma nova dimensão que podemos chamar de hierofânica e graças à qual a duração em si adquire não só uma cadência particular mas também "vocações" diversas, "destinos" contraditórios. Evidentemente, essa dimensão hierofânica do tempo pode ser revelada, "causada", pelos ritmos cósmicos, como no caso dos cinco tempos dos daiaques, ou das crises solsticiais, das fases da Lua etc.; também pode ser "causada" pela própria vida religiosa das sociedades humanas, na forma, por exemplo, das festas de inverno concentradas na estação morta da vida agrícola etc.

Alguns autores destacaram recentemente a origem social dos ritmos sacrotemporais (por exemplo, Marcel Mauss e Marcel Granet). Apesar disso, não se pode contestar que os ritmos cósmicos também tenham desempenhado um papel preponderante na "revelação" e organização desses sistemas. Basta lembrar a importância das valorizações religiosas do drama lunar (§§ 47 ss.) ou vegetal (§ 139) no destino espiritual do homem arcaico. As ideias de ritmo e repetição, a que voltaremos neste capítulo, podem ser consideradas uma "revelação" das hierofanias lunares, independentemente de eventuais exemplificações do ritmo e da repetição na vida social como tal. Já se disse que a "origem" social do cômputo do tempo sagrado é confirmada pelo desacordo que se verifica entre os calendários sagrados e os ritmos cósmicos[2]. Na verdade, essa divergência não anula de forma alguma a solidariedade dos sistemas de cômputo e dos ritmos cósmicos; ela prova simplesmente, por um lado, a inconsistência dos cômputos e das cronometrias primitivas e, por outro, o caráter não "naturalista" da religiosidade arcaica, cujas festas não são voltadas para o fenômeno natural em si mas para a dimensão religiosa desse fenômeno.

As hierofanias vegetais (§ 123) deram-nos a oportunidade de destacar como o lugar da festa da primavera no calendário é variável. Também mostramos que o que caracteriza essa festa da primavera é o significado metafísico-religioso do *renascimento* da natureza e da *renovação* da vida, e não o fenômeno "natural" da primavera como tal. Não é porque um calendário não é calcado no tempo astronômico que o tempo sagrado deva sempre ser organizado independentemente dos ritmos cósmicos. Simplesmente, esses ritmos são valorizados apenas na medida em que são hierofanias, e essa hierofanização liberta-os do tempo astronômico que, digamos assim, lhes serviu de matriz. Um "signo" da primavera pode "revelar" a *primavera* antes de a "primavera natural" se fazer sentir (§ 123), o que não impede o signo de marcar o *começo* de uma nova "era", que a "primavera natural" logo verificará, não como fenômeno da natureza mas como *renovação*, *recomeço* total da vida cósmica. Bem entendido, a ideia de renovação comporta um renovamento individual e social simultaneamente com a restauração do cosmos. Não é a primeira vez que neste livro nos é dado destacar que, aos olhos da espiritualidade arcaica, todos os objetos se juntam e todos os planos se correspondem.

148. Solidariedade e contiguidade dos tempos hierofânicos – A heterogeneidade do tempo, sua divisão em "sagrado" e "profano" não implicam apenas "cortes" periódicos praticados na duração profana a fim de nela inserir o tempo sagrado; implicam também que essas inserções do tempo sagrado são solidárias, diríamos mesmo contínuas. A liturgia cristã de determinado domingo é solidária das liturgias do domingo anterior e do domingo seguinte. Não só o tempo sagrado que vê o mistério da transubstanciação do pão e do vinho no corpo e no sangue do Salvador é qualitativamente diferente – como um enclave entre o presente e o futuro – da duração profana de que se destaca; não só esse tempo sagrado é solidário do tempo das liturgias precedentes e seguintes, como pode, além disso, ser visto como continuação de todas as liturgias que se realizaram desde o momento em que teve início o mistério da transubstanciação até o minuto presente. Ao contrário, a duração profana que decorre entre dois serviços divinos não poderia apresentar contiguidade alguma com o tempo hierofânico do rito, visto que não foi transfigurada em tempo sagrado: essa duração corre, por assim dizer, paralelamente com o tempo sagrado, que assim se revela a nós como um *continuum* que só aparentemente é interrompido pelos intervalos profanos.

O que é verdadeiro para o tempo do culto cristão vale igualmente para todos os tempos que a religião, a magia, o mito e a lenda conhecem. Um ritual não se limita a repetir o ritual precedente (ele mesmo é a repetição de um arquétipo): é contíguo a ele e continua-o, periodicamente ou não. A colheita das plantas mágicas faz-se nos momentos críticos que marcam uma ruptura de nível entre o tempo profano e o tempo mágico-religioso, por exemplo à meia-noite do dia de São João. Durante alguns segundos – é o caso de certas samambaias ou fetos – as crenças populares pretendem que "os céus se abrem": as plantas mágicas adquirem então virtudes excepcionais, e quem colhê-las nesse momento pode tornar-se invulnerável, invisível etc.

Esses segundos hierofânicos repetem-se todos os anos. Na medida em que constituem uma "duração" de estrutura sagrada – mas uma duração, apesar disso –, pode-se dizer que eles *se continuam*, que ao longo de anos e séculos formam um único "tempo". Isso não impede que, aparentemente, esses segundos hierofânicos se repitam periodicamente. Poderíamos imaginá-los como uma abertura "fulgurante" para o Grande Tempo, abertura que permite a esse paradoxal segundo do tempo mágico-religioso penetrar na duração profana. As ideias de periodicidade e repetição ocupam um lugar considerável não só na mitologia mas também no folclore. "Nas lendas de castelos, cidades, mosteiros, igrejas desaparecidos, a maldição nunca é definitiva: ela se renova periodicamente – todos os anos, de sete em sete anos, de nove em nove anos, na mesma data da catástrofe a cidade ressuscita, os sinos tangem, a castelã sai de sua reclusão, os tesouros abrem-se, os guardiães adormecem; mas na hora marcada o sortilégio cessa e tudo se extingue. Essas repetições periódicas bastam para mostrar que as mesmas datas trazem de volta os mesmos fatos."[3]

149. Periodicidade – eterno presente – Na religião e na magia a periodicidade significa sobretudo a utilização indefinida de um tempo mítico *tornado presente*. Todos os rituais têm a propriedade de se passarem *agora*, *neste instante*. O tempo que viu o acontecimento comemorado ou repetido pelo ritual em questão é *tornado presente*, "re-presentado", por assim dizer, tão recuado no tempo quanto se possa imaginar. A paixão de Cristo, sua morte e sua ressurreição não são simplesmente comemoradas durante os ofícios da Semana Santa: elas sucedem verdadeiramente *então* diante dos fiéis. E um verdadeiro cristão deve sentir-se *contemporâneo* desses acontecimentos *trans-históricos*, visto que, ao repetir-se, o tempo teofânico se torna presente para ele.

O mesmo se pode dizer da magia. Vimos a feiticeira partir à procura dos simples, dizendo: "Vamos colher plantas para pô-las nas chagas do Senhor." Pela virtude do rito mágico, a feiticeira torna-se contemporânea da Paixão do Senhor; as plantas que ela colhe devem sua eficácia ao fato de que *são* colocadas – ou em todo caso *podem ser* colocadas – sobre as chagas do Salvador ou cresceram ao pé da Cruz. O contexto temporal da encantação é da ordem do presente. Conta-se que a curandeira encontra a Virgem Santa ou outros santos, que a Virgem é informada da doença de X… e que ela indica o remédio etc. Vamos citar apenas um exemplo, recolhido no tesouro particularmente abundante do folclore romeno. "Reuniram-se nove irmãos, de nove pais diferentes, todos com a mesma roupa, com nove enxadas amoladas, com nove machados afiados; foram até o meio da ponte de bronze; lá encontraram Santa Maria, que descia por uma escada de cera e se pôs a perguntar-lhes: – Onde vão vocês, os nove irmãos, de nove pais diferentes, todos com a mesma roupa? – Vamos ao Monte da Galileia cortar a árvore do Paraíso. – Deixem lá a árvore do Paraíso. Vão à casa de Ion por causa das pústulas dele; abram-nas, cortem-nas e joguem-nas no fundo do mar."[4]

A cena passa-se num tempo mítico em que a árvore do Paraíso ainda não estava cortada, e entretanto ocorre *agora*, nesse momento preciso em que alguém sofre de pústulas. A encantação não se limita a invocar o poder da Virgem Santa porque todos os poderes, mesmo os divinos, se diluem e se perdem tão logo se exercem na duração profana; ela instaura outro tempo, o tempo mágico-religioso, um tempo em que os homens *podem* ir cortar a árvore do Paraíso e em que a Virgem Santa *desce* em pessoa por uma escada celeste. E essa instauração não é alegórica, mas real: Ion e sua doença são contemporâneos do encontro da Virgem com os nove irmãos. Essa contemporaneidade com os grandes momentos míticos é uma condição indispensável da eficácia mágico-religiosa, qualquer que seja sua natureza. Sob essa luz, o esforço de Sören Kirkegaard para traduzir a condição cristã na fórmula "ser contemporâneo de Jesus" mostra-se menos revolucionário do que parece à primeira vista. Kirkegaard simplesmente formulou em termos novos uma atitude geral e normal do homem arcaico.

Periodicidade, repetição, eterno presente: essas três características do tempo mágico-religioso concorrem para esclarecer o sentido da não homogeneidade desse tempo cratofânico e hierofânico em relação à duração profana. Da mesma forma que todas as outras atividades essenciais da vida humana (pesca, caça, colheita de frutos, agricultura etc.) que depois se tornaram, embora sempre incompletamente, atividades "profanas", os ritos foram revelados por deuses ou por "ancestrais". Sempre que se repete o rito ou um ato significativo (caça, por exemplo), imita-se o gesto arquetípico do deus ou do ancestral, o gesto que teve lugar na *origem* dos tempos, ou seja, num tempo mítico.

Mas, ao mesmo tempo, essa repetição tem como efeito instaurar o tempo mítico dos deuses e dos ancestrais. É assim que, na Nova Guiné, ao fazer-se ao mar, o chefe de um barco personifica o herói mítico Aori: "Ele veste o traje que Aori vestia, segundo o mito, e tem, como este, o rosto escurecido e nos cabelos um *love* semelhante ao que Aori arrancou da cabeça de Iviri. Ele dança no convés e abre os braços como Aori estendia as asas... Um pescador disse-me que, quando ia pescar (com arco), se julgava o próprio Kivavia. Não implorava a graça e a ajuda desse herói mítico: identificava-se com ele."[5] Em outras palavras, o pescador vive no tempo mítico de Kivavia, da mesma forma que o marinheiro que se identifica com Aori vive no tempo transistórico desse herói. Quer ele *se torne* o próprio herói, quer se torne apenas seu *contemporâneo*, o melanésio vive um *presente mítico* que é impossível confundir com qualquer duração profana. Ao repetir um gesto arquetípico, ele se insere num tempo sagrado a-histórico, e essa inserção só pode acontecer se o tempo profano for abolido. Veremos adiante a importância dessa abolição para o homem arcaico.

150. Restauração do tempo mítico – Por meio de qualquer ritual e, portanto, por meio de qualquer gesto significativo (caça, pesca etc.), o primitivo insere-se no "tempo mítico". Porque "a época mítica", *dzugur*, não deve ser pensada simplesmente como um tempo passado, mas também como presente e futuro: como um estado tanto como um período[6]. Esse período é "criador", no sentido de que foi então, *in illo tempore*, que ocorreram a criação e a organização do cosmos, bem como a revelação, pelos deuses, pelos ancestrais ou pelos heróis civilizadores, de todas as atividades arquetípicas. *In illo tempore*, na época mítica, tudo era possível. As "espécies" ainda não estavam definidas e as formas eram "fluidas". (A lembrança dessa fluidez mostra resquícios até mesmo nas tradições mitológicas elaboradas: na mitologia grega, por exemplo a época de Urano, a de Cronos etc., § 23.) Por outro lado, a mesma fluidez das "formas" constitui, na outra extremidade do tempo, uma das síndromes do *éskhaton*, do momento em que "a história" chegará ao fim e o mundo começará a viver num tempo sagrado, na eternidade. "Então o lobo viverá com o cordeiro, e o leopardo, com o cabrito..."[7] Então, *nec magnos metuent armenta leones*, "as manadas de bois não temerão os grandes leões"[8].

Nunca é demais destacar a tendência – observável em qualquer sociedade, seja qual for seu grau de evolução – para *restaurar* "*aquele tempo*", o tempo mítico, o Grande Tempo. Porque essa restauração é o resultado de todo rito e de todo gesto significativo, sem distinção. "Um rito é a repetição de um fragmento do tempo original." E "o tempo original serve de modelo para todos os tempos; o que sucedeu um dia repete-se continuamente. Basta conhecer o mito para compreender a vida"[9]. A propósito da articulação e do significado do mito, avaliaremos o grau exato de verdade que há na expressão de Van der Leeuw: "basta conhecer o mito para compreender a vida". Por ora, vamos registrar estas duas características do tempo mítico (ou, dependendo do contexto, sagrado, mágico-religioso, hierofânico): 1º) sua "repetibilidade", no sentido de que toda ação significativa o reproduz; 2º) o fato de que, embora considerado transistórico, situado além de toda contingência, de certo modo na eternidade, esse tempo sagrado tem, *na história*, um "começo", a saber: o momento em que a divindade criou o mundo ou o organizou, o momento em que o herói civilizador ou o ancestral revelaram uma atividade qualquer etc.

Do ponto de vista da espiritualidade arcaica, todo começo é um *illud tempus* e, portanto, uma abertura para o Grande Tempo, para a eternidade. Marcel Mauss viu bem que "as coisas religiosas, que acontecem no tempo, são legítima e logicamente consideradas como acontecendo na eternidade"[10]. Efetivamente, cada uma dessas "coisas religiosas" repete infinitamente o arquétipo, ou seja, repete o que aconteceu no "começo", no momento em que, ao serem revelados, um rito ou um gesto religioso simultaneamente se manifestaram na história.

Como mostraremos mais pormenorizadamente em seguida, a história, na perspectiva da mentalidade primitiva, coincide com o mito: todo *acontecimento* (toda conjuntura dotada de sentido), pelo próprio fato de *ter se produzido no tempo*, representa uma ruptura da duração profana e uma invasão do Grande Tempo. Como tal, todo acontecimento, justamente porque aconteceu, porque teve lugar no tempo, é uma hierofania, uma "revelação". O paradoxo desse "acontecimento = hierofania" e o desse "tempo histórico = tempo mítico" têm de paradoxo apenas a aparência; para dissipá-la basta que nos coloquemos nas condições específicas da mentalidade que os concebeu. Porque, no fundo, o primitivo só encontra significado e interesse nas ações humanas (por exemplo, nos trabalhos agrícolas, nos costumes sociais, na vida sexual, na cultura etc.), na medida em que elas repetem os gestos revelados pelas divindades, pelos heróis civilizadores ou pelos ancestrais. O que não cabe no quadro dessas ações significativas, visto que não tem modelo transumano, não tem nome nem importância. Mas todas essas ações arquetípicas foram reveladas então, *in illo tempore*, num tempo que não é possível situar cronologicamente, no tempo mítico. Ao se revelarem, romperam a duração profana e introduziram nela o tempo mítico. Mas com isso criaram um "começo", um "acontecimento" que vem inserir-se na perspectiva cinzenta e uniforme da duração profana (da duração na qual aparecem e desaparecem os atos insignificantes) e assim constrói a "história", a série de "acontecimentos dotados de sentido", bem diferente da sequência de gestos automáticos e sem significado. De forma que, por paradoxal que pareça, aquilo que poderíamos chamar de "história" das sociedades primitivas reduz-se exclusivamente aos acontecimentos míticos que tiveram lugar *in illo tempore* e que não pararam de repetir-se desde então até nossos dias. Tudo o que do ponto de vista do homem moderno é verdadeiramente "histórico", ou seja, único e irreversível, é considerado pelo primitivo destituído de importância, porque não tem precedente mítico-histórico.

151. Repetição não periódica – Essas observações contribuem em igual medida para o entendimento do mito (§§ 156 ss.) e para a explicação do tempo mítico, hierofânico, mágico-religioso, que é o principal objeto deste capítulo. Agora temos condições de compreender por que razão o tempo sagrado, religioso, nem sempre se reproduz periodicamente. Se determinada festa (situada, bem entendido, num tempo hierofânico) se repete periodicamente, há outras ações aparentemente profanas – mas só aparentemente – que, mesmo fazendo-se passar por também "inauguradas" em um *illud tempus*, podem realizar-se *a qualquer hora*. É a qualquer hora que se pode partir para a pesca, para a caça etc. e assim imitar um herói mítico, encarná-lo, restaurar dessa forma o tempo mítico, sair da duração profana, repetir o mito-história. Voltando ao que há pouco dizíamos, todo tempo é passível de tornar-se um tempo sagrado; em qualquer momento a duração pode ser transmutada em eternidade. Naturalmente, como veremos, a periodicidade do tempo sagrado tem um lugar considerável nas concepções religiosas da humanidade toda. Mas é um fato pleno de sentido que o mesmo mecanismo de imitação de um arquétipo e de repetição de um gesto arquetípico possa abolir a duração profana e transfigurá-la em tempo sagrado, e isso fora dos ritos periódicos. Esse fato prova, por um lado, que a tendência para hierofanizar o tempo é algo essencial, mesmo independentemente dos sistemas organizados no contexto da vida social, independentemente dos mecanismos destinados a abolir o tempo profano (por exemplo, o "ano velho") e instaurar o tempo sagrado (o novo ano), aos quais voltaremos em breve; e, por outro, ele nos lembra os "duplos fáceis" que já mencionamos para a instauração do espaço sagrado (§ 146). Assim como um "centro do mundo" que fica, por definição, num lugar inacessível pode, apesar disso, ser construído em qualquer parte sem que ninguém depare com as dificuldades de que falam os mitos e as lendas heroicas, também o tempo sagrado, instaurado quase sempre nas festas coletivas por meio do calendário, pode ser alcançado *seja quando for* e por *quem quer que seja*, graças à simples repetição de um gesto arquetípico, mítico. Vamos considerar agora essa tendência para exceder os quadros coletivos de instauração do tempo sagrado, pois ela tem uma importância que não tardaremos a ver.

152. Regeneração do tempo – As festas passam-se num tempo sagrado, ou seja, como observa Marcel Mauss, na eternidade. Mas há certas festas periódicas – seguramente as mais importantes – que nos fazem entrever algo mais: o desejo de abolir o tempo profano já passado e instaurar um "tempo novo". Em outras palavras, as festas periódicas que encerram um ciclo temporal e abrem um novo empreendem uma *regeneração total do tempo.* Como já estudamos com detalhes (em *Le mythe de l'éternel retour*) as encenações rituais que marcam o fim do ano velho e o começo do Ano-Novo, vamos limitar-nos aqui a uma abordagem sumária desse importante problema.

A morfologia das encenações rituais periódicas é extraordinariamente rica. As pesquisas de Frazer, Wensinck, Dumézil e outros autores mencionados na bibliografia permitem-nos resumir o essencial no esquema seguinte.

O fim do ano e o começo do novo ano dão lugar a um conjunto de ritos: 1º) purgações, purificações, confissão dos pecados, afastamento dos demônios, expulsão do mal para fora da aldeia etc.; 2º) extinção e reativação do fogo; 3º) procissões mascaradas (as máscaras representam as almas dos mortos), recepção cerimonial dos mortos, que são regalados (banquetes etc.) e no fim das festas são reconduzidos aos limites da localidade, ao mar, ao rio etc.; 4º) combates entre dois grupos inimigos; 5º) interlúdio carnavalesco, saturnais, reversão da ordem normal, "orgia".

Certamente em lugar algum o roteiro do fim do ano e do início do novo ano reúne todos esses ritos, cuja lista, de resto, não tivemos pretensão de esgotar, pois não mencionamos as iniciações e, em certas regiões, os casamentos por rapto. Mesmo assim, todos esses ritos não deixam de fazer parte de um único e mesmo quadro cerimonial. Cada um deles pretende realizar – em sua perspectiva e em seu plano próprio – a abolição do tempo decorrido durante o ciclo que termina. Desse modo, a purgação, as purificações, a queima das imagens do "ano velho", a expulsão dos demônios, das feiticeiras e, de maneira geral, de tudo o que representa o ano acabado têm por objeto destruir a totalidade do tempo passado, *suprimi-lo.* A extinção dos fogos equivale à instauração das "trevas", da "noite cósmica" na qual todas as "formas" perdem seus contornos e se confundem. No plano cosmológico, as "trevas" são idênticas ao caos, como o reacender do fogo simboliza a criação, a restauração das formas e dos limites. As máscaras que encarnam os ancestrais, as almas dos mortos que visitam cerimonialmente os vivos (Japão, Germânia etc.) são também o sinal de que as fronteiras foram anuladas e substituídas pela confusão de todas as modalidades. Nesse intervalo paradoxal entre dois "tempos" (= entre dois cosmos), a comunicação torna-se possível entre os vivos e os mortos, ou seja, entre as "formas" realizadas e o pré-formal, o larvar. Em certo sentido pode-se dizer que, nas "trevas" e no "caos" instaurados pela liquidação do ano velho, todas as modalidades coincidem e a coalescência universal ("noite" = "dilúvio" = dissolução) possibilita sem esforço, automaticamente, uma *coincidentia oppositorum* em todos os planos.

Esse desejo de abolir o tempo manifesta-se mais claramente ainda na "orgia" que se realiza, seguindo uma escala muito variada de violência, por ocasião do Ano-Novo. Também a orgia é uma regressão ao "escuro", uma restauração do caos primordial e, nessa qualidade, precede toda criação, toda manifestação de formas organizadas. A fusão de todas as "formas" numa só, vasta unidade indiferenciada, repete precisamente a modalidade indistinta do real. Já indicamos (§ 138) a função e o significado simultaneamente sexual e agrícola da orgia; no nível cosmológico, a "orgia" é o correlato do caos ou da plenitude final e, na perspectiva temporal, do Grande Tempo, do "instante eterno", da não duração. A presença da orgia nas cerimônias que marcam cortes periódicos do tempo revela um *desejo de abolição integral do passado pela abolição da criação.* A "confusão das formas" é ilustrada pela alteração das condições sociais (nas saturnais o escravo torna-se senhor e o senhor, escravo; na Mesopotâmia destrona-se e humilha-se o rei etc.), pela coincidência dos contrários (a matrona é tratada como cortesã), pela suspensão de todas as normas etc. A explosão da licenciosidade, a violação de todas as interdições, a coincidência de todos os contrários têm como única intenção a dissolução do mundo – do qual a comunidade é a imagem – e a restauração do *illud tempus* primordial, que é evidentemente o momento mítico do *começo* (caos) e do *fim* (dilúvio ou *ekpyrôsis*, apocalipse).

153. Repetição anual da cosmogonia – Esse significado cosmológico da orgia carnavalesca de fim de ano é confirmado pelo fato de o caos ser sempre seguido de uma nova criação do cosmos. Em formas mais ou menos claras, todos esses cerimoniais periódicos procedem a uma repetição simbólica da criação. Vamos limitar-nos a alguns exemplos. Entre os babilônios, durante o cerimonial do Ano-Novo, *akîtu* (que durava 12 dias), recitava-se várias vezes no templo de Marduk o chamado "Poema da Criação", *Enûma elish*: era um meio de reatualizar, pela magia oral e pelos ritos que a acompanhavam, a luta entre Marduk e o monstro marinho Tiamat, luta que se travara *in illo tempore* e, pela vitória final do deus, pusera termo ao caos. Os hititas praticavam um uso análogo: na festa do Ano-Novo, recitavam e reatualizavam o duelo exemplar travado entre o deus atmosférico Teshup e a serpente Iluyankash[11]. O combate singular entre Marduk e Tiamat era imitado pelo choque de dois grupos de homens[12]. Esse ritual é encontrado também entre os hititas e os egípcios[13]. A passagem do caos ao cosmos era reproduzida nestes termos: "Possa ele continuar a vencer Tiamat e a abreviar seus dias!" Assim a luta, a vitória de Marduk e a criação do mundo tornavam-se coisas presentes.

Por ocasião do *akîtu*, celebrava-se também o *zakmuk*, a "festa das sortes", assim chamada porque nela se tiravam as sortes para cada mês do ano ou, em outras palavras, *criavam-se* nela os doze meses futuros, segundo uma concepção comum a muitas outras tradições. A esses rituais juntava-se toda uma série de outros: descida de Marduk aos infernos, humilhação do rei, expulsão dos males na figura de um bode expiatório e, por fim, hierogamia do deus com Sarpanîtûm – hierogamia que o rei reproduzia com uma hierodula na câmara da deusa e que certamente dava o sinal para um momento de licenciosidade coletiva[14]. Assistimos assim a uma regressão ao caos (supremacia de Tiamat, "confusão das formas"), seguida de uma nova criação (vitória de Marduk, fixação dos destinos, hierogamia = "novo nascimento"). Ao mesmo tempo que o mundo antigo se dissolvia no caos primordial, obtinha-se também implicitamente a abolição do tempo antigo – diríamos hoje, da "história" do ciclo que se encerrava.

Para a mentalidade primitiva, o tempo antigo é constituído pela duração profana na qual se inseriram todos os acontecimentos sem importância, ou seja, sem modelos arquetípicos; a "história" é a memória desses acontecimentos, daquilo que, afinal de contas, podemos chamar não valores ou mesmo "pecados" (na medida em que constituem desvios das normas arquetípicas). Vimos que para os primitivos a verdadeira história é, ao contrário, uma mito-história, que ela registra somente a repetição dos gestos arquetípicos revelados pelos deuses, pelos ancestrais ou pelos heróis civilizadores durante o tempo mítico, *in illo tempore*. Para o primitivo, todas as repetições dos arquétipos ocorrem fora da duração profana; segue-se daí que, por um lado, ações desse tipo não poderiam constituir "pecados", desvios da norma e, por outro, tais ações nada têm a fazer com a duração, com o "tempo antigo" periodicamente abolido. A expulsão dos demônios e dos espíritos, a confissão dos pecados, as purificações e especialmente o regresso simbólico ao caos primordial, tudo isso significa a abolição do tempo profano, do tempo antigo no qual se verificaram, por um lado, os acontecimentos destituídos de sentido e, por outro, todos os desvios.

Uma vez por ano, portanto, o tempo antigo, o passado, a memória dos acontecimentos não exemplares (em resumo, a "história" no sentido atual do termo) são abolidos. A repetição simbólica da cosmogonia que se segue ao aniquilamento simbólico do mundo velho regenera *o tempo em sua totalidade*. Pois não se trata unicamente de uma festa que vem inserir na duração profana o "instante eterno" do tempo sagrado: o que se tem em vista, além disso e como já dissemos, é a anulação de todo o tempo profano decorrido nos limites do ciclo que se fecha. Na aspiração de *recomeçar uma vida nova no seio de uma nova criação* – aspiração manifestamente presente em todas as cerimônias de fim e início de ano – transparece também o desejo paradoxal de conseguir inaugurar uma existência a-histórica, ou seja, de poder viver exclusivamente num tempo sagrado, o que equivale a projetar uma regeneração do tempo inteiro, uma transfiguração da duração em "eternidade".

Essa necessidade de regeneração total do tempo (realizável pela repetição anual da cosmologia) conservou-se até mesmo em tradições que não podem ser qualificadas de "primitivas". Já mencionamos as articulações da festa do Ano-Novo entre os babilônios. Os elementos cosmogônicos são transparentes também no cerimonial judaico correspondente. Na "virada do ano", na "saída do ano"[15], ocorriam a luta de Javé com Rahab, a derrota desse monstro marinho (o correlato de Tiamat) por Javé e a vitória sobre as águas, que equivalia à repetição da criação dos mundos e, ao mesmo tempo, à salvação do homem (vitória sobre a morte, garantia de alimento para o ano que chega etc.)[16].

Wensinck assinala ainda outros vestígios da concepção arcaica da "re-criação" anual do cosmos, conservados nas tradições judaica e cristã[17]: o mundo teria sido criado nos meses de Tishri ou Nisan, ou seja, durante o período das chuvas, período cosmogônico ideal. Para os cristãos, o mistério da bênção das águas na Epifania tem igualmente um sentido cosmogônico: "Deus criou de novo os céus porque os pecadores adoraram os corpos celestes; criou de novo o mundo que tinha sido manchado por Adão; construiu uma nova criação com sua própria saliva."[18] "Alá é aquele que faz a criação e portanto a repete", diz o Alcorão[19]. Essa eterna repetição do ato cosmogônico, que faz de cada Ano-Novo a inauguração de uma era, permite o regresso dos mortos à vida e alimenta a esperança dos crentes na ressurreição da carne. Essa tradição subsiste tanto nos povos semíticos como nos cristãos[20]. "O Onipotente desperta os corpos e as almas no dia da Epifania."[21]

Um texto pehlevi, traduzido por Darmesteter, diz: "É no mês Fravardîn, dia Xurdhâth, que o Senhor Ohrmazd fará a ressurreição e o 'segundo corpo' e que o mundo será subtraído à impotência com os demônios, os drugs etc. E haverá em tudo abundância; não haverá mais desejo de alimento; o mundo será puro, e o homem estará livre da oposição (do espírito mau) e será imortal para sempre." Qazwînî diz que no dia de Naurôz Deus ressuscitou os mortos, "devolveu-lhes suas almas e deu ordens ao céu, que fez cair uma chuva sobre eles, e é por isso que as pessoas adquiriram o costume de despejar água nesse dia"[22]. As estreitas ligações entre as ideias de "criação pela água" (cosmogonia aquática; dilúvio que regenera periodicamente a vida "histórica"; chuva), de nascimento e ressurreição confirmam-se nesta frase do Talmud: "Deus tem três chaves: a da chuva, a do nascimento, a da ressurreição dos mortos."[23]

O Naurôz, o Ano-Novo persa, é ao mesmo tempo a festa de Ahura Mazda (celebrada no "dia Ohrmazd" do primeiro mês) e o dia em que teve lugar a criação do mundo e do homem[24]. É no dia de Naurôz que ocorre a "renovação da criação"[25]. Segundo a tradição transmitida por Dimasqi, o rei proclamava: "Eis um novo dia de um novo mês de um novo ano; é preciso renovar o que o tempo consumiu!" É também nesse dia que o destino dos homens é definido para um ano inteiro. Na noite de Naurôz veem-se fogueiras e luzes em grande número e fazem-se purificações pela água e libações para garantir chuvas abundantes no ano vindouro[26].

Além disso, por ocasião do "Grande Naurôz" punham-se num jarro sete espécies de sementes e "de seu crescimento tiravam-se conclusões sobre a colheita do ano". Trata-se aqui de um costume análogo à "definição das sortes" do Ano-Novo babilônico, que chegou até nossos dias nos cerimoniais do dia do Ano-Novo entre os mandeus e os yazidis. É também porque o Ano-Novo repete o ato cosmogônico que os "doze dias" que separam o Natal da Epifania ainda são considerados uma prefiguração dos doze meses do ano: os camponeses da Europa inteira não têm outro motivo para determinar a temperatura e a quantidade de chuva que caracterizarão cada um dos meses seguintes por meio dos "sinais meteorológicos" desses doze dias[27]. Durante a festa dos Tabernáculos determinava-se também a quantidade de água que cada mês receberia[28]. Entre os indianos védicos, os doze dias do meio do inverno eram uma imagem e uma réplica do ano inteiro[29], e o mesmo tempo concentrado nesses doze dias reaparece na tradição chinesa[30].

154. Repetição contingente da cosmogonia – Todos os fatos que acabamos de analisar têm uma característica em comum: supõem a ideia da regeneração periódica do tempo pela repetição simbólica da cosmogonia. Mas a repetição da cosmogonia não está rigorosamente ligada às cerimônias coletivas de Ano-Novo. Em outras palavras, o tempo "antigo", profano, "histórico" pode ser abolido, e o tempo mítico, "novo", regenerado, pode ser instaurado pela *repetição da cosmogonia*, mesmo no decurso do ano e independentemente dos ritos coletivos mencionados acima. Assim, para os antigos islandeses, tomar posse de um terreno (*landnâma*) equivalia à transformação do caos em cosmos[31], e na Índia védica a ocupação de um território era validada pela construção de um altar do fogo, isto é, no final das contas, por uma repetição da cosmogonia. De fato, o altar do fogo reproduzia o Universo e sua construção correspondia à criação do mundo; toda construção de um altar desse tipo repetia sempre o ato arquetípico da criação e "construía" o tempo[32].

Os fidjianos chamam de "criação do mundo" a cerimônia de investidura de um novo chefe[33]. A mesma ideia se encontra, não necessariamente expressa com tanta clareza, em civilizações mais evoluídas, em que toda entronização tem o valor de uma recriação ou de uma regeneração do mundo. O primeiro decreto que o imperador chinês promulgava ao subir ao trono definia um novo calendário, e antes de estabelecer uma nova ordem do tempo ele abolia a ordem antiga[34]. Assurbanipal via a si mesmo como um regenerador do cosmos porque, dizia, "desde que os deuses, em sua bondade, me instalaram no trono de meus pais, Adah enviou sua chuva... o trigo cresceu... a colheita foi abundante... os rebanhos multiplicaram-se..."[35].

A profecia da IV Écloga, *magnus ab integro saeclorum nascitur ordo...*, aplica-se, em certo sentido, a qualquer soberano. De fato, com qualquer novo soberano, por insignificante que fosse, começava uma "nova era". Um novo reinado era considerado uma regeneração da história da nação e até mesmo da história universal. Seria errôneo querer reduzir essas fórmulas pretensiosas ao que elas se tornaram no declínio das monarquias: presunção de soberano, adulação de cortesãos. A esperança de uma "nova era" inaugurada pelo novo soberano não era apenas autêntica e sincera, mas também totalmente natural, se nos colocarmos na perspectiva espiritual da humanidade arcaica. Aliás, nem mesmo é necessário um novo reinado para abrir uma nova era: basta um casamento, o nascimento de uma criança, a construção de uma casa etc. Sem interrupção e por qualquer meio que seja, o cosmos e o homem regeneram-se, o passado consuma-se, as faltas e os pecados são eliminados etc. Por mais diversamente formulados que sejam, todos esses meios de regeneração têm a mesma finalidade: trata-se de anular o tempo que passou, de abolir a história por um regresso contínuo *in illo tempore*[36].

Assim, voltando aos fidjianos, eles repetem a criação do mundo não só por ocasião da coroação do novo chefe, mas também toda vez que as colheitas estão comprometidas[37]. Quando os ritmos cósmicos se tornam aberrantes e a vida em sua totalidade se acha ameaçada, os fidjianos procuram a salvação num retorno *in principium*, isto é, esperam o restabelecimento do cosmos, não de uma *reparação*, mas de uma *regeneração*. Concepções análogas explicam o papel do "começo", do "novo", do "virginal" etc. na magia e na medicina popular ("a água não provada", a "bilha nova", o simbolismo da "criança", da "virgem", do "imaculado" etc.). Já vimos (§ 149) que a magia torna presente o acontecimento mítico que garante a validade do remédio e a cura do doente. O simbolismo do "novo", do "não começado" também garante a contemporaneidade de um gesto atual com o acontecimento mítico arquetípico. Como no caso de uma colheita que se acha em perigo, obtém-se uma cura não por uma reparação, mas por um *recomeço*, que implica o retorno *in illo tempore*. (Não é absolutamente necessário que a feiticeira que pratica os ritos tenha consciência de seu fundamento teórico; basta que os ritos em questão impliquem essas teorias e delas resultem; cf. § 3.)

Ideias análogas, certamente desfiguradas por excrescências aberrantes e inevitáveis degradações, manifestam-se nas técnicas mineiras e metalúrgicas[38]. Por outro lado, as cerimônias de iniciação (isto é, a "morte" do homem velho e o "nascimento" do homem novo) assentam na esperança de que o tempo decorrido – a "história" – possa ser abolido e um tempo novo possa ser instaurado. Se o simbolismo aquático (§§ 63 ss.) e lunar desempenhou um papel tão importante na vida espiritual do homem arcaico, foi justamente porque tornava evidentes e transparentes a abolição e o restabelecimento ininterruptos das "formas", o desaparecimento e o reaparecimento cíclico, o eterno retorno (na verdade, o eterno retorno às *origens*). Em todos os planos – desde a cosmologia até a soteriologia – a ideia de regeneração está ligada à concepção de um tempo novo, ou seja, à crença num *começo absoluto*, ao qual o homem às vezes pode ter acesso.

155. A regeneração total – Essa obsessão pela regeneração exprime-se ainda nos mitos e nas doutrinas do tempo cíclico que estudamos em *Le mythe de l'éternel retour*. As crenças num tempo cíclico, no eterno retorno, na destruição periódica do Universo e da humanidade, prefácio de um novo Universo e de uma nova humanidade "regenerada", todas atestam sobretudo o desejo e a esperança de uma regeneração periódica do tempo decorrido, da *história*. No fundo, o ciclo em questão é um Grande Ano, para retomarmos uma expressão, aliás, bem conhecida, da terminologia greco-oriental: o Grande Ano começava numa criação e terminava num caos, ou seja, numa fusão completa de todos os elementos. Um ciclo cósmico contém uma "criação", uma "existência" (= "história", esgotamento, degenerescência) e um "retorno ao caos" (*ekpyrôsis*, *ragna-rök*, *pralaya*, "Atlântida", apocalipse). Em termos de estrutura, um "Grande Ano" é para o "ano" o que este é para o "mês" e para o "dia". Mas o que nos interessa nesse contexto é sobretudo a esperança de uma *regeneração total do tempo*, evidente em todos os mitos e doutrinas que envolvem ciclos cósmicos; todo ciclo *começa de maneira absoluta* porque todo passado e toda "história" foram definitivamente abolidos graças a uma fulgurante reintegração no "caos".

Portanto, encontramos no homem, em todos os níveis, o mesmo desejo de abolir o tempo profano e viver no tempo sagrado. Mais ainda, encontramo-nos diante de um desejo e uma esperança de regenerar o tempo em sua totalidade, ou seja, de poder viver – "viver humanamente", "historicamente" – na eternidade, pela transfiguração da duração em um instante eterno. Essa nostalgia da eternidade é, de certo modo, simétrica da saudade do Paraíso que detectamos no capítulo anterior (§ 146). Ao desejo de estar perpétua e espontaneamente num espaço sagrado corresponde o desejo de viver perpetuamente, graças à repetição dos gestos arquetípicos, na eternidade. A repetição dos arquétipos indica o desejo paradoxal de realizar uma forma ideal (= o arquétipo) na própria condição da existência humana, de estar na duração sem suportar-lhe o peso, ou seja, sem sofrer sua irreversibilidade. Tal desejo, observe-se, não pode ser interpretado como uma atitude "espiritualista" para a qual a existência terrestre, com tudo o que ela implica, se desvalorizaria em proveito de uma "espiritualidade" de desapego do mundo. Ao contrário, o que poderíamos chamar de "saudade da eternidade" prova que o homem aspira a um paraíso concreto e crê que a conquista desse paraíso pode realizar-se *neste mundo*, na Terra, e *agora*, no instante atual. Nesse sentido, os mitos e os ritos arcaicos ligados ao espaço e ao tempo sagrados podem reduzir-se, assim parece, a outras tantas recordações nostálgicas de um "paraíso terrestre" e de uma espécie de eternidade "experimental" à qual o homem continua acreditando que pode ter acesso.

XII
Morfologia e função dos mitos

156. Os mitos cosmogônicos – mitos exemplares – No princípio, dizem os polinésios, só existiam as águas primordiais, mergulhadas nas trevas cósmicas. Da imensidão do espaço onde se encontrava, Io, o deus supremo, exprimiu o desejo de sair de seu repouso. No mesmo instante, apareceu a luz. Depois ele disse: "Que as águas se separem, que os céus se formem, que a Terra surja!" Foi assim, pelas palavras cosmogônicas de Io, que o mundo passou a existir. Relembrando esses "ancient and original sayings... the ancient and original cosmological wisdom (*wananga*), which caused growth from the void" etc., um polinésio de nossa época, Hare Hongi, acrescenta com uma eloquente falta de jeito: "Ora, meus amigos, há três aplicações muito importantes dessas fórmulas antigas, tais como se encontram nos ritos sagrados. A primeira tem lugar no rito de fecundação de uma matriz estéril; a segunda, no rito de iluminação do corpo e do espírito; a terceira e última diz respeito ao assunto solene da morte, da guerra, do batismo, das narrativas genealógicas e outros assuntos igualmente importantes nos quais os sacerdotes estão especialmente envolvidos.

"As palavras graças às quais Io moldou o Universo – isto é, graças às quais o Universo foi criado e levado a gerar um mundo de luz –, essas mesmas palavras são empregadas no rito da fecundação de uma matriz estéril. As palavras graças às quais Io fez brilhar a luz nas trevas são empregadas nos ritos destinados a alegrar um coração triste e abatido, a impotência e a senilidade, a espalhar luz sobre coisas e lugares escondidos, a inspirar os que compõem cantos, e também nos reveses da guerra e em muitas outras circunstâncias que levam o homem ao desespero. Para todos os casos semelhantes, esse rito, que tem por objeto espalhar luz e alegria, reproduz as palavras de que Io se serviu para vencer e dissipar as trevas. Em terceiro lugar, vem o rito preparatório que se relaciona com as formações sucessivas que ocorreram no interior do Universo e na história genealógica do próprio homem."[1]

Assim, o mito cosmogônico serve aos polinésios de modelo arquetípico para todas as "criações", em qualquer plano em que se desenrolem: biológico, psicológico, espiritual. A função mestra do mito é definir os modelos exemplares de todos os ritos e de todas as ações humanas significativas, como, aliás, já foi constatado por inúmeros etnólogos. "Entre os marind-anins (Nova Guiné holandesa)", escreve P. Wirz, "o mito é, na verdade, o fundamento tanto de todas as grandes festas, em que aparecem atores mascarados representando os *Dema*, como dos cultos secretos."[2] Já vimos (§ 150) que, fora dos atos estritamente religiosos, o mito também serve de modelo para outras ações humanas significativas: para a navegação e a pesca, por exemplo.

O lado interessante do mito cosmogônico polinésio é precisamente sua aplicação múltipla em circunstâncias que, pelo menos na aparência, não questionam imediatamente a "vida religiosa" como tal: o ato de procriação, o reconforto dos desesperados, dos velhos e dos doentes, a inspiração dos bardos e dos guerreiros etc. Assim, a cosmogonia fornece o *modelo* sempre que se trata *de fazer alguma coisa*, muitas vezes algo "vivo", "animado" (na ordem biológica, psicológica ou espiritual), como vimos nos casos citados acima, mas também algo aparentemente "inanimado", uma casa, um barco, um Estado etc. – basta lembrar o modelo cosmogônico de construção das casas, dos palácios, das cidades (§§ 143 ss.).

Esses modelos míticos não existem somente nas tradições "primitivas": um tratado metafísico indiano, o *Brhadarânyaka-Upanishad*, fez chegar até nós o ritual da procriação de um rapaz. Assistimos aqui a uma transfiguração hierogâmica do ato da geração. O casal humano é identificado com o casal cósmico: "Eu sou o céu", diz o marido, "tu és a Terra."[3] A concepção torna-se uma construção de proporções cósmicas que mobiliza todo um grupo de deuses: "Que Vishnu prepare a matriz. Que Tvashtar modele as formas. Que Prajâpati faça correr o líquido. Que Dhâtar deposite em ti o germe."[4] A hierogamia céu-Terra, ou Sol-Lua, muitas vezes é concebida em termos tão estritos como estes: "ut maritus supra feminam in coitione iacet, sic coelum supra terram"[5].

Seria um erro ver nessa concepção da hierogamia o apanágio exclusivo da "mentalidade primitiva": o mesmo antropomorfismo é explorado até no simbolismo alquímico mais elaborado, relativo à união do Sol e da Lua, e em outros casos de "*coniunctio*" entre princípios cosmológicos ou espirituais[6]. Em suma, a hierogamia conserva sua estrutura cosmológica independentemente dos contextos variados em que se situa e por mais antropomorfizadas que sejam as fórmulas que a exprimem.

Quer ponha ou não em jogo uma hierogamia, o mito cosmogônico, além de sua importante função de *modelo* e de *justificação* de todas as ações humanas, forma também o *arquétipo de todo um conjunto de mitos e sistemas rituais.* Toda ideia de "renovação", de "recomeço", de "restauração", por muito diferentes que se suponham os planos em que se manifesta, é redutível à noção de "nascimento" e esta, por sua vez, à de "criação cósmica". Já vimos assimilações idênticas ao estudarmos os rituais e o simbolismo do reaparecimento da vegetação (§ 118); cada vez que volta, a primavera reatualiza a cosmogonia, qualquer *signo* da ressurreição da vegetação equivale a uma manifestação plena do Universo, e é por essa razão que, como vimos (§ 123), o *signo* – um ramo, uma flor, um animal – é levado em procissão de casa em casa e *mostrado* a todos: como uma prova de que "a primavera chegou": não necessariamente a primavera "natural", o fenômeno cósmico, mas a ressurreição da vida. As encenações rituais que se realizam no Ano-Novo (§§ 152 ss.) e na chegada da primavera (duelo entre a primavera e o inverno, expulsão da morte, execução do inverno ou da morte etc.; cf. §§ 121 ss.) reconstituem outras tantas versões fragmentárias e "especializadas" de um único e mesmo mito procedente do mito cosmogônico.

Todo ano o mundo se faz de novo. Acontece, como é o caso da Mesopotâmia, de a cosmogonia ser repetida de maneira explícita (recitação do "Poema da Criação"). Mas, mesmo quando não nos é dito que se trata de uma imitação da criação, os vestígios da cosmogonia são bastante transparentes (extinção e reavivamento dos fogos, visitas dos mortos, combates entre dois campos adversos, iniciações, casamentos, orgias etc.; cf. § 152). É certo que nem todos esses rituais de Ano-Novo ou de "primavera" estão expressamente ligados a um "mito; ou então estão integrados em mitos laterais em que a ênfase não recai na função cosmogônica. No entanto, tomados globalmente, todos os atos sagrados e todos os "signos" atualizados no Ano-Novo ou na abertura da primavera – quer sejam de essência simbólica ou ritual, mítica ou lendária – se mostram dotados de uma estrutura comum: manifestam, com destaque desigual, o drama da criação. Nesse sentido, participam todos do mito cosmogônico, embora em mais de um caso não se trate de "mitos" propriamente ditos, mas de rituais ou de "signos". Assim, o "signo" que anuncia a primavera pode ser visto como um mito críptico ou concentrado, já que exibir esse "signo" equivale a proclamar a criação. Assim como o mito propriamente dito narra verbalmente um acontecimento exemplar (nesse caso, a cosmogonia), também o "signo" (nesse caso, o ramo verde ou o animal) evoca esse acontecimento pelo simples fato de sua exibição. Em breve mencionaremos exemplos que esclarecerão melhor as relações entre o mito propriamente dito e essas outras categorias de fatos mágico-religiosos que podemos chamar de mitos "crípticos" ou "concentrados".

157. O ovo cosmogônico – Um mito cosmogônico do arquipélago de Sociedade mostra Ta'roa, "ancestral de todos os deuses" e criador do Universo, "em sua concha, no meio das trevas, desde a eternidade. Sua concha assemelha-se a um ovo rolando no espaço ilimitado"[7]. O motivo do ovo cosmogônico, atestado na Polinésia, é encontrado também na Índia antiga, na Indonésia, no Irã, na Grécia, na Fenícia, na Letônia, na Estônia, na Finlândia, entre os pangwes da África Ocidental, na América Central e na costa oeste da América do Sul[8]. O centro de difusão desse mito provavelmente deve ser buscado na Índia ou na Indonésia. Particularmente importantes para nós são os paralelos míticos ou rituais do ovo cosmogônico: na Oceania, por exemplo, acredita-se que o homem nasceu de um ovo[9] – ou seja, aqui a cosmogonia serve de modelo para a antropogonia, a criação do homem imita e repete a do cosmos.

Por outro lado, em muitos lugares o ovo aparece junto com os símbolos e os emblemas da renovação da natureza e da vegetação;

as chamadas árvores do Ano-Novo, o "maio", a árvore de São João etc. são decoradas com ovos ou cascas de ovos[10]. Ora, sabe-se que todos esses emblemas da vegetação e do Ano-Novo resumem, de certa maneira, o mito da criação periódica. Somado à "árvore", ela própria símbolo da natureza e da infatigável renovação, o ovo confirma todos esses prestígios cosmogônicos. Daí o importante papel que ele desempenha, no Oriente, nos ritos de Ano-Novo. Na Pérsia, por exemplo, os ovos coloridos constituem o presente específico do Ano-Novo, que conservou até hoje o nome de "festa dos ovos vermelhos"[11]. E os ovos vermelhos que se distribuem na Páscoa nas regiões balcânicas provavelmente também fazem parte de um sistema ritual análogo cuja finalidade é comemorar o princípio da primavera.

Em todos os casos citados, como naqueles que ainda vamos destacar, a virtude ritual do ovo não se explica por uma valorização empírico-racionalista do ovo considerado germe: sua justificação está no símbolo que o ovo encarna e não se refere tanto ao nascimento quanto a um *re-nascimento* repetido de acordo com o modelo cosmogônico. De outro modo não se compreenderia a importância dos ovos na celebração do Ano-Novo e de Finados. São conhecidas as ligações do culto dos mortos com o início do ano: no Ano-Novo, quando o mundo é recriado, os mortos sentem-se atraídos para os vivos e podem, até certo ponto, ter esperança de voltar à vida. Em qualquer desses conjuntos mítico-rituais, a ideia fundamental não é o "nascimento" mas a *repetição do nascimento exemplar* do cosmos, a imitação da cosmogonia. Na festa hindu da vegetação, Holi, que é também uma festa dos mortos, há em certas regiões o costume de acender fogueiras e lançar nelas duas figurinhas moldadas na forma de um homem e de uma mulher, representando Kâmadeva e Rati; ao mesmo tempo que a primeira figurinha também são lançados na fogueira um ovo e uma galinha viva[12]. A festa simboliza desse modo a morte e a ressurreição de Kâmadeva e Rati. O ovo confirma e promove a ressurreição, que, repetimos, não é um nascimento, e sim um "retorno", uma "repetição".

Um simbolismo desse tipo aparece já em algumas sociedades pré-históricas e proto-históricas. Em muitas sepulturas da Rússia e da Suécia foram encontrados ovos de argila (Arne vê neles, com razão, um emblema da imortalidade)[13]. No ritual osírico, a moldagem de um ovo utilizando ingredientes diversos (pó de diamante, farinha de figo, perfumes etc.) desempenha um papel acerca do qual nosso conhecimento ainda é precário[14]. Todas as estátuas de Dioniso encontradas nos túmulos beócios portam na mão um ovo, sinal de regresso à vida[15]. Isso explica a proibição órfica de comer ovos, visto que o orfismo buscava principalmente a ruptura do ciclo das reencarnações infinitas, ou, em outras palavras, a abolição do retorno periódico à existência[16].

Mencionaremos, para terminar, alguns outros empregos rituais do ovo. Em primeiro lugar, seu papel nos rituais agrícolas, que continua até nossa época. Para assegurar o crescimento das sementes, o camponês finlandês deve guardar um ovo na algibeira enquanto dura a semeadura, ou então colocar um ovo na terra arada[17]. Os estonianos comem ovos no tempo da lavra "para ter força"; os suecos jogam ovos nos campos lavrados. Ao semearem o linho, os alemães às vezes juntam-lhe ovos, ou depositam um ovo no campo, ou então consomem ovos no tempo da semeadura[18]. Também entre os alemães há o costume de enterrar nos alqueives ovos de Páscoa benzidos na igreja[19]. Os cheremissos e os votíacos lançam ovos para cima antes de começarem a semear e outras vezes enterram um ovo na terra lavrada, como oferenda à Terra-Mãe[20]. O ovo é ao mesmo tempo uma oferenda às divindades ctônicas e uma oferenda corrente no culto dos mortos[21]. Mas, seja qual for o conjunto ritual a que venha associar-se, o ovo nunca perde seu sentido principal: assegurar a *repetição* do ato de criação que deu origem *in illo tempore* às formas vivas. Quando se colhe um simples, põe-se em seu lugar um ovo para garantir o crescimento compensatório de uma planta semelhante[22].

Em cada um desses exemplos o ovo garante a possibilidade de *repetir o ato primordial*, isto é, a criação. Portanto, em certo sentido, podemos falar de variantes rituais do mito cosmogônico. Pois precisamos habituar-nos a dissociar a noção de "mito" das noções de "palavra", de "fábula" (veja-se a acepção homérica de *mythos*: "fala", "discurso"), e aproximá-la das noções de "ação sagrada", de "gesto significativo", de "acontecimento primordial". É mítico não só tudo o que se *conta* de certos acontecimentos que sucederam e de personagens que viveram *in illo tempore*, mas também *tudo o que tiver uma relação direta ou indireta com tais acontecimentos e com personagens primordiais*[23]. Na medida em que é solidário dos rituais do Ano-Novo e do renascimento da primavera, o ovo representa uma epifania da criação e – no contexto não da experiência empírico-racionalista mas da experiência hierofânica – um resumo da cosmogonia.

De certo ponto de vista, todo mito é "cosmogônico", já que todo mito enuncia o aparecimento de uma nova "situação" cósmica ou de um acontecimento primordial, que assim se tornam, pelo simples fato de sua manifestação, paradigmas para todo o tempo futuro. Mas devemos ter o cuidado de não ficar presos em fórmulas e reduzir todos os tipos de mitos a um protótipo único, como aconteceu há algumas gerações, quando alguns especialistas respeitáveis reduziram toda a mitologia a epifanias do Sol ou da Lua. Em nossa opinião, ainda mais instrutivo que a classificação dos mitos e a busca de suas possíveis "origens" é o estudo de sua estrutura e de sua função na experiência espiritual da humanidade arcaica.

158. O que os mitos revelam – Qualquer que seja sua natureza, o mito é sempre um *precedente* e um *exemplo*, não só com relação às ações ("sagradas" ou "profanas") do homem, mas também com relação à sua própria condição; ou melhor: um precedente para os modos do real em geral. "Nós devemos fazer o que os deuses fizeram no princípio."[24] "Assim fizeram os deuses, assim fazem os homens."[25] Afirmações desse tipo traduzem perfeitamente a conduta do homem arcaico, mas não se pode dizer que esgotem o conteúdo e a função dos mitos: na verdade, toda uma série de mitos, ao mesmo tempo que narra o que fizeram *in illo tempore* os deuses ou os seres míticos, revela uma estrutura do real inacessível à apreensão empírico-racionalista. Podemos citar, entre outros, os mitos que chamaríamos, sinteticamente, de mitos da polaridade (da biunidade) e da reintegração e aos quais dedicamos um estudo especial[26]. Um grupo importante de tradições míticas fala de "fraternidade" entre deuses e demônios (por exemplo, *devas* e *asuras*), de "amizade" ou consanguinidade entre heróis e seus antagonistas (tipo Indra e Namuci), entre santos e diabas (tipo São Sisínio e sua irmã, Uerzelia, um demônio feminino). O mito que dá um "pai" comum a dois personagens que encarnam os princípios polares sobrevive até nas tradições religiosas que enfatizam o dualismo, como é o caso da teologia iraniana. O zervanismo considera Ormuzd e Ahriman irmãos, ambos nascidos de Zervan, e mesmo no Avesta é possível encontrar vestígios de uma concepção semelhante[27]. O mesmo mito transitou também para as tradições populares: muitas crenças e provérbios romenos afirmam que Deus e Satã eram irmãos[28].

Outra categoria de mitos e lendas ilustra não só a filiação comum de personagens antagonistas mas também sua convertibilidade paradoxal. O Sol, protótipo dos deuses, recebe às vezes o nome de "Serpente" (§ 45) e Agni, o deus do fogo é também um "sacerdote Asura", ou seja, essencialmente um "demônio", às vezes descrito como "sem pés e sem cabeça, escondendo suas duas cabeças", exatamente como uma serpente enrolada[29]. O *Aitareya Brâhmana* afirma que Ahi Budhnyia é, de maneira invisível (*parokshena*), o que Agni é de maneira visível (*pratyaksha*), ou, em outras palavras, a "serpente" nada mais é que uma virtualidade do fogo, enquanto as trevas são a luz em estado latente. Na *Vâjasaneye Samhitâ*, V, 33, Ahi Budhnyia é identificado com o Sol. O soma, a bebida que confere a imortalidade, é, por excelência, "divina", "solar", o que não impede que se leia no *Rig Veda* que "Soma", "da mesma forma que Agni, sai de sua velha pele", expressão que confere à ambrosia uma modalidade ofídica[30]. Varuna, deus celeste e arquétipo do "soberano universal" (§ 21), é ao mesmo tempo o deus do oceano, morada das serpentes, como menciona o *Mahâbhârata*: ele é o "rei das serpentes" (*nâgarâja*), e o *Atharva Veda* até mesmo o chama de "víbora".

Na perspectiva da experiência lógica, todos esses atributos ofídicos *não deveriam convir* a uma divindade uraniana como Varuna. Mas o mito desvenda uma região ontológica inacessível à experiência lógica superficial. O mito de Varuna revela a biunidade divina, a coincidência dos contrários, a totalização dos atributos no cerne da divindade. O mito exprime plástica e dramaticamente o que a metafísica e a teologia definem dialeticamente. Heráclito sabe que "Deus é o dia e a noite, o inverno e o verão, a guerra e a paz, a saciedade e a fome: todas as oposições estão nele"[31]. Formulação análoga aparece no texto indiano que nos diz que a Deusa "é Shri ("esplendor") na casa daqueles que praticam o bem, mas é

Alakshmî (o contrário da Lakshmî, deusa da sorte e da prosperidade) na casa dos maus"[32]. Mas, por sua vez, esse texto explicita somente, à sua maneira, o fato de as grandes deusas indianas (Kâlî etc.), como as grandes deusas em geral, acumularem tanto os atributos da doçura quanto os do terror. São ao mesmo tempo divindades da fecundidade e da destruição, do nascimento e da morte (frequentemente são também deusas da guerra). Kâlî, por exemplo, é chamada "a doce e benevolente", o que não impede sua mitologia e sua iconografia de serem terrificantes (Kâlî está coberta de sangue, traz um colar de crânios humanos, segura um cálice feito de um crânio etc.) e seu culto de ser o mais sangrento da Ásia. Na Índia, ao lado de uma "forma suave" cada divindade apresenta uma "forma terrível" (*krodha-mûrti*). Sob esse aspecto, Shiva pode ser considerado o arquétipo de uma rica série de deuses e deusas, visto que cria e destrói ritmicamente todo o Universo.

159. *Coincidentia oppositorum* – modelo mítico – Todos esses mitos nos apresentam uma dupla revelação: 1º) manifestam, por um lado, a polaridade de duas personalidades divinas, provenientes de um único e mesmo princípio e destinadas, em diversas versões, a reconciliarem-se num *illud tempus* escatológico; 2º) manifestam, por outro lado, a *coincidentia oppositorum* na estrutura profunda da divindade, a qual se mostra alternada ou concorrentemente benévola e terrível, criadora e destruidora, solar e ofídica (= manifesta e virtual) etc. Nesse sentido, é justo dizer que o mito revela, mais profundamente do que a experiência racionalista poderia revelar, a própria estrutura da divindade, que se situa acima dos atributos e reúne todos os contrários. A prova de que tal experiência mítica não é aberrante está no fato de ela integrar-se quase universalmente na experiência religiosa da humanidade, até mesmo numa tradição tão rigorosa como a tradição judaico-cristã. Javé é bom e colérico ao mesmo tempo; o deus dos místicos e dos teólogos cristãos é *terrificante* e *doce* e é dessa *coincidentia oppositorum* que partiram as mais ousadas especulações de um pseudo-Dionísio, de um Mestre Eckhart ou de um Nicolau de Cusa.

A *coincidentia oppositorum* é uma das maneiras mais arcaicas de exprimir o paradoxo da realidade divina. Voltaremos a essa fórmula a propósito das "formas" divinas, ou seja, da estrutura *sui generis* que revela qualquer "personalidade" divina, estando bem entendido que a personalidade divina não pode, em caso algum, ser considerada uma simples projeção da personalidade humana. Entretanto, embora tal concepção, na qual todos os contrários coincidem (ou melhor, são transcendidos), constitua precisamente uma definição *mínima* da divindade e mostre até que ponto ela é "absolutamente outra coisa" que não o homem, mesmo assim a *coincidentia oppositorum* tornou-se um modelo exemplar para certas categorias de homens religiosos ou para certas modalidades da experiência religiosa. A *coincidentia oppositorum* ou a transcendência de todos os atributos podem ser realizadas pelo homem de todas as maneiras. É assim que a "orgia" a apresenta no nível mais elementar da vida religiosa: pois não simboliza ela a regressão ao amorfo e ao indistinto, a recuperação de um estado no qual todos os atributos se anulam e os contrários coincidem?

Mas, por outro lado, descobrimos os mesmos ensinamentos no próprio ideal do sábio e do asceta oriental, cujas técnicas e métodos contemplativos têm em vista transcender radicalmente todas as qualidades, qualquer que seja sua natureza. O asceta, o sábio, o místico indiano ou chinês empenha-se em suprimir de sua experiência e de sua consciência toda espécie de "extremos", ou seja, em adquirir um estado de neutralidade e indiferença perfeitas, tornar-se impermeável ao prazer e à dor etc., tornar-se autônomo. Também essa superação dos extremos por meio da ascese e da contemplação conduz à "coincidência dos contrários": a consciência de tal homem deixa de conhecer conflitos, e os pares de contrários – prazer e dor, desejo e repulsa, frio e quente, agradável e desagradável etc. – desaparecem de sua experiência, ao mesmo tempo que uma "totalização" se opera nele e emparelha com a "totalização" dos extremos no seio da divindade. Aliás, como já vimos (§ 57), na perspectiva oriental a perfeição é inconcebível sem uma totalização efetiva dos contrários[33]. O neófito começa por tentar "cosmicizar" toda sua experiência, assimilando-a aos ritmos que dominam o Universo (o Sol e a Lua), mas, uma vez obtida essa "cosmicização", direciona todo seu esforço no sentido de *unificar* o "Sol" e a "Lua", ou seja, de assumir *todo o cosmos*; ele refaz em si e por sua conta a unidade primordial anterior à criação, uma unidade que não significa o caos da pré-criação, mas o *ser* indiferenciado no qual todas as formas são absorvidas.

160. O mito da androginia divina – Um novo exemplo ilustrará mais claramente ainda o empenho do homem religioso em imitar o arquétipo divino revelado pelos mitos. Visto que todos os atributos coexistem na divindade, é de esperar que nela coincidam igualmente, sob uma forma mais ou menos manifesta, os dois sexos. A androginia divina é simplesmente uma fórmula arcaica da biunidade divina; o pensamento mítico e religioso, antes mesmo de exprimir esse conceito da biunidade divina em termos metafísicos (*esse – non esse*) ou teológicos (manifestado – não manifestado), começou exprimindo-o em termos biológicos (bissexualidade). Já tivemos oportunidade, mais de uma vez, de verificar que a ontologia arcaica se exprime em termos biológicos. Mas não devemos deixar-nos iludir pelo aspecto exterior dessa linguagem, tomando a terminologia mítica no sentido concreto, profano ("moderno") das palavras. "*A Mulher*" num texto mítico ou ritual nunca é a "mulher": ela remete ao princípio cosmológico que incorpora. Por isso a androginia divina, encontrada em tantos mitos e crenças, tem um valor teórico, metafísico. A verdadeira intenção da fórmula é exprimir – em termos biológicos – a coexistência dos contrários, dos princípios cosmológicos (isto é, *macho* e *fêmea*) na divindade.

Não é este o lugar indicado para retomar um problema já tratado em nosso *Mythe de la réintegration.* Lembraremos simplesmente que as divindades da fertilidade cósmica são, na maior parte, andróginas, ou então são femininas num ano e masculinas no ano seguinte (caso, por exemplo, do "Espírito da Floresta" dos estonianos). A maioria das divindades da vegetação (tipo Átis, Adônis, Dioniso) e das Grandes Mães (tipo Cibele) são bissexuadas. Numa religião tão arcaica como a australiana, o deus primordial é andrógino, como o é também nas religiões mais evoluídas, na Índia, por exemplo (às vezes, mesmo Diaus; Purusha, o Macrantropo cósmico[34] etc.). O casal divino mais importante do panteão indiano, Shiva-Kâlî, às vezes é representado em forma de um ser único (*ardhahârîshvara*). E a iconografia tântrica é rica em imagens que nos mostram o deus Shiva enlaçando estreitamente

Shakti, sua própria "potência", figurada como divindade feminina (Kâlî). Aliás, toda a mística erótica indiana tem como objeto específico a perfeição do homem por sua identificação com um "casal divino", ou seja, por meio da androginia.

A bissexualidade divina é um fenômeno extremamente disseminado nas religiões e – característica que vale a pena destacar – são andróginas até mesmo *divindades masculinas ou femininas por excelência*[35]. Seja qual for a forma em que a divindade se manifeste, ela é a realidade última, o poder absoluto, e essa realidade, esse poder negam-se a deixar-se limitar por qualquer espécie de atributo ou qualidade (bom, mau, macho, fêmea). Alguns dos deuses egípcios mais antigos eram bissexuados[36]. Entre os gregos, a androginia não deixou de ser admitida mesmo nos últimos séculos da Antiguidade[37]. Quase todos os deuses importantes da mitologia escandinava conservam ainda vestígios de androginia: Odin, Loki, Tuisto, Nerthus etc.[38] O deus iraniano do tempo ilimitado, Zervan, que os historiadores gregos traduziam, com razão, Cronos, também é andrógino, e Zervan deu origem, como já dissemos, aos gêmeos Ormuzd e Ahriman, o deus do bem e o deus do mal, o deus da luz e o deus das trevas[39]. Mesmo os chineses reconheciam uma divindade suprema andrógina que era precisamente o deus da escuridão e da luz[40]: o símbolo é corrente, visto que a luz e as trevas são apenas aspectos sucessivos de uma única e mesma realidade. Considerados isoladamente, esses aspectos pareceriam separados, opostos, mas para o sábio são mais do que "gêmeos" (como Ormuzd e Ahriman): formam uma única essência, ora manifestada, ora não manifestada.

Os "casais divinos" (do tipo Bêl-Bêlit etc.) são quase sempre invenções tardias ou formulações imperfeitas da androginia primordial que caracteriza toda divindade. Assim, entre os semitas a deusa Tanit era cognominada "a filha de Baal" e Astarté, "o nome de Baal"[41]. São inúmeros os casos em que a divindade tinha o nome de "pai e mãe"; de sua própria substância e sem outra intervenção nascem os mundos, os seres, os homens. A androginia divina traz como consequência lógica a monogenia ou a autogenia: inúmeros mitos contam como a divindade tirou sua existência de si mesma, maneira simples e dramática de acentuar que a divindade se basta plenamente. O mesmo mito reaparecerá, baseado então numa metafísica refinada, nas especulações neoplatônicas e gnósticas do final da Antiguidade.

161. O mito da androginia humana – Ao mito da androginia divina – que revela o melhor possível, entre outras expressões da *coincidentia oppositorum*, o paradoxo da existência divina – corresponde toda uma série de mitos e rituais relativos à androginia humana. Aqui o mito divino constitui o paradigma da experiência religiosa do homem. Muitas tradições veem o "homem primordial", o ancestral, como um andrógino (tipo Tuisto), e versões míticas mais tardias falam dos "casais primordiais" (tipo Yama, isto é, "gêmeo", e sua irmã, Yami, ou o casal iraniano Yima-Yimagh, Mashyagh-Mashyânagh). Vários comentários rabínicos dão a entender que às vezes também Adão foi entendido como andrógino. Portanto, o "nascimento" de Eva teria sido, em última análise, simplesmente a cisão do andrógino primordial em dois seres: macho e fêmea. "Adão e Eva foram feitos dorso com dorso, ligados pelos ombros; então Deus separou-os dando um golpe de machado ou cortando-os em dois. Outros são de opinião diferente: o primeiro homem (Adão) era homem do lado direito e mulher do lado esquerdo, mas Deus fendeu-o em duas metades."[42] A bissexualidade do homem primitivo forma uma tradição ainda muito viva nas chamadas sociedades primitivas (por exemplo, na Austrália, na Oceania)[43] e até mesmo foi conservada, ou reformada numa antropologia tão densa como a de Platão e a dos gnósticos[44].

Mais uma prova de que devemos ver na androginia do homem primordial uma das expressões da perfeição e da totalização está no fato de o andrógino original ser frequentemente concebido como esférico (Austrália, Platão): ora – é uma característica bem conhecida –, já desde as culturas arcaicas (China, por exemplo) a esfera simbolizou a perfeição e a totalidade. O mito do andrógino esférico conflui também com o do ovo cosmogônico. Por exemplo, segundo a tradição taoista, originariamente os "sopros" – que encarnavam, entre outros, os dois sexos – confundiam-se e formavam um ovo, o Grande-Uno, do qual se destacaram mais tarde o céu e a Terra. Esse esquema cosmológico evidentemente serviu de modelo para as técnicas de fisiologia mística dos taoistas[45].

O mito do deus andrógino e do "ancestral" (o "homem primordial") bissexuado é paradigmático com relação a todo um conjunto de cerimônias coletivas que tendem a *reatualizar periodicamente* essa condição inicial, considerada o modo perfeito da humanidade. Além das operações de circuncisão e de subincisão, que têm como finalidade a transformação ritual do jovem australiano ou da jovem australiana num andrógino, há que considerar todas as cerimônias de "troca de trajes", que são apenas versões atenuadas da androginia[46]. Na Índia, na Pérsia e em outras partes da Ásia o ritual de "troca de trajes" desempenha um papel importante nas festas agrícolas. Em certas regiões da Índia os homens chegam a usar seios artificiais durante uma festa da deusa da vegetação, que é, naturalmente, também andrógina[47].

Em resumo, o homem sente periodicamente necessidade de recuperar (mesmo que por um instante) a condição da humanidade perfeita na qual os sexos coexistiam, como coexistem, ao lado de todas as outras qualidades e de todos os outros atributos, na divindade. O homem que usava roupas de mulher não se tornava por isso mulher, como poderia parecer numa observação superficial, mas realizava por um momento a unidade dos sexos, um estado que lhe facilitava a compreensão total do cosmos. A necessidade que o homem sente de anular de tempos em tempos uma condição diferenciada e bem estabelecida, a fim de reencontrar a "totalização" primordial, explica-se pela mesma necessidade da "orgia" periódica em que todas as formas se desintegram para terminar na recuperação do "todo uno" anterior à criação. Acabamos de descobrir aqui, mais uma vez, a necessidade de abolir o passado, de suprimir a "história" e recomeçar uma nova vida por uma nova criação. Morfologicamente, o ritual da "troca de trajes" é análogo à "orgia" cerimonial; aliás, com frequência acontecia de os disfarces darem ensejo a orgias propriamente ditas. Entretanto, as variações, mesmo as mais aberrantes, desses rituais não conseguiram anular-lhes o significado essencial, ou seja, a reintegração na condição paradisíaca do "homem primordial". E todos eles têm como modelos exemplares os mitos da androginia divina.

Se quiséssemos ilustrar com mais exemplos a função paradigmática dos mitos, teríamos apenas de retomar boa parte do dossiê reunido nos capítulos anteriores. Como vimos, nem sempre se trata de um paradigma destinado aos rituais, mas também para outras experiências religiosas e metafísicas, tais como a "sabedoria", as técnicas de fisiologia mística etc. Poderíamos mesmo dizer que os mitos fundamentais revelam arquétipos que o homem procura realizar muitas vezes fora da vida religiosa propriamente dita. Apenas um exemplo: a androginia é obtida não só por meio de operações cirúrgicas que acompanham as cerimônias australianas de iniciação, por uma "orgia" ritual, pela "troca de trajes" etc., mas também por meio da alquimia (cf. *Rebis*, fórmula da "pedra filosofal", também chamada "andrógina hermética"), por casamento (por exemplo, na cabala) e até pelo ato sexual (na ideologia romântica alemã)[48]. No fundo, pode-se até mesmo falar de uma "androginização" do homem pelo amor, visto que no amor cada sexo adquire, conquista as "qualidades" do sexo oposto (a graciosidade, a submissão, o devotamento adquiridos pelas pessoas apaixonadas etc.).

162. Mitos de renovação, de construção, de iniciação etc. – Em caso algum o mito pode ser considerado a simples projeção fantástica de um acontecimento "natural". No plano da experiência mágico-religiosa – já insistimos nesse ponto – a natureza nunca é "natural". O que parece à mentalidade empírico-racionalista uma *situação* ou um *processo* natural revela-se, na experiência mágico-religiosa, uma cratofania ou uma hierofania. E é unicamente por meio delas que a "natureza" se torna objeto mágico-religioso e, nessa qualidade, tem interesse para a fenomenologia religiosa e para a história das religiões. Sob esse aspecto, os mitos dos "deuses da vegetação" constituem um excelente exemplo de transmutação e valorização de um acontecimento cósmico "natural". Não foram o desaparecimento e o reaparecimento periódicos da vegetação que criaram as figuras e os mitos desses deuses (do tipo Tammuz, Átis, Osíris etc.); não é, em todo caso, a simples observação empírico-racionalista desse fenômeno "natural". O aparecimento e o desaparecimento da vegetação sempre foram sentidos, na perspectiva da experiência mágico-religiosa, como um *sinal* da criação periódica do cosmos. A paixão, a morte e a ressurreição de Tammuz, tais como se revelam no mito e no que elas mostram, estão tão distantes do "*fenômeno natural*" do inverno e da primavera como *Madame Bovary* ou *Anna Karenina* estão de um adultério. Pois, como a obra de arte, o mito é um ato de criação autônomo do espírito: é por e*sse ato de criação* que a revelação se opera e não pela matéria ou pelos acontecimentos que ela explora. Em resumo, é o mito de Tammuz que *revela* o drama da morte e da ressurreição da vegetação, e não o contrário.

Efetivamente, o mito de Tammuz, como o dos deuses análogos, desvenda uma modalidade cósmica que ultrapassa consideravelmente a zona da vida vegetal; ele desvela, por um lado, a *unidade* fundamental vida-morte e, por outro, as esperanças que o homem tem o direito de extrair dessa unidade fundamental a respeito de sua própria vida depois da morte. Desse ponto de vista, podemos ver o mito da paixão, morte e ressurreição dos "deuses da vegetação" como paradigmático com relação à condição humana, pois revela a "natureza" melhor e mais intimamente do que o fariam a observação e a experiência empírico-racionalistas, e é para manter e renovar essa revelação que o mito deve ser celebrado e repetido; o aparecimento e o desaparecimento da vegetação, tomados em si mesmos, como "fenômenos cósmicos", significam apenas o que são: um aparecimento e um desaparecimento periódicos da vida vegetal. Só o mito transfigura esse *acontecimento* em *categoria*: por um lado, certamente, porque a morte e a ressurreição dos deuses da vegetação se tornam os arquétipos de todas as mortes e de todas as ressurreições, quaisquer que sejam e em qualquer plano em que se manifestem, mas também porque revelam o destino da condição humana melhor do que poderia fazê-lo qualquer outro meio empírico-racionalista.

Do mesmo modo, certos mitos cosmogônicos que narram a criação do Universo a partir do corpo de um gigante primordial, ou até mesmo a partir do corpo e do sangue do próprio deus criador, tornaram-se o modelo não só dos "ritos de construção" – que implicam, como se sabe, o sacrifício de um ser vivo quando se erige uma casa, uma ponte, um santuário – mas também de toda espécie de "criação", na extensão mais ampla do termo. O mito revelou a condição de todas as "criações" cuja realização requer uma "animação", ou seja, a comunicação direta da vida por uma criatura que já possua essa vida; ele revelou, ao mesmo tempo, *a impo-*

tência do homem em criar fora de sua própria reprodução, que, aliás, em muitas sociedades é atribuída a forças religiosas estranhas ao homem (as crianças nascem das árvores, das pedras, das águas, dos "ancestrais" etc.).

Uma infinidade de mitos e lendas descrevem as "dificuldades" encontradas por um semideus ou por um herói para penetrar numa "área proibida" que simboliza sempre um território transcendente – o céu ou o inferno. Uma ponte cortante como uma faca a atravessar, um cipó instável a ser percorrido, dois rochedos quase contíguos entre os quais é preciso passar, uma porta entreaberta uma fração de segundo pela qual entrar, uma região rodeada de montanhas, de água, de um círculo de fogo e guardada por monstros, ou ainda uma porta situada no lugar "onde o céu e a Terra se abraçam", ou no local onde se juntam "os fins do ano"[49]. Algumas versões desses mitos das "provas", como os trabalhos e as aventuras de Héracles, a expedição dos Argonautas etc., tiveram mesmo uma brilhante carreira literária na Antiguidade, continuamente exploradas e refundidas pelos mitógrafos e pelos poetas; por sua vez, foram imitadas nos ciclos de lendas semi-históricas, como o ciclo de Alexandre Magno, que também erra pela região das trevas, busca a planta da vida, luta com monstros etc. Muitos desses mitos constituem incontestavelmente o arquétipo dos ritos de iniciação[50]. Mas esses mitos da "procura do lugar transcendente" expressam ainda algo diferente dos rituais iniciáticos, e que é a modalidade "paradoxal" da superação dessa polaridade que é inseparável de todo e qualquer mundo (de toda e qualquer "condição"). A passagem pela "porta estreita", pelo "buraco da agulha", entre os "rochedos que se tocam" etc. mobiliza sempre um par de contrários (tipo bem-mal, noite-dia, alto-baixo etc.)[51]. Nesse sentido é legítimo dizer que os mitos da "busca" e das "provas iniciáticas" revelam, sob uma forma plástica e dramática, o próprio ato pelo qual o espírito transcende um cosmos condicionado, polar e fragmentário para reencontrar a unidade fundamental anterior à criação.

163. A estrutura de um mito: Varuna e Vrtra – O mito, como o símbolo, tem sua "lógica" própria, uma coerência intrínseca que lhe permite ser "verdadeiro" em muitos planos, por distantes que estejam do plano em que o mito originariamente se manifestou. Já dissemos de quantas maneiras e em quantas perspectivas variadas é "verdadeiro" – e portanto aplicável, utilizável – o mito cosmogônico. Vamos lembrar, para dar mais um exemplo, o mito e a estrutura de Varuna, deus celeste e soberano, todo-poderoso e, se necessário, "amarrador" por seu "poder espiritual", pela "magia". Mas seu aspecto cósmico é mais complexo ainda: ele não é apenas, como vimos, um deus celeste, mas também um deus lunar e aquático. Houve em Varuna, e talvez desde muito cedo, certa dominante "noturna" que Bergaigne e, recentemente, A. K. Coomaraswamy não deixaram de destacar. Bergaigne fazia referência ao comentador de *Taittirîya Samhitâ*, segundo o qual Varuna designa "aquele que envolve como a escuridão"[52]. Esse aspecto "noturno" de Varuna não pode ser interpretado exclusivamente no sentido uraniano de "céu noturno", mas num sentido mais amplo, realmente cosmológico e mesmo metafísico: também a noite é virtualidade, germe, não manifestação, e é justamente essa modalidade "noturna" de Varuna que lhe permitiu tornar-se um deus das águas e abriu o caminho para sua assimilação com o "demônio" Vrtra.

Não cabe aqui abordar o problema "Vrtra-Varuna", mas lembramos que há entre as duas entidades mais de um traço comum. Mesmo que não se leve em conta o parentesco etimológico provável de seus nomes, é importante salientar que ambos se relacionam com as águas e, em primeiro lugar, com "as águas retidas" ("O grande Varuna escondeu o mar...")[53], e que Vrtra, como Varuna, às vezes é chamado *mâyin*, "mago"[54]. Em uma certa perspectiva, essas diferentes assimilações de Vrtra e Varuna, como aliás todas as outras modalidades e funções de Varuna, correspondem-se e justificam-se mutuamente. A noite (o não manifestado), as águas (o virtual, os germes), a "transcendência" e o "não agir" (características dos deuses celestes e soberanos) têm uma solidariedade simultaneamente mítica e metafísica com os "amarradores" de qualquer tipo, por um lado, e com o Vrtra que "reteve", "estancou" ou "acorrentou" as águas, por outro. No plano cósmico, Vrtra também é um "amarrador". Portanto, como todos os grandes mitos, o mito de Vrtra é multivalente e sua interpretação num único sentido não o esgota. Pode-se mesmo dizer que uma das principais funções do mito é fixar, legalizar os níveis do real que se mostram, tanto para a consciência imediata como para a reflexão, múltiplos e heterogêneos. Assim, no mito de Vrtra, ao lado de outros valores nota-se o de um regresso ao não manifestado, de uma "parada", de uma "amarra" que impede o desenvolvimento das "formas", ou seja, da vida cósmica. Evidentemente, não temos o direito de levar longe demais o paralelo entre Vrtra e Varuna. Mas não se pode negar o parentesco estrutural entre o "noturno", o "não atuante", o "mago" Varuna que prende a distância os culpados, e o Vrtra que "acorrenta" as águas. A ação de um, como a do outro, tem como efeito parar a vida, trazer a morte – no plano individual num caso, no plano cósmico no outro.

164. Mito – "história exemplar" – Todo mito, independentemente de sua natureza, enuncia um acontecimento que teve lugar *in illo tempore* e constitui por isso um precedente exemplar para todas as ações e "situações" que depois repetirão esse acontecimento. Executados pelo homem, todo ritual, toda ação dotada de sentido repetem um arquétipo mítico. Ora, como vimos (§ 150), a repetição provoca a abolição do tempo profano e a projeção do homem num tempo mágico-religioso que nada tem a ver com o tempo propriamente dito, mas constitui esse "eterno presente" do tempo mítico. Isso equivale a dizer que, paralelamente às outras experiências mágico-religiosas, o mito reintegra o homem numa época atemporal que é na verdade um *illud tempus*, ou seja, um tempo auroral, "paradisíaco", além da história. Aquele que realiza um rito qualquer transcende o tempo e o espaço profanos: do mesmo modo, aquele que "imita" um modelo mítico ou apenas ouve ritualmente (participando dela) a recitação de um mito é arrancado do devir profano e reencontra o Grande Tempo.

Na perspectiva do espírito moderno, o mito – e com ele todas as outras experiências religiosas – anula a "história". Mas há que notar que a maioria dos mitos, pelo simples fato de enunciarem *o que se passou* "*in illo tempore*", constituem, eles mesmos, uma *história exemplar* do grupo humano que os conservou e do cosmos desse grupo humano. Não há mito cosmogônico que não seja também uma *história*, visto que conta tudo o que aconteceu *ab origine*. Com uma reserva, evidentemente: não se trata de "história" na acepção moderna do termo – a de acontecimentos irreversíveis e não repetíveis –, mas de uma *história exemplar* que pode repetir-se (periodicamente ou não) e que tem seu sentido e seu valor na própria repetição. A *história que foi na origem* deve repetir-se porque toda epifania primordial é *rica*, ou, em outras palavras, não se esgota numa única manifestação. Por outro lado, os mitos são ricos por seu conteúdo, que é exemplar e, como tal, apresenta um *sentido*, cria alguma coisa, anuncia alguma coisa etc.

A função da história exemplar dos mitos torna-se inteligível, além disso, pela necessidade que o homem arcaico sente de mostrar as "provas" do acontecimento registrado no mito. Seja o tema mítico bem conhecido: tendo sucedido tal ou tal coisa, os homens tornaram-se mortais, ou então as focas deixaram de ter dedos, ou ainda a Lua apareceu manchada etc. Esse tema é perfeitamente "demonstrável" para a mentalidade arcaica pelo fato de que o homem efetivamente é mortal, de que as focas *não têm* dedos e de que a Lua *apresenta* manchas. O mito que revela como a ilha Tonga foi pescada do fundo do mar tem a prova de sua veracidade no fato de ainda se poder mostrar a linha que serviu para pescá-la e o rochedo onde o anzol ficou preso[55]. Essa necessidade de provar a veracidade do mito ajuda-nos a desvendar o sentido que a "história" e os "documentos históricos" tinham na mentalidade arcaica. Ela mostra a importância que o homem primitivo dá às coisas que *realmente sucederam*, aos acontecimentos que tiveram lugar, concretamente, em volta dele, e o apetite que seu espírito manifesta pelo "real", pelo que "é" de modo pleno. Mas, ao mesmo tempo, a função exemplar ligada a esses acontecimentos de *illud tempus* deixa transparecer o interesse que o homem arcaico sente pelas realidades significativas, criadoras, paradigmáticas. Interesse que sobrevivia ainda entre os primeiros historiadores do mundo antigo, para os quais o "passado" só tinha sentido na medida em que era um exemplo a seguir e constituía, por isso, a *súmula* pedagógica de toda a humanidade. Se quisermos compreendê-la bem, essa missão de "história exemplar" atribuída ao mito deve ser relacionada com a tendência do homem arcaico para realizar concretamente um arquétipo ideal, para viver "experimentalmente" a eternidade já neste mundo, aspiração que mostramos analisando o tempo sagrado (§ 155).

165. Degradação dos mitos – O mito pode degradar-se em lenda épica, em balada ou em romance, ou então sobreviver na forma diminuída de "superstições", hábitos, saudades etc., sem por isso perder sua estrutura nem sua dimensão. Já vimos que o mito da Árvore Cósmica se mantém nas lendas e nos ritos da colheita dos simples (§ 111). As "provas", os sofrimentos, as peregrinações do candidato à iniciação sobrevivem na narrativa dos sofrimentos e obstáculos que o herói épico ou dramático tem de enfrentar antes de alcançar seu objetivo (Ulisses, Eneias, Parsifal, certos personagens de Shakespeare, Fausto etc.). Todas essas "provas", esses "sofrimentos" que têm dado matéria à epopeia, ao drama e ao romance podem facilmente ser reduzidos aos sofrimentos e obstáculos rituais do "caminho para o centro" (§ 146). É certo que o "caminho" já não se desenrola no mesmo plano iniciático, mas – falando em termos de tipologia – as andanças de Ulisses ou a busca do Santo Graal estão até nos grandes romances do século XIX, para não falarmos da literatura de pacotilha, cujas origens arcaicas são bem conhecidas. Se hoje o romance policial conta a luta entre um criminoso e um detetive (o "gênio bom" e o "gênio mau", o dragão e o príncipe encantado dos contos etc.), enquanto há algumas gerações gostava-se de mostrar um príncipe órfão ou uma criança inocente às voltas com um "celerado", e há uns 150 anos estavam em voga os romances "noirs" e "frenéticos" com seus "monges negros", seus "italianos", seus "celerados", suas "meninas raptadas", seus "protetores mascarados" etc., essas nuances de fabulação se explicam pela coloração e orientação variáveis da sensibilidade popular, mas o tema não mudou.

Evidentemente, cada novo deslocamento traz consigo um "espessamento" do conflito e dos personagens dramáticos, um obscurecimento da transparência original, bem como a multiplicação das notas específicas de "cor local". Mas os modelos transmitidos do mais longínquo passado não desaparecem; não perdem seu poder de reatualização. Permanecem válidos para a consciência "moderna". Um exemplo entre muitos: Aquiles e Sören Kirkegaard. Aquiles, como tantos outros heróis, não se casa, embora lhe tenha sido vaticinada uma vida feliz e fecunda se casasse; mas então teria de renunciar a tornar-se um *herói*, não realizaria o "único", não conquistaria a imortalidade. Kirkegaard passa exatamente pelo mesmo drama existencial a propósito de Regina Olsen: ele recusa o casamento para permanecer ele mesmo, "o único", para poder esperar o eterno, repelindo para o "geral" a modalidade de uma existência feliz. Confessa-o claramente num fragmento de seu *Journal* íntimo: "Eu seria mais feliz, num sentido finito, se pudesse afastar de mim este espinho que sinto em minha carne; mas, num sentido infinito, estaria perdido." Eis aí como uma estrutura mítica continua a ser realizável, e se realiza de fato, no plano da experiência existencialista e, neste caso particular, indiscutivelmente sem nenhuma consciência ou influência do modelo mítico.

O arquétipo continua a ser criador mesmo quando se "degradou" para níveis cada vez mais baixos. Tomemos, por exemplo, o mito das Ilhas Afortunadas ou do Paraíso Terrestre, que obcecou não só a imaginação dos profanos mas também a ciência náutica até a gloriosa época dos grandes descobrimentos marítimos. Quase todos os navegadores, até mesmo aqueles que tinham um objetivo econômico preciso (caso do caminho marítimo das Índias), tinham *também* em vista o descobrimento da ilha dos Bem-Aventurados ou do Paraíso Terrestre. E todos sabem que não faltou quem imaginasse que eles tinham realmente descoberto a ilha do Paraíso. Dos fenícios aos portugueses, todos os grandes descobrimentos geográficos foram provocados por esse mito da terra edênica. E essas viagens, essas pesquisas, essas descobertas foram as únicas a adquirir um sentido espiritual e a ser criadoras de cultura. Se a memória da viagem de Alexandre às Índias permaneceu imperecível foi porque, assimilada à categoria mítica, ela satisfazia a necessidade de "geografia mítica", a única que o homem não pode dispensar. As bases comerciais dos genoveses na Crimeia e no mar Cáspio, as dos venezianos na Síria e no Egito supunham uma ciência náutica muito avançada e, entretanto, os itinerários comerciais em questão "não deixaram nenhuma lembrança na história dos descobrimentos geográficos"[56]. Em compensação, as expedições para o descobrimento das regiões míticas não foram apenas criadoras de lendas: contribuíram até mesmo para o avanço da ciência geográfica.

Essas ilhas e terras novas conservaram seu caráter mítico muito tempo depois de a geografia ter se tornado científica. A "ilha dos Bem-Aventurados" sobreviveu a Camões, atravessou o Iluminismo, o Romantismo, e não perdeu seu lugar em nossa época. Mas a ilha mítica já não significa o Paraíso Terrestre: ela é a ilha dos Amores (Camões), a ilha do "bom selvagem" (Daniel Defoe), a ilha de Eutanasius (Eminescu) ou a ilha "exótica", uma região de sonho com belezas secretas, a ilha da liberdade, do jazz, do repouso perfeito, das férias ideais, dos cruzeiros em navios de luxo, à qual o homem moderno aspira sob a miragem da literatura, do cinema ou muito simplesmente de sua imaginação. *A função* da região edênica, privilegiada, permaneceu imutável; somente sua valorização sofreu numerosas defasagens, desde o Paraíso Terrestre (no sentido que a Bíblia dá a esse nome) até o paraíso exótico com que sonham nossos contemporâneos. "Queda", sem dúvida, mas queda fecunda. Em todos os níveis da experiência humana, por modestos que se suponham, o arquétipo continua a valorizar a existência e a criar "valores culturais": a ilha dos romances modernos ou a ilha de Camões não é menos um valor cultural do que tantas e tantas ilhas da literatura medieval.

Queremos com isso dizer que o homem, ainda que escapasse a tudo o mais, é irremediavelmente prisioneiro de suas intuições arquetípicas, criadas no momento em que tomou consciência de sua situação no cosmos. A saudade do Paraíso transparece nos atos mais banais do homem moderno. O *absoluto* não pode ser extirpado: é tão somente passível de degradação. E a espiritualidade arcaica sobrevive, à sua maneira, não como *ato*, não como possibilidade de realização real para o homem, mas como uma *saudade* criadora de valores autônomos: arte, ciências, mística social etc.

XIII

A estrutura dos símbolos

166. Pedras simbólicas – Raros são os fenômenos mágico-religiosos que não implicam, de uma forma ou outra, certo simbolismo. Prova-o largamente o material documental que passamos em revista nos capítulos anteriores. Não há dúvida de que todo fato mágico-religioso é uma cratofania, uma hierofania ou uma teofania: não precisamos voltar a esse assunto. Mas frequentemente deparamos com cratofanias, hierofanias ou teofanias *mediatas*, obtidas mediante uma participação ou uma integração num sistema mágico-religioso que é sempre um sistema simbólico, ou seja, um simbolismo. Assim, para mencionar apenas um exemplo, vimos que certas pedras se tornam sagradas porque as almas dos mortos – dos "ancestrais" – se encarnam nelas, ou então porque manifestam ou representam uma força sagrada, uma divindade, ou ainda porque um pacto solene ou um acontecimento religioso teve lugar em sua vizinhança etc. Mas muitas outras pedras adquirem sua qualidade mágico-religiosa graças a uma hierofania ou a uma cratofania mediatas, ou seja, por um simbolismo que lhes confere um valor mágico ou religioso.

A pedra sobre a qual Jacó adormeceu e de onde viu em sonho a escada dos anjos só se tornou sagrada porque fora o lugar de uma hierofania. Mas outros *bethel* ou *omphaloi* são sagrados porque se acham no "centro do mundo" e, portanto, no ponto de junção das três zonas cósmicas. Evidentemente, o próprio "centro" é uma zona sagrada e, por essa razão, o objeto que o encarna ou o representa torna-se também sagrado e por isso pode ser considerado uma hierofania. Mas, ao mesmo tempo, é certo dizer que um *bethel* ou um *omphalós* é um "símbolo" do "centro" na medida em que esse *bethel* ou esse *omphalós* é portador de uma realidade transespacial (o "centro") e a introduz num espaço profano. Do mesmo modo, certas pedras furadas tornam-se sagradas graças ao simbolismo (solar ou sexual) revelado por sua própria forma. Nesse caso, a hierofanização faz-se por um simbolismo evidente, diretamente revelado pela própria "forma" da pedra (a "forma" entendida naturalmente, tal como é apreendida pela experiência mágico-religiosa e não pela experiência empírico-racionalista). Mas há ainda outras pedras mágicas, medicinais ou "preciosas", cujo valor reside em sua participação num simbolismo nem sempre transparente. Alguns exemplos tornarão mais claras as articulações de um simbolismo cada vez mais denso que em vão teríamos procurado nas hierofanias e nas cratofanias líticas mencionadas acima.

O jade é uma "pedra preciosa" que desempenhou um papel considerável na simbólica arcaica chinesa[1]. Na ordem social, encarna a soberania e o poder; na medicina, é uma panaceia e é absorvido para proporcionar a regeneração do corpo; também é visto como alimento dos espíritos e os taoistas acreditavam que podia assegurar a imortalidade; vêm daí o papel importante do jade na alquimia e o lugar que sempre ocupou nas teorias e práticas funerárias[2]. Lê-se num texto do alquimista Ko-Hung: "Colocando-se ouro e jade nas nove aberturas do cadáver, ele será preservado da putrefação."[3] Por outro lado, o tratado *T'ao Hung-Ching*, do século V, dá as seguintes indicações: "Se, na abertura de um túmulo antigo, o cadáver parecer vivo, sabei que há, no interior e fora do corpo, uma grande quantidade de ouro e jade. De acordo com as disposições da dinastia Han, os príncipes e os senhores eram sepultados com as roupas ornadas de pérolas e com estojos de jade para preservar o corpo da decomposição."[4] Escavações arqueológicas recentes confirmaram os textos relativos ao jade funerário[5].

Mas o jade em si encerra todas essas virtudes somente porque encarna o princípio cosmológico *yang* e porque, nessa qualidade, está investido de todo um conjunto de qualidades solares, imperiais, indestrutíveis. O jade, como aliás o ouro, contém o *yang* e por isso se torna um centro carregado de energia cósmica. Sua multivalência instrumental é a consequência lógica da multivalência do princípio cosmológico *yang*. E, mesmo supondo que procurássemos penetrar na Pré-História que antecedeu a fórmula cosmológica *yang-yin*, esbarraríamos em outra fórmula cosmológica e em outro simbolismo que teria justificado a aplicação do jade[6].

Ir até a Pré-História na busca de um simbolismo arcaico é possível no caso da pérola. Já o tentamos num estudo anterior[7]. Encontraram-se pérolas e conchas nas sepulturas pré-históricas; são utilizadas pela magia e pela medicina e oferecidas ritualmente às divindades dos rios etc.; ocupam lugar de destaque em certos cultos asiáticos; as mulheres portam-nas para ter sorte no amor e fecundidade. Houve um tempo em que a concha e a pérola tinham em toda parte um significado mágico-religioso, mas, pouco a pouco, seu papel restringiu-se à feitiçaria e à medicina. Na época moderna e para algumas classes sociais, a pérola conserva apenas um valor econômico e estético. Essa degradação do significado metafísico do "cosmológico" para o "estético" é, por si só, um fenômeno interessante e ao qual voltaremos, mas primeiro é preciso responder a outra pergunta: por que apresentava essa pérola um significado mágico, medicinal ou funerário? Porque era "nascida das águas", porque era "nascida da Lua", porque representava o princípio *yin*, porque fora encontrada numa concha, símbolo da feminilidade criadora. Todas essas circunstâncias transfiguravam a pérola num "centro cosmológico" no qual coincidiam os prestígios da Lua, da mulher, da fecundidade, do parto. A pérola estava carregada da força germinadora da água em que se formara. "Nascida da Lua", partilhava com ela as virtudes mágicas e por isso se impunha como adorno da mulher: o simbolismo sexual da concha comunicava-lhe todas as forças que ele envolve. Por fim, a semelhança entre a pérola e o feto conferia-lhe propriedades genésicas e obstétricas (o mexilhão *pang* "quando está prenhe de pérolas é semelhante à mulher que tem o feto no ventre", diz um texto chinês citado por Karlgren). Desse triplo simbolismo – Lua, água, mulher – derivam todas as propriedades mágicas da pérola: medicinais, ginecológicas, funerárias.

Na Índia, a pérola torna-se uma panaceia: é boa contra as hemorragias, a icterícia, a loucura, o envenenamento, as doenças de olhos, a tísica etc.[8] A medicina europeia utilizou-a sobretudo para tratar a melancolia, a epilepsia e a loucura; como vemos, a maioria das afecções em causa são doenças "lunares" (melancolia, epilepsia, hemorragia etc.). Suas propriedades antitóxicas têm a mesma explicação: a Lua era o remédio para todas as espécies de envenenamento[9]. Mas o valor da pérola, no Oriente, está sobretudo em sua qualidade afrodisíaca, fecundante e talismânica. E quando é posta no túmulo, no próprio cadáver, ela solidariza o morto com o princípio cosmológico que lhe dá forma: a Lua, a água, a mulher. Em outras palavras, ela regenera o morto inserindo-o num ritmo cósmico que é por excelência cíclico e pressupõe (como as fases da Lua) nascimento, vida, morte, renascimento. O morto coberto de pérolas adquire um destino "lunar", pode ter esperança de entrar no circuito cósmico, visto que está penetrado de todas as virtudes da Lua, criadoras de formas vivas[10].

167. Degradação dos símbolos – É fácil compreender que o que constitui o valor múltiplo da pérola é sobretudo o simbolismo no qual ela se enquadra. Quer interpretemos esse simbolismo dando destaque a seus elementos sexuais ou prefiramos reduzi-lo a um conjunto cultual pré-histórico, um ponto permanece incontestável: sua estrutura cosmológica. Os emblemas e as funções da mulher conservam em todas as sociedades arcaicas um valor cosmológico. Somos incapazes de determinar com precisão o momento da Pré-História em que a pérola adquiriu todos os valores citados atrás. Pelo menos é certo que ela só encontrou seu caráter de "pedra mágica" no momento em que o homem tomou consciência do conjunto cosmológico água-Lua-devir e teve a revelação do ritmo cósmico dominado pela Lua. Portanto, as "origens" do simbolismo da pérola não são empíricas, mas teóricas, metafísicas. Em seguida esse simbolismo foi interpretado, diferentemente "vivido", para degradar-se até as superstições e o valor econômico-estético que a pérola representa para nós.

Vamos completar nosso dossiê com a ajuda de algumas pedras mágico-religiosas, a começar pelo *lápis-lazúli*, a pedra azul que gozava de enorme prestígio na Mesopotâmia e cujo valor sagrado se devia a seu significado cosmológico: ela representava a noite estrelada e o deus da Lua, Sin. Os babilônios conheciam e valorizavam certas pedras ginecológicas que passaram depois para a medicina grega. Uma delas, a "pedra da prenhez" ([aban]*e-rie-e*), foi identificada por Boson com o *lithos samios* de Dioscórides;

uma outra, ^{aban}*râmi*, a "pedra do amor", "da fecundidade", parece confundir-se com o *lithos selenites* de Dioscórides. As pedras desse gênero assentavam sua eficácia ginecológica em sua homologação com a Lua. O valor obstétrico do jaspe, ^{aban}*ashup*, tinha sua explicação no fato de, ao quebrar-se, dar origem em seu "ventre" a várias outras pedras; nesse caso, o símbolo é evidente. Dos babilônios, a função ginecológica do jaspe passou para o mundo greco-romano, onde se conservou até a Idade Média. Um simbolismo análogo explica igualmente o favor de que gozou na Antiguidade a "pedra das águias", *aetites*: *utilis est*, nota Plínio, *mulieribus praegnantibus*[11]; sacudindo-a, ouve-se no interior um ruído bizarro, como se ela escondesse no "ventre" outra pedra. A virtude dessas pedras ginecológicas e obstétricas deriva diretamente quer de sua participação no princípio lunar, quer de uma conformação que as singulariza e que, portanto, só pode indicar uma proveniência excepcional. Sua essência mágica é consequência de sua "vida" porque elas "vivem", têm um sexo, ficam prenhes. Aliás, não são exceção. Todas as outras pedras e todos os outros metais também "vivem" e são sexuados[12]; mas a vida deles é mais tranquila, sua sexualidade é mais vaga: "crescem" no seio da Terra, seguindo um ritmo sonolento, poucos "chegando à maturidade" (assim, para os indianos o diamante é *pakka*, "maduro", enquanto o cristal é *kaccha*, "não maduro")[13].

Um exemplo excelente de deslocação e variabilidade do símbolo nos é dado pela "pedra da serpente". Em muitas regiões acreditava-se que as pedras preciosas tinham caído da cabeça das serpentes ou dos dragões. Daí, por exemplo, a observação de que o diamante é venenoso e a recomendação de não levá-lo à boca porque esteve na boca de serpentes (crença de origem indiana que passou para o mundo helenístico e árabe)[14]. As crenças que fazem as pedras preciosas virem da baba das serpentes estendem-se por uma área muito vasta, desde a China até a Inglaterra[15]. Na Índia, crê-se que os *nâgas* trazem na goela e na cabeça certas pedras mágicas, resplandecentes. Plínio racionaliza essas crenças de origem oriental quando registra que a *dracontia* ou *dracontites* é uma pedra que se forma no cérebro (*cérebro*) dos dragões[16]. O processo de racionalização é ainda mais acentuado em Filostrato[17], para quem o olho de certos dragões é uma pedra de um "brilho deslumbrante" dotada de virtudes mágicas; os feiticeiros, acrescenta Filostrato, depois de adorarem os répteis, cortam-lhes a cabeça e dela retiram pedras preciosas.

A origem e o fundamento teórico dessas lendas e de tantas outras não são obscuros: é o mito arcaico dos "monstros" (serpentes, dragões), guardiães da "Árvore da Vida", de uma área consagrada por excelência, de uma substância sagrada, de valores absolutos (imortalidade, juventude eterna, ciência do bem e do mal etc.). Como estamos lembrados, os símbolos dessa realidade absoluta são sempre guardados por monstros que impossibilitam o acesso aos não eleitos: a Árvore da Vida, a árvore dos pomos de ouro ou o tosão de ouro, os "tesouros" de toda espécie (as pérolas do fundo do mar, o ouro da terra etc.) são defendidos por um dragão, e quem quiser apropriar-se de um dos símbolos da imortalidade deve antes pôr à prova seu "heroísmo" ou sua "sabedoria", enfrentando toda espécie de perigos e acabando por matar o monstro reptiliano. Desse tema mítico arcaico derivaram, por múltiplos processos de racionalização e degradação, todas as crenças em tesouros, pedras mágicas e joias. A Árvore da Vida ou a árvore dos pomos de ouro, ou ainda o tosão de ouro – que simbolizava um estado absoluto (ouro = "glória", imortalidade) –, tornam-se um "tesouro" escondido na terra e guardado por dragões ou serpentes.

Os *emblemas* metafísicos guardados e defendidos por serpentes transformam-se em *objetos* concretos que se encontram na cabeça, no olho ou na goela delas. O que era originariamente valorizado como *signo* do absoluto assume depois – para outras camadas sociais ou por uma degradação de sentido – valores mágicos, medicinais, estéticos. Na Índia, por exemplo, o diamante era considerado um emblema da realidade absoluta: seu nome, *vajra*, era também o do raio, símbolo de Indra, emblema da essência incorruptível. Nesse conjunto teórico – força, incorruptibilidade, raio, manifestação cósmica da virilidade – o diamante era consagrado na medida em que, na ordem mineralógica, encarnava essas essências. No outro conjunto teórico, o da valorização "popular" da realidade absoluta guardada por um monstro, o diamante era apreciado por sua descendência ofídica. Era a mesma descendência – degradada agora para níveis cada vez mais baixos – que dava ao diamante suas propriedades mágicas e medicinais: ele protegia do envenenamento e das serpentes, assim como tantas outras "pedras de serpentes" (*carbunculus*, *borax*, o bezoar etc.). Algumas dessas "pedras de serpentes" foram efetivamente extraídas da cabeça de serpentes, nas quais às vezes existem concreções duras e pétreas. *Mas se foram descobertas ali é porque ali foram procuradas.* A crença na "pedra de serpente" é encontrada numa área imensa, entretanto só recentemente se observaram em serpentes concreções resistentes e pétreas. Em suma, só muito raramente uma "pedra de serpente" é efetivamente uma pedra extraída da cabeça de uma serpente; a imensa maioria das outras pedras mágicas e medicinais, tenham ou não uma nomenclatura ofídica, estão diversamente relacionadas com a serpente em virtude do mito original, redutível, como dissemos, a um tema metafísico: "o monstro guardião dos símbolos da imortalidade". Não há dúvida de que muitas lendas e superstições não derivaram diretamente da fórmula mítica primordial e sim das inúmeras variantes laterais ou "degradadas" a que ela deu origem.

168. Infantilismo – Limitamo-nos propositadamente a esses exemplos recolhidos num único setor a fim de pôr em foco, por um lado, as múltiplas ramificações do símbolo e, por outro, os processos de racionalização, degradação e infantilismo que um símbolo sofre em sua interpretação nos planos mais baixos. Pudemos convencer-nos de que frequentemente estamos diante de variantes "populares" na aparência, mas cuja origem erudita – metafísica (cosmológica etc.) em última instância – é fácil reconhecer (por exemplo, a "pedra de serpente") e apresenta todas as marcas de um processo de infantilismo. Esse processo, aliás, pode ocorrer de muitas outras maneiras. Citaremos duas das mais frequentes: 1ª) um simbolismo "erudito" acaba, com o tempo, servindo para as camadas sociais inferiores, degradando assim seu sentido primitivo; 2ª) o símbolo é compreendido de modo pueril, ou seja, excessivamente concreto e separado do sistema de que faz parte. Já mencionamos alguns exemplos da primeira categoria ("pedra de serpente", pérola etc.). Vamos citar mais um caso igualmente sugestivo. Uma velha receita popular romena prescreve: "Quando um homem ou um animal sofrerem de prisão de ventre, escrevei estas palavras num prato novo: Fison, Gheon, Tigre, Eufrates, e lavai-o com água virgem; se o doente bebê-la, ficará bom; se for um animal, vertei-lhe a água pelo nariz."[18] O nome dos quatro rios bíblicos que banham o Paraíso pode purificar, numa perspectiva mágico-religiosa, qualquer "cosmos" e, portanto, o microcosmos constituído pelo corpo do homem ou do animal. Nesse caso, o infantilismo denuncia-se de imediato pela maneira simplista, concreta, como é compreendido o simbolismo da purificação pelas águas paradisíacas: bebe-se a água que tocou as quatro palavras escritas.

Quanto ao segundo tipo de infantilização do símbolo (que não implica necessariamente uma "história", uma "queda" de um meio erudito num meio popular), há muitos exemplos no belo livro de Lévy-Bruhl, *L'expérience mystique et les symboles chez les primitifs*[19]. A maioria dos documentos citados pelo especialista francês aponta o símbolo como substituto do objeto sagrado ou como "símbolo-pertencimento" e, quando se trata de substituto e de participações, o processo de infantilização é inevitável, e não só entre os "primitivos" mas até mesmo nas sociedades mais evoluídas. Citaremos como exemplo o caso seguinte, retirado dessa obra: "Na África equatorial, no alto Ogooué, o antílope *ocibi* só pasta à noite, explica um chefe bamba; durante o dia dorme ou rumina, sem mudar de lugar. Esse hábito levou os indígenas a fazerem dele o símbolo da estabilidade. Estão convencidos de que todos os que comerem, em comum, carne desse antílope na inauguração de uma nova aldeia não a deixarão para ir viver em outro lugar."[20] No pensamento dos indígenas, o símbolo comunica-se por participação, de maneira concreta, do mesmo modo que as quatro palavras escritas no fundo de um prato podem "purificar", na magia infantilizada já citada, um indivíduo constipado. Mas essa diversidade de interpretação não esgota nem o símbolo original nem as possibilidades, para os "primitivos", de terem acesso a um simbolismo coerente. Trata-se, repetimos, apenas de uma amostra de um infantilismo cujos exemplos são abundantes na experiência religiosa de qualquer população civilizada. Que também os "primitivos" sejam capazes de um simbolismo coerente, ou seja, articulado sobre princípios "cosmoteológicos", provam-no muitos fatos já vistos nos capítulos anteriores (por exemplo, o simbolismo do "centro", nos povos árticos, camíticos, fino-úgricos; a comunicação entre as três zonas cósmicas nos pigmeus de Malaca; o simbolismo do arco-íris, da montanha, dos cipós cósmicos e outros entre os australianos, os povos da Oceania etc).

Mas ainda teremos ocasião de voltar a essa capacidade teorética dos primitivos ou das populações primitivas. Por ora constataremos a coexistência, tanto nas sociedades "primitivas" como nas evoluídas, de um simbolismo coerente ao lado de um simbolismo infantilizado. Deixaremos de lado o problema da causa dessa infantilização, assim como a questão de saber se ela é ou não efeito da própria condição humana. Basta-nos aqui marcar com clareza que, coerente ou degradado, o símbolo continua a desempenhar um papel importante em todas as sociedades. Sua função permanece invariável: transformar um objeto ou um ato em *algo diferente* daquilo que esse objeto ou ato mostra ser na experiência profana. Referindo-nos novamente aos exemplos já citados, quer se trate de um *omphalós*, símbolo do "centro", quer se trate de uma pedra preciosa como o jade e a pérola ou de uma pedra mágica como a "pedra de serpente", cada uma dessas variedades de pedras recebe um valor na experiência mágico-religiosa do homem na medida em que manifesta um simbolismo qualquer.

169. Símbolos e hierofanias – Visto desse ângulo, o símbolo prolonga a dialética da hierofania: *tudo o que não é diretamente consagrado por uma hierofania torna-se sagrado graças à sua participação num símbolo.* A maioria dos símbolos primitivos discutidos por Lévy-Bruhl são participações ou substitutos de objetos sagrados, de qualquer espécie que sejam. Observa-se um mecanismo idêntico nas religiões "evoluídas". Basta folhearmos um repertório exaustivo como é, por exemplo, *Symbols of the Gods in Mesopotamian Art*, de E. Douglas Van Buren, para nos convencermos de que toda uma série de objetos ou sinais simbólicos deve seu valor e sua função sagrada ao fato de se integrarem na "forma" ou na epifania de uma divindade (ornamentos, atavios, signos dos deuses; objetos usados por eles etc.). Mas não estão aí todos os símbolos: há outros que precedem a "forma" histórica da divindade; referimo-nos a muitos símbolos vegetais, à Lua, ao Sol, ao raio, a certos desenhos geométricos (cruz, pentágonos, rombos, suástica etc.). Muitos desses símbolos foram anexados pelas divindades que dominaram a história religiosa da Mesopotâmia: o sinal do crescente por Sin, deus lunar; o disco solar por Shamash etc. Se outros conservaram alguma autonomia com relação aos deuses (por exemplo, certas armas, certos símbolos arquitetônicos, certos signos, como o dos "três pontos"), muitos outros, e são a maioria, foram solicitados alternativamente por numerosas divindades, o que nos leva a crer que antecederam os diferentes panteões mesopotâmicos. Aliás, a transmissão dos símbolos de um deus para outro é um fenômeno corrente na história das religiões. É assim que na Índia, por exemplo, *vajra*, simultaneamente "raio" e "diamante" (símbolo da soberania universal, da incorruptibilidade, da realidade absoluta etc.), passou de Agni para Indra e depois para Buda. Seria fácil multiplicar os exemplos.

Dessas considerações resulta que a maior parte das hierofanias são passíveis de se tornar símbolos. Mas não é nessa convertibilidade das hierofanias em símbolos que devemos buscar o papel importante desempenhado pelo simbolismo na experiência mágico-religiosa da humanidade. O símbolo não é importante apenas porque *prolonga* uma hierofania ou porque *a substitui*, mas em primeiro lugar porque ele pode continuar o processo de hierofanização e principalmente porque em certas ocasiões *ele próprio é uma hierofania*, ou seja, porque *revela uma realidade sagrada ou cosmológica que nenhuma outra "manifestação"* é capaz de *revelar*. Assim, para dar um exemplo de prolongamento de uma hierofania por um símbolo, todos os amuletos e todos os "signos" nos quais a Lua está presente (o crescente, a meia-lua, a lua cheia etc.) devem sua eficácia justamente a essa presença: de uma maneira ou de outra, participam da sacralidade da Lua. Poderíamos dizer que são epifanias diminuídas da Lua. Mas certamente não é essa epifania diminuída e às vezes indistinta (como quando o crescente da Lua é grosseiramente reproduzido em pãezinhos votivos)[21] que explica a importância dos amuletos e dos talismãs: é no *próprio símbolo* que está a razão disso. O processo é evidente para uma infinidade de desenhos e de ornamentos cerâmicos da proto-história chinesa e eurasiática que "simbolizam" as fases da Lua por meio de diferentes oposições de branco e preto (= luz e escuridão)[22]. Todos esses desenhos e ornamentos têm uma função e um valor mágico-religiosos[23]. Mas neles a *epifania* lunar é quase indecifrável, e o que confere a ela seu valor é o *simbolismo* lunar.

Mais ainda: enquanto uma hierofania pressupõe uma descontinuidade na experiência religiosa (visto que existem sempre, sob uma ou outra forma, uma *ruptura* entre o sagrado e o profano e uma *passagem* de um para outro, ruptura e passagem que constituem a própria essência da vida religiosa), um simbolismo realiza a *solidariedade permanente do homem com a sacralidade* (solidarização evidentemente confusa, no sentido de que o homem só esporadicamente toma consciência dela). A pessoa que porta um talismã, jade ou pérolas é projetada por eles, de forma permanente, na zona sagrada representada (ou seja, simbolizada) por um ou por outro, respectivamente; ora, essa permanência não poderia ser adquirida por meio de uma experiência mágico-religiosa, que supõe previamente uma ruptura entre o profano e o sagrado. Vimos (§ 146) que os "duplos fáceis" da Árvore Cósmica, do eixo do Universo, do templo etc. são sempre representados por um símbolo do centro (pilar central, lar etc.). Cada habitação é um "centro do mundo" porque, de uma maneira ou de outra, seu simbolismo reproduz o do centro. Mas, como já tivemos ocasião de notar, um "centro" é difícil de conquistar, e o fato de estar à disposição de qualquer um deixa transparecer o que chamamos de "saudade do Paraíso", o desejo de estar permanentemente, sem esforço e até mesmo, de certo modo, sem se dar conta disso, numa zona sagrada por excelência. Igualmente podemos dizer que o simbolismo revela a necessidade que o homem sente de prolongar até o infinito a hierofanização do mundo, de encontrar constantemente duplos, substitutos e participações em determinada hierofania, ou melhor, uma tendência para identificar essa hierofania com o Universo inteiro. Voltaremos, no fim do capítulo, a essa importante função do símbolo.

170. Coerência dos símbolos – Rigorosamente, o termo *símbolo* deveria ser reservado para os símbolos que prolongam uma hierofania ou que constituem, eles mesmos, uma "revelação" inexprimível por outra forma mágico-religiosa (rito, mito, forma divina etc.). Em sentido amplo, no entanto, *tudo* pode ser um símbolo ou desempenhar o papel de símbolo, desde a cratofania mais rudimentar (que "simboliza" de uma maneira ou de outra o poder mágico-religioso incorporado num objeto qualquer) até Jesus Cristo, que, de certo ponto de vista, pode ser considerado um "símbolo" do milagre da encarnação da divindade no homem.

A linguagem corrente da etnologia, da história das religiões e da filosofia admite os dois sentidos da palavra "símbolo" e, como já vimos, os dois sentidos são apoiados pela experiência mágico-religiosa de toda a humanidade. Mas a estrutura e a função autênticas do símbolo podem ser penetradas sobretudo pelo estudo específico do símbolo como prolongamento da hierofania e como forma autônoma da revelação. Mencionamos acima o simbolismo lunar dos desenhos pré-históricos e proto-históricos. Os desenhos desse tipo seguramente prolongam a hierofania lunar mas, considerados globalmente, dizem mais do que qualquer outra epifania lunar. Ajudam-nos a destacar de todas essas epifanias o *simbolismo lunar*, que tem a vantagem de poder "revelar" melhor do que todas as outras epifanias reunidas e, ao mesmo tempo, revelar simultânea e panoramicamente o que as outras epifanias mostram de modo sucessivo e fragmentário. O simbolismo da Lua torna transparente a própria estrutura das hierofanias lunares; o emblema de um animal lunar (*t'ao'-t'ie*, o urso etc.) ou um desenho em preto e branco no qual está integrada a figura do "ancestral" revela no mesmo grau a totalidade dos prestígios lunares e o destino do cosmos e do homem em seu devir rítmico e perpétuo (cf. os estudos de Hentze).

Também a sacralidade das águas e a estrutura das cosmologias e dos apocalipses aquáticos só podem ser reveladas integralmente pelo simbolismo aquático, que é o único "sistema" capaz de integrar todas as revelações particulares das inúmeras hierofanias. Naturalmente, esse simbolismo aquático não se manifesta em parte alguma de modo concreto, não tem "suporte", é constituído por um conjunto de símbolos interdependentes e integráveis num sistema, mas nem por isso é menos real. Basta relembrarmos (§ 73) a coerência do simbolismo da imersão nas águas (batismo, dilúvio, "Atlântida"), da purificação pela água (batismo, libações funerárias), da pré-cosmogonia (as águas, o "lótus" ou a "ilha" etc.) para nos darmos conta de que estamos em presença de um "sistema" bem articulado, sistema que, evidentemente, está implícito em toda hierofania aquática, por modesta que seja, mas que se revela com mais clareza através de um símbolo (por exemplo, o "dilúvio" ou o "batismo") e só se revela totalmente no simbolismo aquático, tal como ele se destaca de *todas* as hierofanias.

Um exame rápido dos capítulos anteriores mostra com bastante evidência que, dependendo do caso, estamos diante de um simbolismo celeste ou diante de um simbolismo telúrico, vegetal, solar, espacial, temporal etc. Esses diferentes simbolismos podem acertadamente ser vistos como "sistemas" autônomos na medida em que manifestam de forma mais clara, mais completa e com uma coerência superior o que as hierofanias manifestam de maneira particular, local, sucessiva. Por isso nos empenhamos, sempre que o documento em questão nos convidava a isso, em interpretar determinada hierofania à luz de seu próprio simbolismo, a fim de podermos alcançar seu significado profundo. É desnecessário dizer que não se trata de "deduzir" arbitrariamente um simbolismo qualquer a partir de uma hierofania elementar; tampouco se trata de racionalizar um simbolismo para torná-lo mais consistente e mais transparente, como se fez para o simbolismo solar no fim da Antiguidade (§ 46). A integração de uma hierofania no simbolismo que ela envolve é uma experiência autêntica da mentalidade arcaica e todos os que participam dessa mentalidade *veem* realmente esse sistema simbólico em qualquer suporte material. E, se alguns já não o veem ou não têm acesso senão a um simbolismo infantil, isso não compromete a validade da estrutura do simbolismo, pois um simbolismo é independente do fato de ser compreendido ou de já não o ser: ele conserva sua consistência a despeito de toda degradação, e conserva-a mesmo quando esquecido, como atestam símbolos pré-históricos cujo sentido ficou perdido por milênios para ser "redescoberto" mais tarde.

Além disso, é perfeitamente indiferente que os "primitivos" contemporâneos compreendam ou não que uma imersão na água equivale tanto a um dilúvio como à submersão de um continente no oceano e que ambos simbolizam o desaparecimento de uma "forma envelhecida" a fim de fazer reaparecer uma "forma nova". Um único ponto conta para a história das religiões: o fato de a imersão de um homem ou de um continente, assim como o sentido cósmico-escatológico dessas imersões, existir em mitos e rituais; e o fato de todos esses mitos e rituais serem coerentes ou, em outras palavras, formarem um sistema simbólico que, em certo sentido, é anterior a cada um tomado separadamente. Portanto, temos fundamento para falar, como veremos mais claramente dentro em pouco, de uma "lógica do símbolo", uma lógica que não tem sua confirmação apenas no simbolismo mágico-religioso, mas também no simbolismo manifestado pela atividade subconsciente e transconsciente do homem.

Um dos traços característicos do símbolo é a simultaneidade dos sentidos que ele revela. Um símbolo lunar ou aquático é válido em todos os níveis do real e essa multivalência é revelada simultaneamente. O díptico "luz-escuridão", por exemplo, simboliza ao mesmo tempo o "dia e a noite" cósmicos, o aparecimento e o desaparecimento de uma forma qualquer, a morte e a ressurreição, a criação e a dissolução do cosmos, o virtual e o manifesto etc. Essa simultaneidade dos sentidos que um símbolo encerra verifica-se igualmente à margem da vida religiosa propriamente dita. Como mostramos (§ 166), o jade desempenha ou anuncia, por exemplo, na China, uma função mágico-religiosa, mas essa função não lhe esgota o simbolismo: o jade tem, ao mesmo tempo, valor de linguagem simbólica, no sentido de que o número, a cor e a disposição das pedras de jade que uma pessoa porta não se limitam a solidarizar essa pessoa com o cosmos ou com as estações, mas também proclamam sua "identidade" e especificam, por exemplo, que se trata de uma jovem, de uma mulher casada ou de uma viúva, pertencente a determinada classe social e a determinada família, a determinada região, e cujo noivo ou esposo está viajando etc. Do mesmo modo, na ilha de Java o simbolismo dos desenhos e das cores do *batik* proclama o sexo e a situação social do indivíduo que o usa, a estação e a "ocasião" em que é usado etc.[24]; sistemas idênticos são frequentes em toda a Polinésia[25].

Sob esse aspecto, o simbolismo apresenta-se como uma "linguagem" ao alcance de todos os membros da comunidade e inacessível aos estranhos, mas, em todo caso, uma "linguagem" que exprime simultaneamente no mesmo grau a condição social, "histórica" e psíquica da pessoa que porta o símbolo e suas relações com a sociedade e o cosmos (certos jades ou *batiks* são usados na primavera, nas vésperas dos trabalhos agrícolas, durante o equinócio ou o solstício). Em suma, o simbolismo vestimentar solidariza a pessoa humana, por um lado, com o cosmos e, por outro, com a comunidade de que ela faz parte, proclamando diretamente aos olhos de cada membro da comunidade sua identidade profunda. Expressão simultânea de uma multiplicidade de significados, solidarização com o cosmos, transparência para com a sociedade: funções que revelam todas o mesmo impulso e a mesma orientação. Todas convergem para um fim comum: a abolição dos limites do "fragmento" que é o homem no seio da sociedade e no meio do cosmos, e sua integração (mediante a transparência de sua identidade profunda e de seu estado social; também graças à sua solidarização com os ritmos cósmicos) numa unidade mais vasta: a sociedade, o Universo.

171. Função dos símbolos – Essa função unificadora seguramente é de considerável importância não só na experiência mágico-religiosa do homem, mas mesmo para sua experiência total. Um símbolo revela sempre, seja qual for seu contexto, a unidade fundamental de várias zonas do real. Será preciso lembrar as imensas "unificações" realizadas pelos símbolos das águas ou da Lua, graças às quais um número considerável de planos e de zonas bioantropocósmicos se identifica com alguns princípios? Assim, por um lado, o símbolo continua a dialética da hierofania ao transformar os objetos em *algo diferente* do que eles parecem ser na experiência profana: uma pedra torna-se o símbolo do "centro do mundo" etc.; por outro lado, ao tornarem-se símbolos, ou seja, sinais de uma realidade transcendente, esses objetos *anulam seus limites concretos*, deixam de ser fragmentos isolados para se integrarem num sistema, ou melhor, encarnam em si, a despeito de sua precariedade e de seu caráter fragmentário, todo o sistema em questão.

No limite, um objeto que se torna um símbolo tende a coincidir com o *todo*, da mesma forma que a hierofania tende a incorporar o sagrado em sua totalidade, a esgotar, *por si só*, todas as manifestações da sacralidade. Qualquer pedra do altar védico, ao tornar-se Prajâpati, tende a identificar consigo todo o Universo, da mesma forma que cada deusa local tende a tornar-se a

Grande Deusa e, em última instância, a anexar a si toda a sacralidade disponível. Esse "imperialismo" das "formas" religiosas aparecerá mais claramente ainda no volume complementar que dedicaremos a elas. Limitamo-nos agora a observar que essa tendência anexionista reaparece na dialética do símbolo. Não só porque todo simbolismo aspira a integrar e a unificar o maior número possível de zonas e setores da experiência antropocósmica, mas também porque todo símbolo tende a identificar consigo o maior número possível de objetos, situações e modalidades. O simbolismo aquático ou lunar tende a integrar tudo o que é vida e morte, ou seja, "devir" e "formas". Quanto a um símbolo como a pérola, ele tende a representar ao mesmo tempo esses dois sistemas simbólicos (da Lua e das águas), encarnando por si só quase todas as epifanias da vida, da feminilidade, da fertilidade etc. Essa "unificação" não equivale a uma confusão: o simbolismo permite a passagem, a circulação de um nível para outro, de um modo para outro, integrando todos esses níveis e todos esses planos, *mas sem fundi-los*. A tendência para coincidir com o todo deve ser entendida como uma tendência para integrar o todo num sistema, para reduzir a multiplicidade a uma "situação" única, de maneira a torná-la, ao mesmo tempo, o mais transparente possível.

Tratamos em outra obra do simbolismo das amarras, dos nós e das redes[26]. Pudemos então ver que, desde o significado cosmológico da "amarração" das águas por Vrtra e o significado cosmocrático dos "nós" de Varuna até as "amarrações" do inimigo com cordas verdadeiras ou com nós mágicos, até o acorrentamento do cadáver, até os mitos em que divindades funerárias prendem os homens ou as almas dos mortos numa rede – passando pelo simbolismo do homem "amarrado" ou "acorrentado" (Índia, Platão), do "desenrolar" do fio labiríntico ou da "solução" de um problema fundamental etc. –, estamos sempre diante de um único e mesmo complexo simbólico, realizado de maneira mais ou menos imperfeita nos múltiplos planos da vida mágico-religiosa (cosmologia, mito do soberano terrível, magia agressiva ou defensiva, mitologia funerária, rituais iniciáticos etc.): trata-se sempre de um arquétipo que tenta realizar-se em todos os planos da experiência mágico-religiosa. Mas há algo ainda mais significativo: esse simbolismo do "atar" e do "desatar" revela uma situação-limite do homem no Universo, uma situação que nenhuma outra hierofania isolada conseguiria revelar. Podemos mesmo dizer que é apenas por esse simbolismo do liame que o homem toma plena consciência de sua situação no cosmos e a exprime a si mesmo de maneira coerente. Por outro lado, as articulações desse complexo simbólico desvendam ao mesmo tempo a unidade de situação de todo "condicionado", seja ele qual for ("cativo", "embruxado" ou simplesmente o homem em frente a seu próprio destino), e a necessidade "lógica" de todas essas homologações.

172. Lógica dos símbolos – Assim sendo, é legítimo falar de uma "lógica do símbolo" no sentido de que os símbolos, sejam quais forem sua natureza e o plano em que se manifestem, são sempre coerentes e sistemáticos. Essa lógica do símbolo sai da área própria da história das religiões para colocar-se entre os problemas da filosofia. De fato – como já constatamos ao estudar em outro lugar o simbolismo da "ascensão" –, as criações do que se chama de subconsciente (sonhos, "sonhos acordados", fabulações, psicopatogenias etc.) apresentam uma estrutura e um significado perfeitamente homologáveis, por um lado, com os mitos e os rituais ascensionais e, por outro, com a metafísica da ascensão[27]. Não existe, a bem dizer, uma solução de continuidade entre as criações espontâneas do subconsciente (os sonhos ascensionais, por exemplo) e os sistemas teóricos elaborados no estado de vigília (por exemplo, a metafísica da elevação e da ascensão espirituais). Essa constatação desemboca em dois problemas: 1º) Continuamos a ter o direito de falar exclusivamente de um *subconsciente*? Em vez disso, não conviria pressupor também a existência de um *transconsciente*? 2º) Temos fundamento para afirmar que as criações do subconsciente oferecem uma estrutura diferente das criações do consciente? Mas esses dois problemas devem ser discutidos em sua perspectiva própria, que é a da filosofia.

Entretanto, observaremos – e nos limitaremos a esta observação – que muitas criações do subconsciente apresentam um caráter simiesco, de imitação, de cópia aproximada de arquétipos que, em todo caso, não parecem ser a projeção exclusiva da zona subconsciente. Acontece muitas vezes de um sonho, uma fabulação ou uma psicose imitarem a estrutura de um ato espiritual que, em si, é perfeitamente inteligível, ou seja, isento de toda contradição interna, que é "lógico" e, consequentemente, deriva da atividade consciente (ou transconsciente). Essa observação pode lançar alguma luz sobre o problema do símbolo em particular e da hierofania em geral. Já apontamos, quase em toda parte na história das religiões, um fenômeno de *imitação "fácil"* do arquétipo à qual demos o nome de infantilismo. Também verificamos que o infantilismo tende a prolongar até o infinito as hierofanias, isto é, tende a colocar o sagrado em qualquer fragmento, ou seja, no limite, a colocar o *todo* num simples fragmento. Essa tendência não é, em si, aberrante, visto que o sagrado tende efetivamente a identificar-se com a realidade profana, ou seja, a transfigurar e sacralizar toda a criação. Mas o infantilismo apresenta quase sempre uma nota de facilidade, de automatismo, frequentemente mesmo de artifício. Poderíamos, portanto, estabelecer um paralelo entre a tendência do subconsciente para imitar em suas criações as estruturas do consciente ou do transconsciente e a tendência do infantilismo para prolongar infinitamente as hierofanias, para repeti-las em todos os níveis e de maneira um tanto mecânica e grosseira: as duas tendências têm em comum os traços característicos da facilidade e do automatismo. Entretanto, captamos aí outra coisa ainda: o desejo de *unificar a criação e abolir a multiplicidade*, desejo que também é, à sua maneira, uma imitação da atividade da razão, visto que a razão também tende para a unificação do real e, portanto, em última análise, para a abolição da criação. Contudo, no caso das criações do subconsciente ou da infantilização das hierofanias, deparamos mais propriamente com um movimento da *vida* que tende para o repouso, que aspira a recuperar o estado original da matéria: a inércia. Em outro plano e no contexto de outra necessidade dialética, a *vida – ao tender para o repouso, para o equilíbrio e para a unidade – imita o espírito em seu impulso para a unificação e a estabilidade.*

Para terem um fundamento eficaz, essas observações exigiriam toda uma série de comentários que não podemos sequer esboçar aqui. Se lhes dedicamos algumas linhas é porque nos ajudam a compreender ao mesmo tempo a tendência para a *repetição fácil* das hierofanias e o papel extremamente importante que o simbolismo desempenha na vida mágico-religiosa. Aquilo que poderíamos chamar de *pensamento simbólico* torna possível ao homem a livre circulação por todos os níveis do real. Livre circulação, aliás, é dizer pouco: o símbolo, como vimos, identifica, assimila, unifica planos heterogêneos e realidades aparentemente irredutíveis. Mais ainda: a experiência mágico-religiosa permite a transformação do próprio homem em símbolo. Todos os sistemas e todas as experiências antropocósmicas são possíveis *na medida em que o próprio homem se torna um símbolo.* É preciso acrescentar, todavia, que nesse caso sua própria vida é consideravelmente enriquecida e amplificada. O homem já não se sente um fragmento impermeável, mas um cosmos vivo aberto a todos os outros cosmos vivos que o rodeiam. As experiências macrocósmicas deixam de ser para ele *exteriores* e, enfim, "estranhas" e "objetivas"; elas *não o alienam de si mesmo* e sim, ao contrário, conduzem-no para ele mesmo, revelam-lhe sua própria existência e seu próprio destino. *Os mitos cósmicos e toda a vida ritual apresentam-se assim como experiências existenciais do homem arcaico*: ele não se perde, não se esquece de si como "existente" quando se conforma a um mito ou intervém num ritual. Ao contrário, reencontra-se e compreende-se porque esses mitos e rituais proclamam acontecimentos macrocósmicos, ou seja, antropológicos e, em última instância, "existenciais". Para o homem arcaico todos os níveis do real oferecem uma *porosidade* tão perfeita que a emoção sentida diante de uma noite estrelada, por exemplo, equivale à experiência pessoal mais "intimista" de um homem moderno; e isso porque, graças sobretudo ao símbolo, a *existência autêntica* do homem arcaico não é reduzida à existência fragmentada e alienada do homem civilizado de nosso tempo.

Conclusões

Se é exato, como adiantamos no início deste nosso trabalho (§ 1), que a maneira mais simples de definir o *sagrado* ainda é contrapô-lo ao *profano*, a sequência dos capítulos não deixou de acusar a tendência da dialética hierofânica para reduzir incansavelmente as zonas profanas e, no fim de contas, para aboli-las. Algumas experiências religiosas superiores identificam o sagrado com o Universo inteiro. Para muitos místicos, a integralidade do cosmos constitui uma hierofania. "O Universo inteiro, desde Brahma até um raminho de planta, são as formas d'Ele", proclama o *Mahânirvâna Tantra* (II, 46), retomando uma fórmula indiana antiquíssima e muito difundida. Este "Ele", *âtman-Brahman*, manifesta-se em toda parte: "Hâmsa, ele reside no (céu) puro, (deus) brilhante ele reside no éter, oficiante ele reside no altar, hóspede ele reside em sua morada. Ele reside no homem, reside no voto, reside na lei, reside no firmamento."[1] Que estamos perante algo diferente de uma simples concepção qualificada, com ou sem razão, de "panteísta" é o que prova o texto em que Léon Bloy fala do "mistério da vida, a qual é Jesus: *Ego sum Vita*. Esteja a vida nos homens, nos animais ou nas plantas, é sempre a Vida, e quando chega o minuto, o ponto inapreensível que se chama morte, é ainda Jesus que se retira, tanto de uma árvore como de um ser humano"[2].

É muito evidente que estamos aqui em presença não do "panteísmo" no sentido corrente da palavra, mas do que poderíamos chamar de "pan-ontismo". O Jesus de Léon Bloy, como o *âtman-Brahman* da tradição indiana, encontra-se em tudo o que é, ou seja, em tudo o que *existe de maneira absoluta*. E, como constatamos várias vezes, para a ontologia arcaica o *real* é identificado sobretudo com uma "força", uma "vida", uma fecundidade, uma opulência, mas também com o que é estranho, singular etc. – em outras palavras, com tudo o que existe de maneira plena ou que manifesta um modo de existência excepcional. A sacralidade é, em primeiro lugar, *real.* Quanto mais religioso é o homem, mais ele é real, mais se descola da irrealidade de um devir privado de significado. Daí a tendência do homem para "consagrar" toda sua vida. As hierofanias sacralizam o cosmos; os ritos sacralizam a vida. Essa sacralização também pode ser obtida de maneira indireta, isto é, pela transformação da vida num ritual. A "fome, a sede, a continência são no homem (o que é) a consagração (no sacrifício), dīkshâ. *A* comida, a bebida, o prazer correspondem para ele às (cerimônias chamadas) *upasada*; o riso, a boa mesa, o amor correspondem aos cânticos e recitações (*stuta-çâstra*). A mortificação (*tapas*), a esmola, a honestidade, o respeito à vida (*ahimsâ*) e à verdade são nele as doações (feitas aos sacerdotes oficiantes)"[3]. Quando abordarmos, no volume complementar, as articulações e a função dos ritos, teremos oportunidade de expor o mecanismo graças ao qual as atividades fisiológicas e psicológicas podem transformar-se em atividades rituais. O ideal do homem religioso é, evidentemente, que tudo o que ele *faz* se desenrole de maneira ritual ou, em outras palavras, seja um *sacrifício.* Em toda sociedade arcaica ou tradicional a obra de sua vocação consiste, para cada homem, num sacrifício desse tipo. Sob esse aspecto, todo *ato* é apto a tornar-se um ato *religioso*, do mesmo modo que todo objeto cósmico é apto a tornar-se uma hierofania. Isso equivale a dizer que qualquer instante pode inserir-se no Grande Tempo e projetar o homem em plena eternidade. Portanto a existência humana realiza-se simultaneamente em dois planos paralelos: o do temporal, do devir, da ilusão; e o da eternidade, da substância, da realidade.

Por outro lado, observa-se uma tendência contrária, de resistência ao sagrado, resistência que aparece no próprio âmago da experiência religiosa. A atitude ambivalente do homem perante um sagrado que simultaneamente atrai e repele, é benéfico e perigoso, tem sua explicação não só na estrutura ambivalente do próprio sagrado, mas também nas reações naturais que o homem manifesta perante essa realidade transcendente que o atrai e aterroriza com idêntica violência. A resistência firma-se mais nitidamente quando o homem se vê posto diante de uma *solicitação total* do sagrado, quando ele é chamado a tomar a decisão suprema: adotar, *completamente e sem volta*, os valores sagrados ou manter-se com relação a eles numa atitude equívoca.

Essa resistência ao sagrado tem como correlato, na perspectiva da metafísica existencial, *a fuga à autenticidade*. Ao profano, à ilusão, ao não significante corresponde, sempre na mesma perspectiva, o plano do "geral". O símbolo da "marcha para o centro" seria traduzido no vocabulário da metafísica contemporânea pela marcha para o centro de sua essência própria e pela saída da inautenticidade. Acontece de essa resistência a um confisco radical de toda a vida pelo sagrado manifestar-se até no contexto das Igrejas: não é raro elas precisarem defender o homem contra os excessos das experiências religiosas, em especial das experiências místicas, e contra o risco de uma abolição da vida laica. Esses casos de resistência, cuja análise se fará no volume complementar, revelam, em certa medida, a atração exercida pela "história", a importância crescente que tendem a adquirir, sobretudo nas religiões "evoluídas", os valores da vida humana, entre os quais há que colocar em primeiríssimo lugar a aptidão dessa vida para *estar na história* e para *fazer* a história. Mencionamos a importância que os valores vitais assumem até nas fases mais antigas da religião: lembramos a passagem ao primeiro plano das divindades dinâmicas, organizadoras e fecundantes (§§ 26 ss.). Ao longo do tempo, a atração exercida pelos valores vitais vai aumentando continuamente, sobretudo em forma de um interesse cada vez mais vivo pelos valores humanos como tais e, em última instância, pela história. A existência do homem como existência histórica adquire um valor, se não imediatamente religioso, pelo menos "trans-humano". Examinaremos no volume complementar até que ponto a "história" é passível de ser sacralizada e em que medida os valores religiosos foram historicizados. Mas podemos destacar desde já que a "saudade do Paraíso" e dos "duplos fáceis" das experiências e símbolos religiosos principais já nos assinalam em que direção poderia ser encontrada a solução desse problema. Porque essa "saudade" e esses "duplos fáceis" demonstram tanto a repugnância intrínseca do homem histórico de abandonar-se totalmente à experiência sagrada como sua impotência para renunciar definitivamente a tal experiência.

No presente volume evitamos estudar os fenômenos religiosos em sua perspectiva histórica, limitando-nos a tratá-los em si mesmos, isto é, como hierofanias. Assim, a fim de elucidarmos a estrutura das hierofanias aquáticas, permitimo-nos apresentar paralelamente o batismo cristão, por um lado e, por outro, os mitos e os ritos da Oceania, da América ou da Antiguidade greco-oriental, fazendo abstração de tudo o que os separa, ou seja, numa palavra, da história. Na medida em que nossa atenção se dirigia diretamente para o problema religioso, a ignorância da perspectiva histórica justificava-se por si mesma. Indiscutivelmente – e já nas primeiras páginas desta obra (§ 1) o reconhecemos –, não existe hierofania que, a partir do momento em que se manifesta como tal, não seja "histórica". Pelo simples fato de o homem tomar conhecimento de uma revelação do sagrado, essa revelação, seja qual for o plano em que se realize, torna-se histórica. A história intervém tão logo o homem experimenta, segundo a inspiração de suas necessidades, o sagrado. A manipulação e a transmissão das hierofanias acentuam ainda sua "historicização". Entretanto, mesmo assim sua estrutura permanece idêntica a si mesma e é justamente a permanência dessa estrutura que permite conhecê-las. Os deuses do céu podem ter sofrido inúmeras transformações: apesar disso, sua estrutura celeste continua a ser seu elemento permanente, a constante de sua personalidade. As fusões e interpolações que sobrevêm numa figura divina da fecundidade podem ser inúmeras, mas nunca abalam sua estrutura telúrica e vegetal. Mais ainda: não existe uma forma religiosa que não tenda a aproximar-se o mais possível de seu arquétipo próprio, ou seja, a purificar-se de seus aluviões e de seus sedimentos "históricos". Toda deusa tende a tornar-se uma Grande Deusa, incorporando todos os atributos e funções que o arquétipo da Grande Deusa comporta. De modo que já podemos registrar um duplo processo na história dos fatos religiosos: por um lado, um aparecimento contínuo e fulgurante de hierofanias e consequentemente uma fragmentação excessiva da manifestação do sagrado no cosmos; por outro, uma unificação dessas hierofanias como efeito de sua tendência inata para encarnar o mais perfeitamente possível os arquétipos e assim realizar em plenitude sua estrutura própria.

Seria um erro ver no sincretismo apenas um fenômeno religioso tardio que só pudesse resultar do contato entre diversas religiões evoluídas. O que se chama sincretismo observa-se ininterruptamente em todo o curso da vida religiosa. Não há demônio agrário rural nem deus tribal que não resulte de um longo processo de assimilação e identificação com as formas divinas vizinhas. Há que destacar desde já: essas assimilações e fusões não são imputáveis exclusivamente às circunstâncias históricas (interpenetração de duas tribos vizinhas, submissão de um território etc.); o processo opera-se em virtude da própria dialética das hierofanias: quer ela venha ou não em contato com uma forma religiosa análoga ou diferente, uma hierofania tende, na consciência religiosa daqueles a quem se revela como tal, a manifestar-se o mais totalmente, o mais plenamente possível. Assim se explica um fenômeno que se verifica de uma ponta à outra da história das religiões: a possibilidade que tem toda forma religiosa de desenvolver-se, purificar-se e enobrecer-se; para um deus tribal, por exemplo, a possibilidade de tornar-se, graças a uma nova epifania, o deus de um monoteísmo, ou, para uma humilde deusa rural, de transformar-se em Mãe do Universo.

Todos esses movimentos, aparentemente contraditórios, de unificação e fragmentação, de identificação e separação, de atração e resistência ou repulsão etc. poderão ser mais claramente apreendidos quando, tendo examinado as diferentes técnicas de abordagem e manipulação do sagrado (preces, oferendas, ritos etc.), pudermos atacar o problema da *história* dos fenômenos religiosos. Reservamos esse estudo para o volume complementar. De momento, ao terminarmos este, limitamo-nos a afirmar que quase todas as posturas religiosas do homem lhe são dadas já nos tempos primitivos. De certo ponto de vista, não existe uma solução de continuidade entre os "primitivos" e o cristianismo. A dialética da hierofania mostra-se idêntica, trate-se de um *churinga* australiano ou da encarnação do Logos. Em ambos os casos estamos falando de uma manifestação do sagrado num fragmento do cosmos: aqui como ali está implicitamente posto o problema da "personalidade" e da "impersonalidade" da epifania. Vimos que no caso das hierofanias elementares (*mana* etc., § 8) nem sempre dispúnhamos de um meio de determinar se estávamos diante de uma revelação do sagrado em estrutura pessoal ou impessoal: quase sempre as duas estruturas coexistem, pois o "primitivo" se preocupa muito menos com a oposição "pessoal-impessoal" do que com a oposição "real (poderoso etc.)-irreal". Teremos ocasião de reencontrar essa mesma polaridade, a respeito de inúmeras fórmulas, nas religiões e nas místicas mais "evoluídas".

Se as principais posturas religiosas foram assim dadas de uma vez para sempre no mesmo momento em que o homem tomou consciência de sua situação existencial no Universo, isso não quer dizer que a "história" não tenha consequência alguma para a experiência religiosa em si. Ao contrário. Tudo o que se produz na vida do homem, mesmo em sua vida material, tem ressonância também em sua experiência religiosa. A descoberta das técnicas da caça, da agricultura, do metal etc. não apenas modificou a vida material do homem: além disso, fecundou – e talvez numa medida ainda mais considerável – a espiritualidade humana. Assim, a agricultura permitiu toda uma série de revelações que não poderiam produzir-se nas sociedades pré-agrícolas. Obviamente, as modificações econômicas e sociais e, em última instância, os acontecimentos históricos não conseguem, por si sós, explicar os fenômenos religiosos como tais, mas as transformações ocorridas no mundo material (agricultura, metalurgia etc.) abrem ao espírito novos meios de abarcar a realidade. E pode-se dizer que, se a história fez pesar sua influência sobre a experiência religiosa, é no sentido de que os acontecimentos ofereceram ao homem modos inéditos e diferentes de ser, de descobrir a si mesmo e de dar um valor mágico-religioso ao Universo. Citaremos apenas um exemplo: um dos elementos fundamentais da revolução religiosa empreendida por Zaratustra foi sua oposição aos sacrifícios sangrentos de animais[4]. É evidente que através dessa atitude transparece, entre outros, o interesse econômico de uma sociedade que evoluía da vida pastoril para a agricultura. Mas esse acontecimento histórico foi valorizado por Zaratustra num sentido religioso: a abolição dos sacrifícios sangrentos tornou-se, graças a ele, um meio de disciplina e de elevação espiritual; a renúncia a esse tipo de rito abriu uma nova perspectiva para a contemplação; em suma, o acontecimento histórico possibilitou uma experiência religiosa inédita e a descoberta de novos valores espirituais. É desnecessário dizer que a evolução também pode seguir a marcha inversa: elevadas experiências religiosas das sociedades primitivas foram se tornando cada vez mais impraticáveis após modificações que a "história" introduziu naquelas sociedades. Em alguns casos – a expressão não é exagerada – pode-se falar de verdadeiras catástrofes espirituais (por exemplo, a integração das sociedades arcaicas no circuito econômico das sociedades colonialistas semi-industriais etc.).

Mas, se a história é capaz de promover ou paralisar novas experiências religiosas, nunca ela conseguirá abolir definitivamente a necessidade de uma experiência religiosa. Mais ainda: a dialética das hierofanias permite a *redescoberta* espontânea e integral de todos os valores religiosos, quaisquer que sejam e seja qual for o nível histórico em que esteja a sociedade ou o indivíduo que realiza essa descoberta. Assim, em última análise, a história das religiões vê-se reduzida ao drama provocado pela perda e pela redescoberta desses valores, perda e redescoberta que não são nunca definitivas, que *nunca sequer poderiam ser definitivas.*

Bibliografia

I. Abordagens: estrutura e morfologia do sagrado

Indicações bibliográficas

H. C. PUECH, *Bibliographie générale* ("Mana", *Introduction à l'histoire des religions*, 72ª ed., I, Paris, 1949, pp. XVII-LXIII); J. HASTINGS, *Encyclopaedia of Religion and Ethics* (13 vols., Edimburgo, 1908-23); F. M. SCHIELE, H. GUNKEL, L. ZSCHARNACK, A. BERTHOLET etc., *Die Religion in Geschichte und Gegenwart. Handwörterbuch für Theologie und Religionswissenschaft* (3ª ed., Tübingen, 6 vols., 1956 ss.).

Generalidades, manuais e histórias gerais das religiões

R. CAILLOIS, *L'homme et le sacré* (Paris, 1939); RENÉ DUSSAUD, *Introduction à l'histoire des religions* (Paris, 1914); H. TOY CRAWFORD, *Introduction to the History of Religions* (Cambridge, Mass., Harvard University, 1924); T. H. ROBINSON, *An Outline Introduction to the History of Religions* (Oxford, 1926; trad. fr., Paris, 1929); G. MENSCHING, *Vergleichende Religionswissenschaft* (Leipzig, 1938); Id., *Allgemeine Religionsgeschichte* (Leipzig, 1940); E. O. JAMES, *Comparative Religion* (Londres, 1938); A. C. BOUQUET, *Comparative Religion* (Londres, 1941).

P. D. CHANTEPIE DE LA SAUSSAYE, *Lehrbuch der Religionsgeschichte* (2 vols., Freiburg-am-Brisgau; 4ª ed., completamente modificada, por A. Bertholet e Ed. Lehmann, 2 vols., Tübingen, 1924-25); GEORGE FOOT MOORE, *History of Religions*, 2 vols. (Nova York, 1920); C. CLEMEN (em colaboração), *Die Religionen der Erde* (Munique,

1927; trad. fr., Paris, 1930); A. MICHELITSCH, *Allgemeine Religionsgeschichte* (Graz, Stiria, 1930); P. TACCHI VENTURI (em colaboração), *Storia delle Religioni*, 2 vols. (3ª ed., Turim, 1949); *Histoire des religions* (3 vols. publicados, Éditions Quillet, Paris, 1939-47); M. GORCE e R. MORTIER, *Histoire générale des religions* (Paris, 1944-49, vols. I-V); FRANZ KÖNIG (em colaboração), *Christus und die Religionen der Erde* (Viena, 1951, 3 vols.).

Método comparativo e método histórico

L. H. JORDAN, *Comparative Religion. Its Genesis and Growth* (Edimburgo, 1905); H. PINARD DE LA BOULLAYE, *L'étude comparée des religions*, 2 vols. (Paris, 1922; 3ª ed. revista e corrigida, 1929); RAFFAELE PETTAZZONI, *Svolgimento e Carattere della Storia delle Religioni* (Bari, 1924); W. SCHMIDT, *Handbuch der vergleichende Religionsgeschichte. Ursprung und Wesen der Religion* (Münster-in-Westphalien, 1930; trad. fr., Paris, 1931); W. KOPPERS, *Le principe historique et la science comparée des religions* ("Mélanges F. Comont", Bruxelas, 1936, pp. 765-84); ERNESTO DE MARTINO, *Naturalismo e storicismo nell'etnologia* (Bari, 1941); GEO WINDENGREN, *Evolutionism and the Problem of the Origin of Religion* ("Ethnos", Estocolmo, 1945, vol. 10, pp. 57-96); C. KLUCKHOHN, *Some Reflections on the Method and Theory of the Kulturkreislehre* ("American Anthropologist", 38, 1936, pp. 157-96); W. KOPPERS, *Der historische Gedanke in Ethnologie und Religionswissenschaft* (em *Christus und die Religionen der Erde*, vol. I, pp. 75-109).

Paleontologia, etnologia e história das religiões

TH. MAINAGE, *Les religions de la préhistoire* (Paris, 1921); G. H. LUQUET, *L'art et la religion des hommes fossiles* (Paris, 1926); C. CLEMEN, *Urgeschichtliche Religion. Die Religion der Stein-Bronze- -und Eisenzeit*, I-II (Bonn, 1932-33); KARL MEULI, *Griechische Opferbräuche* ("Phyllobolia für Peter von der Mühll", Basileia, 1946, pp. 185-288, esp. 237 ss.); PIA LAVIOSA ZAMBOTTI, *Origini e diffusione della civiltà* (Milão, 1947); ALBERTO CARLO BLANC, *Il sacro presso i primitivi* (Roma, 1945); W. KÖPPERS, *Urmensch und Urreligion* (extr. de F. Dessauer, "Wissen und Bekenntnis", 2ª ed., Olten,

1946, pp. 25-149); Id., *Der historische Gedanke in Ethnologie und Prähistorie* ("Wiener Beiträge zur Kulturgeschichte und Liguistik", IX, 1952, pp. 11-65).

R. H. LOWIE, *Primitive Religion* (Nova York, 1924); P. RADIN, *La religion primitive* (trad. fr., Paris, 1940); A. GOLDENWEISER, *Early Civilization* (Nova York, 1922); Id., *Anthropology* (Londres, 1935); W. SCHMIDT, *Handbuch der Kulturhistorischen Methode der Ethnologie* (Münster-in-Westph., 1937); Id., *Untersuchungen zur Methode der Ethnologie* I ("Anthropos", vols. 35-36, 1940-41, pp. 898-965); E. DE MARTINO, *Percezione extrasensoriale e magismo etnologico* ("Studi e Materiali di Storia delle Religioni", XVIII, 1942, pp. 1-19; XIX-XX, 1943-46, pp. 31-84); Id., *Il mondo magico* (Turim, 1948); MARCEL MAUSS, *Manuel d'ethnographie* (Paris, 1947, esp. pp. 164 ss.).

Fenomenologia e sociologia religiosas

R. OTTO, *Das Heilige* (Breslau, 1917; trad. fr., Paris, 1929); Id., *Aufsätze das Numinose betreffend* (Gotha, 1923); G. VAN DER LEEUW, *Phänomenologie der Religion* (Tübingen, 1933; trad. fr., Paris, 1948); EVA HIRSCHMANN, *Phänomenologie der Religion* (Würzbug-Anmühle, 1940); VAN DER LEEUW, *L'homme primitif et la religion* (Paris, 1940); E. DE MARTINO, *Fenomenologia religiosa e storicismo assoluto* ("Studi e Materiali di Storia delle Religioni", XXIV-XXV, 1955, pp. 1-25).

L. LÉVY-BRUHL, *Les fonctions mentales dans les sociales inférieures* (Paris, 1910); Id., *La mentalité primitive* (1922); Id., *L'âme primitive* (1927); Id., *Le Surnaturel et la Nature dans la mentalité primitive* (1931); Id., *La mythologie primitive* (1935); Id., *L'experience mystique et les symboles chez les primitifs* (1938); sobre a obra de Lévy-Bruhl, ver Van der Leeuw, *La structure de la mentalité primitive* (Paris, 1932); E. CAILLET, *Mysticisme et "mentalité mystique"* (Paris, 1938); OLIVIER LEROY, *La raison primitive. Essai de réfutation de La théorie du prélogisme* (Paris, 1926); E. DE MARTINO, *Naturalismo e storicismo nell'etnologia*, pp. 17-75.

ÉMILE DURKHEIM, *Les formes élémentaires de la vie religieuse* (Paris, 1912); H. HUBERT e M. MAUSS, *Mélanges d'histoire des religions* (Paris, 1909); MAX WEBER, *Gesammelte Aufsatze zur Religionssoziologie* (3 vols., 2ª ed., Tübingen, 1922-24); J. HASENFUSS, *Die moderne Religionssoziologie und ihre Bedeutung fur die religiöse Problematik* (Paderborn, 1937); G. GURVITCH, *Essais de sociologie* (Paris, s.d.), esp. pp. 176 ss.; JOACHIM WACH, *Sociology of Religion* (Chicago, 1944); GUSTAV MENSCHING, *Soziologie der Religion* (Bonn, 1947); E. O. JAMES, *The Social Function of Religion* (Londres, 1940).

Sobre o valor da individualidade nas sociedades inferiores, ver A. VIERKANDT, *Führende Individuen bei den Naturvölkern* ("Zeitschrift für Sozialwissenschaft", XI, 1908, pp. 1-28); W. BECK, *Das Individuum bei den Australiern* (Leipzig, 1925); W. KOPPERS, *Individualforschung unter d. Primitiven, im besonderen unter d. Yamana auf Feurland* ("Festschrift W. Schmidt", Mödling, 1928, pp. 349-65); ROBERT H. LOWIE, *Individual Differences and Primitive Culture* (*ibid.*, pp. 495-500); WACH, *op. cit.*, pp. 31 ss.

MAURICE LEENHARDT, *Do Kamo. La personne et le mythe dans le monde mélanésien* (Paris, 1947).

Tabu, *mana*, magia e religião

VAN GENNEP, *Tabou et totémisme à Madagascar* (Paris, 1904); J. G. FRAZER, *Tabou et les périls de l'âme* (trad. fr., 1927); R. LEHMANN, *Die polynesichen Tabusitten* (Leipzig, 1930; os tabus na economia e no comércio, pp. 169 ss.; símbolos jurídicos, pp. 192 ss.; difusão da palavra *tapu* na Oceania e na Indonésia, pp. 301 ss.; estudo comparativo, pp. 312 ss.); E. S. HANDY, *Polynesian Religion* (Bernice P. Bishop Museum Bulletin 34, Honolulu, 1927, pp. 43 ss., 155 ss., *passim*); HUTTON WEBSTER, *Taboo. A sociological study* (Stanford University, Califórnia, 1942; natureza do tabu, pp. 1-48; tabus dos mortos, pp. 166-229; pessoas sagradas, pp. 261-79; coisas sagradas, pp. 280-310); A. R. RADCLIFFE-BROWN, *Tabu* (Cambridge University, 1940); FRANZ STEINER, *Taboo* (Nova York, 1956).

A. M. HOCART, *Mana* ("Man", 14, 1914, pp. 99 ss.); F. R. LEHMANN, *Mana. Eine Begriffsgeschichtliche Untersuchung auf ethnologischer Grundlage* (Leipzig, 1915, 2ª ed., 1922); J. RÖHR, *Das Wesen des Mana* ("Anthropos", vols. XIV-XV, 1919-24, pp. 97-124); R. THURNWALD, *Neue Forschungen zum Mana-Begriff* ("Archiv für Religionswissenschaft", 1929, pp. 93-112); F. R. LEHMANN, *Die Gegenwärtige Lage der Mana-Forschung* (Kultur und Rasse. Otto Reche zum 60. Geburtstag, Munique, 1939, pp. 379 ss.).

H. IAN HOGBIN, *Mana* ("Oceania", VI, 1936, pp. 241-74); A. CAPELL, *The word "Mana": a linguistic study* ("Oceania", IX, 1938, pp. 89-96); RAYMOND FIRTH, *The analysis of mana: an empirical approach* ("The Journal of the Polynesian Society", vol. 49, 1940, pp. 483-510). Cf. R. W. WILLIAMSON, *Essays in Polynesian Ethnology* (Cambridge, 1939), pp. 264 ss.: "As crenças, os costumes e os usos ligados aos termos polinésios *mana* e *tapu* são tão diferentes que, se fosse necessário tentar formular definições que os abrangessem todos, essas definições seriam de tal generalidade que poderiam ser atribuídas a qualquer civilização humana."

J. N. B. HEWITT, *Orenda and a Definition of Religion* ("American Anthropologist", N. S., 1892, pp. 33-46); P. RADIN, *Religion of the North American Indians* ("Journal of American Folklore", 27, 1914, pp. 335-73); R. R. MARETT, *Preanimistic Religion* ("Folk-lore", 9, 1900, pp. 162-82); Id., *Threshold of Religion* (Londres, 1909, 2ª ed., 1914); J. ABBOT, *The Keys of Power. A Study of Indian Ritual and Belief* (Londres, 1932).

Sobre *brahman, hamingja, hosia, imperium* etc.: E. ARBMAN, *Seele und Mana* ("Archiv f. Religionswiss.", vol. 29, 1931); V. GRÖNBECH, *The Culture of the Teutons* (Copenhague-Londres, 1931), I, pp. 127 ss., 248 ss.; G. WIDENGREN, *Evolutionism* etc., pp. 80 ss.; W. BAETKE, *Das Heilige im Germanischen* (Tübingen, 1942); H. WAGENVOORT, *Imperium: Studien over het "Mana"-Begrip in Zede en Taal der Romeinen* (Amsterdã, 1941, trad. ingl., *Roman Dynamism*, Oxford, 1947); H. VAN DER VALK, *Zum Worte* ὁδιος ("Mnemosyne", 1942, pp. 113-40); H. JEANMAIRE, *Le substantif hosia et sa signification comme terme technique dans le vocabulaire religieux* ("Revue des Études Grecques", vol. 58, 1945, pp. 66-89).

SIR JAMES GEORGE FRAZER, *The Golden Bough. A Study in Comparative Religion* (3ª ed., 12 vols., Londres, 1911 ss.; trad. fr., Paris, 1923-35, 12 vols., ed. resumida, *Le rameau d'or*, Paris, 1924); H. HUBERT e MARCEL MAUSS, *Esquisse d'une théorie générale de la magie* ("Année sociologique", 1902-03, vol. VII, pp. 1-146); Id., *Origine des pouvoirs magiques* (*Mélanges d'Histoire des Religions*, Paris, 1909, pp. 131-87); A. VIERKANDT, *Die Anfänge der Religion und Zauberei* ("Globus", vol. 22, 1907, pp. 21-5, 40-5, 61-5); E. S. HARTLAND, *The Relations of Religion and Magic* (republ. em *Ritual and Belief. Studies in the History of Religion*, Londres, 1914); CARL CLEMEN, *Wesen und Ursprung der Magie* ("Archiv für Religions-psichologie", II-III, 1921, pp. 108-35); A. BERTHOLET, *Das Wesen der Magie* ("Nachrichten d. Gesell d. Wissench. zu Göttingen", 1926-27, Berlim, 1927);

B. MALINOWSKI, *Argonauts of the Western Pacific* (Londres, 1922, pp. 392-463: magia e *kula*, o verbo mágico etc.); Id., *Coral Gardens* (Londres, 1935; II, 214-50: "An ethnographic theory of the magic word"); R. ALLIER, *Le Non-Civilisé et nous* (Paris, 1927); Id., *Magie et Religion* (Paris, 1935); E. DE MARTINO, *Percezione extrasensoriale e magismo etnologico*; C. H. RATSCHOW, *Magie und Religion* (1946); E. E. EVANS-PRITCHARD, *The Morphology and Function of Magic: A Comparative Study of Trobriand and Zande Rituals and Spells* ("American Anthropologist", vol. 31, 1929, pp. 619-41); E. O. JAMES, *The Beginnings of Religion* (Londres, 1948).

II. O céu: deuses uranianos, ritos e símbolos celestes

Estado das questões e bibliografia

O problema do deus celeste das populações menos civilizadas foi posto sobretudo em relação aos Seres Supremos e o "monoteísmo primitivo". Consequentemente, a maioria dos trabalhos abaixo citados estuda os Seres em sua totalidade, como "formas" divinas, e apenas subsidiariamente suas características celestes (com exceção dos livros de Pettazzoni e de Frazer, que têm como objeto precisamente a ilustração exaustiva dessas características celestes).

Estudos gerais sobre os Seres Supremos primitivos: R. PETTAZZONI, *Allwissende höchste Wesen bei primitivsten Völkern* ("Archiv f. Religionswissenschaft", vol. 29, 1930, pp. 108-29, 209-43); C. CLEMEN, *Der sogenannte Monotheismus der Primitiven* (*ibid.*, vol. 28, 1929, pp. 290-333); PETTAZZONI, *Saggi di Storia delle Religioni e di Mitologia* (Roma, 1946), pp. XII ss., 1 ss.; Id., *L'onniscienza di Dio* (Turim, 1955; trad. ingl., Londres, 1956); Id., *L'Essere supremo nelle religioni primitive* (Turim, 1957).

Sobre Baiame: A. W. HOWITT, *The Native Tribes of South-East Australia* (Londres, 1904), pp. 362 ss., 466 ss.; PETTAZZONI, *Dio*, I (*L'Essere Celeste nelle credenze dei popoli primitivi*, Roma, 1922), pp. 2 ss.; W. SCHMIDT, *Der Ursprung der Gottesidee*, vol. I, 2ª ed. (Münster, 1926), pp. 416-78; *ibid.*, vol. III (Münster, 1931), pp. 828-990, com a documentação complementar.

Sobre Daramulun: HOWITT, *Native Tribes*, pp. 494 ss., 528 ss.; PETTAZZONI, *Dio*, pp. 6 ss.; SCHMIDT, I, pp. 410 ss.; III, 718-827.

Sobre Bundjil: R. H. MATHEWS, *Ethnological Notes on the Aboriginal Tribes of New South Wales and Victoria* (Sidney, 1905), pp. 84-134, 162-71; A. VAN GENNEP, *Mythes et légendes d'Autralie* (Paris, 1906), pp. 178 ss.; PETTAZZONI, *Dio*, pp. 16 ss.; SCHMIDT, I, pp. 337-80; III, 650-717 (que tenta distinguir entre a história de Bundjil e suas transformações no mito).

Sobre Mungan-ngaua: HOWITT, *Native Tribes*, pp. 616 ss.; PETTAZZONI, pp. 14 ss.; SCHMIDT, *Ursprung*, I, pp. 380-97; III, 591-649. (Schmidt considera Mungan-ngaua o Ser Supremo australiano que menos sofreu as influências da mitologia naturista.)

Para as controvérsias a respeito das tribos aranda e lorija: W. SCHMIDT, *Die Stellung der Aranda unter den australischen Stämmen*, "Zeitschr. f. Ethnologie", 1908, pp. 866-901; *Ursprung*, I, 434-49; cf. A. W. NIEUWENHUIS, *Der Geschlechtstotemismus an sich und als Basis der Heiratsklassen und des Gruppentotemismus in Australien* ("Internationales Archiv f. Ethnographie", vol. 29, 1928, pp. 1-52); contra: SCHMIDT, *Ursprung*, III, 574-86, e E. VATTER, *Der australische Totemismus* ("Mitteilungen aus dem Museum f. Völkerkunde in Hamburg", X, 1925), esp. pp. 28 ss., 150. A polêmica A. Lang-Hartland, em torno do livro de A. Lang, *The Making of Religion* (Londres, 1898); HARTLAND, *The "High Gods" of Australia* ("Folk-Lore", vol. 9, 1908, pp. 290-329); A. LANG, *Australian Gods* (*ibid.*, vol. 10, pp. 1-46); HARTLAND, *High Gods: a Rejoinder*, *ibid.*, pp. 46-57; a resposta de A. Lang, *ibid.*, 489-95. Longa análise crítica de W. SCHMIDT, "Anthropos", III, 1908, pp. 1081-107.

Puluga: E. H. MAN, *On the Aboriginal Inhabitants of the Andaman Islands* (Londres, 1883); A. R. BROWN, *The Andaman Islanders* (Cambridge, 1922); uma longa polêmica sobre a existência do Ser Supremo entre os andamaneses travou-se entre o padre W. Schmidt e A. R. Brown na revista "Man" (XX, 1910, pp. 2 ss., 66 ss., 84 ss.); cf. W. SCHMIDT, *Stellung der Pygmäenvölker* (Stuttgart, 1910, pp. 193-219, 241-67); Id., *Die religiösen Verhältnisse der Andamanesen-Pygmäen* ("Anthropos", vols. 16-17, 1921-22, pp. 978-1005); Id., *Ursprung der Gottesidee*, vol. 1, 2ª ed., pp. 160-3; exposição geral, PETTAZZONI, *Dio*, I, pp. 92-101; SCHMIDT, *Ursprung*, III, pp. 50-145, que procura diferenciar as características primitivas de Puluga das influências externas (naturismo, animismo, magismo; o matriarcado, a mitologia lunar; de fato, Brown não encontrou entre os andamaneses do norte e do centro nenhum indício de um Ser Supremo, mas somente uma religião de estrutura matriarcal, o culto de Bilika, ao passo que no sul da ilha as informações de Man sobre Puluga são confirmadas). Mas ler a crítica de Pettazzoni, *L'onniscienza di Dio*, pp. 437 ss.

Sobre os pigmeus semang: P. SCHEBESTA, *Religiöse Anschauungen der Semang über die Orang hidop, die "Unsterblichen"* ("Archiv. f. Religions.", vol. 24, 1926, pp. 209-33); Id., *Bei den Urwaldzwergen von Malaya* (Leipzig, 1927); Id., *Orang-Utan. Bei den Urwaldmenschen Malayas und Sumatras* (Leipzig, 1928); Id., *Les Pygmées* (trad. fr., Paris, 1940), pp. 93 ss.; exposição geral, PETTAZZONI, *Dio*, pp. 101-18; Id., *L'onniscienza di Dio*, pp. 453 ss., SCHMIDT, *Ursprung*, III, pp. 152-279.

Sobre os negritos das Filipinas: MORICE VANOVERBERGH, *Negritos of Northern Luzon* ("Anthropos", vol. 20, 1925, pp. 148-99; 399-443; sobre a vida religiosa, pp. 434 ss.); SCHEBESTA, *Les Pygmées*, pp. 145 ss.; cf. também: X. W. SKEAT e O. BLAGDEN, *Pagan races of the Malay Peninsula* (Londres, 1906); R. PETTAZZONI, *L'onniscienza di Dio*, pp. 471 ss.

Sobre os deuses celestes da África: exposição geral: PETTAZZONI. *Dio*, pp. 186-259; SIR JAMES FRAZER, *The Worship of Nature* (Londres, 1926), pp. 89-315 (uma tradução francesa foi publicada, sem notas, em 1927: *Les Dieux du Ciel*); W. SCHMIDT, *Ursprung*, vol. IV: *Die religionen der Urvölker Afrikas* (Münster, 1933; cf. também vol. I, pp. 167 ss.), vol. VII, 1940, pp. 3-605, 791-826; vol. VIII, 1949, pp. 569-717; vol. XII, 1955, pp. 761-899; MGR A. LEROY, *La religion des primitifs* (7ª. ed., Paris, 1925); EDWIN W. SMITH, *African Ideas of God* (Londres, 1950); cf. também: R. PETTAZZONI, *Miti e Leggende*, vol. I (Turim, 1948), pp. 3-401.

J. SPIETH, *Die Religion der Eweer* (Göttingen e Leipzig, 1911); A. C. HOLLIS, *The Masaï* (Oxford, 1905), pp. 264 ss.; E. W. SMITH e A. M. DALE, *The Ila-speaking Peoples of Northern Rhodesia* (Londres, 1920), vol. II, pp. 198 ss.; L. TAUXIER, *La religion Bambara* (Paris, 1927), pp. 173 ss.

Sobre Nzambi (e contra a afirmação de Pettazzoni, p. 210, de que ele é indiferente aos assuntos humanos), ver também: J. VAN WING, *L'Être Suprème des Bakongo* ("Rev. Sciences Relig.", t. X, pp. 170-81).

Sobre os pigmeus da África: H. TRILLES, *Les Pygmées de la Forêt équatoriale* (Paris, 1932); Id., *L'âme du Pygmée d'Afrique* (Paris, 1945);

W. IMMENROTH, *Kultur u. Umwelt der Kleinwüchsigen in Afrika* (Leipzig, 1933), esp. pp. 153 ss.; SCHEBESTA, *Les Pygmées*, pp. 13 ss.

W. WANGER, *The Zulu notion of God* ("Anthropos", 1925, pp. 574 ss.), julga poder ligar o nome de Unkulunkulu a um protótipo sumério, AN-gal-gal (o zulu *un* é idêntico ao sumério *an*, *anu*, "heaven", "God in Heaven"). GEO WIDENGREN, *Hochgottglaube im Alten Iran* (Uuppsala-Leipzig, 1938), pp. 5-93, fornece um copioso material (extratos da rica bibliografia etnográfica) sobre os deuses celestes africanos, que compara aos deuses supremos iranianos.

Sobre as religiões da Indonésia e da Melanésia: PETTAZZONI, *Dio*, pp. 109-85; CODRINGTON, *The Melanesians* (Oxford, 1891), *passim*; A. LANG, *The Making of Religion* (3ª ed., 1909), pp. 200 ss.; ROLAND B. DIXON, *Oceanic Mythology* (Boston, 1916), *passim*; H. SCHÄRER, *Die Gottesidee der Ngadju Dajak in Süd-Borneo* (Leiden, 1946), pp. 15 ss., 175 ss.

Sobre Tangaroa, cf. E. S. C. HANDY, *Polynesian Religion* (Honolulu, 1927), pp. 144 ss., *passim*; R. W. WILLIAMSON, *Religions and Cosmic Beliefs of Central Polynesia* (Cambridge, 1933).

Sobre *Yelafaz*: SIXTUS WALLESER, *Religiöse Anschauungen und Gebräuche der Bewohner von Jap, Deutsche Südsee* ("Anthropos", vol. 8, 1913, pp. 607-29 etc.), esp. pp. 613 ss.

Sobre o culto e os mitos de Io, ver E. S. CRAIGHILL HANDY, *Polynesian Religion*, pp. 36 ss.; Id., *The Hawaiian Cult of Io* ("The Journal of the Polynesian Society", vol. 50, 1941, pp. 134-59); P. KENNETH EMORY, *The Hawaiian God Io* (*ibid.*, vol. 51, nº 3, 1942).

Sobre o casal mítico céu-Terra, ver F. KIICHI NUMAZAWA, *Die Weltanfänge in der japanischen Mythologie* (Lucerna, 1946) e a bibliografia do cap. VII.

Sobre os deuses do céu na América do Norte: PETTAZZONI, *Dio*, I, pp. 260-323; R. DANGEL, *Tirawa, der Höchste Gott der Pawnee* ("Archiv f. Religionswissenschaft", 1929, pp. 113-44); W. SCHMIDT, *Ursprung*, II (Münster, 1929), pp. 21-326 (as tribos da Califórnia central), 328-390 (os índios do noroeste), 391-872 (os algonquinos); vol. V, 1937, pp. 1-773, vol. VI, pp. 167-207. Exposição geral do mesmo autor: W. SCHMIDT, *High Gods in North America* (Oxford, 1933); R. PETTAZZONI, *Miti e Leggende*, vol. III (Turim, 1953), pp. 38 ss.

Sobre as divindades supremas na América do Sul: PETTAZZONI, *Dio*, pp. 324-48 (contra: W. KOPPERS, *Unter Feuerland-Indianern*, Stuttgart, 1924, pp. 139-57); SCHMIDT, II, 873-1033 (os índios da Terra do Fogo, especialmente segundo as pesquisas de Gusinde e Koppers); M. GUSINDE, *Die Feuerland Indianern*, vol. I, *Die Selk'nam* (*Mödling bei Wien*, 1931), vol. II, *Die Yamana* (*ibid.*, 1937); W. KOPPERS, *Sur l'origine de l'idée de Dieu. A propos de la croyance en Dieu chez les Indiens de la Terre de Feu* ("Nova et Vetera", Friburgo, 1943, pp. 260-91); Id., *Die Erstbesiedlung Amerikas im Lichte der Feuerland-Forschungen* ("Bull. d. Schweizerischen Gessellschaft f. Anthropologie u. Ethnologie", vol. 21, 1944-45, pp. 1-15).

Os volumes II, V e VI de *Ursprung der Gottesidee* de WILHELM SCHMIDT contêm uma boa bibliografia e um vasto repertório dos fatos religiosos relacionados com as culturas arcaicas das duas Américas. Cf. *Ursprung*, vol. V, pp. 522 ss., 716 ss.; vol. VI, pp. 520 ss. Mas ver também J. M. COOPER, *The Northern Algonquin Supreme Being* ("Primitive Man", 1933, pp. 41-112), e R. PETTAZZONI, *Miti e Leggende*, III, esp. pp. 337 ss.

Sobre as religiões das culturas árticas: visão geral, SCHMIDT, *Ursprung der Gottesidee*, vol. III, pp. 541-64; vol. VI, pp. 70-5, 274-81, 444-54; A. GAHS, *Kopf-, Schädel- und Langknochenopfer bei Rentier-völkern* (*W. Schmidt-Festschrift*, Viena, 1928, pp. 231-68).

Samoiedos: A. CASTREN, *Reisen im Norden in den Jahren*, 1838-44 (Leipzig, 1853), pp. 229-33; T. LEHTISALO, *Entwurf einer Mythologie der Jurak-Samoyeden* ("Mémoires de la Soc. Finno-Ougrienne", vol. 53, 1924); K. DONNER, *Bei den Samojeden in Sibirien* (Stuttgart, 1926); exposição, visão geral e documentação complementar em W. SCHMIDT, *Ursprung der Gottesidee*, vol. III, pp. 340-84.

Coriaques: W. JOCHELSON, *The Koryak*, 2 vols. (Leiden-Nova York, 1905-08; vol. VI da Jesup North Pacific Expedition); A. CZAPLICKA, *Aboriginal Siberia. A Study in Social Anthropology* (Oxford, 1914), esp. pp. 261-69, 294-96; SCHMIDT, III, pp. 387-426.

Ainos: J. BATCHELOR, *The Ainu and their Folk-Lore* (Londres, 1901); J. LÖWENTHAL, *Zum Ainu-Problem* ("Mitteil. d. Anthropolog. Ges. in Wien", vol. 60, 1930, pp. 13-9); DR. L. STERNBERG, *The Ainu Problem* ("Anthropos", vol. 24, 1929, pp. 755-801); SCHMIDT, *Ursprung*,

III, pp. 427-92; cf. também: THOMAS OHM, *Die Himmelsverehrung der Koreaner* ("Anthropos", 1940-41, vol. 35-36, pp. 830-40).

Esquimós: FR. BOAS, *The Central Eskimo* (6th Annual Report of the Bureau of American Ethnology, 1884-85, Washington, 1888, pp. 409-670); KNUD RASMUSSEN, *Intellectual Culture of the Iglulik Eskimos* (Copenhaguen, 1930); Id., *Intellectual Culture of the Caribou Eskimos* (*ibid.*, 1931); FR. BIRKET-SMITH, *Über die Herkunft der Eskimo und ihre Stellung in der zirkumpolaren Kulturentwicklung* ("Anthropos", 25, 1930, pp. 1-23); W. THALBITZER, *Die Kultischen Gottheiten der Eskimos* ("Archiv f. Religions.", 26, 1928, pp. 364-430); SCHMIDT, *Ursprung*, III, 493-526.

Úgricos e turco-mongóis: K. F. KARJALAINEN, *Die Religion der Jugra-Völker*, vols. I-III (Porvoo-Helsinki, 1921, 1922, 1927; FF Communications nº 41, 44, 63); UNO HOLMBERG-HARVA, *Die Religion der Tscheremissen* (Porvoo, 1926, FFC nº 61); Id., *Siberian Mythology* ("The Mythology of all Races", vol. IV, Boston, 1927); Id., *Die Religiösen Vorstellungen der altaischen Völker* (Helsink, 1939, FFC nº 125); W. SCHMIDT, *Das Himmelsopfer bei den innerasiatischen Pferdezüchter Völkern* ("Ethnos", vol. 7, 1942, pp. 127-48); Id., *Ursprung der Gottesidee*, vol. IX (1949), pp. 3-67 (prototurcos), 71-454 (tártaros altaicos), 457-794 (tártaros abakan); vol. X (1952), pp. 1-138 (mongóis), 139-470 (buriatos), 503-674 (tunguses), 675-758 (yukaghins); vol. XI (1954), pp. 1-398, 565-707 (iacutos), 399-467 (karagasses e soiotes), 469-564, 683-712 (ienisseianos). W. Schmidt resumiu seus pontos de vista sobre as religiões dos povos pastores da Ásia Central nos volumes XI, pp. 565-704, e XII, pp. 1-613; JOSEF HAECKEL, *Idolkult und Dualsystem bei den Uiguren. Zum Problem des eurasiatischen Totemismus* ("Archiv f. Völkerkunde", I, Viena, 1947, pp. 95-163).

Sobre Ulgen: W. RADLOFF, *Proben der Völksliteratur der türkischen Stämme*, I (São Petersburgo, 1866), pp. 147 ss.; M. ELIADE, *Le chamanisme et les techniques archaïques de l'extase* (1951), pp. 175 ss.; W. SCHMIDT, *Ursprung*, vol. IX, pp. 172-215.

Sobre os elementos lunares em Ulgen (e seu duplo, Erlik), cf. W. KOPPERS, *Pferdeopfer und Pferdekult der Indogermanen* ("Wiener Beiträge zur Kulturgeschichte und Linguistik", vol. IV; Salzburg-Leipzig, 1936, pp. 279-412), pp. 396 ss.; J. HAECKEL, *op. cit.*, pp. 142 ss.

Sobre o culto de Tenre entre os nômades de Kan-su, cf. P. MATTHIAS, *Uiguren und ihre neuentdeckten Nachkommen* ("Anthropos", 1940-41, vols. 35-36, pp. 78-99), esp. pp. 89 ss. (Tenre é designado como Xan Tenre, o "Imperador do céu", ou simplesmente Tenre, "céu". É criador do Universo, da vida, do homem, p. 89. Oferecem-lhe sacrifícios, p. 90.)

N. PALLISEN, *Die alte Religion des mongolischen Volkes ährend der Herrschaft der Tschingisiden* ("Micro-Bibliotheca Anthropos", vol. VII, Freiburg, 1953).

KAI DONNER, *Ueber soghdisch* nom *"Gesetz"*, *und samojedisch* nom *"Himmel, Gott"* ("Studia Orientalia", I, Helsink, 1925, pp. 1-6). Mas ver também: SCHMIDT, *Ursprung*, III, pp. 505 ss., 543 ss.; M. ELIADE, *Le chamanisme*, pp. 206 ss.

O deus celeste chinês: J. J. M. DE GROOT, *The Religion of the Chinese* (Nova York, 1910), pp. 102 ss.; MARCEL GRANET, *La religion des Chinois* (Paris, 1922), pp. 49 ss. Segundo E. CHAVANNES, Chang-ti, o "Senhor Supremo", e T'ien, o "céu", teriam originariamente designado dois seres divinos diferentes (um pouco como Urano e Zeus); cf. *Le dieu du sol dans l'ancienne religion chinoise* ("Rev. Hist. Relig.", 1901, vol. 43, pp. 125-46). Sobre Chant-ti, cf. também: N. SÖDERBLOM, *Das Werden des Gottesglaubens* (Leipzig, 1916), pp. 224 ss., que evidencia admiravelmente as características não naturistas do antigo deus chinês. Ver W. EBERHARD, "Anthropos", vols. 37-40, 1942-45, p. 977, sobre os trabalhos recentes. Cf. R. PETTAZZONI, *L'onniscienza di Dio*, pp. 400 ss.

Sobre as relações pré-históricas entre os prototurcos e o Oriente Próximo: MAX EBERT, *Reallexikon der Vorgeschichte*, vol. XIII, pp. 60 ss.; G. HERMES, *Das gezähmte Pferd im alten Orient* ("Anthropos", vol. 31, 1936, pp. 364-94); W. AMSCHLER, *Die ältesten Funde des Hauspferdes* ("Wiener Beiträge", IV, pp. 498-516); E. HERZFELD, *Völker und Kulturzusammenhänge im Alten Orient* ("Deutsche Forschung", 5, Berlim, 1928, pp. 33-67), esp. pp. 39 ss.; W. KOPPERS, *Urtürkentum und Urindogermanentum im Lichte der völkerkundlichen Universalgeschichte* ("Belleten", nº 20, Istambul, 1941, pp. 481-525), pp. 488 ss. Mas cf. também: A. M. TALLGREN, *The copper idols from Galich and their relatives* ("Studia Orientalia", I, 1925, pp. 312-41).

Sobre as relações entre os prototurcos e os indo-europeus, ver o estado da questão nas duas ricas monografias de KOPPERS, *Die Indogermanenfrage im Lichte der historischen Völkerkunde* ("Anthropos", vol. 30, 1935, pp. 1-31), esp. pp. 10 ss.; e *Urtürkentum, passim*. Ainda no mesmo sentido, O. SCHRADER, *Reallexikon der indogermanischen Altertumskunde*, II (2ª ed.), 1929, p. 24. Cf. também: ALFONS NEHRING, *Studien zur Indogermanischen Kultur und Urheimat* ("Wiener Beiträge", vol. IV, pp. 9-229), esp. pp. 13 ss., 93 ss. etc. Contra, J. W. HAUER, *Zum gegenwärtigen Stand der Indogermanenfrage* ("Archiv für Religionswissenschaft", vol. 3, 1939, pp. 1-63), esp. pp. 14 ss. Ver também: W. SCHMIDT, *Rassen und Völker in Vorgeschichte des Abendlandes*, vol. II (Lucerna, 1946), pp. 171 ss., 192 ss., 208 ss.

Os indo-europeus (proto-história, linguística, cultura): H. HIRT, *Die Indogermanen*, I-II (Estrasburgo, 1905-07); O. SCHRADER, *Reallexikon der indogermanischen Altertumskunde* (2ª ed., Berlim-Leipzig, 1917, 1929); G. GORDON CHILDE, *The Aryans* (Londres, 1926); *Germanen u. Indogermanen, Festschrift für Hermann Hirt*, I-II (Heidelberg, 1932-34); W. KOPPERS, *Die Indogermanenfrage im Lichte der historischen Völkerkunde* ("Anthropos", vol. 30, 1935, pp. 1-31); A. NEHRING, *Studien zur Indogermanischen Kultur und Urheimat* ("Wiener Beiträge", vol. IV, pp. 9-229); J. W. HAUER, *Zum gegenwärtigen Stand der Indogermanenfrage*; G. DUMÉZIL, *Le nom des "Arya"* ("Rev. Hist. Rel.", 1941, nº 363, pp. 36-59). Ver agora P. BOSCH-GIMPERA, *Les Indo-Européens. Problèmes archéologiques* (trad. fr. de R. Lantier, Payot, Paris, 1961).

Sobre a divindade do céu entre os indo-arianos (*Diêus etc.): L. VON SCHRÖDER, *Arische Religion*, I: *Einleitung. Der Altarische Himmelsgott* (Leipzig, 1914); P. KRETSCHMER, *Einleitung in die Geschichte* der Griechischen Sprache (Göttingen, 1896), pp. 77 ss.; S. FEIST, *Kultur, Ausbreitung und Herkunft der Indogermanen* (Berlim, 1913), pp. 319 ss.; GEORG WILKE, *Die Religion der Indogermanen in archäelogischer Betrachtung* (Mannus-Bibliothek, nº 31, Leipzig, 1923), pp. 107 ss.; W. KOPPERS, *Die Religion der Indogermanen in ihren Kulturhistorischen Beziehungen* ("Anthropos", vol. 24, 1929, pp. 1073-89); Id., *Die Indogermanenfrage*, pp. 11 ss., 16 ss.; S. STURTEVANT HOPKINS, *Indo-European Deiwos and Related Words* (Filadélfia, 1932); A. NEHRING, *Studien*, pp. 195 ss.; P. KRETSCHMER, *Dyaus, Zeus, Diespiter und die Abstrakta im Indogermanischen* ("Glotta", vol. 13, 1924, pp. 101-14).

Sobre a Índia védica: acerca dos textos, das traduções e da imensa bibliografia crítica, ver L. RENOU, *Bibliographie védique* (Paris, 1931), esp. pp. 170 ss. Sempre se lerão com proveito os três volumes de A. BER-

GAIGNE sobre *La Religion védique d'après les hymnes du Rig-Veda* (Paris, 1878-83). Exposições exaustivas dos mitos e das crenças em A. HILLEBRANDT, *Vedische Mythologie*, 2ª ed., vols. I-II (Breslau, 1927-29); A. B. KEITH, *The Religion and Philosophy of the Veda and Upanishads*, 2 vols. (Harvard Oriental Series, nºs 21-22, Cambridge, Mass., 1925).

Sobre os deuses arianos de Mitani: cf. o estado do problema e um ensaio de interpretação no sentido da tripartição funcional em G. DUMÉZIL, *Naissance d'archanges* (Paris, 1945), pp. 15 ss.

Sobre Varuna: H. GÜNTERT, *Der arische Weltkönig und Heiland* (Halle, 1923), pp. 97 ss.; G. DUMÉZIL, *Ouranos-Varuna* (Paris, 1934); Id., *Mitra-Varuna* (Paris, 1940). Cf. B. GEIGER, *Die Amesa Spentas* (Viena, 1916); SYLVAIN LÉVI, *La doctrine du sacrifice dans les Brâhamanas* (Paris, 1898); E. W. HOPKINS, *Epic Mythology* (Estrasburgo, 1920). P. KRETSCHMER acredita, erroneamente, que Varuna se originou do hitita Arûnash e está imbuído de noções asiáticas e babilônicas. Cf. *Varuna und die Urgeschichte der Inder* ("Wiener Zeitschrift f. die Künde des Morgenlandes", vol. 33, pp. 1 ss.). Sobre Varuna "amarrador", cf. ELIADE, *Les "dieux lieurs" et le symbolisme des noeuds*, "Rev. Hist. des Religions", t. 134, 1947-48, pp. 5-36, e republicado em *Images et symboles* (Paris, 1952), cap. III.

O mito indo-europeu de um céu de pedra que se une à Terra, mito reconstituído por H. REICHELT, *Der steinerne Himmel* ("Indogerm. Forsch.", vol. 32, 1913, pp. 23-57), não está atestado nos textos (cf. BENVENISTE-RENOU, *Vrta et Vrthragna*, Paris, 1935, p. 191, nº 3).

Sobre o Irã: textos, exposição geral, crítica e bibliografia em R. PETTAZZONI, *La Religione de Zarathustra* (Bolonha, 1920); LOUIS H. GRAY, *The Foundations of the Iranian Religions* (Bombaim, 1929; Cama Oriental Institute); E. BENVENISTE, *The Persian Religions According to the Chief Greek Texts* (Paris, 1929); E. BENVENISTE e L. RENOU, *Vrta et Vrthragna* (Paris, 1935); H. S. NYBERG, *Questions de cosmogonie et de cosmologie mazdéennes* ("Journal Asiatique", abr.-jun. 1929, pp. 193-310; jul.-set. 1931, pp. 1-124; out.-dez. 1931, pp. 193-244); Id., *Die Religionen des Alten Iran* (trad. Schaeder, Leipzig, 1938); GEO WIDENGREN, *Hochgottglaube im Alten Iran* (Uppsala, 1938); G. DUMÉZIL, *Naissance d'archanges* (Paris, 1945).

Sobre Varuna-Ahura Mazda: OLDENBERG, *Varuna und die Adityas* ("Zeitschrift d. deutsch. morgen. Gesell", v. 50, 1896, pp. 43 ss.); A. MEILLET, *La religion indo-européenne* (republicado em *Linguistique historique et linguistique générale*, Paris, 1921, pp. 323 ss.); Ahura-Mithra: G. DUMÉZIL, *Mithra-Varuna* (Paris, 1940), pp. 59 ss.; *Naissance d'archanges*, pp. 30 ss.; J. HERTEL, *Die Sonne und Mithra im Awesta* (Leipzig, 1927). Cf. OTTO PAUL, *Zur Geschichte der iranischen Religionen* ("Archiv f. Religionswissenschaft", vol. 35, 1940, pp. 215-34; contra as opiniões de Nyberg, no mesmo sentido, W. WUST, *ibid.*, pp. 234-49). Ver também: BETTY HEIMANN, *Varuna-Rta-Karma* (Festgabe H. Jacobi, pp. 201-14).

Sobre os fatos gregos há um livro que vale uma biblioteca: A. B. COOK, *Zeus. A Study in Ancient Religion*, 3 vols., em 5 tomos (Cambridge, 1914, 1925, 1940). Cf. para uma visão geral MARTIN P. NILSSON, *Geschichte der griechischen Religion I* (Munique, 1941). Sobre Zeus, o Deus pai, cf. G. CALHOUN, *Zeus the father in Homer* ("Transactions of the American Association of Philology", vol. 66, 1935); M. P. NILSSON, *Vater Zeus* ("Archiv f. Religionswissenschaft", vol. 35, 1938, pp. 156 ss.). Sobre o mito de Urano: G. DUMÉZIL, *Ouranos-Varuna* (Paris, 1934); W. STAUDACHER, *Die Trennung von Himmel u. Erde. Ein vorgriechischer Schöpfungsmythus bei Hesiod und den Orphikern* (Tübingen, 1942).

Sobre os fatos romanos, cf. G. DUMÉZIL, *Jupiter, Mars, Quirinus* (Paris, 1941) e *Naissance de Rome*, cap. I (Paris, 1947); CARL KOCH, *Der römische Jupiter* (Frankfurt, 1937).

Uma exposição geral sobre as antigas religiões germânicas, com uma vasta bibliografia crítica, foi apresentada por JAN DE VRIES, *Altgermanische Religionsgeschichte*, I-II (Berlim-Leipzig, 1935, 1937, 2ª ed., 1956-57). Admiráveis análises dos mitos da soberania e dos mitos dos guerreiros no pequeno livro de G. DUMÉZIL, *Mythes et dieux des Germains* (Paris, 1939) (2ª ed., 1959). Ver também: ERNST TONNELAT, em *Les Religions des Celtes, des Germains et des anciens Slaves* ("Mana", Paris, 1948, vol. III, pp. 323 ss.). Uma penetrante crítica das diversas orientações modernas na interpretação das religiões germânicas e uma tentativa construtiva de integrar o estudo dessas religiões no método histórico-cultural da escola de Viena nos dois estudos de ALOIS CLOSS, *Neue Problemstellungen in der germanischen Religionsgechichte* ("Anthropos", vol. 29, 1934, pp. 477-96) e *Die Religion des Semnonenstammes*

("Wiener Beiträge", IV, pp. 448-673). Ver também, pelo mesmo autor: *Die Religion der Germanen in ethnologischen Sicht* (em *Christus und die Religionen der Erde*, 1951, vol. II, pp. 267-363). Cf. também: HILDEBRECHT HOMMEL, *Die Hauptgottheiten der Germanen bei Tacitus* ("Archiv f. Religionswissenschaft", vol. 37, pp. 144 ss.); R. MUCH, *Die Germania des Tacitus* (Heidelberg, 1937); R. PETTAZZONI, *"Regnator omnium deus"* ("Studie Materiali di Storia delle Religioni", vols. 19-20, 1943-46, pp. 142-56); OTTO HÖFLER, *Germanische Sakralkönigtum*, vol. 1, 1952.

Sobre Taranis, cf. CARL CLEMEN, *Die Religion der Kelten* ("Archiv f. Religions", vol. 37, 1941, p. 122); P. LAMBRECHTS, *Contributions à l'étude des divinités celtiques* (Bruges, 1842), pp. 54 ss.

Sobre Perun: V. J. MANSIKKA, *Die Religion der Ostslaven*, I (Helsink, 1922, FFC, nº 43), pp. 30-4, 54-7, 60-5, 379 ss.; A. BRÜCKNER, *Mitologia slava* (Bolonha, 1923), pp. 58 ss. (que deriva Perkun-Perun do nome do carvalho, p. 69); L. NIEDERLE, *Manuel de l'antiquité slave*, II (Paris, 1926), pp. 138 ss.; B. O. UNBEGAUN, em *Les Religions des Celtes, des Germains et des anciens Slaves* ("Mana", vol. III, 1948, pp. 405-7).

Cf. também: A. H. KRAPPE, *Les Péléiades* ("Revue Archéologique", t. 36, 1932, pp. 77 ss.); JANE HARRISSON, *Themis* (2ª ed., Cambridge, 1927), pp. 94 ss.

Sobre Indra ver também: E. WASHBURN HOPPINS, *Indra as God of Fertility* ("Journal of American Oriental Society", vol. 36, pp. 242-68); JARL CHARPENTIER, *Indra. Ein Versuch der Aufkläurung* ("Le Monde Oriental", Uppsala, 1931, vol. 25, pp. 1-28); BENVENISTE e RENOU, *op. cit.*, pp. 184 ss. Kretschmer ("Kleinasiatische Forschungen", I, 1929, pp. 297 ss.) julgou encontrar no hitita *innara* o modelo do indo-iraniano *indra*, mas Sommer provou que na realidade se trata de uma deusa hitita, Inara (com um *-n-*; cf. Benveniste-Renou, 186). J. PRZYLUSKI, *Inara et Indra* ("Revue de l'Histoire ancienne", vol. 36, pp. 142-6), pensa que "a Indra védica e a Inara hitita poderiam fazer parte de uma série de divindades bissexuadas que são os equivalentes da Grande Deusa; Vênus hermafrodita, Fortuna barbata, Zervan, Kâla" (*op. cit.*, p. 146). Mas essa visão é muito sumária; não há a certeza de que a Grande Deusa tenha "sido substituída por um Grande Deus no panteão dos povos semíticos e indo-europeus" (p. 142); a androginia divina nem sempre é um fenômeno secundário (cf. § 160); o hermafroditismo ritual não se explica por cultos híbridos, intermediários entre o de uma Grande Deusa e o de um Grande Deus etc.

Cf. também: V. MACHEK, *Name und Herkunft des Gottes Indra* ("Archiv Orientální", vol. 12, 1941, n°s 3-4); G. DUMÉZIL, *Tarpeia* (1947), pp. 117 ss. Referências abundantes sobre Indra como deus da fecundidade em J. J. MEYER, *Trilogie altindischer Mächte und Feste der Vegetation*, vols. I-III (Zurique-Leipzig, 1937), esp. vol. III, pp. 164 ss.

Sobre os deuses celestes nas religiões mesopotâmicas, cf. os trabalhos gerais de B. MEISSNER, *Babylonien und Assyrien*, I-II (Heidelberg, 1920-25); E. DHORME, *Choix de textes religieux assyrobabyloniens* (Paris, 1907); Id., *La religion assyro-babylonienne* (Paris, 1910); Id., *Les religions de Babylonie et d'Assyrie* (col. "Mana", II, Paris, 1945, a melhor exposição que possuímos até agora); GIUSEPPE FURLANI, *La religione babilonese-assira*, I, II (Bolonha, 1928-29), com uma bibliografia exaustiva; CHARLES JEAN, *La religion sumérienne d'après les documents sumériens antérieurs à la dynastie d'Isin* (Paris, 1931); S. N. KRAMER, *Sumerian Mythology* (Filadélfia, 1944, 2ª ed., Nova York, 1961); G. FURLANI, *La religione degli hittiti* (Bolonha, 1936); RENÉ DUSSAUD, *Les religions des Hittites e des Hourrites, des Phéniciens et des Syriens* (col. "Mana", II, pp. 333-414).

Ver também: W. H. WARD, *The Seal Cylinders of Western Asia* (Washington, 1910); A. GÖTZE, *Kleinasiens. Kulturgeschichte des Alten Orients*, III, 1 (Munique, 1933).

Sobre os elementos de unidade entre os pré-semitas e os pré-indo-europeus da Ásia Menor e do Egeu e as populações pré-arianas do Indo, cf. as obras sugestivas, mas nem sempre convincentes, de B. HROZNY, *Die älteste Völkerwanderung u. die protoindische Zivilisation* (Praga, 1939); *Die älteste Geschichte Vorderasiens* (Praga, 1940), e os estudos publicados em "Archiv Orientální", 1941 ss. Cf. também: *Histoire de L'Asie antérieure, de l'Inde et de la Crête* (Payot, Paris, 1946).

Sobre os deuses da tempestade no Oriente Próximo e suas relações com o touro, a Grande Mãe etc., cf. L. MALTEN, *Der Stier in Kult und mythischem Bild* ("Jahrbuch des deutschen archäologischen Instituts", vol. 43, 1928, pp. 90-139); E. OTTO, *Beiträge zur Geschichte der Stierkultus in Aegypten* (Leipzig, 1938); CH. AURAN, *La Préhistoire du christianisme*, I (Paris, 1941), pp. 39 ss.; A. NAMITOK, *Zeus Osogoa* ("Rev. Hist. Rel.", 1941, nº 364, pp. 97-109), esp. pp. 102, nº 4, e 103, nº 6 (sobre as recentes descobertas de figuras tauromórficas na Índia etc.); E. DHORME, *Les religions de Babylonie*, pp. 96 ss.; H. SCHLOBIES, *Das akkadische Wettergott in Mesopotamien* (Leipzig, 1925); G. FURLANI, *La frusta di Adad* ("Rendiconti d. Accad. dei Lincei", Classa di scienze morali, 1932, pp. 574-86); K. TALLQUIST, *Akkadische Götterepitheta* (Helsink, 1938), pp. 246 ss.; RENÉ DUSSAUD, *La mythologie phénicienne d'après les tablettes de Ras Shamra* ("Rev. Hist. Rel.", 1931, t. 104, pp. 353-408); Id., *Le sanctuaire et les dieux phéniciens de Ras Shamra* (*ibid.*, 1932, t. 105, pp. 245-302); Id., *Le vrai nom de Ba'al* (*ibid.*, 1936, t. 113, pp. 5-20); Id., *Les découverts de Ras Shamra et l'Ancien Testament* (2ª ed., Paris, 1941); Id., *Peut-on identifier l'Apollon de Hiérapolis?* ("Rev. Hist. Rel", 1942-43, nº 368, pp. 128-49), esp. pp. 138 ss.; DITLEF NIELSEN, *Ras Shamra Mythologie und biblische Theologie* (Leipzig, 1936); A. NAMITOK, *Le nom du dieu de l'orage chez les Hittites et les Kassites* ("Rev. Hist. Rel.", jul.-ago. 1939, pp. 21 ss.); IVAN ENGNELL, *Studies in Divine Kingship in the Ancient Near East* (Uppsala, 1943), p. 213. Iconografia de Hadad e Teshup: H. GRESSMANN, *Altorientalische Bilder zum Alten Testament* (2ª ed., Berlim-Leipzig, 1926-27), nºs 317, 326, 330, 335, 339, 340, 345; G. CONTENAU, *Manuel d'archéologie Orientale* (Paris, 1927 ss.), vol. I, p. 206, fig. 129, vol. II, p. 942; H. DEMIRCIOGLU, *Der Gott auf dem Stier. Geschichte eines religiösen Bildtypus* (Berlim, 1936).

Sobre Júpiter Doliqueno, A. B. COOK, *Zeus*, vol. I (1914), pp. 605-33; FR. CUMONT, *Études syriennes*, pp. 173-202; A. H. KAN, *Juppiter Dolichenus* (Leiden, 1943).

Sobre os dados egípcios, cf. A. RUSCH, *Die Entwicklung der Himmelsgöttin Nut zu einer Todesgottheit* (Leipzig, 1922); G. A. WAINWRIGHT, *The Sky-religion in Egypt* (Cambridge, 1938); CH. AUSTRAN, *La Flotte à l'enseigne du Poisson* (Paris, 1938); H. JUNKER, *Die Götterlehre vom Memphis* (Berlim, 1940); pp. 25 ss. sobre o deus celeste Ur (*wr*).

Sobre o trovão como Ser Supremo entre as tribos norte-americanas, W. SCHMIDT, *Ursprung*, vol. II, pp. 55, 62, 71, 228 ss., 299 ss.; o pássaro-trovão na mitologia norte-americana, *ibid.*, 635 ss.; na mitologia africana, FRAZER, *The Worship of Nature*, p. 155; cf. RENDEL HARRIS, *Boanerges* (Cambridge, 1913), pp. 13 ss.; STITH THOMPSON, *Motif-Index of folk-literature*, vol. I (Helsink, 1932), pp. 80 ss.; KNUT TALLQVIST, *Himmelsgegenden und Winde. Eine semasiologische Studie* ("Studia Orientalia", Helsink, 1933, vol. II).

FR. KERN tentou precisar o processo mítico que transforma o deus celeste dos povos pastoris num deus da tempestade, cf. *Die Welt*, *worein die Griechen traten* ("Anthropos", vol. 24, 1929, pp. 167-219), esp. pp. 179 ss. W. SCHMIDT seguiu o mesmo processo (que chama de hipóstase do deus do Universo no deus da atmosfera) entre os diversos grupos de esquimós (*Ursprung*, III, p. 505).

Sobre a soberania de Javé, rica bibliografia em GRABAR, *Le thème religieux des fresques de la synagogue de Doura* ("Rev. Hist. Rel.", 1941, nº 363, p. 27, nº 1). Sobre as epifanias atmosféricas de Javé, cf. A. DUPONT-SOMMER, *Nubes tenebrosa et illuminans noctem* (*ibid.*, 1942-43, nº 365, pp. 5-31); a "glória" de Javé, *ibid.*, pp. 18 ss. e nota 1.

Material e bibliografia sobre o mito da criação entre os iranianos e os germanos: A. CHRISTENSEN, *Le premier homme et le premier roi dans l'histoire légendaire des Iraniens*, 2 vols. (Uppsala, 1918, 1931); H. GÜNTERT, *Der arische Weltkönig und Heiland* (Halle, 1923); FR. R. SCHRÖDER, *Germanische Schöpfungsmythen* ("Germ.-Roman. Monastsschrift", vol. 19, 1931, pp. 1-26, 81-99); FR. BÖRTZLER, *Ymir. Ein Beitrag zu den Eddischen Weltschöpfungsvorstellungen* ("Archiv f. Religionswiss.", vol. 33, 1936, cad. 3/4); W. KOPPERS, *Das magische Weltschöpfungsmysterium bei den Indogermanen* (Van Ginneken-Festschrift, pp. 149-55, Paris, 1937).

Da rica bibliografia sobre o Açshvamedha, os sacrifícios de cavalos e as divindades equinas ou cavaleiras dos indo-europeus: P. DUMONT, *L'Açvamedha* (Paris, 1927); J. V. NEGELEIN, *Das Pferd im Arischen Altertum* (Königsberg, 1903); L. MALTEN, *Das Pferd im Totenglauben* ("Jahrbuch des kaiserlich deutschen archäologischen Instituts", XXIX, Berlim, 1914, pp. 179-256); R. HINDRINGER, *Weiheross und Rossweihe* (Munique, 1932); WILHELM KOPPERS, *Pferdeopfer und Pferdekult der Indogermanen* ("Die Indogermanen und Germanenfrage, Wiener Beiträge zur Kulturgeschichte und Linguistik", IV, Salzburgo-Leipzig, 1936, pp. 279-411); R. BLEICHSTEINER, *Rossweihe u. Pferderennen im Totenkult der Kaukasischen Völker* (*ib.*, pp. 413-95); contra a tese de Koppers, cf. HAUER, "Archiv f. Religions.", vol. 36, 1939, pp. 23 ss.; J. WIESNER, *Fahren, und Reiten in Alteuropa und im Alten Orient* ("Der Alte Orient", 38, 1939, cad. 3/4); Id., *Fahrende und Reisende Götter* ("Archiv f. Religions.", 37, 1941, pp. 36-46). Cf. W. SCHMIDT, *Rassen und Völker*, vol. II, pp. 102 ss.

Cf. também os trabalhos já citados de G. HERMES, *Das gezähmte Pferd im neolitischen u. Frühbronzezeitlichen Europa?* ("Anthropos", 30,

1935, pp. 805-23; 31, 1936, pp. 115-29); Id., *Das gezähmte Pferd im alten Orient* ("Anthropos", 31, 1936, pp. 364-94); FR. FLOR, *Das Pferd und seine Kulturgeschichtliche Bedeutung* ("Wiener Kulturhistorische Studien", vol. I, 1930). Para o cavalo no culto na Ásia Menor, ver ROSTOVTZEFF, "Syria", vol. XII, pp. 48 ss. Para os dados chineses e japoneses, ED. ERKES, *Das Pferd im alten China* ("T'oung Pao", vol. 36, 1940-41); R. H. VAN GULIK, *Hayagrîva. The mantrayânic aspects of horse cult in China and Japan* (Leiden, 1935), esp. pp. 41 ss. Ver agora FRANZ HANCAR, *Das Pferd in prähistorischer und früher historischer Zeit* (Viena, 1956), esp. pp. 536 ss.

Sobre os Asvins, os dióscuros, os gêmeos etc.: H. GÜNTERT, *Der arische Weltkönig*, pp. 253 ss.; RENDEL HARRIS, *The Cult of Heavenly Twins* (Cambridge, 1906); S. EITREM, *Die Göttlichen Zwillinge bei den Griechen* (Christiania, 1902); A. B. COOK, *Zeus*, II, pp. 1003 ss.; F. CHAPOUTHIER, *Les dioscures au service d'une déesse* (Paris, 1935); A. B. KEITH, *Indian Mythology* (Boston, 1917), pp. 30 ss.; A. H. KRAPPE, *Mythologie universelle*, pp. 53-100; Id., *La légende des Harlungen* (em *Études de mythologie et de folklore germaniques*, Paris, 1928, pp. 137-74); L. STERNBERG, *Der antike Zwillingskult im Lichte der Ethnologie* ("Zeitschrift f. Ethnologie", vol. 61, 1929, pp. 152-200); Id., *Der Zwillingskult in China u. die indischen Einflüsse* ("Baessler Archiv", vol. 13, 1929, pp. 31-46); J. VON NEGELEIN, *Die abergläubische Bedeutung der Zwillingsgeburt* ("Archiv f. Religions.", vol. 5, 1906, pp. 271-73); A. VAN GENNEP, *Tabou et totémisme à Madagascar* (Paris, 1911), p. 176.

Sobre a sacralidade e o simbolismo da montanha, o simbolismo do "centro" etc.: CH. AUTRAN, *La Flotte à l'enseigne du Poisson* (Paris, 1939), pp. 31 ss.; R. DUSSAUD, *Découvertes*, 100; A. JEREMIAS, *Handbuch der altorientalischen Geiteskultur* (2ª ed., Berlim, 1929), pp. 130 ss.; MIRCEA ELIADE, *Cosmologie si alchimie babiloniana* (Bucareste, 1937), pp. 26 ss.; Id., *Le chamanisme*, pp. 235 ss.; Id., *Images et Symboles* (Paris, 1952), cap. I; KIRFEL, *Die Kosmographie der Inder* (Bonn-Leipzig, 1920); HOLMBERG, *Der Baum des Lebens* (Helsink, 1923), pp. 33 ss.; E. BURROWS, *Some Cosmological Patterns in Babylonian Religion* (em S. M. HOOKE, *The Labyrinth*, Londres, 1935), pp. 43 ss.; TH. DOMBART, *Der Sakralturm*, I: *Ziqqurat* (Munique, 1920); Id., *Der babylonische Turm* (Leipzig, 1930); M. JASTROW, *Sumerian and Akkadian views of beginnings* ("Journal of the American Oriental Society", 1917, vol. 36, pp. 274-99); E. DOUGLAS VAN BUREN, *Mountain Gods* ("Orientalia", Roma, vol. 12, 1943, nºˢ 1-2).

Sobre o simbolismo da ascensão (degraus, escadas etc.):

Egito: WALLIS BUDGE, *From Fetish to God in Ancient Egipt* (Oxford, 1934), p. 346; Id., *The Mummy* (2ª ed., Cambridge, 1925), pp. 324, 327; R. WEILL, *Le Champ des roseaux et le Champ des offrandes dans la religion funéraire et la religion générale* (Paris, 1936); W. MAX MÜLLER, *Egyptian Mythology* (Boston, 1918), p. 176; M. ELIADE, *Le Chamanisme*, pp. 415 ss.

Índia: A. COOMARASWAMY, *Svayamâátrnnâ-Janua Coeli* ("Zalmoxis", II, 1939, pp. 1-51); M. ELIADE, *Dûrohana and the "waking dream"* (em *Art and Thought*, a volume in honour of the late Dr. Ananda K. Coomaraswamy, Londres, 1947, pp. 209 ss.).

Polinésia: SIR GEORGE GREY, *Polynesian Mythology and Ancient Traditional History of the New Zealanders* (republicado, Auckland, 1919), pp. 42 ss.; CHADWICK, *The Growth of Literature* (Cambridge, 1940), III, pp. 273 ss.; R. PETTAZZONI, *The Chain of Arrows, the diffusion of mythical motiv* ("Folklore", col. 35, pp. 151 ss.); Id., *Saggi*, pp. 63 ss.

Oceania: ROLAND DIXON, *Oceanic Mythology* (Boston, 1916), pp. 139, 293 ss.; CHADWICK, III, p. 481.

África: ALICE WERNER, *African Mythology* (Boston, 1925), pp. 135 ss.

América: H. B. ALEXANDER, *Latin American Mythology* (Boston, 1924), pp. 271, 308; STITH THOMPSON, *Tales of the North American Indian* (Cambridge, Mass., 1929), pp. 283, 332 ss.

Sobre o motivo da ascensão, cf. S. THOMSON, *Motif-Index of Folk-Literature*, vol. III (Helsink, 1934), pp. 7-10; MIRCEA ELIADE, *Le Chamanisme et les techniques archaïques de l'extase* (Payot, 1951), pp. 423 ss.

Sobre o sacrifício do cavalo entre os turco-mongóis e o simbolismo da ascensão entre os altaicos etc.: V. V. RADLOV, *Aus Sibirien. Lose Blätter aus dem Tagebuche eines reisenden Linguisten*, I-II (Leipzig, 1844), pp. 19 ss.; M. A. CZAPLICKA, *Aboriginal Siberia* (Oxford, 1914); UNO HOLMBERG-HARVA, *Der Baum des Lebens* ("Annales Academiae Scientiarum Fennicae", Helsink, 1923); Id., *Die Religion der Tscheremissen* (Porvoo, 1926), pp. 108 ss.; Id., *Die religiösen Vorstellungen der altaischen Völker* (Helsink, 1938); MEHMED KÖPRÜLÜZADE, *Influence du chamanisme turco-mongol sur les ordres mystiques musulmans* (Istambul, 1929); NORA K. CHADWICK, *Shamanism among the Tatars of Central Asia* ("Journal of the Royal Anthropological Institute", vol. 66, 1936, pp. 75 ss.); M. ELIADE, *Le Chamanisme*, pp. 175 ss.

III. O Sol e os cultos solares

Generalidades sobre os cultos solares: F. BOLL, *Die Sonne im Glauben und in der Weltanschauung der alten Völker* (Stuttgart, 1922); A. H. KRAPPE, *La Genèse des mythes* (Paris, 1938), pp. 81 ss. FRAZER, *The Worship of Nature*, I (Londres, 1926), pp. 441 ss.; J. DÉCHELETTE, *Le culte du soleil aux temps préhistoriques* ("Revue Archéologique", 1909), pp. 305 ss.; Id., *Manuel d'archéologie préhistorique, celtique et gallo-romaine* (Paris, 1908 ss., II, 1, pp. 413 ss.).

Sobre os mitos solares: P. EHRENREICH, *Die Sonne im Mythos* (Mythologische Bibliothek, VIII, I, Leipzig, 1915-16); AKE OHLMARKS, *Heimdalls Horn und Odins Auge*, I (Lund, 1937), pp. 32 ss., 257 ss., *passim*.

Sobre a "solarização" do Ser Supremo: R. PETTAZZONI, *Dio*, I (Roma, 1922), p. 367.

Sobre a coexistência dos elementos solares e vegetais nos cultos e deuses mesopotâmicos: H. FRANKFORT, *Gods and Myths on Sargonid Seals* ("Irak", vol. I, 1934, pp. 2-29); IVAN ENGNELL, *Studies in Divine Kingship in the Ancient Near East* (Uppsala, 1943); A. GÖTZE, *Kleinasien* (Leipzig, 1933).

Sobre Shamash, material e bibliografia em G. FURLANI, *La religione babilonese-assira* (Bolonha, 1928-29), vol. I, pp. 162-9, vol. II, pp. 179-83; E. DHORME, *Les religions de Babylonie et d'Assyrie* (= *Mana*, II, Paris, 1945), pp. 60-7, 86-9. Sobre Shamash e a arte divinatória, A: HALDAR, *Associations of Cult Prophets among the Ancient Semites* (Uppsala, 1945), pp. 1 ss.

Sobre os elementos solares nas religiões árticas e norte-asiáticas: T. LEHTISALO, *Entwurf einer Mythologie der Yurak-Samoyeden* (Helsink, 1927); AL. GAHS, *Kopf-, Schädel – und Langknochenopfer bei Rentiervölkern* (Festschrift W. Schmidt, Mödling, 1928, pp. 231-68).

Sobre os cultos solares nas populações mundas: E. T. DALTON, *Descriptive Ethnology of Bengal* (Calcutá, 1872); FRAZER, *op. cit.*, pp. 614 ss.; P. O. BODDING, *Santal Folk Tales*, I-Il (Oslo, 1925, 1927); R. RAHMANN, *Gottheiten der Primitivstämme im nordöstlichen Vorderindien* ("Anthropos", XXXI, 1936, pp. 37-96); W. KOPPERS, *Bhagwan, The Supreme Deity of the Bhils* ("Anthropos", XXXV-VI, 1940-41, pp. 265-325).

Sobre os cultos solares na Oceania: W. H. R. RIVERS, *Sun-cult and Megaliths in Oceania* ("American Anthropologist", N. S. XVII, 1915, pp. 431 ss.; Id., *The History of Melanesian Society*, I-II (Cambridge, 1914); FRAZER, *The Belief in Immortality*, I-III (Londres, 1913-24); R. W. WILLIAMSON, *Religious and Cosmic Beliefs of Central Polynesia* I-II (Cambridge, 1933).

Sobre os "Filhos do Sol": W. J. PERRY, *The Children of the Sun* (2ª ed., Londres, 1927); A. M. HOCART, *Kingship* (Londres, 1927).

Sobre o culto solar no Egito: J. VANDIER, *La religion égyptienne* (= *Mana*, I, Paris, 1944), pp. 36 ss.; G. A. WAINWRIGHT, *The Sky-religion in Egypt* (Cambridge, 1938); H. JUNKER, *Die Götterlehre von Memphis* (Berlim, 1940); Id., *Der sehende und blinde Gott* (Sitzungsberichte d. bayerischen Akademie d. Wissensch., Munique, 1942); J. SAINTE-FARE GARNOT, "Rev. Hist. Rel.", t. 128, jul.-dez. 1944, pp. 166-8; Id., *ibid.*, t. 129, jan.-jun. 1945, pp. 128 ss.

Sobre o conflito Ra-Osíris, E. WEILL, *Le Champ des roseaux et le Champ des offrandes dans la religion funéraire et la religion générale* (Paris, 1936).

Sobre o deus do Sol entre os indo-arianos: L. VON SCHRÖDER, *Arische Religion*, II (Leipzig, 1916), pp. 3-461. Entre os mediterrânicos e os gregos: *Zeus. A Study in Ancient Religion*, I (Cambridge, 1914), pp. 197 ss.; UBERTO PESTALOZZA, *Pagine di religione mediterranea*, II (Milão-Messina, 1945), pp. 9 ss.; KARL KERÉNYI, *Vater Hêlios* ("Eranos Jahrbuch", X, 1943, Zurique, 1944, pp. 81-124); A. H. KRAPPE, *Apollon* ("Studi e Materiali di Storia delle Religione", XIX-XX, 1943-46, pp. 115-32). Vestígios de culto solar no Irã, cf. G. WIDENGREN, *Hochgottglaube im alten Iran* (Uppsala, 1938), pp. 138 ss. Sobre os cultos solares italianos arcaicos, cf. C. KOCH, *Gestirnvererung im alten Italien* (1933), pp. 50 ss.; F. ALTHEIM e E. TRAUTMANN, *Neue Felsbilder der Val Camonica. Die Sonne in Kult und Mythos* ("Wörter und Sachen", XIX, 1938, pp. 12-45).

Sobre os deuses solares da Índia védica: A. BERGAIGNE, *La religion védique d'après les hymnes du Rig-Veda*, I-III (Paris, 1878-83); II, pp. 160 ss., 379 ss.; III, pp. 38 ss. Sobre os elementos solares na lenda de Buda: B. ROWLAND, *Buddha and the Sun God* ("Zalmoxis", I, 1938, pp. 69-84). Sobre as implicações metafísicas dos mitos solares, cf. COO-

MARASWAMY, *The Darker Side of the Dawn* ("Smithsonian Miscellaneous Collection", vol. 94, nº 1, Washington, 1935); Id., *The Sun-Kiss* ("Journal of the American Oriental Society"), vol. 60, pp. 46-7 etc.

Sobre o culto solar no Império Romano: PAUL SCHMIDT, *Sol Invictus. Betrachtungen zu spätrömischer Religion und Politik* ("Eranos Jahrbuch", X, Zurique, 1944), pp. 169-252.

Sobre a roda como símbolo solar entre os celtas: GAIDOZ, *Le dieu gaulois du soleil* ("Revue Archéologique", 1884-85); PIERRE LAMBRECHTS, *Contributions à l'étude des divinités celtiques* (Bruges, 1942), pp. 71 ss.

Sobre os cultos e símbolos solares na pré-história norte-europeia e nos folclores europeus: O. ALMGREN, *Nordische Felszeichnung als religiöse Urkenden* (Frankfurt, 1934), *passim*, esp. pp. 343 ss.; O. HÖFLER, Kultische *Geheimbünde der Germanen* (Frankfurt, 1934), pp. 112 ss.; R. FORRER, *Les chars cultuels préhistoriques et leurs survivances aux époques historiques* ("Préhistoire", I, 1932, pp. 19-32); MANNHARDT, *Wald- und Feld-Kulte* (2ª ed., Berlim, 1904-05), I, pp. 591 ss.; FRAZER, *Balder le Magnifique* (trad. fr., Paris, 1931), I, pp. 142 ss.; G. DUMÉZIL, *Loki* (Paris, 1948), pp. 225 ss.

Sobre o sinecismo ctônico-solar entre os japoneses: AL SLAWIK, *Kultische Geheimbünde der Japaner und Germanen* ("Wiener Beiträge zur Kulturgeschichte und Linguistik", IV, Salzburgo-Leipzig, 1936), pp. 675-764.

Sobre as valorizações teológicas cristãs do simbolismo solar: HUGO RAHNER, *Das christliche Mysterium von Sonne und Mond* ("Eranos Jahrbuch", X, Zurique, 1944, pp. 305-404); W. DEONNA, *Les crucifix de la vallée de Saas* (Valais); *Sol et Luna, Histoire d'un thème iconographique* ("Revue de l'Histoire des Religions", t. CXXXII, 1946, pp. 5-47; t. CXXXIII, 1947-48, pp. 49-102).

IV. A Lua e a mística lunar

Generalidades sobre os mitos e os cultos lunares: W. SCHMIDT, *Semaine d'Ethnologie religieuse*, II, 1914, pp. 294 ss., 341 ss.; A. H. KRAPPE,

La genèse des mythes (Paris, 1938), pp. 100 ss.; Id., *Études de mythologie et de folklore germaniques* (Paris, 1928), pp. 74 ss.; O. DÄHNHARDT, *Natursagen*, I (Leipzig, 1907); K. TH. PREUSS, *Das Problem der Mondmythologie im Lichte der lokalen Spezialforschung* ("Archiv f. Religionswissenschaft", vol. 23, 1925), pp. 1-14; W. RÖSCHER, *Über Selene und Verwandtes* (Leipzig, 1890); RUDOLF MUCH, *Mondmythologie und Wissenschaft* ("Archiv f. Religionswiss.", vol. 37, 1942), pp. 231-61 (contra as teorias de H. Lessmann, G. Hussing e W. Schultz); KNUT TALLQVIST, *Manen i myt och dikt, Zolktro och Kult* ("Studia Orientalia", XII, Helsingfors, 1947).

Ver também: D. NIELSEN, *Die altarabische Mondreligion*, 1904; G. DUMÉZIL, *Tityós* ("Rev. Hist. Relig.", t. III, 1935), pp. 66-89; J. W. JACKSON, *The Aztec Moon-cult and its relation to the Chank-cult of India* ("Manchester Memoirs", vol. 60, nº 5, Manchester, 1916); C. HENTZE, *Mythes et symboles lunaires* (Anvers, 1932); Id., *Objects rituels, croyances et dieux de la Chine antique et de l'Amérique* (Anvers, 1936); Id., *Früchchinesische Bronzen* (Anvers, 1938; mas ver B. KARLGREN, *Legends and Cults in Ancient China.* "Bulletin of the Museum of Far Eastern Antiquities", nº 18, Estocolmo, 1946, pp. 346 ss.).

Sobre as relações Lua-serpente-sexualidade-morte-iniciação: R. BRIFFAULT, *The Mothers*, I-II (Londres, 1927); FRAZER, *The Belief in Immortality*, I, pp. 60 ss.; Id., *Folklore in the Ancient Testament*, I, pp. 52 ss.; HENTZE, *Mythes et symboles lunaires, passim*; P. CAPPELLE, *De luna, stellis, lacteo orbe animarum sedibus* (diss. Halle, 1917); F. CUMONT, *Recherches sur le symbolisme funéraire des Romains* (Paris, 1942), pp. 182 ss., *passim*.

Sobre o ancestral mítico de origem lunar: W. KOPPERS, *Der Hund in der Mythologie der zirkumpazifischen Völker* ("Wiener Beiträge zur Kulturgeschichte und Linguistik", I, 1930, pp. 359 ss.); cf. também: P. SCHEBESTA, *Les Pygmées*, p. 79.

Sobre as relações lua-água-vegetação: P. SAINTYVES, *L'Astrologie populaire, étudiée spécialement dans les doctrines et les traditions relatives à l'influence de la Lune* (Paris, 1937), pp. 230 ss., *passim*; M. ELIADE, *Notes sur le symbolisme aquatique* ("Zalmoxis", II, 1939, pp. 139-52, republ. em *Images et symboles*, 1952, cap. IV); J. BIDEZ e F. CUMONT, *Les Mages hellénisés* (Bruxelas, 1938), II, pp. 189, 227, 302 ss.; W. LIUNG-

MAN, *Traditionswanderungen: Euphrat-Rhein*, vols. I-II (Helsink, 1937--38), II, pp. 656 ss.

Sobre o papel das fases lunares na medida do tempo: WOLFGANG SCHULTZ, *Zeitrechnung und Weltordnung in ihren übereinstimmenden Grundzügen bei den Indern, Iraniern, Hellenen, Italikern, Keltern, Germanen, Litauern, Slawen* (Mannus-Bibliothek, nº 35, Leipzig, 1924), pp. 12 ss., *passim* (mas ver as críticas de MUCH, *Mondmythologie*); FRANZ DORNSEIFF, *Das Alphabet in Mystik und Magie* (2ª ed., Leipzig, 1925), pp. 82 ss.; DR. WALTER HIRSCHBERG, *Der "Mondkalender" in der Mutterrechtskultur* ("Anthropos"', vol. 26, 1931, pp. 461 ss.).

Sobre os vestígios dos cultos lunares em Ras Shamra, cf. THEODOR GASTER, *A Canaanite Ritual Drama* ("Journal of American Oriental Society", vol. 66, pp. 49-76), p. 60; sobre os cultos lunares entre os caldeus e os arameus, ver E. DHORME, *La religion de Hébreux nomades* (1937), pp. 87 ss.; Id., *Les religions de Babylonie et d'Assyrie* (= "Mana", II, 1945), pp. 59 ss., 85 ss.

Sobre os vestígios dos cultos lunares nas civilizações proto-indianas, cf. E. J. H. MACKAY, *Chanhu-Daro Excavations, 1935-1936* ("American Oriental Series", 20, 1943; sobre o número "16").

Sobre os elementos lunares de Varuna: OLDENBERG, *Die Religion des Veda*, pp. 178 ss.; H. LOMMEL, *Les anciens Aryens*, pp. 83 ss.; mas ver também: L. WALK, "Anthropos", 1933, p. 235, e M. ELIADE, *Le "dieu lieur" et le symbolisme des noeuds* ("Rev. Hist. Rel.", 1948), republ. em *Imagens et symboles*, cap. III.)

Sobre os elementos lunares no tantrismo: G. TUCCI, *Tracce di culto lunare in India* ("Rivista di Studio Orientali", XII, 1929-30, pp. 419-27); M. ELIADE, *Cosmical Homology and Yoga* ("Journal of the Indian Society of Oriental Art", jun.-dez. 1937, pp. 188-203); cf. também: S. DASGUPTA, *Obscure Religious Cults as Background of Bengali Literature* (Calcutá, 1946), pp. 269 ss.

Sobre os elementos lunares nas religiões iranianas: G. WIDENGREN, *Hochgottglaube im Alten Iran* (Uppsala-Leipzig, 1938), pp. 164 ss.

Sobre a estrutura lunar dos ciclos cósmico-históricos, ver M. ELIADE, *Le mythe de l'éternel retour* (Paris, 1949), pp. 139 ss.

Sobre o simbolismo lunar na iconografia cristã, ver HUGO RAHNER, *Das christliche Mysterium von Sonne und Mond* ("Eranos Jahrbuch", X, Zurique, 1944, pp. 305-404); W. DEONNA, *Les crucifix de la vallée de Saas (Valais): Sol et Luna* ("Rev. Hist. Rel.", t. CXXXII, 1946, pp. 5-47; t. CXXXIII, 1947-48, pp. 49-102).

V. As águas e o simbolismo aquático

Cosmogonias aquáticas: A. J. WENSINCK, *The Ocean in the Literature of the Western Semites* (Amsterdã, 1919), esp. pp. 1-15 e 40-56; OSKAR DÄHNHARDT, *Natursagen*, vol. I (Leipzig, 1909), pp. 1-89; STITH THOMPSON, *Motif-Index of Folk Literature*, vol. I (Helsink, 1932), pp. 121 ss.; ANANDA K. COOMARASWAMY, *Yaksas*, I-II (Washington, 1928, 1931); CARL HENTZE, *Mythes et symboles lunaires* (Anvers, 1932); A. H. KRAPPE, *La Genèse des mythes* (Paris, 1938), pp. 197 ss.

Sobre o valor mágico e religioso das águas: M. NINCK, *Die Bedeutung des Wassers im Kult und Leben der Alten* ("Philologus", Supl. Ano 14), 1921; J. SCHEFTELOWITZ, *Die Sündentilgung durch* Wasser ("Archiv f. Religionswissenschaft", vol. 17, 1914, pp. 353-412).

Purificações rituais pela água: R. PETTAZZONI, *La confessione dei peccati*, I (Bolonha, 1929), pp. 2-3 (Ewe, Bashilange), p. 18 (Sulka); K. HARTTE, *Zum semitischen Wasserkultus* (Halle, 1912); ROBERTSON SMITH, *Lectures on the Religion of the Semites* (3ª ed., Londres, 1927, pp. 166 ss., 557 ss.: águas sagradas); P. LAGRANGE, *Études sur les religions sémitiques* (Paris, 1905), pp. 158, 169; E. W. HOPKINS, *The Fountain of Youth* ("Journal of the American Oriental Society", vol. 26, 1905, pp. 1-67); L. D. BARNETT, *Yama, Gandharva and Glaucus* ("Bulletin of the School of Oriental Studies", vol. 4, 1926-28, pp. 703-16); K. RÖNNOW, *Trita Aptya, eine vedische Gottheit* (Uppsala, 1927), pp. 6 ss. (demônios aquáticos), pp. 14 ss. (Varuna, deus das águas), pp. 36 ss. (expulsão mágica das doenças nas águas), pp. 64 ss. ("água da vida") etc.; A. BOUCHÉ-LECLERCQ, *Histoire de la divination dans l'Antiquité* (Paris, 1879-82), vol. II, pp. 261-5 (oráculos controlados por divindades aquáticas), pp. 363-9 (oráculo de Posídon); G. GLOTZ, *L'ordalie dans la Grèce primitive* (Paris, 1904), pp. 11-69 (ordálios pelo mar), pp. 69-79 (por nascentes, riachos e poços); FRA-

ZER, *The Folklore in the Old Testament* (Londres, 1918), vol. III, pp. 304-6 (ordálios entre os israelitas); P. SAINTYVES, *Les vierges-mères et les naissances miraculeuses* (Paris, 1908), pp. 39-53 (teogonias aquáticas e culto das águas), pp. 87-109 (nascimentos miraculosos pelas águas sagradas); B. NYBERG, *Kind und Erde* (Helsink, 1931), pp. 55 ss. (nascimento das crianças e dos ancestrais míticos da água); U. PESTALOZZA, *Pagine di religione mediterranea*, II (Milão, 1945), pp. 253 ss. (união ritual junto de rios); E. LAOUST, *Mots et choses berbères. Notes de linguistique et d'ethnographie* (Paris, 1920), pp. 202-53 (ritos de chuva); F. BENOÎT, *Le rite de l'eau dans la fête du solstice d'été en Provence et en Afrique* ("Revue Anthropologique", vol. 65, n°s 1-3); LOUIS BRUNOT, *La mer dans les traditions et les industries indigènes à Rabat et Salé* (Paris, 1920), pp. 3-25 (demonologia marítima; o mar na medicina e na magia); L. JOLEAUD, *Gravures rupestres et rites de l'eau en Afrique du Nord* ("Journal de la Société des Africanistes", vol. III, 1933, pp. 197-222); J. GOLDZIEHER, *Wasser als Dämonen abwehrendes Mittel* ("Archiv f. Religions.", XIII, 1910, cad. I); WESENDONCK, *Das Weltbild der Iranier* (1933), pp. 102 ss. (sobre o culto iraniano das águas); M. ELIADE, *Notes sur le symbolisme aquatique* ("Zalmoxis", II, 1939, pp. 131-52, republ. em *Images et symboles*, cap. IV); GASTON BACHELARD, *L'Eau et les Rêves* (Paris, 1942).

Sobre o simbolismo do batismo: P. LUNDBERG, *La typologie baptismale dans l'ancienne Église* (Uppsala-Leipzig, 1942); R. P. DANIÉLOU, *Bible et liturgie* (Paris, 1951), pp. 29-173; LOUIS BEIRNAERT, S. J., *La dimension mystique du sacrementalisme chrétien* ("Eranos-Jahrbuch", 1950, XVIII, pp. 255-86); MIRCEA ELIADE, *Images et Symboles*, pp. 199 ss.

Sobre o simbolismo aquático da espiral: L. SIRET, *Origine et signification du décor spiralé* (XV Congresso Internacional de Antropologia, Portugal, 1930, publ. em Paris, 1931), pp. 465-82.

Sobre o culto das nascentes, dos riachos e rios; sobre as atividades netunianas: R. PETTAZZONI, *La religione primitiva in Sardegna* (Piacenza, 1912), *passim*; J. DÉCHELETTE, *Manuel d'archéologie pré-historique, celtique et gallo-romaine* (Paris, 1908-14), vol. II, a, pp. 166 ss. (machados ex-votos encontrados perto de nascentes e fontes), II, a, pp. 444-53 (culto das águas termais); C. JULLIAN, *Histoire de la Gaule*, 5ª ed. (Paris, 1924-26), vol. II, pp. 129-37 (divindades locais), vol. VIII, pp. 313-31 (continuidade dos cultos aquáticos); J. TOUTAIN, *Les cultes païens dans l'Empire romain* (Paris, 1907-20), vol. I, pp. 372-84 (divindades aquáticas; cultos oficiais), III, pp. 193-467 (cultos indígenas na Gália romana); CLAUDIUS VAILLAT, *Le culte des sources dans la Gaule antique* (Paris, 1934); P. SAINTYVES, *Corpus du folk-lore des eaux en France e dans les colonies françaises. Introduction* (Paris, 1934), pp. 24-35, boa bibliografia sobre os cultos gauleses e galo-romanos; LEITE DE VASCONCELOS, *Religiões da Lusitânia*, vol. II (Lisboa, 1905), pp. 198 ss. (deuses fluviais na proto-história celto-lusitana), vol. III (Lisboa, 1913), pp. 248 ss. (na época romana); ALFRED JEREMIAS, *Handbuch der altorientalischen Geisteskultur* (2ª ed., Berlim, 1929), pp. 39-40; S. REINACH, *Cultes, Mythes et Religions*, vol. V (Paris, 1923), pp. 250-4 (o cavalo, as ninfas, as nascentes); J. TOUTAIN, *Le culte des eaux (sources, fleuves, lacs) dans la Grèce antique* (em *Nouvelles études de mythologie et d'histoire des religions antiques*, Paris, 1935, pp. 268-94); J. GRIMM, *Teutonic Mythology* (ed. ingl., Londres, 1888), pp. 583-601; UNO HOLMBERG, *Die Wassergottheiten der finnisch-ugrischen Völker* (Helsink, 1913); J. NIPPGEN, *Les divinités des eaux chez les peuples finno-ougriens: Ostiaques et Vogoules* ("Revue d'Ethnographie et des Traditions Populaires", VI, 1925, pp. 207-16).

Sobre o uso funerário da água: A. PARROT, *Le "refrigerium" dans l'au-delà* (Paris, 1937); M. ELIADE, *Locum refrigerii...* ("Zalmoxis", I, 1938, pp. 203-6).

Sobre o culto das águas no cristianismo: SAINTYVES, *Corpus du folklore des eaux*, pp. 20-1 (boa bibliografia), pp. 139-96 (textos); *De l'immersion des idoles antiques aux baignades des statues saintes dans le christianisme* ("Rev. Hist. Rel.", 1933, t. 108, pp. 135-83, republ. em *Corpus*, pp. 197 ss.).

Folclore das águas: R. C. HOPE, *The Legendary Lore of the Holy Wells of England, including Rivers, Lakes, Fountains and Springs* (Londres, 1893); W. GREGOR, *Guardian Spirits of Wells and Lochs* ("Folk-Lore", III, 1892, pp. 67-73); L. J. B. BÉRENGER-FÉRAUD, *Superstitions et survivances étudiées au point de vue de leur origine et de leurs transformations* (Paris, 1895, 5 vols.), I, pp. 207-304 (dragões e serpentes míticos das nascentes, dos lagos etc.), II, pp. 1-58 (os "poderes" e os gênios das águas), III, pp. 167-214 (gestos rituais para a chuva), IV, pp.

291-360 (virtudes miraculosas das fontes); PAUL SÉBILLOT, *Le Folklore de France*, vol. II (Paris, 1905), pp. 175-303; J. C. LAWSON, *Modern Greek Folklore and Ancient Greek Religion* (Cambridge, 1910), pp. 130-73 (sobrevivência das ninfas no folclore grego contemporâneo); J. RHYS, *Celtic Folk-lore* (Oxford, 1901), pp. 354-400 (folclore dos poços); K. WEINHOLD, *Die Verehrung der Quellen in Deutschland* (Berlim, 1898); ILMARI MANNINEN, *Die dämonistischen Krankheiten im finnischen Volksaberglauben* (Helsink, 1922), pp. 81-106; DAN MCKENZIE, *Infancy of Medicine* (Londres, 1927), pp. 238 ss.; R. P. MASANI, *Le folklore des puits dans l'Inde et spécialement à Bombay* ("Rev. Hist. Rel.", 1931, t. 104, pp. 221-71); cf. também: a bibliografia do capítulo VIII, "A vegetação...".

Sobre os dragões na China e na Ásia Oriental; descendência dos soberanos dos nâgî: MARCEL GRANET, *Danses et Légendes de la Chine ancienne* (Paris, 1926), 2 vols.; Id., *La civilisation chinoise* (Paris, 1929); Id., *La pensée chinoise* (Paris, 1934); B. KARLGREN, *Some fecundity symbols in ancient China* ("The Bulletin of the Museum of Far Eastern Antiquities", nº 2, Estocolmo, 1930, pp. 1-54); ED. CHAVANNES, *Les mémoires historiques de Sse-Ma-Tsien*, vol. I, Paris, 1897, vol. II, Paris, 1897, vol. III, 2ª parte, Paris, 1899; J. PRZYLUSKI, *La princesse à l'odeur de poisson et la Nâgî dans les traditions de l'Asie Orientale* ("Études Asiatiques", vol. II, Paris, 1925, pp. 265-84); Id., *Le Prologue-cadre des Mille et une nuits et le thème de svayamvara* ("Journal Asiatique", 1924, pp. 101-37); G. OPPERT, *On the original inhabitants of Bhâratavarsa or India* (Westminster, 1893); NOBUSHIRO MATSUMOTO, *Essai sur la mythologie japonaise* (Paris, 1928), pp. 46, 53 ss.; Id., *Le japonais et les langues austro-asiatiques* (Paris, 1928), pp. 35 ss.; M. ELIADE, *Le Yoga* (Paris, 1957), pp. 346 ss., príncipes nascidos de princesas *nâga*, no Sião, na Índia e na África, cf. DANGEL, "Studi e Materiali di Storia delle Religioni", XIV, 1938, p. 180.; WALTER KNOCHE, *Kindfisch-Märchen in Ozeanien* ("Mitteilungen d. Anthrop. Gesell. Wien", vol. 69, 1939, pp. 24-33); K. RÖNNOW, *Kirâta* ("Le Monde Oriental", vol. 30, 1936, publ. 1944, pp. 90-169), p. 137, nota I, observação de que a frequência do motivo da origem das famílias reais do norte da Índia a partir das serpentes torna inútil a hipótese de uma influência austro-asiática; ver também: CH. AUTRAN, *L'Epopée Indone* (Paris, 1946), pp. 66-169; J. PH. VOGEL, *Serpent-worship in Ancient and Modern India* ("Acta Orientalia", II, 1924, pp. 279-312), material e bibliografia sobre o culto das serpentes na Índia; Id., *Indian Serpent-Lore or the Nâgas in Hindu Legend and Art* (Londres, 1926), pp. 35 ss.

Sobre o vaso vertendo água, símbolo de fertilidade muito conhecido no Oriente clássico: E. D. VAN BUREN, *The Flowing Vase and the God with Streams* (Berlim, 1933); G. COMBAZ, *L'Inde et l'Orient classique* (Paris, 1937), pp. 174 ss.; Id., L'évolution *du stûpa en Asie* ("Mélanges chinois et bouddhiques", IV, Bruxelas, 1936), pp. 93 ss.

VI. As pedras sagradas: epifanias, signos e formas

Sobre as pedras funerárias e os megálitos: R. HEINE-GELDERN, *Die Megalithen Südostasiens und ihre Bedeutung für die Klärung d. Megalithenfrage in Europa und Polynesien* ("Anthropos", XXIII, 1928), pp. 276-315 (o autor tenta explicar a origem e a função dos megálitos com base nas crenças ainda vivas entre as populações da Ásia sul-oriental: a "fixação das almas dos mortos na pedra); W. J. PERRY, *Megalithic Culture of Indonesia* (Manchester, 1918); A. RIESENFELD, *The Megalithic Culture of Melanesia* (Leiden, 1950); CARL CLEMEN, *Urgeschichtliche Religion*, vol. I (Bonn, 1932), pp. 95 ss. (estado da questão, bibliografia, crítica); R. PETTAZZONI, *La religione primitiva in Sardegna* (Piacenza, 1912), pp. 185 ss. (megálitos e dólmenes na África mediterrânica e atlântica); W. KOPPERS, *Monuments to the Dead of the Bhils and other Primitive Tribes in Central India. A Contribution to the Study of the Megalith-problem* ("Annali Lateranensi", vol. VI, 1942, pp. 117-206); EMILE METZGER, *Les sépultures chez les Prégermains et les Germains des âges de la pierre et de bronze* (Paris, 1933, boa bibliografia e indicações sumárias sobre a distribuição dos megálitos); G. WILKE, KOSINNA e BOSCH GIMPERA são de opinião que se poderia localizar a origem da arquitetura megalítica na Península Ibérica, de onde ela teria se espalhado por toda a Europa; cf. HUGO OBERMAIER e ANTONIO GARCIA Y BELLIDO, *El hombre prehistórico y los origenes de la humanidad* (2ª ed., Madri, 1941), pp. 171 ss.; bom repertório fotográfico em PAULINO MONTEZ, *História da arquitectura primitiva em Portugal. Monumentos dolménicos* (Lisboa, 1942); repertório, descrição e bibliografia em OCTOBON, *Statues-menhirs, stèles gravées, dalles sculptées* (extr. "Revue Anthropologique", 1931, pp. 291-597); PIA LAVIOSA ZAMBOTTI, *Origini e diffusione della civiltà* (Milão, 1947), pp. 238

ss. (defende a origem egípcia da arquitetura megalítica); DR. J. IMBELLONI, *La première chaîne isoglossémantique océano-américaine. Les noms des haches lithiques* ("Festschriff W. Schmidt", Viena, 1928, pp. 324-35).

Sobre o papel das pedras pré-históricas (megálitos, dólmenes, menires, "pedras de raio" etc.) nas crenças populares: SAINTYVES, *Corpus du folklore préhistorique en France et dans les colonies françaises* (Paris, vol. I, 1934; vol. II, 1934; vol. III, 1936, vasta pesquisa englobando quase toda a documentação acessível até a data da publicação, ricas bibliografias regionais); SALOMON REINACH, *Les monuments de pierre brute dans le langage et les croyances populaires* (em *Cultes, Mythes, Religions*, vol. III, 1908, pp. 366 ss.).

Sobre as pedras cultuais entre os "primitivos": cf. as obras de FRAZER, LÉVY-BRUHL, NYBERG, HARTLAND, KOPPERS citadas no texto, e também F. DAHMEN, *The Paliyans, a Hill-Tribe of the Palmi Hills* (*South India*) ("Anthropos", III, 1908), pp. 19-31, esp. p. 28: "Mayândi, the god of the Palyans and Puliyans, is usually represented by a stone, preferably one to which nature has given some curious shape" etc.; LEENHARDT, *Notes d'ethnologie néo-calédonienne*, Paris, 1930, pp. 243-5.

Sobre a pedra como protetora, fetiche e amuleto: RAFAEL KARSTEN, *The Civilization of South American Indians* (Londres, 1926), pp. 362 ss.; B. NYBERG, *Kind und Erde* (Helsink, 1931), pp. 65 ss., 141 ss.

Sobre o mito dos gigantes de pedra: ROBERT LEHMANN-NITSCHE, *Ein Mythenthema aus Feuerland und Nord-Amerika. Der Steinriese* ("Anthropos", 1938, vol. 33, pp. 267-73).

Sobre o mito da "petra genitrix" (tema encontrado da Ásia Menor ao Extremo Oriente): A. VON. LÖWIS OF MENAR, *Nordkankasische Steingeburtssagen* ("Archiv f. Religionswiss.", XIII, 1910), pp. 509-24; MAX SEMPER, *Rassen und Religionen im alten Vorderasien* (Heidelberg, 1930), pp. 179-86; G. DUMÉZIL, *Légends sur les Nartes* (Paris, 1930), pp. 75-7; W. SCHMIDT, *Grundlinien einer Vergleichung der Religionen und Mythologien der austronesischen Völker* (Viena, 1910), §§ 408 ss.; W. J. PERRY, *The Children of the Sun* (2ª ed., Londres, 1926), pp. 255 ss.; R. W. WILLIAMSON, *The Social and Political Systems of*

Central Polynesia (Cambridge, 1924), I, pp. 48, 57, 382; II, p. 304; W. F. JACKSON KNIGHT, *Cumaean Gates* (Oxford, 1936), pp. 9 ss.; JOHN LAYARD, *Stone Men of Malekula* (Londres, 1942), *passim.*

Sobre as relações entre as pedras e a fecundidade: (a chuva) em algumas tribos da América do Sul: C. HENTZE, *Mythes et Symboles lunaires* (Anvers, 1932), pp. 32 ss.

Sobre a fecundação pelas pedras furadas, além dos trabalhos já citados no texto: S. SELIGMANN, *Der böse Blick* (Berlim, 1910), vol. II, p. 27; J. DÉCHELETTE, *Manuel d'archéologie préhistorique, celtique et gallo-romaine*, vol. I (Paris, 1906), pp. 520 ss.; WAGENVOORT, *Studi e materiali di storia delle religioni*, XIV, p. 53, nota, p. 55.

Sobre as "pietre di concezione o di gravidanza" nas crenças populares italianas: G. BELLUCCI, *Il feticismo primitivo* (Perugia, 1907), pp. 36, 92 ss.; Id., *Gli amuleti* (Perugia, 1908), p. 19.

Sobre as "pedras de chuva": FRAZER, *The Magic King*, I, pp. 304-7; Id., *The Folklore in the Old Testament*, II, pp. 58 ss.; R. EISLER, *Kuba-Kybele* ("Philologus", vol. 68, 1909), p. 42, nota 222; WAGENVOORT, "Studi e Materiali...", XIV), p. 53, nota; G. A. WAINWRIGHT, *The Sky-Religion in Egypt* (Cambridge, 1938), p. 76; G. F. KUNZ, *The Magic of Jewels and Charms* (Filadélfia-Londres, 1915), pp. 5 ss., 34; J. W. PERRY, *Children of the Sun*, p. 392.

Sobre o mito da água que jorra do rochedo: P. SAINTYVES, *Essais de folklore biblique* (Paris, 1923), pp. 139 ss.

Sobre as "pedras testemunhas" na Nova Caledônia: LEENHARDT, *op. cit.*, pp. 30-1; VAN GENNEP, *Tabou et totémisme à Madagascar*, p. 186 (entre os antigos antimerinas).

Sobre a origem da lapidação: R. PETTAZZONI, *La grave mora* ("Studi e materiali di Storia delle Religioni"), I, 1925, pp. 1 ss.

Sobre os meteoritos: M. ELIADE, *Metallurgy, Magic and Alchemy* (Paris, 1938, "Cahiers de Zalmoxis", I), p. 3; Id., *Forgerons et Alchimistes* (Paris, 1956), pp. 17 ss.

Sobre a multivalência simbólica e cultual da pedra: ALFRED BER-

THOLET, *Über Kultische Motivverschiebungen* ("Sitz. Preuss. Ak. Wiss. Phil.-Hist. Klasse", 1938, vol. 18, pp. 164-84), pp. 164-9.

Sobre as pedras cultuais na Índia: G. OPPERT, *Der Sâlagrâma Stein* ("Zeitschrift f. Ethnologie"), vol. 34, 1902, pp. 131-7; W. KIRFEL, *Vom Steinkult in Indien* ("Studien zur Geschichte u. Kultur des nahen u. fernen Osten, Paul Kahle zum 60 Geburtsatg", Leiden, 1935), pp. 163-72.

No Japão: Y. DEGUCHI, *On the Traces of Stones Worship in Japan* ("Journal of the Anthropological Society of Tokyo", vol. 24, nº 271, out.1908).

No Peru: P. MINNAERT, *Le culte des pierres au Pérou* ("Bulletin de la Société des Américanistes de Belgique", ago. 1930).

Sobre os bétilos, *masseba* e pedras cultuais entre os semitas: G. BEER, *Steinverehrung bei den Israeliten* (1921); ROBERTSON SMITH, *The Religion of the Semites* (3ª ed., Londres, 1927), pp. 200 ss., 568 ss.; P. LAGRANGE, *Études sur les religions sémitiques* (2ª ed., Paris, 1905), pp. 194 ss.; P. LAMMENS, *Le culte des bétyles et les processions religieuses dans l'Arabie préislamique* ("Bulletin de l'Institut d'Archéologie Orientale", Cairo, t. XVII); E. DHORME, *La religion des Hébreux nomades* (Bruxelas, 1937), pp. 159-68; R. DUSSAUD, *Les origines cananéennes du sacrifice israélite* (2ª ed., 1941), pp. 222 ss.

Sobre o deus Bethel e a divindade do Bethel: O. EISSFELDT, *Der Gott Bethel* ("Archiv f. Religionswiss.", t. 28, 1930), pp. 1 ss.; A. VICENT, *La religion des Judéo-araméens d'Éléphantine* (Paris, 1937), pp. 562 ss.

Sobre as pedras cultuais na Grécia: F. H. HASBLUCK, *Stone Cults and Venerated Stones in the Graeco-Turkisch Area* ("Annual of the British School at Athens", vol. XXI); DE VISSER, *Die nichtmenschengestaltigen Götter der Griechen* (Leiden, 1903), pp. 55 ss.; E. MAAS, *Heilige Steine* ("Rhein. Museum", vol. 78, 1929), pp. 1 ss.; P. RAINGEARD, *Hermès psychagogue* (Paris, 1935), pp. 344 ss.; MARTIN P. NILLSON, *Geschichte der griechischen Religion*, I (Munique, 1941), p. 187, com ricas referências bibliográficas.

Sobre os cultos frígios: CH. PICARD, *Éphèse et Claros*, p. 474.

Sobre as pedras cultuais entre os celtas e os germanos: D'ARBOIS DE JUBAINVILLE, *Le culte des menhirs dans le monde celtique* ("Revue

Celtique", XXVII), pp. 313 ss.; JAN DE VRIES, *Alt-Germanische Religionsgeschichte*, II (Berlim, 1937), p. 100.

Sobre o *omphalós*: E. RHODE, *Psyche* (trad. fr.), pp. 109 ss.; JANE HARRISON, *Themis* (2ª ed., Cambridge, 1927), pp. 396 ss.; A. B. COOK, *Zeus*, II (Cambridge, 1925), pp. 169 ss.; ROSCHER, *Omphalos* ("Abh. Kön. Sächs. Gesell. Wiss.-Phil-Hist. Klasse", vol. XXIX, 9, 1913); Id., *Neue Omphalosstudien* (*ibid.*, vol. XXXI, 1, 1915); Id., *Der Omphalosgedanke bei verschiedenen Völkern* ("Stiz-Berichte König. Säch. Gesell. Wiss.", Leipzig, LXXX, 2, 1918); R. MERINGER, *Omphalos, Nabel, Nebel* ("Wörter und Sachen", V, 1913), pp. 43-91; Id., *Zu Roschers Omphalos* (*ibid.*, VI, 1914); W. DÉONNA, "Revue des Études Grecques", 1915, pp. 444-5, 1917, p. 358, nota 10 etc.; CH. PICARD, *Éphèse et Claros* (Paris, 1922), p. 110, nota 5, p. 551, nota 7; F. ROBERT, *Thymélè* (Paris, 1939), pp. 278-83.

Sobre as hipóteses de Perdrizet (o *omphalós* délfico seria um aporte cretense) e de Homolle (influências egípcias): PICARD, *op. cit.*, p. 464, n. 4; G. STEINDORFF, *The so-called Omphalos of Napate* ("Journal of Egyptian Archeology", 24, 1938), pp. 147-56.

Indicações e bibliografia sobre o *omphalós* entre os celtas: G. DUMÉZIL, *Jupiter, Mars, Quininus* (Paris, 1941), p. 229, nºˢ 2-3.

Ver também a bibliografia do capítulo X, "O espaço sagrado...".

VII. A Terra, a mulher e a fecundidade

Sobre o casal divino céu-Terra: R. PETTAZZONI, *Dio*, I, pp. 130, 210, 241 etc.; A. H. KRAPPE, *La genèse des mythes*, pp. 68 ss.; H. TH. FISCHER, *Het Heilig Huwelik van Hemel en Aarde* (Utrecht, 1929); STITH THOMPSON, *Motif-Index of Folk-Literature*, I (Helsink, 1932), p. 98, para indicações bibliográficas suplementares (cf. também a bibliografia do capítulo II, "O céu..."); F. KIICHI, NUMAZAWA, *Die Weltfänge in der japanischen Mythologie* (Lucerna, 1946), vasto levantamento etnológico; M. ELIADE, *La Terre-Mère et les hiérogamies cosmiques* ("Eranos Jahrbuch", XXII, 1954, repub. em *Mythes, rêves et mystères*, Paris, 1957, pp. 206-53).

Sobre a Terra-Mãe: A. LANG, *Myth, Ritual and Religion* (Londres, 1887), pp. 299 ss.; A. DIETERICH, *Mutter Erde* (3ª ed., Berlim, 1925), *passim*; MAX LINDENAU, *Ein vedischer Lobgesang auf die Mutter*

Erde als die grosse Allgottheit (*Ath. Veda*, XII, I, "Festgabe Hermann Jacobi", Bonn, 1926), pp. 248-58; MOMOLINA MARCONI, *Riflessi mediterranei nella più antica religione laziale* (Milão, 1939), *passim*; U. PESTALOZZA, *Pagine di religione mediterranea*, I (Milão, 1942), *passim*; ST. WEINSTOCK, *Tellus* ("Glotta", vol. 22, 1933-34), pp. 140-62; TH. NÖLDECKE, *Mutter-Erde bei den Semiten* ("Archiv f. Religions.", VIII, 1905), pp. 161 ss.; E. P. DHORME, *La Terre-Mère chez les Assyriens* (*ibid.*), pp. 550 ss.; J. P. JACOBSEN, *Les Mânes*, I (Paris, 1924), pp. 28 ss.; EFR. BRIEM, *Mutter Erde bei den Semiten?* ("Archiv f. Religions.", vol. 24, 1926), pp. 179-95; DIETLEF NIELSEN, *Die altsemitische Mutter-göttin* ("Zeitschrift der deutschen morgenländischen Gesellschaft", 1938), pp. 504-31; U. HOLMBERG, *Finno-Ugric Mythology* (Boston, 1927), pp. 239, 459; ALICE WERNER, *African Mythology* (Boston, 1925), p. 125; B. STRUCK, *Nochmals "Mutter Erde" in Afrika* ("Archiv f. Religions.", 1908, XI), pp. 402 ss.; H. B. ALEXANDER, *North American Mythology* (Boston, 1916), pp. 91 ss.; STEFAN FUCHS, *The Cult of the Earth-Mother among the Nimar-Balahis* ("Internat. Archiv f. Ethnographie", vol. 40), pp. 1-8; W. KOPPERS, *Bhagwân, the supreme deity of the Bhlis* ("Anthropos", vols. 35-36, 1940-41), pp. 265-325, orações dos Bhils à Terra-Mãe; cf. também: pp. 272-3.

Sobre os cultos e divindades telúricos: S. THOMPSON, *Motif-Index*, I, p. 83; BERTHEL NYBERG, *Kind und Erde* (Helsink, 1931), pp. 230-1, nota 69; FRAZER, *The Worship of Nature* (Londres, 1926), pp. 316-440; E. WALTER, *Die Erdgöttin der Tschuwaschen und Litauer* ("Archiv f. Religions.", 1899, vol. III), pp. 358 ss.; GEORG WILKE, *Die Religion der Indogermanen in archäologischer Betrachtung* (Leipzig, 1923), pp. 97-107; VON WESENDONCK, *Aremati als arische Erd-Gottheit* ("Archiv f. Religions.", 1929, vol. 32), pp. 61-76; ED. NESTLE, *Die "jungfräuliche" Erde* ("Archiv f. Religions.", 1908, vol. XI), pp. 415 ss.

Sobre o mito de Adão nascido da terra virgem: H. VOLLMER, *Die Erde als jungfräuliche Mutter Adams* ("Zeitschrift f. Neutestament. Wissenschaft", vol. 10, 1911), pp. 324 ss.; W. STARCK, *Eva-Maria* (*ibid.*, vol. 33, 1934), pp. 97-109; R. BRIFFAULT, *The Mothers* (Londres, 1927, vol. III), p. 57, sobre a criação do homem a partir da terra, rica bibliografia.

Sobre a deposição da criança em terra: DIETERICH, *op. cit*, pp. 7 ss.; E. SAMTER, *Geburt, Hochzeit und Tod* (Berlim, 1911), pp. 2 ss.; E. GOLDMANN, *Cartam levare* ("Mitteilungen d. Instituts f. Österr. Geschichtsforschung", vol. 35, 1914), pp. 1 ss.; B. STRUCK, *Niederlegen und Aufheben des Kindes von der Erde* ("Archiv f. Religions.", X, 1907), p. 158; NYBERG, *op. cit.*, indicações suplementares e bibliografia; H. J. ROSE, *Primitive Culture in Italy* (Londres, 1926), p. 133; PLOSS--BARTELS, *Das Weib in der Natur-und Völkerkunde* (8ª ed., Leipzig, 1905, vol. II,), pp. 35 ss., ampla pesquisa etnográfica; MARIE DELCOURT, *Stérilités mystérieuses et naissances maléfiques dans l'antiquité classique* (Paris, 1938), pp. 31 ss.

Sobre a identificação mulher-campo de cultivo: DIETERICH, *op. cit.*, pp. 46 ss.; E. FEHRLE, *Die Kultische Keuschheit im Albertum* (Giessen, 1910), pp. 170 ss.; FARNELL, *The Cults of the Greek States* (Oxford, 1896 ss., vol. III), pp. 106 ss.; LÉVY-BRUHL, *La mentalité primitive*, pp. 361 ss.; ROBERTSON SMITH, *The Religion of the Semites* (3ª ed., Londres, 1927), pp. 613 ss.; LAGRANGE, *Études sur les religions sémitiques*, 2ª ed., p. 97, a respeito das observações de Robertson Smith sobre Baal, "senhor da terra"; R. DUSSAUD, *Origines cananéennes du sacrifice israélite*, p. 206; Id., *Les découvertes de Ras Shamra*, 2ª ed., p. 102; J. J. MEYER, *Trilogie altindischer Mächte und Feste der Vegetation* (Zurique-Leipzig, 1937, vol. I), p. 202; U. PESTALOZZA, *L'aratro e la donna nel mondo religioso mediterraneo* (Rendiconti, Reale Istituto Lombardo di Scienze e Lettere, Cl. di Lettere, vol. 76, fasc. 2, 1942-43), pp. 321-30; VITTORE PISANI, *La donna e la terra* ("Anthropos", vols. 37-40, 1942-45), pp. 241-53; rica documentação indiana e greco-latina.

Sobre os enterros rituais: DIETERICH, *op. cit.*, pp. 28 ss.; NYBERG, *op. cit.*, p. 150; FRAZER, *Folklore in the Old Testament* II (Londres, 1918), p. 33; A. BRELICH, *Aspetti della morte nelle iscrizioni sepolcrali dell'Impero Romano* (Budapeste, 1937), pp. 9 ss.

Sobre o "renascimento" dos ancestrais em crianças recém-nascidas: K. A. ECKHARDT, *Irdische Unsterblichkeit* (Weimar, 1937); M. F. ASHLEY-MONTAGU, *Ignorance of physiological paternity in secular knowledge and orthodox belief among the Australian aborigines* ("Oceania", Sidney, 1940-42, vol. XII), pp. 75-8.

Sobre a sepultura "em forma de embrião": G. VAN DER LEEUW, *Das sogenannte Hockerbegräbnis und der ägyptische Tjknw* ("Studi e Materiali di Storia delle Religioni", 14, 1938), pp. 150-67.

Sobre as "mitologias literárias" da Terra: GASTON BACHELARD, *La Terre et les rêveries de la volonté*; *La Terre et les rêveries du repos* (Paris, 1948, 2 vols.).

VIII. A vegetação: símbolos e ritos de renovação

Cf. também a bibliografia citada do capítulo "Agricultura" e em primeiro lugar os trabalhos de MANNHARDT, FRAZER e J. J. MEYER.

Sobre a árvore sagrada: NELL PARROT, *Les représentations de l'arbre sacré sur les monuments de Mésopotamie et d'Elam* (Paris, 1937); HÉLÈNE DANTHINE, Le palmier-*dattier et les arbres sacrés dans l'iconographie de l'Asie Occidentale ancienne* (Paris, 1937); A. J. WENSINCK, *Tree and Bird as Cosmological Symbols in Western Asia* ("Verhandelingen der Koninklijke Akademie van Wettenschappen", Amsterdã, 1921, vol. 22), pp. 1-56; A. COOMARASWAMY, *Yaksas*, I-II (Washington, 1928, 1931); M. P. NILSSON, *Geschichte der griechischen Religion* I (Munique, 1941), pp. 194 ss., 260 ss.; J. PRZYLUSKI, *La Participation* (Paris, 1940), pp. 41 ss.; HENTZE, *Mythes et symboles lunaires* (Antuérpia, 1932), pp. 41 ss.; H. BERGEMA, *De Boom des Levens in Schrift en Histoire* (Hilversum, 1938), pp. 337 ss.

Sobre a "árvore invertida": A. COOMARASWAMY, *The Inverted Tree* ("The Quarterly Journal of the Mythic Society", Bangalore, vol. 29, nº 2, 1938), pp. 1-38; E. KAGAROW, *Der umgekehrte, Schamanenbaum* ("Archiv f. Religions.", 1929), pp. 183 ss., árvores invertidas rituais; UNO HOLMBERG, *Der Baum des Lebens* ("Annales Academiae Scientiarum Fennicae", série B, vol. XVI, Helsink, 1922-23), pp. 17, 59, *passim*; Id., *Finno-Ugric and Siberian Mythology* (Boston, 1927), pp. 349 ss.; BERGEMA, *op. cit.*, p. 275, nota 116; M. ELIADE, *Le Chamanisme*, pp. 244 ss.

Sobre Yggdrasil e a Árvore Cósmica entre os antigos germanos: Referências bibliográficas em JAN DE VRIES, *Altgermanische Religionsgeschichte* II (Berlim-Leipzig, 1937), pp. 402 ss.; O. S. REUTER, *Germanische Himmelskunde* (Munique, 1934), pp. 229 ss.; BERGEMA, *op. cit.*, p. 551.

Sobre o conjunto Grande Deusa-vegetação-animal emblemático-águas: SIR JOHN MARSHALL, *Mohenjo Daro and the Indus Civilisation*

(Londres, 1931, vol. I), figs. 63-7, pp. 52 ss.; G. CONTENAU, *La déesse nue babylonienne* (Paris, 1914), *passim*; Id., *Le déluge babylonien* (Paris, 1941), pp. 159 ss.; CH. AUTRAN, *La préhistoire du christianisme*, I (Paris, 1941), pp. 124 ss.; W. F. ALBRIGHT, *The Babylonian Sage Utnapistim nûqu* ("Journal American Oriental Society", vol. 38, 1918), pp. 60-5; Id., *The Goddess of Life and Wisdom* ("Journal of the American Society for Semitic Languages", vol. 36, 1920), pp. 258-94; Id., *Some Cruces in the Langdom Epic* ("Journal American Oriental Society", vol. 39, 1919), pp. 65-90; Id., *The Mouth of the Rivers* ("Journal Am. Soc. Semitic Languages", vol. 35, 1919), pp. 161-95; Id., *Gilgamesh and Engidu, Mesopotamian genii of Fecundity* ("Journal Am. Orient. Soc.", vol. 40, 1920), pp. 307-35; M. R. NILSSON, *Geschichte der griechischen Religion*, I (Munique, 1941), p. 260; HOLMBERG, *Baum des Lebens* (Helsink, 1922-23), pp. 83 ss.; CARL HENTZE, *Frühchinesische Bronzen und Kultdarstellungen* (Antuérpia, 1937), pp. 129 ss.; MOMOLINA MARCONI, *Riflessi mediterranei nella più antica religione laziale* (Milão, 1939); AXEL W. PERSSON, *The Religion of Greece in prehistoric Times* (Berkeley-Los Angeles, 1942); S. A. BERNARDIN, *De mannelijke en de vrouwelijke godheid van de boomcultus in Minoische godsdienst* (Amsterdã, 1942); U. PESTALOZZA, *Pagine di religione mediterranea*, II (Milão, 1945).

Sobre a Árvore da Vida e a árvore do conhecimento do bem e do mal, ver discussão das últimas exegeses em: HANS SCHMIDT, *Die Erzählung von Paradies und Sündefall* (Tübingen, 1931); PAUL HUMBERT, *Études sur le récit du Paradis et de la chute dans la Genèse* (Neuchâtel, 1940); BERGEMA, *op. cit.*, pp. 120 ss.

Sobre a viagem de Gilgamesh e a "planta da vida": G. CONTENAU, *L'Épopée de Gilgamesh* (trad. e comentários, Paris, 1939); G. FURLANI, *La religione babilonese-assira*, II (Bolonha, 1929), pp. 50 ss., bibl. p. 83; E. DHORME, *Les religions de Babylonie et d'Assyrie* (Paris, 1945), pp. 328 ss.; CH. VIROLLEAUD, *Le voyage de Gilgamesh au Paradis* ("Rev. Hist. Rel.", t. 101, 1930), pp. 202-15.

Os textos iranianos foram agrupados e traduzidos por: L. D. BARNETT, *Yama, Gandharva and Glaucus* ("Bulletin of the School of Oriental Studies", IV, 1926-28), pp. 703-16, esp. pp. 709 ss.; A. CHRISTENSEN, *Le premier homme et le premier roi dans l'histoire légendaire des iraniens*, II (Uppsala-Leiden), pp. 11 ss.

As lendas orientais da Árvore da Vida foram estudadas por: AUGUST WÜNSCHE, *Die Sagen vom Lebensbaum und Lebenswasser. Altorientalische Mythen* ("Ex Oriente Lux", I, cad. 2-3, Leipzig, 1905); E. W. HOPKINS, *The Fountain of Youth* ("Journal American Oriental Society", vol. 26, 1905), pp. 1-67; ISRAEL FRIENDLAENDER, *Die Chadirlegende und der Alexanderroman* (Leipzig, 1913); UNO HOLMBERG, *Der Baum des Lebens* (Helsink, 1923); H. BERGEMA, *De Boom des Levens*, pp. 238 ss.

Sobre a origem divina dos simples e das plantas mágicas: M. ELIADE, *Ierburile de sub Cruce* (separata da "Revista Fundatülor Regale", nov. 1939), pp. 4 ss.; Id., *La mandragore et les mythes de la "naissance miraculeuse"* ("Zalmoxis", III, 1942), pp. 1-48, 22 ss.; F. ORTH, *Herba, Gratia plena. Die Legenden der älteren Segensprüche über den göttlichen Ursprung der Heil- und Zauberkräute* (Folklore Fellows' Communications - FFC nº 82, Helsink, 1929); A. DELATTE, *Herbarius. Recherches sur le cérémonial usité chez les anciens pour la cueillette des simples et des plantes magiques* (2ª ed., Liège-Paris, 1938).

Sobre a lenda e a iconografia da madeira da Cruz: A. WÜNSCHE, *Lebensbaum*, pp. 23 ss.; ARTURO GRAF, *Miti leggende e superstizioni del Medio Evo* (Turim, 1925), pp. 61 ss. (bibliografia, p. 126, nota 6); N. CARTOJAN, *Cartile populare in literatura romanesca*, I (Bucareste, 1929), p. 123; BERGEMA, *op. cit.*, pp. 503 ss.; L. WALK, *Lebensbaum-Kreuzesbaum*, II. Kirchenkunst ("Osterr. Zeitschrift f. Pflege religiöser Kunst", IX), pp. 53-7; J. BALTRUSAITIS, *Quelques survivances des symboles solaires dans l'art du Moyen Age* ("Gazette des Beaux-Arts", VI período, t. XVII), pp. 75-82; A. NAVA, *"Albero di Jesse" nella cattedrale d'Orvietto e la pittura bizantina* ("Rivista del R. Istituto d'Archeologie e Storia dell'Arte", V), pp. 363-76; W. L. HILDBURGH, *A medieval brass pectoral Cross* ("Art Bulletin", XIV, 1932), pp. 79-102; A. DETERING, *Die Bedeutung der Eiche seit der Vorzeit* (Leipzig, 1939), p. 126, fig. 51.

Sobre a Árvore da Vida como eixo universal: HOLMBERG, *Baum des Lebens*, pp. 26 ss.; Id., *Finno-Ugric Mythology*, p. 338; A. COOMARASWAMY, *Elements of Buddhist Iconography* (Harvard University Press, 1935), p. 82; P. MUS, *Barabudur*, I (Hanoi-Paris, 1935), pp. 117 ss., 440 ss.; M. GRANET, *La pensée chinoise* (Paris, 1935), p. 324; G. LECHER, *The Tree of Life in Indo-European and Islamic Cultures*

("Ars Islâmica", IV, 1937), pp. 369-416; R. BAUERREISS, *Arbor Vitae. Der "Lebensbaum" und seine Verwendung in Liturgie, Kunst und Brauchtum des Abendlandes* (Munique, 1938); M. ELIADE, *Le chamanisme*, pp. 244 ss. Ver bibliografia sobre as árvores xamânicas etc. no capítulo II, "O céu...".

Sobre a Árvore Cósmica: A. H. KRAPPE, *The Science of Folklore* (Londres, 1930), p. 233; C. HENTZE, *Mythes et symboles lunaires* (Antuérpia, 1932), pp. 155 ss.; G. WILKE, *Der Weltenbaum und die beiden Kosmichen Vögel in der vorgeschichtlichen Kunst* ("Manuus", 14, 1922), pp. 73-99.

Sobre a árvore celeste: 1 Enoque, 24-25; L. SAINEANU, *Basmele Românilor* (Bucareste, 1898), pp. 449-57; M. ELIADE, *Le chamanisme*, pp. 51 ss., 160 ss.; E. EMSHEIMER, *Schamanentrommel und Trommelbaum* ("Ethnos", 1946, 4), pp. 166-81.

Sobre a descendência mítica a partir de uma espécie vegetal: E. VOLHARDT, *Kannibalismus* (Stuttgart, 1939), pp. 466 ss.; G. J. ENGELMANN, *Die Geburt bei den Urvölkern. Eine Darstellung der Entwicklung der heuting Geburtskunde aus den natürlichen Gebräuchen aller Rassen* (Viena, 1884), pp. 77 ss.; E. S. HARTLAND, *Primitive Paternity. The Myth of Supernatural Birth in Relation to the History of the Family*, I (Londres, 1909), pp. 44 ss.; BERTEL NYBERG, *Kind und Erde* (Helsink, 1931), pp. 207 ss.; C. HENTZE, *Mythes et symboles lunaires*, pp. 155 ss.; A. H. KRAPPE, *La Genèse des mythes* (Paris, 1938), pp. 278 ss.; A. VAN GENNEP, *Mythes et légendes d'Australie* (Paris, 1906), pp. 14 ss.; N. MATSUMOTO, *Essai sur la mythologie japonaise* (Paris, 1929), pp. 120 ss.; J. PRZYLUSKI, *Un ancien peuple du Penjab: les Udumbara* ("Journal Asiatique", 1926), pp. 25-36; P. C. BAGCHI, *Pre-Aryan and pre-Dravidian in Indian* (Calcutá, 1929), p. 154; J. PRZYLUSKI, *Les Empalés* ("Mélanges Chinois et Bouddhiques", IV, Bruxelas, 1936), pp. 1-51; M. ELIADE, *Ierburile de sub Cruce;* Id., *La mandragore et les mythes de la naissance miraculeuse* ("Zalmoxis", III, 1940-42), pp. 3-48. Os textos iranianos relativos ao nascimento de Mashyagh e Mashyânagh da planta *rîvâs* foram recolhidos e traduzidos por A. CHRISTENSEN, *Le premier homme et le premier roi dans l'histoire légendaire des iraniens*, I (Uppsala, 1918), pp. 21 ss., 73 etc.

Sobre a árvore como protetora das crianças e "curadora": B. NYBERG, *Kind und Erde*, pp. 195 ss.

Sobre a transformação em planta da heroína assassinada ardilosamente: L. SAINEANU, *Basmele Românilor*, pp. 307 ss.; E. COSQUIN, *Les contes indiens et l'Occident* (Paris, 1922), pp. 84 ss.; M. ELIADE, *Ierburile de sub Cruce*, pp. 15 ss.; Id., *La Mandragore...*, pp. 34 ss.

Sobre a concepção por frutos e flores: bibliografia em BOLTE e POLIVKA, *Anmerkungen zu den Kinder und Hausmärchen der Brüder Grimm* (I-IV, Leipzig, 1913-30), II, 125, IV, 257; PENZER, *Pentamerone* (Londres, 1932), pp. 158 ss.; STITH THOMPSON, *Motif-Index of Folk-Literature*, V (Helsink, 1935), pp. 302 ss.

Sobre o casamento das árvores: FRAZER, *The Golden Bough* (ed. abrev.), pp. 114 ss.; RICHARD SCHMIDT, *Liebe und Ehe in alten modernen Indien* (Berlim, 1904), pp. 406 ss.; B. NYBERG, *op. cit.*, pp. 195 ss.; J. BOULNOIS, *Le caducée et la symbolique dravidienne indo-méditerranéenne de l'arbre de la pierre, du serpent et de la déesse-mère* (Paris, 1939), pp. 8 ss.; J. ABBOT, *The keys of power. A study of Indian ritual and belief* (Londres, 1932), pp. 335 ss.

Sobre as cerimônias do "maio", cf. os trabalhos de MANNHARDT, FRAZER, J. J. MEYER e WALDEMAR LIUNGMAM citados no texto; cf. também: ARNE RUNEBERG, *Witches, Demons and Fertility Magic* (Helsingfors, 1947).

Sobre a festa do Holi: W. CROOKE, *The Holi: a vernal festival of the Hindus* ("Folk-Lore", vol. 25), pp. 55-83; Id., *Popular Religion and Folklore of Northern India* (Londres, 1894), pp. 342 ss. (2ª ed., II, pp. 197, 318); J. J. MEYER, *Trilogie*, I (*Kâma*), pp. 16 ss., com rica bibliografia.

Sobre o enterro do Carnaval, a expulsão da "morte", a luta entre o verão e o inverno: FRAZER, *The Dying God* (trad. fr. *Le dieu qui meurt*, Paris, 1931); LIUNGMAN, *Traditionswanderungen: Euphrat-Rhein*, I-II (Helsink, 1934-38, Folklore Fellows' Communications – FFC nºs 118-119); Id., *Traditionswanderungen: Rhein-Jenissei. Eine Untersuchung über das Winter- und Todaustragen und einige hierhergehörige Bräuche*, I (FFC nº 129, Helsink, 1941); Id., *Der Kampf zwischen Sommer und Winter* (FFC nº 130, Helsink, 1941); J. J. MEYER, *Trilogie*, I, pp. 199 ss.

IX. A agricultura e os cultos da fertilidade

Estado das questões e bibliografia

Uma data importante na história dos cultos da vegetação e da agricultura é marcada pela publicação da obra de W. MANNHARDT, *Wald- und Feldkulte*, I, II (Berlim, 1875-77; 2ª ed. 1904-05). É uma verdadeira mina de documentos folclóricos e etnográficos recolhidos, classificados e interpretados pelo especialista alemão em apoio à sua hipótese sobre os "demônios da vegetação". Um volume de estudos complementares, *Mythologische Forschungen* (Estrasburgo, 1884), foi publicado pouco depois de sua morte. Os contemporâneos demoraram muito para aquilatar a importância das hipóteses de Mannhardt. Como diz J. J. Meyer no posfácio de sua *Trilogie*, III, p. 284, o germanista Franz Pfeiffer escrevera que o autor da *Wald- und Feldkulte* não passava de "um simples colecionador de fichas", e a maior parte dos especialistas nem se deu ao trabalho de lê-la. É provável que a teoria de Mannhardt nunca tivesse se popularizado sem o reforço massivo que lhe deu a obra de Sir James Frazer. Foi graças, em primeiro lugar, à imensa erudição de Frazer e a seu real talento literário que a moda dos "demônios de vegetação" conseguiu dominar os estudos de etnografia e de história das religiões até as vésperas da Primeira Guerra Mundial. Foi por meio de *The Golden Bough* (*O Ramo de Ouro*) que as pesquisas de Mannhardt levaram a melhor. A primeira edição de *The Golden Bough* foi publicada em dois volumes, em 1891; a segunda edição, em três volumes, em 1900, e a terceira, em doze volumes, entre 1911 e 1918 (esta última reeditada muitas vezes e traduzida para o francês por Pierre Sayn e H. Peyre, Paris, P. Geuthner, 1927-35). Uma versão abreviada e sem notas apareceu em 1924 (tradução francesa por Lady Frazer, Geuthner, 1924). Em 1937 foi publicado um tomo complementar, *Aftermath*. Os volumes da série *The Golden Bough* que se ocupam mais especialmente dos ritos e mitos da vegetação e da agricultura são *Adonis, Attis, Osiris* (2 vols., trad. fr., 1926, 1934), e *Spirits of the Corn and of the Wild* (trad. fr. *Esprits des blés et des bois*, 2 vols., 1935). Vale lembrar o veredicto de GOLDENWEISER (*Anthropology*, Londres, 1937, p. 531) sobre *The Golden Bough*: "Sem interesse como teoria, indispensável como coleção de materiais sobre a religião primitiva." Cf. também: C. W. VON SYDOW, *The Mannhardtian Theories about the Last Sheaf and the Fertility Demons from a Modern Critical Point of View* ("Folk-Lore", XLV, 1934, pp. 295-309).

O problema do sagrado na vegetação e nos rituais agrários continuou a ser discutido muito depois do aparecimento do *corpus* de Frazer. Limitamo-nos a mencionar algumas das publicações mais importantes:

A. V. RANTASALO, *Der Ackerbau im Volksaberglauben der Finnen und Esten mit entsprechenden Gebräuchen der Germanen verglichen*, 5 vols. (FFC n°s 30, 31, 32, 55, 62, Sortavala-Helsink, 1919-25), rico material em parte inédito; JAN DE VRIES, *Contributions to the Study of Othin Especially in his Relation to Agricultural Practices in Modern Popular Lore* (FFC nº 94, Helsink, 1931); J. J. MEYER, *Trilogie altindischer Mächte und Feste der Vegetation*, 3 vols. (Zurique-Leipzig, 1937), que utiliza em primeiro lugar documentos purânicos e numerosos paralelos etnográficos (cf. também a análise crítica de W. RUBEN, "Anthropos", 1939, pp. 463 ss.); WALDEMAR LIUNGMAN, *Traditionswanderungen*: *Euphrat-Rhein*, I-II (Helsink, 1937-38), esp. pp. 103 ss., 1027 ss. O interesse da obra de Liungman está menos nos materiais que utiliza (esse especialista sueco depende quase exclusivamente da documentação de Frazer) do que na crítica que faz à hipótese de Mannhardt-Frazer (continuando, sob esse aspecto, as críticas de A. Lang, Anitschkoff, A. Haberlandt, Von Sydow e outros) e em seu esforço para isolar a "história" da difusão dos ritos e mitos agrários desde o Oriente arcaico até o norte germânico. Devemos acrescentar, entretanto, que essa "história" nem sempre nos parece convincente.

MANNHARDT (*Wald- und Feldkulte*, 2ª ed., vol. I, pp. 1-155) baseia sua hipótese da existência de um "espírito da árvore" (Baumseele) nos seguintes fatos: 1º) na tendência geral de comparar o cosmos e o homem a uma árvore; 2º) no costume de ligar o destino de um homem à vida de uma árvore; 3º) na crença primitiva de que a árvore não é só a morada do "espírito da floresta" (Waldgeist) mas também a habitação dos outros gênios, benignos ou hostis, alguns dos quais (por exemplo, as hamadríades) têm sua vida ligada de maneira orgânica à vida da árvore; 4º) no costume de punir os criminosos nas árvores. Os "espíritos" individuais das árvores fundem-se num espírito coletivo da floresta, segundo Mannhardt (*ibid.*, I, p. 604).

Mas, como observa Liungman (I, 336), essa "coletivização" ou "totalização" dos "espíritos" individuais não é, de modo algum, deduzida dos fatos. Mannhardt procedeu segundo a orientação racionalista, associacionista, de sua época. Recriou à sua maneira, por uma série de combinações artificiais, o fenômeno que se propunha explicar; o "espírito da árvore" teria dado origem a um "espírito da floresta", que, por sua vez, teria se fundido com o "espírito do vento" e produzido um "espírito geral da vegetação". Mannhardt (*ibid.*, I, pp. 148 ss.) julga poder provar essa nova síntese pela presença, nos campos de trigo, de certos gênios florestais – como as "damas verdes", a Holzfräulein etc. Mas essas associações de gênios silvestres com "espíritos" agrários são fortuitas e, no fim das contas, nada provam. Aliás, a reconstrução arbitrária do grande espírito da vegetação não termina com a coalescência dos "espíritos" agrário-florestais. Mannhardt afirma que o gênio vegetal (ou seja, a Baumseele) que, como demônio da vegetação, encarna numa árvore, se transforma numa personificação da primavera ou do verão e é também designado por esses nomes (*ibid.*, I, p. 155). Na realidade, todas essas estruturas míticas correspondem a intuições originais e não se deduzem analiticamente uma da outra. Cada uma dessas estruturas míticas é dependente de um ritual específico e este é justificado por uma teoria religiosa geral. Liungman (*op. cit.*, I, 341) tem razão em propor, em vez do "demônio da vegetação" de Mannhardt, uma *força* sagrada "especializada" na vegetação; diríamos nós, uma hierofania vegetal. O sacrifício das divindades da vegetação derivaria, segundo Liungman, de sacrifícios feitos para regeneração de uma força sagrada e, em primeiro lugar, do "sacrifício do filho" (*ibid.*, I, p. 342). Convém também considerar a crítica que o estudioso sueco faz às hipóteses de Mannhardt e Frazer quanto à existência de um "demônio da vegetação", de origem especificamente germânica; pois, pergunta ele, como explicar então o fato de os ritos e as crenças que se relacionam com esse "demônio" serem mais frequentes no sul do que no norte dos territórios germânicos? Liungman pensa poder extrair as crenças germânicas de um modelo oriental, por sua vez derivado de influências meridionais que teriam se exercido na época das grandes migrações – tese que, entretanto, ele não consegue provar.

O especialista sueco crê que a origem dos sacrifícios humanos feitos em benefício da colheita deve ser buscada no Egito e sobretudo nos rituais pré-osíricos, cujas formas mais antigas ele reconstitui do seguinte modo: nos tempos pré-históricos, envolviam um homem num feixe de papiro (protótipo da coluna *ded*) e cortavam-lhe a cabeça; o corpo era jogado na água ou esmagado, ou então jogavam em um lago o órgão gerador e enterravam o corpo nos campos. Um combate ritual entre dois grupos acontecia durante o sacrifício. Uma forma mais recente do ritual identificava Osíris, "o Velho", com o homem amarrado no feixe, decapitado ou lacerado, e Seth, a personificação da seca, com aquele que o matava ou o lançava à água. Cumpria-se a vingança de Osíris sacrificando um animal que representava Seth (bode, pato, talvez porco, lebre etc.). Essas cerimônias tinham lugar no fim da colheita (meados de maio). A subida das águas do Nilo começava em 17 de junho – no plano mítico, Ísis estava então procurando Osíris. Os homens reuniam-se na margem e choravam o deus morto. Era talvez nessa mesma circunstância que se realizava o passeio ritual das barcas iluminadas no Nilo. No começo de agosto, Ísis ("a noiva do Nilo"), representada por uma coluna cônica com o topo guarnecido de espigas, era simbolicamente fecundada pela destruição das barragens do Nilo. A deusa concebia Hórus. Depois Toth reunia os fragmentos do corpo de Osíris: assim o deus era recuperado. Comemorava-se o acontecimento cultivando os "jardins de Osíris". A preparação e o semeio rituais dos "jardins" realizavam-se no começo de novembro, e a germinação das sementes revelava o renascimento de Osíris.

É partindo desses ritos, reproduzidos mais ou menos integralmente na costa da Síria, na Mesopotâmia, Anatólia e Grécia, que todos os cerimoniais e atuações agrícolas do mundo inteiro teriam se propagado, não só na Antiguidade como também, mais tarde, por meio do cristianismo e do islamismo (Liungman, *Euphrat-Rhein*, I, pp. 103 ss.). As populações germânicas e eslavas teriam assimilado o ritual agrícola no contato com a Europa oriental e balcânica (ver, no mesmo sentido, O. GRUPPE, *Griechische Culte*, § 26, pp. 181 ss.; e *Geschichte der Klass. Mythologie*, § 77, pp. 190 ss.).

A hipótese de Liungman abre novas perspectivas para o estudo das cerimônias e das crenças agrárias, mas, ao passo que pode ser verificada no âmbito europeu e afro-asiático, dificilmente consegue explicar os cenários americanos. O que podemos aceitar das pesquisas do especialista sueco é a origem oriental (Egito, Síria, Mesopotâmia) do cerimonial agrícola concebido como sacrifício de regeneração integrado num roteiro dramático. Ver também: A. MORET, *Rituels agraires de l'ancien Orient* ("Mélanges Capart", Bruxelas, 1935), pp. 311-42; A. M. BLACKMAN, *Osiris as the Maker of Corn* ("Studia Aegyptiaca" I, 1938); sobre os fatos indianos e sobre o simbolismo da "morte do trigo" ver ANANDA COOMARASWAMY, *Atmayajnâ*: *Self-sacrifice* ("Harvard Journal of Asiatic Studies", VI, 1942), esp. pp. 362-3).

Resta verificar se o costume quase universal de identificar um animal (cabra, porco, cavalo, bode, gato, raposa, galo, lobo etc. – Frazer, *Spirits of the Corn*, I, pp. 207-305; Rantasalo, V, pp. 46 ss.) com o último feixe, de fazer com as últimas espigas um boneco que se assemelha ao animal do qual passa a ter o nome e que é uma personificação do poder da colheita e do "espírito dos cereais" – se esses costumes e ritos (a morte simbólica do animal) podem ser derivados do arquétipo egípcio ou oriental. Sabemos que Frazer explica a identificação do "espírito do trigo" com um animal pela associação que os primeiros lavradores teriam feito entre os animais escondidos na plantação e que fugiam quando as últimas espigas eram ceifadas e o poder mágico da vegetação (*The Golden Bough*, pp. 447 ss.; *Spirits of the Corn*, I, pp. 270 ss.). Mas o especialista inglês não consegue explicar-nos como cavalos, bois, lobos e outros animais poderiam esconder-se nos campos.

Também sua hipótese de que as divindades da vegetação do mundo antigo foram concebidas originariamente como animais (Dioniso como bode ou touro, Átis e Adônis como porco etc.) é apenas a criação arbitrária de uma mente racionalista. Por sua vez, Liungman crê que esses animais, que com o tempo chegaram a personificar o "poder" ou "espírito" da colheita, são apenas formas tardias, em geral esvaziadas de seu sentido original, dos animais sethianos sacrificados em benefício da colheita para vingar a morte de Osíris por Seth. O especialista sueco explica assim o sacrifício dos animais vermelhos, particularmente dos touros no Egito: os pelos vermelhos eram um atributo de Seth e, portanto, os que os tinham eram identificados com ele e imolados para vingar a morte de Osíris (*op. cit.*, I, p. 263). O touro sacrificado na Grécia (nas Bufônias etc.), a forma esquematicamente taurina dada na Europa ao último feixe ou suas designações taurinas, o boi sacrificado e consumido na França durante a colheita, a laceração ou o sacrifício dos bodes nas ceifas, o sacrifício do porco (Egito; na Áustria e na Suíça o último feixe é chamado "porca"), a morte ritual dos cães de pelagem vermelha, das raposas etc. – tudo isso seria devido, segundo Liungman, à transmissão direta ou indireta do sacrifício dos animais sethianos.

Não nos parece que os fatos confirmem a hipótese em todos os lugares. O sacrifício do touro e do boi, por exemplo, tem raízes na Pré-História mediterrânica, na qual não é possível pensarmos numa influência do drama osírico. Não se pode duvidar do sentido cosmogônico desses sacrifícios, e sua realização no contexto do cerimonial agrário explica-se pela simetria mística que se verifica sempre entre qualquer ato de criação e a criação arquetípica, a cosmogonia. A força genésica do touro, do bode, do porco explica satisfatoriamente o sentido do sacrifício nas cerimônias agrárias em geral; a energia fertilizante, concentrada nesses animais, é liberada e espalhada pelos campos. O mesmo complexo explica a frequência das orgias ou dos rituais eróticos nas festas agrícolas. Quanto à tentativa de Liungman de reconstituir o ritual pré-osírico, ela não explica nem a divindade de Osíris nem a origem do mito osírico. A diferença entre a encenação dramática egípcia que ocorria no momento da colheita e o drama de Osíris é tão grande como a que existe entre um adultério e *Madame Bovary* ou *Anna Karenina*. O mito, como o romance, significa em primeiro lugar um ato de criação autônomo do espírito (cf. § 158).

Para uma interpretação diferente das cerimônias agrárias ver A. LOISY, *Essai historique sur le sacrifice* (Paris, 1920), pp. 235 ss. WESTERMARCK – *L'origine et le développement des idées morales* (trad. fr., vol. I, 1928), pp. 451 ss. – explica o sacrifício dos khonds pelo "princípio de substituição", fórmula cômoda mas sumária, que não considera a complexidade do fenômeno.

Sobre o Meriah: L. DE LA VALLÉE-POUSSIN, *Indo-européens et indo-iraniens* etc. (Paris, 1936), pp. 375-99.

Sobre a influência dos mortos na agricultura: FRAZER, *The Belief in Immortality*, I (Londres, 1913), pp. 247 ss.; Id., *La Crainte des morts* (trad. fr.), I, pp. 75 ss., 101 ss., 110 ss., 170 ss.

Sobre as relações entre as festas agrárias e o casamento, a sexualidade etc.: H. K. HAEBEERLIN, *The Idea of Fertilization in the Culture of the Pueblo Indians* ("American Anthropological Association, Memoirs", vol. III, 1916), pp. 1 ss.; M. GRANET, *Fêtes et chansons anciennes de la Chine* (Paris, 1920), pp. 177 ss.; B. MALINOWSKI, *Coral Gardens and their Magic* I (Londres, 1935), pp. 110 ss., p. 119 (pureza sexual e trabalhos agrícolas), 219 ss. (magia da prosperidade).

Sobre a analogia campo-mulher: GASTER ("Archiv Orientální", V, 1933), p. 119; Id., *A Canaanite Ritual Drama* ("Journal of American Oriental Society", vol. 66), pp. 49-76.

Sobre a mística telúrica e a "mecânica espiritual" que obrigam aqueles que aderem totalmente ao regime noturno do espírito a se decompor em subterrâneos (como é o caso, por exemplo, da seita moderna dos "inocentistas" na Rússia e na Romênia), cf. nosso livro *Mitul Reintegrării* (Bucareste, 1942), pp. 24 ss.

Sobre os ritos obscenos em relação com a agricultura: MANNHARDT, *Myth. Forsch.*, pp. 142-3; Id., *Wald-und Feldkulte*, I, pp. 424-34;

Id., "Revue Hispanique", vol. 56, p. 265; Id., "Revue des Études Slaves", vol. 3, p. 86.

Sobre a fertilização dos campos pelos carros sagrados: ED. HAHN, *Demeter und Baubo* (Lubeck, 1896), pp. 30 ss.; U. HAHN, *Die deutschen Opfergebrauche bei Ackerbau und Viehzucht* ("Germanistische Abhandlungen", de K. Weinhold, cad. 3); E. A. ARMSTRONG, *The Ritual of the Plough* ("Folklore", vol. 54, 1943, nº 1); F. ALTHEIM, *Terra Mater* (Giessen, 1931); H. RYDH, *Seasonal Fertility Rites and the Death Cult in Scandinavia and China* ("Bulletin of the Museum of Far Eastern Antiquities", nº 3, Estocolmo, 1931), pp. 69-98.

Sobre a origem e a difusão das culturas agrícolas europeias: P. LAVIOSA ZAMBOTTI, *Le più antiche culture-agricole europee* (Milão, 1943); Id., *Origini e diffusione della civiltà* (Milão, 1947), pp. 175 ss.

Ver também as bibliografias dos capítulos VII, "A Terra...", e VIII, "A vegetação...".

X. O espaço sagrado: templo, palácio, "centro do mundo"

Generalidades sobre o espaço sagrado: G. VAN DER LEEUW, *Phänomenologie der Religion* (Tübingen, 1933), pp. 369 ss.; R. GUARDINI, *Von heiligen Zeichen*, pp. 71 ss.; W. BOGORAS, *Ideas of Space and Time in the Conception of Primitive Religion* ("American Anthropologist", N. S., vol. 27, 1917), pp. 205-66; H. NISSEN, *Orientation* (1906-10), *passim*; M. GRANET, *La pensée chinoise*, pp. 91 ss.; J. CUILLANDRE, *La droite et la gauche dans les poèmes homériques* (Paris, 1941); J. SOUSTELLE, *La Pensée cosmologique des anciens Mexicains* (Paris, 1940), pp. 56 ss.; P. DEFFONTAINES, *Géographie et Religion* (Paris, 1948).

Sobre os rituais de construção: PAUL SARTORI, *Über das Bauopfer* ("Zeitschrift fur Ethnologie", XXX, 1898), pp. 1-54; P. SÉBILLOT, *Les travaux publics et les mines dans les traditions et les superstitions de tous les pays* (Paris, 1894), pp. 85-120; Id., *Le Folklore de France*, IV (Paris, 1907), pp. 89-99; M. ELIADE, *Comentarii la legenda Mesterului Manole* (Bucareste, 1943), bibl. recente e esp. pp. 37 ss.; G. COCCHIARA, *Il Ponte di Arta e i sacrifici di costruzione* ("Annali del Museo Pittrè", Palermo, 1950), pp. 38-81.

Sobre a *circumambulatio*: P. SAINTYVES, *Le tour de la ville et la chute de Jéricho* (em *"Essais de Folklore biblique"*, Paris, 1923), pp. 177-204; W. PAX, em *Wörter und Sachen*, vol. 18, 1937, pp. 1-88; P. MUS, *Barabudur* I (Hanói, 1935), pp. 68 ss., 94, *passim*.

Sobre o mandala: M. W. DE VISSER, *Ancient Buddhism in Japan*, I (Paris, 1929), pp. 159-75; H. ZIMMERN, *Kunstform und Yoga* (Berlim, 1926), pp. 94 ss.; G. TUCCI, *Il simbolismo archittectonico dei tempi di Tibet Occidentale* ("Indo-Tibetica", III-IV, Roma, 1938); Id., *Teoria e pratica del mandala* (Roma, 1949, trad. ingl., Londres, 1961); E. SUZUKI, *Mandara* ("Eastern Buddhism", vol. VII, 1936); M. ELIADE, *Techniques du Yoga* (Paris, 1948), pp. 185 ss.; Id., *Le Yoga* (Paris, 1954), pp. 223 ss.

Sobre o *mundus*: L. DEUBNER, *Mundus* ("Hermes", vol. 58, 1933), pp. 276-87; HEDBUND, *Mundus* ("Eranos", vol. 31, 1933), pp. 53-70; A. H. ALLCROFT, *The Circle and the Cross* (Londres, 1927), *passim;* F. ROBERT, *Thymélé. Recherches sur la signification et la destination des monuments circulaires dans l'architecture religieuse de la Grèce* (Paris, 1939), pp. 181, 255, *passim.*

Sobre o simbolismo do "centro": M. ELIADE, *Cosmologie si alchimie babiloniana* (Bucareste, 1937), pp. 31 ss.; Id., *Comentarii* (Bucareste, 1943), pp. 72 ss.; Id., *Le Mythe de l'éternel retour*, cap. I; W. GAERTE, *Kosmische Vorstellungen im Bilde prähistorischer Zeit: Erdberg, Himmelsberg, Erdnabel und Weltströme* ("Anthropos", IX, 1914), pp. 956-79; ERIC BURROWS, *Some cosmological patterns in Babylonian religion* (em *The Labyrinth*, ed. S. H. Hooke, Londres, 1935), pp. 45-70; A. J. WENSINCK, *The Ideas of the Western Semites Concerning the Navel of the Earth* (Amsterdã, 1916); TH. DOMBART, *Der Sakralturm, I: Ziqqurat* (Munique, 1920); W. F. ALBRIGHT, *The Mouth of the Rivers* ("The American Journal of the Semitic Languages and Literatures", vol. 35, 1919), pp. 161-95.

Sobre o *omphalós*, ver a bibliografia do capítulo VI, "As pedras sagradas…".

Sobre a Árvore Cósmica, ver a bibliografia do capítulo VIII, "A vegetação…".

Sobre o labirinto: W. F. JACKSON KNIGHT, *Cumaean Gates. A Reference of the Sixth Aeneid to Initiation Pattern* (Oxford, 1936); KARL KE-

RÉNYI, *Labyrinth-Studien* ("Albae Vigilae", XV, Amsterdã-Leipzig, 1941).

Sobre os rituais labirínticos em Malekula: A. BERNARD DEACON, *Malekula. A vanishing people of the New-Hebrides* (Londres, 1936), pp. 552 ss.; JOHN LAYARD, *Stone Men of Malekula* (Londres, 1942), pp. 340 ss., 649 ss.

XI. O tempo sagrado e o mito do eterno recomeço

G. VAN DER LEEUW, *Phänomenologie der Religion*, pp. 172 ss., 360 ss., 554 ss.; Id., *L'homme primitif et la religion, passim;* G. DUMÉZIL, *Temps et Mythes* ("Recherches Philosophiques", V, 1935-36), pp. 235-51; H. REUTER, *Die Zeit: eine religionswissenschaftliche Untersuchung* (diss. Bonn, 1941); ANANDA K. COOMARASWAMY, *Time and Eternity* (Ascona, 1947); H. HUBERT e M. MAUSS, *La représentation du temps dans la religion et la magie* ("Mélanges d'histoire des religions", 1909, pp. 190-229); P. SAINTYVES, *Les notions de temps et d'éternité dans la magie et la religion* ("Rev. Hist. Rel.", vol. 79, 1919, pp. 75-104); M. P. NILSSON, *Primitive Time Reckoning* (Reg. Societas Humaniorum Letterarum Lundensis, Acta I, Lund, 1920); E. CAVAIGNAC, *Calendriers et fêtes religieuses* ("Rev. Hist. Rel.", 1925), II, pp. 8 ss.; M. GRANET, *Danses et légendes de la Chine ancienne* (Paris, 1928), pp. 114 ss., 230 ss.; LÉVY-BRUHL, *Le Surnaturel et la Nature dans la mentalité primitive* (Paris, 1931), *passim;* R. DANGEL, *Tagesanbruch und Weltenstehung* ("Studi e Materiali di Storia delle Religioni", XIV, 1938), pp. 65-81; F. R. LEHMANN, *Weltuntergang und Welterneuerung im Glauben schriftloser Völker* ("Zeitschrift für Ethnologie", LXXI, 1939), pp. 103-15; J. SOUSTELLE, *La Pensée cosmologique des anciens Mexicains* (Paris, 1940), pp. 79 ss.; MAURICE LEENHARDT, *Do Kamo. La Personne et le Mythe dans le monde mélanésien* (Paris, 1947), pp. 96 ss.; G. VAN DER LEEUW, *Urzeit und Endzeit* ("Eranos-Jahrbuch", 1950, XVII), pp. 11-51; H. CH. PUECH, *La Gnose et le Temps* ("Eranos Jahrbuch", 1951, XVIII), pp. 57-113.

ALFRED JEREMIAS, *Handbuch der altorientalischen Geiteskultur* (2ª ed., Berlim, 1929), pp. 239 ss., 295 ss., 313 ss.; A. J. JOHNSON, *The Role of the King in the Jerusalem Cultus* (em *The Labyrinth*, ed. S. H. Hooke, Londres, 1938), pp. 73-111; J. CARCOPINO, *Virgile et le mys-*

tère de la IV églogue (ed. rev. e aumentada, Paris, 1943); A. CHRISTENSEN, *Le premier homme et le premier roi dans l'histoire légendaire des Iraniens*, I-II (Uppsala, 1918-34); G. DUMÉZIL, *Le Problème des Centaures* (Paris, 1929); LEHMANN e PEDERSEN, *Der Beweis für die Auferstehung im Koran* ("Der Islam", V), pp. 54-61; A. J. WEINSINCK, *The semitic New Year and the origin of eschatology* ("Acta Orientalia", I, 1923), pp. 158-99; J. MARQUART, *The Nawrôz, its History and Significance* (trad. ingl. do orig. al. publ. em "Dr. Modi Memorial Volume", pp. 709-65); "Journal of the Cama Oriental Institute", 31(Bombaim, 1937); J. SCHEFTELOWITZ, *Die Zeit als Schicksalsgottheit in der indischen und iranischen Religion* (Stuttgart, 1929); J. HERTEL, *Das Indogermaniche Neujahrsopfer im Veda* (Leipzig, 1938); M. ELIADE, *Le mythe de l'éternel retour*, caps. II-III; Id., *Images et Symboles*, cap. II.

Sobre *akîtu, zakmuk* e o Ano-Novo na Babilônia: S. A. PALLIS, *The Babylonian Akitu Festival* (Copenhague, 1926); H. ZIMMERN, *Zum babylonischen Neujahrsfest*, 1-2 ("Berichte über d. Verhandl. d. Kgl. Sachs. Gessell. d. Wiss." 58, 3; 70, 5, Leipzig, 1906, 1918); J. G. FRAZER, *The Scapegoat*, pp. 355 ss.; R. LABAT, *Le Caractère religieux de la royauté assyro-babylonienne* (Paris, 1939), p. 95.

XII. Morfologia e função dos mitos

Repertórios: A. H. KRAPPE, *Mythologie universelle* (Paris, 1930); Id., *La Genèse des mythes* (Paris, 1938); Id., *The Mythology of all Races* (dir. L. H. Gray e G. F. *Moore*, 13 vols., il., Boston, 1916-32); F. GUIRAND (col.), *Mythologie générale* (Paris, 1935); J. CINTI, *Dizionario mitologico* (Milão, 1935); R. PETTAZZONI, *Miti e Leggende*, I: África e Austrália (Turim, 1947), III: América.

Escola mitológica "naturista": FR. MAX MÜLLER, *Essay of Comparative Mythology* (Oxford, 1856); Id., *Contributions to the Study of Mythology* (Londres, 1896, trad. fr. *Nouvelles études de Mythologie*, Paris, 1898); W. COX, *An Introduction to the Science of Comparative Mythology* (Londres, 1881-83); ADALBERT KUHN, *Mythologische Studien*, I (Gütersloh, 1886); ANGELO DE GUBERNATIS, *Zoological Mythology* (Londres, 1872); Id., *La Mythologie des plantes ou les légendes du règne vegetal*, 2 vols. (Paris, 1878-82).

Escola mitológica "astral": ED. STUCKEN, *Astralmythen* (Leipzig, 1896--1907); E. SIECKE, *Liebesgeschichte des Himmels* (Estrasburgo, 1892); Id., *Mythologische Briefe* (Berlim, 1901); H. LESMANN, *Aufgaben und Ziele der vergleichenden Mythenforschung* (Mythologische Bibliothek, I, Leipzig, 1908); E. BÖKLEN, *Adam und Kain im Lichte der vergleichenden Mythenforschung* (Leipzig, 1907); Id., *Die Enstehung der Sprache im Lichte des Mithos* (Berlim, 1922); K. VON SPIESS, *Prähistorie und Mythos* (W. Neustadt, 1910); FR. LANGER, *Intellektual Mythologie, Betrachtungen über das Wesen des Mithos und der mythologischen Methode* (Leipzig-Berlim, 1917).

Escola mitológica, antropológica e etnográfica: ANDREW LANG, *Modern Mythology* (Londres, 1897); Id., *Myth, Ritual and Religion*, 1-2 (Londres, 1901); Id., *Custom and Myth* (nova ed., Londres, 1904); Id., *Making of Religion* (3ª ed., Londres, 1909); PAUL EHRENREICH, *Die Mythen und Legenden der Südamerikanischen Urvölker und ihre Beziehungen zu denen Nordamerikas und der alten Welt* ("Zeit. f. Ethonologie", 1905, Supl.); Id., *Die allgemeine Mythologie und ihre ethnologischen Grundlagen* (Mythologische Bibliothek, IV, 1, Leipzig, 1910); AD. E. JENSEN, *Das religiöse Weltbild einer frühen Kultur* (Stuttgart, 1948); Id., *Mythos und Kult bei Naturvölkern* (Wiesbaden, 1951).

Sobre os mitos cosmogônicos: FRANZ LUKAS, *Die Grundbergriffe in den Kosmogonien der alten Völker* (Leipzig, 1893); Id., *Das Ei als kosmogonische Vorstellung* ("Zeit. f. Vereins für Volkskunde", 1894), pp. 227-43; HERMANN GUNKEL, *Schöpfung und Chaos in Urzeit und Endzeit. Eine religionsgeschichtlische Untersuchung über Gen. I und Ap. Joh. 12* (Göttingen, 1895); H. BAUMANN, *Schöpfung und Urzeit des Menschen im Mythus der afrikanischen Völker* (Berlim, 1936); F. KIICHI NUMAZAWA, *Die Weltfänge in der japanischen Mythologie* (Lucerna-Paris, 1946).

Monografias sobre diversos sistemas mitológicos: F. H. CUSHING, *Outlines of Zuni Creation Myths* ("Bulletin of the Bureau of Ethnology", vol. 13, Washington, 1896); FR. BOAS, *Tsimshian Mythology* ("Bulletin of the Bureau of Ethnology", vol. 31, Washington, 1916); AD. E. JENSEN, *Hainuwele* (Frankfurt, 1939); A. A. MACDONELL, *Vedic Mythology* (Estrasburgo, 1897); E. W. HOPKINS, *Epic Mythology* (Estrasburgo, 1915); J. G. FRAZER, *Myths of the Origin of Fire* (Londres, 1930, trad. fr.); L. H. GRAY (ed.), *The Mythology of all Races*, 13 vols., 1916-32.

Sobre a mitologia grega e a estrutura dos mitos gregos: O. GRUPPE, *Griechische Mythologie und Religionsgeschichte* I-II (Munique, 1906); Id., *Geschichte der Klassischen Mythologie und Religionsgeschichte* (Leipzig, 1921); H. J. ROSE, *A Handbook of Greek Mythology including its extension to Rome* (Londres, 1928); MARTIN P. NILSSON, *The Mycenian Origin of Greek Mythology* (Cambridge, 1932); FRANZ DORNSEIFF, *Die arcaische Mythenerzählung* (Berlim, 1933); PIERRE-MAXIME SCHUHL, *Essai sur la formation de la pensée grecque* (Paris, 1934); WILHELM NESTLE, *Vom Mythos zum Logos* (Stuttgart, 1940); KARL FEHR, *Die Mythen bei Pindar* (Zurique, 1936); P. FRUTIGER, *Les mythes de Platon* (Paris, 1930); MARIO UNTERSTEINER, *La fisiologia del mito* (Milão, 1946); H. J. ROSE, *Modern Methods in Classical Mythology* (St. Andrews, 1930); C. G. JUNG e K. KERÉNYI, *Einführung in das Wesen der Mythologie* (Amsterdã-Leipzig, 1941); K. KERÉNYI, *Mythologie und Gnosis* ("Eranos Jahrbuch", 1940-41, Zurique, 1942), pp. 157-229; Id., *Die Geburt der Helena* (Zurique, 1945); Id., *Prometheus. Das griechische Mythologem von der menschlichen Existenz* (Zurique, 1946).

Sobre os mitos e os rituais: S. H. HOOKE (col.), *Myth and Ritual* (Londres, 1934); Id., *The Myth and the ritual pattern* (em *The Labyrinth*, Londres, 1935), pp. 213-33; A. M. HOCART, *The Life-giving Myth*, pp. 263-81; C. KLUCKHOHN, *Myths and Rituals, a General Theory* ("Harvard Theological Review", vol. 35, 1942), pp. 45-79.

Sobre o pensamento mítico: BR. MALINOWSKI, *Myth in Primitive Psychology* (Londres, 1926); K. TH. PREUSS, *Der religiöse Gehalt der Mythen* (Tübingen, 1933); G. VAN DER LEEUW, *Phänomenologie der Religion* (Tübingen, 1933), esp. pp. 389 ss.; Id., *L'homme primitif et la religion* (Paris, 1930), *passim*; LUCIEN LÉVY-BRÜHL, *La Mythologie primitive. Le monde mythique des Australiens et des Papous* (Paris, 1936); ROGER CAILLOIS, *Le mythe et l'homme* (Paris, 1938); ERLAND EHNMARK, *Anthropomorphism and Miracle* (Uppsala--Leipzig, 1939); AD. E. JENSEN, *Das Weltbild einer frühen Kultur* ("Paideuma", III, 1944), pp. 1-83; MAURICE LEENHARDT, *Do Kamo. La personne et le mythe dans le monde mélanésien* (Paris, 1947), esp. pp. 220 ss.; ERNEST CASSIRER, *Die Begriffsform im mythischen Denken* (Studien d. Bibl. Wartburg, I., Leipzig, 1922); Id., *Sprache und Mithos. Ein Beitrag zum Problem der Götternamen* (Studien d. Bibl. Wartburg, 6, Leipzig, 1925); ANANDA K. COOMA-

RASWAMY, *Angel and Titan. An Essay in Vedic Ontology* ("Journal of the American Oriental Society", vol. 55, 1935), pp. 373-419; Id., *The darker side of the dawn* (Smithsonian Miscellaneous Collections, vol. 94, nº 1, Washington, 1935); Id., *Sir Gawain and The Green Knight: Indra and Namuci* ("Speculum", vol. 19, 1, 1944), pp. 2-23; Id., *On the loathly Bride* ("Speculum", vol. 20, 4, 1945), pp. 391-404; Id., *Symplegades* ("Homage to George Sarton", Nova York, 1947), pp. 463-88; M. ELIADE, *Les livres populaires dans la littérature roumaine* ("Zalmoxis", II, 1939, publ. 1941), pp. 63-75; Id., *Mitul Reintegrarii* (Bucareste, 1942); Id., *Le "dieu lieur" et le symbolisme des noeuds* ("Revue d'Histoire des Religions", t. 134, jul.-dez. 1947, republ. em *Images et Symboles*, 1952, cap. III); Id., *Le Mythe de l'Éternel Retour: Archétypes et Répétion* (1949).

Questões de metodologia: H. STEINTHAL, *Allgemeine Einleitung in die Mythologie* ("Archiv f. Religions.", vol. 3, 1900), pp. 249-73, 297-323; L. R. FARNELL, *The Value and the Methods of Mythologic Study* ("Proceedings of the British Academy", vol. 9, 1919), pp. 37-51; M. P. NILSSON, *Moderne mythologische Forschung* ("Scientia", vol. 51, 1932); J. H. ROSE, *Mythology and Pseudo-Mythology* ("Folklore", vol. 46, 1935), pp. 9-36.

XIII. A estrutura dos símbolos

Sobre o simbolismo das pedras mágicas, "pedras de raio", pedras preciosas: R. ANDREE, *Ethnographische Parallelen, Neue Folge* (Leipzig, 1889), pp. 30-41; G. F. KUNZ, *The Magic of jewels and charms* (Filadélfia-Londres, 1915), pp. 108 ss.; WALTER W. SKEAT, *"Snakestones" and stone thunderbolts as subject for systematic investigation* ("Folklore", vol. 23, 1912), pp. 45-80, esp. pp. 60 ss.; CHR. BLINKENBERG, *The Thunderweapon in Religion and Folklore* (Cambridge, 1911); W. J. PERRY, *Children of the Sun* (2ª ed., Londres, 1927), pp. 384 ss.; P. SAINTYVES, *Pierres magiques: Bétyles, haches-amulettes et pierres de foudre* (*Corpus de Folklore prehistorique*, II, 1934), pp. 7-296.

Sobre o simbolismo do jade: B. LAUFER, *Jade, A study of Chinese archaeology and religion* (Chicago, 1912); B. KARLGREN, *Some fecundity symbols in Ancient China* ("Bulletin of the Museum of Far Eastern Antiquities", nº 2, Estocolmo, 1930), pp. 1-54, esp. pp. 23 ss.; G. GIES-

LER, *Les symboles de jade dans le taoïsme* ("Rev. Hist. Rel.", t. 105, 1932), pp. 158-81.

Sobre o simbolismo da pérola: G. F. KUNZ e CH. STEVENSON, *The Book of the Pearl* (Londres, 1908); J. W. JACKSON, *Shells as evidence of the migration of early culture* (Manchester, 1917); J. ZYCAN, *Drache und Perle* ("*Artibus Asiae*", VI, 1-2, 1936); M. ELIADE, *Notes sur le symbolisme aquatique* ("Zalmoxis", II, 1939), pp. 131-52; Id., *Images et Symboles*, capítulo IV.

Sobre o simbolismo do lápis-lazúli: E. DARMSTAEDTER, *Der Babylonisch-assyrisch Lasurstein* (em *Studien zur Geschichte der Chemie. Festgabe Ed. von Lippmann*, Berlim, 1937), pp. 1-8; M. ELIADE, *Cosmologie et alchimie babyloniennes* (Bucareste, 1936, em romeno), pp. 51-8.

Sobre o simbolismo do diamante: B. LAUFER, *The Diamond. A study in Chinese and Hellenistic Folk-Lore* (Field Museum, Chicago, 1915); PENZER, *Ocean of Story*, II, p. 299; L. THORNDIKE, *A history of magic and experimental Science*, I, p. 496, II, pp. 262-3.

Sobre as "pedras ginecológicas", *aetites* etc.: G. BOSON, *I metalli e le pietre nelle iscrizioni sumero-assiro-babylonesi* ("Rivista degli Studi Orientali", VII, 1916), pp. 379-420, esp. pp. 412-3; KUNZ, *The Magic of Jewels*, pp. 173-8; LAUFER, *The Diamond*, p. 9, nota 1; J. BIDEZ e F. CUMONT, *Les Mages hellénisés* (Paris, 1938, t. II), p. 201.

Sobre o simbolismo das "pedras de serpente": W. W. SKEAT, *"Snakestones" and stone thunderbolts*; KUNZ, *The Magic of Jewels*, p. 201-40; W. R. HALLIDAY, *Of snake-stones* (em *Folklore studies, ancient and modern*, Londres, 1924), pp. 132-55; S. SELIGMANN, *Die magische Heil- und Schutzmitell* (Stuttgart, 1927), pp. 282 ss.; J. PH. VOGEL, *Indian Serpent-Lore* (Londres, 1926), pp. 25 ss., 218 ss. O. SHEPHARD, *Lore of Unicorn* (Londres, 1931), pp. 128, 131, 290-1 etc.; M. ELIADE, *Les pierres de serpents* ("Mesterul Manole", 1939, em romeno), pp. 1-12.

Sobre o simbolismo arquitetônico, ver a bibliografia do capítulo X, "O espaço sagrado...", e também: GISBERT COMBAZ, *L'évolution du stûpa en Asie: les symbolismes du stûpa* ("Mélanges chinois et bouddhiques", IV, 1935-36, Bruxelas, 1936), pp. 1-125; P. MUS, *Barabudur*, *passim*; WALTER ANDRAE, *Die ionische Säule, Bauform oder Symbol?* (1933).

Sobre o simbolismo pré-histórico e eurasiático: W. GÄRTE, *Die symbolische Verwendung des Schachbrettmusters im Altertum* ("Mannus", VI, 1914), pp. 349 ss.; G. WILKE, *Mystische Vorstellungen und symbolische Zeichen aus indoeuropeischer Urzeit* ("Mannus", VI, 1914); HANNA RYDH, *Symbolism in mortuary ceramics* ("Bulletin of the Museum of Far Eastern Antiquities", nº 1, Estocolmo, 1929), pp. 71-120; B. KARLGREN, *Some fecundity symbols in ancient China* ("Bulletin of the Museum of Far Eastern Antiquities", nº 2, Estocolmo, 1930), pp. 1-54; CARL HENTZE, *Mythes et Symboles lunaires* (Antuérpia, 1932); C. A. S. WILLIAMS, *Outlines of Chinese Symbolism and Art Motives* (Shangai, 1932); ALFRED SALMONY, *The magic ball and the golden fruit in Ancient Chinese Art* ("Art and Thought", Londres, 1947), pp. 105-9; SCHUYLER CAMMANN, *Cosmic symbolism of the Dragon Robes of the Ch'ing Dynasty* ("Art and Thought", pp. 125-9); WILLIAM SIMPSON, *The Buddhist Praying wheel. A collection of material bearing upon the symbolism of the wheel and circular movements in custom and ritual* (Londres, 1896).

Sobre o simbolismo polinésio: A. H. SAYCE e H. C. MARCH, *Polynesian Ornament a Mythograph; or a symbolism of Origin and Descent* ("Journal of the Anthropological Institute", vol. XXII, 1893), pp. 314 ss.; R. H. GREINER, *Polynesian decorative designs* (Bernice P. Bishop Museum, boletim nº 7, Honolulu, 1922).

Sobre o simbolismo oriental e romano: TH. W. DANZEL, *Symbole*, Dämonen und Heiligen Türme (Hamburgo, 1930); E. DOUGLAS VAN BUREN, *Symbols of the Gods in Mesopotamian Art* ("Analecta Orientalia", 23, Roma, 1945); FRANZ CUMONT, *Recherches sur le symbolisme funéraire des Romains* (Paris, 1942); ver também a bibliografia do capítulo VIII, "A vegetação...".

Generalidades sobre o simbolismo: R. THURNWALD, *Das Symbol im Lichte der Völkerkunde* ("Zeitschrift f. Aesthetik und allgem. Kunstwiss.", vol. 21), pp. 322-37; W. DEONNA, *Quelques réflexions sur le symbolisme* ("Rev. Hist. Rel.", t. 89, 1924), pp. 1-66; RENÉ GUÉNON, *Le symbolisme de la Croix* (Paris, 1932); E. CAILLET, *Symbolisme et âmes primitives* (Paris, 1936); LUCIEN LÉVY-BRÜHL, *L'expérience mystique et les symboles chez les primitifs* (Paris, 1938); ANANDA COOMARASWAMY, *Elements of Buddhist Iconography* (Cambridge, Harvard Univ. Press, 1935); Id., *The inverted tree* ("The Quarterly Journal of the Mythic Society", Bangalore, vol. XXIX, nº 2, 1938), pp. 1-39; Id., *Symbolism of the Dome* ("The Indian Historical Quarterly", vol. XIV, nº 1, 1935), pp. 1-56; Id., *The iconography of Dürer's "Knots" and Leonardo's concatenation* ("The Art Quarterly", vol. VII, 1944), pp. 109-28; Id., *Figures of speech and figures of thought* (Londres, 1946); M. ELIADE, *Les langages secrets* ("Revista Fundatiilor Regale", Bucareste, jan.-mar. 1938, em romeno); Id., *Dûrohana and the "waking dream"* ("Art and Thought", Coomaraswamy Volume, Londres, 1947), pp. 209-13; *Le "dieu lieur" et le symbolisme des noeuds* ("Rev. Hist. Rel.", 1947-48); Id., *Images et Symboles*, cap. III.

Notas

I. Abordagens: estrutura e morfologia do sagrado

1. *Rig Veda*, X, 18, 10.
2. Trad. e cit. por LÉVY-BRUHL em *Le surnaturel et la nature dans la mentalité primitive*, pp. 13-4.
3. KRUYT, citado por LÉVY-BRUHL em *Surnaturel*, p. 219.
4. Citado por LÉVY-BRUHL, *op. cit.*, p. 221.
5. *Ibid.*, p. 182.
6. Cf., por exemplo, LÉVY-BRUHL, *La mentalité primitive*, pp. 27-37, 295-331, 405-43; H. WEBSTER, *Taboo*, pp. 230 ss.
7. *Ad Aeneidam*, III, 75.
8. *Ad Iliadem*, XXIII, 429.
9. Cf. HARRISON, *Prolegomena to the Study of Greek Religion*, 3ª ed., Cambridge, 1922, p. 59.
10. Cf. ROBERTSON SMITH, *The Religion of the Semites*, 3ª ed., Londres, 1927, pp. 446-54.
11. Cf. W. F. ALBRIGHT, *From the Stone Age to Christianity*, 2ª ed., Baltimore, 1946, p. 321, nota 45.
12. Trad. fr., 1927.
13. *Taboo, A Sociological Study.*
14. VAN GENNEP, *Tabou et totémisme à Madagascar*, Paris, 1904.
15. *Op. cit.*, p. 12.
16. *Ibid.*, p. 23.
17. *Ibid.*, p. 37.
18. *Ibid.*, p. 36.
19. VAN GENNEP, *ibid.*, pp. 20 ss. Cf. também R. LEHMANN, *Die polynesischen Tabusitten*, pp. 101 ss.; WEBSTER, *Taboo*, pp. 261 ss.
20. VAN GENNEP, *op. cit.*, p. 194.
21. *Ibid.*, pp. 195 ss.

22. E. WESTERMARCK, *Survivances païennes dans la civilisation mahométane*, trad. fr., Paris, 1935, p. 155.

23. *Ibid.*, p. 156.

24. *Ibid.*, p. 156.

25. N. SÖDERBLOM, *Dieu vivant dans l'histoire*, Paris, 1937, p. 22.

26. *Id.*, *ibid.*, pp. 20 ss.

27. CODRINGTON, *The Melanesians*, Oxford, 1891, p. 118.

28. Cf. G. VAN DER LEEUW, *Phänomenologie der Religion*, Tübingen, 1933, pp. 5-6.

29. CODRINGTON, *op. cit.*, pp. 119 ss.

30. *Ibid.*, p. 120.

31. Aliás, o *mana* não é um conceito pan-melanésio, visto ser desconhecido em Ontong Java (NE de Salomão), em Wogeo (Nova Guiné) (Hogbin, *Mana*, pp. 268 ss.), em Wagawaga, Tubetube etc. (Capell, *The word "mana"*, p. 92).

32. P. SCHEBESTA, *Les Pygmées*, trad. fr., p. 64.

33. HOGBIN, *Mana*, p. 274.

34. P. RADIN, *Religion of the North American Indians*, pp. 349-50.

35. *The Melanesians*, pp. 119-21.

36. HOGBIN, *Mana*, p. 259.

37. *Ibid.*, p. 264.

38. RADIN, *op. cit.*, p. 352.

39. FRAZER, *The Worship of Nature*, p. 189; trad. fr. *Les dieux du ciel*, p. 213.

40. *Ibid.*, p. 312; cf. RADIN, citando SELIGMAN, *La religion primitive*, p. 205.

41. Seria possível tentar salvar, na perspectiva do cristianismo, as hierofanias que precederam o milagre da encarnação valorizando-as como uma série de prefigurações dessa encarnação. Consequentemente – em vez de considerar as modalidades "pagãs" do sagrado (os fetiches, os ídolos etc.) como etapas aberrantes e degeneradas do sentimento religioso da humanidade decaída pelo pecado –, poderiam ser interpretadas como tentativas desesperadas de prefigurar o mistério da encarnação. Desse ponto de vista, toda a vida religiosa da humanidade (vida religiosa expressa pela dialética das hierofanias) seria somente uma espera de Cristo.

II. O céu: deuses uranianos, ritos e símbolos celestes

1. PETTAZZONI, *Dio*, I, p. 310; SCHMIDT, *Der Ursprung der Gottesidee*, p. 399.

2. PETTAZZONI, pp. 290 ss.; SCHMIDT, II, pp. 402-5, 648-52.

3. PETTAZZONI, p. 175.

4. *Ibid.*, p. 244.

5. *Ibid.*, p. 358, n. 2.

6. Cf. SCHMIDT, III, p. 1087; VI, p. 402.

7. A. W. HOWITT, *The Native Tribes of South-East Australia*, pp. 362 ss., 466 ss.; PETTAZZONI, pp. 2 ss.; W. SCHMIDT, I, p. 416; III, pp. 846 ss.

8. HOWITT, *The Native Tribes*, pp. 494 ss., 528 ss.

9. *Ibid.*, p. 490.

10. SCHMIDT, III, pp. 845, 868, 871.

11. *Ibid.*, III, pp. 656-717.

12. Ver a Bibliografia.

13. Mas não poderíamos reduzi-los, como faz o padre Pettazzoni, a uma simples personificação mítica da abóbada celeste. O elemento original é a estrutura antropocósmica de sua personalidade. Os wotjobaluks, por exemplo, falam de Bundjil como um "Grande Homem" que outrora andou pela Terra e agora está no céu (HOWITT, p. 489). As características naturistas-uranianas praticamente não existem na figura de Mungangaua ("Pai Nosso"), que entretanto é um dos mais antigos Seres Supremos dos australianos (cf. HOWITT, pp. 616 ss.; SCHMIDT, III, pp. 591 ss.).

14. Cf., por exemplo, os wiradjuri-kamilarois e os yuin-kuris.

15. GEDEN, *Encyclopaedia of Religions and Ethics*, VI, p. 289.

16. RISLEY, *The People of India*, Calcutá, 1908, pp. 216 ss.

17. SCHEBESTA, *Les Pygmées*, p. 161.

18. Cf. PETTAZZONI, p. 96.

19. SCHMIDT, *Ursprung*, I, pp. 161 ss.; III, pp. 122 ss.

20. *Les Pygmées*, p. 163.

21. Cf. MARTIN GUSINDE, *Das Höchste Wesen bei der Selk'nam auf Feuerland*, Festschrift Schmidt, pp. 269-74.

22. FRAZER, *The Worship of Nature*, p. 99.

23. M. KINGSLEY, *Travels in West Africa*, Londres, 1897, p. 508.

24. A. B. ELLIS, em citação de Frazer, p. 99.

25. SCHMIDT e DALE, *The Ila-speaking Peoples*, II, pp. 198 ss.

26. FRAZER, p. 288.

27. J. SPIETH, *Die Religion der Eweer*, pp. 5 ss.

28. A. C. HOLLIS, *The Masai*, pp. 264 ss.

29. PETTAZZONI, p. 287.

30. PETTAZZONI, *Dio*, p. 365, dá uma lista das divindades celestes primitivas sem culto ou com somente alguns elementos cultuais – lista que entretanto é necessário corrigir após o material agrupado e comentado por Schmidt nos seis primeiros volumes de seu *Ursprung der Gottesidee* (pes-

quisas de Schebesta entre os pigmeus, de Gusinde e Koppers entre os selknams, de Vanoverbergh entre os negritos das Filipinas etc.). Ver algumas indicações na bibliografia crítica referente ao capítulo.

31. SKEAT e BLAGDEN, *Pagan Races of the Malay Peninsula*, II, pp. 239, 297, 737 ss.

32. SCHEBESTA, *Les Pygmées*, p. 148.

33. Schebesta foi o primeiro europeu a testemunhar essa cerimônia. Durante a tempestade, os semangs fazem um corte na perna com uma faca de bambu, derramam algumas gotas de sangue na terra – oferenda à deusa Manoid – e lançam o resto na direção dos quatro pontos cardeais, gritando "Vai! Vai! Vai!" e invocando o deus do trovão: "Ta Pedn! Eu não tenho o coração duro e pago meus erros! Aceita minha dívida, eu a pago!" Ou: "Ó!, Ó! presta atenção, ouve bem, espevita tuas orelhas, Ta Pedn, que eu não te engano, eu pago meu erro. Tenho medo de teu trovão!" (SCHEBESTA, p. 149; SCHMIDT, III, pp. 178 ss., 190 ss.). Essa oferenda expiatória de sangue – por meio da qual os semangs "pagam" suas culpas para com o deus (celeste) do trovão – é seu único ato cultual; não possuem nenhuma outra prece.

34. FRAZER, pp. 119 ss.

35. *Ibid.*, p. 135.

36. FRAZER, pp. 142 ss.

37. *Ibid.*, p. 149.

38. *Ibid.*, p. 150.

39. *Ibid.*, p. 168.

40. *Ibid.*, p. 185.

41. FRAZER, pp. 205 ss.; cf. a bibliografia.

42. PETTAZZONI, p. 239.

43. SPIETH, *Die Religion der Eweer*, pp. 46 ss.

44. LE ROY, *La religion des primitifs*, p. 184.

45. TRILLES, *Les Pygmées*, p. 74.

46. *Ibid.*, p. 77.

47. PETTAZZONI, p. 198.

48. TRILLES, *Les Pygmées*, pp. 78-9; *L'Âme des Pygmées*, p. 109.

49. PETTAZZONI, pp. 130 ss.

50. *Ibid.*, pp. 155 ss.

51. CODRINGTON, *The Melanesians*, pp. 155 ss.

52. PETTAZZONI, p. 161.

53. A. P. BROWN, *The Andaman Islands*, Cambridge, 1916, cap. 3.

54. PETTAZZONI, p. 134.

55. *Ibid.*, pp. 210 ss.; FRAZER, pp. 130 ss.

56. Cf. NUMAZAWA, *Die Weltanfänge in der japanischen Mythologie*, pp. 301 ss.

57. SCHMIDT, II, p. 390.

58. RENDEL HARRIS, *Boanerges*, pp. 13 ss.; SCHMIDT, II, pp. 44 ss., 266 ss., 299 ss.

59. PETTAZZONI, p. 290.

60. Cf. USENER, *Kleine Schriften*, IV, p. 478.

61. ELIADE, *Metallurgy*, pp. 3 ss. Em várias tribos da África Ocidental, certas pedras são veneradas precisamente em relação ao culto dos deuses do céu. Assim, por exemplo, os kassunas-buras chamam-nas de Ué (do nome de seu deus do céu); os kassunas-fras adoram-nas e fazem-lhes sacrifícios; os habés oferecem sacrifícios aos menires, nos quais estaria incorporada a divindade celeste Amma; em outros lugares da África adoram-se as "pedras de raio" (cf. FRAZER, pp. 91 ss.).

62. FRAZER, p. 190.

63. *Ibid.*, pp. 212 ss.

64. *Ibid.*, pp. 248 ss.

65. SCHMIDT, III, p. 106.

66. PETTAZZONI, p. 174.

67. Porém não devemos esquecer que a androginia é uma característica primitiva da divindade; representa uma fórmula (aproximativa, como a maioria das fórmulas míticas) da "totalidade", da "integração dos contrários", da *coincidentia oppositorum* (§ 159).

68. A. CASTREN, *Reisen im Norden*, pp. 231 ss.

69. *Ursprung*, III, p. 357.

70. BATCHELOR, *The Ainu*, pp. 248 ss., 258 ss.

71. SCHMIDT, III, p. 345.

72. H. GAHS, *Kopf-, Schädel- und Langknochenopfer bei Rentiervölkern*, pp. 231 ss. Assim, por exemplo, os jurak-samoiedos sacrificam nas montanhas altas uma rena branca em honra do deus celeste Num (*op. cit.*, p. 238), os tunguses fazem sua oferenda do mesmo modo ao Espírito do Céu, Buga (p. 243) etc. Entre os coriaques, os tchutches e os esquimós, o antigo culto do deus celeste está mesclado de elementos totêmico-animistas e matriarcais, que Gahs considera secundários (p. 261).

73. Cf. também: *tengeri* dos buriatos, tängere dos tártaros do Volga, *tingir* dos beltires, *tangara* dos lacutos e provavelmente *tura* dos tchuvaches. HARVA-HOLMBERG, *Die religiösen Vorstellugen der altaischen Völkern*, pp. 141 ss.

74. HOLMBERG, *Relig. der Tscheremissen*, p. 63.

75. KARJALAINEN, *Die Religion der Jugra-Völker*, II, p. 250.

76. *Ibid.*, II, p. 260.

77. Kai Donner tentou explicar *Num* pelo sogdiano *nom*, "lei" (cf. o grego *nomos*), termo que teria sido levado pelas populações da Ásia Central até o extremo norte, nos tempos da supremacia uigure. Admitindo que seja confirmada (o que não é o caso; ver a bibliografia), essa etimologia somente poderia provar um empréstimo lexical, pois a concepção de um deus supremo celeste é autóctone em todas as religiões árticas e norte-asiáticas.

78. HARVA, *Relig. Vorst*, p. 144.

79. *Ibid.*, p. 149.

80. *Ibid.*, p. 154.

81. KARJALAINEN, III, pp. 250 ss.

82. HARVA, p. 284.

83. KARJALAINEN, II, p. 257.

84. *Baï ülgen*; cf. § 33.

85. HARVA, *Relig. Vorst*, p. 154.

86. *Ibid.*, pp. 156 ss.

87. *Ibid.*, pp. 155 ss.

88. *Ibid.*, p. 152.

89. *Ibid.*, p. 144; KARJALAINEN, p. 262.

90. KARJALAINEN, p. 254.

91. HARVA, p. 144.

92. *Ibid.*, p. 150.

93. GRANET, *La religion des Chinois*, p. 57.

94. HARVA, *Relig. Vorst*, p. 151.

95. *Ibid.*, pp. 205 ss.

96. Cf. *Nûmi târem*, KARJALAINEN, II, p. 255.

97. *Nûmi târem*, KARJALAINEN, II, p. 280.

98. *Ibid.*, p. 273.

99. Fr. Hommels relacionou o sumério *dingir*, "Deus", "brilhante", com o turco-mongol *tengri*, "céu", "Deus". P. A. BARTON, por sua vez, pensa que o deus celeste Anu foi importado – já perto do fim dos tempos pré-históricos – da Ásia Central para a Mesopotâmia (*Semitic and Hamitic Origins*, Filadélfia, 1934, pp. 245, 369). De fato, já no quarto milênio detectam-se alguns contatos entre as culturas paleo-orientais (Elam) e as culturas "cáspia" e "altaica" (isto é, os prototurcos; ver na bibliografia os estudos de M. Ebert, G. Hermes, W. Amschler, W. Koppers, E. Erzfeld). Mas o aporte próprio de cada uma dessas culturas pré-históricas ainda permanece muito impreciso. Por outro lado, já no terceiro milênio é possível seguir as influências orientais até o norte da Rússia (cf. os trabalhos de Tallgren). De qualquer modo, é certo que: 1º) o deus do céu pertence às camadas prototurcas mais arcaicas; 2º) as semelhanças com o deus ce-

leste indo-europeu são notórias; 3º) em geral, a estrutura da religiosidade dos indo-europeus aproxima-se mais da dos prototurcos do que da religião de qualquer outro povo paleo-oriental ou mediterrânico.

100. JASTROW, *Die Religion Babyloniens u. Assyriens*, I, p. 84.

101. FÜRLANI, *La religion babilonese-assira*, I, p. 110.

102. *Ibid.*, p. 115.

103. *Epopée de Gilgamesh*, XII, p. 155.

104. DHORME, *Religion*, p. 67.

105. LABAT, *Le caractère religieux de la royauté assyro-babylonienne*, Paris, 1939, esp. pp. 30 ss.

106. Código de Hamurabi, 42, 46.

107. DHORME, *Les religions de Babylonie et d'Assyrie*, pp. 46-7.

108. DHORME, *Religion*, p. 68.

109. Cf. por exemplo NEHRING, *Studien zur Indogermanischen Kultur-und Urheimat*, pp. 195 ss.

110. HILLEBRANDT, *Vedische Mythologie*, III, p. 392.

111. *Rig Veda*, I, 160.

112. *Atharva Veda*, VI, 4, 3.

113. *Idem*, I, 32, 4.

114. *Rig Veda*, 8, 41, 3.

115. *Idem*, 7, 86, 1.

116. *Idem*, 7, 87, 2.

117. *Idem*, 5, 63, 2-5.

118. HILLEBRANDT, *Ved. Myth.*, III, pp. 1 ss.

119. Cf. abundantes referências em MEYER, *Trilogie*, III, pp. 206 ss., 269 ss.

120. *Atharva Veda*, 4, 16, 2-7.

121. *Rig Veda*, 25, 7 ss.

122. *Idem*, 7, 61, 3.

123. *Idem*, 7, 34, 10.

124. PETTAZZONI, *Le corps parsemé d'yeux*, "Zalmoxis", I, pp. 1 ss.

125. *Rig Veda*, I, 23, 3.

126. *Idem*, I, 79, 12.

127. *Idem*, 10, 90, 1.

128. *Çatapatha Brâhmana*, II, 5, 2, 34; cf. *Maitr.*, I, 6, 11.

129. *Der arische Weltkbnig*, pp. 97 ss.

130. *Ouranos-Varuna*, pp. 39 ss.

131. *Rig Veda*, I, 25, 1.

132. Cf. GEIGER, *Die Amesa Spenta*, pp. 154, 157.

133. Por exemplo, *Rig Veda*, 7, 86; *Atharva Veda*, 4, 16 etc.

134. *Rig Veda*, I, 24, 15.

135. GÜNTERT, p. 144; DUMÉZIL, p. 49.

136. Cf. BERGAIGNE, *Relig. véd.*, III, 114; S. LEVI, *Doctrine*, pp. 153 ss.; HOPKINS, *Epic Mythology*, pp. 116 ss.

137. DUMÉZIL, 51, n. 1; cf. ELIADE, *Le "dieu lieur" et le symbolisme des noeuds*, republicado em *Images et symboles*, cap. IV.

138. Cf. A. CLOSS, *Die Religion des Semnonenstammes*, pp. 625 ss.

139. *Op. cit.*, pp. 120 ss.

140. *Ibid.*, p. 53.

141. *Ibid.*, p. 42.

142. *Rig Veda*, VI, 68, 3.

143. *Idem.*, 7, 82, 2; BERGAIGNE, III, p. 140; DUMÉZIL, p. 40.

144. NYBERG, *Die Religionen des Alten Irans*, p. 99.

145. Por exemplo, H. LOMMEL, *Les anciens aryens*, pp. 99 ss.

146. Em seu estudo *Varuna und die Adityas.*

147. DUMÉZIL, *Naissance d'archanges*, p. 82.

148. Cf. BENVENISTE-RENOU, *Vrtra et Vrthragna*, p. 46.

149. *Die Sonne u. Mithra im Awesta*, pp. 174 ss.

150. *Op. cit.*, p. 99.

151. *Hochgottglaube im alten Iran*, pp. 94 ss.

152. *Yasna*, 30, 5; cf. *Yasht*, 13, 2-3.

153. *Vidêvdât*, 5, 20.

154. *Yasht*, I, 12-13.

155. *Idem*, I, 14.

156. *Idem*, 12, 1.

157. *Yasna*, 45, 4.

158. *Vidêvdât*, 19, 20; *Yasna*, 31, 13-14.

159. *Yasht*, 10, 1-2.

160. *Idem*, 17, 16.

161. PETTAZZONI, *Le corps parsemé d'yeux*, p. 9.

162. *Yasht*, 10, 7.

163. WIDENGREN, *op. cit.*, pp. 260 ss.

164. *Ibid.*, p. 253.

165. *Ibid.*, p. 386.

166. *Ibid.*, p. 251.

167. NYBERG, p. 105; WIDENGREN, p. 394.

168. *Yasht*, 44, 7.

169. *Theog.*, 126 ss.

170. No mito de Hesíodo, a Terra – Gaia – gera Urano, o que é um vestígio da religião telúrica do substrato pré-helênico.

171. *Rig Veda*, 4, 17, 4.

172. *Idem*, I, 106, 3; 159, I; 185, 4; 4, 56, 2 etc.

173. *Ouranos-Varuna.*

174. APOLODORO, *Biblioth.*, 1, 1.

175. DIODORO, 3, 57.

176. *Jaiminiya Br.*, I, 44; S. LEVI, *Doctrine*, pp. 100 ss.; DUMÉZIL, p. 55.

177. APOLODORO, *Biblioth.*, I, 1, 2.

178. NAUCK, fragmento 44.

179. Cf. I, 160, 3; 5, 36, 5; 5, 58, 6 etc.

180. Col. Budé, 1928, pp. 28 ss.

181. Cf. o sânscrito *div*, "brilhar", "dia"; os cretenses davam o nome de *dia* ao dia, Macrobius, I, 15, 14; cf. COOK, *Zeus*, I, pp. 1 ss.

182. Cf. HESÍODO, *Os trabalhos e os dias*, verso 465.

183. Cf. NILSSON, *Geschichte*, pp. 371 ss.

184. NILSSON, *Geschichte*, p. 369.

185. NÉVIO, fragmento 15.

186. PLAUTO, *Amphitr.*, pp. 44 ss.

187. ÁCIO, fragmento 33.

188. *Mitra-Varuna*, p. 33; *Jupiter, Mars, Quirnius*, p. 81.

189. PLUTARCO, *Romulus*, 18; TITO LÍVIO, I, 12.

190. *Germania*, p. 39.

191. Cf. CLOS, *Die Religion des Semnonenstammens, passim.*

192. HOMMEL, *Die Hauptgottheiten der Germanen bei Tacitus.*

193. *Dieux des Germains*, pp. 19 ss.

194. Encontramos também o mesmo díptico na mitologia babilônica: Ea, a divindade das águas e da sabedoria, não luta "heroicamente" com os monstros primordiais Apsu e Mummu, mas "enreda-os" por meio de encantações mágicas e mata-os em seguida (*Enuma Elish*, 1, 60-74). Marduk, logo depois de ser investido das prerrogativas da soberania absoluta (até então pertencente ao deus celeste Anu, IV, 4 e 7), pela assembleia dos deuses, e de receber dela o cetro, o trono e o *palû* (IV, 29), começa a combater o monstro marinho Tiamat. Assistimos aqui realmente a uma luta "heroica". Entretanto, a arma principal de Marduk continua a ser "a rede", um "presente de seu pai Anu" (IV, 49); no cap. 1, 83, Marduk é filho de Ea, mas, qualquer que seja sua paternidade, ela tem a essência da soberania mágica. Marduk "enreda" Tiamat (IV, 95), "amarra-o" e mata-o (IV, 104). Do mesmo modo amarra todos os deuses e demônios que haviam auxiliado Tiamat e lança-os em prisões e cavernas (IV, 111-4, 117, 120). Marduk adquire a soberania por sua luta heroica, mas conserva também as prerrogativas da soberania mágica.

195. CLOSS, p. 665 e nota 62.
196. *Hâvamâl*, estrofes 139-41.
197. Cf. HARRISON, *Themis*, pp. 94 ss.
198. *Rig Veda*, VII, 102, 1.
199. *Atharva Veda*, XII, 1, 12, 42.
200. *Rig Veda*, VII, 101, 2.
201. *Idem*, V, 83; VII, 101, 102.
202. *Idem*,V, 83, 1; VI, 52, 16; VII, 101, 1, 2.
203. *Idem*, I, 61, 8, 9.
204. *Idem*, I, 102, 8; 3, 32, 11.
205. *Idem*, I, 173, 6.
206. *Idem*, VI, 17, 11.
207. *Idem*, I, 23, 12.
208. *Idem*, V, 55, 9; VII, 56, 17 etc.
209. HOPKINS, *Indra as God of Fertility.*
210. No *Rig Veda*, VI, 46, 3, é chamado *sahasramushka*, "o dos mil testículos".
211. *Atharva Veda*, XII, 1, 6.
212. MEYER, *Trilogia*, III, pp. 154 ss.
213. *Maitr. S.*, II, 5, 3.
214. *Hiranyakecin-Grihyasûtra*, I, 6, 20, 2.
215. MEYER, III, pp. 164 ss.
216. Esta apresentação sumária da hierofania de Indra, tal como nos é revelada sobretudo no mito, não esgota a função que ele desempenha na religião indiana. Todas as figuras divinas estão implicadas em inumeráveis ritos, dos quais não podemos falar demoradamente nestes parágrafos. (Assim, por exemplo, seria necessário lembrar que Indra e seu séquito de Maruts são os arquétipos das "sociedades de homens" indo-arianas, compostas de jovens que se submetem a certas "provas" durante sua iniciação; cf. STIG WIKANDER, *Der arische Männerbund*, Lund, 1938, pp. 75 ss.). Este esclarecimento vale também para todas as divindades que venhamos a mencionar.
217. Cf. os textos agrupados por OLDENBERG, *Religion des Veda*, 2ª ed., p. 74: HILLEBRANDT, *Vedische Mythologie*, 2ª ed., 1929, II, p. 148.
218. Por exemplo *Yasht*, XIV, 7-25.
219. BENVENISTE-RENOU, *Vrtra et Vrthragna*, p. 33.
220. *Rig Veda*, I, 51, 1.
221. *Idem*, II, 34, 2.
222. *Idem*, III, 38, 8.
223. *Atharva Veda*, X, 10.
224. *Ibid.*, X, 10, 34.

225. OLDENBERG, *Relig. des Veda*, 2ª ed., p. 205.

226. Cf. KOPPERS, *Pferde-opfer und Pferde-kult der Indogermanen*, pp. 338 ss.

227. Cf. MALTEN, *Der Stier in Kult u. mythischem Bild.*, pp. 110 ss.

228. AUTRAN, *Préhistoire du christianisme*, I, pp. 100 ss.

229. *Ibid.*, p. 99.

230. *Ibid.*, p. 96.

231. Sobre o termo *g*[u]*ou*, cf. NEHRING, pp. 73 ss.

232. *Yasna*, 32, 12, 14; 44, 20 etc.

233. MALTEN, *Der Stier*, p. 103.

234. *Ibid.*, p. 120.

235. FURLANI, *La religione degli Hittiti*, p. 35; contra, DUSSAUD, *Mana*, vol. II, p. 343.

236. CH. JEAN, *La religion sumérienne*, p. 101.

237. FURLANI, p. 36.

238. AUTRAN, p. 74.

239. GÖTZE, *Kleinasien*, p. 133.

240. MALTEN, *Der Stier*, p. 107.

241. FURLANI, pp. 87 ss.; DUSSAUD, *op. cit.*, pp. 345-6.

242. FURLANI, p. 37.

243. FURLANI, *Religione babilonese-assira*, I, p. 118.

244. *Ibid.*, pp. 118 ss.

245. *Ibid.*, p. 120.

246. *Ibid.*, p. 121.

247. AUTRAN, *Préhistoire du christianisme*, I, p. 67.

248. DUSSAUD, *Les découvertes de Ras Shamra*, 2ª ed., p. 95.

249. *Mythologie phénicienne*, pp. 363 ss.; *Le vrai nom de Ba'al*, *passim*; *Les découvertes*, pp. 98 ss.

250. *Mythologie phénicienne*, p. 362.

251. DUSSAUD, *Sanctuaire*, p. 258.

252. DUSSAUD, *Le vrai nom*, p. 19.

253. DUSSAUD, *Mythologie*, pp. 307 ss.; *Découvertes*, pp. 115 ss.

254. AUTRAN, *Préhistoire*, I, pp. 69 ss.

255. WARD, *Seal Cilinders*, p. 399.

256. AUTRAN, *op. cit.*, I, p. 89.

257. Cf. AUTRAN, *La flotte à l'enseigne du poisson*, pp. 40 ss.

258. Assistimos também a um fenômeno inverso: um deus local, transformado em deus supremo graças à "história", apropria-se dos prestígios da divindade celeste. Assur, divindade protetora da cidade do mesmo nome, adquire os atributos do criador, do Soberano Supremo, e passa assim à categoria de deus do céu (cf. KNUT TALLQUIST, *Der Assyrische*

Gott, Helsink, 1932, pp. 40 ss.). O *Enuma Elish*, que era lido na Babilônia no quarto dia do novo ano, em presença de Marduk, era lido na Assíria diante da estátua de Assur (LABAT, *Le poéme de la Création*, Paris, 1935, p. 59).

259. KOPPERS, *Pferdeopfer*, p. 376.

260. *Weltgeschichte der Steinzeit*, p. 148.

261. *Ibid.*, p. 448.

262. *Mythes et symboles lunaires*, pp. 95 ss.

263. KOPPERS, *op. cit.*, p. 387.

264. Cf. Salmos, 18, 15 etc.

265. Êxodo, 19, 16.

266. *Idem*, 19, 19.

267. Juízes, 5, 4.

268. Reis, I, 19, 11 ss.

269. *Idem*, 18, 38.

270. Gênesis, 9, 13.

271. Jó, 36, 22.

272. *Idem*, 36, 32-3; 37, 1-4.

273. Zeus não consegue fazer com que Sarpédone escape da morte; *Ilíada*, XVI, 477 ss.

274. GÜNTERT, *Arische Weltkönig*, pp. 315 ss.; CHRISTENSEN, *Le premier homme*, I, pp. 11 ss.; KOPPERS, *op. cit.*, pp. 320 ss.

275. Cf. KOPPERS, pp. 314 ss.

276. *Çatapatha Brâhmana*, 4, 4, 1, 14; cf. 6, 5, 2, 5, 17 etc.

277. Cf. OTTO, *Gottheit d. Arier*, pp. 76 ss.

278. JEREMIAS, *Handbuch*, p. 130.

279. KIRFEL, *Kosmographie*, p. 15.

280. HOLMBERG, *Der Baum des Lebens*, p. 41.

281. Textos em CHRISTENSEN, *Le premier homme*, II, p. 42.

282. Citado por WENSINCK, *The Navel of the Earth*, p. 15; outros textos: BURROWS, em *Labyrinth*, p. 54.

283. Texto tirado de Kisâ'i, cit. WENSINCK, *op. cit.*, p. 15.

284. TH. DOMBART, *Der Sakralturm*, p. 34.

285. *Sumerian and Akkadian Views of Beginnings*, p. 289.

286. GRANET, *La pensée chinoise*, p. 324.

287. Para este último motivo, cf. VAN GENNEP, *Mythes et légendes d'Australie*, n°s 17 e 66 e respectivas notas.

288. H. ZIMMERN, *Zum Babylonischen Neujahrsfest*, II, 5, nota 2.

289. *Rig Veda*, X, 14, 1.

290. M. ELIADE, *Le chamanisme*, pp. 184 ss.

291. W. BUDGE, *From Fetish to God*, p. 346.

292. WEILL, *Le champ des roseaux*, p. 52.
293. *Ibid.*, p. 28.
294. BUDGE, *The Mummy*, pp. 324, 326.
295. Cf. ELIADE, *Le chamanisme*, pp. 404, 423 ss.
296. VAN GENNEP, *op. cit.*, nº 32.
297. *Ibid.*, nº 44.
298. *Ibid.*, *op. cit.*, nº 49.
299. GREY, *Polynesian Mythology*, pp. 42 ss.
300. CHADWICK, *Growth of Literature*, III, p. 273.
301. PETTAZZONI, *The Chain of Arrows*, "Folklore", vol. 35, pp. 151 ss.
302. DIXON, pp. 156 ss.
303. WERNER, p. 135.
304. ALEXANDER, p. 271.
305. THOMPSON, *Motif Index*, III, p. 7.
306. MÜLLER, p. 176.
307. WERNER, p. 136.
308. CHADWICK, p. 481.
309. Entre os sea dyaks, CHADWICK, p. 486; Egito, MÜLLER, p. 176; África, WERNER, pp. 136 ss.
310. Cf. THOMPSON, III, pp. 8-9.
311. Cf. COOMARASWANY, *Svayamâtrnnâ*, *passim.*
312. POLIENO, *Stratagematon*, VII, 22.
313. Cf. COOK, *Zeus*, II, pp. 2, 124 ss.
314. ORÍGENES, *Contra Celsum*, VI, 22.
315. RADLOF, *Aus Sibirien*, II, 19-51; HARVA, *Relig. Vorst*, pp. 553 ss.; ELIADE, *Le chamanisme*, pp. 176 ss.
316. HOLMBERG, *Baum des Lebens*, p. 136.
317. HERÓDOTO, I, 98.
318. HOLMBERG, *op. cit.*, pp. 25 ss.
319. *Ibid.*, p. 137 e fig. 46.
320. *Ibid.*, pp. 30 ss.
321. ELIADE, *Le chamanisme*, pp. 116 ss.
322. HARVA, *Relig. Vorst.*, pp. 546 ss.
323. CHADWICK, *Shamanism*, pp. 291 ss.
324. CZAPLIKA, *Aboriginal Siberia*, p. 238.
325. KÖPRÜLÜZADE, p. 17.
326. CHADWICK, *Growth*, III, p. 204.
327. *Ibid.*, p. 206.
328. Gênesis, 28, 12.
329. ASÍN PALACIOS, *Escatología musulmana*, p. 70.
330. *Paradiso*, XXI-XXII.

331. *Vita Plot.*, p. 23.
332. 2 Coríntios, 12, 2.
333. Cf. BOUSSET, *Die Himmelsreise der Seele*, "Archiv f. Relig.", IV, pp. 155 ss.
334. *Rig Veda*, X, 156, 2-3.
335. ELIADE, *Le yoga*, p. 397.

III. O Sol e os cultos solares

1. *The Worship of Nature*, p. 441.
2. Cf. H. FRANKFORT, *Irak*, p. 6.
3. Cf. ENGNELL, *Divine Kingship*, pp. 21 ss., 54 ss.
4. Cf. GÖTZE, *Kleinasien*, p. 136.
5. Cf. ENGNELL, p. 61.
6. SCHMIDT, *Ursprung*, II, p. 938.
7. *Ibid.*, III, p. 1087.
8. *Ibid.*, p. 841.
9. SCHMIDT, p. 844.
10. LEHTISALO, *Entwurf*, pp. 16 ss.
11. GAHS, *Kopf- Schädel- und-Langknochenopfer*, p. 240.
12. Acontece muitas vezes a "solarização" exercer-se diretamente sobre a estrutura do Ser Supremo como tal e não como divindade do céu. Mas, como não abordamos ainda as "formas" divinas, preferimos insistir no processo de solarização das figuras uranianas. Evidentemente, isso não significa de modo algum que essas figuras sejam as únicas a representar as *primeiras* formas divinas pessoais que a história conheceu, nem que não se possa, em outros casos, ter passado diretamente do Ser Supremo para a divindade solar sem o intermédio do Ser Supremo uraniano.
13. FRAZER, *Worship*, p. 315, notas 1 e 2.
14. *Ibid.*, p. 124.
15. *Ibid.*, p. 170.
16. *Ibid.*, p. 173.
17. *Ibid.*, p. 279.
18. *Kaffa*, II, Münster, 1923, pp. 387 ss.
19. PETTAZZONI, *Dio*, pp. 223 ss.
20. *Ibid.*, pp. 130 ss.
21. *Ibid.*, p. 266.
22. DALTON, *Descriptive Etnology of Bengal*, p. 198.
23. *Ibid.*, p. 185.
24. *Ibid.*, p. 296.

25. S. CHANDRA ROY, *The Birhors*, Ranchi, 1925, pp. 225 ss.
26. ROY, *op. cit.*, pp. 373 ss.
27. DALTON, *op. cit.*, p. 256.
28. FRAZER, p. 631.
29. *Bhagwan, the Supreme Deity of the Bhils.*
30. Essa influência, por paradoxal que pareça, não pode ser excluída *a priori.* Já se tentou explicar certos aspectos da vida religiosa indiana, cultos ctônicos-funerários, culto da serpente, dos símbolos dos órgãos da geração etc. pela influência de populações aborígenes, não arianas. Consequentemente, considerava-se possível uma influência análoga dos primitivos sobre os civilizados. Entretanto, mais recentemente vários etnólogos negam que os povos autóctones mais primitivos da Índia, em particular os mundas, tenham alguma vez conhecido os cultos orgiásticos e, portanto, que os indo-europeus pudessem de algum modo tê-los recebido deles.
31. FRAZER, *op. cit.*, pp. 656 ss.
32. *Ibid.*, *op. cit.*, p. 660.
33. *Ibid.*, pp. 661-2.
34. *Ibid.*, p. 662.
35. *Ibid.*, p. 658.
36. SPENCER GILLEN, *The Arunta*, II, p. 496.
37. STREHLOW, I, p. 16.
38. HOWITT, *Native Tribes of S. Australia*, p. 427.
39. Cf. SCHMIDT, *Ursprung*, II, pp. 662, 729 ss.
40. FRAZER, *Worship*, p. 616.
41. SCHMIDT, *Ursprung*, III, pp. 1056-7.
42. *Ibid.*
43. WILLIAMSON, *Religious and Cosmic Beliefs*, I, p. 118; II, pp. 218 ss.
44. FRAZER, *Belief in Immortality*, I, p. 175.
45. *Ibid.*, II, p. 239.
46. *Ibid.*, II, p. 241.
47. FROBENIUS, *Die Weltanschauung der Naturvölker*, Weimar, 1898, pp. 135 ss., 165 ss.
48. FRAZER, *Belief in Immortality*, II, p. 242.
49. RIVERS, *History of Melanesian Society*, II, p. 549.
50. *Ibid.*, I, p. 289; II, pp. 248, 429-30, 456-7.
51. PERRY, *Children of the Sun*, pp. 138 ss.
52. HOCART, *Kingship*, pp. 12 ss.
53. MANU, VII, 3; V, 96.
54. A. HABERLANDT, *Buschan's Völkerkunde*, I, p. 567.
55. WILLIAMSON, II, pp. 302 ss., 322 ss.
56. VANDIER, *La religion égyptienne*, pp. 21 e 55.

57. *Ibid.*, p. 149.

58. Por exemplo, *Pyr.* 293, 913, 914, 1432 ss.; WEILL, *Le Champ des roseaux et le Champ des ofrandes*, pp. 16 ss.

59. Cf., por exemplo, o *Livro dos mortos.*

60. *Pyr.*, 2 gl.; WEILL, p. 116.

61. *Pyr.*, pp. 145-6; WEILL, p. 116.

62. *Pyr.*, 1531; WEILL, p. 121.

63. *Pyr.*, 2175; WEILL, p. 121.

64. MEISSNER, *Babylonien und Assyrien*, II, p. 21.

65. E. DHORME, *Les religions de Babylonie et d'Assyrie*, p. 87.

66. *Ibid.*, p. 64.

67. HALDAR, *Cult prophets*, pp. 1 ss.

68. *Pagine di religione mediterranea*, II, pp. 22 ss.

69. EURÍPEDES, *Medea*, 1321; APOLODORO, *Biblioth.*, I, 9, 25.

70. PAUSÂNIAS, III, 20, 4.

71. FESTO, s. v. *October equus.*

72. KERÉNYI, *Vater Helios*, p. 91.

73. *Rig Veda*, X, 37, 2.

74. *Idem*, I, 115, 1; VII, 61, 1; X, 37, 1.

75. *Idem*, X, 90.

76. *Idem*, VII, 63, 2.

77. *Idem*, IIi, 45, 6; I, 50, 9.

78. *Idem*, VII, 77, 3.

79. *Idem*, I, 191, 9.

80. *Idem*, V, 47, 3.

81. *Idem*, IV, 54, 2 etc.

82. *Idem*, I, 110, 3.

83. Evidentemente, não estamos falando de relações "históricas" e sim de simetrias tipológicas. Antes da história, da evolução, da difusão, das alterações da hierofania, há uma estrutura da hierofania. Devido à raridade dos documentos, é difícil – e, para nosso objetivo, supérfluo – precisar em que medida a estrutura de uma hierofania foi primeiro apreendida globalmente e por todos os membros de determinada sociedade. Basta-nos distinguir o que uma hierofania *podia querer dizer* ou não podia querer dizer.

84. *Rig Veda*, I, 115, 5.

85. *Idem*, II, 38, 4; V, 82, 8.

86. *Idem*, II, 38, 1-6 etc.

87. *Idem*, IV, 53, 6.

88. *Idem*, VII, 45, 1.

89. *La religion védique*, III, pp. 56 ss.

90. *Idem*, I, 35, 1.
91. *Brhad. Up.*, I, 3, 1.
92. *Rig Veda*, I, 24, 8.
93. *Idem*, VIII, 101, 12.
94. III, 10, 4.
95. *Física*, II, 2.
96. *Paradiso*, 22, 116.
97. *Pancavimça Br.*, XXI, 2, 1.
98. Cf. recentemente sobre esse assunto, B. ROWLAND, *Buddha and the Sun God*.
99. Ver nosso estudo *Cosmical Homology and Yoga*.
100. Por exemplo, durante a Caça Fantástica, HÖFLER, *Kultische Geheimbünde*, pp. 112 ss.
101. Cf. o carro solar de Trundholm.
102. Assim como a barca ritual do morto foi o protótipo da barca profana. O detalhe tem certa importância, pois permite compreender melhor a origem das técnicas humanas. O que se costuma designar como conquista da natureza pelo homem foi menos a consequência imediata de descobertas empíricas do que o fruto de diversas "situações" do homem no cosmos, situações determinadas pela dialética das hierofanias. Metalurgia, agricultura, calendário etc., tudo isso começou sendo a consequência da percepção pelo homem de uma de suas situações determinadas no cosmos. Voltaremos a este assunto.
103. SLAWIK, *Kultische Geheimbünde*, p. 730.
104. GRAEBNER, *Das Weltbild der Primitiven*, Munique, 1924, p. 65.
105. *Repúbl.*, 508, b. c.
106. *Saturnais*, I, XVII-XXIII.

IV. A Lua e a mística lunar

1. FURLANI, *La religione babilonese-assira*, I, Bolonha, 1929, p. 155.
2. Irkutsk; cf. HENTZE, *Mythes et symboles lunaires*, pp. 84 ss., figs. 59 e 60.
3. Cf. O. SCHRADER, *Sprachvergl. und Urgeschichte*, 2ª ed., pp. 443 ss.; W. SCHULTZ, *Zeitrechnung*, pp. 12 ss.
4. TÁCITO, *Germania*, II.
5. KUHN, em HENTZE, *op. cit.*, p. 248.
6. Cf. WILKE, *Die Religion der Indogermanen*, p. 149, fig. 163.
7. *Rig Veda*, I, 105, 1.
8. *Aitareya Brâhmana*, VIII, 28, 15.

9. *Cuneiform Texts*, 15-17; 16 d.
10. Cit. ALBRIGHT, *Some Cruces, of the Langdom Epic*, p. 68.
11. BRIFFAULT, *The Mothers*, II, pp. 632 ss.
12. SELER, *Gesammelte Abhandlungen*, IV, p. 129.
13. KRAPPE, *Genèse des mythes*, p. 110.
14. W. SCHMIDT, *Ursprung*, III, p. 496.
15. HENTZE, *Mythes et symboles*, pp. 152 ss.
16. *Ibid.*, *Mythes et symboles*, p. 24.
17. VAN GENNEP, *Mythes et légendes d'Australie*, pp. 84-5.
18. BRIFFAULT, *The Mothers*, II, pp. 634-5.
19. *Ibid.*; KRAPPE, *Genèse*, p. 321, nota 2.
20. *Ursprung*, II, pp. 394-5.
21. *Das Zweigeschlechterwesen*, Leipzig, 1928, pp. 179-81.
22. VAN GENNEP, *op. cit.*, p. 46.
23. BRIFFAULT, II, p. 573.
24. *Yasht*, VII, 4.
25. BRIFFAULT, II, p. 629.
26. *Ibid.*, pp. 628-30.
27. KRAPPE, p. 100.
28. TRILLES, *Les Pygmées de la forêt équatoriale*, Paris, 1933, p. 112.
29. *Ibid.*, p. 113.
30. *Ibid.*, pp. 115 ss.
31. O. MENGHIN, *Weltgeschichte der Steinzeit*, pp. 148, 448.
32. HENTZE, *Mythes et symboles*, p. 96.
33. *Ibid.*, figs. 74-82.
34. ARISTÓTELES, *Hist. Animal.*, II, 12; PLÍNIO, *Hist. Nat.*, XI, 82.
35. FRAZER, *The Folklore in the Old Testament*, I, pp. 66 ss.
36. BRIFFAULT, II, p. 585.
37. VAN GENNEP, *Mythes*, pp. 101-2.
38. KRAPPE, *Genèse*, p. 106.
39. FINAMORE, *Tradizioni popolari abruzzesi*, p. 237.
40. PLUTARCO, *Vita Alex.*, II.
41. Segundo PAUSÂNIAS, II, 10, 3.
42. *Divus Augustus*, 94.
43. *Idem*, 55, 1.
44. BRIFFAULT, II, p. 664.
45. *Ibid.*, p. 665.
46. FRAZER, *Adonis*, pp. 81-2.
47. *Nat. Animal.*, VI, p. 17.
48. BRIFFAULT, p. 665.
49. DÄHNHARDT, *Natursagen*, I, pp. 211, 261.

50. J. A. EISENMENGER, *Entdecktes Judentum*, I, pp. 832 ss.; BRIFFAULT, II, p. 666.

51. BRIFFAULT, *ibid.*

52. PLOSS e BARTELS, *Das Weib*, I, pp. 442 ss.

53. BRIFFAULT, II, p. 668.

54. *The mystic rose*, ed. Besterman, I, pp. 23 ss.; II, 17, 133.

55. HENTZE, *Objets rituels*, figs. 4-7.

56. *Ibid.*, fig. 8 etc.

57. HENTZE, *Mythes*, fig. 136.

58. *Ibid.*, pp. 140 ss.; *Objets rituels*, pp. 27 ss.

59. HENTZE, *Objets rituels*, pp. 29 ss.

60. NATHAN MILLER, *The Child in Primitive Society*, Londres, 1928, p. 16.

61. PLOSS, I, 586.

62. J. H. RIVETT-CARNAC, *Rough Notes on the Snake-symbol in India.*

63. ABBÉ DUBOIS, *Hindu Manners*, 2ª ed., 1899, p. 648; W. CROOKE, *Religion and Folklore*, II, p. 133; VOGEL, *Indian Serpent-Lore*, p. 19.

64. *Mythische Reste in der Paradieserzählung*, "Archiv f. Relig.", X, pp. 345-67.

65. Esp. pp. 359 ss.

66. PLOSS, I, 447 ss.

67. BRIFFAULT, II, p. 662.

68. NÖLDEKE, *Die Schlange nach arabischem Volksglauben*, "Zeit. f. Völkerpsychologie u. Sprachwissenschaft", I, p. 413; BRIFFAULT, II, p. 663.

69. *Ibid.*, 663-4.

70. Cf. PENZER, *Ocean of Story*, II, Londres, 1923, p. 108, nota; FRAZER, *Spirits of the Corn*, I, p. 146; STITH THOMPSON, *Motif-Index of Folk-Literature*, I, p. 315.

71. FILOSTRATO, *Vita Apol. Tyana*, I, 20; cf. L. THORNDIKE, *A History of Magic*, I, p. 261.

72. BRIFFAULT, III, pp. 60 ss.; KRAPPE, *Genèse*, pp. 101 ss.

73. Cf. por exemplo SÉBILLOT, *Le folklore de France*, II, pp. 206, 339 ss.

74. SELER, *Codex Borgia*, I, p. 109, fig. 299.

75. L. WIENER, *Mayan and Mexican Origins*, Cambridge, 1926, prancha XIV, fig. 35.

76. *Ibid.*, fig. 112 c.

77. *Ibid.*, fig. 123.

78. HENTZE, *Objets rituels*, pp. 32 ss.

79. VOGEL, *Indian Serpent Lore*, p. 11.

80. KRAPPE, *Genèse*, p. 116.
81. TYLLOR, *Primitive Culture*, II, 70; KRAPPE, p. 117.
82. Cf. *Brhad-Aranyaka Up.*, VI, 2, 16; *Chândogya Up.*, V, 10, 1.
83. *Dadistan-i-Dinik*, 34; WEST, *Pahlavi Texts*, II, p. 76.
84. Cf. textos em F. CUMONT, *Le symbolisme funéraire*, p. 179, nota 3.
85. Referências em CUMONT, p. 184, nota 4.
86. FÍRMICO MATERNO, *De Errore*, IV, I, 1.
87. CÍCERO, *De Republ.*, VI, 17, 17.
88. *De facie in orbe lunae*, 942 f., edição e comentário de P. RAINGEARD, Paris, 1935, pp. 43 ss., 143 ss.
89. *Ibid.*, 944 f.
90. *Ibid.*, 945 c, d.
91. *Le symbolisme funéraire*, pp. 200 ss.
92. "Oracles chaldéens" [Oráculos caldeus], *op. cit.*, p. 201.
93. Fédon.
94. *Repúbl.*, IV, 434e-441c; X, 611b-612ª; *Timeu*, 69c-72d.
95. Ver também: GUY SOURY, *La démonologie de Plutarque*, Paris, 1942, p. 185.
96. Cf. CUMONT, pp. 203 ss.
97. *Ibid.*, pp. 213 ss.
98. *Ibid.*, p. 217.
99. FRAZER, *The Belief in Immortality*, I, p. 69.
100. Cf. FRAZER, *Belief*, I, pp. 65 ss.; *Folklore in the Old Testament*, I, 52-65.
101. FRAZER, *Belief*, pp. 66 ss.
102. *Sermo*, 361, *De resurr.*; *P. L.*, 39, col. 1605; cf. CUMONT, p. 211, nota 6.
103. W. SCHMIDT, *Ursprung der Gottesidee*, III, pp. 757 ss.
104. Cf. discussão em HENTZE, *Mythes*, pp. 16 ss.
105. SCHMIDT, *Ursprung*, II, p. 235.
106. Resumida em KOPPERS, *Pferdeopfer- und Pferdekult*, pp. 314-7.
107. Cf. KRAPPE, III ss.
108. *De Iside.*
109. *Idem*, 18.
110. *De facie*, p. 943 b, d.
111. *Lalitâsahasranâma*, verso 255.
112. *Tracce di culto lunare in India*, p. 424.
113. Cf. ELIADE, *Le yoga*, pp. 256 ss.
114. *Upanishad*, I, 5, 14.
115. *Idem*, VI, 7, I ss.
116. *Rig Veda*, I, 164, 45.

117. *Der Ursprung des Alphabets und die Mondstationem*, Leipzig, 1913.

118. *Grundriss der Geographie und Geschichte des alten Orients*, I, Munique, 1904, pp. 99 ss.

119. H. WINCKLER, *Die babylonische Geisteskultur*, 2ª ed., 1919, p. 117.

120. WOLFGANG SCHULTZ, *Zeitrechnung und Weltordnung*, p. 89.

121. SCHULTZ, *ibid.*; cf. HELMUT ARNTZ, *Handbuch der Runenkunde*, Halle, 1935, pp. 232 ss.

122. Pp. 491, 20 ss.

123. F. DORNSEIFF, *Das Alphabet in Mystik und Magie*, p. 34.

124. *Kimcit-Vistara-Târâ-sâdhana*, nº 98 de *Sâdhanamâlâ*; cf. ELIADE, *Cosmical Homology and Yoga*, p. 199.

125. Caryâ II, *Krishnapâda.*

126. ELIADE, *op. cit.*, p. 200.

127. Cf. *Le Yoga*, pp. 254 ss.; *Cosmical Homology*, p. 201.

128. Cf. *Cosmical Homology*, p. 194, nota 2.

129. A Lua influencia o olho esquerdo, e o Sol, o olho direito; F. CUMONT, *L'Egypte des astrologues*, Bruxelas, p. 173; a Lua e o Sol nos monumentos funerários, símbolo da eternidade, CUMONT, *Le symbolisme funéraire*, pp. 94, 208 etc.

130. OVÍDIO, *Metamorfoses*, VI, 1 ss.

131. Cf. NONO, *Dionisíacas*, XLI, pp. 294 ss.; CLAUDIANO, *De raptu Proserpinae*, I, 246 ss.; A. H. KRAPPE, *Études de mythologie et de folklore germanique*, p. 74.

132. Cf. KRAPPE, "La déesse Holda", *Études*, pp. 101 ss.; LIUNGMAN, *Euphrat-Rhein*, II, pp. 656 ss.

133. *Brhadâranyaka Up.*, III, 7, 2.

134. "Quem teceu nele o sopro?", *Atharva Veda*, X, 2, 13.

135. *Atharva Veda*, XI, 4, 15.

136. BRIFFAULT, II, pp. 624 ss.

137. *Odisseia*, VI, 197.

138. KRAPPE, *Genèse*, p. 122.

139. *Ibid.*, p. 103.

140. ELIADE, *Mitul reintegrarii*, p. 33.

141. PICARD, *Ephèse et Claros*, p. 497.

142. Até mesmo já se fizeram comparações entre os dois termos; cf. J. PRZYLUSKI, *From the Great Goddess to Kâlâ*, "Indian Historical Quarterly", 1938, pp. 67 ss.

143. ELIADE, *La concezione della libertá nel pensiero indiano*, "Asiatica", 1938, pp. 345-54.

144. HENTZE, *Objets rituels*, p. 55.
145. HENTZE, *Frühchinesische Bronzen*, p. 59.
146. *Ibid.*, pp. 66-7.

V. As águas e o simbolismo aquático

1. *Bhaviçyottarapurâna*, 31, 14.
2. *Çatapatha Brâhmana*, VI, 8, 2, 2; XII, 5, 2, 14.
3. *Idem*, III, 6, 1, 7.
4. *Idem*, IV, 4, 3,15 etc.
5. *Idem*, I, 9, 3, 7; XI, 5, 4, 5.
6. *Rig Veda*, I, 23, 19 ss.; X, 19, 1 ss. etc.
7. *Atharva Veda*, II, 3, 6.
8. *Idem*, VI, 91, 3.
9. KUHN, *Nachwort*, em HENTZE, p. 244.
10. *Ibid.*, p. 248.
11. Cf. reproduções de Sahagun, de Codex Nuttal etc. no volume de LEO WIENER, *Mayan and Mexican Origins*, Cambridge, 1926, pp. 49 ss., 84 ss.
12. B. MALINOWSKI, *The Sexual Life of Savages in North-Western Melanesia*, Londres, 1935, p. 155.
13. RÜSSEL, *The Pima Indians*, "Annual Report of the Bureau of Ethnology", vol. 26, Washington, 1908, pp. 239 ss.
14. Referências em COOMARASWAMY, *Yaksas*, II, p. 24.
15. *Ibid.*, p. 13.
16. *Traittirîyaiya Brâhmana*, 1, 1, 3, 5; *Çatapatha Brâhmana*, XIV, I, 2, 11; cf. *Râmâyana*, Ayodhya-Kanda, CX, 4; *Mahabhârata*, Vâna-Prana, CXLII, 28-62, CCLXXII, 49-55; *Bhâgavata Purâna*, III, 13 etc.
17. Cf. Bibliografia.
18. *Enuma Elish*, 1, 1-5, segundo a versão de Labat, *Le poème babylonien de la création*, Paris, 1935, p. 77.
19. Remetemos o leitor para *Natursagen*, de DÄHNHARDT (vol. I, pp. 1-89) e, para indicações bibliográficas suplementares em *Motif-Index of Folk-Literature*, de STITH THOMPSON (vol. I, pp. 121 ss.).
20. NYBERG, *Kind und Erde*, pp. 113 ss.
21. HOLMBERG, *Die Wassergottheiten der finnish-ugrichen Völker*, pp. 120, 126, 138 etc.
22. NYBERG, p. 59.
23. *Germania*, p. 12.
24. DIETERICH, *Mutter Erde*, 3ª ed., pp. 19, 126.

25. MCKENZIE, *Infancy of Medicine*, p. 240.
26. 1, 3.
27. 22, 1-2.
28. Cf. Ezequiel, 47.
29. MCKENZIE, *Infancy of Medicine*, pp. 238 ss.
30. SEBILLOT, *Folklore*, II, pp. 256-91.
31. *Ibid.*, II, pp. 230 ss.
32. SEBILLOT, *Folklore*, II, pp. 460-6.
33. RÖNNOW, *Trita Aptya*, pp. 36-7.
34. MANNINEN, *Die dämonistischen Krankheiten*, pp. 81 ss.
35. 36, 25.
36. 13, 1.
37. *Yasna*, 65.
38. *Eneida*, II, 717-20.
39. EURÍPEDES, *Alceste*, 96-104.
40. Fonte de Clitor, da Arcadia; VITRÚVIO, *De Architectura*, 8; SAINTYVES *Corpus*, p. 115.
41. JUSTINO, I, *Apolog.*, 57, 1.
42. *Eneida*, IV, 634-40; MACRÓBIO, *Sat.*, III, 1 etc.
43. GRAILLOT, *Le culte de Cybèle*, pp. 288, 251, nota 4 etc.
44. *Odisseia*, VIII, 363-6.
45. II, 10, 4.
46. *Himn.*, V, 1-17, 43-54.
47. PICAR, *Ephèse et Claros*, p. 318.
48. Hertha; cf. TÁCITO, *Germania*, 40.
49. SAINTYVES, *Corpus*, pp. 212 ss., 215 ss.
50. Lucas, 3, 3.
51. *Idem*, 3, 16.
52. Epíst. Rom., VI, 3.
53. Rom., VI, 4 ss.
54. *De Bapt.*, III-V.
55. *Homil. in Joh*, XXV, 2; SAINTYVES, *Corpus*, p. 149.
56. Essa concepção manteve-se também na especulação filosófica. "É morte para as almas tornarem-se água", diz Heráclito (fragmento 68). É por isso que "a alma seca é a mais sábia e a melhor" (fragmento 74). O temor de que a umidade "dissolvesse" as almas desencarnadas, fazendo-as germinar e projetando-as de novo no circuito das formas de vida inferiores, era frequente na soteriologia grega. Um fragmento órfico (Clemente, *Strom.*, VI, 2, 17, 1; Kern, 226) diz que "para a alma a água é a morte", e Porfírio (*De antro nymph.*, 10-11) explica a tendência das almas defuntas para a umidade por seu desejo de reencarnação. A especulação posterior

depreciou a função germinativa das águas porque situava a melhor sorte *post mortem* não na reintegração no circuito cósmico mas, ao contrário, na evasão do mundo das formas orgânicas, evasão para o empíreo, para as regiões celestes. Daí a importância capital atribuída aos itinerários solares, "à secura".

57. Lucas, 16, 24.

58. GERNET, *Génie Grec*, p. 262; SCHUHL, *La formation de la pensée grecque*, pp. 119, nota 2, 210, nota 2.

59. PARROT, *Le refrigerium*, *passim*; ELIADE, *Zalmoxis*, I, 1938, 203 ss.

60. ELIADE, *Insula lui Euthanasius*, p. 95; *Zalmoxis*, I, p. 205.

61. PARROT, p. 103, nota 3; *Zalmoxis*, I, p. 206, com referências complementares.

62. A reação começou no século IV, com São Cirilo de Jerusalém, *Catech.*, XIX, 8. As proibições eclesiásticas repetem-se continuamente desde o segundo Concílio de Áries – 443 ou 452 – até o Concílio de Trèves, em 1227. Além disso, grande número de apologias, cartas episcopais e outros textos balizam a luta da Igreja contra o culto das águas; cf. SAINTYVES, *Corpus*, pp. 163 ss.

63. VAILLAT, *Le culle des sources dans la Gaule antique*, pp. 97-8.

64. *Ibid.*, p. 99.

65. PETTAZZONI, *Le religione primitiva in Sardegna*, p. 102.

66. *Ibid.*, pp. 102-3.

67. SAINTYVES, *Corpus*, pp. 189-95.

68. *Ibid.*, *Corpus*, pp. 29 ss., 58.

69. *Ibid.*, *Corpus*, pp. 101 ss.

70. *Ibid.*, p. 101.

71. PAUSÂNIAS, I, 34, 4.

72. JÂMBLICO, *De Myst*, III, ii.

73. TÁCITO, *Anais*, II, p. 54; sobre o oráculo de Claros cf. PICARD, *Ephèse et Claros*, Paris, 1922, pp. 112 ss.

74. Textos em A. JEREMIAS, *Handbuch*, pp. 39-40.

75. VIII, 38, 3-4.

76. Ver referências e bibliografia em NILSON, *Geschichte*, I, p. 220, nota 3.

77. SAINTYVES, *Corpus*, p. 160.

78. *Op. cit.*, 737 ss.

79. FRAZER, *Folklore in the Old Testament*, II, pp. 417 ss.

80. *Ilíada*, XXI, 124 ss.

81. Referências em NILSSON, I, p. 221, nota 10.

82. *Ibid.*, I, p. 222.

83. NILSSON, pp. 227 ss.
84. *Teogonia*, verso 364.
85. Ver, por exemplo, EURÍPIDES, *Helen*, 24 ss.
86. CIG 6201, citado por JEANMAIRE, *Couroï et courètes*, p. 295.
87. Festo, citado por R. CAILLOIS, *Les démons du midi*, "Rev. Hist. Rel.", t. 116, nº 1, 1937, p. 77.
88. NILSSON, I, p. 416.
89. Cf. *Lokasenna*.
90. Cf. DUMÉZIL, *Le festin d'immortalité*.
91. A. C. BROWN citado por KRAPPE, *La genèse des mythes*, p. 209.
92. Os chineses nunca distinguiram muito bem a serpente do animal mítico (cf. GRANET, *Danses et Légendes*, II, p. 554).
93. GRANET, *La pensée chinoise*, p. 135.
94. GRANET, *Danses*, I, pp. 353-6, nota.
95. *Ibid.*, 361; cf. FRAZER, *The Magic Art and the Evolution of Kings*, I, p. 297, sobre os rituais chineses de chuva com a efígie de um dragão.
96. Cf. GRANET, *Danses*, I, pp. 344-50; II, p. 555; KARLGREN, *Some Fecundity Symbols*, p. 37 etc.
97. GRANET, *Danses*, II, p. 510.
98. KARLGREN, p. 37.
99. CHAVANNES, *Mémoires de Sse-Ma-Tsien*, I, pp. 3 ss.
100. SSE-MA-TSIEN, *Mémoires*, II, p. 325.
101. GRANET, *Civilisation chinoise*, p. 216.
102. *Ibid.*
103. SSE-MA-TSIEN, *Mémoires*, III, 2ª parte, pp. 488-9.
104. PRZYLUSKI, *La princesse à l'odeur de poisson*, p. 276.
105. Note-se a polaridade serpente (peixe, monstro marinho, símbolo das águas, do escuro, do não manifestado) x Sol ("filho do Sol" ou um brâmane etc.; símbolo do manifestado), polaridade abolida pelos casamentos míticos que fundam uma dinastia, ou seja, que abrem uma nova época histórica. A fusão dos princípios contrários é encontrada sempre que se tenta "formular" a divindade (cf. ELIADE, *Mitul Reintegrarii*, p. 52). Nos mitos indonésios e sudeste-asiáticos aos quais nos referimos acima, essa *coincidentia oppositorum* significa o fim do ciclo pela regressão à unidade primordial, seguida pela inauguração de uma "dinastia", ou seja, de um novo ciclo histórico.
106. OPPERT, *Original inhabitants*, pp. 24, 67-8.
107. Texto em OPPERT, pp. 425-6; cf. *Le Yoga*, p. 346.
108. Estaríamos autorizados a explicar pela mesma fórmula o nascimento dos heróis gregos a partir de ninfas e náiades, divindades das águas? Aquiles é filho de Tétis, ninfa marinha. Note-se que os heróis locais

frequentemente descendem de náiades, como Ifitione, Sotnios etc. Um herói local é muitas vezes um resquício de um culto arcaico, pré-indo-europeu; ele era "o senhor do lugar".

109. Cf., por exemplo, VOGEL, *Serpent worship*, *passim*.

110. HENTZE, 14, 24 etc.

VI. As pedras sagradas: epifanias, signos e formas

1. *Les noms des haches lithiques*, p. 333.

2. OCTOBON, *Statues-menhirs*, p. 562.

3. *Ibid.*

4. W. H. SCHOOBERT, *The Aboriginal Tribes of the Central Provinces*, "Census of India", 1931, I (III, b), p. 85; W. V. GRIGSON, *The Maria Gonds of Bastar*, Londres, 1938, pp. 274 ss.

5. Esses resultados são bastante importantes porque o costume de erigir monumentos funerários não parece ser uma tradição autóctone dos bhils, a população mais arcaica da Índia central (p. 156), mas uma influência devida aos povos megalíticos, como os drávidas e os mundas (cf. KOPPERS, *Monuments to the Dead of the Bhils*, p. 196). Visto que nem os árias nem os autores da civilização pré-histórica do Indo (III milênio a.C.) foram povos megalíticos, o problema da origem da tradição megalítica na Índia permanece em aberto. Seria tal tradição devida a influências sul-asiáticas, austro-asiáticas, ou haverá que explicá-la por relações históricas, genéticas (talvez indiretas) com a cultura megalítica da Pré-História europeia?

6. KOPPERS, *Monuments to the Dead of the Bhils*, pp. 134, 151, 188, 189, 197.

7. KOPPERS, *Monuments*, p. 188.

8. SELIGMAN, *Pagan Tribes of the Nilotic Sudan*, Londres, p. 24.

9. WILLIAMSON, *The Social and Political Systems of Central Polynesia*, II, pp. 242 ss.

10. J. LAYARD, *The Journey of the Dead*, em *Essays Presented to Seligman*, Londres, 1934, pp. 116 ss.

11. *Notes d'ethnologie néocalédonienne*, Paris, 1930, pp. 183, 241.

12. PETTAZZONI, *Dio*, I, p. 10.

13. HUTTON, *Census*, I, 1931, p. 88.

14. J. BOULNOIS, *Le caducée et la symbolique dravidienne indo-méditerranéenne*, p. 12.

15. *The Native Tribes of Central Australia*, p. 337.

16. HARTLAND, *Primitive Paternity*, I, pp. 124 ss.

17. FRAZER, *Folklore in the Old Testament*, II, p. 75.

18. GEORG WILKE, *Die Religion der Indogermanen in archäologischer Betrachtung*, Leipzig, 1921, pp. 99 ss.

19. FRAZER, *The Folklore in the Old Testament*, II, pp. 403-5; B. NYBERG, *Kind und Erde*, Helsink, 1931, pp. 66 ss., p. 239.

20. NYBERG, *op. cit.*, p. 66.

21. VAN GENNEP, em P. SAINTYVES, *Corpus du Folklore préhistorique*, II, p. 376.

22. A. HUGUES, *ibid.*, p. 390.

23. VAN GENNEP, *ibid.*, p. 317.

24. *Ibid.*, p. 332.

25. PETTAZZONI, *Dio*, I, pp. 198-200.

26. Exemplos em *Corpus*, II, 347 etc.; SÉBILLOT, *Le Folklore de France*, I, 1904, pp. 335 ss.; A. LANG, *Myth, Ritual and Religion*, I, pp. 96 ss.; SARTORI em *Handwörterbuch des deustch. Aberglaubens*, verbete "gleiten"; LEITE DE VASCONCELOS, *Opúsculos*, vol. VII, Lisboa, 1938, pp. 653 ss.

27. SÉBILLOT, *op. cit.*, pp. 339-40.

28. SAINTYVES, *Corpus*, III, p. 346.

29. Cf. índice dos três volumes de *Corpus de Folklore préhistorique*, verbete "friction" etc.

30. *Corpus*, III, p. 375.

31. D. MCKENZIE, *The Infancy of Medicine*, Londres, 1927, p. 210, segundo informações publicadas nos jornais.

32. *Le folklore de France*, IV, 1907, pp. 61-2; *Traditions et superstitions de la Haute-Bretagne*, I, p. 150.

33. BÉNARD LE PONTOIS, *Le Finistère préhistorique*, Paris, 1929, p. 268.

34. V. EISLER, *Kuba-Kybele*, "Philologus" 1909, pp. 118-51, 161-209. Cf. C. HENTZE, *Mythes et symboles lunaires*, Antuérpia, 1932, pp. 34 ss.

35. SAINTYVES, *Corpus*, III, p. 431.

36. Cf. o índice do 1º tomo de *Corpus*, verbete "pierre d'amour, pierre de mariage" etc.

37. HARTLAND, *Primitive Paternity*, I, p. 130.

38. LEITE DE VASCONCELOS, *De terra em terra*, II, Lisboa, p. 205; *Opúsculos*, VII, p. 652.

39. SAINTYVES, *Corpus*, III, pp. 36, 213 etc.

40. *Ibid.*, II, p. 401.

41. PERRAULT DABOT, reproduzido em *Corpus*, II, p. 403.

42. FRAZER, *Adonis, Attis, Osiris*, I, p. 36.

43. FRAZER, *Balder the beautiful*, II, p. 187.

44. SAINTYVES, *Corpus*, II, p. 403.

45. *Ibid.*, II, p. 403.

46. *Ibid.*, I, verbete "condamnations" etc.
47. HANNA RYDH, *Symbolism in Mortuary Ceramics*, p. 110.
48. SIR JOHN MARSHALL, *Mohenjo Daro and the Indus Civilization*, I, p. 62.
49. *Nordische Felszeichnungen als religiöse Urkunden*, Frankfurt, 1934, p. 246.
50. COOMARASWAMY, *The Darker Side of the Dawn*, Washington, 1935, p. 17, nota 22.
51. UNO HARVA, *Die religiösen Vorstellungen der altaischen Völker*, p. 153.
52. FRAZER, *The Magic King*, I, p. 308.
53. Cf. bibliografia em nossa obra *Metallurgy, Magic and Alchemy*, p. 3.
54. *Protréptico*, IV, 46.
55. VINCENT, *La religion des Judeo-araméens d'Eléphantine*, p. 591.
56. LAMMENS, *Le culte des bétyles et les processions religieuses dans l'Arabie pré-islamique.*
57. A. BEL, *La religion musulmane en Berbérie*, I, Paris, 1938, p. 80.
58. Gênesis, 28, 11-13, 16-19.
59. DUSSAUD, *Les origines cananéennes du sacrifice israélite*, 2ª ed., 1941, p. 232.
60. *Op. cit.*, pp. 234 ss. Cf. Jeremias, 48, 13: "Moab se envergonhará de Camos, como a casa de Israel se envergonhou de Betel."
61. DUSSAUD, *Les découvertes de Ras Shamra*, 2ª ed., pp. 97, 111.
62. VINCENT, *op. cit.*, p. 591.
63. ELIADE, *Insula lui Euthanasius*, p. 117.
64. Josué, 24, 26, 27.
65. Gênesis, 31, 44 ss.
66. Levítico, 26, 1.
67. 33, 52.
68. A. BERTHOLET, *Über kultische Motivverschiebungen*, pp. 7 ss.
69. X, 16, 2.
70. VARRÃO, *De lingua latina*, VII, 17, menciona uma tradição segundo a qual o *omphalós* seria o túmulo da serpente sagrada de Delfos, Píton: *quem Pythonis aiunt tumulum.*
71. *Geschichte*, I, p. 189.
72. Citado por MACRÓBIO, *Saturnais*, I, 16, 18.
73. DUMÉZIL, *Jupiter, Mars, Quirinus*, pp. 228-9.
74. Cf. CÉSAR, VI, 13, *media regio.*
75. SAINTYVES, *Corpus*, II, p. 328, com bibliografia.
76. *Ibid.*, II, p. 327.

77. *Ibid.*, II, p. 376.
78. VII, 22, 4.
79. Cf. RAINGEARD, *Hermes psychagogue*, pp. 348 ss.
80. Cf. DENYSE DE LASSEUR, *Les déesses armées*, Paris, 1919, pp. 139 ss.
81. DE VISSER, pp. 65 ss.
82. SOLDERS, em "Archiv f. Religions.", 1935, pp. 142 ss.
83. *Geschichte*, I, p. 189.

VII. A Terra, a mulher e a fecundidade

1. HESÍODO, *Teogonia*, versos 126 ss., segundo a tradução francesa de Paul Mazon.
2. À la terre, I ss., trad. fr. Jean Humbert.
3. ÉSQUILO, *Coéforas*, versos 127-128.
4. X, 12,10.
5. §§ 12 ss.
6. Lembramos que também no mito de Hesíodo Cronos castra seu pai, mas por razões muito diferentes: porque Urano involuntariamente dava origem a criaturas monstruosas, que em seguida escondia no corpo de Gaia. A. Lang tentou explicar o mito grego pelo mito maori. Mas, enquanto este é simplesmente um mito cosmogônico que explica a distância que há entre o céu e a Terra, o mito uraniano só é explicável se levarmos em conta o conjunto ritual indo-europeu da soberania, como mostrou G. DUMÉZIL em *Ouranos-Varuna* (Paris, 1934).
7. NUMAZAWA, *Die Weltanfänge*, pp. 138 ss., 305 ss.
8. PETTAZZONI, *Dio*, I, p. 130.
9. KRAPPE, *Genèse des mythes*, p. 79.
10. *Ibid.*, pp. 78-9; NUMAZAWA, pp. 317 ss.
11. PETTAZZONI, *op. cit.*, pp. 210-2.
12. *Ibid.*, p. 246.
13. *Ibid.*, p. 241.
14. KRAPPE, *op. cit.*, p. 78.
15. PETTAZZONI, *op. cit.*, p. 279.
16. *Ibid.*
17. FURLANI, *La religione degli Hittiti*, Bolonha, 1936, pp. 18, 35.
18. NUMAZAWA, *op. cit.*, pp. 93 ss.
19. DIETERICH, *Mutter Erde*, p. 14.
20. NYBERG, *Kind und Erde*, p. 62.
21. DIETERICH, *op. cit.*, pp. 19 ss.

22. K. A. ECKHARDT, *Irdische Unsterblichkeit*, *passim*.
23. JAMES MOONEY, *The Ghost-Dance Religion and the Sioux Outbreak of 1890*, Washington, 1896, p. 72.
24. FRAZER, *Adonis*, trad. fr., p. 67.
25. NYBERG, *Kind und Erde*, pp. 63 ss.
26. *Mutter Erde, ein Versuch über Völksreligion*, Leipzig-Berlim, 1925, 3ª ed., ampliada e complementada por E. Fehrle.
27. *Cartam levare*, 1914.
28. *Geschichte*, I, pp. 427 ss.
29. *Prometeu*, 88.
30. *A Cidade de Deus*, IV, II.
31. *Op. cit.*, p. 7.
32. NYBERG, *Kind und Erde*, p. 31.
33. Por exemplo, ROSE, *Primitive Culture in Italy*, p. 133.
34. SAMTER, *Geburt*, pp. 5 ss.
35. Fontes em Niberg, *op. cit.*, p. 131.
36. PLOSS-BARTELS, *Das Weib*, II, pp. 36 ss.
37. *Op. cit.*, p. 6.
38. Ver também: MOMOLINA MARCONI, *Riflessi mediterranei nella più antica religione laziale*, pp. 254 ss.
39. NYBERG, *op. cit.*, pp. 133 ss.; *Nerej*, II, p. 266.
40. DIETERICH, *op. cit.*, pp. 14 ss.; o mito do homem feito de terra, entre os australianos etc.; NYBERG, *op. cit.*, p. 61.
41. NYBERG, p. 137.
42. *Ibid.*, p. 160.
43. DELCOURT, *Stérilités mystérieuses*, p. 64.
44. ELIADE, *Commentaires à la légende du Maître Manole*, p. 54, em romeno.
45. JUVENAL, XV, 140.
46. DIETERICH, *op. cit.*, p. 22.
47. SCHEBESTA, *Les Pygmées*, p. 142.
48. VAN DER LEEUW, *Das sogenannte Hockerbegräbgnis*.
49. NYBERG, *op. cit.*, pp. 181 ss.
50. FRAZER, *Folklore in the Old Testament*, II, p. 33.
51. DIETERICH, *op. cit.*, pp. 28 ss.; NYBERG, *op. cit.*, p. 150.
52. NYBERG, *op. cit.*, pp. 144 ss.
53. DIETERICH, *op. cit.*, p. 13, nota 13.
54. X, 18, 10.
55. XVIII, 4, 48.
56. *Atharva Veda*, XII, I, 11; 14.
57. *Çatapatha Brâhmana*, XIII, 8, 2.

58. Por exemplo: "teu hálito vai para o vento, teu ouvido para os pontos cardeais, teus ossos voltam para a terra" – *Aitareya Brahmâna*, II, pp. 6, 13 etc.

59. PREUSS, "Arch. Relig. Wiss.", VII, p. 234.

60. VII, 25, 13.

61. DEUBNER, *De incubatione, passim.*

62. Cf. exemplos em BRELICH, *Aspetti della morte*, pp. 36-7.

63. Cit. HARRISON, *Prolegomena*, p. 599.

64. *Édipo Rei*, 25 ss.

65. *Odisseia*, XIX, 109 ss.

66. *Os Trabalhos e os Dias*, 225-37.

67. *Sete contra Tebas*, 750 ss.

68. *Édipo Rei*, 1210.

69. *Traquinienses*, 30 ss.

70. *Op. cit.*, p. 47, notas 1 e 2; cf. V. PISANI, *La donna e la terra*, pp. 248 ss.

71. KRAPPE, *Études de mythologie et de folklore germaniques*, Paris, 1928, p. 62.

72. XIV, 2, 71.

73. U. PESTALOZZA, *L'aratro e la donna*, pp. 324 ss.

74. BRIFFAULT, *The Mothers*, III, p. 55.

75. LÉVY-BRUHL, *L'Expérience mystique*, p. 254.

76. TEMPLE, *Encyclopaedia of Religion and Ethics*, IX, p. 362.

77. FINAMORE, *Tradizioni populari abruzzesi*, p. 59.

78. HOSE e MACDOUGALL, *Pagan tribes of Borneo*, I, 111 (ver LÉVY-BRUHL, *L'Expérience mystique*, p. 254).

79. FRAZER, *Spirits of the Corn*, I, p. 105.

80. LÉVY-BRUHL, *op. cit.*, p. 254.

81. KARSTEN citado por LÉVY-BRUHL, p. 255.

82. VAN DER LEEUW, *Phänomenologie*, pp. 78-9.

83. R. SMITH, *Religion of the Semites*, ed. 1923, pp. 108, 536 ss.

84. *Ibid.*, p. 537. Cf. DHORME, *La religion des Hébreux nomades*, Bruxelas, 1937, p. 276.

85. *Alcorão*, II, p. 223.

86. *Çatapatha Brâhmana*, VII, 2, 2, 5.

87. *Atharva Veda*, XIV, 2, 14.

88. Cf. PISANI, *La donna e la terra, passim.*

89. NYBERG, *op. cit.*, p. 232, nota 83.

90. Cf. *Pre-Aryan*, p. 11; ELIADE, *Le Yoga*, p. 410.

91. Cf. as reproduções em DIETERICH, pp. 107-8.

92. A. JEREMIAS, *Handbuch der Altorientalischen Geisteskultur*, fig. 214, p. 387.

93. *Gargantua*, livro II, cap. 1.

94. *Râmâyana*, cap. 66; cf. outras referências em: A. COOMARASWAMY, *The Rig-Veda as Landnáma Book*, pp. 15-33.

95. Cit. S. LANGDON, *Semitic Mythology*, p. 99.

96. DIETERICH, *op. cit.*, p. 94.

97. *Ibid.*; sobre o sentido erótico do bastão, cf. J. J. MEYER, *Trilogie*, III, pp. 194 ss.

98. Rico material documental em MANNHARDT, *Wald- und Feldkulte*, I, pp. 533 ss.; FRAZER, *The Magic King*, I, pp. 469 ss., 480 ss.

99. *Odisseia*, V, 125.

100. *Bacantes*, 274.

101. NYBERG, *op. cit.*, p. 231, notas 69 e 72.

VIII. A vegetação: símbolos e ritos de renovação

1. *Völuspâ*, estrofes 2 e 19, segundo trad. fr. de WAGNER, *Les poèmes mythologiques de l'Edda*, pp. 82-4.

2. *L'Arbre sacré*, p. 19.

3. HÉLÈNE DANTHINE, *Le palmier-dattier et les arbres sacrés*, pp. 162-4.

4. Cf. *supra* citação de H. Danthine.

5. *La participation*, p. 41.

6. "Bulletin de la Société Française de Philosophie", maio-jun. 1937, p. 107.

7. Cf. numerosos exemplos em COOMARASWAMY, *Yaksas*, I, pp. 12 ss.

8. NILSSON, *Geschichte*, I, p. 260.

9. R. SMITH, *Lectures*, 3ª ed., p. 187 etc.

10. Jeremias, 2, 20; cf. 3, 6.

11. Jeremias, 17, 1-3.

12. NELL PARROT, *op. cit.*, p. 43.

13. Segundo a versão de E. DHORME, *Choix de textes*, p. 98.

14. Cf. M. ELIADE, *Cosmologia babiloniana*, pp. 51 ss.

15. PARROT, *op. cit.*, p. 22. O sentido místico do losango pode ser identificado a partir da arte magdaleniana; cf. HENTZE, *Mythes et symboles lunaires*, p. 124.

16. Cf., por exemplo, figs. 8 e 9 em PARROT, que reproduzem documentos de Elam, do segundo milênio, e toda a série dos cilindros babilônicos, figs. 21 ss. etc.

17. Por exemplo, PARROT, figs. 35-6.

18. *Ibid.*, figs. 110-1, por exemplo.

19. Figs. 100, 104 etc.

20. Cf. material inventariado por A. J. WENSINCK em sua interessante monografia *Tree and Bird as Cosmological Symbols in Western Asia*, mas não utilizado por Nell Parrot.

21. Por exemplo, *Atharva Veda*, II, 7, 3; X, 7, 38.

22. *Rig Veda*, I, 24, 7.

23. *Maitri Up.*, VI, p. 7.

24. *Idem.*

25. Segundo trad. fr. de Senart.

26. COOMARASWAMY, *Inverted tree*, p. 20, identifica *avyakta* com *asat*, o não ser a que se refere o *Atharva Veda*, X, 7, 21. Citação por COOMARASWAY do *Açvamedha Parva*, segundo a versão utilizada por Sankara em seu comentário ao *Bhagavad Gîtâ*, XV, 1.

27. *Morug-el-Dscheb*, 64, 6, citado por UNO HOLMBERG, *Der Baum des Lebens*, p. 54.

28. *Zohar*, Beha' Alotheka, citado por COOMARASWAMY, p. 21.

29. Cf. WENSINCK, *Tree and Bird as Cosmological Symbols*, p. 33; ASÍN PALACIOS, *La escatología musulmana en la Divina Comedia*, 2ª ed., Madri, 1942, p. 235.

30. *Paradiso*, XVIII, pp. 28 ss.

31. *Il Quadriregio*, IV, cap. 2, citado por A. GRAF, *Miti, leggende e superstizioni del medio Evo*, 1925, p. 157.

32. *Op. cit.*, p. 55.

33. *Ibid.*; cf. KAGAROW, *Der Umgekehrte Schamanenbaum*, p. 183.

34. W. SCHMIDT, *Ursprung*, III, pp. 1030 ss.

35. *Ibid.*, pp. 757 ss., 806; cf. também: HENTZE, *Mythes et symboles*, pp. 182 ss.

36. HENTZE, pranchas VI, VII, VIII e fig. 148.

37. Essa cena figura no *Codex Bordonicus*, fig. 149, HENTZE.

38. M. ELIADE, *Le chamanisme*, pp. 244 ss.

39. *Völuspâ*, 19; *Grimmismâl*, 31.

40. *Völuspâ*, 28, 29.

41. ELIADE, *Mitul Reintegrarii*, pp. 41 ss., 52.

42. *Völuspâ*, estrofe 45.

43. *Die Bedeutung der Eiche seit der Vorzeit* (Leipzig, 1939).

44. PESTALOZZA, *Pagine di religione mediterranea*, II, p. 260.

45. MARSHALL, prancha XII, fig. 18.

46. VII, 34, 23; X, 64, 8.

47. Cf., por exemplo, *Taittirîya Samhitâ*, II, 1, 5, 3.

48. No Museu de Berlim, PARROT, fig. 69.

49. BERGEMA, *De boom des levens*, figs. 91-3; MARCONI, *Riflessi mediterranei*, figs. 41-2.

50. PAUSÂNIAS, III, 22, 12.

51. HARRISSON, *Prolegomena*, pp. 425 ss.

52. PAUSÂNIAS, II, 2, 7.

53. Cap. 92, versos 43-44.

54. Cf. ELIADE, *Le Yoga*, p. 376.

55. Cf. MEYER, *Trilogie*, III, *passim*.

56. Por exemplo, MARSHALL, I, figs. 63-7.

57. *Ibid.*, I, p. 52.

58. Por exemplo, prancha XII, figs. 16, 20, 21, 25, 26.

59. *Ibid.*, prancha I, pp. 48, 50.

60. FRAZER, *The Magic Art*, II, pp. 316 ss.; J. J. MEYER, III, p. 195.

61. Cf. HILLEBRANDT, *Vedische Mythologie*, I, pp. 319 ss.

62. XXXIII, 10.

63. *Kausiataki Up.*, 1, 3.

64. Ezequiel, 47. Cf. nesta obra o § 142.

65. XXII, 1-2.

66. Gênesis, II, 9-10.

67. COOMARASWAMY, *Yaksas*, II, pp. 2-3.

68. PARROT, p. 59.

69. Cf. VAN BUREN *The Flowing Vase and the God with Streams*, Berlim, 1933, figs. 6, 13 etc.

70. *Agni Purâna*, cap. 49.

71. *Op. cit.*, II, p. 25.

72. Ricas referências em Meyer, III, 207; *Rig Veda*, I, 24, 7; cf. COOMARASWAMY, II, p. 29.

73. WALLIS BUDGE, *From Fetish to God in Ancient Egypt*, fig. p. 58.

74. MAX MÜLLER, *Egyptian Mythology*, p. 53.

75. HOLMBERG, *op. cit.*, p. 97.

76. AUTRAN, *Préhistoire du christianisme*, I, pp. 142 ss.

77. *Ibid.*

78. S. LANGDOM, *Tammuz and Ishtar*, Oxford, 1914, p. 43.

79. ALBRIGHT, *The Babylonian Sage Ut-Napistim nuqu.*

80. *Odisseia*, I, 50; V, 68, 70, 135 ss.

81. Cf. "eau de vie"; o gaélico "whiskey", literalmente "water of life" (água de vida); o persa *mâie-i-shebâb*, "bebida da juventude"; o sumério *geshtin*, "árvore de vida"; cf. ALBRIGHT, *The Goddess of Life and Wisdom*, p. 276.

82. Sanhedrin, 70 *a*.

83. Gênesis, 11, 9.
84. ALBRIGHT, *op. cit.*, p. 283.
85. *Provérbios de Salomão*, 8, 19.
86. ALBRIGHT, *op. cit.*, p. 266.
87. *Intrebari si Raspunsurii*, CXXVII.
88. A lenda foi contaminada pelo motivo da criação das plantas depois do sacrifício de uma divindade ou da morte violenta de um herói; cf. ELIADE, *La mandragore et les mythes de la "naissance miraculeuse"*, p. 25.
89. Cf. NILSSON, I, prancha 17, 1.
90. COOK, *Zeus*, II, 1, p. 681, fig. 620.
91. NILSSON, prancha 13, 6.
92. *Ibid.*, prancha 13, 5; cf. PERSSON, *The Religion of Greece in Prehistoric Times*, pp. 36 ss. e fig. 3.
93. Gênesis, 2, 9 e 17.
94. PAUL HUMBERT, *Études sur le récit du Paradis*, pp. 22 ss.
95. *Ibid.*, p. 22.
96. Gênesis, 3, 4-5.
97. Gênesis, 3, 22.
98. Tabuinha VIII, passagem citada por VIROLLEAUD, *Le voyage de Gilgamesh au Paradis*, p. 204.
99. *Yasna*, X, 3-4.
100. *Idem*, X, 10.
101. *Vidêvdât*, XX, p. 4; *Bundahishn*, XXVII, 4.
102. *Bundahishn*, I, 1, 5.
103. *Idem*, XXVII, 5.
104. *Idem*, XVIII, 2; cf. a serpente Niddoggr danificando a raiz de Yggdrasil.
105. *Yasna*, IX, 3-5: *Yasht*, XIX, 33-4.
106. A. CHRISTENSEN, *Le premier homme*, II, pp. 13 ss.
107. HOLMBERG, *Finno-Ugric Mythology*, pp. 356 ss.
108. CARCOPINO, *La basilique pythagoricienne*, p. 299.
109. HERÓDOTO, III, p. 116.
110. HARTLAUB, *Arcana Artis*, p. 294.
111. *Râmâyana*, *Yuddha Kânda*, 26, 6.
112. *Mahâbhârata*, I, 76, 33.
113. J. C. COYAJEE, *Shahnameh Legends*, em *Cults and Legends of Ancient India and Iran*, Bombaim, 1936, pp. 40 ss.
114. PLÍNIO, *Hist. Natural*, 25, 5; sobre os romenos da Macedônia cf. CANDREA, *Iarba Fiarelor*, Bucareste, 1928, p. 20.
115. WÜNSCHE, *Lebensbaum*, pp. 15 ss.
116. ALBIRUNI, *Chronology*, p. 292; WÜNSCHE, *op. cit.*, p. 39.

117. Cf. as indicações na bibliografia.

118. A. GRAF, *Miti, leggende e superstizioni*, pp. 59 ss.; ELIADE, *Cosmologie si Alchimie babiloniana*, p. 53.

119. HOLMBERG, *Baum des Lebens*, p. 133; CARTOJAN, *Cartile populare*, I, p. 123.

120. *Çatapatha Brâhmana*, IV, 1, 5 etc.

121. HOPKINS, *The Fountain of Youth*, pp. 19, 20; WALLIS BUDGE, *Alexander the Great*, p. 93.

122. HOPKINS, *Fountain*, p. 19.

123. *Ibid.*, p. 24.

124. *Ibid.*, *Fountain*, p. 19.

125. OHRT, *Herba, Gratia Plena*, p. 17; ELIADE, *La Mandragore*, p. 24.

126. OHRT, *op. cit.*, p. 18.

127. DELATTE, *Herbarius*, p. 97, nota 3.

128. *Ibid.*, pp. 93 ss.

129. *Atharva Veda*, IV, 4, 1.

130. *Padma purâna*, citado por J. J. MEYER, *Trilogie*, I, p. 48.

131. DELATTE, p. 100.

132. *Ibid.*, p. 102.

133. Textos antigos citados por DELATTE, pp. 102, 104.

134. *Ibid.*, p. 103.

135. *Ibid.*, p. 103.

136. HOLMBERG, *Baum des Lebens*, p. 52.

137. ELIADE, *Le Chamanisme*, pp. 245 ss.

138. HOLMBERG, *Finno-Ugric Mythology*, p. 338; *Der Baum des Lebens*, pp. 26 ss.; ELIADE, *Le Chamanisme*, pp. 120 ss.

139. RUDOLF, ver Fulda.

140. A. COOMARASWAMY, *Elements of Buddhist Iconography*, p. 82; P. MUS, *Barabudur*, I, pp. 117 ss.

141. M. GRANET, *La pensée chinoise*, p. 324.

142. HENTZE, *Mythes et Symboles*, pp. 158 ss.

143. VAN GENNEP, *Mythes et Légendes d'Australie*, p. 14.

144. MATSUMOTO, *Essai sur la mythologie japonaise*, pp. 120 ss.

145. *Râmâyana*, I, 38; *Mahâbhârata*, III, 106 etc.

146. *Mahâbhrârata*, I, 63, versos 2456 ss.; cf. PRZYLUSKI, *Les Empalés*, p. 18.

147. PRZYLUSKI, *Les Ubumbara*, p. 36; "Zalmoxis", III, p. 30.

148. VAN GENNEP, *Tabou et totémisme à Madagascar*, p. 300.

149. Cf. bibliografia em "Zalmoxis", III, p. 21.

150. *Ierburile de sub Cruce* e *La Mandragore et les mythes de la "naissance miraculeuse"*, Zalmoxis, III.

151. *Ierburile de sub Cruce*, p. 16

152. SPENCER e GILLEN, *The northern Tribes*, p. 331.

153. FRAZER, *The Magic Art and the Evolution of King*, II., tr. fr., pp. 26 ss.

154. HARTLAND, *Primitive Paternity*, I, p. 148.

155. *Santali folk Tales*, III, Oslo, 1929, pp. 297 ss.

156. Cf. *Ierburile*, p. 15.

157. Cf. *Ierburile*, p. 15; *La Mandragore*, p. 34.

158. E. COSQUIN, *Les Contes Indiens et l'Occident*, Paris, 1922, pp. 84-5; *La Mandragore*, p. 34.

159. SAINEANU, *Basmele române*, pp. 307 ss.

160. Um velho que comeu uma maçã que lhe fora dada por Santa Sexta-Feira viu uma jovem nascer de sua coxa: SAINEANU, *Basmele*, pp. 308, 309.

161. *Fastos*, V, 255.

162. Cf. Bibliografia.

163. VAN DER LEEUW, *Phänomenologie der Religion*, p. 38.

164. NYBERG, *King und Erde*, p. 77.

165. HARVA, *Die religiösen Vorstellungen der altaischen Völker*, pp. 480-1; EMSHEIMER, *Schamanentrommel r. Schamanenbaum*, pp. 168 ss.

166. VAN DER LEEUW, *op. cit.*, p. 38.

167. HARTLAND, *Primitive paternity*, I, p. 43.

168. *Ibid.*, I, p. 44.

169. ENGELMANN, *Die Geburt bei den Urvölkern*, Viena, 1884, pp. 77 ss.; NYBERG, *Kind und Erde*, pp. 207 ss.

170. NYBERG, *op. cit.*, pp. 210 ss.

171. Cf. MANNHARDT, *Myth. Forschungen*, p. 369; DIETERICH, *Mutter Erde*, pp. 101-4.

172. HASTING, *Encycl. Relig. Ethics.*, II, p. 682; FRAZER, *Spirits of the Corn*, pp. 5-11.

173. A. JEREMIAS, *Handbuch*, p. 345; *Allgemeine Religionsgeschichte*, p. 219.

174. MANNHARDT, *Wald- u. Feldkulte*, I, pp. 32 ss.

175. NYBERG, *op. cit.*, p. 216.

176. Gênesis, 30, 14 ss.

177. FRAZER, *The Magic Art*, II, pp. 24-5.

178. BOULNOIS, *Le Caducée*, pp. 8 ss.

179. NYBERG, *op. cit.*, p. 201.

180. Cf. MEYER, *Trilogie*, III, pp. 192 ss.

181. MANNHARDT, *Wald und Feld Kulte*, I, pp. 312 ss.; FRAZER, *The Magic Art*, II, pp. 59 ss.; *The Golden Bough*, ed. resumida, pp. 120 ss.

182. *Anatomie of Abuses*, Londres, 1583.

183. "Não defloradas". Citado por FRAZER, *The Magic Art*, II, p. 66; *The Golden Bough*, p. 123.

184. A. MATHIEZ, *Les origines des cultes révolutionnaires*, 1904, p. 32.

185. MANNHARDT, *op. cit.*, pp. 177 ss., 186 ss.

186. MEYER, I, p. 101; LIUNGMAN, *Euphrat-Rhein*, II, p. 1027.

187. CROOKE, *The Holi*, p. 59; outros exemplos em MEYER, I, p. 101, nota 2.

188. CROOKE, p. 63; MEYER, p. 107.

189. Cf. a rica documentação e as referências de MEYER, *op. cit.*, I, pp. 157 ss.

190. FRAZER, *The Magic Art*, II, pp. 75 ss.; *The Golden Bough*, pp. 126 ss.

191. FRAZER, *The Magic Art*, II, pp. 66 ss.

192. DRECHSLER, *Sitte u. Brauch*, I, pp. 125-8; FRAZER, *The Magic Art*, II, pp. 84 ss.

193. FRAZER, *The Magic Art*, II, pp. 101 ss.; *The Golden Bough*, p. 135.

194. Cf. os mistérios greco-orientais.

195. FRAZER, *The Golden Bough*, pp. 296 ss.; *The Dying God*, pp. 215 ss.

196. É com razão que Frazer vê nesse costume um paralelo com o ritual do sacerdote de Nemi; é da mesma maneira que, na antiga Itália, o sacerdote luta pela vida e, se escapar, pode continuar exercendo sua função. O costume da Boêmia lembra também o *regifugium*; cf. FRAZER, *The Golden Bough*, p. 299; *The Dying God*, p. 213.

197. FRAZER, *The Golden Bough*, pp. 302 ss.; *The Dying God*, pp. 220 ss.

198. *The Golden Bough*, p. 314; *The Dying God*, pp. 320 ss.

199. *The Golden Bough*, p. 314; *The Dying God*, pp. 230 ss.

200. FRAZER, *The Golden Bough*, p. 311.

201. *Traditionswanderungen Rhein-Jenissei, passim.*

202. LIUNGMAN, *Rhein-Jenissei*, p. 19.

203. Cf. mesmas tradições na Índia, MEYER, I, pp. 83 ss.

204. Também no Oriente; cf. LIUNGMAN, *Euphrat-Rhein*, 1, pp. 352 ss.; e na Antiguidade, de onde foi transmitido dos Bálcãs à Europa Central e Setentrional, *ibid.*, II, pp. 1100 ss.; cf. *eiresione* na Grécia, NILSSON, *Geschichte*, I, pp. 113 ss.

205. LIUNGMAN, *Rhein-Jenissei*, pp. 44 ss.

206. LIUNGMAN, *Der Kampf zwischen Sommer und Winter*, pp. 118 ss.
207. FRAZER, *The Golden Bough*, pp. 316-7; *The Dying God*, pp. 246 ss.
208. *Der Kampf*, p. 159.
209. *Ibid.*, p. 151.
210. Segundo ALMGREN, *Nordische Felszeichnungen als religiöse Ur-Kunden*.
211. FRAZER, *The Golden Bough*, p. 318; *The Dying God*, pp. 261 ss.
212. *La mitologia slava*, Bolonha, 1923, p. 128.
213. FRAZER, *The Golden Bough*, p. 318; *The Dying God*, pp. 261-2.
214. LIUNGMAN, *Euphrat-Rhein*, II, p. 1027.
215. *Ibid.*, II, p. 1051.

IX. A agricultura e os cultos de fertilidade

1. RANTASALO, *Der Ackerbau im Volksaberglauben der Finnen und Esten mit entsprechenden Gebräuchen der Germanen verglichen*, I-V, 1919-25.
2. RANTASALO, *op. cit.*, II, p. 7.
3. *Ibid.*, II, pp. 120 ss.
4. *Ibid.*, II, p. 124.
5. *Ibid.*, II, p. 125.
6. *Ibid.*, III, p. 6.
7. *Ibid.*, *op. cit.*, II, pp. 125 ss.
8. *Ibid.*, II, pp. 76-7.
9. Bibliografia em J. J. MEYER, *Trilogie altindischer Mächte und Feste der Vegetation*, I, p. 115, nota 1.
10. RANTASALO, *op. cit.*, III, pp. 134 ss.
11. *Çatapatha Brâhmana*, VII, 4, 2, 22 ss.
12. *Aitareya Brâhmana*, I, 1.
13. RANTASALO, *op. cit.*, III, pp. 39-61; V, pp. 179 ss.
14. *Ibid.*, IV, pp. 120 ss.
15. RANTASALO, *op. cit.*, V, pp. 73 ss.; MANNHARDT, *Wald- und Feld-Kulte*, I, p. 78; FRAZER, *Spirits of the Corn*, I, pp. 131 ss.
16. *Othin*, pp. 10 ss.
17. RANTASALO, *op. cit.*, V, p. 189.
18. *Ibid.*, p. 171.
19. FRAZER, *The Golden Bough*, p. 107; *Spirits of the Corn*, I, pp. 163 ss.
20. FRAZER, *The Golden Bough*, p. 408; *Spirits*, I, p. 162.
21. RANTASALO, *op. cit.*, V, pp. 180 ss.
22. *Ibid.*,V, pp. 63 ss.

23. MANNHARDT, *Myth. Forsch.*, pp. 319-22; FRAZER, *The Golden Bough*, p. 401; *Spirits of the Corn*, I, pp. 142 ss.; LIUNGMAN, *Traditionswanderungen Euphrat-Rhein*, I, p. 249, pp. 251 ss.

24. MANNHARDT, *Myth. Forsh.*, pp. 342 ss.; FRAZER, *Spirits of the Corn*, I, p. 172.

25. J. DE ACOSTA, reproduzido por FRAZER, *Spirits*, I, pp. 172 ss.

26. *Ibid.*, pp. 180 ss.

27. FRAZER, *Spirits of the Corn*, I, pp. 189 ss.

28. *Ibid.*, pp. 191-2.

29. *Ibid.*, pp. 192 ss.

30. SKEAT, *Malay Magic*, Londres, 1900, pp. 225-49; FRAZER, *Spirits of the Corn*, pp. 199 ss.

31. RANTASALO, *op. cit.*, V, p. 52.

32. *Ibid.*, p. 57.

33. JAN DE VRIES, *Contributions to the Study of Odhin*, pp. 17 ss.

34. FRAZER, *Spirits of the Corn*, I, pp. 133 ss.; *The Golden Bough*, p. 402.

35. MANNHARDT, *Myth. Forsch.*, pp. 20-5.

36. FRAZER, *Spirits of the Corn*, I, pp. 140 ss.; *The Golden Bough*, p. 403.

37. RANTASALO, *op. cit.*, V, p. 51.

38. FRAZER, *Spirits of the Corn*, I, p. 145.

39. MANNHARDT, *Myth. Forsch.*, p. 330.

40. *Ibid.*, p. 332.

41. FRAZER, *Spirits of the Corn*, I, p. 149; *The Golden Bough*, p. 406.

42. MANNHARDT, *Myth. Forsch.*, pp. 38 ss.; FRAZER, *Spirits of the Corn*, I, p. 251; *The Golden Bough*, pp. 429 ss.

43. MANNHARDT, *Myth. Forsch.*, pp. 39 ss.; FRAZER, *Spirits of the Corn*, pp. 228-9.

44. MANNHARDT, *Myth. Forsch.*, pp. 1 ss.; FRAZER, *Spirits of the Corn.*

45. FRAZER, *Spirits of the Corn*, I, pp. 265 ss. *The Golden Bough*, pp. 431 ss.

46. SAHAGUN, *Histoire générale des choses de la Nouvelle Espagne*, Paris, 1880, pp. 94 ss.; A. LOISY, *Essai sur le sacrifice*, pp. 237-8.

47. FRAZER, *Spirits of the Corn*, I, pp. 175 ss., 210 ss.

48. *Ibid.*, pp. 179 ss.

49. *Ibid.*, *Spirits of the Corn*, I, pp. 245 ss.; *The Golden Bough*, pp. 434 ss.

50. FRAZER, *Spirits of the Corn*, II, pp. 66-8.

51. *Ibid.*, pp. 72-5; ELIADE, *Le mythe de l'éternel retour*, pp. 83 ss.

52. RANTASALO, *op. cit.*, V, pp. 160 ss.

53. *Ibid.*, p. 166.
54. *Ibid.*, pp. 168 ss.
55. *Ibid.*, pp. 186 ss.
56. *Ibid.*, pp. 191-7.
57. *Ibid.*, p. 201.
58. *Ibid.*, pp. 203-6.
59. *Ibid.*, p. 221.
60. MEYER, *Trilogie*, I, p. 123.
61. GRANET, *La Religion des Chinois*, pp. 27 ss.
62. H. RYDH, *Seasonal Fertility Rites*, pp. 81 ss.
63. *Ibid.*, p. 92.
64. *Ibid.*, p. 82.
65. HARRISON, *Prolegomena*, p. 180.
66. LIUNGMAN, *op. cit.*, I, p. 249.
67. T. R. HENRY, *Le culte des esprits chez les Bambara*, "Anthropos", III, 1908, pp. 702-17, 711.
68. RANTASALO, III, pp. 8 ss.
69. *Ibid.*, p. 14.
70. *Ibid.*, p. 114.
71. MEYER, *Trilogie*, I, pp. 140, 152.
72. *Ibid.*, II, p. 104.
73. F. ALTHEIM, *Terra Mater*, p. 137.
74. *Ibid.*, p. 107.
75. MEYER, *op. cit.*, II, p. 104.
76. Referências em DE VRIES, *Odhin*, p. 21.
77. Cf., por exemplo, H. RYDH, *Symbolism in Mortuary Ceramics.*
78. FRAZER, *Adonis*, pp. 65 ss.
79. GRANET, *La Religion des Chinois*, p. 14.
80. FRAZER, *The Magic Art*, II, pp. 98 ss.; *The Golden Bough*, p. 136.
81. Referências em MANNHARDT, *Wald- und Feld-Kult*, I, pp. 480 ss.
82. FRAZER, *The Magic Art*, II, *ibid.*, pp. 103 ss.; *The Golden Bough*, p. 136.
83. FRAZER, *Spirits*, I, p. 163; *The Golden Bough*, p. 409.
84. FRAZER, *Spirits*, I, p. 164; *The Golden Bough*, p. 410.
85. FRAZER, *Adonis*, pp. 46-8.
86. FRAZER, *The Golden Bough*, p. 136.
87. MEYER, *op. cit.*, I, p. 69, nota 1.
88. *Ibid.*, pp. 71 ss.
89. MANNHARDT, *Myth. Forsch.*, pp. 19, 339; *Handwörterbuch d. deutschen Aberglaubens*, V, col. 281, pp. 284, 302.

90. Textos purânicos em MEYER, II, pp. 108 ss.
91. Referências em MEYER, II, p. 113.

X. O espaço sagrado: templo, palácio, "centro do mundo"

1. LEENHARDT, *Notes d'archéologie neocalédonienne*, pp. 23-4.
2. LÉVY-BRUHL, *L'Expérience mystique et les symboles chez les primitifs*, p. 183.
3. A. P. ELKIN, citado por LÉVY-BRUHL, *op. cit.*, p. 186.
4. LÉVY-BRUHL, *op. cit.*, pp. 188-9.
5. *Ibid.*, pp. 186-7.
6. VAN DER LEEUW, *Phänomenologie der Religion*, p. 375.
7. *Über d. Bauopfer*, p. 4, nota.
8. *Lectures*, p. 436.
9. RENÉ BASSET, citado por SAINTYVES, *Essais de folklore biblique*, Paris, 1923, p. 105.
10. Exemplos marroquinos em WESTMARCK, *Survivances païennes dans la civilization mahométane*, p. 122.
11. Cf. as reproduções de anéis minoico-micênicos em AXEL W. PERSSON, *The Religion of Greece in Prehistoric Times*, Berkeley, 1942, n°s 6, 7, 15, 16 etc.
12. Êxodo, 3, 5.
13. PICARD, *Éphèse et Claros*, p. 271, nota 3.
14. FRAZER, *Folklore in the Old Testament*, III, pp. 1-18.
15. SAINTYVES, *Essai de folklore biblique*, pp. 189 ss.
16. W. CROOKE, *Popular Religion in N. India*, I, pp. 103-42.
17. 9, 1-33.
18. *Yasna*, 53.
19. NYBERG, *Die Religionen des Alten Iran*, pp. 147 ss.
20. Ver, por exemplo, *Çatapatha Brâhmana*, VI, 5, 1 ss.
21. *Idem*, I, 9, 2, 29 ss.
22. *Idem*, X, 5, 4, 10.
23. P. MUS, *Barabudur*, I, p. 320.
24. G. TUCCI, *Indo-Tibetica*, III, IV.
25. OVÍDIO, *Fastos*, IV, 821-825.
26. *Romulus*, 12.
27. MACRÓBIO, *Saturnais*, I, 16, 18.
28. A. H. ALLCROFT, *The Circle and the Cross*, Londres, 1927.
29. F. ROBERT, *Thymélé*, Paris, 1939.

30. FROBENIUS, *Monumenta Africana*, VI, Frankfurt, 1929, pp. 119-24; *Histoire de la civilisation africaine*, p. 155; JEANMAIRE, *Couroï et Courètes*, 1939, pp. 166 ss.; C. G. JUNG-KERÉNYI, *Einführung in das Wesen der Mythologie*, 1941, pp. 30 ss.

31. *Götternamen*, pp. 190 ss.

32. *Cosmologie si alchimie babiloniana*, 1936; *Comentam la legenda Mesterului Manole*, 1943; *Le mythe de l'éternel retour.*

33. ELIADE, *Le mythe de l'éternel retour.*

34. SCHEBESTA, *Les Pygmées*, p. 156.

35. W. GAERTE, *Kosmische Vorstellungen im Bilde prähistorichen Zeit.*

36. A. JEREMIAS, *Handbuch der altorientalischen Geisteskultur*, p. 130.

37. E. BURROWS, *Some Cosmological Patterns*, p. 51.

38. Juízes, 9, 37.

39. WENSINCK, *Navel of the Earth*, p. 15.

40. Referências em ELIADE, *Cosmologie si alchimie babiloniana*, p. 35.

41. DOMBART, *Der Sakralturm*, I, p. 34.

42. ALBRIGHT, *The Mouth of the Rivers*, p. 173.

43. P. MUS, *Barabudur*, I, p. 356.

44. Texto de *Kisâ'i*, citado por WENSINCK, p. 15.

45. GRANET, *La pensée chinoise*, p. 324.

46. BURROWS, pp. 46 ss.

47. JEREMIAS, *Handbuch*, p. 113.

48. BURROWS, p. 50.

49. Textos em BURROWS, p. 55.

50. Citado por MACRÓBIO, *Saturnais*, I, 16, 18.

51. Cf. o *bethel* de Jacó, §§ 79 ss.

52. Textos citados por WENSINCK, p. 19.

53. *Ibid.*, p. 16.

54. Cf. o comentário de KIRFEL, *Kosmographie*, p. 18.

55. *Majjhimanikâya*, III, p. 123.

56. P. MUS, *La notion du temps reversible*; M. ELIADE, *Sapta padâni kramati.*

57. Textos em BURROWS, p. 49.

58. Textos em CHRISTENSEN, *Le premier homme et le premier roi*, I, pp. 22 ss.

59. WENSINCK, p. 14.

60. *The Book of the Cave of Treasures*, trad. Wallis Budge, Londres, 1927, p. 53.

61. O. DÄHNHARDT, *Natursagen*, I, p. 112.
62. Textos em BURROWS, p. 57.
63. Cf. *Le mythe de l'éternel retour.*
64. Referências em ELIADE, *Le chamanisme*, p. 117, *passim.*
65. Referências em ELIADE, *Comentarrii*, pp. 72 ss.
66. Cf. W. F. JACKSON KNIGHT, *Cumaean Gates, passim.*
67. *Le chamanisme*, pp. 423 ss.
68. Cf. *Le mythe de l'éternel retour.*

XI. O tempo sagrado e o mito do eterno recomeço

1. LÉVY-BRUHL, *Le surnaturel et la nature dans la mentalité primitive*, pp. 18-9.
2. HUBERT e MAUSS, *La représentation du temps*, pp. 213 ss.
3. *Ibid.*, p. 205.
4. GH. PAVELESCU, *Cercetari asupra magiei la Ramânii din Muntii Apuseni*, Bucareste, 1945, p. 156.
5. F. E. WILLIAMS, citado por LÉVY-BRUHL, *La mythologie primitive*, pp. 163-4.
6. A. P. ELKIN, citado por LÉVY-BRUHL, *La mythologie primitive*, p. 7.
7. Isaías, 11, 6 ss.
8. VIRGÍLIO, Éclogas, IV, 22.
9. VAN DER LEEUW, *L'homme primitif et la religion*, pp. 101, 120.
10. *Op. cit.*, p. 227.
11. A. GÖTZE, *Kleinasien*, Leipzig, 1933, p. 130.
12. LABAT, *Le caractère religieux de la royauté assyro-babylonienne*, p. 99.
13. GÖTZE, *ibid.*; IVAN ENGNELL, *Studies on Divine Kingship in the Ancient Near East*, Uppsala, 1943, p. 11.
14. LABAT, *op. cit.*, p. 247.
15. Êxodo, 34, 22 e 23, 16.
16. A. R. JOHNSON, *The Role of the King in the Jerusalem Cultus*, pp. 97 ss.
17. *The Semitic New Year and the Origin of Eschatology*, p. 168.
18. EFRÉM DA SÍRIA, *Hinos*, VIII, 16; WENSINCK, p. 169.
19. *Sura*, IV, 4.
20. LEHMAN e PEDERSEN, *Der Beweis für die Auferstehung im Koran*; WENSINCK, p. 171.
21. EFRÉM DA SÍRIA, *Hinos*, I, 1.

22. *Zend Avesta*, Paris, 1892-93, II, p. 640, nota 138; *Cosmographie*, citado por A. CHRISTENSEN, *Le premier homme et le premier roi*, II, p. 147.

23. *Ta'anit*, fol. 2 a; WENSINCK, p. 173.

24. Cf. os textos reunidos por J. MARQUART, *The Nawrôz*, esp. pp. 16 ss.

25. ALBIRUNI, *The Cronology of Ancient Nations*, trad. E. Sachau, Londres, 1879, p. 199.

26. ALBIRUNI, pp. 200-3.

27. FRAZER, *The Scapegoat*, pp. 315 ss.; DUMÉZIL, *La légende des centaures*, pp. 39 ss.

28. WENSINCK, p. 163.

29. *Rig Veda*, IV, 33.

30. GRANET, *La pensée chinoise*, p. 107.

31. VAN DER LEEUW, *op. cit.*, p. 110.

32. Cf. *Çatapatha Brâhmana*, VI, 5, 1 ss. – "o altar do fogo é o ano" (X, 5, 410), o altar do fogo tem "cinco camadas [cada camada é uma estação], as cinco estações fazem um Ano e o Agni (= altar) é o Ano" (VI, 8, 1, 15).

33. HOCART, *Kingship*, Oxford, 1927, pp. 189-90.

34. M. GRANET, *La pensée chinoise*, p. 97.

35. Citado por A. JEREMIAS; HASTING, *Encyclopaedia of Religion and Ethics*, I, p. 187 b.

36. Ver *Le mythe de l'éternel retour*, caps. II-III.

37. HOCART, *op. cit.*, p. 190.

38. Cf. M. ELIADE, *Metallurgy, Magic and Alchemy, passim.*

XII. Morfologia e função dos mitos

1. Ver HANDY, *Polynesian Religion*, Honolulu, 1927, pp. 10-1.

2. Citado por LÉVY-BRUHL, *La mythologie primitive*, p. XVII.

3. *Brhadarânyaka-Upanishad*, VI, 4, 20: *dyaur aham, pritivî tvam.*

4. *Op. cit.*, VI, 4, 21.

5. HOLLIS, *The Masai*, p. 279; KRAPPE, *Mythologie universelle*, p. 370, nota 1.

6. Ver, por exemplo, G. CARBONELLI, *Sulle fonti storiche delia chimica e dell' alchimia in Italia*, Roma, 1925, p. 43, fig. 49; C. G. JUNG, *Psychologie un Alchemie*, Zurique, 1944, p. 448, fig. 167; *ibid.*, p. 558, fig. 226; p. 638, fig. 268 etc.

7. HANDY, *Polinesian Religion*, p. 12.

8. DIXON, *Oceanic Mythology*, p. 20 (Polinésia); *Çatapatha Brâhmana*, XI, 1, 6, 1 ss., *Manu*, I, 5 ss. (Índia antiga); NUMAZAWA, *Die Weltanfän-*

ge, p. 310; KRAPPE, *op. cit.*, p. 397 (Indonésia); HARRISON, *Prolegomena to the History of Greek Religion*, p. 627 (Irã, Grécia); NUMAZAWA, p. 309 (Fenícia); NUMAZAWA, p. 310; KRAPPE, p. 414 (Letônia, Estônia, Finlândia); KRAPPE, p. 371, nota 1 (pangwes, África Ocidental); LIUNGMAN, *Euphrat-Rhein*, I, p. 21, fig. 1 (reprodução do mapa de FROBENIUS da América Central e costa oeste da América do Sul).

9. DIXON, pp. 160, 169 ss. (Indonésia), p. 109 (Melanésia), p. 109, nota 17 (Polinésia e Micronésia).

10. MANNHARDT, *Baumkultus*, pp. 244 ss., 263 ss.

11. LASSY, *Muharram Mysteries*, Helsink, 1916, pp. 219 ss.; LIUNGMAN, I, p. 20.

12. W. CROOKE, *The Holi*, p. 75.

13. T. J. ARNE, *La Suède et l'Orient*, Uppsala, 1914, p. 216.

14. LIUNGMAN, I, pp. 141 ss.

15. NILSSON, *Geschichte d. griech. Rel.*, I, p. 565.

16. ROHDE, *Psyche*, trad. fr., p. 366, nota 2; HARISSON, *Prolegomena*, p. 629.

17. RANTASALO, *Ackerbau*, III, pp. 55-6.

18. *Ibid.*, p. 57.

19. *Ibid.*, p. 58.

20. U. HOLMBERG, *Die Religion der Tscheremissen*, Porvoo, 1926, p. 179.

21. M. NILSSON, *Das Ei im Totenkult der Alten*, "Archiv für Religion. Wissenchaf.", 1908, XI.

22. A. DELATTE, *Herbarius*, p. 120.

23. Considerando, evidentemente, as observações e correções feitas nas diversas partes deste capítulo.

24. *Çatapatha Brâhmana*, VII, 2, 1, 4.

25. *Taittirîya Br.*, I, 5, 9, 4.

26. M. ELIADE, *Mitul Reintegrării*, Bucareste, 1942.

27. Por exemplo, *Yasna*, 30, 3-6. Ver também o comentário de NYBERG, *Questions de cosmogonie et de cosmologie mazdeénnes*, "Journal Asiatique", 1929, pp. 113 ss.

28. ZANE, *Proverbele Românilor*, VI, p. 556.

29. *Rig Veda*, VII, 30, 3; IV, 1, 11.

30. *Vâjasaneyi Samhitâ*, V, 33; *Rig Veda*, IX, 86, 44.

31. Fragmento 64.

32. *Mârkandeya Purâna*, 74, 4.

33. Cf. M. ELIADE, *Cosmical Homology and Yoga.*

34. *Rig Veda*, X, 90 etc.

35. A. BERTHOLET, *Das Geschlecht der Gottheit*, Tübingen, 1934.

36. WALLIS BUDGE, *From Fetish to God in Ancient Egypt*, pp. 7, 9.

37. JUNG-KERÉNYI, *Einführung in das Wesen der Mythologie*, p. 83.

38. Ver por exemplo JAN DE VRIES, *Handbuch d. germanischen Religionsgeschichte* II, 306; *The Problem of Loki*, pp. 220 ss.

39. E. BENVENISTE, *The Persian Religion*, pp. 113 ss.

40. C. HENTZE, *Frühchinesische Bronzen und Kultdarstellungen*, p. 119.

41. BERTHOLET, *op. cit.*, p. 21.

42. *Bereshit rabbâ*, 1,1, fol. 6, col. 2; para outros textos ver A. KRAPPE, *The Birth of Eve*, "Gaster Anniversary Volume", 1936, pp. 312-22.

43. Cf. os trabalhos de WINTHUIS.

44. PLATÃO, *Banquete*, pp. 189 ss.; ELIADE, *Mitul Reintegrării*, pp. 83 ss.

45. H. MASPERO, *Les procédés "de nourrir le principe vital" dans la religion taoïste ancienne*, "Journal Asiatique", abr.-jun. 1937, p. 207, nota 1.

46. MARTIN NILSSON, *Griechische Feste*, pp. 370 ss. Sobre o Carnaval: DUMÉZIL, *Le Problème des centaures*, pp. 140, 180. Índia: J. J. MEYER, *Altindische Trilogie*, I, 76, 86. Festas da primavera na Europa: *ibid.*, I, pp. 88 ss.; E. CRAWLEY-BASTERMAN, *The Mystic Rose*, nova ed., Londres, 1927, I, pp. 313 ss.

47. J. J. MEYER, *op. cit.*, I, pp. 182 ss.

48. Referências em *Mitul Reintegrării*, pp. 82 ss.

49. *Jaîminïya Up. Brâhmana*, I, 5, 5; I, 35, 7-9. Ver sobre alguns desses temas míticos A. B. COOK, *Zeus*, III, 2, Cambridge, 1940, Apêndice P, "Floating Islands", pp. 975-1016; A. COOMARASWAMY, *Symplegades*, "Hommage to George Sarton", Nova York, 1947, pp. 463-88.

50. Ver por exemplo o duelo com o monstro tricéfalo, a "prova" clássica nas iniciações militares, estudada por G. DUMÉZIL, *Horace et les Curiaces*, Paris, 1942.

51. COOMARASWAMY, *op. cit.*, p. 486.

52. BERGAIGNE, *La religion védique*, III, p. 113; *Taittirîya Sam.*, I, 8, 16, 1.

53. BERGAIGNE, III, pp. 115 ss.; COOMARASWAMY, *Spiritual authority and temporal power*, New Haven, 1942, pp. 29 ss.

54. *Rig Veda*, IX, 73, 3; II, 11, 10.

55. EHNMARK, *Anthropomorphism and Miracle*, pp. 181-2.

56. LEONARDO OLSCHKI, *Storia letteraria delle scoperte geografiche*, Florença, 1937, p. 195.

XIII. A estrutura dos símbolos

1. Ver B. LAUFER, *Jade, passim.*

2. DE GROOT, *Religious System of China.* I, pp. 271-3.

3. LAUFER, *op. cit.*, p. 299, nota.
4. *Ibid.*
5. M. ELIADE, *Notes sur le symbolisme aquatique*, p. 141.
6. B. KARLGREN, *Some Fecundity Symbols in Ancient China*, Estocolmo, 1936.
7. M. ELIADE, *op. cit.*
8. M. ELIADE, *Notes*, p. 149.
9. *Harshacharita*, citado em *Notes*, p. 150.
10. JACKSON, *Shells*, pp. 72 ss.; ELIADE, *Notes*, pp. 154 ss.
11. *História Natural*, XXXVI, 21, pp. 149-51.
12. M. ELIADE, *Metallurgy, Magic and Alchemy*, *passim.*
13. *Idem*, *ibidem*, p. 37.
14. B. LAUFER, *The Diamond*, pp. 40-4.
15. M. ELIADE, *La pierre des serpents.*
16. *História Natural*, XXXVI, p. 10.
17. *Vita Apol. Tyana*, III, p. 7.
18. M. ELIADE, *Les livres populaires*, p. 74.
19. Pp. 169-299.
20. LÉVY-BRUHL, *op. cit.*, pp. 257-8.
21. Cf. para os mesopotâmios VAN BÜREN, *op. cit.*, p. 3.
22. Cf. os trabalhos de C. HENTZE.
23. Cf. HANNA RYDH, *Symbolisme in mortuary ceramics*, *passim.*
24. P. MUS, *Barabudur*, I, p. 332.
25. A. H. SAYCE e H. C. MARCH, *Polynesian ornament*, *passim.*
26. *Le "dieu lieur" et le symbolisme des noeuds*; cf. *Images et symboles*, cap. III.
27. Cf. *Dûrohana and the "waking dream".*

Conclusões

1. *Kâtha-Upanishad*, V, 2; trad. fr. L. Renau.
2. *Le mendiant ingrat*, II, p. 196.
3. *Chandogya-Up.*, III, 17, 1, 4.
4. Cf. o elogio ao Boi primordial, *Yasma*, 29; o respeito pelos bovinos, *Yasma*, 12, 1 etc.

Este livro foi composto na fonte Minion Pro e impresso
pela gráfica Paym, em papel Lux Cream 60 g/m², para a
Editora WMF Martins Fontes, em julho de 2025.